Der neue bau deß Stipendij
en Zum
ipendio ge-
hörig.
bauren, Farbers Gartt.

Hahn/Mayer,
Das Evangelische Stift in Tübingen

Das Evangelische Stift in Tübingen

Geschichte und Gegenwart – Zwischen Weltgeist und Frömmigkeit

von Joachim Hahn
und Hans Mayer

Konrad Theiss Verlag
Stuttgart

CIP-Kurztitelaufnahme der Deutschen Bibliothek

Hahn, Joachim:
Das Evangelische Stift in Tübingen: Geschichte u.
Gegenwart – zwischen Weltgeist u. Frömmigkeit/von
Joachim Hahn u. Hans Mayer. – Stuttgart: Theiss,
1985.
ISBN 3-8062-0372-5

NE: Mayer, Hans:

Schutzumschlag: Erich Plöger, Frankfurt/M.

Gesamtherstellung: Grafische Betriebe Süddeutscher Zeitungsdienst, Aalen
Printed in Germany
ISBN 3-8062-0372-5

Geleitwort

Eine kleine Ausstellung zum 150. Todestag von G. W. F. Hegel im Museum des Evangelischen Stifts im Jahr 1981 gab den Anstoß. Der Verleger Hans Schleuning ergriff die Initiative und regte im Blick auf das 450. Stiftsjubiläum eine Darstellung der Stiftsgeschichte an.

Die Autoren fanden sich in den Stiftsrepetenten Dr. Joachim Hahn und Hans Mayer. Sie haben sich in die vielschichtige und außerordentlich interessante Stiftsgeschichte mit großem Fleiß eingearbeitet, in den Archiven geforscht und reiches Material gesammelt.

Für uns alle ist dieses umfangreiche Werk ein besonderes Ereignis. Da die große Stiftsgeschichte von Martin Leube schon seit längerer Zeit vergriffen ist, füllt es eine spürbare Lücke aus.

Es stellt die Institution des Evangelischen Stifts von den ersten Anfängen bis in unsere Zeit dar. Es schildert ausführlich Studium und Ausbildung im Stift und gibt Einblick in die Baugeschichte, vor allem aber auch in den Alltag des Stiftlerlebens.

In den etwa 200 Abbildungen tritt uns diese Geschichte ganz lebendig vor Augen.

Es gibt zahlreiche Anstöße, über geschichtliche Zusammenhänge und gegenwärtige Tendenzen nachzudenken. Es ist nicht nur ein Nachschlagewerk, sondern eine kenntnisreiche Darstellung der Geschichte eines unruhigen Hauses.

Gerade im 450. Jubiläumsjahr soll es dazu anregen, sich über den gegenwärtigen Stellenwert dieser Ausbildungsstätte Gedanken zu machen.

Das Evangelische Stift ist nicht nur das Haus der berühmten Stiftsköpfe. Es bietet den gegenwärtigen Stiftlern nicht nur günstige Studienbedingungen, sondern es stellt das Studium bewußt in den Zusammenhang von Universität, Kirche und Gesellschaft. Es widerspricht entschieden der Privatisierung des Studiums. Es ruft zur Verantwortung des Denkens und des Glaubens.

In einer Zeit, in der bei vielen die Neigung besteht, sich in das private Kämmer-

lein zurückzuziehen und die Welt den Politikern und Technokraten zu überlassen, kommt einer Einrichtung, wie sie das Evangelische Stift darstellt, besondere Bedeutung zu.
Es könnte vermitteln, daß unsere Geschichte auch mit in unsere Verantwortung gelegt und das Denken eine öffentliche Angelegenheit ist, weil es über Wohl und Wehe unserer Zukunft mitentscheidet.
Ich wünsche diesem Buch, das in das traditionsreiche Haus am Neckar in kenntnisreicher und liebevoller Weise einführt, daß es zum Anstoß wird für Theologie und Kirche.

Dr. Friedrich Hertel, Ephorus
Tübingen, 25. Juni 1985

Inhalt

Vorwort

Schon vieles wurde gesagt und geschrieben über das Evangelische Stift in Tübingen. Umfassende und detaillierte Arbeiten zu seiner Geschichte liegen vor. Und das programmatische Nachdenken über seine Gestalt verschaffte sich immer neu Ausdruck. Was das Stift sei, das brauche man in Württemberg niemandem, außerhalb Württembergs allerdings könne man es keinem so recht erklären – so kurz und bündig hat man auch schon auf die Frage nach dem Stift Antwort zu geben versucht. Weil aber anscheinend selbst in Württemberg nicht mehr jeder weiß, was das Stift ist, und »die draußen« doch nicht ganz ohne Einblick bleiben sollen, ist es wohl angebracht, ein Buch über das Stift erscheinen zu lassen – zumal dessen 450jähriges Jubiläum ins Haus steht.
In vier Kapiteln will das vorliegende Werk Überblick und Einblick in die Geschichte des Stifts und seine gegenwärtige Lage geben. Es handelt sich bei diesen Kapiteln um historische Längsschnitte. Sie sollen den weitverzweigten und facettenreichen Komplex »Stiftsgeschichte« erhellen unter dem Blickwinkel der Geschichte einer Bildungseinrichtung, der Geschichte des Studienbetriebes und des Studentenlebens im Stift sowie der Wirtschafts- und Baugeschichte. Ausgehend von dieser Gesamtkonzeption haben die Verfasser für die Ausarbeitung des Buches eine Aufteilung vorgenommen: Kapitel 1 und 2 sind ausgearbeitet von Hans Mayer, Kapitel 3 und 4 von Joachim Hahn. Wir hoffen, daß das Buch dadurch nichts an Einheitlichkeit eingebüßt hat und der Leser es als umfassende Gesamtdarstellung gebrauchen kann. Vorhandene Arbeiten zur Stiftsgeschichte konnten unter kritischer Heranziehung des Quellenmaterials benutzt werden. Für das 19. und 20. Jahrhundert mußte großenteils Neuland in der Stiftsgeschichtsschreibung betreten werden. Angesichts der Größe des Gegenstandes war Vollständigkeit in Detailbereichen kein Ziel, das dem vorliegenden Werk gesetzt werden konnte. Für Einzeluntersuchungen bietet das Quellenmaterial zur Stiftsgeschichte einen noch immer nicht erschöpften Fundus. So sind die Verfasser auch für weitere Hinweise und Anregungen dankbar. Indem wir die

Darstellung bis zur Gegenwart herangeführt haben, sind zwar die Grenzen der Geschichtsschreibung überschritten. Dieser Schritt erschien uns jedoch gerade mit Blick auf das bevorstehende Stiftsjubiläum und die zu erwartende intensivere Thematisierung des Stifts in weiteren Kreisen als durchaus angebracht.
Im Anhang des Buches findet der Leser eine Zusammenstellung berühmt gewordener Stiftler, eine den Rahmenbedingungen dieses Buches entsprechende Bibliographie, eine Zeittafel sowie ein Personenregister. Mit diesen Elementen mag das Buch auch als »Arbeitsbuch« zur Stiftsgeschichte dienen. Zitate aus älterem Quellenmaterial sind um der leichteren Lesbarkeit willen weitgehend der modernen Orthographie und Zeichensetzung angepaßt. Beim Korrekturlesen und der Erstellung des Registers standen uns tatkräftig zur Seite die Stiftler E. D. Egerer und Th. Harscher sowie die Stiftlerinnen Cornelia Gerstetter und Barbara Kohler. Ihnen sei auch an dieser Stelle herzlich gedankt. Wir danken ebenfalls dem Stiftsephorus, Herrn Dr. F. Hertel, und Herrn Hans Schleuning vom Konrad Theiss Verlag; sie haben das Werden des Buches gefördert und begleitet.
»Durch's Jubiläum haben viele Stiftler erst erkannt, was das Stift ist« – so urteilte vor knapp 50 Jahren Ephorus Fezer im Rückblick auf das Stiftsjubiläum 1936. Wenn dieses Buch als ein Teil dessen, was das Stiftsjubiläum 1986 hervorbringt, für Stiftler und Nicht-Stiftler zu einem solchen Erkenntnisprozeß hilfreich ist, dann erfüllt es die ihm gestellte Aufgabe.

Stuttgart und Seewald-Besenfeld, im September 1985
Joachim Hahn und Hans Mayer

». . . cum patria statque caditque sua« – Das Evangelische Stift als württembergisch-kirchliche Bildungseinrichtung

Das Evangelische Stift in Tübingen und Württemberg gehören zusammen. Ihre Geschichte ist eine gemeinsame Geschichte. Nicht nur die Verhältnisse des Stifts wurden von der Geschichte Württembergs und seiner Kirche geprägt. Auch das Stift hat über Jahrhunderte hinweg durch die Ausbildungsförderung von Pfarrern und Lehrern – und manch »großem Württemberger« – auf die Verhältnisse Württembergs eingewirkt: während der Jahrhunderte des konfessionell geschlossenen Herzogtums, im Königreich des 19. Jahrhunderts und auch noch im 20. Jahrhundert. Selbst die zunehmende Loslösung des modernen demokratischen Staates von der traditionellen kirchlichen Bildungseinrichtung und deren öffentlicher Bedeutungsschwund sind Teil des geschichtlichen Miteinander. Kaum einer hat das so prägnant und bündig ausgedrückt wie der Tübinger Theologe Matthias Hafenreffer (1561–1619), dessen Wort das Motto dieses Kapitels darstellt. Es zierte lange Zeit das Eingangsportal des Stifts: »Claustrum hoc cum patria statque caditque sua« – Dieses Kloster steht und fällt wie sein Vaterland.

Reformatorischer Durchbruch: Die Gründung des Herzoglichen Stipendiums

Die ersten Dokumente zur Existenz des Stifts enthalten noch keinen Hinweis auf seine spätere Größe und Bedeutung. Diese Schriftstücke vom Februar und März des Jahres 1536 dokumentieren aber den beeindruckenden Plan, aus sozusagen ›öffentlichen‹ Mitteln eine Studienstiftung ins Leben zu rufen, die nicht zuletzt »armer, frommer Leut Kinder« zugute kommen sollte. Initiator und Betreiber dieses Planes war Herzog Ulrich von Württemberg. Mit besagten Anordnungen und Erlassen machte er sich an dessen Verwirklichung. Das Vorhaben *Abb. 1* war Teil, und zwar kein unbedeutender, des von Herzog Ulrich in die Wege geleiteten umfassenden Reformwerkes.

Im Mai 1534 hatte er mit militärischer Unterstützung des hessischen Landgrafen Philipp sein Territorium zurückerobert. Es war seit Ulrichs Eskapaden im Jahre 1519 von den Habsburgern okkupiert gewesen. Mit der Beendigung der österreichischen Fremdherrschaft ging auch die Unterdrückung der evangelisch-reformatorischen Bewegung im Herzogtum Württemberg zu Ende. Ulrich selbst hatte in der Zeit seines Exils die reformatorische Lehre kennengelernt, persönlich Kontakt zu führenden Reformatoren gewonnen und sich dem evangelischen Glauben angeschlossen. Es war sein erklärtes Ziel, nach der Rückeroberung in seinem Territorium die Reformation durchzuführen.

Demonstrativ ließ er drei Tage nach der Schlacht bei Lauffen den hessischen Hofprediger Konrad Oettinger in der Stuttgarter Stiftskirche predigen. Und schon wenige Wochen nach der gelungenen juristischen Absicherung seiner wiedergewonnenen Herrschaft berief er die beiden evangelischen Theologen Ambrosius Blarer und Erhard Schnepff zu Reformatoren im Herzogtum. Durchführung der Reformation – das beinhaltete eine einschneidende und umfassende Neuordnung des religiös-kirchlichen Lebens. Für das 16. Jahrhundert hieß das: Reform tragender Fundamente des gesellschaftlich-öffentlichen Lebens.

Die mittelalterliche Kirche war von der zentralistischen Ausrichtung auf die Herrschaft des Papstes geprägt gewesen. Päpstlich-kirchliche Steuerung war ein Kennzeichen des öffentlichen Lebens. Auch das Bildungswesen in Schulen und Universitäten war davon nicht ausgenommen. Im 14. und 15. Jahrhundert zeigte sich zwar eine Auflösung, oppositionelle Reformbestrebungen traten auf, zur durchgreifenden Veränderung kam es aber erst durch die Reformation. Wie zuvor schon andernorts geschehen, machte sich der württembergische Herzog kraft seiner Autorität als christlicher Landesherr zum Sachwalter der Kirche gegen das Papsttum. Die Messe wurde abgeschafft, Gottesdienst und Frömmigkeit umgestaltet, fragwürdige religiöse Traditionen beseitigt, die Klöster aufgelöst und die Pfarrer auf ihre Bildung und ihren theologischen Standpunkt hin überprüft.

Für den reformatorischen Neuaufbau mußten Erziehung und Bildung, Unterricht und Lehre eine entscheidende Rolle spielen. Der Erfolg der Reformation hing besonders davon ab, daß es Pfarrer und Lehrer gab, die das christliche Gemeinwesen im Sinne der reformatorischen Lehre prägen und lenken konnten. Die großen Reformatoren hatten darauf seit Jahren hingearbeitet. Philipp Melanchthon, leuchtendes Beispiel für die Verbindung von Reformation und Humanismus, machte sich die Ausgestaltung des Bildungswesens zur besonderen Aufgabe. Und auch Luther hatte schon hinlänglich Appelle zur Einrichtung von

Schulen und Anregungen zur Förderung christlich-reformatorischer Bildung gegeben. Wo immer die Reformation in Reichsstädten und Territorien bislang in Gang gekommen war, gehörte der Aufbau eines Unterrichts- und Bildungswesens auf der Grundlage reformatorischer und humanistischer Anschauungen dazu.

So war es auch in Hessen, dem langjährigen Aufenthaltsort Herzog Ulrichs. Er wurde hier nicht nur in die politischen und militärischen Überlegungen des Landgrafen Philipp zur Stärkung und Ausweitung der Reformation eingeweiht. Er erlebte in Hessen auch verschiedene Maßnahmen zur Durchführung der Reformation mit und erhielt Anregungen und Anstöße. Ganz offensichtlich überzeugte ihn eine bildungspolitische Maßnahme des Landgrafen, vorgenommen in gut reformatorischer Gesinnung: aus Teilen des kirchlichen Vermögens, das durch die Eingriffe der Reformation für neue Verwendungszwecke frei geworden war, wurden an der erst 1527 gegründeten Universität Marburg Stipendienplätze geschaffen. Damit sollten Landeskinder die Gelegenheit zum Studium erhalten, um Pfarrer und Lehrer zur evangelisch-reformatorischen Gestaltung des Landes zu haben. Herzog Ulrich orientierte sich an diesem Vorbild.

Schon im Herbst 1534 wurde Ambrosius Blarer, der Reformator im südlichen Teil des Herzogtums Württemberg, beauftragt, auch die Universität Tübingen zu reformieren. Die Umgestaltung der Hohen Schule des Landes erwies sich jedoch als diffiziles Unterfangen, dem Blarer allein nicht gewachsen war. Die traditionellen, antireformatorischen Kräfte opponierten; man wehrte sich auch gegen den landesherrlichen Zugriff auf die Universität. Schließlich wurden Philipp Melanchthon und Johannes Brenz zur Lösung der Aufgabe mitherangezogen. 1537/38 zeitigte die Reformation der Universität Früchte. Doch schon vorher hatte Herzog Ulrich die Einrichtung von Stipendien zum Studium an der Universität, im wesentlichen für spätere Pfarrer und Lehrer, in die Wege geleitet.

Die Gründung des Stipendiums 1536

Am 14. Februar 1536 erging die »Ordnung der Stipendiaten – um Gottes Ehr und zu Erhaltung und Erbauung frommer, geschickter, gottliebender Menschen«. Diese Ordnung war Plan und Erlaß zugleich. Sie war jedoch keinesfalls *Abb. 2* schon eine umfassende, ausgefeilte und definitive Regelung, die schnell in die Tat umgesetzt werden konnte. Die Bestimmungen der »Ersten Stipendiatenordnung« galten einem erst aufzubauenden Werk.

Dieses stand in enger Verbindung mit der Visitation, jener seit 1536 Ort um Ort gezielt in die Wege geleiteten Überprüfung, Regulierung und Neuordnung der

kirchlich-öffentlichen Verhältnisse, nicht zuletzt der materiellen und finanziellen. Überall sollten »Armenkästen« eingerichtet werden, eine Sammelkasse für kirchlich-öffentliche und karitative Zwecke. Aus diesen »Armenkästen«, so wurde im Februar 1536 angeordnet, sollte jeweils ein bestimmter Betrag für die Einrichtung von Stipendienplätzen an der Universität Tübingen abgezweigt werden. Die Zahl der Stipendienplätze wurde für die Orte und Amtsbezirke den festgesetzten Beiträgen entsprechend fixiert. Für Göppingen zum Beispiel waren es drei, für Blaubeuren nur einer.
1537, nachdem das Stipendienunternehmen seit nahezu einem Jahr angelaufen war, wurden 14 ›Urstipendiaten‹ verzeichnet. Doch noch befand sich die gesamte Organisation im Fluß. Die »Erste Stipendiatenordnung« bestimmte zwar auch schon Titel und Gehälter derer, die für die Stipendiaten und die Organisation bedienstet werden sollten. Doch die Besetzung der geplanten Stellen und die Regelung einer gemeinsamen Unterkunft und Verpflegung für die Stipendiaten gingen nur schleppend voran.
Bis man hier Fortschritte erzielte, wurde der Stipendiensatz von jährlich 25 Gulden den Stipendiaten offensichtlich weitgehend direkt ausbezahlt. Nach dem Willen des Herzogs sollte die Universität, aus pädagogischen und disziplinarischen Gründen, verstärkt zur Betreuung der Stipendiaten herangezogen werden; diese sträubte sich aber wiederholt dagegen. Erst 1541 begannen sich die Verhältnisse zu konsolidieren. Die Universität erklärte sich bereit, den Stipendiaten insgesamt gegen Bezahlung der üblichen Miete im westlichen Teil der Tübinger Burse, der ehemaligen »Bursa moderna«, offiziell Unterkunft zu gewähren. Nun konnte an die Realisation des 1536 im Grundriß vorgelegten Konzepts herangegangen werden.

Konsolidierender Ausbau seit 1541

»Erweitert und bestätigt« – mit diesem Zusatz im Titel erging unter dem Datum des 12. März 1541 erneut eine Stipendiatenordnung. Sie war nun beinahe auf das Doppelte angewachsen. In der Fassung von 1536 hatte sie, so gut wie ausschließlich, Aussagen über das Rechnungswesen, über Ökonomie des Stipendienunternehmens und über die Verpflegung der Stipendiaten enthalten. Jetzt wurde, nachdem das Problem der gemeinsamen Unterbringung der Stipendiaten gelöst war, deren Beaufsichtigung sowie die Regelung und konzentrierte Förderung ihrer Studien in Angriff genommen.
Schon 1536 waren zur Beaufsichtigung der Stipendiaten und zur Förderung ihrer Studien ein Aufseher und ein Lehrer vorgesehen. Erste Aufsichtsperson über die Stipendiaten, mit dem Titel eines Magister Domus, wurde 1539 Georg Käm-

merlin. Er war als Magister artium, also nach erfolgreichem Abschluß des im mittelalterlichen Universitätsbetrieb fest installierten allgemeinbildend-philosophischen Grundstudiums, seit 1530 lehrend an der Tübinger Universität tätig. Man klagte aber bald über seine teils nachlässig-lockere, teils stürmisch-scharfe Amtsführung. Schon nach einem Jahr endete sein Dienst.
Ein neuer Magister Domus wurde erst im Frühjahr 1541 angestellt. 42 Stipendiaten wohnten damals in der Burse; drei schon verheiratete behielten ihre bisherige Wohnung; und der Sohn des Reformators Schnepff, Dietrich Schnepff, beanspruchte ebenfalls Sonderbehandlung. Nun wurde auch der 1536 geplante Posten eines Lehrers für die Stipendiaten besetzt. Präzeptor wurde Jakob Braun; er hatte im Jahr zuvor die Magisterprüfung abgelegt. 1546 wurde Dietrich *Abb. 5* Schnepff sein Nachfolger.
Magister Domus wurde 1541 Hieronymus Gerhard, ein gebürtiger Pfälzer, 1539 in Tübingen magistriert. Für die Ernennung des Zweiundzwanzigjährigen mag die gute Bekanntschaft mit Johannes Brenz nicht ohne Bedeutung gewesen sein. Im Gegensatz zu seinem Vorgänger war er offensichtlich der Aufgabe gewachsen. In seiner fünfjährigen Amtszeit schuf er so gute Grundlagen für das Amt des Magister Domus, daß andere darauf aufbauen konnten. Auch der nächste Magister Domus war fünf Jahre im Amt. Es war Johann Hildebrand, in Tübingen magistriert, Mathematiker und Hebraist. Er stammte aus Straßburg. Noch war das Herzogliche Stipendium gezwungen, sich Führungskräfte aus anderen Ländern zu holen.
1547 wurden »Statuten« für die Stipendiaten ausgegeben, die die Ordnung des gemeinsamen Lebens regelten. Die »Stipendiatenordnung« von 1541 hatte in dieser Hinsicht das Entscheidende dem »Fleiß« der Aufseher überlassen. Jetzt wurden sie, ebenso wie die Stipendiaten, zur Wahrung fixierter Normen verpflichtet. Die einzelnen Aussagen der »Statuten« reichten vom Glockensignal zum Aufstehen um vier Uhr (winters um fünf), über das gemeinsame Gebet bis hin zum Gebot, Waffen nicht griffbereit, sondern in Truhen verschlossen zu halten. In all diesen Details erkennt man, mit welchem »Fleiß« die Aufseher in den vorangegangenen Jahren das gemeinsame Leben geprägt haben. Die Lebensordnung der Burse hat dabei unverkennbar als Vorbild gedient. Es wurde auch ein minderes Strafmaß festgesetzt, das auf Jahrhunderte hinaus Grundpfeiler der disziplinarischen Ordnung sein sollte: der Entzug des Tischweins.
Vor allen Einzelheiten aber stellten die »Statuten« den Stipendiaten die Grundbedingung ihres jetzigen Studentendaseins vor Augen. Sie sollten sich stets bewußt sein, daß sie von »Almosen« lebten, Gaben der Barmherzigkeit. Damit waren die Beiträge aus den »Armenkästen« gemeint, die die herzogliche Regierung für sie eintrieb. Es wurde an ein geradezu einklagbares Stipendiatenbe-

wußtsein appelliert. Dem war vorgearbeitet durch den Eid, den der angehende Stipendiat ablegen mußte. Er verpflichtete sich darin, in Tübingen zu studieren und zum späteren Dienst im Herzogtum bereit zu sein, es sei denn, der Fürst ließe ihn in die Fremde ziehen. Das Lebensgefüge eines Stipendiaten, in bildungspolitischer Fürsorge und materieller Abhängigkeit begründet, sollte auf die Ebene persönlicher Verbindlichkeit gehoben werden.
Wie aber kam einer dazu, diesen Eid ablegen und sich demgemäß als Stipendiat bewähren zu können? Wo ein Knabe für »geschickt« befunden wurde, da sollte er den Visitatoren genannt werden. Es folgte eine Prüfung. Jakob Andreae, der spätere Kanzler der Universität Tübingen und weithin bekannte Theologe, schaffte es erst im zweiten Anlauf und wurde 1541 Stipendiat. Beim ersten Versuch hatten seine Kenntnisse aus der Waiblinger Lateinschule zum Sprung nach Tübingen noch nicht ausgereicht. Wer die Prüfung erfolgreich absolviert hatte, gelangte zur »Präsentation« vor den »Superattendenten« des Herzoglichen Stipendiums in Tübingen.

Leitung des Stipendiums

Die Stipendiatenordnung von 1536 sah »zwei geschickt, gottesfürchtige Männer« vor – »diese zween sollen heißen und sein Superattendenten der Stipendiaten«. Ihre Aufgabe bestand in der Finanzverwaltung und der Gesamtaufsicht des Stipendienbetriebes in Tübingen. Im Gegensatz zum Magister Domus und zum Präzeptor hatten sie keine unmittelbar pädagogische Funktion. Sie sollten sich allerdings bei der Vornahme der jährlichen Gesamtabrechnung auch über Studium und Lebenswandel der Stipendiaten berichten lassen und gegebenenfalls entsprechend einschreiten. So blieb auch ihre Entlohnung als nur gelegentlich in Aktion tretende Verwaltungs- und Aufsichtsbeamte über die Hälfte hinter der des Magister Domus, des Präzeptors und des Propstes, der die ökonomischen Dinge zu besorgen hatte, zurück. Selbst der Koch erhielt mit zwölf Gulden jährlich zwei Gulden mehr als ein Superattendent.
Einer der beiden Superattendenten sollte Mitglied der Universität, der andere aus der Tübinger Bürgerschaft bzw. ein herzoglicher Beamter sein. Jeder besaß einen Schlüssel für die mit zwei verschiedenen Schlössern gesicherte Geldtruhe, in der sie die Einnahmen aus den Armenkästen des Landes zu verwahren hatten. Der erste Superattendent aus den Reihen der Universität war seit Dezember 1537 Paul Phrygio. Er war im Zuge der Reformation der Universität 1535 aus Basel auf eine theologische Professur nach Tübingen berufen worden. Schon vor seinem Amtsantritt als Superattendent hatte er als Rektor der Universität mit der Realisierung der herzoglichen Stipendienpläne zu tun. An der konsolidierenden

1 Im Speisesaal des Ev. Stifts, der früheren Kommunität, erinnert dieses Gemälde an den Gründer des Stipendiums, Herzog Ulrich von Württemberg (1498–1550).

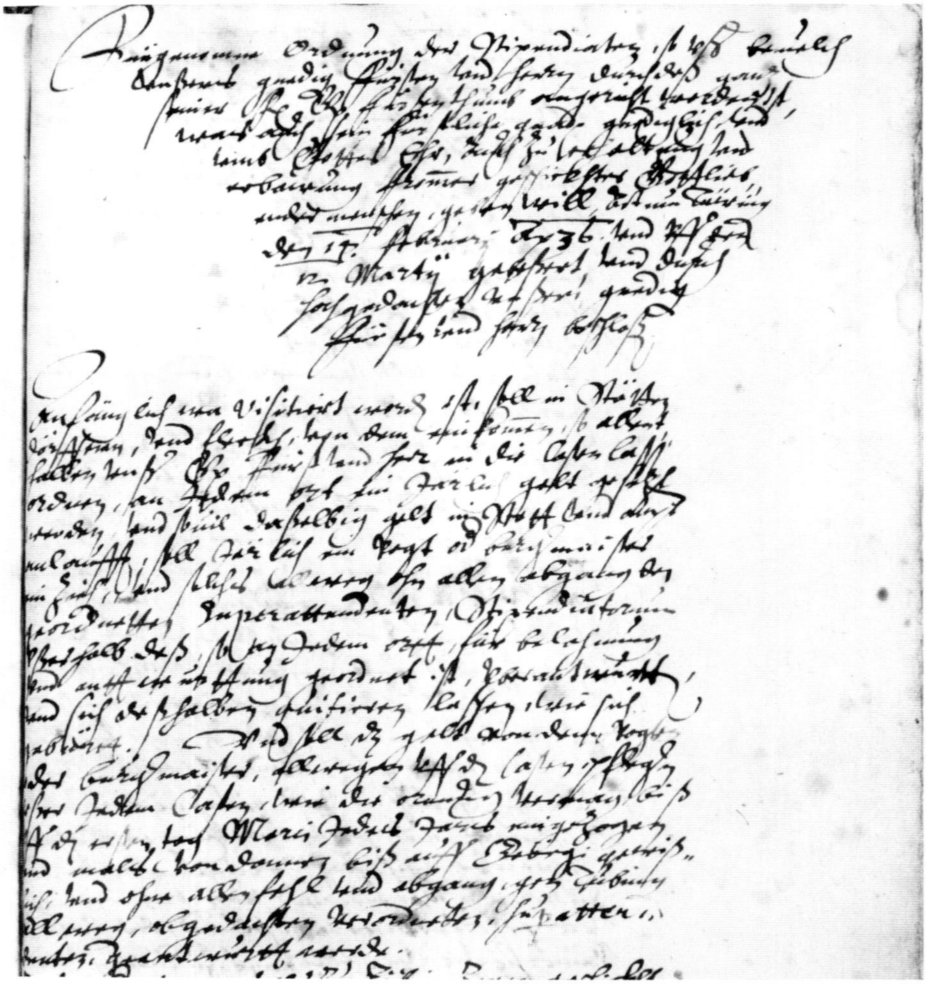

2 *Zu den ältesten Dokumenten der Stiftsgeschichte gehört die »Erste Stipendiatenordnung«. Sie erging am 14. Februar 1536 und in überarbeiteter Fassung am 12. März 1541. Schon die einleitenden Sätze geben Einblick in die anfänglichen Bemühungen zur Aufrichtung des Stipendiums:*
»Fürgenomne Ordnung der Stipendiaten, so uß Beuelch Unseres gnedigen Fürsten und herrn durch daß gantz seiner fürstl. Gn.(aden) fürstenthumb angericht worden ist; waß auch sein fürstliche Gnaden gnediglich und umb Gottes Ehr, auch zu Erhaltung und Erbawung frommer, geschikter, gottliebender Menschen geben will. Actum Tüwingen, den 14. Februarij anno 36 und uff den 12. Martij gebeßert, und durch hochgedachten unsern gnedigen Fürsten und herrn beschloßen.
Anfänglich, wo visitiert worden ist, soll in Stätten, dörffern und Flecken, von dem einkommen, so Allenthalben Unser gnediger Fürst und herr in die Kasten laßen ordnen, an jedem Ort ein järlich Gelt gesezt werden, und souil daßelbig Gelt in Statt und Ampt anlaufft, soll järlich ein Vogt oder Burgermaister einziehen und solches allwegen ohn allen Abgang den geordneten Superattendenten Stipendiatorum ußerhalb deß, so an jedem Ort, für Belohnung und Antwurttung geordnet ist, uberantwurtten und sich desßhalben quitieren laßen, wie sich gebürtt. Und soll das Gelt von dem Vogten oder Burgermaister, allwegen uff den Castenpflegern, ußer jedem Casten, wie die Ordnung vermag, bis uff den ersten tag Marti jedes Jars eingezogen, und mals von dannen bis auff Georgii gewißlichen, und ohne allen Fehl und Abgang gen Tübingen allwegen obgedachten verordneten Superattendenten geantwurtt werden.«

3 Erhard Schnepff (1495–1558). Der gebürtige Heilbronner, 1534 aus hessischen Diensten zur Durchführung der Reformation nach Württemberg berufen, war von 1544 bis 1548 Theologieprofessor in Tübingen und Superattendent des Herzoglichen Stipendiums.

4 Schloß und Kirche, weltliches und geistliches Regiment prägen das Erscheinungsbild von Tübingen im Jahrhundert der Reformation und darüber hinaus. Zwischen die prägenden Größen eingebettet befindet sich die Universität, unmittelbar daneben, im ehemaligen Augustinerkloster, das Herzogliche Stipendium.

9 *Georg Liebler, Magister Domus 1552–1556*
10 *Samuel Hayland, Magister Domus 1556–1592*
11 *Veit Müller, Magister Domus 1592–1617*
12 *Conrad Cellarius, Magister Domus 1617–1636*

Arbeit des Jahres 1541 war er maßgeblich beteiligt. In diesem Jahr erst wurde neben ihm als weiterer Superattendent der als Kastkeller im Dienst des Herzogs stehende Sebastian Waibel genannt. Ihm folgte, als ›Nicht-Akademiker‹, 1547 der Tübinger Obervogt Sigmund Herter von Herteneck. Er hatte das Stipendienunternehmen offensichtlich interessiert beobachtet. 1542 hatte er dem Statthalter Jörg von Ow eine Besprechung »der Stipendiaten halber« vorgeschlagen, Anlaß: »Es dünkt mich, daß ihnen der Zaum viel zu lang gelassen werde.«
Als akademischen Kollegen hatte der Obervogt den einstigen Reformator Erhard Schnepff. Er war nach Phrygios Tod 1543 im Februar 1544 dessen Nachfolger auf der theologischen Professur und alsbald auch Superattendent der herzoglichen Stipendiaten geworden. Im Dezember 1548 mußte er jedoch aus Tübingen und dem württembergischen Dienst scheiden. Die religionspolitische Lage, herbeigeführt durch die Niederlage der Protestanten im Schmalkaldischen Krieg, bedingte den Weggang des strengen Lutheraners. Der siegreiche Kaiser Karl V. hatte im Mai 1548 ein Religionsgesetz, das »Interim« ausgegeben, das darauf abzielte, die Reformation zurückzudrängen und, wo es ging, rückgängig zu machen. Gerade Württembergs Herzog Ulrich geriet dadurch gewaltig unter Druck. Es war zweifelhaft, ob sein reformatorisches Werk, vor vierzehn Jahren begonnen, sich würde behaupten können. Für die Stipendiaten ließ er immerhin einen neuen Superattendenten bestellen: den berühmten Mediziner Leonhart Fuchs. Er wachte fortan lange Jahre über die Finanzen und die Organisation des Herzoglichen Stipendiums. Aber Herzog Ulrich begnügte sich nicht mit der Bestellung eines Superattendenten.

Abb. 3

Abb. 6

Als Leonhard Fuchs das Amt antrat, war dem Stipendium bereits, mitten in der politisch unsicheren und ungewissen Situation, ein Gebäude zur gemeinsamen Lebens- und Arbeitsgestaltung zur Verfügung gestellt worden, eine einschneidende und zukunftsträchtige Maßnahme. Die Einmietung in der Burse seit 1541 hatte sich doch insgesamt als Notbehelf erwiesen. Deshalb hatte der Herzog festgesetzt, daß das ehemalige Tübinger Augustinerkloster für das Stipendium bereitzustellen sei. Am 18. August 1547, schon nach der katastrophalen Niederlage der Protestanten im Schmalkaldischen Krieg, erteilte Herzog Ulrich den Befehl, das Augustinerkloster entsprechend baulich herzurichten. Den Stipendiaten sollte eine »gerombte Wohnung« geschaffen werden. Der Einzug erfolgte im Winter 1547/48. Damit war das Herzogliche Stipendium, seit Jahren in seiner organisatorischen Struktur festigend ausgebaut, in jenem Gebäude untergebracht, das als das »Tübinger Stift« Geschichte machen sollte. Obwohl die damalige Lage nicht für eine große Zukunft der Reformation in Württemberg sprach, hatte Herzog Ulrich einen weiteren bedeutenden Schritt zum Ausbau des von ihm begründeten Bildungswerkes gewagt.

Das Jahrhundertwerk: Vom Ausbau des Herzoglichen Stipendiums unter Herzog Christoph bis zu seiner Wiederherstellung nach dem Dreißigjährigen Krieg

»Von dem Stipendio zu Tübingen«, unter dieser Überschrift findet sich ein umfassender und detailliert ausgearbeiteter Abschnitt in der sogenannten Großen Kirchenordnung von 1559. Die Große Kirchenordnung dokumentiert das reformatorische Wirken, die Gestaltung des Herzogtums Württemberg nach Grundsätzen der lutherischen Reformation, wie sie in den vorausgegangenen Jahren unter der Regierung von Herzog Christoph und dem führenden Theologen des Landes, Johannes Brenz, durchgeführt wurde. Dieses Dokument hatte den Rang eines ›Grundgesetzes‹ für das Herzogtum Württemberg: In den folgenden zweieinhalb Jahrhunderten galten die Grundzüge der Regelungen, die hier für weite Bereiche des öffentlichen Lebens getroffen waren. Indem auch das »Stipendium zu Tübingen« in der Großen Kirchenordnung verankert ist, wird seine Rolle als zentrales Element in der württembergischen Bildungslandschaft markiert.

Wenn Herzog Christoph als derjenige Fürst gilt, der Württemberg als einem neuzeitlichen Territorialstaat seine politischen Grundlagen gegeben hat, dann *Abb. 4* trifft dies in noch tieferem Sinne für die württembergische Kirche zu. Er gestaltete das Herzogtum zu einem lutherisch-reformatorischen Gemeinwesen um, orientiert an der Förderung der Ehre Gottes und seines heiligen Wortes.

Auf dieser Grundlage sollte sein Regiment dem Frieden und Wohlergehen von Land und Leuten dienen. Programmatisch steht in der Großen Kirchenordnung das »Württembergische Bekenntnis« vornean. Die Kirche mit ihrer lutherischen Theologie war keine für sich bestehende Größe, sondern umfassend für weite Bereiche staatlicher und gesellschaftlicher Existenz bestimmend. Am nachhaltigsten schlug sich das im Bereich der Bildung nieder. Das gesamte Schulwesen unterstand der Kirche. Kirche und Schule hatten gemeinsam, wenn auch in unterschiedlicher Akzentuierung und Gestaltungsweise, das Ziel, Menschen zu Christen zu erziehen. In diesem Ineinander von Kirche und Schule hatte das Tübinger Stipendium als eine Fördereinrichtung in materieller und geistiger Hinsicht die Aufgabe, die künftigen Diener für Kirche und Schule auszubilden.

Im November 1550 übernahm Herzog Christoph nach dem Tod seines Vaters *Abb. 7* Ulrich die Regierung. Dank der vorangegangenen Jahre der Regentschaft im württembergischen Mömpelgard war er gut vorbereitet. Dort hatte er sich auch schon der Reformation angeschlossen. Vom Beginn seiner Regierung an machte sich der neue Herzog gestaltend ans Werk, setzte die unter seinem Vater begonnene kirchliche Reform fort und festigte sie. Das Tübinger Stipendium, eine herzogliche Einrichtung, auf die durch das »Interim« keine alten kirchlichen An-

sprüche erhoben wurden, lernte schon 1551 Herzog Christophs Organisationstalent kennen: es wurde verstärkt auf geregelte Leitung des Stipendiums gedrängt. Der Herzog erkannte die Chancen, die in dem Ausbildungsinstitut lagen, und erhöhte die Zahl der Stipendienplätze auf siebzig. Er nutzte es auch, um Martin Frecht, dem durch das »Interim« vertriebenen Ulmer Reformator, Unterschlupf und Beschäftigung zu geben, bis dieser 1552 eine Universitätsprofessur übernehmen konnte.
Der Passauer Vertrag von 1552 und erst recht der Augsburger Religionsfriede 1555, an dessen Aushandlung Christoph stark mitgewirkt hatte, brachten für Württemberg wie für alle lutherischen Territorien und Städte die grundlegende Veränderung der kirchenpolitischen Situation. Fortan gab es eine sichere Rechtsbasis für die vom Landesherrn vorgenommenen Maßnahmen der Kirchenreform. Im Zuge der Neuorganisation der Regierung hatte Herzog Christoph den Kirchenrat eingerichtet. Im Unterschied zur Regierung seines Vaters war damit das kirchliche Vermögen von der sonstigen Finanzverwaltung des Herzogtums gesondert und eine funktionstüchtige Instanz der Kirchenleitung geschaffen. Auch das Tübinger Stipendium wurde dem Kirchenrat unterstellt. Schritt um Schritt erfolgten Ausbau und regelnde Gestaltung des kirchlich-öffentlichen Lebens im Geiste der lutherischen Reformation.

Die Klosterordnung 1556

1556 erging die »Klosterordnung«. Die Männerklöster des Landes wurden fast durchweg unter neuer Aufgabenstellung der Kirche dienstbar gemacht: sie wurden zu Schulen. Die Begründung: »Und damit die Ministeria Ecclesiae (die Kirchenämter) für und für dester stattlicher besetzt und versehen werden mögen, auch wir an Uns dieselben zu erhalten nichts erwinden liessen, so haben wir, in kraft unseres tragenden von Gott befohlenen Amts, unsers Fürstentums zugetane und incorporierte Prälaturen Klöster, der Augsburgischen und unsrer Konfession gemäss, reformieren und zu Schulen, auch Erziehung der Studiosen, welche, allein ihrer, der Klöster, ursprünglichem Herkommen nach, in Lehr- und Predigtämtern zu jeder Zeit zu gebrauchen sein möchten, anrichten lassen.«
Mit der Einrichtung der Klosterschulen wurde, neben den bestehenden Lateinschulen, ein Bildungselement geschaffen, das dem Universitätsstudium vorangehen und den dafür erforderlichen Wissensstand vermitteln sollte. In der kirchlichen Zielsetzung der Ausbildung waren sie dem Tübinger Stipendium gleichgestellt. Sie bildeten nun die Vorstufe hierzu und hatten ebenfalls Stipendiencharakter. In der Klosterordnung wurde dazu festgestellt: »Dieweil nun viel unserer Untertanen Kinder, welche gute und fruchtbare Ingenia (Köpfe), um des willen

bisher verhindert worden, daß die Eltern also unvermöglich gewesen oder sonst die Gelegenheit nit gehabt, sie bei den Studiis, bis zu der Theologie tauglich, zu erhalten und zu verlegen, demnach ordnen und wollen wir, daß hinfüro allein unsere Landeskinder, so zu dem Studieren erzogen, in unsere Klöster zu Studiosen . . . auf- und angenommen werden.«

Die Stipendiumsordnung 1557/1559

Im folgenden Jahr nach dem Erlaß der Klosterordnung erging die »Ordination unsers gnädigsten Fürsten und Herren Stipendii de novo confirmiert (erneut bestätigt), erklärt und gemehrt, de dato 15. Mai 1557«. Mit diesem Schriftstück erhielt das Tübinger Stipendium seine grundlegend feste Ordnung im Rahmen der reformatorischen Gestaltung Württembergs auf nunmehr gesichertem Fundament. Mit wenigen Veränderungen wurde diese »Ordination« in die Große Kirchenordnung aufgenommen. *Abb. 8*

Im Unterschied zu den neugeschaffenen Klosterschulen wurde hinsichtlich des Stipendiums in Tübingen hervorgehoben, daß man an das reformatorische Werk Herzog Ulrichs anknüpfe und es fortführe. Klosterschulen und Tübinger Stipendium wurden, unter Berücksichtigung des übrigen Schulwesens, aufs engste miteinander verklammert. Das Ziel optimaler Ausbildung war ein entscheidendes Bindeglied: »Demnach aber die Knaben und Studiosi in vorverordneten Partikular-, auch unsern Klosterschulen nit alle ihre Studia dahin fördern oder absolvieren mögen, damit sie von denselben gleich ad Ministeria Ecclesiastica (zur Wahrnehmung eines kirchlichen Amtes) zu vocieren und zu gebrauchen, doch dann weiland unser freundlicher lieber Herr und Vater, seliger, beratenlich und notwendig bedacht und erwogen, auch christlich bewegt worden, ein namhaft Stipendium bei unsrer Universität zu Tübingen für arme und unvermögende Landeskinder aufzurichten, zu stiften und mit notwendiger Erhaltung, auch guten Ordnungen zu begaben, welche löbliche und der Kirchen halb nützliche Stiftung nit allein zu erhalten und ihrer Lieb willen zu vollziehen, sondern dieselb auch mehrers zu befördern und zu erweitern, haben wir zu angehender unsrer Regierung wieder für die Hand genommen, an der Ordnung renoviert, gebessert, auch noch weiters dotiert und zu Erziehung einer mehreren Anzahl denn zuvor ferner begabt.«

Diese Sätze stehen am Anfang des Abschnitts »Von dem Stipendio zu Tübingen« in der Großen Kirchenordnung. Sie bringen den klaren Willen Herzog Christophs zum Ausdruck, in der Förderung der Kirche, wie sie sein Vater durch Sorge für das Studium der zukünftigen Diener der Kirche in die Wege geleitet hatte, uneingeschränkt fortzufahren. Die unter Herzog Ulrich erfolgte materielle Ausstattung des Stipendiums wird ohne Abstriche bekräftigt. Die Gesamtanlage des ehemaligen Tübinger Augustinerklosters und die zur laufenden Unterhaltung des Betriebs bereitgestellten Einkünfte sollen dem Stipendium erhalten bleiben. Ja, es wird noch weitere Vorkehrung getroffen: Sollten die vorhandenen Mittel zum Erhalt der jetzt auf 100 festgesetzten Stipendienplätze nicht ausreichen, so wird dem Kirchenrat zur Aufgabe gemacht, das noch Erforderliche »von anderm Einkommen« zur Verfügung zu stellen. Das Herzogliche Stipendium war keine Bildungseinrichtung, die ihre Existenz dem Einsatz überflüssiger Mittel verdanken sollte. Ihm wurden bei der Verteilung der Finanzen hohe Prioritäten zuerkannt.

Neben den Ausführungen über die materielle Ausstattung des Stipendiums beschreibt die Große Kirchenordnung umfassend, wie der Betrieb der Bildungseinrichtung funktionieren soll. Die Hausverwaltung nach der wirtschaftlichen Seite hin liegt in Händen des »Prokurators«. An ihn werden folgende Anforderungen gestellt: ». . . einer aus unserm Land, der dannoch eines ziemlichen Vermögens, ehrlichen Wandels, zu der Ehr Gottes, guter Zucht und Künsten eines guten Eifers in einem Ansehen sei, ihm selber wohl gehauset habe, des Haushaltens, Einkaufens und Rechnens bericht sei.« Dem Prokurator stehen weitere Bedienstete zur Seite: der Pfister, »der fromm, redlich und des Bäckerhandwerks wohl bericht und verständig, nicht leichtfertig oder trunken« sein soll; der Pincern, der die Ausgabe des Tischweins aufs genaueste zu verwalten hat; der Koch und ein Küchenjunge; der Torwärter, notwendig, »dieweil nit wenig an der Beschliessung und Aufsehen des Aus- und Einwandels gelegen«; und schließlich die Famuli, denen offiziell neben ihrer Mithilfe im Wirtschaftsbetrieb des Stipendiums die Möglichkeit zum Studieren eingeräumt wird; die Große Kirchenordnung sieht drei solcher Stellen vor – im Laufe der Zeit wurden es mehr, auch zur Kontrolle der Stipendiaten wurden sie herangezogen, bis diese Mittelstellung zwischen Bedienstetem und Stipendiat im 19. Jahrhundert aufgehoben wurde.

Die Ämter der zwei Superattendenten und des Magister Domus waren schon zur Zeit Herzog Ulrichs geschaffen worden. Neu war die Präzisierung, daß beide Superattendenten Theologen und nach Möglichkeit Mitglieder der Tübinger Fakultät sein sollten. Als 1561 eine vierte Professur an der Fakultät eingerichtet wurde, war dann auch die erwünschte Verkoppelung von Stipendium und theologischer Fakultät auf Jahrhunderte hin hergestellt.

Daß beide Superattendenten Theologen sein sollten, bedeutete eine Umwertung dieses Amtes. Zwar hatten die Superattendenten auch weiterhin vor Ort die Oberaufsicht über die wirtschaftlichen Verhältnisse des Stipendiums zu führen, sollten aber verstärkt als Erzieher und Lehrer wirken. Besonders oblag ihnen, über die Pflichten als Universitätsprofessoren hinaus, die theologische Ausbildung der Stipendiaten. Auch die Überwachung des täglichen Lebens im Stipendium gehörte zu ihren Aufgaben, wobei auf ihre persönliche Gegenwart, nicht zuletzt bei den Mahlzeiten, gesteigerter Wert gelegt wurde. Daß ihnen enge Zusammenarbeit mit dem Kirchenrat, durch Meldungen und Berichte, vorgeschrieben wurde, ist ein charakteristisches Element des zentralistischen Aufbaus der württembergischen Kirche, wie er unter Herzog Christoph erfolgte.

Der Magister Domus, einerseits der Aufsicht der Superattendenten unterstellt, sollte doch andererseits von den beiden in der Ausübung seines Amtes unterstützt werden. Die Aufgaben, die ihm zugeschrieben wurden, ergaben eine Tätigkeit rund um die Uhr. Er sollte mit dem Prokurator zusammen die laufende Wirtschaftsführung erledigen und alle Bediensteten aufs genaueste kontrollieren; er sollte »mit seiner Zucht, Lehr und Leben den Stipendiaten treulich und christenlich vorstehen«; er sollte sich darum kümmern, daß die Stipendiaten ihren Studienpflichten fleißig nachkamen und sich besonders den jüngeren Stipendiaten widmen; er hatte das Verhalten der Stipendiaten zu überwachen, bei Tag und Nacht ein Auge auf eventuell aufkommende Verstöße gegen die Ordnung zu richten, »und sonst in allweg unsern und des Stipendii Nutzen und Frommen schaffen, Schaden warnen und wenden, unserm Befehl jederzeit gehorsam und gewärtig sein«.

Studienförderung und Verhaltenskontrolle

Ein einzelner wäre mit der Durchführung dieser Aufgaben überfordert gewesen. Die Große Kirchenordnung setzte zur Entlastung des Magister Domus einen Dienst aus dem Kreis der Stipendiaten selbst fest. Von den Stipendiaten, welche bereits die Magisterprüfung hinter sich hatten und im Studium fortgeschritten waren, sollten jeweils sechs Befähigte mit den anderen Stipendiaten den Lehrstoff des Studiums durchsprechen und repetieren. Sie hießen darum »Magistri repetentes« oder kurz: Repetenten. Es wurde ihnen zur Pflicht gemacht, »eines jeden Fleiß und Unfleiß (zu) vermerken, auch dieses alles, und wie geflissen sie (sc. die Stipendiaten) sich in ihren Studiis, Repetitionibus und sonsten erzeigen, (zu) beweisen oder nit, auch jegliches Absentiam (Abwesenheit) unsern Superattendenten jederzeit eigentlich (zu) referieren und eröffnen«. Für diese Tätigkeit sollten sie eine Bezahlung erhalten.

Aufwertung und Ausweitung dieses Dienstes zeichneten sich schon in der Großen Kirchenordnung ab, wenn sie einen der Repetenten dem Magister Domus zur Seite stellte: »Damit nun ob der Stipendiaten Pietät, Lehr, ehrbaren Wandels und Zucht, auch dero Statuten dester baß gehalten mög werden, so soll jederzeit dem Magister Domus ein Collega aus den Repetentibus des Stipendii zugeordnet werden.« Der ›Kollegialität‹ von Magister Domus und Magister repetens sollte aber nicht die Zukunft gehören. Während die Stellung des ersteren sich auf die übergeordnetere Leitungsebene der Superattendenten zubewegte, wurde das Alltagsgeschäft der Beaufsichtigung der Stipendiaten zur Aufgabe der Repetenten insgesamt, die dadurch ihrerseits in eine Sonderstellung gegenüber den Stipendiaten rückten.

Es war Sorge dafür getragen, daß alle Stipendiaten über die Teilnahme am Lehrbetrieb der Universität hinaus zu gründlichem Studium angehalten wurden. Außerdem sah die Ordnung des Stipendiums eine weiterreichende Förderung wissenschaftlich-theologischer Bildung für einzelne vor: »Damit man beharrlichen feine gelehrte Theologos bei der Hohen Schul zu profitieren (zur Übernahme einer Universitätsprofessur) und sonsten bei der Kirche haben möge«, darum sollten »zum wenigsten« jeweils vier Stipendiaten die Möglichkeit erhalten, »ihre Studia in Theologia bis ad gradum Doctoratus zu compliern.«

Man war nicht kleinlich, als man im 16. Jahrhundert in Württemberg das Stipendium ausstattete. Das reformatorisch-lutherische Herzogtum, dem Glauben an das lebenstiftende Gotteswort verpflichtet, gab sich alle Mühe, dieses Wort zu kultivieren, sofern das in der Macht des Menschen liegt. Das Stipendium wurde zu einer großzügig ausgestatteten Bildungseinrichtung neben der Universität und in enger Verbindung mit ihr. Es sollte in gutem Zustand erhalten bleiben. Die Verwaltungsvorschriften für das Stipendium in der Großen Kirchenordnung zeugen davon. Es wurde angeordnet, verschiedene Verzeichnisse und Register anzulegen, für die Wirtschaftsführung ebenso wie für die Beaufsichtigung der Stipendiaten. Exakte Buchführung wurde vorgeschrieben, ein mehrfach gestuftes Überprüfungssystem installiert.

Das Stipendium sollte seinen Zweck, die Versorgung des Landes mit gebildeten Theologen, erfüllen. Ein wichtiges Element hierfür wurde durch die Anordnung geschaffen, »daß die Superattendenten und Magister Domus zu allen Quartaln (vierteljährlich) unsern Kirchenräten schriftlich berichten sollen aller Stipendiaten Namen, wie sie jeden in seiner Lehr und Disziplin, auch mit Predigen erfunden, und was ihr Gutbedünken jedes Stipendiaten halber sei, und welcher zur Kirchen oder Schulen zu gebrauchen wäre, damit sie jederzeit daraus Wissens haben mögen, was für taugenliche Personen im Stipendio zugegen, mit welchen die Pfarreien, Prädikaturen, Diakoneien und Schulen zu versehen, und andere an ihrer statt zu verordnen«. Dank dieser vierteljährlichen Berichte war der Kirchenrat stets bestens auf dem laufenden und das Stipendium fest in die Leitung der Kirche eingebaut.

Für die Aufnahme ins Stipendium hielt man sich an das vorgegebene Muster: Prüfung der Bewerber und bei Aufnahme Verpflichtung zum späteren württembergisch-kirchlichen Dienst. Genau geregelt wurde in der Großen Kirchenordnung die Beurteilung und Prüfung der ›Landeskinder‹, und zwar vor Ort, dann in Stuttgart durch den Kirchenrat und schließlich in Tübingen durch Superattendenten und Magister Domus. Die Maßstäbe, nach denen Pfarrer, Lehrer und herzogliche Beamte in den Heimatorten der Bewerber dieselben beurteilen sollten, standen unter der Mahnung: ». . . daß sie kein Untauglichen vergebenlich in Unkosten führen.« Und auch die höheren Instanzen wurden darauf hingewiesen, daß bei der Aufnahme ins Stipendium »nit nach Gunst, Muet oder Gab, sondern allein der Erudition und Unvermöglichkeit nach gehandelt werde; als sie Gott, dem allmächtigen, am Jüngsten Tag Rechenschaft geben, das wir ihnen allen auf ihr Gewissen gesetzt haben wollen, und bei Vermeidung unserer Ungnad und Straf«.

Im selben Ton ernster Nachdrücklichkeit wurde der Stipendiat in seine Stellung eingewiesen. Neben eine »Verschreibung«, die noch durch Vater bzw. Vormund bekräftigt werden sollte, trat die persönlich-verbindliche Erklärung: auf der Grundlage der Dankbarkeit über die Aufnahme ins Stipendium bereit und willens zu sein, die Vorschriften zu befolgen, den Vorgesetzten Gehorsam zu erweisen, das Studium der Theologie – es sei denn, ein anderes würde gestattet – zu absolvieren und sich zu einem Amt der »Schul, Kirchen oder gemeines Nutzen Sachen« im Herzogtum Württemberg gebrauchen zu lassen. Weil mit der Wohltat des Stipendiums beschenkt, wurden die ›Landeskinder‹ entsprechend in Pflicht genommen. Ihre Eingliederung in das bestehende Autoritätsgefüge, von reformatorisch-lutherischer Ethik getragen, stand im Vordergrund. Aber neben dem Gehorsam hatte man durchaus das freimütig-eigenständige Mitwirken der Stipendiaten im Auge, wenn man sich von ihnen wünschte, daß sie »sonsten in allweg unserer Universität und Stipendii Nutzen und Frommen schaffen, Schaden warnen und wenden und alles tun und leisten (sollen), das einem frommen, redlichen und fleissigen Studioso geziemt, treulich und ungefahrlich«. Für die Aufnahme ins Stipendium gab es weiterhin zunächst keine feste zeitliche Regelung. Sie bahnte sich erst im Laufe der zweiten Hälfte des 16. Jahrhunderts an, vor allem verbunden mit der Festigung der Ausbildung in den Klosterschulen und dem Übergang der Schüler von dort ins Tübinger Stipendium. Schließlich wurden feste Jahrgangsgruppen, die »Promotionen« gebildet.

Statuten für die Stipendiaten

Das Wunschbild des »frommen, redlichen und fleissigen Studiosus« enthielt auch gezielte Erwartungen an die alltägliche Lebensgestaltung eines Stipendiaten. Sie blieben nicht unausgesprochen. Der vergleichsweise umfangreichste Abschnitt, den die Große Kirchenordnung im Kapitel »Von dem Stipendio zu Tübingen« enthält, trägt die Überschrift: »Statuta der Disziplin und ehrbaren Haltens der Stipendiaten«. Für die Aufstellung und den Erlaß von Statuten gab es ja bereits eine Vorlage aus der Zeit Herzog Ulrichs. Äußerlich betrachtet sind sie ums Vierfache angewachsen und fallen schon dadurch stärker ins Gewicht. Sie umschreiben den Tageslauf, weisen die Stipendiaten in Sitte und Anstand ein, regeln die Abläufe des gemeinsamen Lebens im Stipendium und stellen schließlich den unverbesserlichen Gesetzesübertretern, neben der Strafe des Weinentzugs und der Einquartierung in den Karzer, unmißverständlich vor Augen: »Wir wollen und meinen auch ernstlich hiermit, daß keiner unserer Stipendiaten, so sich mit Unfleiß und sonst ärgerlich halten, auch über vorgehende Warnungen nit bessern wollte oder würde, in unserm Stipendio geduldet, sondern zeitig . . . abgeschafft werde.«

Daß für die Lebensgestaltung der Stipendiaten strenge Regeln aufgestellt wurden, war keine Ausnahmeerscheinung. An die angehenden Diener der Kirche wurden zwar gehobene sittliche Ansprüche gestellt, und die mittelalterliche Lebensordnung aus Kloster und Burse gab der alltäglichen Ordnung im Stipendium das Gepräge. Ernste Maßstäbe wurden aber auch außerhalb des Stipendiums angelegt. Auch dem einfachen Mann auf dem Lande brachte die reformatorische Gestaltung Württembergs unter Herzog Christoph Vorschriften und Verordnungen, die seinen Lebenswandel unter religiös-sittliche Normen stellten. Der Anspruch der herzoglichen Regierung lautete auf Sorge für die Einhaltung des göttlichen Willens und auf Verherrlichung des Allmächtigen. In der Einleitung zu den Statuten für die Stipendiaten wurde das in der Großen Kirchenordnung programmatisch zum Ausdruck gebracht: »Dieweil nun diese unsere Ordination und Stiftung allein zur Förderung der Ehr Gottes und Erweiterung seines heiligen, lebenmachenden Worts, auch aller guter christenlicher Zucht, Ehrbarkeit, auch gemeiner Polizei von uns bedacht und fürgenommen worden, und dann die Furcht des Herrn je ein Anfang aller Weisheit, guter Künsten und Zucht ist, so ordnen und wöllen wir, daß unsere Stipendiaten und all Personen darinnen in nachgemeldten Disziplinen und Statuten erhalten und gezüchtigt werden.«

Über den Willen, der hier am Werk war, und über das gesteckte Ziel konnte kein Zweifel aufkommen. Grundlegend wurden der bunten Vielzahl von Einzelvorschriften in den Statuten die Anweisungen zur Gestaltung des religiösen Lebens vorangestellt. Sie orientieren sich an der ›Ersten Tafel‹ der Zehn Gebote: Anbetung des allein wahren Gottes, Heiligung der Zeit durch Verrichtung des Gottesdienstes, Verehrung des göttlichen Namens mit Verbot von Fluchen und Schwören. In diesen Anweisungen kommt dem, in lateinischer Sprache, vorgeschriebenen Morgengebet eine zentrale Stellung zu. Es bekundet, wie die angehenden württembergischen Theologen, zu Gott im Gebet gewendet, sowohl ihr Gottesverhältnis wie ihre Stellung in der Welt aus dem Geist der lutherischen Reformation tagtäglich zu erfassen lernen sollten.

»Dich, o Gott und Vater unseres Herrn Jesus Christus, rufen wir an. Du wollest nicht nachlassen, Deine Kirche, die über die ganze Erde zerstreut und durch vielerlei Gefahr bedroht ist, die Dein eingeborener Sohn, unser Herr Jesus Christus, sich durch sein Blut erworben hat, mit Deinem Heiligen Geist zu erleuchten und auszurüsten. Du wollest die ehrwürdigen Regenten des Heiligen Römischen Reiches Deutscher Nation, unseren Kaiser mitsamt den Kurfürsten und Fürsten des Reiches und auch unseren Herrn, den Herzog von Württemberg, den überaus gütigen Regenten, mit Deiner machtvollen Rechten schützen, den Geist eines jeden auf Beschlüsse hinlenken, die dem allgemeinen Wohlergehen nützen, und ihre Regierung erhalten zur Bewahrung von Ruhe und Frieden und zur Ausbreitung Deines Namens. Auch unser Studium wollest Du fördern, daß wir auf Dich hin wachsen, nicht nur für unser eigenes Heil schaffen, sondern auch der Kirche und dem Gemeinwesen von Nutzen sein können – durch unsern Herrn Jesus Christus, das Opfer für unsere Sünden und das Lösegeld für unsere Errettung, der mit Dir und dem Heiligen Geist lebt und regiert. Gelobt sei Gott in Ewigkeit. Amen.«

Ein religiös fundiertes Leben haben die Statuten den Stipendiaten vorgeschrieben. Im Mittelpunkt stand nicht der einzelne, sondern das ganze und der darauf ausgerichtete Zweck. Nicht Verantwortung, Einsicht oder Selbstbestimmung, vielmehr Gehorsam, Respekt und Geltenlassen des Vorgegebenen lautete die Maxime für die Angehörigen des Tübinger Stipendiums. »Damit sich nun keiner der Unwissenheit zu entschuldigen hab«, wurde verfügt, daß die Statuten vierteljährlich in der »Kommunität«, dem Gemeinschafts- und Speiseraum, »verständlich verlesen und deklariert« werden sollten. Was die Große Kirchenordnung über die Gestaltung der Verhältnisse im Herzoglichen Stipendium festschrieb, das sollte keineswegs nur auf dem Papier stehen. Die Vorschriften der Statuten wurden angewendet. Und insgesamt galten die Bestimmungen, die dem Tübinger Stift unter der Regierung von Herzog Christoph gegeben wurden, weit über das 16. Jahrhundert hinaus. In Grundzügen zeigt es sich bis ins 19. und 20. Jahrhundert hinein davon geprägt.

Die letzten Jahrzehnte des 16. Jahrhunderts

Zum Ausbau des Stipendiums unter Herzog Christoph gehörten auch umfassende Baumaßnahmen. Und auch anderweitig zeigte sich äußerlich Solidität. Die ersten Jahre waren durch häufigen Wechsel in den leitenden Ämtern des Stipendiums gekennzeichnet. Die zweite Hälfte des 16. Jahrhunderts war dagegen von Beständigkeit geprägt. Von 1556 bis 1592 war Samuel Hayland Magister Domus. Er war, wie schon sein Vorgänger Georg Liebler, selbst Stipendiat gewesen und wirkte ebenfalls als Mitglied der philosophisch-artistischen Fakultät, zwei Kennzeichen der Magistri Domus der folgenden Jahrhunderte. Von Hayland rühmte man seine breitgestreute Bildung und weitgefächerte Gelehrsamkeit, Fähigkeiten, die ihm in der Aufgabe des Magister Domus nur nützlich sein konnten. Über die Einhaltung der Ordnung im Stipendium hat er offensichtlich, ganz im Sinne von deren Urheber, streng gewacht. *Abb. 9, 10*

Von 1561 an, als beide Superattendenten-Ämter fest mit Professuren der theologischen Fakultät der Tübinger Universität verbunden wurden, gab es auch auf diesen Stellen für rund dreißig Jahre keinen Wechsel mehr. Erster Superattendent wurde Jakob Heerbrand, bereits seit 1557 Theologieprofessor in Tübingen. Heerbrand, der in Wittenberg noch bei Luther und Melanchthon studiert hatte, repräsentierte in Tübingen den Übergang von der Reformation zur Orthodoxie, dem Bemühen um starre Reinerhaltung der lutherischen Lehre. Als Zweiter Superattendent wirkte neben ihm Johannes Brenz d. J.

Unter der Regierung von Herzog Christoph war die Reformation in Württemberg zur Vollendung gebracht worden. Der Ausbau des Tübinger Stipendiums bildete dabei einen entscheidenden Faktor. Welche elementare Funktion man dem theologischen Ausbildungsinstitut zuschrieb, zeigte sich 1565. In diesem Jahr wurde durch einen Landtagsabschied das evangelisch-lutherische Bekenntnis des Landes, losgelöst von der Stellung des regierenden Fürsten, verfassungsmäßig verankert und die zweckgebundene Verwendung des Kirchengutes abgesichert. Dabei wurde ausdrücklich die materielle Ausstattung des Stipendiums bestätigt; und noch mehr: die Zahl der Stipendienplätze wurde auf 150 erhöht. Mit einer gefestigten Organisation und einer funktionstüchtigen Ordnung versehen, in einem hinlänglich ausgestatteten Gebäude untergebracht und zur Erreichung seines Zwecks ausreichend versorgt – in diesem Zustand reihte sich das Herzogliche Stipendium am Ende der Regierungszeit Herzog Christophs in die Lage des Landes ein, die allgemein als gut und wohlgeordnet bewertet wird. Seinen Nachfolgern war die Aufgabe gestellt, das Geschaffene zu erhalten, damit es sich als Jahrhundertwerk bewähre.

Zum Vermächtnis Herzog Christophs gehörte die Sorge für den Bestand der evangelisch-lutherischen Konfession und auch das Bemühen um politische Stärkung des Luthertums. Das Tübinger Stipendium als Ausbildungsstätte lutherischer Theologen hatte für die Erfüllung dieser Aufgabe eine bedeutende Rolle wahrzunehmen. Nicht nur, daß es Sache der aus dem Stipendium hervorgehenden Theologen war, auf württembergischen Kanzeln und in württembergischen Schulen die einst von Wittenberg ausgegangene reformatorische Lehre weiterzutragen. Weit über die Grenzen Württembergs hinaus kam die Produktivität der Tübinger Ausbildungsstätte dem Luthertum zugute. Nach Süden und Norden, nach Österreich, Braunschweig und Sachsen wurden ehemalige Stipendiaten entsandt, um den dortigen lutherischen Kirchen zu dienen. In besonderer Weise wirkte Jakob Andreae, seit 1562 Kanzler der Universität Tübingen, an der Festigung des deutschen Luthertums im Auftrag seines Herzogs mit. Daß sich die zerstrittenen Lutheraner in der 1577 verabschiedeten Konkordienformel verständigen und einigen konnten, ist bekanntlich auch den religionspolitischen Verdiensten Württembergs und seines im Tübinger Stipendium ausgebildeten Theologen Andreae zuzurechnen.

Ein Trojanisches Pferd, dem viele berühmte und gelehrte Männer entsteigen – dieses Bild verwendete 1569 Nikodemus Frischlin, der selbst im Stipendium herangezogene Poet, in einem weitschweifigen Gedicht auf das Bildungsinstitut. Ein gutgemeinter Vergleich, der aber leider nicht trifft. Nicht weil es um die Menge der berühmten und gelehrten Männer, die aus dem Stipendium hervorgingen, schlecht bestellt wäre. Aber das Stipendium war doch alles andere als ein feindselig-hinterlistig nach Württemberg hereingebrachtes Importstück, dessen verborgene Kräfte von innen heraus Zerstörung wirken sollten. Zwar durch hessische Mithilfe bei der Einführung der Reformation in Württemberg unter Herzog Ulrich angeregt, war es doch inzwischen durch den soliden Ausbau unter Herzog Christoph ein fester, eigener Bestandteil der Kirche Württembergs geworden. Und es erfüllte mitnichten eine destruktive, sondern ganz im Gegenteil eine konstruktive und produktive Aufgabe.

»Ein rechtes Seminarium und junger Bomsatz (Pflanzgarten) der Kirchen Gottes«, so wurde das Stipendium treffender in einem Landtagsabschied genannt, der 1583 unter der Regierung von Herzog Ludwig erging. Er bekräftigte die früher geschaffene Fundierung des Stipendiums und bestätigte dessen Stellung gegen alle eventuellen Veränderungsbestrebungen. Herzog Ludwig, dem, anders als seinem Vater Christoph, höfischer Prunk, Jagd, Feste und Turniere wichtiger waren als die Durchsetzung weitgesteckter politischer Ziele, übernahm doch von diesem das treue Sorgen für die Kirche. Demgemäß zeigte er für das Stipendium große Hochachtung. Es existierte allerdings ohne das aktive Eingreifen des Herzogs in den festgefügten Strukturen. So hatte das Verhältnis

Herzog Ludwigs zum ›Tübinger Pflanzgarten der Kirche Gottes‹ einen eher demonstrativen Charakter. Über die Besuche des Herzogs, der durch die Hofprediger Balthasar Bidembach und Lukas Osiander eine nachhaltig wirkende religiöse Erziehung erhalten hatte, wird folgendes berichtet: »Wenn er das Theologische Stipendium mit seiner Gegenwart beehrte, dann legte er höchstpersönlich seinen Stipendiaten ein theologisches Problem zur Erörterung vor, er mahnte sie zu geistlicher Eintracht in Leben und Lehre und nannte sie in gütigem Ton seine Söhne und seine Augenweide.«

Herzog Ludwig traf in besonderer Weise Vorsorge für die Geisteseinheit in seinem Herzogtum, die mit der konfessionellen Stabilität Hand in Hand ging. Alle Theologen und Landesbeamten hatten die lutherischen Bekenntnisse, die im Konkordienwerk zusammengefaßt worden waren, durch Unterschrift anzuerkennen. Dies hielt z. B. den ehemaligen Stipendiaten Johannes Kepler von Württemberg fern, zumal von der Kirchenleitung und den Tübinger Theologen eine inquisitorische Atmosphäre erzeugt wurde. Das Stipendium war davon nicht ausgenommen. 1592 wurde eine strenge Untersuchung durchgeführt gegen drei Stipendiaten, »welche in articulis de praedestinatione et libero arbitrio« (so wohl richtig anstatt des im Original stehenden »articulo«), also in der Lehre von der göttlichen Vorherbestimmung und dem freien Willen, »mit uns in religione nit einig und ob dieser Artikel mit dem Calvinismo halten«. Die Stipendiaten mußten sich Zurechtweisung und Belehrung gefallen lassen. Der »junge Bomsatz der Kirchen Gottes« sollte unbedingt rein erhalten und vor fremden, schädigenden Einflüssen geschützt werden.

1592 wurde in Tübingen neben Universität und Theologischem Stipendium eine weitere Bildungseinrichtung eröffnet, das Collegium illustre, eine schon von Herzog Christoph geplante Ausbildungsstätte für die weltlichen Diener des Herzogtums. Das Collegium illustre wurde jedoch schon bald eine reine Adelsschule, in der mehr die fürstliche Repräsentation als der bildungshungrige Geist zu Hause war. Turniere, Ballspiele und manches, was sich dort tat, übten auf die Stipendiaten starke Anziehungskraft aus, sehr zum Leidwesen des Magister Domus, der Superattendenten und der Kirchenleitung.

Stipendium und Barockfürstentum

Die Verwandlung des Collegium illustre mag als Indiz gelten für den Wandel, der sich in Württemberg insgesamt durch Veränderung der politischen Zielsetzung unter den Herzögen Friedrich I. und Johann Friedrich vollzog. Ausgestaltung des barocken Fürstentums und neue machtpolitische Zwecksetzungen traten in den Vordergrund. Die konfessionelle Bindung wurde der Politik dienstbar gemacht; die auf persönlich-religiöser Motivation des Fürsten beruhende Förderung der Kirche trat zurück; das kirchlich-theologische Leben vollzog sich, in den starren Formen der Orthodoxie, mehr oder weniger losgelöst von den neuen politischen Entwicklungen.

Unter Herzog Friedrich I. erfolgte ein einschneidender Zugriff in den Bestand der Klosterschulen: ihre Zahl wurde von zehn auf fünf reduziert. Das Tübinger Stipendium dagegen, rundum verfassungsrechtlich abgesichert, konnte sich immerhin der Einbeziehung in die fürstliche Repräsentation erfreuen. Herzog Friedrich selbst benutzte es, zusammen mit der Universität, bei Besuchen zur herrschaftlichen Selbstdarstellung und Demonstration württembergischer Größe. Sein Sohn Johann Friedrich folgte ihm darin schon Jahre vor dem Regierungsantritt. Der Hergang einer fürstlichen Visite, zum Ende des Jahrhunderts der Reformation am 30. Dezember 1599 abgehalten, wurde der Nachwelt überliefert:

»An jenem Tag geruhten fünf junge Fürsten und zween Baronen mit einem stattlichen Gefolge ein öffentliches Mahl auf dem gemeinschaftlichen Speisesaal einzunehmen. Die Fürsten waren: August, Pfalzgraf bei Rhein, Rector magnificentissimus; Johann Friedrich und Julius Friedrich, Söhne des regierenden Herzogs von Württemberg; Philipp und Albrecht, Erben von Norwegen, Herzöge zu Schleswig und Holstein. Sie kamen sonntags nach der Morgenpredigt zu Pferd in feierlichem Zug vor den obern Eingang des Stipendiums; hier wurden sie von den Vorstehern empfangen. Man besah zuerst die Gänge, Stuben und Kammern, dann ging es hinab auf den Speisesaal. Während man auftrug, wurden die an der Wand hangenden Gemälde der Herzöge von Württemberg betrachtet. Die hohen Herrschaften hatten ihre Tafel auf dem sogenannten Herrentrippel; an einer andern Tafel nebenan speisten ihre Instruktoren mit einigen Adligen; und an dieser machte der Magister Domus die Hausehre. Nach dem Tischgebet erschallte aus dem Munde der zu Tisch sitzenden Stipendiaten ein lateinischer Gesang; nun hielt der Repetent seine Predigt; nach der Predigt ertönte wieder ein lateinischer Gesang. Alles war froh und munter. Prinz Johann Friedrich trank auf das Wohlsein der Stipendiaten und ließ die Trinkschale an die Tische geben. Auch Prinz August kredenzte einen Pokal und ließ ihn an die Tische geben. Um zwei Uhr wurde wieder aufgebrochen. Jetzt begab sich alles in die Kirche, um die Abendpredigt zu hören.«

Besuche ganz anderer Art waren die Visitationen. Unter Herzog Christoph als Instrument der Kirchenleitung und kontrollierenden Bestandsaufnahme fest eingerichtet, waren sie auch für das Stipendium angeordnet und rege durchgeführt. Neben den fortlaufenden Quartalberichten verschaffte sich der Kirchenrat auf diese Weise zusätzliche Einsicht in die Verhältnisse des Stipendiums und traf

entsprechende Anordnungen. Die Visitationen zur Zeit der Jahrhundertwende kritisierten immer stärker den Drang nach Prunk und Lebensgenuß, der, vom Hofe üppig vorgeführt, auch unter den Stipendiaten Einzug gehalten hatte. Während Theologen, die gegen den Hof aufzutreten wagten, dies zu spüren bekamen, ergingen an das Tübinger Stipendium von der Kirchenleitung mit äußerstem Nachdruck Visitationsrezesse, in denen an die künftigen Diener der Kirche strenge Maßstäbe angelegt wurden. Superattendenten und Magister Domus sollten gegen das unstatthafte äußere Erscheinen der Stipendiaten einschreiten; daß sie »gar kurze Magisterröcklein tragen und lange Haare ziehen, welches nit allein ein Übelstand, sondern auch dem Ministerio (dem geistlichen Amte) schimpflich und ärgerlich«. Ebenso sollte gegen schlechtes Benehmen, gegen mangelnden Fleiß und Vernachlässigung der Studien angegangen werden.
Neben den Stipendiaten mußten sich auch die in Tübingen mit der Leitung des Stipendiums Beauftragten einschlägige Hinweise gefallen lassen, allen voran Veit *Abb. 11* Müller, der in Nachfolge Samuel Haylands 1592 das Amt des Magister Domus erhalten hatte. Der Visitationsrezeß von 1599 beklagte die Nachsicht des Magister Domus, außerdem den Mangel an Respekt und Autoritätsbezeugung der Stipendiaten ihm gegenüber. Trotz anfänglicher Kritik an seiner Amtsführung blieb er dann lange Jahre, bis 1617, im Amt.
Schon vor Veit Müllers Amtsantritt hatte der Tod von Jakob Andreae in der theologischen Fakultät Personalveränderungen mit sich gebracht. Seit 1590 war Stephan Gerlach Erster und seit 1592 Matthias Hafenreffer Zweiter Superattendent geworden. Über die Amtstätigkeit des letzteren, des auch weitaus namhafteren Theologen, wurde festgehalten, daß er »seine Leitungsaufgabe mit väterlicher Güte und liebevoller Hingabe versehen hat, als stünden alle seiner Obhut anvertrauten Stipendiaten zu ihm in einem Verhältnis wie eigene Kinder«. Hafenreffer mochte sich pädagogisch in vielem mit Veit Müller treffen; beide aber haben den strengen Vorstellungen des Kirchenrates wohl weniger entsprochen. Hafenreffer rückte nach dem Tod Gerlachs 1612 auf die Stelle des Ersten Superattendenten; sein Amtskollege wurde Johann Heinrich Hiemer.
Universität und Stipendium hatten sich zur Aufgabe gemacht, das Erbe der Reformation zu wahren und den Lernenden nahezubringen. Aber die Verbindung beider Bildungseinrichtungen äußerte sich auch in festlichen Akten. An der Gestaltung des 100jährigen Universitätsjubiläums im Jahr 1577 war das Stipendium maßgeblich beteiligt. Und als 40 Jahre später das 100jährige Jubiläum der Reformation anstand, fand sich die akademische Gemeinde zu Tübingen teils in der Universität, teils im Stipendium zusammen. Das Reformationsjubiläum beschwor die Einheit der deutschen Protestanten. Die Tübinger Feierlichkeiten waren in ein großes Jubelfest eingebettet. Doch die konfessionelle Gemeinschaft

war längst von politischen Zielvorstellungen überschattet. Die Konsequenzen dieser Verschiebung sollten alsbald auch die Universität und das Tübinger Stipendium treffen. Im Jahr nach dem Reformationsjubiläum brach der Dreißigjährige Krieg aus.

Im Dreißigjährigen Krieg

». . . cum patria statque caditque sua« – nachdem das Herzogliche Stipendium in den Jahrzehnten seit seiner Gründung in den Aufbau des reformatorisch-lutherischen Württemberg eingegliedert gewesen und in seiner orthodoxen Festigung verankert worden war, nachdem es am festen Stand Württembergs partizipiert hatte, sollte nun die Gültigkeit des Mottos, das der 1619 verstorbene Matthias Hafenreffer dem Stipendium gegeben hatte, sich nach der anderen Seite hin erweisen. Das Stift wurde in die Bedrohung und den Verfall Württembergs während des Dreißigjährigen Krieges uneingeschränkt hineingezogen. Die materielle Not, der Wertverfall des Geldes und der Mangel an Lebensmitteln, die hauptsächliche Kriegsbelastung Württembergs in den zwanziger Jahren, all das beeinträchtigte auch die Versorgung des Stipendiums. Aber der Studienbetrieb konnte dennoch weitergehen.

Eine Schmälerung ganz anderen Formates brachte das Restitutionsedikt von 1629. Die vom habsburgischen Kaiser Ferdinand II. geförderte Gegenreformation führte die ehemaligen Klöster des Landes wieder der katholischen Kirche zu. Die Klosterschulen wurden aufgelöst, und ein stattlicher Teil des Kirchengutes ging der evangelischen Kirche verloren. Deshalb beantragte der Kirchenrat, die Zahl der Stipendienplätze auf die Hälfte zu reduzieren und begrüßte freiwilligen Austritt von Stipendiaten; bedenklicher dagegen war es, wenn durch Einschränkung der Verpflegung die Stipendiaten regelrecht vertrieben werden sollten.

---

13 1647 rückte ein französisches Heer gegen die bayerische Besatzung in Tübingen an. Auch wenn auf dieser Darstellung die Geschosse über das Herzogliche Stipendium hinwegfliegen – der Dreißigjährige Krieg hatte es an den Rand des Ruins gebracht. ▷

14/15 Johann Valentin Andreae (1586–1654) und Herzog Eberhard III. (1628–1674) waren in ihrer Arbeit am Wiederaufbau Württembergs und seiner Kirche nach dem Dreißigjährigen Krieg besonders auch um die Restauration des Stipendiums besorgt. ▷

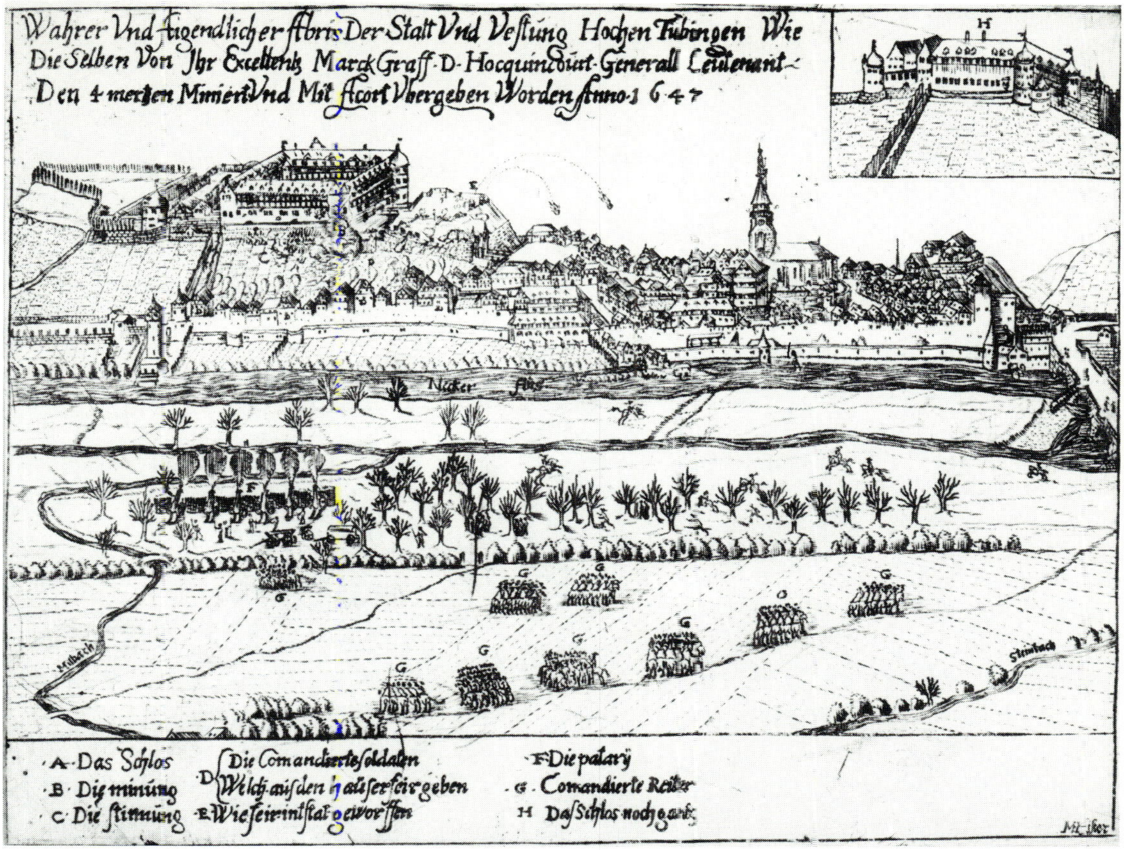
Wahrer Und Aigendlicher Abris Der Statt Und Vestung Hochen Tubingen Wie
Die Selben Von Ihr Excellentz Marck Graff D. Hocquincourt Generall Leütenant
Den 4 mertzen Miniert Und Mit Acort Ubergeben Worden Anno 1647
H
Necker
A Das Schlos
B Die minung
C Die stirmung
D Die Comandierte soldaten Welche auf den Keiser sein geben
E Wie sein in stat geworffen
F Die palary
G Comandierte Reiter
H Das Schlos noch gantz

CONS. ET. ECCLES. WIRTEMB. IOH. VALENT. ANDREÆ. T.D.
ANDREÆ
MOSER
In te Domine Speraui non confundar in æternum.
16 Æta: 53. 39.
Johann Valentin Andreä.

EBERHARDVS DVX
Wurtembergiæ et Teciæ, Comes Montisbeligardi
In Haidenhaim etc

16 *Heinrich Schmid, Magister Domus 1639 – 1652*
17 *Balthasar Raith, Magister Domus 1656 – 1659*
18 *Christoph Wölfflin, Magister Domus 1659 – 1660*
19 *Theodor Cellarius, Magister Domus 1660 – 1677*

Die Kriegserfolge der Schweden brachten dem protestantischen Württemberg vorübergehend Entlastung und Besserung. Mit der bisherigen Bedrohung des Stipendiums war aber nur das Vorspiel des fast völligen Verfalls überstanden. Der Ausgang der Schlacht bei Nördlingen 1634 trieb Herzog Eberhard III. ins Exil nach Straßburg; ihm folgten 50 Stipendiaten, wo sie vorübergehend versorgt wurden. Nur wenige Stipendiaten blieben, und ihre Zahl ging im Laufe der folgenden Jahre weiter zurück. Aber trotz Not und Bedrängnis, Verheerung und Seuchen, und gerade angesichts der gegenreformatorischen Bestrebungen setzte die in Stuttgart verbliebene Kirchenleitung alles daran, die Ausbildungsstätte der Diener der evangelischen Kirche, längst zum Prestigeobjekt geworden, wenigstens notdürftig zu erhalten.

Wo und wie es nur ging, wurden Gelder und Naturalien beschafft. Die ordentlichen Abgaben der Städte und Ämter waren kaum einzutreiben. Dafür gingen verhältnismäßig stattliche Spenden ein. Allerdings verkehrte sich der Charakter des Stipendiums ins Gegenteil, als 1636 die Stipendiaten selbst bzw. ihre Angehörigen zu finanziellen Leistungen herangezogen wurden. Es ging auf jeden Fall darum, die renommierte Einrichtung allen Widerwärtigkeiten zum Trotz fortbestehen zu lassen.

Die vorhandenen Mittel mußten fast ausschließlich für eine inzwischen kärgliche Verpflegung verwendet werden. Für Besoldungen blieb kein Geld mehr. Doch die Lage spitzte sich weiter zu. 1637 schien die Schließung des Stipendiums zunehmend unabwendbar. Die Kirchenleitung richtete eine eindrückliche Schilderung der Zustände an den Herzog in Straßburg. Der riet fürs erste zu Geduld. Die Superattendenten unterstützten das drängende Vorgehen der Kirchenleitung, ersuchten sie aber ihrerseits um Hilfe bei der von ihnen betriebenen Suche nach Mitteln. Die mit der Aufsicht über das Stipendium betrauten Tübinger Theologen gaben auch zu verstehen, daß bei allem Mühen ihrerseits und aller Beflissenheit der Kirchenleitung die Rettung in anderen Händen lag: »Der allmächtige Gott wolle unser beiderseits wohlgemeinten consilia (Absichten) segnen, auch selber solche Mittel und Werk, so zu seinen heiligen Ehren angefangen, fortzusetzen an Hand geben, zu seiner armen bedrängten Kirche Heil, Fortpflanzung und Wohlfahrt.« Doch wie sollte sich die württembergische Kirche fortpflanzen, wenn ihr ›Pflanzgarten‹ kurz vor dem Ruin stand?

Erster Superattendent war seit 1630 Melchior Nicolai; selbst als streitbarer Mann bekannt, war er in diesem Amt Nachfolger von Theodor Thumm, dem rücksichtslosen Verfechter der Tübinger Orthodoxie. Als Zweiter Superattendent wirkte von 1628 bis 1651 Johann Ulrich Pregizer. Aber auch Universitätskanzler Andreas Osiander d. J. war bis zu seinem Tod 1638 in den schwersten Jahren des Dreißigjährigen Krieges verstärkt in die Leitung des Stipendiums einbe-

Abb. 12 zogen. Die Stelle des Magister Domus blieb nach dem Tod von Conrad Cellarius, dem Nachfolger Veit Müllers, im Dezember 1636 fürs erste einmal unbesetzt.

»Adsis porro, o bone Jesu« (Guter Jesus, stehe uns weiterhin bei), so lautete die Überschrift eines Quartalberichtes, der im November 1639, seit langem nun wieder, auf Anforderung hin erstellt worden war. Inzwischen hatte sich manches getan, was auf lange Sicht die Lage des Stipendiums zum Besseren wenden sollte. Herzog Eberhard III. war nach Abmachungen mit dem Kaiser im Herbst *Abb. 15* 1638 nach Württemberg zurückgekehrt. Wenn auch zunächst ohne Erfolg, bekundete der Herzog doch alsbald den Willen und die Bereitschaft, die Wiederherstellung solider Verhältnisse für das Tübinger Stipendium nicht auf die lange Bank zu schieben. Er traf Vorkehrungen, um die regulären Einnahmequellen wieder flüssig zu machen. Aber die Mittel der Kommunen waren in dem schwer vom Krieg gezeichneten Land äußerst dürftig. Und die bedeutenden Klöster des *Abb. 13* Landes mit ihrem Vermögen waren nach wie vor in der Hand der Katholiken. Um das Stipendium überhaupt zu erhalten, mußte weiterhin mit Spenden und Sammlungen geholfen werden.

In einem Generalreskript vom 2. April 1641 wurde aufgefordert, die Beiträge zur Erhaltung des Tübinger Stipendiums, und damit indirekt des kirchlichen Dienstes in Württemberg überhaupt, zu erstatten. Die bisherigen Bemühungen der Regierung wurden hervorgehoben und eine gewisse Nachlässigkeit der Untertanen beklagt. »Wann aber an Erhaltung mehrberührts unsers Stipendii (als woraus fürohin Kirchen und Schulen, damit unsere allein seligmachende evangelische Religion auch auf die liebe Posterität propagiert werden möchte) sehr hoch und viel gelegen, eine solche schwere Last und Ausgab aber wegen noch entzogener Klöster-Stifter, auch donierter Städte und Ämter beständig allein zu tragen uns unmöglich, so sind wir bewegt worden, solche leidige Beschaffenheit des Stipendii und Ministerii (des geistlichen Amtes) unsern gesamten Untertanen hiemit nochmalen vor Aug zu stellen.« Nachhaltige Hilfe erhielt das Stipendium in den folgenden Jahren jedoch von anderer Seite. Der Landtag bewilligte, angesichts der Lage der kirchlichen und der herzoglichen Kasse, außerordentliche Mittel. Der Erhalt des Tübinger Stipendiums war zur Sache des Landes schlechthin geworden.

Wiederaufbau

Das Stipendium durch die letzten Jahre des Krieges hindurchzuretten und es wiederherzustellen, war Teil der umfassenden Restauration und des partiellen Neuaufbaus der kirchlichen Verhältnisse in Württemberg. Ein Name steht für die Durchführung dieser Aufgabe im Vordergrund: Johann Valentin Andreae. *Abb. 14* Der universal gebildete Theologe war in früheren Jahren durch die Veröffentlichung neuer Konzeptionen für das kirchlich-gesellschaftliche Leben in durchaus kritischer Absicht hervorgetreten. Im Januar 1639 wurde er in die Kirchenleitung berufen.

In seinem neuen Amt setzte er sich gerade auch für den Wiederaufbau des Stipendiums ein. Die gute Verfassung der zentralen Ausbildungsstätte der württembergischen Kirche war ja keine unbedeutende Voraussetzung, wenn es galt, auch der Kirche selbst wieder zu einer Ordnung zu verhelfen. Im Sommer 1639 wurde die Stelle des Magister Domus wieder besetzt, und zwar mit Heinrich *Abb. 16* Schmid aus den Reihen der Tübinger Geistlichkeit. In den vierziger Jahren blieb es die wichtigste Aufgabe, die materielle Ausstattung des Stipendiums zu sichern. Die Kirchenleitung wirkte aber schon auf Erhöhung der reduzierten Stipendiatenzahlen hin, förderte den Studienbetrieb und die Wiederaufnahme des umfassenden Repetitionsprogrammes.

1643, in einem der schwersten Notjahre des Krieges, erschienen Andreae und der Kirchenrat W. Chr. Faber erstmals wieder zu einer Visitation. Die unbefriedigenden Ergebnisse auf ökonomischem Gebiet konnten nicht überraschen. Aber auch die Ausbildungsqualität der Stipendiaten ließ sehr zu wünschen übrig: Die mangelhafte schulische Vorbildung und die kriegsbedingten schlechten Zustände an der Universität zeitigten ihre Folgen. Dem Magister Domus und den beiden Repetenten konnte dennoch Anerkennung für ihre Dienste ausgesprochen werden.

Als 1646 wieder eine Visitation durchgeführt wurde, hatten sich die Zustände noch nicht entscheidend gebessert. Erst nach dem Friedensschluß im Jahre 1648 und der territorialen Restitution des Landes waren neue Rahmenbedingungen geschaffen, um in die Phase des Wiederaufbaus überzugehen. Noch exponierter als vor dem Krieg spielte Württemberg nun den Vorposten des Luthertums im deutschen Südwesten. Um dem Herzogtum eine breite konfessionelle Grundlage zu geben, sollte das öffentliche Bildungswesen, weiterhin in die Kirche integriert, seinen gewichtigen Beitrag leisten. Die allgemeine Schulpflicht wurde eingeführt, getragen von pädagogischen Impulsen Johann Valentin Andreaes. Die Klosterschulen wurden wieder belebt, dem Verfall der Tübinger Universität gesteuert.

Während der Restauration des Stipendiums in den fünfziger Jahren wurde die Stelle des Magister Domus von Paul Biberstein, Balthasar Raith und Christoph *Abb. 17, 18* Wölfflin versehen. Unter ihnen nimmt Raith, nicht nur weil er die Stelle zugleich mit der Zweiten Superattendentur innehatte, eine herausragende Position ein. Er war in den Kriegsjahren, in denen das Stipendium keinen Magister Domus hatte,

Repetent gewesen: »caput quasi repraesentativum« (sozusagen der, der für alles steht) hatte man ihn genannt. Von 1662 bis 1680, zum Dekan der theologischen Fakultät aufgerückt, blieb er dem Stipendium als Erster Superattendent verbunden. Mit Philipp Jakob Spener befreundet, gehörte er zu den Bahnbrechern eines lutherischen Pietismus in Tübingen, jenem Bestreben, dem verfallenen kirchlichen Leben durch Hinwendung zur Bibel und Förderung persönlicher Frömmigkeit wieder aufzuhelfen.

Raiths Vorgänger als Superattendent war Tobias Wagner gewesen, ein orthodoxer Streittheologe der alten Schule. Zweiter Superattendent neben Raith war von 1660 an Christoph Wölfflin, ebenfalls pietistisch geprägt, während sein Nachfolger von 1670 bis 1681, Georg Heinrich Keller, zu den letzten Vertretern der Tübinger Orthodoxie gerechnet wird. Daß im Kreis Tübinger Theologen und der mit der Aufsicht über das Stipendium betrauten Bediensteten pietistisches Gedankengut berücksichtigt und gefördert wurde, weist schon über die Jahre der Restauration nach dem Dreißigjährigen Krieg hinaus.

Im Jahre 1660 zählte das Herzogliche Stipendium 148 Stipendiaten und sechs Repetenten – beinahe exakt der Bestand, der rund 100 Jahre zuvor unter Herzog Christoph festgeschrieben worden war. Was noch ausstand, war die Renovierung des Gebäudes. Sie wurde 1667 gründlich in Angriff genommen. Herzog Eberhard III., als »überaus gewogener Restaurator des Stipendiums« gepriesen, erschien persönlich am 7. November 1670 zu einer Einweihungsfeier des nicht nur renovierten, sondern auch ausgebauten Bildungsinstituts.

Das Herzogliche Stipendium hatte sich, über den Krieg hinweg, als dauerhaftes Jahrhundertwerk der evangelisch-lutherischen Kirche Württembergs behauptet. Aber mit der Restauration allein war es nicht getan. Die Wegweiser zu Neuem waren für das Land, seine geistigen Grundlagen und seine Kirche bereits aufgestellt. Die kirchlich-religiöse Umklammerung des Bildungswesens und des geistigen Lebens überhaupt wurde in Frage gestellt. Der große Aufklärungsphilosoph Gottfried Wilhelm Leibniz unterbreitete speziell für Württemberg den Vorschlag, die Landesuniversität an eine in Cannstatt neuaufzubauende Residenz zu verlegen. Eine neue Koalition aus Herrschaft und Geist zeichnete sich ab, in der die Kirche nicht mehr den Ton angab. Aber auch die Kirche selbst sollte nicht einfach beim alten stehenbleiben können. Der aufkommende Pietismus verhinderte eine bloße Fortschreibung der Orthodoxie und herkömmlicher Muster der Leitung und des Lebens der Kirche. Das Neue konnte auch das Jahrhundertwerk des Herzoglichen Stipendiums nicht unberührt lassen.

Pietät und Potentaten: Das Stift im Übergang vom 17. zum 18. Jahrhundert

Württemberg zur Zeit Herzog Eberhard Ludwigs, das bedeutet, kein halbes Jahrhundert nach dem Ende des Dreißigjährigen Krieges: erneute Bedrohung, Zerstörung und Schädigung, jetzt durch die ›Franzosenkriege‹; es bedeutet aber auch: absolutistischer Umgang mit der Macht, Lockerung der traditionellen religiösen Bindungen. Es beinhaltet den Luxus barocker Hofhaltung, die Gründung Ludwigsburgs, die ›Liebesaffäre Grävenitz‹ mitsamt dem Regiment der Landhofmeisterin; es beinhaltet das Streben nach wirtschaftlicher Blüte und materiellem Reichtum. In dieser Zeit wurde in einem Dokument, im Namen des Herzogs als Regenten der Kirche ausgegangen, dem Tübinger Stipendium der Titel »des edelsten Kleinods unseres Herzogtums« zuteil. Wer darin allerdings die unmittelbare persönliche Wertschätzung erkennen möchte, die Herzog Eberhard Ludwig für die altehrwürdige Bildungseinrichtung gehabt haben könnte, der liegt falsch. Der Herzog sowie die ihn umgebenden und tonangebenden Personen in der Regierung zeigten für das Stipendium so wenig Interesse wie für die württembergische Kirche und ihre Förderung.
Die Kirche Württembergs stand in den Jahrzehnten des Übergangs vom 17. zum 18. Jahrhundert vor der Aufgabe, gegenüber dem aufkommenden Pietismus ihre Stellung zu finden, seine kirchenreformerischen Impulse ebenso wie seine kirchenzerstörenden Tendenzen ins Auge zu fassen. Und sie mußte sich zunehmend dem Problem der Loslösung von konfessioneller Kirchlichkeit auf dem Gebiet der Lebensgestaltung und im Bereich geistigen Schaffens, den Herausforderungen der Aufklärung stellen. Sie sollte und wollte beides tun, ohne den Boden der Tradition zu verlassen. Das reformatorische Erbe und die orthodoxe Zielsetzung sollten verpflichtend und wegweisend bleiben auch für die Leitung des Tübinger Stipendiums. Den Herausforderungen der Zeit entsprachen die Regelungen und Verordnungen, die über die Verwaltung der Ausbildungsstätte, über Leben und Studieren der Stipendiaten bestimmten.

Wechselvolle Stipendiumsleitung

Als nach dem Tod von Theodor Cellarius 1677 die Suche nach einem neuen Magister Domus anstand, trug die Kirchenleitung die Anforderungen vor, die an einen künftigen Amtsinhaber zu stellen seien. Sie orientierte sich dabei an der Großen Kirchenordnung. *Abb. 19*
Magister Domus wurde schließlich Johann Andreas Hochstetter. Er hat später, von einflußreicherem Posten aus, nachhaltig dafür gesorgt, daß auch in der *Abb.20*

württembergischen Kirche pietistische Impulse im Sinne Philipp Jakob Speners zur Geltung kamen – im Bewußtsein der Anknüpfung an die Reformation eine Vertiefung des Umgangs mit der Bibel und ein verstärktes Bemühen um die Ausgestaltung des frommen Lebens. Diese Zielsetzungen wurden gerade auch für die Ausbildung der Pfarrer geltend gemacht. 1688, Hochstetter war schon länger vom Magister Domus zu Höherem aufgerückt, erging an das Tübinger Stipendium im Rahmen eines Visitationsrezesses eine »Instruktion wegen des Ordinis Studiorum«, ganz im Sinne der Spenerschen Ideale. Über seine rund dreijährige Tätigkeit als Magister Domus konnte Johann Andreas Hochstetter, der ›Spener Württembergs‹, allerdings nur wenig Erfreuliches berichten: er habe das Amt nur widerwillig angenommen, darinnen sehr viel Ungemach vom Satan ausgestanden und Gott gedankt, als er ihn daraus erlöst, zumal es eines seiner mühsamsten gewesen sei, welches ihn viel Sorge, Seufzer, Wachsamkeit und Ernst, ja fast alle seine Leibes- und Seelenkräfte gekostet habe. Die anspruchsvollen Erwartungen des Konsistoriums an einen Magister Domus waren offensichtlich nicht nur am grünen Tisch entworfene Wunschgebilde.

Abb. 21 Nach der ebenfalls rund dreijährigen Amtszeit von Benedikt Hopfer, dem
Abb. 22 Nachfolger Hochstetters, erhielt Johann Wolfgang Jäger das vielgestaltige, anstrengende Amt. Jäger, der alsbald, jedoch ohne prinzipielle Feindschaft gegen den Pietismus, in der Rolle des Verfechters der reinen Lehre gegen pietistische Abirrungen und einer treibenden Kraft in der Abwehr separatistischer Bestrebungen hervortrat; er hatte während seiner Tätigkeit als Magister Domus, von 1684 bis 1692 dauernd, auf eigenen Antrag hin für sich und die Superattendenten
Abb. 23 Unterstützung durch einen »Vikar« erhalten. Es war Johann Osiander, der sich bereits als »Retter Stuttgarts vor den Franzosen« einen Namen gemacht hatte. Er wurde schließlich auch für kurze Zeit Nachfolger Jägers als Magister Domus. Das Konsistorium hatte allerdings von Anfang an Bedenken, ob die ebenso weitgespannte wie in viele Kleinigkeiten sich erstreckende Aufsichtspflicht tatsächlich seine Sache sei. Er rückte alsbald zur Bewältigung von Aufgaben größeren Formats auf andere Stellen vor. Mehr pädagogisches Geschick und hilfreiche Erfahrung für das Amt des Magister Domus brachte Matthäus Hiller mit. Bevor ihm 1694 die Stelle übertragen wurde, war er Präzeptor an der Klosterschule in Bebenhausen und, nach seiner Berufung auf eine philosophische Professur in Tübingen, auch Rektor der Burse gewesen. Ein geradezu idealer Wächter über das Stipendium.

Neben seinen Amtsgeschäften als Magister Domus auch die wissenschaftliche Laufbahn im Auge behalten hatte Johann Wolfgang Jäger. Geschätzt war seine Fähigkeit, sich in kollegialem Einverständnis mit den Superattendenten über die Leitung des Stipendiums zu verständigen. Als ihm 1692 eine freigewordene Professur in der theologischen Fakultät übertragen wurde, blieb er dem Stipendium als Zweiter Superattendent verbunden. Annähernd zwei Jahrzehnte, von 1681 bis 1699, versah der Theologieprofessor Georg Heinrich Keller die Erste Superattendentur. In der Tübinger theologischen Fakultät respektierte man damals weithin die Anstöße, die der Pietismus zur Hebung eines gottgefälligen Lebenswandels gerade auch im Kreis von Theologen und Studenten gab. Aber man blieb doch peinlich darauf bedacht, den Pfad der lutherischen Rechtgläubigkeit nicht zu verlassen. Noch mehr: die Tübinger Theologen machten es sich zur Aufgabe, den alten Weg der reinen Lehre gegen die bedrohliche Untergrabung durch neue, vermeintlich erleuchtete Glaubenserkenntnisse zu schützen.

Das Problem des Pietismus

1694 erging im Herzogtum Württemberg die erste offizielle Stellungnahme der Kirchenleitung zum Pietismus. Abgefaßt war sie vornehmlich von Konsistorialrat Georg Heinrich Häberlin, dem Vorgänger Johann Wolfgang Jägers in der Tübinger Fakultät und Zweiten Superattendentur des Stipendiums. Und ausgelöst hatte sie eine polemische Veröffentlichung des Tübinger Theologen Michael Müller. Dieses ›Pietismus-Edikt‹ von 1694 zielte darauf, wie die Theologiestudenten, vornehmlich die Tübinger Stipendiaten, aber auch »sämtliche Württembergische Kirchen- und Schul-Diener in den Schranken der Lehre . . . erhalten werden sollen«. Im Abschnitt »Von der wahren Gotteserkenntnis« kommt der württembergische Kurs im Umgang mit dem Pietismus klar zum Ausdruck. *Abb. 24*

Unter der Überschrift »Wie diese (sc. Gotteserkenntnis) an der Universität zu behandeln und einzuschärfen ist« heißt es: »Gleichwie unsere Professores Theologiae ihren vorhin obhabenden Universitäts- und Kirchenpflichten nach in allweg verbunden sein, ihre Lectiones, Disputationes und übrige Amtsverrichtungen also einzurichten, daß die Furcht des Herrn als aller Weisheit Anfang und also die wahre Pietät oder Gottseligkeit bei der studierenden Jugend gepflanzet, erhalten, vermehret und den Widrigen bestmöglich vorgebogen, einfolglich nicht nur gelehrte, sondern vornehmlich fromme, gottselige Leute bei Kirchen und Schulen hinkünftig zu gebrauchen auf unserer Hohen Schul und in unserm Fürstlichen Theologischen Stipendio daselbsten erzogen werden, also sollen die Theologiae Studiosi, sonderlich unsere Alumni in ermeldtem Stipendio, mit allem Ernst erinnert werden, ihre Studia Academica den vorgeschriebenen Ordnungen gemäß also zu führen und fortzusetzen, daß in allen Stücken nicht der Gesuch eigener Ehre oder ein anderes fleischliches Absehen, sondern die wahre ungeheuchelte Gottseligkeit daraus erkennet, und wir als ihr angeborener Nutritius (Ernährer) um so viel mehr bewogen werden mögen, in künftigen ihren Bedienstungen sie vor andern wohl zu bedenken als ›Gefässe zu Ehren, dem Hausvater bräuchlich und zu allem guten Werk bereitet‹ (2. Tim. 2,21).«

Mit dem Edikt von 1694 hatte die württembergische Kirchenleitung dem Pietismus im Bereich der Theologenausbildung seinen begrenzten Platz zugewiesen. Aber damit war es nicht getan. In den folgenden Jahren mußte sie nicht nur auf reinem Verordnungswege, sondern durch Untersuchung von Einzelfällen, auch durch Überprüfung von Repetenten, den Fortbestand der reinen Lehre und den bestehenden Rahmen des kirchlich-religiösen Lebens im Stipendium zu erhalten suchen. Als die radikaler kirchenkritisch und separatistisch ausgerichteten Strömungen im Pietismus anwuchsen, sahen sich, kaum zehn Jahre nach dem ersten ›Pietismus-Edikt‹, die für Aufsicht und Leitung Verantwortlichen durch das Problem der Konventikelbildung, der Absonderung der bewußt Frommen in kleinen Gruppen, auch im Stipendium und darüber hinaus in Tübingen herausgefordert. Man blieb bestrebt, auf dem eingeschlagenen Mittelweg fortzufahren. Johann Wolfgang Jäger allerdings setzte bei den Erörterungen andere Akzente als Johann Andreas Hochstetter. Jener hatte ohnehin 1703 über unerfreuliche Zustände im Stipendium infolge mangelhafter Inspektion geklagt. Das blieb nicht ohne Konsequenzen.

Der »Summarische Extrakt« 1704

»Summarischer Extrakt einiger in das Hochfürstliche Theologische Stipendium
Abb. 25 zu Tübingen der Studiorum, Morum (Sitten) und Disziplin halber bei denen gehaltenen Visitationen nach und nach ausgeschriebenen Hochfürstlichen Reskripten, Dekreten, Rezessen und Resolutionen«, so lautete der Titel eines Schriftstücks, das 1704 in gedruckter Form vorgelegt wurde. Das Tübinger Stipendium sollte keine neue Ordnung erhalten. Wie man für die württembergische Kirche insgesamt die Verwurzelung in den Ordnungen des 16. Jahrhunderts nicht aufgeben wollte, so stellte auch der »Summarische Extrakt« von 1704 die bleibende Geltung der »Grund- und Fundamentalsatzungen« der Großen Kirchenordnung vornean. Bei der Darlegung der Gründe für die Publikation wurde auch nicht davon gesprochen, angesichts neuer Entwicklungen Veränderungen vornehmen zu müssen. Sie erfolgte allerdings »aus hiezu bewegenden sondern Motiven«: allem voran einer beklagenswerten Nachlässigkeit im Umgang mit bestehenden Vorschriften und Anordnungen. Der »Summarische Extrakt« wollte die bestehende Ordnung nachdrücklich in Erinnerung rufen, ihren Urgrund aus den Zeiten Herzog Christophs und die Zusätze, die er erfahren hatte,

20 *Johann Andreas Hochstetter, Magister Domus 1678–1681*
21 *Benedikt Hopfer, Magister Domus 1681–1684*
22 *Johann Wolfgang Jäger, Magister Domus 1684–1692*
23 *Johann Osiander, Magister Domus 1692–1694*

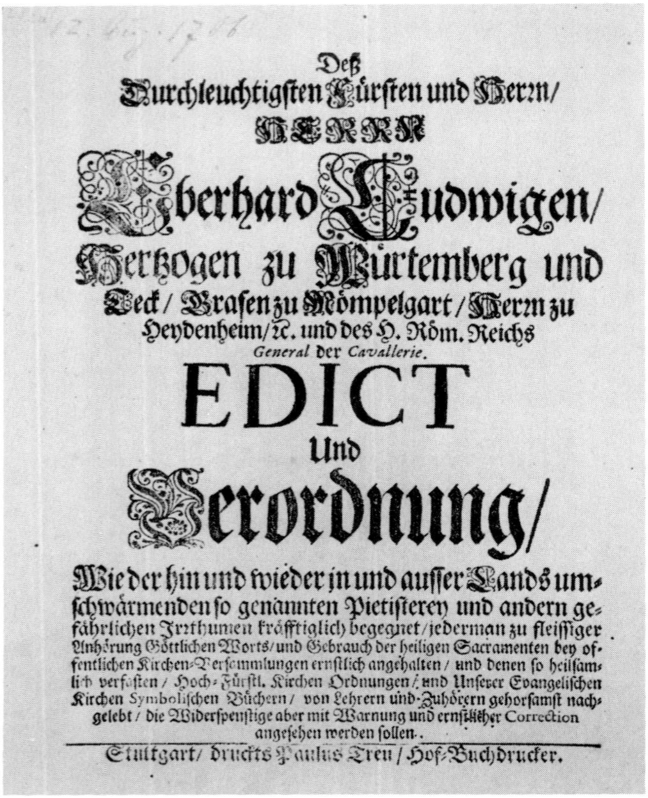

Deß
Durchleuchtigsten Fürsten und Herrn/
HERRN
Eberhard Ludwigen/
Hertzogen zu Würtemberg und
Teck/ Grafen zu Mömpelgart/ Herrn zu
Heydenheim/ &c. und des H. Röm. Reichs
General der Cavallerie.

EDICT
Und
Verordnung/

Wie der hin und wieder in und ausser Lands umschwärmenden so genannten Pietisterey und andern gefährlichen Irrthumen kräfftiglich begegnet/ jederman zu fleissiger Anhörung Göttlichen Worts/ und Gebrauch der heiligen Sacramenten bey offentlichen Kirchen-Versammlungen ernstlich angehalten/ und denen so heilsamlich verfaßten/ Hoch-Fürstl. Kirchen Ordnungen/ und Unserer Evangelischen Kirchen Symbolischen Büchern/ von Lehrern und Zuhörern gehorsamst nachgelebt/ die Widerspenstige aber mit Warnung und ernstlicher Correction angesehen werden sollen.

Stuttgart/ druckts Paulus Treu/ Hof-Buchdrucker.

24 Gegen Gefährdungen der lutherischen Landeskirche durch die neue religiöse Strömung des Pietismus ergingen im Namen des Herzogs mehrere Edikte. Das Edikt vom 28. Februar 1694 behandelte den Bereich der theologischen Lehre und Ausbildung und galt vornehmlich den Stipendiaten.

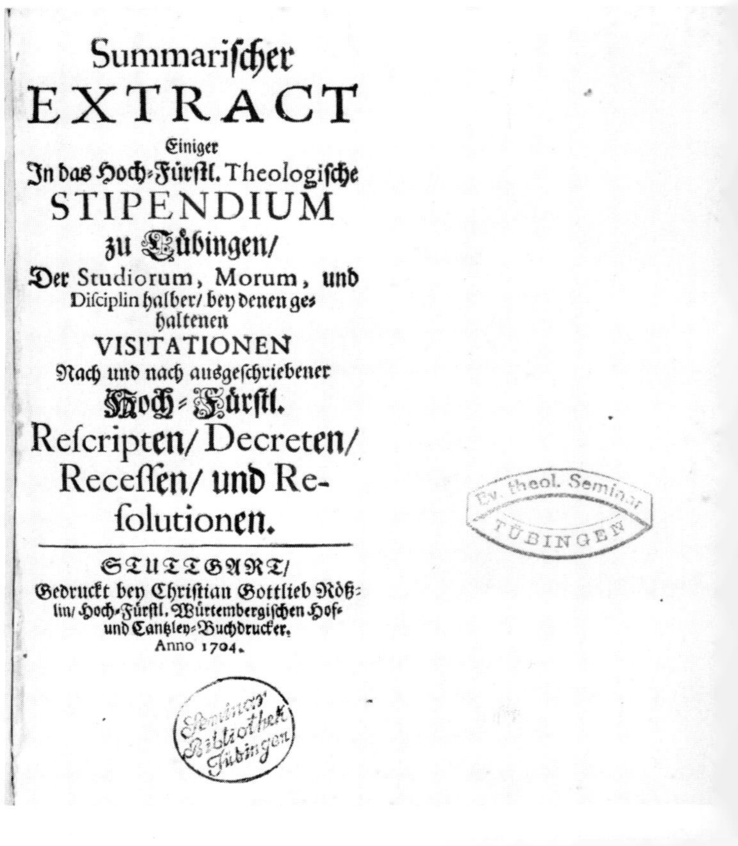

Summarischer
EXTRACT
Einiger
In das Hoch-Fürstl. Theologische
STIPENDIUM
zu Tübingen/
Der Studiorum, Morum, und
Disciplin halber/ bey denen gehaltenen
VISITATIONEN
Nach und nach ausgeschriebener
Hoch-Fürstl.
Rescripten/ Decreten/
Recessen/ und Resolutionen.

STUTTGART/
Gedruckt bey Christian Gottlieb Rößlin/ Hoch-Fürstl. Würtembergischen Hof- und Cantzley-Buchdrucker.
Anno 1704.

25 In einem »Summarischen Extrakt« aus den Anordnungen der vorausgegangenen Jahrzehnte wurde 1704 den leitenden Beamten und den Stipendiaten der Wille der Kirchenleitung hinsichtlich der Gestaltung von Leben und Studieren im Herzoglichen Stipendium konzentriert vor Augen gestellt.

26 *Matthäus Hiller, Magister Domus 1694–1700*

27 *Johann Konrad Klemm, Magister Domus 1700–1707*

28 *Gottfried Hoffmann, Magister Domus 1707–1716*

29 *Johann Eberhard Rösler, Magister Domus 1716–1733*

klarlegen. Durch ihn sollte nichts Neues verordnet werden, aber er war auf seine Weise neuartig und ein Indiz dafür, daß Erneuerung anstand.
Die Vielzahl der Einzelanweisungen des »Summarischen Extraktes«, recht unsystematisch zusammengestellt, umkreist das Leben und Studieren der Stipendiaten, die Ordnung des Tageslaufs und des Verhaltens sowohl innerhalb wie außerhalb des »Klosters«, bis hin zur Teilnahme am feierlichen Abschied aus dieser Welt: »Das Leichtragen aber belangend, in welchem bishero ebenmässig excediert worden, sollen von denen Stipendiariis allein die Professores und Studiosi Theologiae, die Juristen hingegen und Philosophi jeder von seiner Profession zugetanen Studiosis hinausgetragen werden.« Auf Standesgemäßheit wurde gedrängt. Das prägte auch die Grundanlage des »Summarischen Extrakts«. Nach den allgemeingültigen Anweisungen folgten in gestaffelter Rangfolge die Vorschriften für die Repetenten, für die Magistri vulgares, die Complenten (Stipendiaten, die auf die Magisterprüfung zugehen) und die Novizen; mehr angehängt noch für die Schloßprediger, Vikare und Musiker; in Sonderstellung am Ende schließlich für Pincerne und Famuli, Proselyten und Gäste.
In diesem Panorama standesmäßig gegliederter Personengruppen erhielten die Repetenten den Vorrang – Niederschlag der Entwicklung seit der Großen Kirchenordnung. Ausdrücklich wurde ihnen anbefohlen, daß sie »auf den ganzen Statum des Stipendii, absonderlich eines jeden Stipendiaten Studia und Mores (Sitten) genaue Achtung geben« sollen. Aber sie blieben doch noch in das Gesamtcorpus der Stipendiaten eingegliedert. Es wurde ihnen auch Fortführung des eigenen Studiums verordnet. Und im »Senat«, einem hausinternen Organ zur Durchsetzung und Aufrechterhaltung der Vorschriften, früher schon angeordnet, jetzt aber wegen Verfalls nachdrücklich vorgeschrieben, sollten sie schlicht neben anderen Stipendiaten, freilich »gute(n) Subjecta«, sitzen.
Losgelöst vom »Summarischen Extrakt«, der für die Stipendiaten aus älteren Anordnungen zusammengestellt worden war, wurde noch ein weiterer ausgegeben: »Summarischer Extrakt aus den Visitations-Rezessen das Officium und Verrichtung der Superattendenten und Magistri Domus betreffend«. Der Fortbestand der herkömmlichen Aufgabenstruktur wurde gar nicht thematisiert. Aber man drängte auf strikte Einhaltung der Anweisungen der Kirchenleitung. Man wünschte sich möglichst schon Lösung der Probleme und Beseitigung von Mißständen vor der Monierung derselben anläßlich einer Visitation. Man beschwor ein »gutes kollegialisches Verständnis« der drei Wächter des Stipendiums. Im Hintergrund dieser Aussagen hört man deutlich die Klagen Johann Wolfgang Jägers aus dem Jahre 1703.
Im Vordergrund der neuartig gebündelten Willensbekundung der Kirchenleitung für die Amtsführung von Superattendenten und Magister Domus stand die

Sorge für die Studien der Stipendiaten und die Aufsicht darüber. Beschränkung übermäßiger, »auf bloße Kuriosität« ausgerichteter Kontroverstheologie, Aufrechterhaltung der reformatorisch-orthodoxen Tradition und Anleitung zu gottgefälligem Lebenswandel – wenn die Aufsichtspflicht unter diesen Zielsetzungen beschrieben wurde, dann zeigte sich, daß sich der Kurs der Kirchenleitung seit dem ersten ›Pietismus-Edikt‹ von 1694 kaum verändert hatte. Der Vorspann zum »Summarischen Extrakt« für die Stipendiaten wurde auch so formuliert, daß er unmittelbar an das zehn Jahre ältere Edikt erinnert: »Vorderist solle unter samtlichen Stipendiariis in dem Fürstlichen Theologischen Stipendio eine wahrhafte, ungeheuchelte und reine Pietät gepflanzet, die ganze Art des Studii Theologici nicht nur bloß auf eine fleischliche Erudition, sondern also eingerichtet werden, daß die Stipendiarii in dem Licht Gottes und des heiligen Geistes zunehmen und dadurch zu allen Ämtern, dazu man sie künftig in Kirchen oder Schulen zu gebrauchen, mehr in der Tat als dem Schein nach würdig gemacht, einfolglich nicht nur gelehrte Männer, sondern recht tüchtige Gefässe der Güte Gottes und Werkzeuge seiner Heiligung, die in allem allein Gottes Ehre und der anvertrauten Seelen Wohlfahrt suchen, werden mögen.«

Die Zwecksetzung des Stipendiums blieb: fähige Diener für Kirche und Schule in Württemberg heranzubilden. Die Grundstruktur aus dem 16. Jahrhundert blieb ebenfalls. Wenn allerdings gegen die »fleischliche Erudition« zugunsten der »wahrhaften, ungeheuchelten und reinen Pietät« angegangen wurde, wenn die Gelehrsamkeit hinter der Heiligung zurückzustehen hatte, dann machten sich, über das Bleibende hinaus, neue Töne hörbar. Der zweifache »Summarische Extrakt« von 1704 ist ein Dokument des Übergangs. Die Stipendiaten und die ihnen vorgesetzten Ordnungshüter wurden hingewiesen auf das, was schon immer galt. Doch gerade die Form, in der das geschah, macht deutlich, daß die alte Ordnung jetzt nicht mehr dieselbe sein konnte wie 50, 100 oder 150 Jahre zuvor.

Ob es ein Zeichen der Übergangszeit ist, daß den Verwaltungsvorgängen eine Intensivierung verordnet, die bürokratische Zentrale mit Machtzuwachs ausgestattet wurde? Der »Summarische Extrakt« dokumentiert, was in jener Zeit das Verhältnis von Kirchenleitung und Stipendium kennzeichnete: es wurde zu exakter Führung und sorgfältigem Umgang mit den elementaren Materialien der Aufsicht und Verwaltung aufgefordert – dem »Ausschlaf-Buch«, worin die Langschläfer verzeichnet, dem »Vaganten-Buch«, das die unerlaubt Abwesenden in sich aufnimmt, dem »Carenten-Buch«, welches Maß um Maß den strafeshalber nicht ausgeteilten Tischwein mitsamt den Übeltätern sammelt, und dem »Karzer-Buch«, der Auflistung derer, die länger oder kürzer gefangenzusetzen waren. Magister Domus und Superattendenten wurden angehalten, über den schriftlichen Niederschlag ihrer Aufsichtstätigkeit pünktlichst zu wachen, säuberlich die Vierteljahresberichte nach Stuttgart abzufertigen, ja, dabei besonders die Zeugnisse der Stipendiaten »in terminis magis expressivis« (in aussagekräftigerer Form) abzufassen. Die Kirchenleitung setzte alles daran, das Herzogliche Stipendium, jenes edle Schmuckstück des Landes, in fester Fassung zu halten.

Die ersten Jahrzehnte des 18. Jahrhunderts

Als der »Summarische Extrakt« erging, stand Johann Konrad Klemm in der Mitte seiner Amtszeit als Magister Domus, die von 1700 bis 1707 währte. Er wurde danach in die theologische Fakultät aufgenommen und erhielt mit seiner Professur die Zweite Superattendentenstelle. An seinem Grab meinte man, von ihm sagen zu können, daß er, der kränkliche Mann, nicht nur hilfsbereit und für die Nöte jedes einzelnen aufgeschlossen gewesen, sondern gerade von den Stipendiaten mehr geliebt als gefürchtet worden sei. Während seiner Amtszeit allerdings war das Lob der von Klemm geprägten liebevollen Atmosphäre im Stipendium nicht unbedingt jedermanns Sache. *Abb. 27*

Erster Superattendent über dem Magister Domus Klemm war, von 1699 bis 1705, Michael Förtsch, zuvor seit 1695 Zweiter Superattendent. Dem Nicht-Württemberger, von der herzoglichen Regierung gegen den Willen der Universität auf eine Tübinger Professur gesetzt, zudem erklärtem Gegner des Pietismus, hat Johann Wolfgang Jäger in aller Deutlichkeit völlig unzureichende Qualifikation für die Aufgabe am Stipendium bescheinigt. Der dritte im Bunde jener Jahre war Johann Christian Pfaff. Er konnte dem kritischen Blick derer, die selbst die Superattendenten autoritätsvoll beäugten, eher standhalten. Als er 1707 Erster Superattendent wurde – er blieb es bis 1720, während es auf der Stelle des Zweiten Superattendenten häufigen Wechsel gab – trat auch ein neuer Mann die Stelle des Magister Domus an. Es war Gottfried Hoffmann, der 1715 in die Zweite, 1720 in die Erste Superattendentur eintrat und diese bis 1728 versah. Von Anfang an konnte er mit dem Wohlwollen des Universitätskanzlers Jäger rechnen. Gegenüber dem Pietismus nahm er eine Stellung ein, die sowohl der kritischen Verbundenheit der Tübinger Theologie wie der Mittellinie der württembergischen Kirchenleitung gerecht wurde. So konnte Hoffmann, ganz im Einklang mit den entscheidenden Größen im Ordnungsgefüge des Stipendiums, daselbst den richtigen, nämlich den gewünschten Ton anschlagen. Der während der Regierungszeit Herzog Eberhard Ludwigs letzte Magister Domus, Johann Eberhard Rösler, wurde, im Gegensatz zu Johann Konrad Klemm, als »zugleich gefürchtet und geliebt«, zudem »als zur Bildung der Jugend geboren« gerühmt. Rösler blieb, ganz im traditionellen Rahmen des Amtes, auch Lehrer in der philosophischen Fakultät, nachdem zuvor gelegentlich Verquickungen der *Abb. 28* *Abb. 29*

Magister-Domus-Stelle mit der theologischen Fakultät vorgenommen worden waren.

In der Zeit Herzog Eberhard Ludwigs existierte die württembergische Kirche weithin ohne direkte persönliche Anteilnahme des regierenden Fürsten. Die Aufgabe der Integration und Auseinandersetzung mit dem Pietismus zu lösen, lag allein in Händen ihrer Theologen an der Universität und in der Kirchenleitung. Hatte das Tübinger Stipendium für Herzog Eberhard III. in der Aufbauphase nach dem Dreißigjährigen Krieg durchaus zu den Belangen gehört, denen die Aufmerksamkeit des Regenten galt – es war ja, von seiner speziell kirchlichen Dimension abgesehen, in der Verbindung mit der Universität eine Ausbildungseinrichtung von zentraler Bedeutung für das weithin von der Kirche verwaltete Bildungswesen des Landes –, so gehörte es unter Eberhard Ludwig nicht mehr zum Bereich dessen, was den Herzog direkt interessierte. Der genußfreudige Fürst ließ sich auf dem Gebiet von Bildung, Kultur und Religion schon eher von den Zielvorstellungen leiten, die an den aufklärerisch-absolutistischen Machtzentren galten, als von dem, was einem konfessionellen Luthertum oder einem heiligungsbeflissenen Pietismus wertvoll erschien. Indem unter seiner Regierung Waldenser und Calvinisten, wenn auch innerhalb strenger Grenzen, in Württemberg Aufnahme fanden, war ohnedies ein Zeichen gesetzt.

Geradezu bedrohlich dagegen schien die Lage für die württembergische Kirche zu werden, als Herzog Carl Alexander, in jungen Jahren zum Katholizismus übergetreten, an die Regierung kam. Zwar war noch im Testament Eberhard Ludwigs verankert worden, daß alle kommenden Regenten Württembergs die geltende Religionsverfassung des Landes »unverbrüchlich« erhalten, das in die Kirche integrierte Bildungswesen nicht antasten, und besonders auch das Tübinger Stipendium weder für Studenten noch für Lehrer, die dem Katholizismus angehörten, zugänglich machen sollten. Und in den ›Religionsreversalien‹, die zum Regierungsantritt von Herzog Carl Alexander festgelegt wurden, suchte man den Bestand der evangelisch-lutherischen Kirche Württembergs abzusichern. Aber völlig grundlos waren die Befürchtungen der württembergischen Protestanten nicht. Carl Alexander starb schon nach rund drei Jahren.

Es blieb die Frage: Würde die württembergische Kirche ihre Stellung als zentraler Faktor des öffentlichen Lebens behalten können, oder würde das Herzogtum andere Wege gehen? Und für das Tübinger Stipendium hieß das: Würde es zu einer, im engeren Sinne ›kirchlichen‹ Bildungseinrichtung werden, oder wollte das auf dem Weg zum Absolutismus sich befindende Württemberg die Förderung höherer Bildung, unter Einbindung in den kirchlich-theologischen Rahmen, so fortführen, wie dies durch die Gründung des Stipendiums im 16. Jahrhundert vorgegeben war?

Absoluter Reformeifer: Das Stift in der zweiten Hälfte des 18. Jahrhunderts

»Wir haben seit unserer bald fünfzigjährigen Regierung immer eine besondere Aufmerksamkeit auf unser Theologisches Stift in Tübingen gerichtet.« Herzog Carl Eugen, der verehrte und verachtete, rundum widerspruchsvolle Regent *Abb. 30* Württembergs in der zweiten Hälfte des 18. Jahrhunderts wollte sich die traditionsreiche Bildungseinrichtung im alten Universitätsstädtchen Tübingen durchaus zu eigen machen. Er wollte sie keinesfalls als nebensächlich in seinen sonst so weit gespannten vorwärtsdrängenden politischen Bemühungen betrachtet wissen. Unmißverständlich klingen die eingangs zitierten Worte. Sie stehen am Anfang der »Erneuerte(n) Statuten für das Herzogliche Theologische Stift zu Tübingen«, publiziert im Frühjahr 1793. Vorausgegangen waren jahrelange Erörterungen und eifrige Anstrengungen um die Reform des Stifts, woran der Herzog persönlich Anteil genommen hatte.

Doch so unmittelbar, wie er sich in seinen letzten Jahren um das Erziehungsinstitut für künftige Pfarrer und Lehrer bemühte, hatte er das zuvor keineswegs getan. Seine Interessen, und zwar nicht nur die politischen, lagen bekanntermaßen auf anderen Gebieten. Die »besondere Aufmerksamkeit«, die der Herzog dem Stift gewidmet haben will, war doch für lange Zeit verborgen geblieben hinter dem Wirken der Männer, die kraft Amtes in den vorgegebenen Strukturen ihr Augenmerk auf das Stift zu richten hatten. Und auch seiner persönlichen Anteilnahme am Stift waren juristische Schranken gesetzt.

Der katholische Herzog, mit 16 Jahren für mündig erklärt, mußte, bevor er 1744 die Regierung in Württemberg antreten konnte, die »Religionsreversalien« bekräftigen, jene Verpflichtung, die schon sein Vater Carl Alexander eingegangen war, und die besagte, daß der katholische Herzog den lutherischen Konfessionsstand Württembergs sowie die Integrität der kirchlichen und schulischen Verhältnisse bewahren wolle. Vor etwaigen einschneidenden Zugriffen von seiten des Herzogs war damit auch das Stift geschützt.

Zwischen Orthodoxie, Pietismus und Aufklärung

Eine einflußreiche Rolle in der Leitung der Kirche aber spielte seit 1739 ein ehemaliger Stipendiat und Repetent: der profilierte Vertreter der Aufklärungsphilosophie in Württemberg, Georg Bernhard Bilfinger. Er hatte zuvor, 1730 durch Herzog Carl Alexander von einer Professur in Petersburg nach Württemberg zurückberufen, für fünf Jahre in der üblichen Verbindung mit einer theologischen Professur in Tübingen das Amt eines Superattendenten des Stipendiums innegehabt. Der Aufklärer Bilfinger schuf 1743 das Gesetz, welches die Aufnahme des Pietismus als festes Element zur Belebung der Frömmigkeit in der württembergischen Kirche festschrieb. Neben den öffentlichen Gottesdiensten wurden die privaten Erbauungsstunden eingeräumt. Für das Stift allerdings hatte dieses ansonsten so geschichtsträchtige ›Pietistenreskript‹ keine unmittelbare Bedeutung mehr. Die gemäßigt-pietistischen Verinnerlichungsimpulse waren zur Förderung der statutengemäßen Lebensgestaltung der Stipendiaten ja schon seit längerem begrüßt und positiv aufgegriffen, die separatistischen und der orthodoxen Lehre widerstreitenden Tendenzen aber von Anfang an bekämpft worden. Pietismus nach württembergischem Format, Aufklärung in Maßen und, in Abwehrstellung gegen beides, die Orthodoxie – das waren die Positionen, von denen aus jene Männer ihre Ämter wahrnahmen, die für das Stift in den ersten Jahren der Regierung Herzog Carl Eugens verantwortlich zeichneten. Und das geschah, ohne daß von der »besonderen Aufmerksamkeit« des Herzogs deutlich sichtbare Wirkungen ausgingen.

Gegen die Aufklärung, gegen ihr Eindringen in die Theologie, auch persönlich in Auseinandersetzung mit Bilfinger, stand Christian Eberhard Weismann. Er war von 1730 bis 1747 Erster Superattendent. Als Verfechter der Orthodoxie stand Weismann, der sich durch seine kirchengeschichtlichen Arbeiten einen Namen gemacht hat, allerdings auf einsamem Posten im Triumvirat der Stiftsleitung. Sein Kollege, der Nachfolger Bilfingers auf der Zweiten Superattendentur, Johann Christian Klemm, war ein Ireniker, ein um Ausgleich bemühter Theologe; nicht nur den fanatisch ausgetragenen theologischen Schulstreitigkeiten abhold, sondern auch in der Wahrnehmung seiner Aufsichtspflicht über die Stipendiaten von sanfter, väterlich-gütiger Art. Der dritte war Israel Gottlieb
Abb. 31 Canz, Magister Domus von 1734 bis 1747, danach noch sechs Jahre Superattendent. Canz ging in den Spuren Bilfingers, trieb aber die Anwendung der ›Leibniz-Wolffischen-Aufklärungsphilosophie‹ in der Theologie wesentlich weiter. Gegen den ihm übergeordneten Superattendenten Weismann hatte er schon früh scharfe Attacken geführt. Daß diese drei im Amt Verbundenen, sehr zum Leidwesen des Konsistoriums, sich mit einer einheitlichen Linie in der Leitung des Stipendiums und mit kollegialer Einmütigkeit in der Aufsicht über die Stipendiaten nicht leicht taten, ist kaum verwunderlich. Harmonie hat am ehesten bei der Kontrolle des Rechnungswesens geherrscht.

In welcher Perspektive der Erste Superattendent die spannungsgeladene Aufgabe sah, bringen seine eigenen Worte zum Ausdruck: »Sonderlich ist dem lieben Gott bekannt, mit was für Sorgen, Liebe und Ängstlichkeit ich mein Superattendentenamt über das theologische Seminar getragen und dasselbe Tag und Nacht seiner allerhöchsten Treue anbefohlen, wenn es nicht nach dem Sinne

Gottes gegangen, mich herzlich betrübt, und, wo etwas Gutes und Gott Wohlgefälliges hervorgegangen, mich innigst gefreut habe.«

Die Sorge, daß das, was im Herzoglichen Stipendium geschieht, »nach dem Sinne Gottes geht«, hat auch spätere Superattendenten beschäftigt, und zwar besonders in der Fürsorge für die reine Lehre. 1755 traten zwei neue Superattendenten ins Amt, beide bemüht, wenn auch wenig überzeugend und erfolgreich, die Bastion der Orthodoxie gegen das Anstürmen der neuen Geistesrichtungen zu halten. Es waren Johann Friedrich Cotta und Christoph Friedrich Sartorius. Sartorius verfaßte das letzte Kompendium der Dogmatik auf dem Boden der Tübinger Orthodoxie; Cotta trat, wie Weismann, als Kirchenhistoriker hervor. Gegenüber dem Pietismus blieben beide in wohlwollender Distanz. Direkt befördert und begünstigt wurde die pietistische Orientierung der Stipendiaten dagegen von Immanuel Hoffmann, von 1757 an Magister Domus. Für seine Ernennung sprach seine wissenschaftliche Qualifikation – der Senat der Universität war gern bereit, den Tübinger Oberdiakon, wie es der Stellung des Magister Domus herkömmlich entsprach, als Lehrer in die philosophische Fakultät aufzunehmen; daneben überzeugte seine sittliche Vorbildlichkeit das Konsistorium, und man hatte die Aussicht, daß die Stipendiaten ihm mit Respekt und Wohlwollen begegnen würden. *Abb. 33*

Die Kirchenleitung in Stuttgart behielt das Tübinger Stipendium fest im Auge, auch wenn 1742 eine Veränderung im traditionellen Verwaltungs- und Kontrollsystem vorgenommen wurde: Die Pflicht von Superattendenten und Magister Domus vierteljährlich dem Konsistorium über die Stipendiaten und den Zustand des Stipendiums zu berichten, wurde ermäßigt – künftig mußte nur noch »auf Georgii und Martini«, also zum 23. April und 11. November, Bericht erstattet werden. In ihrer Aufsicht über die Verhältnisse im Stipendium und eine geordnete Ausbildung der Stipendiaten sah sich die Kirchenleitung aber auch mit Problemen konfrontiert, die den Rahmen des Üblichen sprengten.

Am 3. Mai 1749 erging ein General-Reskript, dem ein Bericht des Konsistoriums zugrunde lag. In den Klosterschulen und dem Tübinger Stipendium befinde sich eine »überhäufte Anzahl« von Schülern und Studenten, die in keinem verantwortbaren Verhältnis zu den Möglichkeiten der Aufnahme in den Kirchendienst stehe. Es sei zu besorgen, daß die jungen Leute »ihre beste Lebenszeit hinbringen und gleichsam veralten müssen, ehe sie zu Kirchen- und Schuldiensten wirklich können beförderet werden«. Darum wurde verordnet, daß im Jahr 1750 keine Schüler in die Klosterschulen aufgenommen werden und die Aufnahme danach so lange eingeschränkt bleiben solle, bis sich die Lage entspannt habe. Die Anordnung galt besonders für »gemeiner Handwerksleute oder auch Bauern Söhne«. Sie sollten schon nach einem Erlaß von 1736 aufgrund mangelnder Eignung von der Aufnahme ins Stipendium abgehalten werden. Jetzt sollte ihnen der Zugang zu geförderter Ausbildung versperrt werden, »bis Mangel an andern tüchtigen jungen Leuten erscheinet«. Dies galt überhaupt für alle, »denen es an genugsamen Mitteln zu Führung ihrer Studien fehlet«, denn das Stipendium umfaßte im Grundbestand nur Nahrung und Unterkunft. Einzige Ausnahme hierbei: »arme Pfarrerskinder«. Allen Zweiflern gab das Reskript freilich die Versicherung mit auf den Weg, daß es »das allgemeine Beste, sowohl überhaupt des Landes und der Kirche« bezwecken, wie durch die getroffenen Bestimmungen auch erreichen wolle, daß die »Fürstlichen Stiftungen und Wohltaten vornehmlich denjenigen zugute kommen, für welche man in einer wohlbestellten Republik vorzüglich zu sorgen Ursache hat«.

Die Statuten von 1752

Diejenigen abzuhalten, die erst gar nicht in den Genuß der Fürstlichen Stiftung kommen sollten, war eine Sache. Die Aufsicht über die Stiftung und die Geförderten wahrzunehmen, eine andere. 1745 und 1751 wurde nach herkömmlichem Muster eine Visitation des Stipendiums durchgeführt. 1752 dann wählte man ein neues Mittel. Es war das Jahr, in dem Herzog Carl Eugen, mit uneingeschränkter Aufmerksamkeit auf der Suche nach Geld für seine prunkvolle Hofhaltung, den verhängnisvollen Vertrag mit Frankreich über die Lieferung von Soldaten abschloß; das Jahr, in dem aber auch der Tübinger Universität durch die Verordnung neuer Statuten deutlich wurde, daß die Regierung die Bildungspolitik nicht völlig links liegen ließ. »Auf gnädigsten Befehl des durchlauchtigsten Herzogs Carl«, wie der Titel ausweist, wurden auch für das Stipendium neue Statuten erlassen. Man wollte sich nicht mehr damit begnügen, die Vorschriften aus dem 16. Jahrhundert durch immer neue Visitationsrezesse modifizierend fortzuschreiben. Doch völlig aufgegeben werden sollte sie keineswegs, die gute alte Ordnung. Es ging nur darum, daß sie »nach reifer Erwägung auf die gegenwärtigen Zeiten eingerichtet« wurde.

Grundlage für die angestrebte Aktualisierung der Statuten bildete der »Summarische Extrakt« aus dem Jahr 1704. Zum Teil wortwörtlich übernommen, wurden doch deutlich neue Akzente gesetzt. Dabei fällt auf, daß Superattendenten und Magister Domus, im Gegensatz zu 1704, jetzt keine statutarische Wegweisung für ihre Amtsführung erhielten. Ein verwunderlicher Umstand angesichts der Probleme in der damaligen Gruppierung der Aufsichtsbeamten. Mehr unter der Hand wurden immerhin neue Titel offiziell etabliert: für das Dreiergespann aus Superattendenten und Magister Domus der Sammelbegriff »Inspektorat«, und für den Magister Domus der bis heute übliche Titel »Ephorus«. Wenn auch 1752

30 Mit dem wachen Auge des absolutistischen Fürsten nimmt Herzog Carl Eugen (1737–1793) auf diesem Gemälde im Speisesaal des Stifts Einblick in das Geschehen der »Erziehungs-Anstalt«.

31 *Israel Gottlieb Canz, Magister Domus 1734–1747*
32 *Johann Adam Osiander, Magister Domus 1747–1756*
33 *Immanuel Hoffmann, Ephorus 1757–1772*
34 *Ludwig Joseph Uhland, Ephorus 1772–1777*

Erneurte

Statuten

für

das Herzogliche theologische Stift

zu Tübingen

1793.

Stuttgart, bey Christoph Friedrich Cotta, Hof- und Kanzley-Buchdrucker.

VI.

Von der wöchentlichen Zusammenkunft des Inspektorats.

§. 20.

Die beiden Superattendenten und der Ephorus sollen alle Wochen einmal auf der Herrenstube zusammenkommen, das Beste des ganzen Instituts in Berathschlagung ziehen, die einreissenden Unordnungen und Mängel, und die wirksamsten Abhelfungsmittel gemeinschaftlich erwägen, nach Erforderniß die Stipendiaten vor sich kommen lassen, ihre Predigten beurtheilen, die Ungesitteten, besonders die schon privatim erinnert werden, wegen ihrer häufigen Vergehungen hören und warnen, denen, welche eine Abneigung gegen das Klosterleben verspüren lassen, ihre Vorurtheile gegen den geistlichen Stand zu benehmen suchen, übrigens alles, was sich zum Berichten und zu wirklichen Strafen eignet, auf die gewöhnliche Art umständlich protokolliren.

Protokollbücher, Conceptbücher zu gemeinschaftlichen Berichten, auch Befehl- und Receßbücher werden pünktlich geführet, und in der Registratur aufbewahrt.

IV.

Von der Aufsicht der Repetenten über die Sittlichkeit und Disciplin.

§. 26.

Aufsicht über die Sittlichkeit.

Die Repetenten sollen die Sittlichkeit der Stipendiaten, vornemlich derer, welche unter ihre unmittelbare Aufsicht gehören, sowohl im Kloster, als auch außer demselben genau beobachten, sie warnen, wenn sie auf Abwege kommen, und den Ungesitteten mit Ernst und Güte zureden, und alles versuchen, sie in die Schranken der Ordnung zurückzuführen. Und da Moralität bey dem geistlichen Stande von so großer Wichtigkeit ist, so müssen sie mit der bloß äußerlichen Beobachtung der klösterlichen Ordnung nicht zufrieden seyn, sondern den Zustand der moralischen Einsichten und Gesinnungen eines jeden kennen lernen, an der Verbesserung seines innern Charakters arbeiten, in ihm Religionsgefühl wecken, und den Sinn für Wahrheit und Tugend verstärken, und ihn zu einer rechtschaffenen Denkungsart auf sein ganzes Leben zu gewöhnen suchen.

§. 27.

über das Morgen- und Abendgebet auf den Studirzimmern.

Jeder Repetent wird bey seiner Abtheilung gewissenhaft dafür

35–37 Die Stiftsreform am Ende der Regierungszeit von Herzog Carl Eugen war auf zeitgemäße Neuordnung im Geist des aufklärerischen Absolutismus bedacht.

38 *Auch architektonisch schuf sich der Geist der Stiftsreform am Ende des 18. Jahrhunderts Ausdruck: Während das »alte Stift« in verzerrender Perspektive in den Hintergrund rückt, tritt die neue Fassade beeindruckend hervor.*

39 *Christian Friedrich Schnurrer, Ephorus 1777–1806*

nicht thematisiert, blieben die damaligen Probleme im Inspektorat doch nicht gänzlich unbeachtet. Nach der Visitation von 1757 erging ein umfassender Rezeß, der die Mitglieder des Inspektorates darauf hinwies, ihre Aufsicht über das Stipendium in gemeinsamer Sorgfalt wahrzunehmen. 1756 war der seinem Amt offensichtlich wenig gewachsene Ephorus Johann Adam Osiander, Nachfolger von Israel Gottlieb Canz, gestorben. Von dem neuen Dreiergespann Cotta – Sartorius – Hoffmann versprach man sich eher eine bessere Zusammenarbeit. Um dies zu gewährleisten, sollte das Inspektorat jeden Donnerstag zusammentreten; es sollte einzelne Stipendiaten vorladen und überprüfen, insgesamt für die Einhaltung der Statuten sorgen und über alle Vorgänge exakt Buch führen. Der Visitationsrezeß insgesamt ist die zugespitzte Ermahnung, sich an die geltenden Statuten zu halten. Zurück also zu deren Fassung von 1752.

Ihre »Einrichtung auf die gegenwärtigen Zeiten« zeigt sich gleich anfangs im Zugriff auf die Haltung und innere Einstellung der Stipendiaten. Er erfolgt in dem maßvoll pietistischen Geist, der im Konsistorium jener Jahre zu Hause war, und ist getragen von den geradezu unabänderlichen Erwartungen kirchlicher Autoritäten. Die Stipendiaten sollen »sich beizeiten in die vorgeschriebene Ordnung in der Furcht Gottes schicken lernen«. Sie sollen vor allem »den wichtigen Zweck, wozu sie gewidmet sein, beständig vor Augen haben, und sich zu dem heiligen Predigtamt mit einer besonderen Hochachtung desselben und einer gewissenhaften Befolgung aller erforderlichen Vorbereitungen, unter dem Gnadenbeistand Gottes, tüchtig zu machen trachten«. Die neuen Statuten setzen programmatisch auf die subjektive Einsicht. Sie fordern die Erleuchtung der Stipendiaten hinsichtlich des Zusammenhanges von »Zweck . . . und auf denselben einschlagenden allgemeinen Pflichten«. Aber sie lassen einige Seiten später ebensowenig Zweifel am fortgehenden Funktionieren althergebrachter Instrumentarien: »Alle und jede Stipendiaten, die nicht Repetenten sind, sollen denen Legibus Stipendii (Gesetzen des Stipendiums) dermassen unterworfen sein, daß sie bei Übertretung derselben, wann es nicht eine Sache ist, die vor das Fürstliche Konsistorium besonders gehöret, mit Privation des Weins über Tisch oder mit dem Karzer gestraft werden.«

Der Versuch, die Statuten zu aktualisieren, schlägt sich in den recht ausführlichen Anweisungen zur Durchführung des Theologiestudiums nieder. Zeitbezug auf seine Art dokumentiert aber auch die massive Sorge, die Stipendiaten bei der Orthodoxie zu halten. Es wird »ihnen die fleissige Lesung der heiligen Schrift und anderer geistreicher Schriften von reinen evangelischen Lehrern ernstlich anbefohlen; hingegen das Lesen aller verdächtiger und verführerischer Bücher, sonderlich aber der schädlichen Romanen, und anderer nichtstaugender Historien, nicht weniger alle verdächtige Umgang oder Korrespondenz mit Heterodoxis schlechterdings verboten«. Aktuelle Orientierung demonstriert auch das in die Fülle herkömmlicher Verbote eingestreute Verbot der »Tee- und Kaffee-Maschinen« und des im 18. Jahrhundert immer weiter um sich greifenden »Tabacrauchens«; 1704 noch beiläufig erwähnt, ist ihm jetzt ein eigener Paragraph gewidmet, und es wird strenger Kontrolle unterstellt: »Wo die Famuli einen Geruch von Tabak vermerken, sollen sie demselben nachgehen« und entsprechende Meldung erstatten.

Gemäßigtes Eingehen auf den Pietismus, Verteidigung der Orthodoxie und Konservierung des Bewährten – dazu paßt, wenn verordnet wird: »Auf die Subordination in dem Stipendio solle allezeit auf das nachdrücklichste gedrungen werden.« Wenige Jahrzehnte vor dem welterschütternden Durchbruch der Gleichheitsparolen schrieb man für den Mikrokosmos des Herzoglichen Stipendiums zu Tübingen Unterordnung und die überlieferte Rangfolge von Novizen, Complenten und Magistern mit ihren Konsequenzen für das Lebensgefüge fest. Und noch mehr: jene mit der Aufgabe des Repetierens betraute und mit entsprechenden Privilegien ausgestattete Gruppe von Magistern wurde noch grundsätzlicher als bisher aus dem Corpus der übrigen Stipendiaten herausgehoben. Man tat einen weiteren Schritt in einer Entwicklung, die schon länger im Gange war. Es wurde nicht mehr vom Magister, der »ad Repetitionem« herangezogen wird, gesprochen; grundsätzlicher sprach man von der »Repetenten-Stelle«. Und gleich wurde den Repetenten ihre Rolle als Vorbild im pädagogischen Konzept der neuen Statuten verdeutlicht: »Denen Stipendiariis sollen sie mit gutem und christlichem Exempel allezeit vorleuchten und sich nicht nur eines äusserlich ehrbaren Wandels, sondern auch einer wahren inneren Gottesfurcht befleissen, damit auch durch sie das Studium Pietatis practicum im Stipendio befördert werde.«

So ausdrücklich durch die neuen Statuten die tradierte Ordnung für das Stipendium »auf die gegenwärtige Zeiten eingerichtet« werden sollte, sowenig war durch den Erlaß der Statuten schon garantiert, daß die Verhältnisse sich dementsprechend gestalteten. Wie sehr das Gegenteil der Fall war, zeigt die schon genannte Visitation von 1757 und der daraus hervorgegangene umfassende und scharfe Rezeß. Er drängte auch auf die Funktionstüchtigkeit eines untersten Organs zur Durchsetzung der Vorschriften. Der »Senat«, jenes schon früher angeordnete Instrument erwünschter studentischer Selbstkontrolle, wurde in Erinnerung gebracht, auf seinen Zweck und seine regelmäßige, sorgfältige Abhaltung wurde geflissentlich hingewiesen. In ihm sollten Repetenten und Senioren zusammen mit weiteren Magistern, die als geeignet befunden wurden, besonders die jüngeren Stipendiaten überwachen, um das Eingreifen höherer Instanzen schon so früh wie möglich zu beschränken. Das Konsistorium ließ keinen

Zweifel daran, daß es die Ausbildungsstätte für die künftigen Diener der württembergischen Kirche mit allen Mitteln fest im Griff zu halten suchte. Und in dieser Hinsicht konnte es auch mit der Unterstützung, zunehmend der persönlichen Einschaltung Herzog Carl Eugens rechnen.

Im Umfeld des bildungspolitischen Eifers von Herzog Carl Eugen

»Liebe, durch meine landesväterliche Vorsorge der Kirche meines Herzogtums gewidmete Jugend! . . . Ermahnungen, besonders aber väterliche Ermahnungen wirken auf die Herzen der Guten. Sie fürchten die Strafen, weil sie sie in ihrem Gesichtspunkt betrachten und die Ursachen vermeiden, welche die Strafen nach sich ziehen. Also Ermahnungen, liebste Jugend, väterliche Ermahnungen wirken auf die Herzen der Guten. Euer Zeitalter ist dasjenige, wo eben diese Ermahnungen den größten Eindruck machen sollen. Von Jugend auf dem Dienst der Kirche gewidmet, sollte man mit allem Recht von Euch ein Benehmen nach dem Willen der Kirche fordern können. Von Jugend auf in dieser Absicht erzogen, sollte man von Euch nichts anderes als eine solche Gedenkungsart erwarten, welche mit diesen Gesetzen übereinkomme. Von Jugend auf endlich mit dem Gedanken ernährt, Gott und seinem Tempel eigen zu sein, sollte Euer ganzer Lebenswandel der übrigen Jugend des Staats zum Beispiel sein.« Was der Herzog am 16. Oktober 1777 den Stipendiaten kundtat, sollte ausdrücklich »keine Strafrede« sein. Er weilte in Tübingen anläßlich des Jubelfestes zum 300jährigen Bestehen der Universität. Selbstverständlich war auch das Stipendium in die Feierlichkeiten miteinbezogen. Den Stipendiaten wurde im voraus verordnet, sich im Blick auf die jubilierend gestimmte Gegenwart des Herzogs ordnungsgemäß zu verhalten. Und der Fürst stellte dann in seiner Festansprache im Stipendium neben die »väterlichen Ermahnungen« auch die Belohnung für alle, die fleißig und sittsam, gehorsam und pflichtbewußt auf ihr künftiges Amt zusteuerten: »Ihr alle (werdet) mit Recht Ansprache an mir, an dem guten Vater haben.«

Daß Carl Eugen strafend und belohnend am Tun und Lassen der Stipendiaten persönlich Anteil nahm, war inzwischen nicht mehr neu. Zwar in politische Verflechtungen und den verfassungsrechtlichen Konflikt mit den Landständen verstrickt, hatte er sich doch seit einigen Jahren persönlich bemüht, Kunst und Kultur, Wohlfahrt und Wirtschaft des Landes zu fördern. Der absolutistisch-souverän sich gebärdende Fürst, auf Renommee und Repräsentation bedacht, hatte seine Aktivitäten auch auf das Gebiet der Pädagogik und des Bildungswesens verlegt. 1767 hatte er die Tübinger Universität besucht und die Rektorswürde übernommen. Carl Eugen sah wohl, daß der Strom der kulturellen und geistigen Entwicklung an Württemberg vorbeizufließen drohte. Aber er mußte auch erkennen, daß die traditionsreiche und selbstbewußte Tübinger Universität für eine zügige Durchsetzung seiner großartigen Pläne wenig geeignet war. So hatte er schließlich neue Wege eingeschlagen.

In dem Maß allerdings, in dem die »Hohe Karlsschule«, 1770 als Militärakademie gegründet, zur Universität emporstieg und sich als moderne Bildungsinstitution am Sitz der Residenz einen Namen machte, in demselben Maße drohte das alte Tübingen aus der Bildungslandschaft zu verschwinden – wären da nicht noch die Theologie und das Herzogliche Stipendium gewesen. In den Jahren nach 1767 stattete der Herzog »seinem Stift« mehrere Besuche ab. Rhetorische Ehrbezeugungen gegenüber dem Fürsten, Demonstration der Leistungsfähigkeit des Studienbetriebs und vom Herzog selbst verhängte Karzerstrafen markierten diese persönlichen Kontakte Carl Eugens zum Stipendium. Für manchen Stiftler brachten sie aber auch persönliche Vorteile mit sich: Nach und nach wurde eine stattliche Anzahl von Stipendiaten als Lehrer an die neue Bildungsinstitution in Stuttgart berufen. Andrerseits war dies wiederum ein Indiz dafür, daß das Stipendium mit seiner Tradition in dienender Funktion hinter der Karlsschule zurückzustehen hatte. Es sollte noch einige Jahre dauern, bis der Reformwille des Herzogs und die Reformbereitschaft der Kirchenleitung sich auf das Stipendium richteten.

In einer Zeit, die auf Erneuerung im Geiste kritischer Vernunft drängte, die das Tradierte nicht einfach gelten ließ und dem Etablierten nicht ohne weiteres Respekt zollte, in dieser Zeit konnte auch das Tübinger Stift nicht unbehelligt dahinexistieren. Es wurde Gegenstand öffentlich geäußerter Kritik. Da half es wenig, wenn die gleichfalls auf den Plan tretenden Verteidiger der altehrwürdigen kirchlichen Bildungseinrichtung sich eben auf das Altehrwürdige zurückzogen; wenn sie darauf hinwiesen, »daß sich von den Reformatoren noch nicht die aufgeklärte Denkart der Pädagogen des 18. Jahrhunderts erwarten ließ«.

Die beißende Kritik der aufgeklärten Geister des 18. Jahrhunderts packte unerbittlich zu. Und sie wurde nicht nur von ›Ausländern‹ wie dem respektablen Berliner Aufklärer Christoph Friedrich Nicolai vorgebracht. Auch ehemalige Stipendiaten waren darunter. 1773 fiel der »Stürmer und Dränger« Gottlob David Hartmann mit spitzer Feder über das ihm wohlbekannte Stift her. Und zwölf Jahre später folgte ihm der Balinger Vikar Karl Friedrich Reinhardt, der später der Französischen Republik als Diplomat diente. Reinhardt bezog sich in seinen Ausführungen auf ein 1784 erschienenes »Reisestück«: »Über das Reich der Magister und Schreiber«. Hier war bereits in knappen Worten das aufgeklärte Urteil über das Tübinger Stipendium gesprochen: weltabgewandte Rückständigkeit – angefangen beim Gebäude und den äußeren Lebensverhältnissen, über das normierte Innenleben des Instituts, bis hinauf zur leitenden Behörde. »Nichts, was weltlich ist, was den Genuß des Lebens fühlbar und feine und runde Menschen machen könnte, darf sich dieser fürchterlichen Burg nähern. . . . Singen, Predigen und Theses aufreihen, dies ist das Leben eines Magisters.« Ephorus und Superattendenten werden als »drei Pedanten« vorgeführt, welche die Stipendiaten unterdrücken. Das Konsistorium wird qualifiziert als »das furchtbare Tribunal, welches ihr Schicksal bestimmt, welches über die Orthodoxie in Wirtemberg und über das berühmte Muster der Einförmigkeit (gemeint ist die lutherische Konkordienformel) – das ist, wie Faustin sagt, darüber wacht, daß die Geistlichkeit nicht klüger werde«.

Die württembergische Kirchenleitung erließ 1780 ein Generalreskript; darin wurden alle von der Aufklärung geförderten Bestrebungen zur Abkehr von der Konfessionsgrundlage aus dem 16. Jahrhundert unter Strafe gestellt. Die Anklagen gegen den veralteten Zustand des Stifts konnten dennoch nicht ohne Folgen bleiben, schon deshalb nicht, weil Herzog Carl Eugen, katholisch, doch keinesfalls antiprotestantisch, sehr viel mehr der vernünftigen Religion und einer auf Tugend und Moral ausgerichteten Gottesverehrung huldigte. Aber auch im Konsistorium ergab sich eine Verschiebung von der aus Pietismus und Orthodoxie geprägten Grundstimmung hin zu einer Einstellung, welche die Aufklärung auch für Kirche und Theologie positiv wertete.

Auf dem Weg zur Reform

Bereits in der Mitte der siebziger Jahre wurde moniert, daß für den leitenden Posten des Ephorus im Stift eine vitale, aufgeschlossene Persönlichkeit erforderlich sei. Man hatte dabei den ehemaligen Stipendiaten Christian Friedrich Schnurrer im Auge, dessen Qualitäten als historisch-kritisch arbeitender Exeget und renommierter Orientalist ebenso wie seine pädagogischen Fähigkeiten gerühmt wurden. Er wurde 1777 zum Ephorus ernannt und behielt das Amt, bis *Abb. 39* er 1806 zum Kanzler der Universität aufrückte. In den annähernd 30 Jahren seines Wirkens als Ephorus konnte man in Stuttgart mit ihm zufrieden sein. Er verstand es offensichtlich, mit strenger, in seiner Person begründeter Autorität, dafür zu sorgen, daß der Kampf der Stiftler mit der vorgegebenen Ordnung, immer stärker auf der Grundlage theoretischer Kritik geführt, nicht allzusehr zuungunsten der Ordnung ausging. Er ließ dabei dennoch, wie selbst der Stiftskritiker Reinhardt bezeugt, einen Raum für zeitgemäße Freiheit des Denkens und geistige Weltoffenheit. Schnurrer stand bei Herzog Carl Eugen in hohem Ansehen. Und er selbst konnte über den Herzog sagen: »Mir war er nichts weniger als gleichgültig.« Die Amtsgeschäfte, deren bürokratisches Übermaß

Schnurrer nicht ganz unkritisch hinnahm, und erst recht die Arbeit an der Reform des Stifts führten die beiden aufgeklärten und autoritätsbewußten Persönlichkeiten zusammen.

Abb. 34 Neben Schnurrer blieb sein Amtsvorgänger Ludwig Josef Uhland, Ephorus von 1772 an, eine blasse Gestalt. Nur durch seinen dichtenden Nachfahren merkt man bei diesem Namen auf. Bis 1803 hatt er als Zweiter, danach noch als Erster Superattendent lediglich aufgrund des Autoritätsgefälles im Inspektorat Schnurrer etwas voraus. Einen Gegner bekam Schnurrer im Inspektorat von 1780 an in Tobias Gottfried Hegelmaier. Abgesehen von der Konfrontation mit Schnurrer bleibt hier allerdings auch über ihn, weder als Theologen, noch als Zweiten Superattendenten, kaum etwas zu berichten. Ganz anders wurde das bei Hegelmaiers Nachfolger Gottlob Christian Storr, dem Begründer der ›älteren Tübinger Schule‹, der sich in der Theologiegeschichte einen Platz erworben hat. Das Superattendentenamt allerdings, traditionell an die von ihm versehene Professur gekoppelt, verwaltete er von 1786 bis 1797 eher pflichtmäßig.

Die Ernennung Schnurrers zum Ephorus war zwar auf der personellen Ebene ein erster Schritt in Richtung Reform, aber die Sachprobleme waren noch ungelöst. Sie waren ohnehin in umfassendere Zusammenhänge eingebettet. Erneuerung und Modernisierung, Reform der Lerninhalte und Methoden, Neuformulierung der Ziele und Konzeptionen – das stand im ausgehenden 18. Jahrhundert für das gesamte Schul- und Bildungswesen in Württemberg, nach wie vor entscheidend auf dem Fundament der Großen Kirchenordnung ruhend, zur Debatte.

Die Reform des Stifts wurde 1787/88 begonnen und zog sich über Jahre hin. Herzog Carl Eugen, der das Geschehen aktiv mitverfolgte, beschrieb die Aufgabe als »möglichst vollkommene Wiederherstellung der moralischen, sittlichen, wissenschaftlichen und äußerlichen Ordnung«. Dazu wußte er sich »als Regent aus Pflicht, als Landesvater aus Neigung« berufen. Die Federführung lag beim Geheimen Rat, besonders aber bei den kirchenleitenden Beamten. Konsistorialrat Georg Friedrich Griesinger sorgte für den zeitgemäß-rationalen Zuschnitt. Der weltliche Rat Eberhard Friedrich Georgii beklagte die Rückständigkeit in vielen Bereichen. Eine Ursache für die Kalamitäten im wissenschaftlichen Bereich sah er in der Lage an der Universität. Johann A. A. Hochstetter arbeitete die erforderlichen historischen und statistischen Beiträge aus. Neben Ephorus Schnurrer, der Schaltstelle in Tübingen, wurden auch die Superattendenten und der Universitätskanzler Le Bret zur Beratung herangezogen. 1792 gingen die Vorarbeiten in ein neues Stadium über: es kam zur Formulierung neuer Statuten, und es wurde mit Umbaumaßnahmen begonnen. Welcher Wille in der Reform am Werk war, bringt gerade die Neugestaltung des Gebäudes zum Ausdruck: gotische Gewölbe und Spitzbogen, architektonische Erinnerung an das mittelalterliche Augustinerkloster, verschwanden ebenso wie die bescheidenen Spuren, die Renaissance und Barock hinterlassen hatten. Klare Linien eines aufgeklärten, zielstrebigen, machtbewußten Geistes suchten Eindruck zu machen. *Abb. 38*

»Mit einem Wort: schon durch die äußerliche Einrichtung muß man den herzoglichen Stipendiaten fühlbar machen, daß sie in einem fürstlichen Stift erzogen werden und daß sie zu einem wichtigen Zweck bestimmt seien. Hierdurch werden sie von vielen Verirrungen abgehalten, und die Gesetze erreichen erst ihren eigentlichen Zweck, Abwege zu verhüten und nicht Straffällige zu machen, um Pönalverordnungen auszuüben.« So hätte gewiß auch Herzog Carl Eugen sich äußern können, um das erstrebte Ziel der Reform zu benennen: die aus Respekt vor dem Gesetz bewirkte Harmonie von ›Innen‹ und ›Außen‹. Doch es war Kirchenratsdirektor Hochstetter, in dessen Worten von 1791 sich ausdrückt, was von den neuen Statuten zu erwarten war. Aus der Sicht des Stipendiaten Johann Christian Friedrich Hölderlin hörte es sich im Frühling 1793 folgendermaßen an: »Über acht Tagen werd' ich wohl etwas Bestimmtes schreiben können wegen unserer Statuten. Mir sollte Leid tun, wenn sie so eingerichtet wären, daß kein vernünftiger Mensch, ohne seiner Ehre zu vergeben, sie eingehen könnte.«

Die Reformordnungen 1793

Am 13. Mai 1793 war es dann soweit. »Die Zeit der großen, längsterwarteten Wiedergeburt des Stipendiums« nennen die Annalen des Repetentenkollegiums das Ereignis. In Gegenwart des Herzogs, in dessen stattliches Gefolge sich auch die Mitglieder des Konsistoriums einreihten, wurden die neuen Statuten im Stift vorgetragen. Die feierliche Verpflichtung der Stipendiaten auf ihr neues Lebensgesetz schloß sich an. Neue Statuten gab es aber auch, zum erstenmal losgelöst von denen der Stipendiaten insgesamt, für die Repetenten. Und an das Inspektorat wurde eine »Instruktion« ausgegeben. Superattendenten und Ephorus wurden mehr oder weniger detailliert an ihre umfassende Verantwortung erinnert. Die bedeutende Rolle ihres persönlichen Einsatzes in der Beaufsichtigung der »gelehrten Erziehungs-Anstalt«, ihre einflußreiche Position bei der wissenschaftlichen und pädagogischen Betreuung der Stipendiaten wurden herausgestellt. Die »wöchentliche Zusammenkunft des Inspektorats« wurde den Herren als entscheidendes Mittel zur effizienten Amtsführung auferlegt. *Abb. 35–37*

Den Repetenten wurde, in Fortführung der bisherigen Entwicklung, umfassend dargelegt, wie sie ihre Rolle als Pädagogen der »Anstalt« wahrzunehmen haben. Dem Gewicht ihrer Funktion entsprechend wurde ihre Zahl auf mindestens neun festgesetzt. In der Beschreibung ihrer Aufgaben stand »die Beschäftigung der Repetenten mit dem Wissenschaftlichen der Stipendiaten« im Vordergrund. Worüber auch die Inspektoren instruiert wurden, das legte man den Repetenten besonders nahe: sie sollten eine an den Fähigkeiten des einzelnen orientierte Hilfestellung geben, um »Wetteifer, Wissbegierde und Lust zum Studieren« zu provozieren. Weg von der Enge der Orthodoxie, hin zu intellektueller Aufgeschlossenheit und selbständiger Verstandesbildung – nach dieser neuen Devise wurden die Anweisungen für das Studium in den Statuten für die Stipendiaten formuliert. Im Abschnitt von der »Aufsicht der Repetenten über die Sittlichkeit und Disziplin« wurde betont, daß äußerlicher Gehorsam nicht genüge; die Repetenten müßten, ausgehend von der Art jedes einzelnen, den Stipendiaten »zu einer rechtschaffenen Denkungsart auf sein ganzes Leben zu gewöhnen suchen«. Die Statuten für die Stipendiaten wandten sich demgemäß in erster Linie an den einsichtigen »Zögling«. Neben die Strafen, die nur den Uneinsichtigen galten, traten verlockend neu die »Belohnungen«. Eine Zusammenstellung hochkarätiger Charaktereigenschaften stellte den Stipendiaten das Ideal rechtschaffenen Verhaltens vor Augen: »Geweckter Gefühl für Wahrheit und Tugend, echte Gottesfurcht, Reiz der Wissenschaften, verstärkter Geschmack an Gelehrsamkeit, edle Ambition, billige Beurteilung der von jedem Erziehungsinstitut untrennbaren Einschränkungen, dankbare Schätzung der dem theologischen Stift eigenen Vorzüge und Wohltaten, Aussicht auf sichere Bedienstung, Überzeugung von der Wichtigkeit des geistlichen Amts, Lehren und Beispiele der Vorgesetzten können bei dem gutgearteten Stipendiaten alle Zwangsmittel vertreten.« Der hier angeschlagene Ton ging unüberhörbar darauf aus, das wohlklingende Echo der Modernität hervorzulocken. Nicht zuletzt, wenn beim Verbot der »Trinkgesellschaften« zur Begründung darauf hingewiesen wurde, welche Gefahren in solchen »Ausschweifungen« für die Gesundheit lauern. Oder wenn die »Erholungsstunden und Ferien« als geradezu notwendig »zur Aufheiterung der Seele und zur Erhaltung der Festigkeit und der Kräfte des Körpers« deklariert werden. In weiten Teilen lassen sich die Statuten von 1793 regelrecht als Reaktion auf die vorangegangene Kritik an den veralteten, rückständigen Verhältnissen im Tübinger Stift lesen.

Doch neben dem, zumindest auf der Ebene der theoretischen Darstellung, unübersehbar auf Modernisierung gerichteten Reformeifer fällt auf, wie selbstverständlich weiterhin vom »Kloster«, den »Klostergesetzen«, dem »Klosterleben« und der »klösterlichen Ordnung« gesprochen wurde. Trotz Beseitigung von Spitzbogen und gotischem Gewölbe, trotz wichtiger Veränderungen im Studienbetrieb, trotz Aufhebung der Lektionen und Predigten im Anschluß an die Mahlzeiten, trotz des Wegfalls mancher traditionellen Vorschrift: auch die aufklärerische Stiftsreform unter Herzog Carl Eugen blieb im Grundgefüge auf dem Boden der hergebrachten Ordnung. Ein tiefreichender Eingriff in den Bestand des Herzoglichen Stipendiums, der wesentliche Veränderungen zur Folge gehabt hätte, wurde nicht vorgenommen. Er wäre ja auch nur unter Bruch der ›Religionsreversalien‹ möglich gewesen, die den bildungspolitischen Aktivitäten Herzog Carl Eugens für »sein Stift« unverkennbar eine Schranke setzten. Die Mitglieder des Konsistoriums haben, pflichtgemäß, während der Arbeit an der Reform darauf hingewiesen. Daß sie gleichwohl nicht darauf bedacht waren, den theologischen Gehalt des reformatorischen Erbes der von ihnen geleiteten württembergischen Kirche zu bewahren, läßt sich da und dort erkennen. Besonders kennzeichnend ist, wie den Stipendiaten durch die neuen Statuten das »Nachtmahl« nahegebracht werden sollte: »Künftige Lehrer des Christentums werden öfters an dem Gedächtnismahle des Leidens und Sterbens seines göttlichen Stifters nach ernstlicher Vorbereitung und Einfindung bei der Beichte mit allen jenen religiösen Empfindungen und Bewegungen ihres Herzens Anteil nehmen, welche die Wichtigkeit dieser Feier erfordert.« Nicht auf das Gotteswort, das sich vergegenwärtigt, werden die Stipendiaten hingewiesen, dagegen wurde auf ihre persönliche religiöse Haltung, ihre innere Anteilnahme gedrungen. Die äußere Reform des Stifts gab der kirchlichen Tradition, in der es stand, einen modernisierenden Anstrich.

Ein Ineinander von alt und neu! Ephorus Schnurrer argwöhnte schon Wochen vor dem Tag der »Wiedergeburt des Stipendiums«: »Ich sorge ohnehin, die neuen Statuten kommen jetzt schon zu spät. Unsere jungen Leute sind großenteils von dem Freiheitsschwindel angesteckt und das allzulange Zögern mit der neuen Einrichtung hat viel dazu geholfen.« Ob die Reform tatsächlich bei ihrer Vollendung schon veraltet war, oder inwieweit nicht doch längerfristig positive Resultate aus ihr hervorgingen, dies selbst zu erleben, blieb Herzog Carl Eugen versagt. Er starb im Oktober 1793. Mit der Sorge des Ephorus um das Gepacktsein der Stipendiaten vom Freiheitsschwindel wurde er aber noch konfrontiert. In strenger Autorität schaltete sich der fürsorgende Landesvater in die Bewältigung der Probleme in »seinem Stift« ein.

Dort sollte ein unerwünschter moderner Geist von Frankreich her eingedrungen sein, antimonarchistisch, revolutionär, egalitär und demokratisch. Ephorus Schnurrer wußte den Herzog zu beruhigen. Aber in keinem seiner Berichte, die in den folgenden Jahren nach Stuttgart abgingen, konnte er vermelden, daß man in Tübingen vorrangig und uneingeschränkt dem in den neuen Statuten vorgezeichneten Ideal des gutgesinnten Stipendiaten nachgeeifert hätte.

Nachdem Jahre zuvor die Kritik an die Öffentlichkeit getreten war, nahm nun eine literarische Öffentlichkeit in kirchlichen und theologischen Zeitschriften auch Notiz von den Reformvorgängen im Tübinger Stift, denen Erneuerungsbestrebungen in den Klosterschulen und den Lateinschulen des Landes zur Seite gingen. Über das journalistisch Bemerkenswerte hinaus allerdings hat die Reform des Stifts, im Geiste aufgeklärt-absolutistischer Herrschaft vorgenommen, dem Stift eine folgenreiche Bewertung gegeben. Wenn das Stift 1793 als eine »für die Kirche und den Staat gleich wichtige Anstalt« eingestuft wurde, dann umschloß diese Formel bereits die zwiespältige Rolle, die das Stift im 19. Jahrhundert spielen sollte. In der Art, wie es unter Herzog Carl Eugen als bedeutsame Bildungseinrichtung Württembergs theoretisch erfaßt wurde, fiel die Entscheidung über sein künftiges Geschick.

»Der Stipendiat als künftiger Volkslehrer«, als »Religionslehrer« in einem so umfassenden Sinn, daß die Pfarrerexistenz darin enthalten ist – dieses Geschöpf mußte durch die einzigartige Erziehungsanstalt dahin gebildet werden, daß es »Aufklärung, Religionskenntnis, gute Denkungsart und Menschenglück« verbreiten konnte. Der wissenschaftlich gebildete Theologe jenseits einer eingeengten Kirchlichkeit und aller selbstgefälligen Frömmigkeitspflege – das war die Aufgabe, die zu lösen Herzog Carl Eugen 1793 dem württembergischen Staat des 19. Jahrhunderts in seinem Umgang mit dem Tübinger Stift stellte: »Eine lautere Schriftreligion und eine den Kräften, Wirkungsgesetzen und Triebfedern der menschlichen Natur und den Verhältnissen der Menschen angepasste gesunde Moral einleuchtend und eindrücklich vorzutragen, ist die künftige Bestimmung des Stipendiaten.«

Königliche Hoheit und kirchliche Emanzipation: Das Theologische Seminar im 19. Jahrhundert

1806 – aus dem Herzogtum Wirtemberg wurde das Königreich Württemberg, und aus dem Herzoglichen Stipendium in Tübingen, auch Stift genannt, das Königlich-Theologische Seminar. Am 22. Juni 1806 erging das entsprechende Reskript. Es verordnete die Eingliederung der traditionsreichen Bildungsanstalt in die neuen Strukturen des absolutistischen Staates, der unter dem zielgerichteten *Abb. 41* Regiment von König Friedrich I. entstand. Das Stift wurde der Königlichen Oberstudiendirektion unterstellt. Es büßte seine institutionelle Eingliederung in die Kirche ein. Der neue Staat machte das Theologische Seminar in Aufsicht und Leitung unmittelbar zur Sache seiner Bildungspolitik.

Die württembergische Kirche ihrerseits wurde in diesen Staat des unum-

schränkten Herrschers eingegliedert. Man ließ das Kirchengut im Staatsvermögen aufgehen. Die kirchlichen Finanzen wurden fortan vom staatlichen Finanzministerium geregelt. Das Konsistorium wurde zu einer untergeordneten Ministerialabteilung. Eine ohnehin vom Staat gelenkte Kirche sollte auch ihr zentrales Ausbildungsinstitut der Fürsorge des Staates überlassen können.
Schon ehe er König wurde, war Württembergs Regent Friedrich bestrebt gewesen, das Land nach den Prinzipien der aufgeklärten Vernunft und des absolutistischen Regiments zu beherrschen und aufzubauen. Die Grenzen des konfessionell geschlossenen Herzogtums waren gefallen. Durch die Gebietserweiterungen im Zuge der Errichtung des Königreiches hatte Friedrich auch römisch-katholische Untertanen erhalten, insgesamt eine halbe Million. Die Bindung an die Reformation konnte nicht mehr länger das religiöse Einheitsband des Landes sein, die Wahrung des lutherischen Erbes nicht mehr länger Maxime der Kirchenpolitik. Friedrich propagierte religiöse Freiheit und konfessionelle Toleranz.

Eingliederung in den absolutistischen Staat König Friedrichs I.

Den Fortschritt zur aufgeklärten Religiosität bekam die evangelische Kirche, dem König als ihrem Regenten unterstellt, nachhaltig zu spüren. Die Loslösung des Stifts von der kirchlichen Einbindung war eine solche Maßnahme. Sie hatte ihre Entsprechung im Umgang des Staates mit den Klosterschulen. Die theologische Bildung sollte, im Interesse des Staates, einen weiteren Horizont bekommen als ihn die traditionsgebundene Kirche haben konnte. Entscheidende Veränderung der Rahmenbedingungen für die Existenz des Stifts – sie schlug sich nieder in der neuen Titulierung und in der Verschiebung der Verwaltungsebenen. Vor Ort jedoch ließ man es fürs erste bei dem, was war. Das Reskript vom Juni 1806 schärfte dem Inspektorat ausdrücklich ein: Die das Seminar in Tübingen beaufsichtigenden Herren hätten es »im übrigen . . . bis auf weitere Verordnung mit dem Inhalt und der Zeit der gewöhnlichen Berichte . . . wie bisher zu halten«.
Ohne großes Aufsehen, und ohne daß ein paar ›alte Württemberger‹ wie beim Königseid sich widersprechend verweigert hätten, kam das Stift als theologisches Ausbildungsinstitut in die Hand des Staates. In seiner Bildungspolitik folgte er, allem konfessionellen Partikularismus abhold, den säkularistischen Tendenzen der Wissenschaft und des Geisteslebens. Aber das Stift sollte nicht völlig außerhalb des Interessen- und Einflußbereiches der Kirche geraten. Im weiteren Verlauf des 19. Jahrhunderts brachte sie, zunehmend auf Selbständigkeit gegenüber dem Staat bedacht, ihren Anspruch auf das Stift, auf Mitsprache und Mitgestal-

tung seiner Verhältnisse verstärkt zur Geltung. Eine Bildungseinrichtung, die für Staat und Kirche von Bedeutung war, eingebettet in das spannungsreiche Verhältnis der beiden – das kennzeichnet die Situation des Stifts bzw. Theologischen Seminars, sein ›Stehen und Fallen mit dem Vaterland‹ während der Zeit des Königreiches Württemberg.

Schon vor 1806 hatte der regierende Fürst Friedrich, trotz seiner weitgespannten politischen Ambitionen, das Stift keinesfalls aus dem Auge verloren. Zwar mit den einschneidenden Fragen um Krieg und politische Machtkoalitionen belastet, in Auseinandersetzung mit den Landständen verstrickt, zeigte er zu Beginn seiner Regierung auch Interesse für den Bereich des Bildungswesens. Waren nicht gerade von dorther in den letzten Jahren Stimmen laut geworden, die den Ruf nach Freiheit umsetzten in die Forderung nach Reformen im Sinne einer modernen, gerechten, vernunftgemäßen Politik?

Im Frühjahr 1798 besuchte Herzog Friedrich die Tübinger Universität und das Stipendium. Seine Mahnrede an die Stipendiaten sollte keine einmalige Pflichtübung bleiben. In den folgenden Jahren hat er den Zustand des Stipendiums, das, was dort geschah und regelmäßig nach Stuttgart berichtet wurde, aufmerksam beobachtet. Vielfach hat er die einschlägigen Instanzen zu entsprechenden Entschließungen angehalten. Sein herrschaftliches Interesse am Stift sollte den Maßstäben von Vernunft und Gerechtigkeit genügen. Wie sich diese Devise, auf oberster Ebene festgehalten, Ausdruck verschaffte, zeigt die Art, in der 1801 nachdrücklich darauf hingewiesen wurde: »daß bei dem gemeinschaftlichen Zusammenwohnen einer so großen Anzahl von Jünglingen eine gewisse äußere Ordnung unter ihnen notwendig sei und sich nicht alle Einschränkungen von einem solchen Erziehungsinstitut entfernen lassen«. Weil vernünftig zu begründen und auf allgemeine Gerechtigkeit bedacht, mußte das Leben im Stipendium nach der Ordnung der Statuten verlaufen, die ja schon unter Friedrichs Onkel Carl Eugen ›zeitgemäß‹ eingerichtet worden war.

Deshalb konnte das Stift auch ohne merkliche Veränderungen 1806 in die Rolle des Theologischen Seminars im neuen Königreich schlüpfen. Ganz anders erlebte die Tübinger Universität den Zugriff des ersten württembergischen Königs: Aufhebung der alten Verfassung und 1811 erste Schritte zur Etablierung neuer Machtstrukturen. Im selben Jahr machte der zentralistische Absolutismus auch vor dem Theologischen Seminar nicht halt. Aber er bezweckte eine Aufwertung desselben. Künftig sollten alle Bewerber um das geistliche Amt in der Evangelischen Kirche des Königreichs nur dann zugelassen werden, wenn sie ihr Studium im Tübinger Seminar absolviert hatten. Was allerdings früher gang und gäbe war – daß die württembergischen Theologen so gut wie ausschließlich als Stiftler studiert hatten –, das erwies sich jetzt als realitätsfremde Uniformierungstendenz, ganz abgesehen davon, daß das Theologische Seminar schon quantitativ mit dieser Aufgabe überfordert wurde. Ausdrücklich wurde die Verordnung schon fünf Jahre später wieder aufgehoben.

Ebenfalls 1811 hatte die Königliche Oberstudiendirektion per Dekret in Erinnerung gebracht, daß Söhne von Handwerkern und Bauern nicht in die Teologischen Seminare, die ehemaligen Klosterschulen und das Tübinger Stift, aufgenommen werden dürften, da sie doch prinzipiell nicht zum Studium zugelassen seien. In diesem Punkt schaffte die Verfassung von 1819 Abhilfe. Sie war aus den großen politischen Umwälzungen der vorangegangenen Jahre erwachsen, die auch das Stift nicht unberührt gelassen hatten.

1813 erging an die künftigen Theologen als Stützen des Staates ein strikter Befehl des Königs, sich jeglicher aufsehenerregender Anteilnahme an den Vorgängen auf der hohen Bühne der Machtpolitik, dem Niedergang der napoleonischen Herrschaft und den Befreiungskriegen zu enthalten. Doch die »hochauflodernde Deutschheit«, von den Repetenten mit Besorgnis registriert, ließ sich auf dem Verordnungswege allein kaum unter Kontrolle halten. Die nationale und freiheitlich-kämpferische Stimmung mancher Seminaristenseele, ins Verbindungswesen und die Burschenschaft übergehend, sollte in den kommenden Jahren den mit der Aufsicht über das Seminar betrauten Instanzen manche unruhige Stunde bescheren. So sehr König Friedrich schon 1813 die Politik aus dem Seminar verbannen wollte – als im Dezember des Jahres Truppen gegen Napoleon auch durch Tübingen marschierten, mußte selbst der ›Locus‹, die zentrale theologische Lehrveranstaltung, zurückstehen.

1806 hatte das Theologische Seminar einen neuen Ephorus erhalten. Der verdiente Christian Friedrich Schnurrer war zum Kanzler der Universität aufgerückt. Sein Nachfolger wurde Johann Friedrich Gaab. Er war seit 1792 Mitglied *Abb. 40* der philosophischen Fakultät. Mit den Abläufen im Stift war er insofern wohlvertraut, als er seit acht Jahren schon »Assessor« beim Inspektorat war – eine Stelle, die es nur vorübergehend für ihn und Friedrich Gottlob Süskind, den streitbaren Theologen, Nachfolger Storrs und späteren Oberhofprediger und Konsistorialrat gegeben hatte. Gaabs Amtsführung als Ephorus soll sich durch Entgegenkommen und verständnisvollen Umgang mit den Seminaristen ausgezeichnet haben.

Im Inspektorat saß er mit den Brüdern Flatt, Johann Friedrich, dem älteren, und Karl Christian, dem jüngeren, zusammen. Die beiden, getreue Parteigänger des Tübinger supranaturalistischen Biblizismus, nahmen ihre Aufsichtsfunktion über das Stift, ganz herkömmlich, neben einer theologischen Professur wahr. Karl Christian Flatt wechselte später vom akademischen Betätigungsfeld in die Oberstudiendirektion bzw. den Studienrat. Das zeigt an, daß trotz der Vereinnahmung des Stifts und der Evangelischen Kirche durch den neuen württembergischen Staat auf der personellen Ebene die Grenzen fließend waren. Männer der Kirche wirkten auch an staatlichen Schalthebeln.

Im Inspektorat des Seminars folgte dem jüngeren Flatt Ernst Gottlieb Bengel nach. Er avancierte im Laufe der Jahre zum führenden Tübinger Theologen. Entsprechend fiel auch seine Stimme, zunächst als Zweiter und nach dem Tod des älteren Flatt 1821 dann als Erster Inspektor des Seminars, ins Gewicht, wenn es um die Aufsicht über das Seminar ging. Bengel war bereits einige Jahre Inspektor, als 1816 Gottlieb Friedrich Jäger Ephorus wurde. Jäger war durch höhere Stuttgarter Entscheidung auf diesen Posten gesetzt worden. In Tübingen erwarteten ihn Argwohn und Reserviertheit, die er offensichtlich auch während seiner langen Amtszeit bis 1834 nicht abzubauen vermochte. Mit einem »Geist ironischen Verhaltens gegen die Ordnung«, so sagte man dem Ephorus nach, der in einer Zeit, die durch Burschenschaft und Verbindungstreiben geprägt war, das Theologische Seminar zu leiten hatte, habe er sich kaum bewährt; er habe weder der geltenden Ordnung den gehörigen Respekt verschafft noch sich als erzieherischer Gegenpol zum Libertinismus der Heranwachsenden behauptet. Mit dieser Wertung nicht in Einklang zu bringen ist allerdings das Urteil des Visitationsberichtes von 1831: »Der Ephorus Jäger erwirbt sich durch die Pünktlichkeit und Fertigkeit, mit welcher er alle wissenschaftlichen, disziplinarischen und ökonomischen Einrichtungen der Anstalt beaufsichtigt, unleugbare Verdienste.« Als 1833/34 die politische Reaktion ihr Augenmerk auf Tübingen, die Universität und das Theologische Seminar, richtete, sollte auch Jäger das Ephorat für einen anderen freimachen.

In den ersten Jahren des Ephorates von Gottlieb Friedrich Jäger erlebte Württemberg das Ringen um die Landesverfassung. Das Resultat von 1819 markierte unverkennbar den Übergang vom Absolutismus König Friedrichs I. zur konstitutionellen Monarchie unter Wilhelm I. Für die Evangelische Kirche und das Theologische Seminar in Tübingen blieb es allerdings bei der 1806 erfolgten Vereinnahmung in den Staat. Wenn unter Wilhelm I. die Kirche verwaltungsmäßig dem Innenministerium eingegliedert wurde, wenn die Oberstudiendirektion, jene mit der Aufsicht über das Theologische Seminar betraute Behörde, in »Königlicher Studienrat« umbenannt wurde, dann hat das an den Gegebenheiten nichts geändert. Immerhin versicherte die Verfassung die finanzielle Fürsorge des Staates für die Kirche sowie die Erhaltung und die Förderung der traditionellen Bildungseinrichtungen.

Um bürokratische Regelung und juristische Klarheit bemüht, erging alsbald am 19. November 1819 eine Verordnung, in welcher detailliert die Frage der »Verpflichtungs-Urkunden« abgehandelt wurde. Diese Urkunden waren zur Absicherung des Seminar-Stipendiums von den »Zöglingen . . . in Gemeinschaft mit ihren Eltern und Vormündern« auszustellen. Im Vordergrund stand die Verpflichtung des Seminaristen, »sich dem evangelisch-geistlichen Stande zu widmen und sich auch . . . zum Dienste der vaterländischen evangelischen Kirche im kirchlichen und Lehrfache . . . gebrauchen zu lassen«. Ausführlich wurde die Frage des Kostenersatzes bei Nicht-Einhalten der »Verbindlichkeiten« geregelt. Ein Punkt, der in der Folgezeit verstärkt als disziplinarisches Druckmittel hervorgehoben wurde. Die königliche Regierung betreute dienstbeflissen das Theologische Seminar bzw., unter Einbezug der ehemaligen Klosterschulen, die Seminare überhaupt.

1824 wurden wieder regelmäßige Visitationen verordnet, vorzunehmen durch den Studienrat. 1825 sah man sich genötigt, angesichts der »immer mehr zunehmenden Menge derjenigen Jünglinge, welche, ohne in einem niedern Seminar gewesen zu sein, in das Seminar zu Tübingen unmittelbar aufgenommen werden wollen«, deren Aufnahmealter im Interesse der Einheitlichkeit auf das 18./19. Lebensjahr festzusetzen. 1826 schließlich erschienen wieder einmal Statuten, und zwar für Repetenten und Seminaristen.

Die Statuten von 1826

Es handelte sich um eine »Revision« der Statuten von 1793. Der damals abgesteckte Rahmen blieb erhalten. Die Neuausgabe erfolgte, um den »veränderten Verhältnissen« Rechnung zu tragen. An die Stelle des »Stifts« bzw. des »Herzoglichen Stipendiums« trat nun das »Seminar«. Vor allem aber verschwand das »Kloster« völlig aus der Diktion. Der sprachliche Wegfall der monastischen Dimension mag auch den Umstand beleuchten, daß Umbruch und Verfall der überlieferten Formen des religiösen Lebens in den Statuten von 1826 ihren Niederschlag fanden.

Die Gestaltung des geistlichen Lebens war nicht mehr streng verordnet. Sie wurde als Aufgabe betrachtet, die es je und je zu lösen galt: »Als einen besonderen Beweis des gewissenhaften Eifers der Repetenten wird man es gerne sehen, wenn jeder in seiner Abteilung durch zweckmäßig eingerichtete Andachtsübungen den religiösen Sinn der ihm anvertrauten Seminaristen zu wecken und zu nähren sucht.« Weniger zurückhaltend gaben sich die Statuten in der Formulierung eines neuaufgenommenen Verbots »jeder Teilnahme an landsmannschaftlichen und Ordens –, so wie überhaupt allen nicht autorisierten Verbindungen der Studierenden, welchen Namen sie immer haben mögen, jeder, wenngleich nur partiellen Anschließung an den sogenannten Burschenbrauch«. Und in derselben Deutlichkeit wurde befohlen: »Da der Mangel an äußerlichem

Anstand den Volks-Lehrer herabwürdiget und sein Amt geringschätzig macht«, sollen sich die Seminaristen um die Ausbildung einer »anständige(n) Lebensart« bemühen.

Was die Studiengestaltung anbetraf, so trugen die Statuten einem 1820/21 erfolgten Eingriff in die althergebrachte Struktur Rechnung: damals war die von der Gründung des Stifts an bestehende Pflicht der Seminaristen aufgehoben worden, den Grad eines Bakkalaureus und Magister der philosophischen Fakultät zu erwerben. Daneben beförderten die Statuten die Rolle der Repetenten als Pädagogen und wissenschaftliche Lehrer. War 1793 noch ausdrücklich der Ausschluß der Senioren und anderer Magister aus dem »Repetenten-Senat« angeordnet worden, so war jetzt in den Anweisungen zur monatlichen Abhaltung der »Repetenten-Versammlung« davon schon gar nicht mehr die Rede. Die pädagogische Betreuung der Seminaristen bildete sich, ohne deren Mitbeteiligung, zur institutionalisierten Aufgabe der Repetenten unter der Gesamtaufsicht des Inspektorats heraus. Alles in allem: man konnte den Eindruck gewinnen, daß das Theologische Seminar in Tübingen, mit geringfügigen Modifikationen aus dem alten württembergischen Kirchen- und Bildungsschatz übernommen, ein nicht hinterfragtes Element der Bildungslandschaft auch im Königreich Württemberg war.

Bedrohung, Verteidigung und neue organisatorische Sicherung

»Die Bedeutsamkeit des evangelisch-theologischen Seminars in Wirtemberg und *Abb. 42* die Frage über das Rathsame seiner Aufhebung und Schmälerung« – unter diesem Titel erschien 1827 eine Schrift von knapp 120 Seiten. Es handelte sich dabei, wie schon der Titel ausweist, nicht um ein Werk, erwachsen aus dankesfreudigem Jubel über die Rahmenbedingungen, unter denen das Seminar stand. Sein Verfasser, Johann Christian Friedrich Steudel, Theologieprofessor zu Tübingen, seit 1821 Zweiter und nach dem Tod Ernst Gottlieb Bengels Erster Inspektor des Theologischen Seminars, letzter namhafter Streiter des Tübinger Supranaturalismus, hatte sich damit zum Apologeten des Stifts gemacht. Derselbe Eifer, der ihn in der Theologie gegen die Zeitströmungen antrieb, ließ ihn gegen manche modernen Überlegungen hinsichtlich des Stifts auftreten.

»Wohl blicken wir in der jüngsten Zeit – durch manche dem nächsten Anschein nach sich empfehlende Rücksichten dahingenommen – mit einer unsern Vorfahren unbekannten Gleichgültigkeit auf dasjenige, was jenen als ›edelstes Kleinod‹ des Vaterlandes galt. Aber ehe wir an den Pfeilern dieses Denkmals zu rütteln beginnen, mögen wir uns wohl prüfen, ob unsere Hand der gleiche, für Gottes und Christi Sache und für gründliche Bildung der Wirtemberger rege

40 Johann Friedrich Gaab, Ephorus 1806–1815

41 Im Zuge der politischen Neugestaltung Württembergs unter König Friedrich I. (1797/1806–1816) wurde das Stift in die staatliche Bildungsbürokratie eingeordnet.

Die

Bedeutsamkeit

des

evangelisch-theologischen

Seminares

in

Wirtemberg,

und

die Frage über das Rathsame

seiner

Aufhebung oder Schmälerung,

beleuchtet

von

D. J. C. F. Steudel.

Tübingen,

bei Ludwig Friedrich Fues.

1827.

Vertheidigung

des evangelischen Stiftes in Tübingen

gegen deformirende Tendenzen,

und

Vorschläge

zu einer wesentlichen Reform desselben.

(Mit Berücksichtigung der Schrift: Ueber eine zeitgemäße Reform des evangelisch-theologischen Seminars in Tübingen. Stuttgart. In Commission bei A. Liesching u. Comp. 1841.)

Stuttgart,

Franz Heinrich Köhler.

1842.

Das

Leben Jesu,

kritisch bearbeitet

von

David Friedrich Strauss,

Dr. der Philos. und Repetenten am evangelisch-theologischen Seminar zu Tübingen.

Erster Band.

Mit Königl. Würtembergischem Privilegium gegen den Nachdruck.

Tübingen,

Verlag von C. F. Osiander.

1835.

46 Heinrich Christoph Wilhelm Sigwart, Ephorus 1834–1841

47 Wilhelm Hoffmann, Ephorus 1850–1852

48 Gustav Friedrich Oehler, Ephorus 1852–1872

◁ *42/43 Das Nachdenken über das Stift, über den Sinn der traditionsreichen württembergischen Bildungseinrichtung und Möglichkeiten ihrer Reform schlug sich in der ersten Hälfte des 19. Jahrhunderts in mehreren, durchaus gegensätzlichen Publikationen nieder.*

◁ *44/45 Mit seinem Werk »Das Leben Jesu« (1835) setzte der Stiftsrepetent David Friedrich Strauß einen Meilenstein in der Theologiegeschichte. Seine Gegner machten es ihm zum Stolperstein – er mußte aus dem Stift und dem Württ. Kirchendienst ausscheiden.*

49 Tübingen um 1860: Das wissenschaftlich-akademische Leben, repräsentiert in den neuen Universitätsbauten im Vordergrund, ließ im Lauf des 19. Jahrhunderts die alte Vorherrschaft von Schloß und Kirche zusehends hinter sich.

Eifer, die gleiche zu Opfern bereite Liebe, die gleiche für Gegenwart und Zukunft treu-umsichtige Weisheit leiten, welche den Grundstein zu dem Gebäude hatten legen heißen und es durch die Stürme der Zeiten aufrecht erhielten, oder ob dazu sich Gründe voranstellen, welche niemals eine segensvolle Schöpfung, als welche diese Anstalt durch Jahrhunderte hindurch gegolten hat, würden ins Dasein gerufen haben?«

Steudel war sich gewiß: trotz der Berechtigung vereinzelter Kritikpunkte, das unter Herzog Christoph aufgebaute Bildungssystem für die Diener der württembergischen Kirche konnte nach wie vor als einzigartig effizient gelten. Und so suchte er den Leser seiner Schrift von der Leistungsfähigkeit der Seminarausbildung zu überzeugen. Er stellte drei Aufgabenbereiche vor, in denen die Seminarausbildung positiv wirkte: den wissenschaftlichen, den religiös-sittlichen und den praktischen. Gelegentliche Hinweise auf Verbesserungsmöglichkeiten des Seminar-Systems dienten selbstverständlich dessen Förderung und damit dem Wohle von »Vaterland und Kirche«.

Steudel versäumte nicht, darauf hinzuweisen, daß jeder Gedanke an Auflösung der althergebrachten Bildungseinrichtung in nicht zu verantwortender Weise dem verpflichtenden Vermächtnis der württembergischen Tradition zuwiderlaufe; daß alle Überlegungen hinsichtlich struktureller Veränderungen hinfällig seien, z. B. die direkte Ausbezahlung von Stipendiengeldern, welche in den erreichbaren Wirkungen mit der Leistungsfähigkeit des Bestehenden nicht konkurrieren könne; und wie seltsam sich dieses Räsonnieren ausnehme, wo man erst jüngst der katholischen Kirche ein Konvikt in Tübingen, das Wilhelmsstift, eingerichtet habe, was nicht ohne Vorbild des Evangelischen Stiftes geschehen sei.

Der Hintergrund, vor dem sich Steudels Apologie erhob, wurde im Frühsommer 1827 jedermann sichtbar. Bei den Beratungen des Landtags wurde die Frage der Theologischen Seminare, das Problem der Zweckmäßigkeit des Studiengangs im Stift erörtert. Entscheidende politische Instanzen reflektierten über einschneidende Veränderungen. Und die Regierung wurde angeregt, die Sache zu verfolgen.

Unter dem Datum des 15. November 1829 erging dann die »Verfügung des Ministeriums des Innern, einige Veränderungen in der Einrichtung der evangelisch-theologischen Seminare betreffend«. Hatte Steudel noch die Opferbereitschaft der Vorfahren als schwäbische Tugend gepriesen, so zielten die Maßnahmen der königlich-württembergischen Regierung 1829 auf Einsparungen im Bildungsbereich. Die wichtigsten Entscheidungen waren:

– Verringerung der Zahl der jährlich aufzunehmenden Seminaristen von 40 auf 30; vor der Aufnahme ins Tübinger Seminar sollte für alle Anwärter, auch solche aus den niedern Seminaren, eine erneute Prüfung, »ein abermaliger Concurs«, stattfinden.

- ». . . der akademische Studienlauf der Seminaristen wird von fünf auf vier Jahre heruntergesetzt«, eine Maßnahme, um deren Wiederaufhebung in den folgenden Jahren Inspektorat, Repetenten und Seminaristen mehrmals, doch vergeblich nachgesucht haben; sie zog auch eine Neugestaltung des Studienverlaufs nach sich.
- ». . . zur praktischen Vorbereitung der Kirchenamts-Candidaten« sollte eine einjährige Ausbildungszeit unter Leitung »besonders würdiger Pfarr-Geistlichen« neu eingerichtet werden, doch blieb es bei der Absichtserklärung, und 1832 wurde ausdrücklich verfügt, daß der Plan »nicht weiter verfolgt werden« soll; es wurde dann die Gewährung eines fünften Studienjahres im Einzelfall auf Antrag eingeräumt, und zwar zum Zweck von Bildungsreisen, vornehmlich aber zur berufsspezifischen Weiterbildung künftiger Lehrer an höheren Schulen.
- Der »Freitisch für Nicht-Seminaristen (Hospes-Tafel)« wurde aufgehoben, statt dessen wurden Stipendien für Nicht-Theologen eingerichtet, die von der Universität verwaltet wurden.
- Wo es »wünschenswert« erscheint, sollte bei Einhaltung entsprechender Vorschriften eine »Verwandlung des Seminar-Genusses in eine dem baren Aufwand der Seminar-Kasse auf jeden einzelnen Zögling gleichkommende Geld-Unterstützung« beantragt werden können; mit dieser Bestimmung hatte Innenminister Schmidlin, seinerzeit frühzeitig ausgeschiedener Stiftler, im Sinn, der, nach seiner Überzeugung ohnehin »überlebten Bildungsanstalt« zur Auflösung von innen her zu verhelfen – eine Tendenz, die in der Regierung jedoch keine Mehrheit fand.

270 Jahre nach dem Erscheinen der Großen Kirchenordnung gerieten die Fundamente, die Herzog Christoph in den Fußtapfen seines Vaters für die Existenz des Stifts gelegt und gesichert hatte, ins Wanken. Es kam allerdings nicht zum Einsturz, obwohl der Baugrund, auf dem die Fundamente ruhten, sich beträchtlich verschoben hatte. Es trat zutage, daß sich die alte Verbindung von lutherischer Konfession und württembergischer Kultur, von kirchlicher Bindung und wissenschaftlicher Bildung, von theologischem Studium und staatlicher Bildungspolitik in einem Auflösungsprozeß befand. Das Stift, auf dieser Verbindung gegründet, wurde mit hineingezogen. Die Verfügung des Innenministeriums aus dem Jahr 1829, ihr gesamtes Umfeld zeigt eben diese Problematik. Sie zeigt aber auch, daß das Königreich Württemberg bemüht blieb, seine Verpflichtung gegenüber der Evangelischen Kirche des Landes weiterhin zu erfüllen.

»Muß nicht der Staat, wenn er nicht der meisten Vorteile, die ihm der geistliche Stand bringt, verlustig werden will, die Erziehung und Bildung der jungen Geistlichen ganz besonders berücksichtigen und sie durch besondere Lehranstalten und andere geistige Unterstützungen zu begründen suchen?« Mit dieser Frage, sichtlich besorgt um den Fortbestand der Theologischen Seminare und bestrebt, ihren Nutzen gerade für den Staat aufzuzeigen, trat Theodor Eisenlohr an die Öffentlichkeit und zwar in einer kritischen Abhandlung über die Verfügung von 1829. Weder mit seiner Sorge noch mit seiner Kritik stand er allein. Heinrich Eberhard Gottlieb Paulus, ehemaliger Stiftler und Haupt der rationalistischen Theologie, widmete der Problematik mehr oder weniger ein ganzes Heft des von ihm herausgegebenen »Sophronizon – Eine unpartheyisch-freimütige Zeitschrift, das Besserwerden in Kirche, Staat und Wissenschaftlichkeit bezweckend«. Es ging ihm darum, die zwielichtigen bildungspolitischen Aktivitäten der Stuttgarter Regierung zu durchleuchten.

Während die Argumente Für und Wider, wenn auch mit einer Spitze gegen die von der Regierung beschlossenen Einschränkungen, zu Wort kamen, befürwortete die Zeitschrift »Sophronizon« deutlich den Antrag, den der Abgeordnete General von Theobald im Landtag eingebracht hatte. »Das Seminar zu Tübingen verwandle man aus einem theologischen in ein akademisches Seminar, in welchem vier Promotionen von Studierenden aus allen Fakultäten, gleich denen in den vier niedern Seminaren, Kost, Wohnung und Heizung und eine liberale wissenschaftliche und moralische Aufsicht und Leitung genießen; eine neue Karlsakademie.« Das wäre die Konzeption gewesen, die dem Stift als staatlicher Bildungsanstalt am ehesten entsprochen hätte. Elf Jahre später erschien unter dem Titel »Über eine zeitgemäße Reform des evangelisch-theologischen Seminars in Tübingen« eine Schrift von Gustav Rümelin, dem späteren Kultusminister und nachmaligen Universitätskanzler. Rümelin machte sich darin im wesentlichen für jene Konzeption stark, zumal es mit Kirchlichkeit und theologischer Lage im Stift nicht zum besten bestellt sei.

Der kirchliche Widerspruch blieb nicht aus. »Vertheidigung des evangelischen Stiftes gegen deformierende Tendenzen und Vorschläge zu einer wesentlichen Reform desselben« waren die Blätter überschrieben, die der spätere Prälat Albert Friedrich Hauber zur Problematik publizierte. Hauber wies darauf hin, daß im Blick auf das Stift der Wechsel theologischer Strömungen und die Freiheit wissenschaftlichen Forschens gerade in der kirchlichen Perspektive keineswegs abträglich sei; das sei vielmehr notwendig zum argumentativen Erweis der von der Kirche vertretenen Wahrheit. Eine solche Position 1842 öffentlich zu vertreten, war nicht ohne Brisanz. *Abb. 43*

Sieben Jahre zuvor war das »Leben Jesu« des Stiftsrepetenten David Friedrich

Strauß erschienen. Ein bahnbrechendes Werk, in welchem der Verfasser gegen Rationalismus und Supranaturalismus im Geiste Hegelscher Spekulation und historisch-kritischer Exegese das Mythische in der Jesus-Darstellung der Evangelien zu entlarven suchte. Das Ziel dabei: den wahren ideellen Gehalt der evangelischen Botschaft herauszukristallisieren. Bald nach Erscheinen des Buches brach eine vehemente Auseinandersetzung los. Sie war zwar mehr persönliche Sache des Autors, doch das Stift war, abgesehen von den Anhängern und Gegnern Strauß' daselbst, insofern tangiert, als die aufsichtführenden Instanzen dafür sorgten, daß es gerade nicht in die weitreichende Kontroverse um Strauß mit hineingezogen wurde. Der Erste Inspektor Johann Christian Friedrich Steudel drängte nachhaltig darauf, daß Strauß von der Repetentenstelle entfernt wurde. Als im März 1837 eine Visitation stattfand, konnte man im Bericht festhalten: es seien nur einzelne Seminaristen, die vorübergehend auf dem Weg der Spekulation sich von den positiven Wahrheiten des christlichen Glaubens entfernten. Mehr Aufmerksamkeit zogen bei der Visitation die alten Probleme der Ordnung auf sich. Vornean stand der Kampf gegen das Verbindungswesen, der in den vorangegangenen Jahren schon an der Universität heftig geführt worden war.

Abb. 44, 45

Die Statuten von 1837

»Zusätze zu den Statuten für die Zöglinge des evangelisch-theologischen Seminars zu Tübingen« ergingen noch im Visitationsjahr 1837. Dabei handelte es sich aber nicht, wie man vermuten möchte, um geringfügige Erweiterungen der Statuten von 1826. Die »Zusätze« sind ein ganz eigenständiges Dokument, fast so umfangreich wie die Statuten von 1826. Sie fassen einerseits in dem vergleichsweise knappen Abschnitt über den Studienbetrieb das zusammen, was aufgrund der Veränderungen der letzten Jahre geregelt worden war. Daneben bieten sie in geradezu kleinlicher Detailliertheit ein Verzeichnis von Verhaltensvorschriften, das in der »Schlußbemerkung« gipfelt: »Wie es nicht möglich ist, alle Verfehlungen gegen die im Seminar und für das Seminar notwendige Ordnung aufzuzählen, so sind auch andere, als die in dem Vorstehenden namentlich aufgeführten, in die Augen fallenden Unordnungen strafbar; und es können die ordentlichen Strafen auf den Grund besonders erschwerender Umstände geschärft werden.« Wer bei der Lektüre von Paragraph 20 »Wer die Stube zuletzt verläßt, hat die Türe sorgfältig zu schließen«, oder Paragraph 30 »Wer Suppe, Gemüse usw. nicht mit dem Vorleglöffel herausnimmt, wird mit einer einfachen Annotation bestraft« meinte, durch die Ordnung sei zur Genüge auf Ordentlichkeit hingewiesen, der mußte sich durch die »Schlußbemerkung« eines Besseren belehren lassen.

An geordneter Einheitlichkeit sollten sich auch die Mitglieder des Inspektorates erfreuen können, wenn die Seminaristen offiziell mit ihnen in Verbindung traten. Die »Zusätze« geboten den Seminaristen, sich für diese Kommunikationsebene »nur des vorgeschriebenen sogenannten Kanzleiformats« zu bedienen. Empfänger von Mitteilungen auf Kanzleiformat wurde, als Erster Inspektor, nach dem Tod von Professor Steudel im Jahr 1837, der bisherige Zweite Inspektor Friedrich Heinrich Kern. Neu ins Inspektorat kam 1837 Ferdinand Christian Baur, der aufgehende Stern der Tübinger Fakultät, Begründer der zweiten, der historisch-kritischen Tübinger Schule. Beide, Baur und Kern, waren 1826 als Lehrer vom niederen Seminar in Blaubeuren in die theologische Fakultät nach Tübingen berufen worden. Selbst einst Stiftler, waren ihnen die Probleme nicht fremd, die sie nun als Inspektoren zu bewältigen hatten.

Ephorus war seit 1834 Heinrich Christoph Wilhelm Sigwart, ein entschiedener Anti-Hegelianer, Mitglied der Tübinger philosophischen Fakultät. Die Regierung hatte sich für ihn entschieden, weil man sowohl seine persönlich-sittlichen, wie seine wissenschaftlich-philosophischen und seine pädagogischen Qualitäten als erwiesen ansah. Man erhoffte sich von ihm auch, nach der liberalen Amtsführung seines Vorgängers Jäger, eine nachdrücklichere Durchsetzung der Statuten. Sigwart hat sich um die Lösung der ihm gestellten Aufgabe redlich gemüht. Bereits 1841 hat er allerdings das Ephorat gegen die Stellung eines Prälaten eingetauscht. *Abb. 46*

1842 wurde Christian Walz zum Ephorus ernannt. Sein Name war bereits 1834 im Gespräch gewesen. Er wurde damals aber noch als zu jung und in seiner politischen Haltung als zu ungewiß befunden. Jetzt entschied man sich uneingeschränkt für ihn, den allseits respektierten Philologen. Daß der Ephorus Mitglied der philosophischen Fakultät war, hielt sich zwar ganz in den Bahnen der Tradition. Doch gerade diese traditionelle Zuordnung mußte angesichts der Umbrüche und emanzipatorischen Aufbrüche der Einzelwissenschaften, angesichts der damit aufgeworfenen Frage nach der Stellung der Theologie und der Bewertung des maßgeblich leitenden Amtes im Theologischen Seminar mit seinem staatlich-kirchlichen Charakter problematisch erscheinen. Walz hatte sich zudem schon früher für eine Verselbständigung des philologischen Studienganges stark gemacht. Um so beachtenswerter, daß er zu Beginn seines Ephorates die kirchlich-religiöse Dimension der Aufgabe betonte, die vor ihm lag, und auf die Schwierigkeit abhob, welche im Gegeneinander von pietistisch-konservativer und liberal-fortschrittlicher Richtung die württembergische Kirche zusehends prägte. Er bemühte sich, als Ephorus bürokratisch die Balance zu halten.

Die Amtsvorschrift für das Inspektorat 1842

Auch bei den Inspektoren brachte das Jahr 1842 eine Veränderung. Ferdinand Christian Baur rückte für den verstorbenen Professor Kern ins erste Glied. Neuer Zweiter Inspektor wurde Christian Friedrich Schmid, bereits seit 1821 Mitglied der theologischen Fakultät. Er bildete im Laufe der Jahre ein gewisses Gegengewicht zu Baur in Fortführung des Supranaturalismus, mit Rückgriff auf die Reformation und Aufnahme pietistischer Elemente. Dem neukonstituierten Inspektorat wurde 1842 auch eine neue »Amtsvorschrift« mitgegeben. Im Vergleich zur »Instruktion« von 1793 fällt auf, daß die Zielvorgaben verschwunden sind, die damals, aus aufklärerisch-pädagogischen Idealen heraus, dem Wirken der Inspektoren gesetzt worden waren. An ihre Stelle trat formalistisch-trockene Deskription: »§ 1 Allgemeine Bestimmung: Die Leitung und Verwaltung des evangelisch-theologischen Seminars begreift in sich 1) die wissenschaftliche und sittlich-religiöse Bildung und die damit zusammenhängende disziplinarische Behandlung der Seminaristen, 2) die Verwaltung der Ökonomie, 3) die Sorge für die Gesundheits- und Krankenpflege.«

Neu eingeführt wurde 1842 das »Erweiterte Inspektorat«. Es setzte sich aus dem »Engeren Inspektorat«, den beiden Inspektoren mit dem Ephorus, und allen Mitgliedern der evangelisch-theologischen Fakultät zusammen. Seine Aufgabe war, die »allgemeineren, wichtigeren und bedeutenderen« Fragen zu behandeln. Darunter wurde vor allem die Beratung des an den Studienrat zu richtenden Halbjahresberichtes gezählt. Das »Engere Inspektorat« sollte »in der Regel« wöchentlich zusammentreten. Seine Mitglieder, insbesondere der Ephorus, dem auch ausdrücklich selbständige Erledigung vieler Amtsgeschäfte zuerkannt wurde, sollten ihren Aufsichts- und pädagogischen Pflichten durch regelmäßige Anwesenheit bei den Mahlzeiten und den Studienveranstaltungen nachkommen. Recht ausführlich wurden auch die »Verhältnisse des Inspektorats zu den Repetenten« abgehandelt. Sie sollten einerseits durch Stärkung der Position der Repetenten, andererseits durch deren Beobachtung »mit aufmerksamem Auge« geprägt sein. Dem Ephorus wurde eine monatliche Zusammenkunft mit den Repetenten anbefohlen, »um die Wahrnehmungen über die einzelnen Zöglinge in Absicht auf Fleiß, Disziplin usw. sich gegenseitig mitzuteilen und zusammenzustellen«. Die neue »Amtsvorschrift für das Inspektorat« setzte alles daran, dieser Instanz ihre Bestimmung zum Inspizieren möglichst nahezubringen.

Die Revolution von 1848 und die Anstöße zur Stiftsreform

Doch es kam das Revolutionsjahr 1848. Es ging auch am Theologischen Seminar nicht spurlos vorüber. Für den Frühling war ursprünglich eine Visitation vorgesehen. Sie wurde kurzfristig abgesetzt »in der Erwägung, daß die gegenwärtigen Zeitbewegungen eine ruhige Vornahme derselben nicht wohl zulassen«. Auf höherer politischer Ebene waren die liberalisierenden Umgestaltungen im Gange. Und auf der Ebene des Theologischen Seminars waren im Bericht zum Ende des Wintersemesters die Repetenten zu dem Eindruck gekommen: »So müssen wir doch bestimmt aussprechen, daß das allgemeine Verlangen einer Reform der Anstalt entgegensieht.«

Daß ein Anstoß zur Reform des Stifts auch von dort ausging, war in dieser Form neu. Studenten und Repetenten unterbreiteten Reformvorschläge. Sie liefen teils auf Beseitigung und Neufestsetzung der Statuten insgesamt, teils auf Liberalisierung der Studiengestaltung und der disziplinarischen Ordnung hinaus. Das Inspektorat, frühzeitig auf baldige Klärung bedacht, reichte die Vorschläge an die vorgesetzte Behörde weiter.

Doch für Studienrat und Regierung stand die Reform des Theologischen Seminars nicht auf den ersten Plätzen der Tagesordnung, zumal sie in einen weiteren Kontext einzuordnen war. Schon in den Jahren vor dem revolutionären Aufbruch waren Schritte in Richtung einer Neuordnung der Verhältnisse der Evangelischen Kirche in Württemberg unternommen worden. Sie zielten auf mehr organisatorisch-institutionelle Selbständigkeit. Das Thema ›Kirchliche Bildungsanstalten‹ stand dabei mit zur Debatte. Das Jahr 1848 förderte von verschiedensten Seiten die Parole der Trennung von Staat und Kirche. So mußte in Stuttgart eine schnelle Neuregelung der Verhältnisse des Tübinger Theologischen Seminars wenig sinnvoll erscheinen. *Abb. 49* Die Stiftsreform als Verwaltungsangelegenheit kam erst in Gang, als sich 1850/51 die politischen Verhältnisse konsolidierten, und zwar im wesentlichen durch Rückkehr zu den vorrevolutionären Verhältnissen. Dadurch hatte sich auch für die Evangelische Kirche Württembergs in organisatorischer Hinsicht kein einschneidender Wandel ergeben. Daß die Verbindung von Staat und Kirche in der bisherigen Form des 19. Jahrhunderts fortbestand, dafür waren nicht zuletzt die Schwierigkeiten ausschlaggebend, die mit der Vereinnahmung des Kirchengutes durch den württembergischen Staat gegeben waren. Dieser Fortbestand wurde aber auch von der pietistisch-konservativen Richtung in der Kirche unterstützt, die in Sixt Karl Kapff nicht nur ihren Sprecher, sondern auch einen agilen Kirchenpolitiker gefunden hatte. Als Repetent war Kapff im Stift Anfang der dreißiger Jahre gegen Rationalismus und Liberalismus angegangen. Im Revolutionsjahr hatte er programmatisch gefordert: »Kirche und Schule sind die großen Volkserziehungsanstalten des Staats, mit denen er sich selber aufheben würde. Deshalb hat das Land die Aufgabe, Staat und Kirche als Anstalten der Bildung und Beglückung der Völker in höherer Einheit und Freiheit zu erhalten. Schon die schwäbische Gemütlichkeit, noch mehr der christliche Geist fordert von uns, nicht vorschnelle Lösungen herbeizuführen, sondern in Liebe und Wahrheit nichts zu versäumen, sowie für das äußere und innere Heil aller Menschen zu beten und zu arbeiten.« In der neubeschworenen Einheit von Staat und Kirche wurde dann die Reform des Theologischen Seminars angegangen.

Im Herbst 1850 trat ein neuer Ephorus das Amt an. Christian Walz hatte ein Jahr zuvor um Entlassung gebeten, da er aus gesundheitlichen Gründen in der derzeit schwierigen Lage die Geschäfte nicht mehr im erforderlichen Maße führen könne. In der Zwischenzeit verwaltete Ferdinand Christian Baur, der Erste Inspektor, das Ephorat. Im Vorfeld der Neubesetzung wurde festgehalten, wie problematisch es sei, das Ephorat nur als Nebenamt eines Lehrstuhls der philosophischen Fakultät in der herkömmlichen Art zu vergeben. Es wurde darauf hingewiesen, daß man eines Mannes bedürfe, welcher nicht nur äußerlich den Rahmen der Ordnung zu erhalten wisse, sondern aus innerem Antrieb und mit Geschick die Zöglinge zur beflissenen sittlich-religiösen und wissenschaftlichen Bildung im Horizont der Kirche zu veranlassen verstehe. Die Wahl fiel, nicht ohne wohlwollendes Einverständnis von König Wilhelm I., auf Wilhelm
Abb. 47 Hoffmann, Sohn des Gründers von Korntal, ehedem Stiftler und seit 1839 Inspektor am Missionshaus in Basel. Hoffmann war bereit, das Ephorat zu übernehmen, knüpfte daran aber die Bedingung, an der Reform des Seminars mitzuwirken, die er selbst für dringend erforderlich hielt. Außerdem gab man ihm einen Lehrauftrag an der theologischen Fakultät. Damit war die Loslösung des Ephorats von einer philosophischen Professur vollzogen, die für die Folgezeit bleibende Zuordnung zur theologischen Fakultät hergestellt.

In seiner Begrüßungsansprache im Stift hob der neue Ephorus hervor: »Gott schütze diese Anstalt vor aller affektierten, gemachten, heuchlerischen Frömmigkeit, vor jeder Nachäffung bloßer Formen ohne Leben und Inhalt, vor jedem falschen Wertlegen auf die bloße Ansichtsweise und falsch orthodoxer Splitterrichterei. Aber er behüte sie auch in Gnaden vor aller herzlosen Stumpfheit in der höchsten Angelegenheit der Person, ihrer Beziehung zu Gott, vor frivoler Kälte und Gemeinheit, der es unwohl ist in der reinen Luft frommen Glaubens, der Demut und Wahrheit, vor jedem überweisen Hinwegschreiten über die Heiligtümer des Gemüts. Aber, meine Herren und Freunde, glauben Sie nicht, daß ich je das Wort reden werde einer sein wollenden Frömmigkeit, die mit Unfleiß und Lahmheit im wissenschaftlichen Streben sich verträgt. Unerläßlich ist es dem Theologen, dem künftigen Geistlichen, mit Eifer und Anstrengung sich um Kenntnisse zu bemühen auf dem unerschöpflichen Felde der Tatsachen und Ideen, das sich vor ihm aufschließt, aber er vergesse nicht, daß er mit diesem nur erst Baustoffe gesammelt hat für die Wissenschaft und daß es eine ›Arbeit des Denkens‹, gibt, die niemandem weniger erspart werden kann als ihm.«

Mit den Akzenten, die Hoffmann in diesen Worten gesetzt hatte, wollte er auch an die Reform der Studienordnung und der Disziplinvorschriften des Seminars herangehen. Er unterbreitete schließlich eine umfassende Reformkonzeption, die auch die niederen Seminare miteinschloß. Doch dem anfänglichen Schwung folgte bald die Ernüchterung. »Es wird nur sehr Mäßiges erreicht werden können. Sie sind in Württemberg, wie ich aus der ganzen Verhandlung ersehe, noch so chinesisch, wie sie immer waren.« Als es an die abschließende Ausarbeitung der Reform ging, war Hoffmann auch schon nicht mehr in Tübingen. Mit Erlaubnis des Königs folgte er im Frühjahr 1852 einem Ruf als Oberhofprediger nach Berlin.

Nach dem üblichen Austausch von Arbeitspapieren und Stellungnahmen, nach Beratungen, an denen Ephorus, Inspektoren und theologische Fakultät, Studienrat und Konsistorium beteiligt waren, wurde im Herbst und Winter 1852/53 die neue Ordnung fixiert. Auch der neue Mann im Ephorat, Gustav Friedrich *Abb. 48* Oehler, seit Spätsommer 1852 in Tübingen, konnte noch seine Stellungnahme abgeben und an den Abschlußarbeiten mitwirken. Hinsichtlich seiner Berufung hatte es im Konsistorium Bedenken gegeben. Oehler, Stiftler und Repetent, dann Lehrer am niederen Seminar in Schöntal und seit 1845 Professor der Theologie in Breslau, hatte sich dort als Verfechter des Lutherischen Bekenntnisses gegen die preußische Kirchenunion einen Namen gemacht. Das Konsistorium befürchtete, es könne durch Oehler, gerade vom einflußreichen Posten des Ephorus aus, zu neuen Parteiungen in der württembergischen Kirche kommen. Die staatliche Behörde wies jedoch die kirchenleitende Besorgnis in Schranken und berief Oehler, auch mit der Hoffnung auf eine Bereicherung der theologischen Fakultät durch seine Lehrtätigkeit.

Die Reformordnungen von 1853

Im Jahr 1853 erschien das Resultat der fünf Jahre zuvor angestoßenen Reform: Amtsvorschriften für das Inspektorat und die Repetenten sowie Statuten für die Zöglinge des Seminars. Als »Bestimmung« der Bildungseinrichtung wurde festgehalten: ». . . für den Dienst der evangelischen Kirche und Schule des Vaterlandes wissenschaftlich tüchtige, von lebendigem Interesse für ihren Beruf er-

füllte, nach Sinn und Wandel würdige Männer heranzubilden«. Die doppelte Zielbestimmung des Bildungsgangs der Seminaristen, »Kirche und Schule«, war ausdrücklich ausgewiesen. Auch wenn beides nun markanter als in früheren Zeiten nebeneinandertrat, es blieb doch auf doppelte Weise miteinander verknüpft: durch konfessionelle und patriotische Einbindung.
Entsprechend wurde die Erwartung formuliert, die an die »Zöglinge« herangetragen wurde: ». . . daß sie im Hinblick auf den von ihnen erwählten Beruf eines Predigers oder Lehrers und die dadurch bestimmte Aufgabe des Seminars« sich eines pflichtgemäßen Studierens und Verhaltens befleißigen. Das Resultat der Reform – vor nicht zu langer Zeit von den Zöglingen mit ihrer Forderung nach Liberalisierung und größerer Selbständigkeit initiiert – wurde nun von der vorgesetzten Instanz diesen ausgehändigt mit dem Hinweis: ». . . daß sie in den Vorschriften, deren Beobachtung von ihnen verlangt wird, nicht eine Entziehung von Freiheiten, sondern eine heilsame und notwendige Lebensordnung erblicken (sollen), die keinen anderen Zweck als den ihres eigenen Wohles habe.«
Im Aufbau der Statuten hatte man allgemeinere Leitsätze von der Fülle detaillierter Vorschriften abgehoben. Vermitteln jene in ihren Aussagen über das Studieren und Verhalten der Seminaristen einen gefälligeren Eindruck, so macht die bedrückende Vielzahl der in der »Studienordnung« und unter dem neuen Titel der »Hausordnung« gegebenen Vorschriften verständlich, daß der Ruf nach Aufhebung dieses und jenes Gebotes in den kommenden Jahrzehnten nicht verstummte.
Das Kapitel »Von der Hausordnung« mit der Regelung des Tageslaufs, der Festlegung der Arbeits- und Erholungszeiten, den Vorschriften für das Verhalten bei den Mahlzeiten und im allgemeinen, den Anweisungen über die Wahl der Kleidung usw. umfaßt annähernd die Hälfte der gesamten Statuten. Man war allerdings stark bestrebt, die Anordnungen in ihrem Soll-Charakter auf die Ebene persönlichen Einverständnisses und freiwilliger Mitwirkung der Seminaristen zu transponieren. Paragraph 17 verdeutlicht dies an einer markanten Stelle: »Von den Seminaristen als künftigen Dienern der Kirche und der Schule darf erwartet werden, daß sie an der Feier des heiligen Abendmahls aus eigenem Bedürfnis öfters teilnehmen werden.«
Die »Amtsvorschrift für die Repetenten« stellt die geringfügige Überarbeitung einer bereits 1845 erlassenen Ordnung dar. Der »Beruf der Repetenten« wurde darin benannt; orientiert an der Bestimmung des Seminars sollten sie mitwirken an der »Leitung des Bildungsganges der Zöglinge«. Als »Grundbedingung der Wirksamkeit eines Repetenten« wurde, neben den einschlägigen Qualifikationen, festgehalten: ». . . daß er selbst von der Idee und Aufgabe der Anstalt durchdrungen sei.« Sowenig sich die Reformer mit dem bloß äußerlichen Ge-

horsam der Zöglinge zufriedengeben wollten, so sehr zeichneten sie das Bild des Repetenten als Verkörperung der ihnen vorschwebenden pädagogischen Ideale: ein Mann ». . . edeln Strebens, gewissenhafter Zeitanwendung, treuer Pflichterfüllung, der Ehrfurcht vor dem Heiligen, der Liebe zu König und Vaterland, der Achtung der Gesetze und Obern, der Einhaltung auch der äußern Ordnung und anständiger Sitte.«

Zu dem allem sollten die Repetenten den Seminaristen nicht nur biedere Anleitung geben. Es mußte ihre Aufgabe sein, sie dahingehend »zu beleben und zu befeuern«. Für das Verhältnis zu den Seminaristen wurden zwar »würdige Haltung« und »persönliche Autorität« als notwendig erachtet. Aber ein neuer Ton war angeschlagen, wenn es hieß: »Gemäß ihrer ganzen Stellung haben sich die Repetenten gegen die Zöglinge als ältere Freunde zu benehmen.«

Dem Herkommen gemäß umfaßte die Tätigkeit der ›älteren Freunde der Zöglinge‹ die Leitung der Studien und die disziplinarische Aufsicht. Nicht Freundschaftlichkeit, sondern Unterordnung sollte ihre Beziehung zu den Inspektoren und dem Ephorus prägen. Eigens wurde auf die »Licentia legendi« der Repetenten eingegangen, jene seit etlichen Jahren eingeräumte Möglichkeit, an der philosophischen und theologischen Fakultät Vorlesungen zu halten. Die »Amtsvorschrift« betont: »Es wird gehofft, daß einzelne wenigstens von Zeit zu Zeit von dieser Befugnis Gebrauch machen.« Die Stellung des Repetenten, ursprünglich nur um der memorativen Verbesserung der Kenntnisse der Stipendiaten willen geschaffen, zeigte sich nun zum akademischen Lehramt hin aufgewertet.

Die »Amtsvorschrift für das Inspektorat«, die aus der Reform hervorging, war eine Wiederholung der Vorschrift von 1842. Allerdings: Das «Erweiterte Inspektorat« ist wieder aufgehoben worden. Die Mitsprache der theologischen Fakultät insgesamt wurde fortan auf den Studienbetrieb des Seminars eingegrenzt. Aber auch wenn es um die Ernennung von Repetenten ging, sollten die Tübinger Theologieprofessoren mitentscheiden.

Die Ordnungen für das Theologische Seminar, welche die Reform in der Mitte des 19. Jahrhunderts geschaffen hatte, blieben nun annähernd sechzig Jahre bestehen. Die »Statuten für die Zöglinge« wurden mehrmals neu aufgelegt (1867, 1879, 1891, 1907). Die Neuauflagen dienten als Anlaß, geringfügige Veränderungen vorzunehmen. Am bemerkenswertesten sind dabei die umfangreichen Ausführungen zum Verbindungswesen, die zusätzlich eingefügt wurden. Auch die Verbindungen, jenes Element, welches das Innenleben des Theologischen Seminars in der zweiten Hälfte des 19. Jahrhunderts so nachhaltig prägte, sollten nicht existieren, ohne statutarisch erfaßt zu sein.

Der Königliche Studienrat war bestrebt, sich als Aufsichtsbehörde über das Theologische Seminar zu bewähren, nachdem dessen Reform, im Revolutionsjahr 1848 angestoßen, von der Verwaltung in Griff genommen und zu Ende geführt worden war. Die württembergische Kirche und der württembergische Staat hatten dabei an einem Strang gezogen. Das gute Einvernehmen beider Seiten erhielt durch die Reform auf Zukunft hin auch eine organisatorische Form: ein Mitglied des Konsistoriums sollte sich fortan an der Aufsichtsführung des Studienrates beteiligen. Aber auch ohne dies machte es sich der württembergische Staat zur Aufgabe, das Theologische Seminar zu erhalten und zu verwalten, selbst nachdem in der zweiten Hälfte des 19. Jahrhunderts dessen kirchlicher Charakter stärker betont wurde.

Neue Stellung des Lehramtsstudiums

In einem wichtigen Bereich staatlichen Handelns gab es weiterhin Überschneidungen und Gemeinsamkeit mit der Kirche: auf dem Gebiet des Schulwesens. Die Zweckbestimmung für die Ausbildung der »Zöglinge« des Tübinger Seminars enthielt auch in der reformierten Fassung von 1853 ausdrücklich den Dienst in der Schule. Doch das höhere Schulwesen, das dabei anvisiert war, hatte in den vorangegangenen Jahrzehnten einschneidende Veränderungen erfahren. Pädagogik, Philologie und die sogenannten »realistischen« Fächer machten sich mit solchem Eigengewicht geltend, daß sie auch in der Ausbildung künftiger Lehrer an höheren Schulen entsprechend berücksichtigt werden mußten. Die allgemeinbildenden philosophisch-humanistischen Elemente, die traditionell zum Studium eines Stiftlers gehörten, konnten nicht mehr ausreichen. Es war auch bereits Vorsorge getroffen für die Zusatzausbildung von Stiftlern, die auf das Lehramt zusteuerten. Die Reform ging in dieser Richtung weiter.
Paragraph 10 der »Statuten« thematisierte besonders den Studiengang der »Seminaristen, welche sich zugleich für das Lehrfach vorbereiten wollen«, und sieht den »betreffenden Repetenten« vor. Im Oktober 1853 wurde dann zusätzlich angeordnet: in jedem Jahrgang von Seminaristen solle eine bestimmte Zahl – »vorerst 5–6« – die Erlaubnis erhalten, mit Beschränkung, ja eventuell völligem Verzicht auf den vorgeschriebenen theologischen Studiengang ein Studium zur Vorbereitung auf das Lehramt zu absolvieren. Für ihre Betreuung sollte eigens ein philologisch gebildeter Repetent sorgen. Die Sonderstellung der Lehramtskandidaten gegenüber den anderen Seminaristen brachte es mit sich, daß für sie eigene »Statuten« aufgestellt wurden. In geringfügiger Revision erschienen sie mehrmals (1866, 1876, 1886, 1900). Die Statuten für die Lehramtskandidaten regelten deren Studienverpflichtungen, »in disziplinärer Beziehung« wurden sie ausdrücklich den »allgemeinen Statuten« unterstellt. Stipendienplätze für Lehramtsanwärter wurden auch dem katholischen Wilhelmsstift verordnet.

Man hat diese Maßnahme als »Verletzung des kirchlich-theologischen Charakters des Stifts« bezeichnet. Dieses Urteil geht von einer institutionellen Trennung von Staat und Kirche aus, welche die Gegebenheiten des 19. Jahrhunderts gerade nicht kennzeichnete. Auch von kirchlicher Seite war das Miteinander in der Aufgabe von Bildung und Erziehung betont worden. Aber es konnte keine spannungsfreie Gemeinsamkeit sein. Die Widersprüche in der organisatorischen Stellung des Theologischen Seminars beschäftigten auch Ephorus Oehler, der in Breslau als Streiter einer bekenntnisverpflichteten Kirche gegen staatliche Gleichmacherei und Vereinnahmung auf religiös-kirchlichem Gebiet angetreten war. Er hat sich jedoch nicht bemüht, an der organisatorischen Struktur des Tübinger Seminars etwas zu ändern. Das Ephorat hatte er bis zu seinem Tod im Jahr 1872 inne.

Tradition und Kontinuität in der zweiten Hälfte des 19. Jahrhunderts

Der Visitationsbericht von 1864 gab der Tätigkeit Oehlers folgende Bewertung: »Im übrigen besorgt Ephorus Oehler sein Amt mit großer Selbständigkeit, wozu ihn teils gründliche theologische Gelehrsamkeit, teils eine bedeutende, fast unermüdliche Arbeitskraft und ein hervorragender Sinn für präzise Ordnung in besonderem Grade befähigen.« Über seine persönliche Stellung im Stift, über die Art seines Auftretens hieß es: »Im ganzen, wie es scheint, mehr von dem Respekt als, was freilich auf diesem Platz kaum möglich scheint, von ihrer (sc. der Seminaristen) Zuneigung und Anhänglichkeit getragen, hat seine Entschiedenheit und Energie seit einer Reihe von Jahren sich an dem Seminar fruchtbar erwiesen.«

Ins Inspektorat war 1853, nach dem Tod des Theologieprofessors Christian Friedrich Schmid, Rudolf Roth aufgenommen worden. Er gehörte der philosophischen Fakultät an. Nachdem die Ephoren seit Wilhelm Hoffmann Mitglieder der theologischen Fakultät waren, sorgte man auf diese Weise dafür, daß die 1842 ausdrücklich festgesetzte Zusammensetzung des Inspektorates eingehalten wurde: »Zwei Mitglieder gehören der evangelisch-theologischen Fakultät, eines der philosophischen an.« Zum Nachfolger des verstorbenen Ferdinand Christian Baur berief man 1860 aus der theologischen Fakultät Maximilian Albert Landerer. Er vertrat seit 1841 neben den namhaften Theologen Baur und Johann Tobias Beck an der Tübinger Fakultät eine ›Vermittlungstheologie‹, den integrativen Weg zwischen Pietismus und Spekulation. Sein Schüler Paul Buder wurde *Abb. 51*
1872 Ephorus.

Über die Amtsführung Buders gibt es viele persönliche Urteile. Sie betonen seine Umgänglichkeit und seine Klarheit, und zwar auf den verschiedenen

Ebenen des Amtes: in den Geschäften mit dem Studienrat, in den Beratungen des Inspektorates und gegenüber den Seminaristen. Buder war 38 Jahre lang Ephorus. Wie stark er sich nicht nur auf dem Posten des Ephorus behauptete und bewährte, sondern darüber hinaus sich mit der von ihm geleiteten Institution identifizierte, zeigt eine Bemerkung von Adolf Schlatter, dem 1898 auf eine neugeschaffene Professur nach Tübingen berufenen Theologen. »Ich war mit meinen Gedanken hierhergekommen, die nicht in Tübingen gewachsen sind, und fand mich in dem eigenartigen Verhältnis, das zwischen der Fakultät und dem Stift besteht, nicht leicht zurecht. Nach einer Verhandlung über diese Dinge nahm er (sc. Ephorus Buder) mich auf die Seite, und nun kam warm, dringend, aus der Tiefe seiner Seele die Bitte hervor: ›Herr Kollege, greifen Sie das Stift nicht an; damit greifen Sie mich an‹.«

Ephorus Buder – ganz im Dienst des Stifts bzw. des Theologischen Seminars. Das wurde auch in einem offiziellen Dokument, bereits zwei Jahre nach seinem Dienstantritt, mit Zufriedenheit konstatiert: »Ephorus Buder hat sich in seine Aufgabe schon tüchtig eingearbeitet und zeigt sich den Anforderungen seines schwierigen Berufs in jeder Hinsicht wohl gewachsen. Er versteht den jugendlichen Sinn in seinen eigentümlichen Regungen und Strebungen und weiß die Äußerungen desselben unbefangen und leidenschaftslos zu beurteilen. Dabei hält er die Zügel der Disziplin fest in der Hand . . . Die Verhandlungen zeigten, daß er auch die wissenschaftlichen Ziele des Seminars mit klarem Blick überschaut und auf Verwirklichung derselben, soviel an ihm ist, hinarbeitet . . . Mit seinen beiden Mitinspektoren steht er in einem Verhältnis schöner kollegialischer Eintracht. Das Dienstpersonal behandelt er freundlich, ohne der nötigen Autorität etwas zu vergeben.« Diese Sätze sprechen nicht nur über Ephorus Buder. Sie zeigen auch, wie die Stuttgarter Aufsichtsbehörde ihre Rolle einnahm.

Die »beiden Mitinspektoren« waren zur Zeit der Visitation 1874, aus deren Bericht obige Sätze stammen, noch der Theologe Landerer und seit 1873 als neuer Vertreter der philosophischen Fakultät Christoph Sigwart. Das Geschehen im Theologischen Seminar von der philosophischen Warte aus zu begutachten, damit wurden nach Sigwart noch Hermann Fischer, von 1904 an, und Heinrich Maier, ab 1909, beauftragt. Der theologische Nachfolger Landerers im Inspektorat wurde 1877 der Kirchenhistoriker Karl Weizsäcker; ihm folgte 1889 Hermann Weiß, diesem 1891 Robert Kübel; von 1895 an war Julius Grill Inspektor. Alle diese Tübinger Theologen kannten das Seminar aus eigenem Erleben der Studienzeit. Vom häufigen Wechsel unter den Inspektoren hob sich das kontinuierliche Wirken des Ephorus Buder ab. Nicht verwunderlich, wenn er sagte: »Die Tradition bin ich.«

In den Anfangsjahren der Amtszeit von Ephorus Buder wurden noch drei Visitationen durchgeführt. Die Visitation des Jahres 1881 war die letzte. Das Kontrollinstrumentarium, aus der Zeit des Herzoglichen Stipendiums im 16. Jahrhundert stammend, wurde nun aufgegeben. Der Königliche Studienrat war durch die halbjährlichen Berichte offensichtlich ausreichend informiert. Ein solcher Semesterbericht des Inspektorates war ein stattliches Werk. Er umfaßte folgende Beilagen: neben dem Bericht der Repetenten über den wissenschaftlichen und ihrem Bericht über den disziplinarischen Stand des Seminars zahlreiche Unterlagen zu den jeweils durchgeführten Prüfungen, Zeugnisse und Beurteilungen der einzelnen Seminaristen, Verzeichnisse über die Amtsgeschäfte der Repetenten, den Bericht des Seminararztes und den Bericht über das Musikwesen. Ein richtiges Dokumentenpaket, das da zweimal im Jahr von Tübingen nach Stuttgart abging. Dort wurde es keinesfalls nur als eingegangen registriert, auch wenn die Rückmeldungen nach Behandlung von Einzelfragen zumeist mit dem monotonen Urteil endeten: »Das Ergebnis des Semesters kann als befriedigend bezeichnet werden.«

Während der Amtszeit von Ephorus Buder ergaben sich für die württembergische Kirche neue Rahmenbedingungen, die sich jedoch, ausnahmsweise, auf das Stift nicht direkt auswirkten. Im Jahr 1871 wurde das Königreich Württemberg Bundesstaat des Deutschen Reiches. Auch für die Evangelische Kirche in Württemberg, die sich schon vorher auf den Weg hin zum deutschen Protestantismus begeben hatte, wurde damit der nationale Horizont kirchlicher Existenz bestimmender. Von größerem Gewicht waren die Schritte, die zum Ausbau organisatorischer Selbständigkeit der württembergischen Kirche unter der Regierung von König Karl unternommen wurden.

1869 trat die erste Landessynode zusammen. In dem breiten Spektrum der Themen, die hier behandelt wurden, fanden sich auch die Theologischen Seminare, die vier niederen und das Tübinger. Man war sich in der Synode bewußt, ein Problem des staatlich-kirchlichen Grenzbereichs anzuschneiden. »Allein wir halten es bei dem erstmaligen Zusammentritt der Vertreter der evangelischen Landeskirche Württembergs und im Blick auf den herrschenden Zeitgeist, der das Gelüste hat und immer stärker haben wird, diese Anstalten zu säkularisieren, für dringend geboten, es auszusprechen, daß der kirchliche Charakter dieser Anstalten gewahrt bleiben und der Oberkirchenbehörde der in der Natur der Sache liegende Einfluß auf diese Anstalten eingeräumt werden solle.«

Abb. 50

Man ging mit Auflösungstendenzen in Wissenschaft und Theologie ins Gericht, legte den Finger auf die einflußreiche Rolle der Lehrkräfte, durchleuchtete die Einrichtung von Stipendienplätzen für Lehramtskandidaten und die Gefahr der Reduktion bei der Zahl des erforderlichen kirchlichen Nachwuchses. Zu den herausragenden Wortführern in der Synode gehörte Prälat Kapff. Prälat Dettinger, der Vertreter des Konsistoriums beim Königlichen Studienrat, gab sachdienliche, aufklärende Hinweise; er legte dar, wie Aufsicht und Leitung der Seminare im einzelnen durchgeführt werden. Kultusminister von Golther nahm aufgeschlossen an der Debatte teil. Impulse aus verschiedenen Anträgen blieben jedoch schließlich im Prozeß der Bearbeitung stecken.

Die Thematisierung der Theologischen Seminare in der ersten Landessynode, eine Sache programmatischer Prägnanz, führte doch nicht dazu, daß sie aus der staatlichen Aufsicht gelöst wurden. Man hatte in der Synode selbst grundlegend betont: nicht daß »wir glauben, es sei im gegenwärtigen Augenblick ein besonders dringendes Bedürfnis, diese Frage in Angriff zu nehmen, oder es sei irgend Gefahr in Verzug, sondern für dringend geboten nur im Interesse des Prinzips«. Trennung von Staat und Kirche blieb ein Thema prinzipieller Reflexion. Faktisch wußte sich die Kirche in den Armen des württembergischen Königtums gut aufgehoben.

Erst recht unter der Regierung von König Wilhelm II. hielt die gute Atmosphäre im Verhältnis von Staat und Kirche, das Einverständnis mit dem landesherrlichen Kirchenregiment an. Der volksverbundene und allseits geschätzte Monarch wurde auch an der Spitze der evangelischen Kirche Württembergs keineswegs nur geduldet. Gleichzeitig erfolgten weitere Schritte zur organisatorischen Verselbständigung der Kirche. Von besonderem Gewicht wurden die Bestimmungen, welche die Eigenständigkeit der Kirchenleitung für die Zeit nach dem Tod König Wilhelms vorsahen; wie schon einmal im 18. Jahrhundert war die Herrschaft eines katholischen Württembergers zu erwarten. Im schulischen Bereich kam es zu weiterer Entflechtung von Kirche und Staat. Insgesamt gingen in den ersten Jahren des 20. Jahrhunderts vielfältige innenpolitische Reformen in Württemberg über die Bühne. Sie ließen auch die Einrichtung der evangelisch-theologischen Seminare nicht völlig unberührt. Aber zu einem einschneidenden Wandel der gegebenen Grundbedingungen kam es nicht.

Stiftsreform im frühen 20. Jahrhundert

Am 12. Januar 1907 verfügte eine Königliche Entschließung, daß die Angelegenheiten der Seminare im Studienrat im wesentlichen nur von evangelischen Beamten erledigt werden durften. Im selben Jahr wurde von der Regierung eine Denkschrift über die Seminare vorgelegt. Sie bildete 1908 die Grundlage zur Erörterung des Themas in beiden Kammern des Landtages. Es kam zu einer Reform, die die niederen Seminare den allgemeinen Verhältnissen im höheren Schulwesen anzugleichen suchte, bei Berücksichtigung ihrer Besonderheiten. Auch für das Tübinger Seminar standen wieder einmal die Signale auf Reform.

50 *Während für die evangelische Kirche in Württemberg in der zweiten Hälfte des 19. Jahrhunderts eine organisatorische Verselbständigung in die Wege geleitet wurde, blieb das Stift bis 1928 in der Hand des Staates.*

203

№ 21.

Regierungs-Blatt

für das

Königreich Württemberg.

Ausgegeben Stuttgart Samstag den 28. Dezember 1867.

Inhalt

Königliche Dekrete. Königliche Verordnung, betreffend die Einführung einer Landes-Synode in der evangelischen Kirche von Württemberg. — Königliche Verordnung, betreffend die Stellung des Ministeriums des Kirchen- und Schulwesens bei Angelegenheiten der evangelischen Kirche.
Verfügungen der Departements. Verfügung, betreffend die Errichtung von Grenzsteuerämtern.

I. Unmittelbare Königliche Dekrete.

A) Königliche Verordnung,

betreffend die Einführung einer Landes-Synode in der evangelischen Kirche von Württemberg.

Karl

von Gottes Gnaden König von Württemberg.

Um der Gemeindevertretung in der evangelischen Landeskirche, welche in unterer und mittlerer Stufe durch die K. Verordnungen vom 25. Januar 1851, betreffend die Einführung von Pfarrgemeinderäthen, und vom 18. November 1854, betreffend die Einführung von Diözesan-Synoden, geregelt worden ist, auf oberster Stufe durch Einführung einer Landes-Synode den Abschluß zu geben, verordnen und verfügen Wir auf den Antrag des evangelischen Synodus und nach Anhörung Unseres Geheimen-Rathes wie folgt:

§. 1.

Die Landes-Synode ist zu Vertretung der Genossen der evangelischen Landeskirche gegenüber von dem landesherrlichen Kirchenregiment bestimmt.

51 *Paul Buder, Ephorus 1872–1910*
52 *Friedrich Traub, Ephorus 1910–1930*

53 Der Ausbruch des Ersten Weltkrieges verwandelte das Stift vorübergehend in eine Kaserne.

Die Reform kam aber erst nach dem Ausscheiden von Ephorus Buder im Jahr 1910 in Gang. Buders Nachfolger wurde Friedrich Traub. Ihm war das Amt des Ephorus schon aus der Perspektive des Stiftlers, des Repetenten und der Leitung des Seminars Schöntal bekannt. Er schien gerüstet, gleich zu Beginn seines Ephorates mit dem nötigen Sachverstand aktiv an der Erneuerung der Ordnungen des Tübinger Seminars, die seit der Reform in der Mitte des 19. Jahrhunderts im wesentlichen unverändert geblieben waren, mitzuwirken. Der Wechsel der Personen auf dem Posten des Ephorus beinhaltete zudem eine Akzentverlagerung: »War Buder zum Mythos des Stifts geworden, so blieb Traub in der Sphäre des Ethos.« *Abb. 52*

Durch die vorgeschriebene Ordnung des Theologischen Seminars, auch einen Raum für eigenständiges pflichtbewußtes Handeln der Seminaristen zu schaffen – auf dieses Ziel hin betrieb Ephorus Traub die Neufestsetzung der »Statuten«. Bereits im Sommer 1911 erschienen sie unter dem neuen Titel »Vorschriften für die Studierenden des evangelisch-theologischen Seminars in Tübingen«. Wie überhaupt diese »Vorschriften« gegenüber den früheren »Statuten« um etwa die Hälfte kürzer ausgefallen sind, so legte der einleitende Grundsatz den Seminaristen in konziser Prägnanz nahe: »Die Studierenden des evangelisch-theologischen Seminars sind verpflichtet, sich in ihrem Verhalten durch Pflicht, Ehre und die Rücksicht auf ihren künftigen Beruf leiten zu lassen.« Die »Vorschriften« sind gegliedert in: Studienordnung, Hausordnung und Sonstige Bestimmungen. Leicht überarbeitet, wurden sie 1913 erneut herausgegeben.

An der Neugestaltung der Studienordnung, die erhebliche Veränderungen brachte, wirkte die theologische Fakultät maßgeblich mit. Es ging um stärkere Orientierung an den Gegebenheiten der Lehre wissenschaftlicher Theologie an der Fakultät, aber auch um stärkere Abstimmung zwischen den Studienverpflichtungen der Stiftler und dem Studienprogramm des Stifts einerseits sowie dem Lehrangebot der Fakultät andererseits. Gleichzeitig wurde ein größerer Freiraum zum Aufbau und zur Gestaltung des Studiums geschaffen. Das Bemühen um Liberalisierung und die Möglichkeit selbständiger Lebensgestaltung schlugen sich in der Hausordnung nieder. Zwar gab es immer noch zahlreiche Einzelanordnungen, die das gemeinsame Leben regulierten. Aber dazwischen findet sich beispielsweise die Bestimmung: »Doch ist dem einzelnen die Wahl seiner Erholungszeit in den nicht durch Vorlesungen und Seminarübungen besetzten Stunden freigelassen.« Mancher Seminarist, der bislang darauf aus war, die enggefaßten Regeln mit List und Tücke zu unterlaufen, sah sich durch die neuen »Vorschriften« vielfach vor die Aufgabe eigener Entscheidung gestellt. Das entsprach durchaus der pädagogischen Intention und dem Leitungsstil von Ephorus Traub.

Das Inspektorat, jenes Dreiergremium zur örtlichen Leitung des Stifts, wurde nun durch die Stiftsreform aufgehoben. Die Verantwortung für die direkte Leitung des Seminars lag fortan überwiegend beim Ephorus. Diese Entscheidung trug nurmehr organisatorisch einer Entwicklung Rechnung, die sich bereits im Lauf des 19. Jahrhunderts abgezeichnet hatte. Sie beinhaltete eine verwaltungsrechtliche Entflechtung im Verhältnis von Universität und Stift. Die Verbindung blieb jedoch auf andere Weise erhalten. Die theologische und die philosophische Fakultät sollten in Zukunft mit je einem Mitglied als »Wissenschaftlichem Beirat« dem Ephorus zur Seite stehen. Wie hatte sich die einstige Zuordnung von Superattendenten und Magister Domus damit gewandelt!

Radikal rückte man der Einrichtung von Stipendienplätzen für Lehramtskandidaten zu Leibe. Ihre Zahl war am Anfang des 20. Jahrhunderts weit über den vorgesehenen Richtwert hinaus gestiegen. 1909, 1911 und 1912 reduzierte man zunächst die Erteilung von Genehmigungen. Am 13. Juni 1913 wurde dann angeordnet: Keinem Seminaristen soll mehr die Erlaubnis zum Studium für das Lehramt erteilt werden. Mit dieser einschneidenden Anordnung sollte allerdings nicht der kirchliche Charakter des Theologischen Seminars stärker gewichtet werden. Die staatliche Kultusbehörde stand ohnehin vor der Aufgabe, eine allgemein hohe Zahl von Anwärtern auf den höheren Schuldienst zu bewältigen.

Selbstverständlich hatte diese Entscheidung aber auch Bedeutung für die Frage nach der Stellung des Theologischen Seminars zwischen Staat und Kirche. Bei der Konzeption des Herzoglichen Stipendiums im 16. Jahrhundert hatte es hier keine Probleme gegeben. Der Weg zum modernen Staat und zur säkularen Welt aber hatte sie inzwischen unverkennbar aufgeworfen. Mit der Aufhebung der Stipendienplätze für Lehramtskandidaten im Theologischen Seminar zu Tübingen hat der württembergische Staat implizit für eine Zuordnung der althergebrachten Bildungseinrichtung zur Kirche votiert. Wenn in den fünfziger Jahren des 20. Jahrhunderts wieder eine kleine Zahl von Stipendienplätzen für Philologen eingeräumt wurde, dann geschah dies in neuen Zusammenhängen. Die Stiftsreform am Anfang des 20. Jahrhunderts war eingebettet in die Tendenz zur Verselbständigung der Evangelischen Kirche in Württemberg, in wohlwollendem Einvernehmen mit dem Staat. Dabei konnten Ansätze zur Loslösung der traditionsreichen württembergischen Bildungseinrichtung vom Staat aber nicht übersehen werden.

Mit den Reformmaßnahmen im organisatorischen Gefüge des Stifts waren, nicht zum erstenmal, Umbau- und Renovierungsarbeiten verbunden. Bereits 1907/08 waren die ersten Planungen angestellt worden. Der Umbau kam aber erst 1914 richtig in Gang und wurde 1916 abgeschlossen. Das reguläre Stiftsleben wurde durch diesen Umbau jedoch kaum beeinträchtigt. Ihm hatten ganz andere Ereignisse zugesetzt.

Als im Sommer 1914 der Erste Weltkrieg begann, kam der Stiftsbetrieb zunächst zum Erliegen. Das Gebäude wurde für einige Monate militärisch genutzt. Dann *Abb. 53* ging man daran, mit wenigen Stiftlern, die nicht zum Kriegsdienst eingezogen waren oder als Verwundete wieder zurückkehrten, den Studienbetrieb in den herkömmlichen Bahnen fortzuführen. Auf den Bericht vom Wintersemester 1915/16 reagierte die Aufsichtsbehörde mit folgenden Worten: »Die Ministerialabteilung (sc. für das höhere Schulwesen) hat aus dem Halbjahresbericht nebst Beilagen ersehen, daß die anwesenden Studierenden dem Ernst der Zeit entsprechend bei tadelloser Führung mit durchaus anerkennenswertem Fleiß gearbeitet haben. Auch die fortlaufende Verbindung, die das Ephorat mit den im Feld stehenden Studierenden unterhält, erscheint sehr erfreulich.« Und über die drei Seminaristen, die im Sommersemester 1918 das neurenovierte Gebäude bevölkerten, wurde nach Stuttgart berichtet: »Alle drei zeichneten sich durch regen Eifer und anhaltenden Fleiß aus.« Der Betrieb des Theologischen Seminars, zwar völlig reduziert, schien doch als solcher den gewaltigen politischen Erschütterungen standzuhalten.

Alte Institution – wohin? Das Stift im 20. Jahrhundert

Annähernd zehn Jahre nach dem Ende des Ersten Weltkrieges, nach Revolution und politischer Zäsur, nach dem Ende der Monarchie, dem Aufbau eines demokratischen Staates und der Trennung von Staat und Kirche gingen Leitung und Verwaltung des Evangelischen Stifts am 1. April 1928 an den Evangelischen Oberkirchenrat. Die Einordnung des Stifts in die staatliche Kultusbürokratie war, mit einer gewissen Verzögerung, zu Ende. Das bedeutete jedoch nicht einfach Rückkehr zu den Verhältnissen vor 1806.

In den ersten 270 Jahren seines Bestehens hatte sich die kirchliche Leitung des Stifts im Rahmen des kirchlich-staatlichen Ineinander eines konfessionell geschlossenen Territorialstaates vollzogen. Die staatliche Leitung des Stifts im 19. Jahrhundert bewegte sich im Rahmen einer konstitutionellen Monarchie, deren Staatsoberhaupt Regent der Evangelischen Landeskirche war, und die, bei konfessioneller Toleranz, das Christentum als grundlegenden religiösen Faktor des staatlichen und gesellschaftlichen Lebens in sich aufnahm. Wenn 1928 der württembergische Staat sich vom Tübinger Stift trennte, dann übergab er die altwürttembergische Bildungseinrichtung einer evangelischen Kirche, die in prinzipiell neuer Eigenständigkeit ihre Stellung und Aufgabe im öffentlichen Leben wahrzunehmen hatte.

Eine Kirchenverfassung und die Bildung neuer Strukturen der Kirchenleitung, die so neu nicht waren, hatte man nach dem Krieg zügig und ohne große Probleme zustande gebracht. Doch in der Ausgestaltung des kirchlichen Lebens tat sich die Spannung auf zwischen Tradition und Innovation, zwischen Festhalten am Bewährten und dem Eingehen auf neue Gegebenheiten. Wie in weiten Bereichen der Kirche sich die Orientierung am traditionellen Bestand behauptete, so setzte sich auch im Stift das Bestehende durch, zumal es kaum in Frage gestellt wurde. Die Übergabe des Stifts vom Staat an die Kirche erscheint in historischer Retrospektive als markanter Einschnitt. Tatsächlich vollzog sie sich, ohne spürbare Veränderungen im Stift selbst, als ein wenig spektakulärer Verwaltungsvorgang. Und das war nicht unerwünscht.

Das Ende der staatlichen Leitung des Stifts

Am 27. März 1928 teilte Kirchenpräsident Merz – er war vor seiner Wahl zum Kirchenpräsidenten im Jahr 1924 als Prälat der Vertreter der Kirche im Studienrat bzw. der Ministerialabteilung für das höhere Schulwesen und kannte das Stift von der Verwaltungsseite her aufs beste – Ephorus Traub mit: »Ich danke Ihnen, daß auf Grund Ihrer Führung der Geschäfte sich die Überleitung in das neue Verhältnis ohne Bruch und, wie ich annehmen möchte, für die Studierenden des Stifts fast unmerklich vollzieht.« Die Zeitspanne von fast zehn Jahren, in welcher das Stift nach Kriegsende noch unter staatlicher Aufsicht stand, war keineswegs von Vernachlässigung der Verwaltung und kontrollierenden Leitung gekennzeichnet. Nicht nur die allseits geschätzte Amtsführung von Ephorus Traub war dafür ausschlaggebend. Auch die Kultusbehörde des demokratischen Staates Württemberg versah ihre befristete Aufgabe mit uneingeschränktem Pflichtbewußtsein.
Nachdem vom Wintersemester 1919/20 berichtet werden konnte, daß »zum ersten Mal wieder die Ruhe des Studiums durch die politischen Ereignisse nicht unterbrochen wurde«, und das Stift sich zusehends in den gewohnten Bahnen bewegte, sah sich die Ministerialabteilung für die höheren Schulen im Herbst 1923 zu einer kritischen Intervention veranlaßt. Informationen aus dem Bericht des vergangenen Sommersemesters hatten die Behörde zu dem Hinweis genötigt, »dass bei beharrlichem Mangel an Fleiss Ausschluss von der Anstalt möglich und angezeigt ist«; bei den heutigen Kosten der Verpflegung sei es nicht zu rechtfertigen, Studierende im Stiftsverband zu belassen, die sich nicht mit Ernst und Eifer ihren Studien widmeten.
Es kam zu klärenden Kontakten zwischen Ephorat und Ministerialabteilung. Letztere gestand zu, »dass unser Massstab möglicherweise den Anschauungen

des akademischen Bürgers nicht ganz entspricht; allein das Stift ist nun einmal tatsächlich kein Glied der akademischen Selbstverwaltung, sondern untersteht, man mag über die Berechtigung und Zweckmässigkeit denken, wie man will, zunächst noch der Schulverwaltung«. Die Behörde wollte mit ihrem Insistieren auf pflichtgemäßes Verhalten der Stiftler keineswegs den Ephorus attackieren. Vielmehr wollte sie ihm in seinem schwierigen Amt den Rücken stärken und überhaupt unterstreichen, daß sie die ihr zukommende Verantwortung bis auf weiteres auch wahrnehme. Ausdrücklich wurde hervorgehoben, daß man nicht darauf bedacht sei, »die mehr als hundertjährige Verbindung zwischen Schulverwaltung und Stiftsleitung mit einem Missklang (zu) schliessen«.
Die Sachgespräche zur Übergabe des Stifts vom Staat an die Kirche hatten, im Rahmen der Verhandlungen über die Trennung von Staat und Kirche, 1921/22 begonnen. Die evangelisch-theologische Fakultät der Universität Tübingen wurde dabei auch mehrfach um Stellungnahme gebeten. Ein erstes Resultat bildete der Paragraph 73 im Gesetz über die Kirchen aus dem Jahr 1924. Er legte die Übergabe der evangelisch-theologischen Seminare und der katholischen Konvikte an die Kirchen fest. Nun konnte die juristische Detailarbeit beginnen. Schon auf der fundamentalen Ebene war festgesetzt, was später auch in den Übergabevertrag einging: Die Übereignung erfolgt nur zum Zweck der Ausbildung zukünftiger Diener der Kirche und wird widrigenfalls hinfällig. So trat der neue württembergische Staat indem er das Stift abgab, gleichwohl in die Verpflichtung ein, die einst die Herzöge im 16. Jahrhundert auf sich genommen und der Nachwelt weitergegeben hatten.

Übergabe vom Staat an die Kirche 1928

Im März 1928 waren die Vereinbarungen, getrennt für die »niederen Seminare« und das Tübinger Stift, fertiggestellt. Nach der Zustimmung des Landeskirchentags konnten sie am 1. April in Kraft treten. Das letzte einschlägige Schreiben der Ministerialabteilung für das höhere Schulwesen an das Ephorat vom 31. März 1928 sprach dem Ephorus und allen Bediensteten des Stifts Dank aus. Die Behörde entließ sich aus der Verantwortung mit folgenden Worten: »Der weitberühmten Pflanzstätte schwäbischen Geisteslebens selbst aber gibt die Ministerialabteilung ihre besten Wünsche auch für die neue Form ihres Daseins mit auf den Weg.« Ob man sich dabei bewußt war, daß man mit der Beschwörung der »Pflanzstätte schwäbischen Geisteslebens« der kirchlichen Leitung des Stifts ein Vermächtnis mit auf den Weg gab, nämlich dies: die »Pflanzstätte« nicht einfach zu einer Einrichtung der Pfarrerausbildung in engem Rahmen religiös-pragmatischer Kirchlichkeit zu verwandeln?

Die »Vereinbarung über das Stift in Tübingen« regelt die Grundlagen der Verwaltung des Stifts und setzt die Staatsleistungen für dasselbe fest. Man war bestrebt, die verpflichtenden Leistungen des württembergischen Staates, die aus der Gründung des Stipendiums im 16. Jahrhundert herrührten, hinlänglich zu fixieren. Andererseits sollte aufgrund des neuen Verhältnisses von Staat und Kirche die Entflechtung möglichst klar vollzogen werden. Der Raum der Kirche zur Selbstbestimmung auch auf dem Gebiet der Ausbildung ihrer Pfarrer sollte Geltung haben. Eine gewichtige Rolle wurde allerdings der evangelisch-theologischen Fakultät zuerkannt.
Was über ihre Teilnahme an der Verwaltung und Gestaltung des Stifts festgelegt wurde, war im wesentlichen Beschreibung bestehender Verhältnisse. Es wurde ganz eindeutig dem Herkommen Tribut gezollt, insofern das Stift nicht ohne den wissenschaftlichen Lehrbetrieb der Universität und die verantwortliche Beteiligung der theologischen Fakultät an der kirchlichen Ausbildungseinrichtung, gemindert auch noch der philosophischen Fakultät, bestehen sollte. Für die Teilnahme der theologischen Fakultät an der Stiftsleitung wurde festgesetzt: die Mitsprache bei der Besetzung des Ephorats, sofern nicht – was als Normalfall vorgesehen scheint – ein Fakultätsmitglied dieses Amt als »Nebenamt« versieht; ferner die Mitsprache bei der Berufung von Repetenten sowie der Regelung der Studienordnung und der Grundsätze der Hausordnung; schließlich wurde ihr noch die Durchführung der Ersten evangelisch-theologischen Dienstprüfung in Verbindung mit dem Oberkirchenrat zugewiesen. Das schon vorher bestehende Amt eines Wissenschaftlichen Beirates blieb erhalten. Paragraph 1 der »Vereinbarung« von 1928 besagte zwar: »Die Leitung und Verwaltung der Anstalt geht am 1. April 1928 an den Evangelischen Oberkirchenrat über«; damit war die Aufsicht des Staates über das Stift beendet. Aber eine vollständige Auflösung der Beziehung wurde nicht herbeigeführt. Nicht nur daß der Staat sich finanziell an der Aufrechterhaltung des Stifts beteiligte. Gerade durch die Rolle, die der nicht-kirchlich institutionalisierten evangelisch-theologischen Fakultät zuerkannt wurde, sollte es nicht zu einer exklusiv kirchlichen Leitung kommen.
Im November 1928 ergingen zum erstenmal als »Erlaß des Evangelischen Oberkirchenrats« die »Vorschriften für die Studierenden«. Es handelte sich fast durchweg um eine Neuauflage des 1911/13 ausgearbeiteten Dokuments. Für die innere Ausgestaltung der Bildungseinrichtung brachte der Wechsel der Stiftsleitung faktisch keine Neuerung. Natürlich war im einleitenden Grundsatz eine programmatische Verschiebung fällig. Paragraph 1 »Zugehörigkeit zum Stift« besagt: »Die Aufnahme in das Stift setzt neben der Erstehung der wissenschaftlichen Prüfung den Willen voraus, sich durch das Studium der Theologie für den Dienst der Evangelischen Kirche in Württemberg tüchtig zu machen.« Doch

auch der 1911/13 programmatisch an die Stiftler erhobene Anspruch ist nicht verschwunden. »Die Studierenden des Stifts sind verpflichtet, sich in ihrem Verhalten durch Pflicht, Ehre und die Rücksicht auf ihren künftigen Beruf leiten zu lassen« – eine Bestimmung, welche die Kirchlichkeit nicht explizit zum Thema hatte. Sie rückte 1928 in einen neueingeführten Abschnitt »Allgemeine Rechte und Pflichten der Studierenden des Stifts«. Ansonsten enthält dieser Abschnitt noch mehrere ältere Anweisungen.

Neu eingefügt ist in die »Vorschriften« von 1928 auch ein kurzer Passus »Stift und Universität«. Hier wurde die Einordnung der Stiftler als Universitätsstudenten festgelegt. Ebenfalls neu ist der Paragraph 29 »Leitung des Stifts«. Hier fällt auf, daß der »Stiftsausschuß«, eine kurz nach dem Ersten Weltkrieg ins Leben gerufene Studentenvertretung zum Zweck der Mitgestaltung des häuslichen Lebens, nicht erwähnt wurde. Der Paragraph machte den Stiftlern klar: »Das Stift wird vom Oberkirchenrat und, nach den von diesem gegebenen Bestimmungen, vom Ephorus mit Unterstützung der Repetenten geleitet.« Man mag im »Stiftsausschuß« ein Kind des demokratischen Aufbruchs der zwanziger Jahre sehen. Andererseits gab es schon in den ersten Jahrhunderten des Stifts, zur Zeit des ›guten alten Rechts‹ in Württemberg, den »Senat«, jenes Gremium, in dem die Stipendiaten sich an der Aufrechterhaltung der disziplinarischen Ordnung beteiligen sollten. Die kirchlich verantwortete Neufassung der »Vorschriften« von 1928 ist jedenfalls über so etwas wie ›demokratische Dimension der Stiftsleitung‹ hinweggegangen. Es sollte noch einige Jahrzehnte dauern, bis sich das änderte.

Die traditionsreiche Beziehung des Stifts zur Tübinger Universität, in der »Vereinbarung« von 1928 durch die Partizipation der theologischen Fakultät an der Stiftsleitung festgehalten und festgeschrieben, hatte 1927 einen jubilierend-festlichen Ausdruck gefunden: das 450jährige Universitätsjubiläum wurde auch eigens im Stift gefeiert. Kirchenpräsident Merz und Ephorus Traub hoben die Bedeutung der gemeinsamen Vergangenheit beider Einrichtungen für die Gegenwart hervor. Die Kirchenleitung in Stuttgart ihrerseits beschränkte die 1928 neugewonnene Beziehung zum Stift nicht nur auf den bürokratischen Kontakt. Auch der neugewählte Kirchenpräsident Wurm beehrte schon wenige Monate nach seiner Wahl am 23. November 1929 die zukünftigen Pfarrer der Landeskirche im Stift. Zur Wissenschaft und zur Kirche hin in Beziehung zu stehen und von beiden Seiten Anteilnahme zu erfahren – das markierte die Stellung des Stifts.

1930, zum Ende des Sommersemesters, schied Ephorus Traub nach zwanzigjähriger Tätigkeit aus dem Amt. Er verfaßte einen letzten Bericht, der nach Stuttgart abging und eine Gesamtdarstellung der Zeit seines Ephorates enthielt.

Seiner gediegen-bescheidenen Amtsführung entsprechend gestattete er sich wenige persönliche Worte: »Wenn ich heute auf die geschilderten zwanzig Jahre zurückblicke, so tue ich es mit einem Gefühl des Dankes, daß es mir vergönnt war, so lange an diesem schönen und verantwortungsvollen Posten zu stehen, und in der Hoffnung, daß das Stift auch fernerhin sein wird, was es seiner Bestimmung nach sein soll: die Pflanzstätte einer echt wissenschaftlichen und echt kirchlichen Theologie.«

Das Stift in der Zeit des ›Dritten Reiches‹

Theologie zu treiben im Spannungsfeld von Wissenschaft und Kirche, dafür
Abb. 56 stand auch der neue Ephorus Karl Fezer. Er war nach dem Pfarrdienst 1926 Professor für Praktische Theologie in Tübingen geworden. Für Fezer war aber noch eine dritte Bestimmung von Gewicht: die Orientierung an den Werten der Nation und des Volkstums. So erkannte er in der Machtergreifung des Nationalsozialismus und im Erscheinen des Führers Vorgänge, die auch für die Kirche nur positiv sein konnten. Als überzeugter deutscher Christ bewegte sich Fezer auf einer Linie, welche die Bestrebungen zum Aufbau des ›Dritten Reiches‹ begrüßte. Ohne seinen Standpunkt zu verschleiern und entsprechend zur Geltung zu bringen, zeigte er in der Amtsführung als Ephorus im Laufe der Jahre auch ein gewisses Maß an übergeordneter Neutralität. Die Hoffnung, die Ephorus Traub 1930 für die weitere Existenz des Stifts ausgesprochen hatte, wurde auch unter seinem Nachfolger, trotz dessen deutsch-christlicher Färbung, nicht einfach hinfällig: es blieb Sache des Stifts, eine der Wissenschaft und der Kirche verpflichtete Ausbildung von Theologen zu gewährleisten.

Vor der Woge der ›Gleichschaltung‹ war das Stift durch die Mauer der Kirche geschützt, hinter der es erst seit 1928 untergebracht war. Weder Ephorus Fezer noch die Stiftler, die sich dem Nationalsozialismus angeschlossen hatten, gingen dagegen an. Was in den Berichten jener Zeit, auch von seiten des Ephorus, kritisch registriert wurde, waren von außen kommende Beeinträchtigungen der Ordnung im Stift. Arbeits- und Wehrdienst griffen in Ablauf und Gestaltung des Studiums ein. Es wurde festgehalten, daß die Teilnahme an den Wehrsportübungen, das Miterleben der hochschulpolitischen Ereignisse, aber auch das Mitverfolgen des Kirchenkampfes zu Lasten des vorgeschriebenen Studiums und des dafür erwünschten Arbeitsaufwandes gingen. Die Stiftsleitung bekundete, daß das Stift im Hin und Her des Zeitgeschehens doch vorrangige Stätte des Studiums und der Ausbildung für den Kirchendienst sein sollte.

Im Winter 1933/34 wurde ein Versuch unternommen, die kirchliche Schutzmauer des Stifts zu durchlöchern. Nach Anordnung des Reichsführers der Studentenschaft sollten in Studentenheimen echte »Wohnkameradschaften« hergestellt werden. Für das Stift bedeutete dies: Aufhebung der exklusiven Belegung mit Theologen. Der Versuch verlief allerdings schnell im Sande. Mit mehr Erfolg konnten dagegen die Repetenten durch Themen der Semesterprüfungen den Stiftlern so zu Leibe rücken, daß sie durch das Absolvieren der Prüfung zur Auseinandersetzung mit theologischen Fragen in aktueller Brisanz genötigt waren. Im Wintersemester 1932/33 lautete das Prüfungsthema in Ethik: »Die Rede von der Eigengesetzlichkeit der einzelnen Lebensgebiete soll auf ihren Wahrheitsgehalt untersucht werden.« Im Sommersemester 1933 galt es in Dogmatik, die Frage zu erörtern: »Welche Stellung hat eine sogenannte natürliche Theologie im Rahmen der christlichen Erkenntnis und auf welche dogmatischen Gedankengänge gewinnt sie wesentliche Bedeutung?« Und im darauffolgenden Wintersemester hieß das Thema: »In welchem Sinn kann von der Offenbarung Gottes in der Geschichte gesprochen werden?«

Das Tübinger Stift blieb wissenschaftlich-theologische Ausbildungsstätte, während das nationalsozialistische Regime bestrebt war, auch die württembergische Landeskirche seiner Herrschaft einzugliedern; während es versuchte, durch massive Unterstützung der Deutschen Christen fragwürdiges religiöses Gedankengut auch in der Kirche zu etablieren, und während schließlich gegen diese Bestrebungen an der Spitze der Landeskirche Theophil Wurm, der im Juli 1933 den Titel Landesbischof angenommen hatte, seinen Mittelkurs zur Erhaltung des herkömmlichen Bestandes der Kirche steuerte. *Abb. 54*

Während im Zuge fortschreitender Politisierung des ›Kirchenkampfes‹ es im Jahr 1936 zur Spaltung innerhalb der Bekennenden Kirche und der Deutschen Christen kam, beschwor man im selben Jahr im Stift zu Tübingen die Gemeinschaft: das Verbundensein durch die Geschichte und das bleibende kirchliche Fundament wurden ins Zentrum gestellt. Anlaß war die Feier des 400jährigen Stiftsjubiläums in der Mitte des Sommersemesters.

Das Fest fand als kirchliches, kulturelles und vaterländisches Ereignis Beachtung. »Das Evangelische Deutschland«, die »Allgemeine Evangelisch-Lutherische Kirchenzeitung« und die Kulturbeilage der »Kölnischen Zeitung« nahmen die Gelegenheit zum Abdruck von Artikeln wahr. Daß württembergisch-patriotische und landeskirchliche Organe nicht fehlten, bedarf keiner Erwähnung. Die »Pflanzstätte deutschen Geisteslebens«, die »Schwäbische Geistesstätte« und der »Spiegel des schwäbischen Wesens« traten vor die Augen der Leser. Aber auch die »Haussprache des Stifts« und »Der Stiftsgeist« kamen publizistisch zu ihrem Recht.

Die Feierlichkeiten in der Stiftskirche, an der Universität und im Stift selbst gingen am 7. und 8. Juni über die Bühne. Es war ein Fest der traditionellen Mitte.

Spitzen der nationalsozialistischen Regierung waren ihm ferngeblieben. Und auch die Bekennende Kirche kam nicht zu Wort. Gegenüber Präses Dr. Koch bedauerte Ephorus Fezer nach dem Jubiläum, daß es »durch Verkettung von Umständen, die nicht in meiner Verfügung lagen, zu einem Missklang dadurch gekommen (sei), dass für den Vertreter der Vorläufigen Leitung der DEK (Deutsche Evangelische Kirche) die Frage eines Begrüßungswortes nicht mehr geregelt werden konnte«.

Der Ephorus selbst stellte in seiner Festansprache der Jubelversammlung die tragenden Säulen des Stifts vor: »Der eigentliche Sinn des Stiftsjubiläums ist, daß wir den gemeinsamen Besitz, den wir in einer so reichen Geschichte des Stifts feiern, neu erkennen und ergreifen zur Herstellung und Befestigung unserer Gemeinschaft. Daß das Stift alt geworden ist, ist kein Verdienst, wohl aber ein Zeichen guter Gesundheit. Was ist die Lebenskraft, die im Stift steckt? . . . Das Geheimnis der Lebenskraft des Stifts ist darin begründet, daß das Stift seine Leute sich holt aus dem unerschöpflichen Brunnen des Volkstums, ohne Bindung an einen besonderen Stand oder Besitz. Entscheidend ist echte Begabung und Eignung zum Dienst. Dazu wird dem Stiftler eine sorgfältige Schulung zuteil.« Und unter Bezugnahme auf die Wissenschaftlichkeit der theologischen Arbeit fuhr er fort: »Gerade in dieser lebendigen Auseinandersetzung mit den geistigen Bewegungen in jeder Epoche zeigt sich der bleibende Grund, auf dem die Kirche steht: das Evangelium von Jesus Christus. Das ist der tiefste Grund der Lebenskraft des Stifts.« Unverkennbar war die völkische Akzentuierung in der Jubelrede von Ephorus Fezer. Aber daneben und darüber hinaus rückte er durchaus andere Dimensionen ins Zentrum, die für Existenz und Leitung des Stifts nicht ohne Bedeutung sein sollten.

Das Stiftsjubiläum zeigte, daß eine positive Einstellung zur völkisch-nationalen und traditionsreichen Einbettung des Glaubenszentrums in Kirche und Theologie weiterhin ungebrochen offiziell den Ton angeben konnte. In dieser Einstellung dürfte sich Ephorus Fezer auch mit der württembergischen Kirchenleitung und der Tübinger theologischen Fakultät weithin einig wissen. Noch über das Stiftsjubiläum hinaus wurden das Entscheiden und Handeln der Stiftsleitung dadurch bestimmt.

So wurde auch im Bericht über das Wintersemester 1938/39 abgehoben auf gemeinschaftsschädigende Einflüsse, die aus dem Hervortreten kirchenpolitischer Positionen erwachsen seien. Direkt kritisiert wurde der Umstand, daß Repetenten die Liturgie eines Bittgottesdienstes für den Frieden, herausgegeben von der »Vorläufigen Leitung« der Bekennenden Kirche anläßlich der Sudetenkrise, verwendet hatten. Ihr Tun wurde als nicht förderlich für die »erziehliche Aufgabe im Stift« bewertet. Im selben Semester förderte der Ephorus Impulse zur

Neugestaltung des Gemeinschaftslebens – Bibelarbeit in Gruppen, Vortrags- und Gesprächsabende, gesellige Zusammenkünfte und musikalische Veranstaltungen. Sie schienen nötig geworden durch die Unterdrückung der Verbindungen als gemeinschaftsförderndem Element.

Im Zweiten Weltkrieg

Wenige Monate später begann der Krieg. Zunächst fand der Universitäts- und Stiftsbetrieb ein Ende. Mit stark reduzierten Zahlen konnte er aber alsbald wieder aufgenommen werden. Man berichtete über die Fortführung der theologischen Ausbildung nach Stuttgart. Der Oberkirchenrat gab dem Ephorat zur Antwort: »Die Zielbewußtheit, mit der nach der Wiederaufnahme der Fakultätsarbeit in Tübingen im wiedereröffneten Stift die wissenschaftliche Vorbildung der noch nicht zu den Waffen gerufenen württembergischen Theologiestudierenden in diesen beiden ersten Tübinger Kriegstrimestern in die Hand genommen wurde, findet hier volle Würdigung.«
In bescheidenem Rahmen wurde der Ausbildungsbetrieb im Stift unter den Kriegsverhältnissen von Ephorus Fezer und einem Repetenten fortgeführt. Das große Hauptgebäude des Stifts allerdings diente dem Militär. Im Frühjahr 1941 wurde hier die Marineärztliche Akademie untergebracht. Während das NS-Re- *Abb. 55* gime, in seinem Verhalten gegen die Kirche zunehmend rücksichtsloser, im selben Jahr, unter Mißachtung der kaum 15 Jahre zuvor mühsam erstellten neuen Rechtsverhältnisse, die vier niederen Seminare beschlagnahmte, kam für die militärische Nutzung des Stifts immerhin noch ein Vertrag mit dem Oberkirchenrat zustande. Spätestens ein Jahr nach Kriegsende sollte das Stift wieder in üblichem Umfang von der Kirche genutzt werden können. Ob dieser Vertrag nach dem ›Endsieg‹ eingehalten worden wäre? Er wurde auf andere Weise hinfällig. Doch bis dahin stand noch der Schreckensweg zur Katastrophe bevor, der von der amtlichen Stimme des Stifts in jenen Jahren nur zögernd und zwiespältig erkannt wurde.
»Es wäre eigentlich fast ein friedlich zu nennendes Dasein hier, wenn nicht Tag für Tag das Leben seinen Klang bekäme durch jene drei Töne, die in allem mitschwingen, was wir auch erleben und arbeiten: Durch das Wissen, dass Deutschland in einem Kampf steht, so ungeheuer, wie es vielleicht noch nie in einem gestanden ist; durch das Fragen, wie wird der Herr der Kirche die Kirche in unserem Volke, deren Raum immer enger wird, hindurchführen; und durch den Schmerz um die Kameraden, von denen wir die Nachricht haben, dass sie ihr junges, hoffnungsvolles Leben als letzten Einsatz für uns gegeben haben.« Worte aus einem Brief von Ephorus Fezer vom Herbst 1941 an die Stiftler »draussen«.

In der Kriegszeit wurde dem Ephorus das Mittel der Korrespondenz geradezu zu einem Element der Wahrnehmung der Leitung des Stifts, wobei es ihm nach wie vor um die früher beschworene »Gemeinschaft« ging. Zunehmend trat anscheinend auch für Karl Fezer die Eigenständigkeit des kirchlichen und theologischen Fundamentes dieser Gemeinschaft hervor. Die Beziehung zu nationalen und patriotischen Werten, von einer blendenden Ideologie vereinnahmt und in die Katastrophe geführt, geriet immer mehr in ein anderes Licht. Für theologische Ausbildung zu sorgen, das als Aufgabe derer, die für die Leitung des Stifts Verantwortung trugen. Aber die Frage nach dem Standort dieser Aufgabe wurde immer bedrängender.

Das Wissen um das Geschick Deutschlands, 1941 von Fezer den ›Stiftlern draußen‹ noch sicher mitgeteilt, wurde ungewiß. Aber für die damals aufgeworfene Frage nach dem ›Hindurchführen der Kirche‹ zeigte sich eine Antwort. Im letzten ›Kriegsbrief‹ vom 6. März 1945 schrieb der Ephorus: »Noch einmal ist uns ein Semester geschenkt worden, und voll Dank gegen Gott haben wir es beschlossen. Und wenn ihr draussen uns fragt: Ja, habt ihr unter all der tausendfachen Not überhaupt noch den Mut und die Kraft zum Studieren aufbringen können?. – so müssen wir Euch antworten: Wohl ging's oft durch schwere Stunden hindurch, – und wenn wieder im Osten eine deutsche Stadt gefallen war, so konnte man darüber nicht einfach zur Tagesordnung übergehen, – aber gerade in solcher Notzeit lernten wir von Neuem, aus den Tiefen des Wortes Gottes zu schöpfen, von der Fülle seiner Gnade.«

Wiederaufbau nach 1945

Der Ausgang des Zweiten Weltkriegs brachte für das Stift auf institutionell-organisatorischer Ebene keine so einschneidenden Veränderungen mit sich, wie das infolge des Ersten Weltkriegs der Fall gewesen war. Im Gegensatz zum staatlich-politischen Bereich erlebte die württembergische Kirche keinen ›Zusammenbruch‹. Und das Stift war ja seit 17 Jahren in ihre Leitungs- und Verwaltungsstruktur integriert. Was 1933 die Funktion einer Schutzmauer gegen die nationalsozialistische Gleichschaltung eingenommen hatte, das wurde jetzt zur wichtigen Voraussetzung für den Fortbestand der Ausbildungseinrichtung und das Bemühen um ihre Restitution.

Die Kirche im besiegten und zerstörten Deutschland insgesamt spielte, mit ausländischer Unterstützung, eine bedeutende Rolle beim (Wieder-)Aufbau. Durch die württembergische Landeskirche allerdings verlief eine ›staatliche‹ Grenze. Während der Oberkirchenrat in Stuttgart sich in der nordwürttembergisch-amerikanischen Besatzungszone befand, stand Tübingen mit dem Stift in Württemberg-Hohenzollern unter der Oberhoheit der französischen Besatzung. Als der Wiederbeginn des Studienbetriebs in Tübingen für den 1. Juli 1945 in Aussicht gestellt wurde, teilte der Oberkirchenrat den Dekanatämtern hinsichtlich der Reise von Stiftlern mit: »Für die Fahrt nach Tübingen ist ein Passierschein zu besorgen und eine pfarramtlich gestempelte Armbinde (violettes Kreuz auf weißem Grund) zu tragen.« Im Schutze der von den Besatzungsmächten respektierten Kirche konnten sich die Stiftler wieder aufmachen.

Die französische Militärregierung ließ jedoch das Stift offiziell erst zum 1. August 1945 eröffnen. Und der Lehrbetrieb der theologischen Fakultät durfte erst am 20. August wieder aufgenommen werden. Im Stift konnte man allerdings schon zuvor mit Genehmigung der Militärregierung für die bereits Angereisten und auch für Studenten, die nicht dem Stift angehörten, ein provisorisches Lehrangebot einrichten. In der ersten Stunde des Tübinger akademischen Lebens nach 1945 stand das Stift vornean.

Auch in die Öffnung der deutschen Kirchen zur Ökumene, durch das »Stuttgarter Schuldbekenntnis« vom 19. Oktober 1945 wegweisend ermöglicht, wurde es miteinbezogen. Am 21. Oktober 1945 besuchte Dr. Bell, Lordbischof von Chichester, eine herausragende Gestalt der Ökumene, das Stift. Ephorus Fezer würdigte das Kommen des englischen Theologen und sprach die Hoffnung aus, daß sich eine neue Tür zur Zusammenarbeit durch Erneuerung des theologischen Gesprächs auftue. Der Lordbischof bekräftigte die Gemeinsamkeit in der Bewältigung der Aufgabe, das verwüstete Europa neu zu bauen aus den Kräften des Glaubens, der Liebe und der Hilfsbereitschaft.

Bis sich im äußeren Bestand des Stifts, gemessen an den herkömmlichen Gegebenheiten, eine gewisse Normalisierung einstellte, verging das Jahr 1947. In diesem Jahr bewegte sich die Zahl der im Hause anwesenden Stiftler wieder in der gewohnten Größenordnung. Die Repetenten konnten wieder ein Kollegium bilden. Und zur Aufrechterhaltung des üblichen Hausbetriebs konnte genügend Personal beschäftigt werden. Aber auch die ersten Auseinandersetzungen über die Verhältnisse im Stift brachen in diesem Jahr wieder los. Professor Thielicke, Mitglied der theologischen Fakultät, hatte im Studienbetrieb des Stifts die Tendenz zur Verschulung beklagt; er kritisierte, daß die Stiftler dadurch in ihren Studienmöglichkeiten an der Fakultät bzw. der Universität insgesamt beeinträchtigt würden. Das Repetentenkollegium trat, mit Unterstützung der Stiftler, beim Oberkirchenrat für die Beibehaltung der herkömmlichen Leistungsanforderungen an die Stiftler im Sinne einer »gesunde(n) Rechenschaftsablegung, auch im Sinn der Selbstkontrolle« ein. Es blieb beim alten.

Die materiellen Beschränkungen – Schwierigkeiten bei der Lebensmittelversorgung, Mangel an Heizmaterial usw. – teilte das Stift über das Jahr 1947 hinaus mit weiten Teilen der Bevölkerung im Nachkriegsdeutschland. Im Gebäude selbst mußten die Bewohner eng zusammenrücken. Anstelle der Marineärztlichen Akademie hatte inzwischen das Wirtschaftsministerium des Landes Württemberg-Hohenzollern einen Großteil der Räume belegt. Jetzt freilich war der Raumbedarf des Stifts mit der Kriegszeit und ihren reduzierten Zahlen nicht zu vergleichen. In seiner Begrüßungsansprache zum Wintersemester 1947/48 ging Ephorus Fezer auf die Lage ein: »So fangen wir denn miteinander an. Empfindlich eingeengt in jeder Beziehung und doch dankbar, dass es uns inmitten der Weltkatastrophe, die ihren Tiefpunkt ja wohl noch gar nicht erreicht hat, überhaupt möglich ist, ein Hochschulstudium in den Formen einer Lebensgemeinschaft durchzuführen.« Und in dieser Situation der ›katastrophalen Enge‹ stellte er, eine Zielvorgabe im Auge, die Frage nach dem Stift: »Ja, was soll es denn sein? Doch irgendwie eine Bruderschaft? Nein, nicht ›irgendwie‹ eine Bruderschaft, sondern die Bruderschaft derer, die ihr Leben dem Herrn Christus übergeben, dass er es brauche für die Verkündigung seines Evangeliums.« Ephorus Fezer war, trotz Bedenken und Kritik von manchen Seiten, von der Kirchenleitung im Amt belassen worden. Es sollte unter seiner Obhut noch zur völligen Wiederherstellung des gewohnten Stiftsbetriebs kommen.

Die fünfziger Jahre

1952 wurde das Land Baden-Württemberg gebildet. Die Evangelische Landeskirche in Württemberg, an deren Spitze seit 1949 Martin Haug stand, blieb unverändert bestehen. Im Tübinger Stift allerdings machte sich die politische Ausweitung im deutschen Südwesten unmittelbar räumlich bemerkbar. Jörg Zink, damals Repetent im Stift, fing die Atmosphäre in einem 1954 erschienenen Zeitschriftenartikel ein: »Vor einiger Zeit sind in einer kleinen Ecke der Stadt Tübingen nach den vierzehnjährigen Schwierigkeiten der Kriegs- und Nachkriegsepoche wieder friedensmäßige Verhältnisse eingekehrt. Das Wirtschaftsministerium der südwürttembergischen Regierung, das bis jetzt die oberen Stockwerke des Evangelischen Stifts bewohnt hatte, räumte das Feld, und die Amtszimmer einer betriebsamen Behörde sind wieder, was sie waren: Stätten der stillen Arbeit junger Menschen, der Vorbereitung auf einen schweren und verantwortungsvollen Dienst innerhalb ihrer Kirche.« Aber mit der konstatierten Rückkehr zur »stillen Arbeit« wurden auch die belebenden Fragen aufgeworfen: ». . . ob ein so in sich geschlossenes Haus wie das Stift, ein Haus mit so starker Tradition und so geformtem Lebensstil noch geeignet sei zur Ausbildungsstätte für künftige Pfarrer . . . Ob man (für deren Ausbildung) nicht überhaupt von der Universitätsbildung weg und zur kirchlichen Hochschule hinzustreben habe.«

Daß das Stift sich nicht, entgegen besorgtem Fragen, von der Außenwelt abschloß und zu einer sterilen Anstalt kirchlicher Traditionspflege wurde, dafür sorgten die Stiftler selbst. Im Horizont theologischer Ethik, die durch die jüngste Geschichte einen neuen Stellenwert erhalten hatte, aber auch als Bürger eines demokratischen Staates blieb ihnen die Welt außerhalb von Stift und Kirche, das politische Geschehen nicht gleichgültig. Die ›hohe Politik‹ ihrerseits suchte Kontakt zu den angehenden Pfarrern. Auf Anregung des baden-württembergischen Ministerpräsidenten Gebhard Müller kam es 1956 zu einer Begegnung. Die Zeit der repräsentationsgeladenen Visiten der Herzöge war längst vergangen. Aber offensichtlich war das Stift noch nicht aus dem Horizont bedeutender Politiker des Landes verschwunden. Die Begegnung fand in der Evangelischen Akademie Bad Boll statt, jener nach dem Krieg von der Landeskirche geschaffenen Einrichtung, um der Wahrnehmung des gesellschaftlichen Bezuges von Theologie und Kirche einen Raum zu geben.

Die Stellung des Stifts im innerkirchlichen Bereich war um nichts weniger bedeutsam. Die Kirchenleitung beschränkte sich nicht darauf, das Stift auf dem Verwaltungswege zu leiten. Landesbischof Haug führte recht regelmäßig Besuche im Stift durch. Er stellte sich den, wie er selbst sie bezeichnete, »ungemein geschickten und geschickt ungemeinen« Fragen der Stiftler. So standen 1955 die Fragen des »Wehrdienstes und der Wehrmachtsseelsorge« das Problem der Einziehung der Kirchensteuer sowie die Frage der Zuordnung und Beziehung von Theologiestudium und Pfarramt auf dem Programm der Aussprache. Der Kirchenleitung wurde deutlich, daß die Stiftler in ihrem provokativ-kritischen Auftreten keine Objekte einer bequem zu handhabenden Personalpolitik waren. Aber sie konnte ebenso davon ausgehen, daß die Stiftler, wie seit Jahrhunderten, großenteils Pfarrer der Landeskirche wurden, ohne diese aus den Angeln zu heben.

Was die Stiftsordnung betrifft, so kam der Stein in Richtung Reform im Jahr 1953 ins Rollen. Im Vordergrund stand die verstärkte Mitwirkung einer »Stiftsvertretung« bei der Gestaltung und Durchführung der Hausordnung. Die Stiftsvertretung setzte sich aus Sprechern der einzelnen Semestergruppen zusammen. Die Liberalisierung der Hausordnung, stärkere Gewichtung der Eigenverantwortung des einzelnen Stiftlers und Veränderungen der Studienordnung standen fortan zur Debatte. Zur tatsächlichen Ausarbeitung einer neuen Stiftsordnung kam es aber erst nach dem Amtswechsel im Ephorat.

Mit Beginn des Wintersemesters 1956/57 trat der neue Ephorus Professor Friedrich Lang die Stelle an. Ehemaliger Stiftler und Repetent, war er aus dem ›Exil jenseits der Mainlinie‹ in die schwäbische Heimat zurückgerufen worden. Lang war zuvor Dozent für Neues Testament an der Kirchlichen Hochschule in Wup- *Abb. 57* pertal. »Damit ist also neues Leben in das Ephorat eingezogen; denn dort führt auch der zweijährige Ephorus junior sein unüberhörbares Wort.« Mit diesen Worten hielt die Stiftsvertretung den Stellenwechsel fest. Die Stiftler erhofften sich offensichtlich Belebung für das Ephorat – und Mehrstimmigkeit, wenn es darum ging, im Stift das Wort zu führen. In Friedrich Lang konnte aber auch die Kirchenleitung, und nicht nur sie, einen Ephorus sehen, der verständnisvoll und mit pädagogischem Geschick wirkte. Darüber hinaus gewährleistete er durch seine Stellung in der theologischen Fakultät, seine Teilnahme am akademischen Lehrbetrieb, die Autorität des Ephorus nach der wissenschaftlichen Seite hin.

Die Stiftsordnung von 1960

Im Herbst 1958 war die Neufassung der Stiftsordnung fertiggestellt. Nachdem sie die verwaltungsjuristischen Hürden genommen hatte, trat sie 1960 in Kraft. Zuvor aber machte sich im Mai 1959 die reformatorische Tradition und Fundierung von Landeskirche und Stift geltend, und zwar im Stift selbst durch eine Akademische Feierstunde zum 400jährigen Jubiläum der Großen Kirchenordnung. Was dagegen brachte die neue Ordnung von 1960?

Der Leitsatz hob programmatisch die Bewertung des Stifts hervor und formulierte dessen Bestimmung: »Das Evangelische Stift in Tübingen ist eine Bildungsstätte der Evangelischen Landeskirche in Württemberg. Einer ausgewählten Anzahl von Studierenden wird hier die Möglichkeit gemeinsamen Lebens und Arbeitens zur Vorbereitung auf den Dienst in der Württembergischen Landeskirche geboten.« Unverkennbar war jetzt ausgesprochen: das Stift ist zur Sache der Landeskirche geworden. Behutsam allerdings wurde berücksichtigt, daß die Bestimmungen der »Vereinbarung« von 1928 nicht verletzt wurden.

Eine gewichtige Verschiebung zeigte sich bei der Festsetzung der Leitung des Stifts. Ohne daß der Oberkirchenrat sie aus den Händen geben konnte, rückte

---

54 »1814 zogen acht Stiftler mit Preußen über den Rhein; 1914–1918 starben 105 Stiftler den Heldentod; als in Bayern die Räterepublik ausgerufen wurde, mußten in Tübingen die theologischen Vorlesungen ausfallen, weil die Stiftler mit der Waffe in der Hand nach München geeilt waren; und heute stehen sie im Braunhemd in der großen Armee Adolf Hitlers«, – mit diesen Ruhmesworten schloß der Stuttgarter NS-Kurier seinen Artikel zum Stiftsjubiläum 1936. Es waren jedoch nur wenige »Braunhemden« im Vordergrund, die sich zusammen mit den anderen Stiftlern um Ephorus Fezer in der Anfangszeit des Dritten Reiches im Außenhof des Stifts dem Fotografen stellten. ▷

55 Es waren keineswegs die Stiftler, die sich während des Zweiten Weltkrieges in Uniform im Außenhof des Stifts versammelten. Nur wenigen war das Studieren möglich. Dagegen war von 1941 bis 1945 die Marineärztliche Akademie im Stift untergebracht. ▷

56 *Karl Fezer, Ephorus 1930–1956*

57 *Friedrich Lang, Ephorus 1956–1970*

58 *Martin Brecht, Ephorus 1970–1975*

er jetzt in die Rolle eines Auftraggebers. Die Leitung des Stifts selbst wurde, den Gegebenheiten entsprechend, definitiv nach Tübingen verlagert. Dort sollte sie, mit bemerkenswerten Nuancen, auf mehreren Schultern verteilt sein. Paragraph 5 besagt: »Das Stift wird im Auftrag des Oberkirchenrats vom Ephorus mit Unterstützung des Repetentenkollegiums sowie des Musiklehrers und in Zusammenarbeit mit der Stiftsvertretung geleitet.« Eins ist unverkennbar: Der Ephorus wurde zur herausragenden Leitungspersönlichkeit.

Die Aufgabe der Repetenten wurde als »die wissenschaftliche Anleitung und die persönliche Beratung der Studierenden« beschrieben. Die Regelung alltäglicher Fragen des Zusammenlebens sollte auf unterer Ebene hausintern erfolgen. Der Senior des Repetentenkollegiums, der Hausinspektor und der Stiftsälteste als Studentensprecher hatten hier zusammenzuwirken. Was am Anfang des Reformweges 1953 angeregt worden war, schien nun bestätigt. Auch die Stiftsvertretung wurde in der Ordnung verankert. Ihre Rolle: »Träger der Mitverantwortung und Organ der Selbstverwaltung«. Nicht ohne Bedeutung ist in diesem Zusammenhang Paragraph 33: »Vor einer Änderung dieser Ordnung soll die Vertretung der Stiftsstudierenden gehört werden.« Allerdings: daß Anstöße zur Ordnungsänderung auch von den Stiftlern ausgehen könnten, war offensichtlich nicht vorgesehen.

Dennoch dokumentiert die Stiftsordnung von 1960, daß die Zeit vorüber war, in welcher die Stiftler als ›Zöglinge‹ in eine Bildungsanstalt eingeordnet wurden. Ihr verantwortliches Mitwirken an der Regelung und Gestaltung des Lebens im Stift war nun in der Ordnung festgeschrieben. Zwar legte die Stiftsordnung prinzipiell die Entscheidungsbefugnis ganz in die Hände des Ephorus, – für den Konfliktfall eine provokative Autoritätsbündelung. Aber der praktische Umgang mit der Ordnung während der Amtszeit von Ephorus Lang war nicht auf Konflikt gestimmt.

Die Stiftsordnung von 1960 bestand allerdings kürzere Zeit als alle ihre Vorgängerinnen. Doch vor ihrem schnellen Verschwinden fielen noch andere wichtige Entscheidungen für das Stift. Im Jahr 1962 wurde die Stelle eines Studieninspektors eingerichtet. Er sollte neben und mit dem Ephorus die Aufgaben der Leitung wahrnehmen und sich an der Gestaltung des Studienprogramms beteiligen – kurzum: halb Ephorus, halb Repetent. Ebenfalls 1962 wurde die Dauer des Stiftsstipendiums, im 19. Jahrhundert auf acht Semester verkürzt, auf neun Semester ausgedehnt. Der Ephorus begründete die Maßnahme als »eine seit mehreren Jahren notwendige Anpassung des Stiftsstipendiums an die tatsächlichen Bedürfnisse des Studiums«. Die Stiftler nahmen die in Stuttgart getroffene Entscheidung freudig zur Kenntnis. Ob sie allerdings sechs Jahre später auch noch so geradezu problemlos zustande gekommen wäre?

1968 und die Folgen

»Die Wellen der Auseinandersetzung an der Universität schlagen natürlich auch ins Stift herein, doch kann gesagt werden, daß sie hier im persönlichen überschaubaren Rahmen in einem gemilderten Ton und in sachlicher Offenheit geführt werden.« So wurde das Wintersemester 1968/69 im Semesterbericht bewertet. Auch wenn im Stift ein »gemilderter Ton« herrschte, das Jahr 1968 hatte die Zeichen auf Konfrontation gestellt, auf Abschaffung autoritärer Strukturen und auf Durchsetzung studentischer Interessen. Viele der Fragen, die nun hitzig nicht nur das Stift in Bewegung setzten, waren allerdings schon seit Jahren in der Diskussion: die Frage um die Reform der theologischen Ausbildung, aufgeworfen vor dem umfassenden Problemhorizont der Stellung von Kirche und Theologie in der säkularen Welt; die Frage nach der Reform des Bildungswesens und der Universitäten; die Frage nach der Gestaltung des kirchlichen Lebens im Spannungsfeld von Religion und Politik, aber auch auf strukturell-organisatorischer Ebene unter der Devise ›Demokratisierung der Kirche‹.
Stiftler und Repetenten, aber auch Ephorus Lang, Studieninspektor Brecht und Musikdirektor Rößler waren 1968 in Beschäftigung mit der »Bildungsstätte der Evangelischen Landeskirche in Württemberg« in eifriges Nachdenken und ereiferndes Diskutieren geraten. Es ging um die Stellung von Oberkirchenrat und Fakultät in der Leitung des Stifts, und noch prinzipieller um die Struktur des Autoritäts- und Entscheidungsgefüges der Stiftsleitung. Es ging um Kontrolle und persönliche Beurteilung der Stiftler durch das herkömmliche Verfahren der Prüfungen, Zeugnisse und Berichte; um die Besetzung von Repetentenstellen und die Gestaltung des Studiums.
Schon im Februar 1969 legte man dem Oberkirchenrat einen im Stift erarbeiteten Entwurf einer neuen Stiftsordnung vor. Sie wurde bis auf weiteres auch »probeweise« eingeführt. Aus der prinzipiell politischen Betrachtung der Verhältnisse im Stift war eine neue Instanz zur Leitung desselben hervorgegangen: der Stiftsrat. Er setzte sich drittelparitätisch aus Ephorus und Studieninspektor, zwei Repetenten und zwei Vertretern der Studenten zusammen. Unter repräsentativer Miteinbeziehung von Oberkirchenrat und theologischer Fakultät konnte der »Erweiterte Stiftsrat« gebildet werden. Man war einerseits auf der 1960 eingeschlagenen Linie weitergegangen, die Leitung des Stifts ins Stift selbst zu verlegen, hatte aber die damals festgeschriebene Autoritätsbündelung in der Hand des Ephorus aufgelöst. Unterdes kamen der traditionell in festen Bahnen verlaufende Studienbetrieb des Stifts und das Prüfungs- und Berichtwesen, aufs engste mit dem herkömmlichen Studienbetrieb verbunden, an ihr Ende. Die ›Probe-Ordnung‹ von 1969 sollte jedoch nicht lange bestehen. Ihr Fall zeichnete sich

ab, als sie auf ihre Tragfähigkeit hinsichtlich der landeskirchlichen Einbindung des Stifts geprüft wurde. Aber auch auf dem Terrain, das durch die »Vereinbarung« von 1928 staatskirchenrechtlich abgesteckt war, erschien ihr Bestand problematisch.

Die Landessynode der württembergischen Kirche debattierte in ihrer Sitzung im Sommer 1972 grundlegend über das Stift. Das Resultat war der Beschluß, »eine Neufassung der Stiftsordnung und der Studienordnung des Evangelischen Stifts unter Mitwirkung aller Beteiligten vorzubereiten«. Dieser Beschluß war vor allem durch die Mehrheit der pietistisch-konservativen Gruppierung in der Synode zustande gekommen. Für die Ausarbeitung einer Stiftsordnung wurde eine Kommission eingerichtet, in der »alle Beteiligten« – Oberkirchenrat, Synode, Ephorat, Repetenten und Stiftler – zusammenwirken sollten.

Der Synodalbeschluß hatte für die Ausarbeitung der Stiftsordnung Richtwerte festgesetzt, die entsprechend zu berücksichtigen waren: »Das Ziel des Stifts als einer kirchlichen Einrichtung zur Förderung der Gemeinschaft von Studenten, die sich auf den Pfarrberuf vorbereiten« und »Das bevorzugte Bemühen der gesamten Arbeit im Stift um die Herstellung von Beziehungen zwischen biblischer Fundierung, theologischer und humanwissenschaftlicher Bildung und geistlicher Lebensgestaltung«. Während die Kommission an die Arbeit ging und im Laufe des Herbstes 1973 den Entwurf einer Neufassung der Stiftsordnung vorlegen konnte, wäre es zur selben Zeit durch die Synode, die ihre Arbeit angeregt hatte, beinahe zum Eklat gekommen. Bei der Haushaltsberatung der Synode in der Herbstsitzung 1973 kam erneut eine Debatte über das Stift auf. Mit nur drei Stimmen Mehrheit wurde schließlich die Haushaltsstelle »Evangelisches Stift« bewilligt.

Die Stiftsordnung von 1974

Unter dem Datum des 17. April 1974 trat dann die »Ordnung des Evangelischen Stifts in Tübingen« in Kraft. Die Leitsätze weisen dem Stift auf grundlegender Ebene seinen Ort in der Landeskirche zu. Sie gehen von der Feststellung aus, daß »die Förderung des wissenschaftlich gebildeten theologischen Nachwuchses zu den notwendigen Aufgaben der Kirche gehört«. Entsprechend wird das Stift »als Studien- und Wohnheim für Studierende der Theologie und in begrenztem Umfang auch für Studierende anderer Fächer« eingestuft. Das Stift hat nun in die ihm neue Rolle eines »Studien- und Wohnheims« zu schlüpfen. Und seine Existenz verdankt es der Wahrnehmung einer umfassenderen Bildungsaufgabe der Kirche in eben dieser speziellen Form. Der exklusive Status der alten württembergischen Bildungseinrichtung scheint verschwunden.

Wissenschaftliche Bildung bleibt als Zielvorgabe bestehen. Im Anklang an die Auftragsformulierung der Landessynode wird sie allerdings kirchlich umrahmt und beschrieben als Resultat, das auf doppelte Weise im Stift zustande kommen soll: »Das gemeinsame Studieren und das Zusammenleben von Lernenden und Lehrenden im Stift soll zu biblisch begründeter, in Begegnung und Auseinandersetzung mit dem Denken der Gegenwart verantworteter theologischer Bildung und geistlicher Lebensgestaltung helfen.« Es ist eine anspruchsvolle Zielsetzung, die den als ›Produktivkräften‹ des Stifts benannten Bereichen, dem gemeinsamen Studieren und dem Zusammenleben, vorgegeben wird.

Beide Bereiche treten noch einmal in Erscheinung, wo die »Pflichten der Stiftsstudierenden« Thema sind. In diesem Themengebiet der Stiftsordnung zeigte sich schon seit längerem das Bemühen, die durch Jahrhunderte überaus detailliert aufgestellten Vorschriften zu reduzieren. Jetzt scheint vergleichsweise der Höhepunkt an Kürze und Allgemeingültigkeit erreicht: »Von den Stiftsstudierenden wird erwartet, daß sie sich am gemeinsamen Studieren und Zusammenleben beteiligen und ihre Verantwortung in Universität, Kirche, Staat und Gesellschaft wahrnehmen.« – »Recht so«, wird jedermann zu dieser lapidaren Formulierung feststellen. Aber – wie sieht das aus: ihre Verantwortung, das gemeinsame Studieren, das Zusammenleben?

Hausordnung, Verhaltensrichtlinien und auch eine feste Studienordnung sind aus der Stiftsordnung selbst verschwunden. Ihre Regelung erfolgt gesondert. Die Stiftsordnung erlegt den Stiftlern eine Pflicht auf, die offensichtlich nicht zu erfüllen ist, ohne daß sich die Verpflichteten selbst Gedanken machen, wie das geschehen soll. In bisher nicht gekanntem Maße ist den künftigen Theologen der württembergischen Kirche, sofern sie ihre Ausbildung im Stift verbringen, Eigenständigkeit beim Gestalten des Lebens und Studierens bei selbstverständlicher Respektierung von umfassenderen Dimensionen, zuerkannt und verordnet. Ob diese neu zur Geltung gebrachte Pflicht, im Gegensatz zum traditionellen Autoritätsgefälle mit seiner Unterordnungsstruktur, nur als Auflösung dessen bewertet werden kann, was der evangelischen Kirche in Württemberg und dem Stift als geschichtliches Erbe aus Reformation und Pietismus eigen ist? Weit war er auf jeden Fall, der Weg vom 16. ins 20. Jahrhundert. Und was man dabei, zumindest auf der theoretischen Ebene der Stiftsordnung von 1974, hinter sich ließ, zeigt der umfangreichste Abschnitt dieser Ordnung: »Leitung des Stifts«.

Hier liegt der Schwerpunkt der bislang letzten Stiftsordnung. Das resultiert daraus, daß man seit 1968 so nachdrücklich auch in der Kirche die Macht- und Entscheidungsstrukturendurchleuchtete. Es ist Ergebnis politischen und kirchenpolitischen Nachdenkens über das Stift und im Stift. Die Regelungen zur Leitung des Stifts führen die Linien der Stiftsordnungen von 1960 und 1969 weiter: die Stiftsleitung soll so eng wie möglich mit dem Stift verbunden sein. Der 1969 geschaffene, drittelparitätisch besetzte Stiftsrat wird beibehalten. Aber daneben wird die leitende Stellung des Ephorus, vor allem auf verwaltungsrechtlicher und repräsentativer Ebene, festgehalten. Die Stellung, die das Repetentenkollegium und die Stiftsvertretung in der Leitung des kirchlichen Studien- und Wohnheims innehaben, wird – abgesehen von ihrem Mitwirken im Stiftsrat – aufgabenspezifisch umschrieben. Die Verantwortung der Repetenten liegt überwiegend im Bereich des Studienbetriebs und der »persönlichen Betreuung der Studenten«. Sie sind nicht mehr, wie das 1752 formuliert wurde, »das Aug der Superattendenten« und »gleichsam ihre rechte Hand«. Selbständiges und sachgemäßes Handeln, im Laufe des 19. Jahrhunderts zunehmend gefördert und gefordert, ist Voraussetzung dafür, daß sie ihre neue Stellung ausfüllen können. Das gilt genauso für die Stiftsvertretung, wenn ihr weite Bereiche der Gestaltung des gemeinsamen Lebens anvertraut sind.

Über die Horizonte von 1960 und 1969 hinaus hat die Stiftsordnung von 1974 in neuer Weise zur Geltung gebracht, daß das Stift eine Einrichtung der Evangelischen Landeskirche in Württemberg ist, und daß an der traditionellen Verbindung mit der evangelisch-theologischen Fakultät der Universität Tübingen festgehalten werden soll. Diese Doppelbeziehung der Existenz des Stifts hat sich für die Regelung seiner Leitung in der Einrichtung eines neuen Gremiums niedergeschlagen: dem Kuratorium des Stifts. Es hat als leitende Instanz neben Stiftsrat und Ephorus die Nase vorn. Als stimmberechtigte Mitglieder gehören ihm an: zwei Vertreter des Oberkirchenrats, ein Vertreter der Landessynode, ein Vertreter des Fachbereichs evangelische Theologie, der Ephorus, ein Repetent und zwei Stiftsstudierende. Dieses repräsentativ zusammengesetzte Gremium übernimmt im Grundzug die Position, die jahrhundertelang bei der Kirchenleitung bzw. im 19. Jahrhundert bei der staatlichen Schulbehörde lag. Abgesehen von der leitenden Stellung des Oberkirchenrats auf verwaltungsrechtlicher Ebene führt das Kuratorium die Gesamtaufsicht darüber, wie das Stift die ihm gestellte Aufgabe erfüllt: die Förderung des wissenschaftlich gebildeten theologischen Nachwuchses durch gemeinsames Studieren und Zusammenleben von Lernenden und Lehrenden. Es soll dies von Semester zu Semester kritisch überprüfen. Aber es ist ihm auch ein konstruktiver Auftrag gegeben, wenn es in der Stiftsordnung heißt: das Kuratorium »gibt Anregungen und macht Vorschläge«.

Die Stiftsordnung von 1974 setzt nicht nur vereinzelt, sondern grundlegend neue Akzente. Geblieben ist im Grunde die Funktion des Stifts, wie sie im 16. Jahrhundert festgelegt wurde: im Rahmen eines Stipendiums die Ausbildung von Theologen so zu fördern, daß sie zu künftigem Dienst in der Kirche, dem Wort Gottes verpflichtet, durch Schärfung des Geistes, Aneignung erforderlichen Wissens und bewußte Lebensgestaltung befähigt werden. Aber das Gesicht der württembergischen Kirche, ihr Verhältnis zum Staat, ihre Rolle in der Gesellschaft und im öffentlichen Leben, auch das Leben in ihren eigenen Reihen sieht anders aus als im 16. Jahrhundert. Die Erfüllung jener alten Bestimmung des Stifts konnte von den Veränderungen nicht ausgenommen bleiben. Die Stiftsordnung von 1974 ist vorerst der letzte Versuch der Neugestaltung. Sie hat tiefere Eingriffe vorgenommen als frühere Neugestaltungen. An die Stelle von Inspektion soll Kooperation treten. Breitgestreute Verantwortung soll monolithischen Zentralismus verdrängen, freiere Gestaltungsmöglichkeiten festgefahrene Zwänge ersetzen.

Es scheint, als habe die letzte Stiftsreform einmal mehr das Motto bekräftigt, das Matthias Hafenreffer einst dem Herzoglichen Stipendium gab: ». . . statque caditque cum patria sua.« Und es war diesmal der Schritt, den das Stift mit einer Kirche in demokratischem Umfeld vollzogen hat. Ob auch diese ›demokratische *Abb. 58* Neuordnung‹ des Stifts die Gelegenheit erhält, sich als Jahrhundertwerk zu bewähren? An guten Wünschen hat es nicht gefehlt. Martin Brecht, von 1970 bis 1975 Ephorus, gab der Stiftsordnung, an deren Ausarbeitung er in konfliktgeladener Atmosphäre mitgewirkt hat, bei seinem Abschied eine verheißungsvolle Zukunftsperspektive: »Meine Hoffnung ist, daß auf dieser Basis im Laufe der Zeit eine dauerhafte und erquickliche Zusammenarbeit erwächst.«

». . . zu mehrem Fleiß eifrig erinnern und excitieren« – Lehren und Lernen im Evangelischen Stift

Studieren als Stiftler: Ein Überblick

Als Herzog Ulrich 1536 das Stipendium ins Leben rief, lag kein ausgefeilter Plan vor, wie mit den Stipendiaten im einzelnen verfahren werden sollte. Das hatte seine Ursache keineswegs nur in unsystematischer Nachlässigkeit. Es gab für dieses Defizit durchaus einen sachlichen Grund: Das Stipendium sollte vorrangig die materielle Grundlage für ein Studium an der Tübinger Universität bieten; die pädagogische Betreuung der Stipendiaten, von einem zusätzlichen, eigenständig institutionalisierten Lehrbetrieb zu schweigen, stand nicht im Vordergrund.

Die Stipendiatenordnung von 1536 sah lediglich vor, daß bei Vornahme der jährlichen Abrechnung des Stipendiums auch eine Erörterung hinsichtlich der »Geschicklichkeit und Fortgangs im Lernen« bei den Stipendiaten abgehalten werden sollte. Eine Kontrolle also, ob die Mittel des Stipendiums sinnvoll und nutzbringend bei den einzelnen angewendet wurden. Noch 1541 wurde als ein Ziel der Förderung der Stipendiaten genannt, daß dies »zu Erbauung und Aufgang der löblichen Universität Tübingen« geschehe. Die Stipendiaten waren ordentliche Studenten der Universität Tübingen, ihr Studium ein reguläres Universitätsstudium daselbst. Was im Laufe der Zeit, verbunden mit der Einrichtung und Ordnung des Zusammenlebens der Stipendiaten, auf dem Gebiet der Studiengestaltung geschaffen wurde, blieb immer an diesem Grundtatbestand orientiert.

Wie aber sah das Universitätsstudium zur Zeit der Gründung des Stipendiums aus? Trotz der Eingriffe, welche auf den Universitätsbetrieb durch die Reformation zugekommen waren – in Tübingen seit Spätherbst 1534 –, blieb insgesamt die mittelalterliche Struktur des Universitätsstudiums erhalten. Vor dem Studium an den drei höheren Fakultäten – Medizin, Jura, Theologie – lag im allgemeinen das Studium an der philosophisch-artistischen Fakultät, welches mit der

Bakkalaureats- und Magisterprüfung absolviert wurde. Das ›artistische Studium‹ hatte seinen Namen von den ›Artes liberales‹, den freien Künsten; sie waren in Antike und frühem Mittelalter in einer Siebenergruppe festgelegt worden: Grammatik, Rhetorik, Dialektik sowie Arithmetik, Geometrie, Astronomie und Musik. Das ›artistische Studium‹ vermittelte vornehmlich eine höhere Allgemeinbildung auf sprachlichem und mathematischem Gebiet. Der Magister stand im Rang des Gelehrten.

Die Reformation der Universität Tübingen brachte auch der Artistenfakultät einige Veränderungen, besonders was den Lehrstoff und die Verwendung von Lehrbüchern anging. Aristoteles, Cicero und andere klassische Autoren sollten in der Ursprache behandelt werden. Die Grade des Bakkalaureus und Magister blieben erhalten. Völlig neu geordnet wurde das »Pädagogium« in Tübingen, eine mit der Artistenfakultät verbundene höhere Schule, welche die Vorbildung zum Universitätsstudium vermittelte.

Als 1541 offiziell die Unterbringung der Stipendiaten in der Burse geregelt wurde, ordnete man für sie auch einen ergänzenden Unterricht an, der allerdings ganz auf das Universitätsstudium bezogen war. Er umfaßte nur die artistische Bildungsstufe, mithin eine Art ›Anfängerbetreuung‹, sollte auch keine neuen Inhalte vermitteln, sondern lediglich die Gegenstände des Studiums durch Wiederholung tiefer verankern. Für die Durchführung dieses Unterrichts waren der Magister Domus, ein weiterer Magister als »Präzeptor« und ein Stipendiat, welchen die beiden ersten beauftragten, verantwortlich. Die genaue Anweisung in der Stipendiatenordnung von 1541: »Die zwei Magistri, soll jeglicher des Tags verbunden sein, mit den Stipendiaten ein Stund zu repetieren, nämlich Magister Domus, genannt Hieronymus Gerhardt, mit den Baccalaureis, der ander, genannt Jakob Braun, mit denen, so noch nit Baccalaurei sein, und der angenommen Stipendiat mit denen, so erst angenommen worden zu Stipendiaten.« Das Schwergewicht des eigenständigen Lehrbetriebs im Stipendium lag ganz auf der Zeit der Anfangsstudien. Alle Stipendiaten aber wurden durch die Regelung des Tageslaufs in den »Statuten« zu gründlicher Arbeit und zum Besuch der Vorlesungen angehalten.

Studiengestaltung im Gefolge der Großen Kirchenordnung

Der Ausbau des Stipendiums unter Herzog Christoph brachte auch eine Ausweitung im Studienbetrieb. An der grundlegenden Zuordnung von Stipendium und Universität, was die Studiengestaltung insgesamt anbetraf, wurde nichts geändert. In der Großen Kirchenordnung setzte man sogar ausdrücklich fest, daß die förmliche Aufnahme von Studenten ins Stipendium erst erfolgen sollte, nachdem sie »zuvor vom Rectore unserer Universität intituliert, verglübdt, beeidigt und, wie andere dem Gebrauch nach, durch das Examen, Vexationem oder Depositionem zu einem Studiosen auf- und angenommen«. Die Stipendiaten sollten reguläre Studenten sein. Im Rahmen des Stipendiums sollten sie zu gründlicher Wahrnehmung ihres Studiums angehalten werden und zusätzliche Förderung erfahren.

Die Vorschriften für das Zusammenleben der Stipendiaten zielten, neben dem disziplinarischen Aspekt, darauf, sie zu fleißigem Studieren anzuleiten. Das Gebot, lateinisch zu sprechen, durch die Strafe des Weinentzugs und Androhung weiterer Druckmittel gewichtet, wurde begründet mit dem Hinweis darauf, daß »die Übung nit ein geringe Frucht zu Gewöhnung an die lateinische Sprach bringt und befördert«. Wenn zu ruhigem Verhalten im Stipendium aufgefordert wurde, dann lautete die Zweckbestimmung: ». . . damit jeder von dem andern an seinem Studio unverhindert bleiben möge.« Alles, was die Konzentration der Stipendiaten auf ihr Studium beeinträchtigen konnte, wurde beschränkt und verboten. Ausgang am Tage, während der Zeit zum Arbeiten oder zum Besuch der Vorlesungen, blieb unter Strafe gestellt – abgesehen vom Spaziergang nach dem Essen »pro recreatione«. Der Eintritt in den Ehestand wurde erst nach Vollendung des Studiums bzw. erst der Ernennung auf ein Amt gestattet.

Die Aufsichtspflicht der Superattendenten und des Magister Domus sollte in besonderem Maße den Studien gelten. Der regelmäßige Besuch der Vorlesungen stand im Vordergrund. Die Teilnahme der Stipendiaten an den Disputationen, die im Rahmen des Lehrbetriebs an der Universität stattfanden, sollte von den leitenden Beamten gefördert werden. Gefordert wurde ferner die rege Beteiligung an Veranstaltungen der Artistenfakultät – an Deklamationen und dem Exercitium Styli, thematisch gebundenen rhetorischen Übungen in Latein, Griechisch und Hebräisch. Vierteljährlich mußten die Superattendenten unter Mitwirkung des Magister Domus und der Repetenten die Stipendiaten überprüfen. Die Einrichtung des Stipendiums sollte in jeder Hinsicht ein gründliches Studium gewährleisten.

Das zeigen schon die Anordnungen der Großen Kirchenordnung zur Frage, wie mit den neuaufgenommenen Stipendiaten verfahren werden sollte. Ihr Kenntnisstand auf artistischem Gebiet – in Grammatik, Rhetorik, Dialektik, aber auch in Griechisch – sollte gründlich überprüft werden. Danach wurde ihnen ein individuell konzipierter Lehrplan verordnet; erforderlichenfalls wurden sie noch ins Pädagogium geschickt. Die Devise für die Verantwortlichen lautete: sie sollten »darinnen mit solcher Geschicklichkeit handeln, damit kein Neuling erstlich überladen (werde) und zu einem Fuchtler gerate«. Dieses Dringen auf Gründlichkeit des Studiums von Anfang an blieb erhalten, auch wenn im wei-

teren Verlauf des 16. Jahrhunderts die Situation der Studienanfänger eine andere wurde. In dem Maße, in dem sich das Bildungswesen in Württemberg entwik-
Abb. 60 kelte, kamen die neuen Stipendiaten, vor allem von den Klosterschulen her, mit einem ziemlich einheitlichen, auf Qualifikation für das Universitätsstudium ausgerichteten Kenntnisstand nach Tübingen.

Repetitionen

Solide, effizient und mit Gewinn sollte das Studium eines Stipendiaten verlaufen. Darum behielt man zur Zeit Herzog Christophs die schon früher gewählte Form des zusätzlichen Unterrichts nicht nur bei; der Unterricht durch Wiederholungen bzw. Repetitionen wurde ausgeweitet. Die Große Kirchenordnung sah hierfür sechs Magistri repetentes vor. Der Zweck lag auf der Hand: die Stipendiaten sollten »zu ihrem Progressu (im Interesse ihres Studienfortschrittes) dasjenig, so sie publice (in den öffentlichen Universitätsvorlesungen) gehört, fleissig behalten und üben«. Indem die Stipendiaten durch die Repetitionen erneut mit dem Lehrstoff der Universitätsvorlesungen konfrontiert wurden, nun aber in persönlich bedrängenderer Form, war, neben dem Zweck der Studienförderung, auch ein ständiges Kontrollinstrument gegeben. Dieser Aspekt wurde nicht unterschlagen. Deutlich wurde ausgesprochen: die Repetitionen sollten abgehalten werden, »damit man also eigentlich und gewißlich befinden mög, ob sie, unsere Stipendiaten, denen (Vorlesungen) fleissig obegelegen, die wohl verstanden und solche zu Nutz eingebildet haben oder nit«.
Die Repetitionen als eigenständiger Unterricht des Stipendiums waren auf die Vorlesungen an der Universität bezogen. Es ist deshalb verständlich, daß dieses Abhängigkeitsverhältnis sich auch ganz äußerlich bemerkbar machte. Zwar überließ die Große Kirchenordnung die Festsetzung und genaue Regelung der Repetitionen der Entscheidung der Superattendenten und des Magister Domus. Ein exakter Unterrichtsplan für das Stipendium wurde nicht fixiert. Aber es wurden Rahmenbedingungen aufgestellt, welche die funktionale Zuordnung der Repetitionen zum Lehrbetrieb der Universität reglementierten. Nur an den Wochentagen, an denen keine Vorlesungen stattfanden, sollte im Stipendium das Repetieren auf dem Programm stehen. Weiter wurde angeordnet: es sollten von Woche zu Woche alle gehaltenen Vorlesungen der artistischen und der theologischen Fakultät in Repetitionen wiederkehren. Eine Bestimmung, die angesichts der bescheidenen Größe des damaligen akademischen Lehrangebotes nicht zu hochgestochen war. Ihre Durchführung fiel aber in die Entscheidungsbefugnis von Superattendenten und Magister Domus, die dabei ihrerseits die Gegebenheiten der Magistri repetentes zu beachten hatten. Schon 1554, Jahre vor der

umfassenden Fundierung des ›Jahrhundertwerks‹, wurde das artistische Studium breitgestreut mit Repetitionen versehen, und zwar in Grammatik, Rhetorik, Dialektik, in Ethik, Physik und Musik. Auch die Behandlung des Katechismus wurde den Repetitionen zugeordnet; sie weist aber hinüber ins Theologiestudium, welches im nächsten Abschnitt behandelt wird.

Das Herzogliche Stipendium sollte nicht nur durch die Gewährung von Unterkunft und Verpflegung die wissenschaftliche Ausbildung der württembergischen Theologen fördern. Die Einrichtung der Repetitionen und die Beauftragung von Repetenten unterstützten das Studium noch eigens in einer Weise, die der Qualität der Ausbildung nur förderlich sein konnte. Aber der Lehrbetrieb des Stipendiums blieb am Universitätsstudium orientiert. Das galt vor allem für den Ablauf desselben. Das Erlangen der Grade des Bakkalaureus und Magister ging der Aufnahme des Theologiestudiums im speziellen Sinn voraus. Auch wenn die Stipendiaten im Stipendium durchweg auch in Theologie unterrichtet wurden, sollte damit der übliche Ablauf des Universitätsstudiums nicht untergraben werden.

Verlauf des Studiums

Um das Bakkalaureat zu erlangen, sah die Große Kirchenordnung eine Studienzeit von eineinhalb Jahren vor. Wie sehr man auf besondere Qualifikation der Stipendiaten bedacht war, zeigt die Vorschrift, daß die Prüfungsanwärter, die selbstverständlich die an der Universität üblichen Prüfungsanforderungen erfüllen mußten, nur dann zur Prüfung zugelassen werden sollten, wenn sie von Superattendenten und Magister Domus »zuvor mit Fleiß examiniert und von ihnen zuvorderst vor andern geschickt und qualifiziert befunden« worden waren. Das Bakkalaureat wurde in späterer Zeit schon nach kürzerer Studiendauer, oft schon von der Klosterschule her absolviert.

Hohe Erwartungen gaben auch der Studienzeit nach dem Bakkalaureat das Gepräge. Das nächste Ziel war die Erlangung des Magisteriums. Sollte ersichtlich werden, daß einer in dieser Studienphase »also unfleissig, selbsten säumig und träg sein wollt«, so sollte er rechtzeitig vom Stipendium ausgeschlossen werden. Ansonsten war das Magisterium das allgemeine Ziel, außer wenn ein Stipendiat aus Armut die mit der Prüfung verbundenen Unkosten nicht würde bestreiten können; war er »fleissig und fromm«, so durfte er, auch bei mangelnder Begabung, die gleiche Studiendauer im Stipendium zubringen wie die Anwärter auf das Magisterium.

Das erste Halbjahr nach dem Bakkalaureat sollte noch ganz mit artistischen Studien angefüllt sein. Und zwar solchen, die »in der Theologia notwendig«. Dazu wurden gezählt: die drei Sprachen Latein, Griechisch und Hebräisch, sodann Dialektik, Rhetorik und Mathematik sowie schließlich das Exercitium Styli und das Disputieren. Das Sprachstudium sollte auch nach diesem halben Jahr noch weiter betrieben werden. Dabei war aber nicht der bloße Vollzug erwünscht, vielmehr sollten die Stipendiaten »bei Zeit anheben, ihren Nutzen darinnen zu suchen und zu schaffen«. In diesen Studienanforderungen machte sich die Verbindung von Reformation und Humanismus geltend: das Ideal des eigenständigen Umgangs mit den antiken und biblischen Quellentexten und die Notwendigkeit, als zukünftiger Diener des Wortes Gottes sich zum Meister der Ursprachen desselben heranzubilden.

Für die Vorbereitung auf das Magisterium, die nach »der Fakultät Artium *Abb. 59* Complier-Ordnung« erfolgen sollte, wurden erneut eineinhalb Jahre angesetzt. Das Magisterium war der Ausweis der wissenschaftlichen Qualifikation. Im allgemeinen mußten die Anwärter auf die Magisterwürde in einer öffentlichen Disputation Thesen verteidigen, die von Professoren zu diesem Zweck unter einer bestimmten Themenstellung abgefaßt worden waren. Stattliche Feierlichkeiten begleiteten die Prüfung.

Nach dem Magisterium sollten dann »ohne Verzug die Lectiones Theologicas (die theologischen Vorlesungen) fleissig« besucht werden, daneben auch noch das Sprachstudium weitergehen, und die Teilnahme an den Disputationen und Deklamationen der Artistenfakultät nicht unterlassen werden. Widrigenfalls sah die Große Kirchenordnung als Strafe den Entzug des Tischweins für eine ganze Woche oder höhere Strafen nach Befinden von Magister Domus und Superattendenten vor. Die Studienzeit der Stipendiaten nach dem Magisterium währte in der Anfangszeit »so lang und bis dero einer oder mehr zum Ministerio (zum geistlichen Amt) erfordert wird«. Wenn Stellen im Kirchen- und Schuldienst zu besetzen waren, trat die Kirchenleitung an das Stipendium heran. Obwohl sie vierteljährlich über die einzelnen Stipendiaten, ihre Studienleistungen und ihr Verhalten, informiert war, ließ sie es sich nicht entgehen, aus diesem Anlaß die *Abb. 79* Stipendiaten zur Prüfung nach Stuttgart vorzuladen. Erst im Laufe des 17. Jahrhunderts zeichnete sich eine Vereinheitlichung dieser Anstellungsprüfungen auf zweimal jährlich ab. Wurde ein Stipendiat nur zeitweise als Vikar oder vorübergehend auf einer Schulstelle verwendet, so kehrte er danach wieder ins Stipendium zurück und setzte seine Studien fort. Erst wenn eine ständige Stelle angetreten wurde, endete die Studien- und Stipendiatenzeit in Tübingen.

Dieser Studienlauf bestand bis in den Anfang des 19. Jahrhunderts. Er gewährleistete eine ausgedehnte wissenschaftliche Bildung der württembergischen Theologen. Die Konzeption als solche war zwar durch die Struktur des Universitätsstudiums bedingt. Was aber das Stipendium noch dazu beitrug, ist nicht zu unterschätzen. Es sorgte mit seinem eigenen Lehrbetrieb, auf das Universitätsstudium bezogen, dafür, daß sich die Stipendiaten während ihrer nicht knapp bemessenen Studienzeit ein gründliches Wissen aneignen konnten. Studienvorschriften und strenge Beaufsichtigung sollten auf eine nutzbringende Anwendung der Studienmöglichkeiten hinwirken. Die Visitationsrezesse der ersten Jahrhunderte sind übervoll von einschlägigen Anordnungen: Kontrolle des Vorlesungsbesuchs der Stipendiaten, Ermahnungen zu Fleiß und konzentrierter Arbeit, Einschreiten gegen Nachlässigkeiten bei den Repetitionen und gegen Mißachtung der Studienvorschriften usw.

Pietistische Studienimpulse und traditionelle Kontrolle

Im »Summarischen Extrakt« von 1704 stößt man ausschnittartig auf die sich wiederholenden Anordnungen der Visitationsrezesse. Vorausgegangen war 1688 die »Instruktion wegen des Ordinis Studiorum«, die hauptsächlich pietistischen Reformimpulsen für das Theologiestudium Geltung verschaffte. Aber sie beschäftigte sich auch mit den artistischen Studien. Insgesamt enthielt sie eine Stoßrichtung gegen die herkömmlichen nivellierend-verallgemeinernden Maßstäbe, die den Studienbetrieb des Stipendiums prägten. Individualisierung, Eingehen auf den einzelnen und seine Fähigkeiten – so lautete die neue pädagogische Maxime. Auch der einflußreiche Zusammenhang zwischen persönlicher Stellung und dem sachlichen Anliegen zeigte sich, wenn in der »Instruktion« das Studium der Philosophia moralis besonders ausführlich behandelt und nachdrücklich gefordert wurde. Diese Disziplin wurde damals vom Magister Domus Johann Wolfgang Jäger an der artistischen Fakultät vertreten! Doch diese Akzentuierung stand auch nicht im Widerspruch zur pietistischen Betonung der frommen Lebensgestaltung, zum Streben nach aktiver Heiligung. Ebenso entsprach der Nachdruck, der auf das Studium der alten Sprachen gelegt wurde, der verstärkten Hinwendung zum Bibelwort im Sinne des Spenerschen Pietismus.

Auf welch fundamentaler Ebene religiöse Lebensgestaltung und Studium verbunden wurden, markiert eine Anweisung von 1704: »Weilen auch ein fleissiges Gebet halb studieret ist, und durch dasselbe die göttliche Benedeiung und Segen in Studiis erbeten werden muß, sollen die Preces (Gebete) von sämtlichen Stipendiariis fleissig und ohnausbleiblich verrichtet werden.« Darüber hinaus drang der »Summarische Extrakt« darauf, daß die Zeiten für das eigene Studium der Stipendiaten, von den Vorlesungen und Disputationen an der Universität und den Lehrveranstaltungen im Stipendium ganz abgesehen, eingehalten wurden. Besonders vormittags sollten die Stipendiaten keine »Informationes bei gemeiner

Leute kleinen Kindern und noch gar jungen Mägdlein, als welche die Eltern billig in öffentliche Schulen zu schicken haben«, erteilen. Der Ausgang am frühen Morgen »auf das Feld zu Lesung eines Buchs oder Meditation« wurde wegen Mißbrauchs nur noch denen gestattet, die »solche Zeit zu Studiis wohl anlegen«.

Was den Unterrichtsbetrieb des Stipendiums anbetrifft, so wurde eingeschärft, daß nur wirklich qualifizierte Stipendiaten zu Repetenten erhoben werden sollten. Die Repetitionen, die »mit gebührendem Fleiß und aller möglicher Dexterität gehalten werden« sollten, wurden auf sechs bis sieben Uhr morgens bzw. vier bis fünf Uhr nachmittags im Sommer und sieben bis acht Uhr abends im Winter festgesetzt. »Um die Stipendiarios durch vielerlei Autores nicht irr zu machen oder zu beschweren«, durfte in den Repetitionen keine andere Literatur verwendet werden als in den Universitätsvorlesungen. Über die Repetitionen hinaus entfaltete sich allerdings im Stipendium ein eigenes Lehrangebot neben dem Universitätsprogramm. 1704 ist es dokumentiert durch die Vorschrift, daß die »Privata Collegia« im Stipendium nur mit Erlaubnis von Superattendenten und Magister Domus stattfinden durften.

Den Novizen und Complenten wurde »in Studio Philosophico und Philologico« die individuelle Wahl der Lektüre verboten. Nur die Begabteren sollten »höhere Bücher vonnöten« haben. Die anderen sollten sich mit den »alte(n) Fundamental-Autores Classici, Historici, Poetae, Philosophi, Oratores« begnügen. Individuelle Begabtenförderung also; ansonsten drängte man auf Fortschreibung des alten. Gründliches Sprachstudium wurde ebenso verordnet wie Konzentration und Aufmerksamkeit bei den Repetitionen: »Und da sie gleich nit alle in einer Stund gefragt und examiniert werden mögen, (sollen sie) dennoch parati sein und aufmerken.« Schließlich wurde noch klargestellt, daß den Stipendiaten auch das Verhalten in den Vorlesungen keineswegs freigestellt war. Sie sollten dort »nicht über einen Haufen stehen, sondern sich in die Subsellia (Bänke) ordentlich setzen«, wohl wissend, daß sie von den Famuli kontrolliert wurden.

Die Kandidaten für das Magisterium sollten vorher gründlich überprüft werden. Überhaupt: der akademische Grad sollte »nicht so schnell und in so grossem Numero auf einmal angestellt werden«. Gegen erste Anzeichen des Verfalls im traditionellen Studienlauf wurde energisch angegangen. Als 23 Stipendiaten 1735 erklärten, daß sie den Magistergrad nicht erwerben wollten, untersagte das Konsistorium ihnen ihr Begehren rundweg. Schon 1704 hatte man allerdings auf Einschränkung der Kosten gedrängt, die mit der Prüfung verbunden waren. Vor allem wurde das ausschweifende Feiern untersagt. Der philosophischen Fakultät war vorgeschrieben worden, die Prüfungskosten für unvermögende Stipendiaten zu reduzieren oder ganz aufzuheben. Die mittelalterliche Studienstruktur blieb

als solche erhalten, auch wenn sie in den kommenden Jahrzehnten verstärkt grundsätzlich in Frage gestellt wurde.
In der Leitung des Stipendiums, sowohl in Stuttgart wie in Tübingen blieb man besorgt, die Studienförderung nicht verkommen zu lassen, die das Stipendium durch Aufsicht über die Studienleistungen der Stipendiaten sowie durch eigenen Unterricht bot. Doch im Laufe des 18. Jahrhunderts verschlechterte sich die Lage der Tübinger Universität. Die geistige Entwicklung, sowohl in der Philosophie wie in der Theologie, schien an Tübingen vorüberzuziehen. Man sah die einst blühende Hochburg der lutherischen Orthodoxie in einem abgelegenen Winkel verschwinden. Veraltet, unmodern, nicht mehr zeitgemäß – so lauteten viele Urteile über den Lehrbetrieb der Tübinger Universität und ihre Professoren. Das konnte sich auch auf die Studien der Stipendiaten nicht gerade beflügelnd auswirken. Der Studienbetrieb des Stipendiums wurde in Mitleidenschaft gezogen. In der zweiten Hälfte des Jahrhunderts fanden die Repetitionen oft unregelmäßig und nur unvollständig statt. Interessierte und aufgeweckte Stipendiaten suchten sich durch private Lektüre zu bilden jenseits dessen, was ihnen in Tübingen geboten wurde. Die Reform des Stipendiums, gegen Ende des Jahrhunderts unter Herzog Carl Eugen vorgenommen, galt darum gerade auch dem Studienbetrieb.

Studienvorschriften der aufgeklärt-absolutistischen Reform

Den Inspektoren und dem Ephorus wurde zur Wahrnehmung ihrer »Aufsicht über die Studien der Stipendiaten« vorneweg anbefohlen: Sie »sollen die Stipendiaten zu einem wohlgeordneten und ununterbrochenen Fleiß ermuntern, sie vor dem oberflächlichen Studieren warnen, sie selbst denken und forschen lehren«. Die hier gesetzten Akzente – Gründlichkeit, Selbständigkeit und Wissenschaftlichkeit – kehren wieder in den Hinweisen zur Studienleitung, die den Repetenten gegeben wurden. In neuartiger Ausführlichkeit wurde ihnen zur Auflage gemacht, den Stipendiaten einzeln Hilfestellung zur Gestaltung ihres Studiums zu geben. Ratschläge, wie in der Fülle der Wissenschaften Orientierung zu gewinnen sei, sollten ergänzt werden durch gezielte Literaturempfehlungen. Grundlage für die Anleitung der Repetenten mußte sein, daß sie den einzelnen »nach seiner Fähigkeit, nach seinem Fleiße, nach seinen Fortschritten genau kennenlernen«. Die »Schwächeren« wurden der Fürsorge der Repetenten besonders empfohlen.
Die Ziele, auf die hin die Pädagogen des Stipendiums wirken sollten, prägten auch die Aussagen, die einem Stipendiaten in den »Statuten« vorgesetzt wurden: »Bei seinem Studieren soll er Zweck und Ordnung beobachten, nicht bloß das

Gedächtnis mit Begriffen und Worten anfüllen, ohne den Verstand dadurch zu bilden und anzubauen, mit keiner bloß oberflächlichen, verworrenen und mangelhaften Kenntnis zufrieden sein, sondern die Wissenschaften im Zusammenhange mit ausdauernder Anstrengung und mit möglichster Gründlichkeit erlernen, und sich auf das Bibelstudium und auf die hierzu nötigen Hilfswissenschaften und Sprachkunde vorzüglich legen.«

Der bestimmende Rahmen für das Studium der Stiftler blieb ein breitgefächerter Studiengang, im Interesse der Theologie für notwendig erachtet. In der, jetzt zeitlich fixierten, fünfjährigen Studienzeit sollten die ersten beiden Jahre dem Studium der Philologie und Philosophie, die letzten drei dem der Theologie gelten. Der Erwerb der Magisterwürde als Abschluß der philologischen und philosophischen Studien blieb Vorschrift. Vor der Disputation mußten »zwei eigene Ausarbeitungen der philosophischen Fakultät übergeben« werden. Über das Magisterium hinaus wurde die Teilnahme an den Disputationen der philosophischen Fakultät angeordnet, weil es sich dabei »nicht nur (um) ein Probstück von den wissenschaftlichen Kenntnissen, sondern auch (um) eine nützliche Übung in dem lateinischen Ausdruck, in den Gesetzen der Logik, im Durchdenken wichtiger Lehrsätze und ihrer Beweise, in schneller Beurteilung vorgelegter Einwürfe und in der bei Prüfungen nötigen Freimütigkeit und Fähigkeit zu antworten« handele.

Abb. 61, 62

Die Kritik am verstandeslosen Memorieren, Konsequenz aus der neuen Zielsetzung selbständigen Denkens, und den Stipendiaten in den Leitsätzen zur Studiengestaltung programmatisch mitgeteilt, läßt es nicht verwunderlich erscheinen, daß die Repetitionen, in früherer Zeit das A und O im Studienbetrieb des Stipendiums, jetzt zurücktraten. Sie sollten nur noch wöchentlich einstündig für die Novizen, die Studienanfänger, und für die Kandidaten vor dem Magisterium gehalten werden. Sehr viel mehr Gewicht wurde auf die Vorlesungen an der Universität gelegt: »Seinen vornehmlichsten Fleiß soll der Stipendiat auf die in den Universitäts-Statuten festgesetzten öffentlichen Lektionen verwenden.« Aufmerksamkeit während der Vorlesungen und gründliches, eigenständiges Nacharbeiten des Gehörten rückten als empfohlene Studienleistung in den Vordergrund.

---

59 Ein Blick in den akademischen Alltag früherer Zeiten: Disputationen unter Leitung eines Professors dienten in Rede und Gegenrede der Förderung des argumentativen Umgangs mit den Studieninhalten. Mehr als andere Studenten wurden die Stiftler bis ins 19. Jahrhundert hierzu verpflichtet. ▷

60 Das klassische Muster für den Lebensgang eines württembergischen Theologen. ▷

Respondes

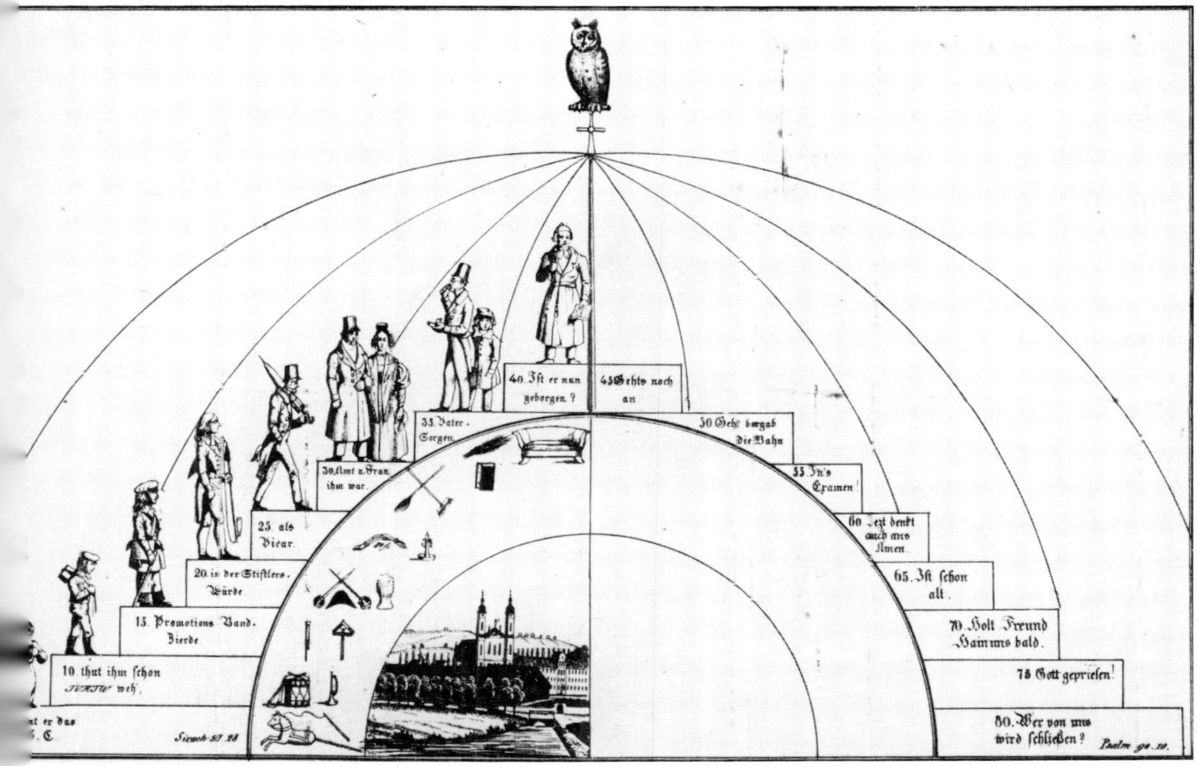

10 thut ihm schon weh,
15. Promotions Band. Zierde
20. in der Stiftlers. Würde
25. als Vicar.
30. Amt u. Frau ihm war.
35. Vater. Sorgen.
40. Ist er nun geborgen?
45 Gehts noch an
50 Gehts bergab die Bahn
55. In's Examen!
60 Jezt denkt auch ans Amen.
65. Ist schon alt.
70. Holt Freund Hainms bald.
75 Gott gepriesen!
80. Wer von uns wird schließen?
Psalm 90. 10.

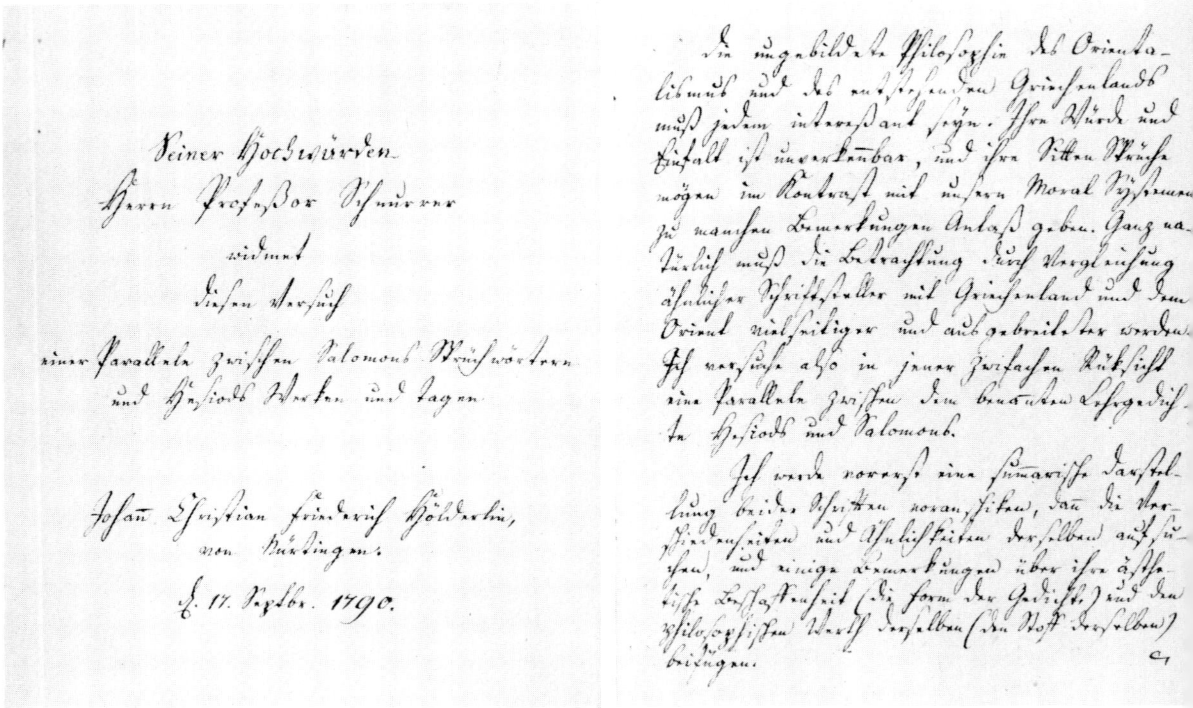
Seiner Hochwürden
Herrn Professor Schnurrer
widmet
diesen Versuch
einer Parallele zwischen Salomons Sprüchwörtern
und Hesiods Werken und Tagen
Johann Christian Friedrich Hölderlin,
von Nürtingen.
d. 17. Septbr. 1790.

Die ungebildete Philosophie des Orientalismus und des entstehenden Griechenlands muß jedem interessant seyn. Ihre Würde und Einfalt ist unverkennbar, und ihre Sittensprüche mögen im Kontrast mit unsern Moral Systemen zu manchen Bemerkungen Anlaß geben. Ganz natürlich muß die Betrachtung durch Vergleichung ähnlicher Schriftsteller mit Griechenland und dem Orient vielseitiger und ausgebreiteter werden. Ich versuche also in jener zwifachen Rüksicht eine Parallele zwischen den bekannten Lehrgedichten Hesiods und Salomons.

Ich werde vorerst eine summarische Darstellung beider Schriften voransezen, dann die Verschiedenheiten und Ähnlichkeiten derselben aufsuchen, und einige Bemerkungen über ihre ästhetische Beschaffenheit (die Form der Gedichte) und den philosophischen Werth derselben (den Stoff derselben) beifügen.

61/62 Zunehmend wurden die Stiftler im Lauf des 18. Jahrhunderts zur Abfassung wissenschaftlicher Aufsätze verpflichtet. Johann Christian Friedrich Hölderlin widmete Ephorus Schnurrer einen »Versuch« der Parallelisierung der alttestamentlichen Proverbien mit Hesiod.

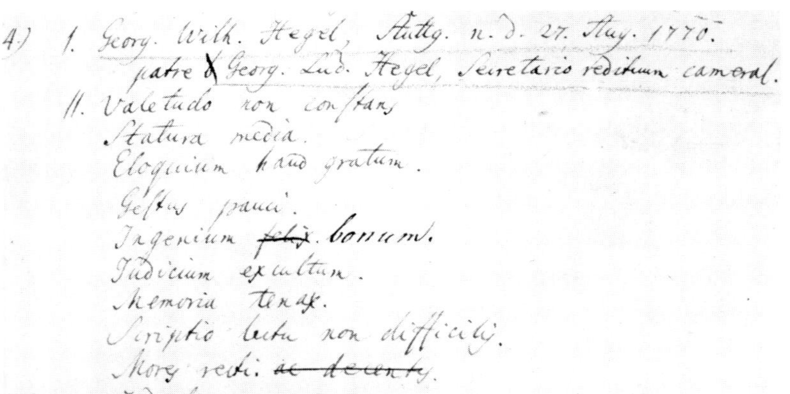
4) I. Georg. Wilh. Hegel, Stuttg. n. d. 27. Aug. 1770.
patre † Georg. Lud. Hegel, Secretario redituum cameral.
II. Valetudo non constans
Statura media.
Eloquium haud gratum.
Gestus pauci.
Ingenium ~~felix~~. bonum.
Judicium excultum.
Memoria tenax.
Scriptio lectu non difficilis.
Mores recti. ~~ac decentes~~.
Industria nonnunquam interrupta.
Opes sufficientes.
III. Studia theologica non neglexit.
Orationem sacram non sine studio elaboravit,
in recitanda non magnus orator visus.
IV. Philologiae ~~bene~~ non ignarus
Philosophiae ~~felicem~~ nullam operam impendit.

63 Als 1793 dem Stiftler Georg Wilhelm Friedrich Hegel das Examenszeugnis ausgestellt wurde, enthielt es keinerlei Hinweis darauf, daß man die Beurteilung des künftigen Denkers des Weltgeistes niederschrieb. So hielt eine spätere Hand die ursprüngliche Beurteilung für korrekturbedürftig, zumindest was Hegels Geistesgabe (Ingenium), aber auch seine Leistungen in Philologie und Philosophie sowie sein Verhalten (Mores) anbetraf.

Der »Privatfleiß« wurde nun entsprechend bewertet. »So nützlich die akademischen Vorlesungen sind, wodurch den Stipendiaten die Erlernung der Anfänge der Wissenschaften erleichtert, Lust und Geschmack an diesen beigebracht, der Vorteil zu studieren gezeigt, und ein so vollständiger Grundriß der philosophischen und theologischen Gelehrsamkeit, und ein so reicher Vorrat der besten Hilfsmittel erteilt wird, daß er selbst denken und sich in den Wissenschaften weiter vervollkommnen kann, so nötig ist Privatfleiß und Selbststudieren . . . Der Stipendiat muß über die gehörten Wahrheiten mit Anstrengung nachdenken, darüber nachlesen und sich einen zusammenhangenden Begriff von den Wissenschaften machen.« Der selbständig die »gehörte Wahrheit« prüfende, durch eigenes Denken und Hinzuziehung von Literatur dieselbe allererst überprüfende Stipendiat – mit diesem Ideal für die Studiengestaltung wollte man den konservierenden, vorgegebene Formeln rezitierenden Studienbetrieb der Orthodoxie hinter sich lassen.

Neben den Vorlesungen und der darauf bezogenen Geistesarbeit der Stipendiaten gewannen nun die »Kollegien« verstärktes Gewicht bei der Gestaltung des Studiums. Es handelte sich bei den »Kollegien« um Lehrveranstaltungen, die, zusätzlich zu den Hauptgebieten der Vorlesungen, speziellere Themen zum Gegenstand hatten. Sie fanden nicht nur an der Universität statt. Aus der Art, wie sie den Repetenten anbefohlen wurden, kann man für das ausgehende 18. Jahrhundert in ihnen geradezu die Nachfolger der bislang im Vordergrund stehenden Repetitionen als Zentrum des Lehrbetriebs im Stipendium erkennen.

»Von den Repetenten wird erwartet, daß sie in dem Kloster etwa auf einem leerstehenden Zimmer, auf dem Speisesaal, in der Kapelle, philologische, philosophische und theologische Privatkollegien geben und teils neben dem Unterricht in der morgenländischen Literatur die Stipendiaten durch Logik, Geometrie, Psychologie und andere philosophische Wissenschaften im eigenen Erfinden und Nachdenken üben, teils ihnen die Klassiker der Griechen und Römer interpretieren und sie auf das Richtige, Schöne und Beredte in diesen Geisteswerken beständig aufmerksam machen; teils sie zur Ausbildung des deutschen Stils durch Zergliederung guter Muster, eigene Aufsätze und Übersetzungsübungen anweisen.«

Fast hat man den Eindruck, als seien die Erwartungen, die hinsichtlich der »Privatkollegien« der Repetenten ausgesprochen wurden, zu umfassend und allzu weitschweifig. Weniger ausufernd, sondern griffig und auf der Ebene der Nachweisbarkeit befindlich, waren die Anforderungen an die Stipendiaten, wenn es um die Prüfungen ging. Als Grundlage für die Berichte an das Konsistorium und in Verbindung mit der »Lokation«, der Aufstellung der Rangfolgenliste der einzelnen Semestergruppen (Promotionen), hatten die Prüfungen im Stipendium seit dem 16. Jahrhundert eine bedeutende Rolle gespielt. Jetzt wurden sie, das »Frühlings- und Herbstexamen«, besonders stark bewertet. »Teils den Fleiß zu reizen und das Wohlverhalten zu befördern, teils die Fähigkeiten und wissen- *Abb. 63* schaftlichen Fortschritte desto gewisser zu erfahren«, sollten die Prüfungen stattfinden. Und damit niemand meinen konnte, man sei hier hinter die neugesteckten Ziele der Selbständigkeit und Wissenschaftlichkeit zurückgefallen, wurde klargestellt: »Diese Prüfungen werden mit der größten Strenge und Genauigkeit vorgenommen, und nicht nur die wirklichen Kenntnisse, sondern auch die Geistesfähigkeiten erforschet, und darauf gesehen, wie ein jeder das wisse, was er weiß; ob er es mit oder ohne Verstand gelernt, ob es Folge des guten Kopfes, des Fleisses oder des Gedächtnisses sei.«

Aufhebung des traditionellen Studiengangs am Anfang des 19. Jahrhunderts

Die Bestimmungen von 1793 sollten dem Studium der Stipendiaten durch neue Zielsetzungen neuen Schwung verleihen. Am Gesamtrahmen des Studiengangs haben sie wenig verändert. Das geschah zu Beginn des 19. Jahrhunderts. Am 3. Dezember 1821 verordnete ein Erlaß die Aufhebung der traditionellen Verpflichtung der Stiftler zum Erwerb der Magisterwürde. Diesem Erlaß war ein längerer Entscheidungsprozeß vorangegangen. Gutachten des Inspektorates, der theologischen und der philosophischen Fakultät fundierten den Beschluß des zuständigen Ministeriums. Ausschlaggebend waren mehrere Faktoren. Durch das Herkommen und die allgemeine Verpflichtung war die Magisterwürde den Stiftlern mehr oder weniger pauschal verliehen worden; dadurch büßte sie inzwischen den Rang einer qualitativ hochwertigen akademischen Prüfung ein, geriet zum Teil zu einem Zeremoniell, wobei dessen feierlicher Vollzug noch seine eigenen Probleme mit sich brachte. Schließlich schlug auch die Frage nach dem Stellenwert des Magisteriums in einer veränderten wissenschaftlichen und geistigen Welt insgesamt zu Buche. Es war deutlich: die mittelalterlichen Universitätsstrukturen, der seit Jahrhunderten geltende Bildungsgang der Stiftler waren am Ende. Mit der Aufhebung der allgemeinen Pflicht zum Magistrieren für die »Seminaristen« zog man daraus die Konsequenz.

1829 wurde die Studienzeit der Stipendiaten von fünf auf vier Jahre verkürzt. Damit war, über die Aufhebung des Magisteriums hinaus, die Aufgabe gestellt, das Studium der Stiftler neu zu ordnen. Es ging nicht nur darum, wie Studieninhalte, die als notwendig erachtet wurden, in einem kürzeren Zeitraum unterzubringen waren. Die Überlegungen setzten tiefer an und durchzogen die gesamte erste Hälfte des 19. Jahrhunderts. Verschiedene Stellungnahmen und Entwürfe wurden ausgearbeitet. Mit den Bestimmungen von 1853 war schließlich ein

Schlußpunkt erreicht. Man hatte einen Rahmen für die Studiengestaltung der Stiftler geschaffen, der dann über 100 Jahre Bestand haben sollte.
Keine unbedeutende Rolle bei den Überlegungen, von welcher Zielbestimmung her der Studienverlauf der Stiftler zu regeln war, nahm die Frage ein, vor welchem Bildungshorizont die Studienjahre eines Theologen stehen sollten; inwiefern das Gebiet nicht-theologischer Studien, das, ebenso wie die Theologie selbst in Ausweitung und Spezialisierung begriffen war, noch beschritten werden sollte bzw. überhaupt noch beschritten werden konnte. Diese Frage wurde teilweise von der theologischen Fakultät und von kirchlich gebundener Seite in die Überlegungen eingebracht. Verkürzt und pointiert ausgedrückt ging es um die Alternative der Heranbildung von intellektuell-wissenschaftlich geschulten Theologen und gläubig-frommen Pfarrern.
Aber das Stift hatte ja auch noch die Aufgabe, Lehrer für die höheren Schulen auszubilden. Dieses Problem wurde in der zweiten Hälfte des 19. Jahrhunderts durch Etablierung eines eigenen Studiengangs für die Lehramtskandidaten gelöst.
Es blieb die grundlegende Frage nach der Studienkonzeption des Stifts, die noch durch einen weiteren Aspekt bereichert wurde: sollte man den Stiftlern überhaupt einen normativ festgelegten Studiengang verpassen? Würde dadurch nicht die erforderliche Eigenständigkeit eines wissenschaftlichen Studiums, gerade erst im 18. Jahrhundert als Ideal hervorgetreten, würden nicht individuelle Schwerpunktbildung und entsprechendes selbständig-verantwortliches Arbeiten durch eine feste Norm in Frage gestellt? Ein weiteres Problem: welche Anforderungen sollten an die Stiftler als Nutznießer eines Stipendiums gestellt werden; wie wollte man es künftig mit der Kontrolle der Studienleistungen, wie mit der stiftsinternen wissenschaftlich-pädagogischen Förderung und dem eigenen Lehrbetrieb halten?

Neuordnung des Studiums im 19. Jahrhundert

Die neue Ordnung wurde von den entscheidenden Instanzen in Reaktion auf die markanten Einschnitte in den herkömmlichen Studiengang während der ersten Jahrzehnte des 19. Jahrhunderts festgelegt. Sie war im wesentlichen eine modifizierte Neufestsetzung des alten. Die Stiftler blieben in ihren Studien der Aufsicht und Leitung der Repetenten unterstellt. Das Inspektorat nahm die Gesamtaufsicht wahr. Hinsichtlich der Studienleitung wurde den Repetenten erklärt: »Die Bestimmung der Seminaristen bringt es mit sich, daß in den Kreis ihrer Studienleitung alles fällt, was dazu dienen kann, eine wissenschaftliche Bildung für den Dienst in der evangelischen Kirche und Schule zu erzielen, und obwohl dies zunächst von den speziell hierauf vorbereitenden Studien gilt, so sind doch anderweitige wissenschaftliche Beschäftigungen nicht ausgeschlossen und ist auch ihre Leitung den Repetenten übertragen, wofern hiedurch die individuelle Anlage eines Zöglings so entwickelt wird, daß die allgemeine Bestimmung des Seminars dadurch erreicht wird.«

Ein Schwerpunkt der Studienleitung lag auf der Regelung des äußeren Studienverlaufs. Die Stiftler mußten zu Beginn jedes Semesters einen Studienplan vorlegen, der sich an den Rahmenbedingungen einer vorgegebenen umfassenden Studienordnung zu orientieren hatte, und in dem daneben »individuelle Bedürfnisse« berücksichtigt werden konnten. Die Überwachung des Vorlesungsbesuchs hörte auf, als 1830 die Stellung der Famuli aufgehoben wurde. Die »Statuten« legten den Stiftlern nahe: »Die Vorlesungen, welche der Studienplan des einzelnen enthält, sind von ihm regelmäßig zu besuchen.« Zur Kontrolle sollten die Repetenten die »Kollegienhefte« der Stiftler jederzeit einsehen und somit auf kontinuierliche Führung hin überprüfen können. Stiftler, die wegen mangelnden Fleißes und schlechter Leistungen unter »besondere Aufsicht« gestellt wurden, mußten sich monatlich dieser Inspektion ihrer Arbeitsmaterialien unterziehen.

Als spezielle Leistungsanforderungen hatten die Stiftler in jedem Semester zwei »Aufsätze« anzufertigen, und zwar einen »Normal-« und einen »Privat-Aufsatz«, einen davon auf lateinisch. Es handelte sich bei diesen Aufsätzen um kurze thematische Abhandlungen, deren wissenschaftlicher Charakter auf der Ebene methodischen Nachweises zum Ausdruck kommen sollte. Die »Statuten« schrieben vor: »Die Seminaristen haben die vorgeschriebenen Aufsätze in der bestimmten Zeit mit Fleiß und gewissenhafter Sorgfalt auszuarbeiten, und dabei stets die benützten Hilfsmittel, Bücher und Manuskripte namentlich aufzuführen, auch einen Plan, nach dem der Aufsatz bearbeitet wurde, beizufügen.« Das Thema des »Normal-Aufsatzes« wurde der gesamten Semestergruppe gestellt. Im »Privat-Aufsatz« erörterten die Stiftler ein Thema nach Wahl, jedoch nicht ohne Absprache mit dem zuständigen Repetenten. Volles Licht in Qualifikation und Studienleistung eines Stiftlers sollte das Examen am Semesterende bringen.

Der Lehrbetrieb des Theologischen Seminars umfaßte im 19. Jahrhundert Repe-
Abb. 64 titionen und »Loci« – der Titel »Locus« war bislang der zentralen theologischen Lehrveranstaltung im Stipendium vorbehalten gewesen. Sollte seine Pluralisierung dem breitergefächerten philosophischen und theologischen Unterricht, den die Repetenten im Sinne von »Examinatorien« zu halten hatten, eine traditionelle Rangstellung verleihen? Die Repetitionen waren nur noch in den ersten beiden Studienjahren obligatorisch. Die älteste »Promotion« hatte eigens Disputierübungen zu absolvieren. Die Themen der Loci und Repetitionen wurden je-

weils vom Inspektorat festgesetzt. Grundlage dafür bildeten die Rahmenbedingungen der »Studienordnung«, so daß der Lehrbetrieb im Stift ganz auf die Themen des offiziellen Studiengangs der Stiftler an der Universität abgestimmt war.

Die »Studienordnung« hielt fest, daß die Stiftler nicht nur eine spezielle Fachausbildung in Theologie, sondern eine breitere wissenschaftliche Bildung erhalten sollten. Für die Pfarrer und Lehrer, die aus dem Stift hervorgingen, war das Ideal der gebildeten Persönlichkeit maßgebend. Trotz Abschaffung des Magisteriums und unverkennbarer Umbrüche auf wissenschaftlich-geistigem Gebiet, suchte man an diesem Punkt die Tradition fortzuführen. Ohne Verengungen und kennzeichnende Verschiebungen war das allerdings nicht zu haben. Denn die Universalbildung des Magisters aus der mittelalterlichen Universität existierte nicht mehr.

Das Anknüpfen an das Herkömmliche schlug sich darin nieder, daß die »Studienordnung« den Stiftlern erst ab dem vierten Semester theologische Vorlesungen verordnete. Die ersten drei Semester sollten offiziell mit Philosophie, Philologie und Geschichte angefüllt sein. Entsprechend waren Repetitionen und Loci im Stift zu besuchen, wobei das Schwergewicht auf dem Sprachstudium in Latein, Griechisch und Hebräisch sowie auf der Philosophie lag. Die Beschäftigung mit der Philosophie beschränkte sich allerdings zunehmend auf Philosophiegeschichte. Ein systematisches Betreiben der Philosophie in qualitativer Entsprechung zum zeitgenössischen Niveau überstieg die begrenzten Möglichkeiten.

Welche Schwierigkeiten man schon bei der Festsetzung der Ordnung für diese Studienaufgabe ins Auge faßte, zeigt die einschlägige Anweisung an die Repetenten: »Da aber nicht zu erwarten ist, daß alle Zöglinge die schwierigen Probleme der Philosophie gleich gut fassen, so sind diese Loci vornehmlich propädeutisch zu behandeln, und es ist darauf zu sehen, daß die Zöglinge schon hier an ein bestimmtes und klares Denken und Antworten sich gewöhnen. Damit wird nicht ausgeschlossen, daß den philosophisch Begabteren Anleitung gegeben werde, ihre Gabe frei und gewissenhaft auszubilden. Hiebei wird jedoch von seiten der Repetenten derselbe Ernst, welcher überhaupt der philosophischen Wissenschaft gebührt, erwartet, und so wenig die Freiheit wissenschaftlicher Untersuchung gehemmt werden will, so entschieden ist dagegen voreiliger Abschluß der wichtigsten Lebensfragen und philosophischer Libertinismus, als dem Zweck des Seminars widerstreitend, zu mißbilligen.« *Abb. 66, 67*

Rücksicht auf die Fähigkeiten von Studenten, die ja im Grunde kein philosophisches Studium absolvieren sollten und wollten, aber gleichzeitig Möglichkeit zur Förderung spekulativer Geister, innerhalb fester Grenzen selbstverständlich, insgesamt eine Denkschulung, die dem »Zweck des Seminars« eingeordnet zu sein hatte – darauf war der philosophische Grundkurs ausgerichtet, der einem Stiftler am Anfang seines Studiums im 19. Jahrhundert verordnet wurde. Die »Studienordnung« insgesamt sollte als verbindlicher Leitfaden gelten. Das Studium war danach klar gegliedert. Themenbereiche, die zu bearbeiten waren, standen fest. Eine bestimmte Anzahl zu besuchender Vorlesungen – nach der Anordnung von 1879 z. B. im ersten Semester fünf, im zweiten bis sechsten vier, im siebten und achten drei – und die Teilnahme am stiftseigenen Lehrbetrieb galten als Pensum. Daneben aber sollte die Möglichkeit bestehen, im individuell festzulegenden Studienplan weitere Arbeitsschwerpunkte zu setzen.

Veränderungen zu Beginn des 20. Jahrhunderts

Die Ordnung für den Studiengang der Stiftler und den stiftsinternen Lehrbetrieb, die im 19. Jahrhundert festgelegt wurde, galt in Grundzügen bis 1969/70. Da und dort waren im Laufe der Zeit Veränderungen fällig. Die umfassendsten erfolgten durch die Stiftsreform am Anfang des 20. Jahrhunderts, ohne daß der Gesamtrahmen aufgegeben worden wäre. »Die Scheidung zwischen philosophischen und theologischen Semestern, wie das frühere Magisterium ein Nachklang der spätmittelalterlichen Studienordnung, war schon lange tatsächlich durchbrochen und mußte beim Aufbau des Studienplans auch in den Vorschriften grundsätzlich aufgegeben werden.« So wurde eine der markantesten Veränderungen durch die »Vorschriften« von 1911/13 zeitgenössisch kommentiert. In dem ›Spielraum‹, den die Stiftler im 19. Jahrhundert neben dem vorgegebenen Pflichtprogramm hatten, war immer stärker schon in den Anfangssemestern die Theologie zum Zuge gekommen. 1911 zog man daraus die Konsequenz. Nun reichten die philosophischen Studienverpflichtungen, kombiniert mit Lehrveranstaltungen im Stift und entsprechenden Stiftsprüfungen, bis ins vierte und fünfte Semester. Umgekehrt waren jetzt auch in den ersten Semestern schon theologische Vorlesungen, und zwar exegetische und kirchengeschichtliche, offiziell zu absolvieren, zum Teil in Alternative zur Philosophie, so daß selbst die Ordnung dem Stiftler eine stattliche Wahl ließ. Auf jeden Fall wurde deutlich: Theologie und Philosophie brachen auseinander; die Theologie schickte sich an, ihr Eigenrecht und ihre geistige Unabhängigkeit vom spekulativen Denken zur Geltung zu bringen. Das 19. Jahrhundert ging offensichtlich auch in der Studienordnung des Stifts zu Ende.

Die stärkere Berücksichtigung der Theologie in der Studienordnung war auch bedingt durch die Ausweitung des Lehrangebotes der Tübinger theologischen Fakultät. Von der neuen Lage an der Universität her ergaben sich auch Modifikationen hinsichtlich der speziellen Leistungsanforderungen an die Stiftler. An der Universität wurden »Seminare« eingerichtet. Das hatte Konsequenzen für die Pflicht der Stiftler zur Abfassung von Aufsätzen, die ohnehin auf einen Aufsatz pro Semester reduziert wurde. Die neue Bestimmung lautete: »Von der Aufsatzpflicht für ein Semester befreit die Fertigung einer entsprechenden Arbeit für eines der Seminare der theologischen und der philosophischen Fakultät.« Die Neu- bzw. Umgestaltung des Studiengangs der Stiftler sollte dem Umstand Rechnung tragen, daß die Möglichkeiten wissenschaftlicher Arbeit und der Lehrbetrieb der Universität sich über die herkömmlichen Vorlesungen hinaus ausweiteten. Seit der Gründung des Herzoglichen Stipendiums war das Studium eines Stiftlers ein reguläres Universitätsstudium. Die Ausbildung eines eigenen ›Stifts-Studiums‹ war nie beabsichtigt. Der eigene Lehrbetrieb des Stifts war Begleitung und Ergänzung des Universitätsstudiums. Das machte immer eine Abstimmung auf dessen Lage erforderlich.

Auch der Lehrbetrieb des Stifts erfuhr allerdings 1911 eine Ausweitung. Konnten die Verpflichtungen reduziert werden, so ergaben sich neue Möglichkeiten. Die »Loci«, jetzt »Stiftsübungen« genannt, im »Charakter von Repetitionen« und auf die Themen des vorgeschriebenen Studienlaufs bezogen, blieben verbindlich. Aber daneben traten nun Übungen »über sonstige Gebiete des Seminarstudiums«, deren Besuch freiwillig war. Sie boten den Repetenten die Gelegenheit, von ihren eigenen Arbeitsschwerpunkten her, aufgrund bestimmter Interessenlagen und anderer Faktoren über ein Semester hinweg mit einer Gruppe von Stiftlern zusammenzuarbeiten. Eine Bereicherung des Lehrangebotes im Stift, welche an die »Privatkollegien« früherer Zeiten anschloß.

Das »Auswärts-Studium«

Eine Horizonterweiterung eigener Art für Studium und Bildungsweg der Stiftler brachte eine Bestimmung, die 1911 neu in die Stiftsordnung aufgenommen wurde: »Vom dritten bis zum sechsten Semester können die Studierenden des evangelisch-theologischen Seminars während eines oder zweier Semester eine andere reichsdeutsche Universität besuchen, unter Bezug der Geldentschädigung.« Damit war das »Auswärts-Studium« geboren, das Monopol der unmittelbaren wissenschaftlichen und theologischen Prägung der Stiftler durch die Tübinger Universität aufgehoben.

Die grundlegende Ordnung des Herzoglichen Stipendiums und des Studiengangs der Stipendiaten, wie sie im 16. Jahrhundert vorgenommen worden war, hatte die künftigen Diener der württembergischen Kirche darauf verpflichtet, sich »in kein ander Universität dann allein zu Tübingen . . . zu begeben«. Die

Gewährleistung besserer Aufsicht über die Stipendiaten während ihrer gesamten Studienzeit, vor allem auch die Kontrolle und Sicherstellung der Studieninhalte waren ausschlaggebend dafür, daß die angehenden württembergischen Theologen innerhalb der Grenzen des konfessionell geschlossenen Herzogtums festgehalten wurden. Nachdem zeitweise im 16. Jahrhundert selbst die Universität Wittenberg in ihrer Treue zur reinen lutherischen Lehre verdächtig geworden *Abb. 72* war, hielt man die Stipendiaten doch besser ausschließlich in Tübingen. Nur völlig vereinzelt kam es vor, daß die Erlaubnis für Reisen zu Bildungszwecken erteilt wurde. Nicht Mobilität und Flexibilität, sondern Standhaftigkeit im Äußern und Innern war der geltende Wert.

Erst der Pietismus brachte zum Ende des 17. Jahrhunderts Bewegung in die *Abb. 70, 71* Sache. Unter den Anregungen, die Philipp Jakob Spener für die Reform des Studiums von Theologen gegeben hatte, fand sich auch der Hinweis, daß der Besuch anderer Universitäten sich belebend und fördernd auf den geistigen Horizont der zukünftigen Pfarrer auswirke. Die anti-orthodoxe Stoßrichtung dieses Ratschlags war unverkennbar. Die Stuttgarter Kirchenleitung gestattete 1688 sechs Stipendiaten eine Bildungsreise mit finanzieller Unterstützung. Aber das Ausschweifen der Württemberger an andere Orte sollte nicht in großem Umfang zur Regel werden. In der Folgezeit wurden überwiegend in Einzelfällen Bildungsreisen nach Abschluß der Studienzeit und vor dem endgültigen Eintritt in den Kirchendienst genehmigt. Oft fanden die Stipendiaten nicht mehr oder nur sehr schwer den Weg zurück nach Württemberg.

Nichts Neues, sondern Bekräftigung der alten Gegebenheit war es, als 1829 bei der Verkürzung der Studiendauer von fünf auf vier Jahre ausdrücklich auf die Möglichkeit von Bildungsreisen im weggestrichenen Studienjahr hingewiesen wurde. Die »Verfügung« bestimmte, daß »den ausgezeichneteren Zöglingen, welche nach Vollendung ihres Universitäts-Kurses noch eine andere Lehr-Anstalt zu ihrer höheren Ausbildung besuchen wollen, zu diesem Beruf eine Geld-Unterstützung von je fünfhundert Gulden zugesichert« wird. Schon die Bestimmung machte deutlich, daß in den folgenden Jahrzehnten nicht die größere Zahl der Zöglinge des Seminars vom wissenschaftlichen Reisefieber gepackt wurde.

---

64 In bürokratischer Gleichförmigkeit stellt das Verzeichnis der Amtsgeschäfte der Repetenten aus dem Jahr 1832 das Wirken von David Friedrich Strauß und Sixt Karl Kapff, des spekulativen Idealisten und des kämpferischen Pietisten, nebeneinander. Kein Niederschlag der tatsächlichen Verhältnisse! ▷

65 Das Repetentenkollegium während der dreißiger Jahre im Stiftsgarten. Von links nach rechts: Ludwig Dunker, Robert Volz, Walter Warth, Dr. Albrecht Stümpff, Karl Appenzeller, Dr. Manfred Mezger, Dr. Helmut Lamparter. ▷

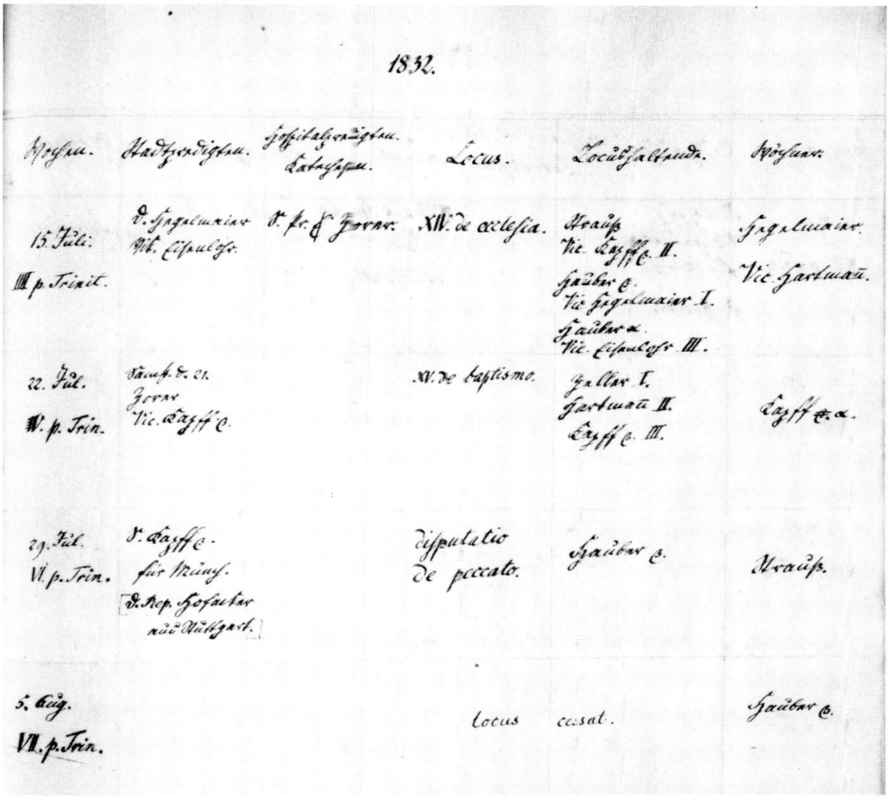

1832.

Wochen.	Stadtpredigten.	Hospitalpredigten. Katechesen.	Locus.	Locushaltende.	Wochner.
15. Juli. IIII p. Trinit.	V. Hegelmaier Vik. Eisenlohr.	V. Pr. & Zorer.	XIV. de ecclesia.	Strauß Vic. Kapff C. II. Hauber C. Vic Hegelmaier I. Hauber α. Vic. Eisenlohr III.	Hegelmaier. Vic. Hartmann.
22. Jul. IV. p. Trin.	Samst. d. 21. Zorer Vic. Kapff C.		XV. de baptismo.	Zeller I. Hartmann II. Kapff C. III.	Kapff C. α.
29. Jul. VI. p. Trin.	V. Kapff C. für Strauß. [D. Rep. Hofacker aus Stuttgart.]		disputatio de peccato.	Hauber C.	Strauß.
5. Aug. VII. p. Trin.			locus	cessat.	Hauber C.

66/67 Ein »Liber obscurorum virorum«, ein »Dunkelmännerbuch« des Stifts aus der zweiten Hälfte des 19. Jahrhunderts verzeichnet z. T. in plastischer Anschaulichkeit bemerkenswerte Auftritte im Kreis des Repetentenkollegiums. Hier: das selbstbewußte Urteil des für Philosophie zuständigen Kollegen Marstaller, daneben das würdevolle Exemplar eines Seniors des Kollegiums.

68/69 Konzentrierte Arbeit am Repetentenschreibtisch wie in der guten alten Zeit und Gruppenarbeit in einer Stiftsübung heute sind mitnichten Gegensätze. ▷

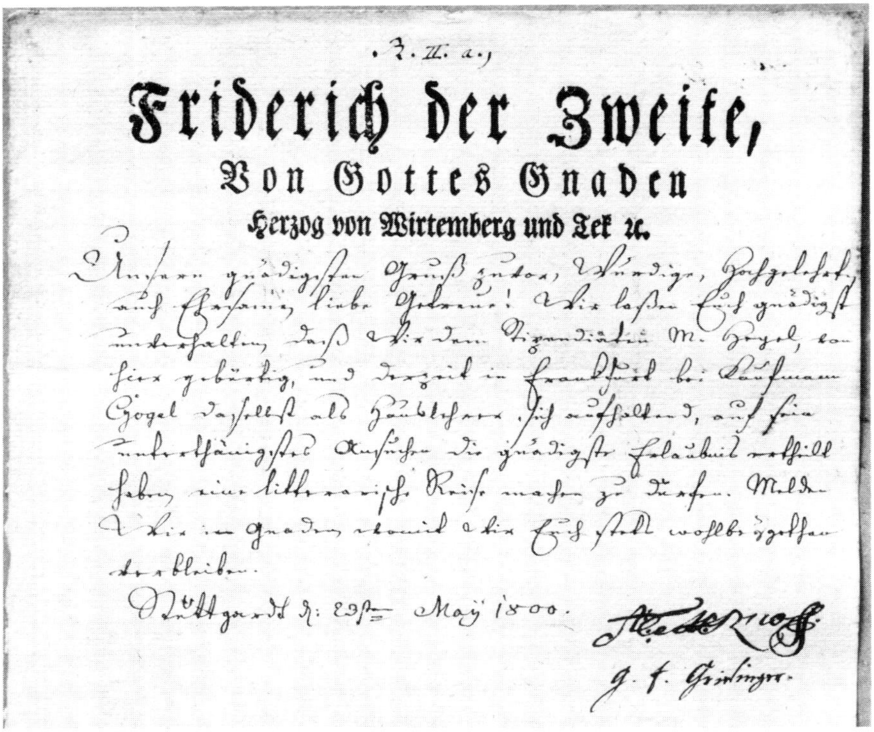

. R. M. a.)

Friderich der Zweite,

Von Gottes Gnaden

Herzog von Wirtemberg und Tek ꝛc.

Unsern gnädigsten Gruß zuvor, Würdige, Hochgelehrte, auch Ehrsame, liebe Getreue! Wir lassen Euch gnädigst unverhalten, daß Wir dem Stipendiaten M. Hegel, von hier gebürtig, und derzeit in Frankfurt bei Kaufmann Gogel daselbst als Hauslehrer sich aufhaltend, auf sein unterthänigstes Ansuchen die gnädigste Erlaubniß ertheilt haben, eine litterarische Reise machen zu dürfen. Welche Wir in Gnaden, womit Wir Euch stets wohlbeygethan verbleiben.

Stuttgardt d. 29ten May 1800.

[illegible]

G. F. Griesinger.

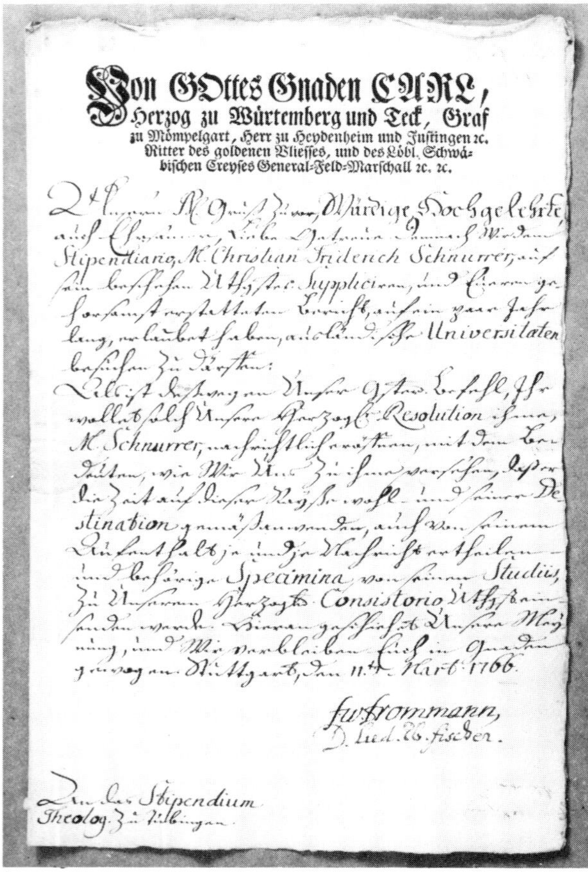

Von GOttes Gnaden CARL, Herzog zu Würtemberg und Teck, Graf zu Mömpelgart, Herr zu Heydenheim und Justingen ꝛc. Ritter des goldenen Vliesses, und des Löbl. Schwäbischen Creyses General-Feld-Marschall ꝛc. ꝛc.

Unsern Gruß zuvor, Würdige, Hochgelehrte, auch Ehrsame, liebe Getreue. Nachdem Wir dem Stipendiario, M. Christian Friderich Schnurrer, auf sein beschehen Unterthänigst Suppliciren, und Ewer gehorsamst vorgestellten Bericht, auf ein paar Jahre lang, erlaubet haben, ausländische Universitaeten besuchen zu dürfen:

Als ist hiemit Unser gnädigster Befehl, Ihr wollet solch Unsere Herzogl. Resolution ihme, M. Schnurrer, nachrichtlich eröffnen, mit dem Bedeuten, wie Wir Uns zu ihme versehen, daß er die Zeit auf dieser Reyße wohl- und seiner Destination gemäß anwenden, auch von seinem Aufenthalt je und je Nachricht ertheilen und behörige Specimina von seinen Studiis zu Unserem Herzogl. Consistorio unterthänigst einsenden werde. Hieran geschieht Unsere Meynung, und Wir verbleiben Euch in Gnaden gewogen. Stuttgart, den 11ten Marti 1766.

Frommann.

D. Lied. W. Fischer.

An das Stipendium Theolog. zu Tübingen

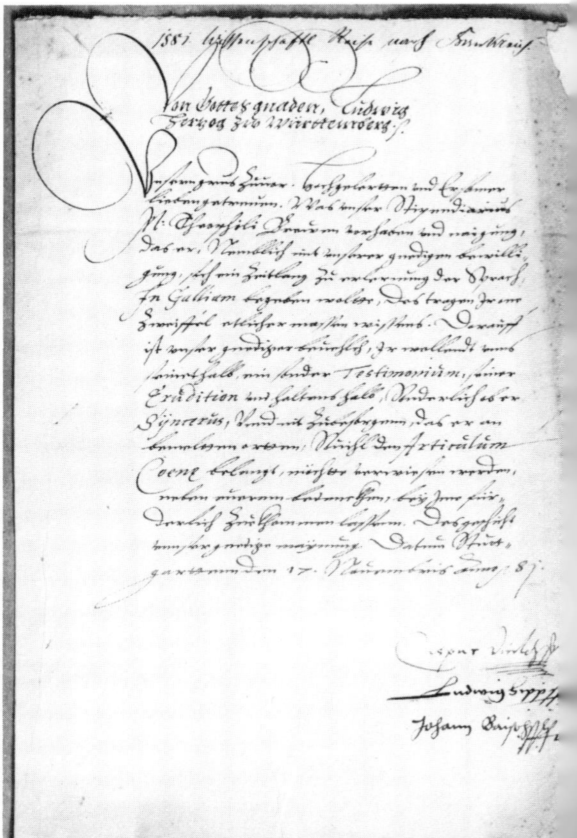

1581 Wissenschaftl. Reise nach Frankreich.

Von Gottes gnaden, Ludwig Herzog zu Würtemberg. ꝛc.

Unsern grus zuvor, hochgelerten und Ersamen lieben getrewen. Was unser Stipendiarius M. Theophili [illegible] verhaben und naigung, das er, nemblich mit unserer gnedigen bewilligung, sich ein zeitlang zu erlernung der sprach in Galliam begeben wolte, das tragen ir one zweiffel [illegible] wissens. Darauff ist unser gnediger bevelch, ir wollendt ime [illegible] ein [illegible] Testimonium, seiner Erudition und haltens halb, [illegible] Synceritas, [illegible] Articulum Coene belangt, [illegible]. Datum Stuttgarten den 17. Novembris anno 81.

Caspar [illegible]

Ludwig [illegible]

Johann [illegible]

Der Durchbruch erfolgte erst durch die neue Bestimmung für den Besuch anderer Universitäten im Jahre 1911. In größeren und kleineren Gruppen oder als Einzelgänger suchten die Stiftler fortan die wissenschaftliche Fremde und die Bereicherung in neuer Umgebung. Namhafte Theologen zogen die künftigen württembergischen Pfarrer nach Marburg, Erlangen, Göttingen, Bonn, Basel. Attraktive Städte übten ihre Reize aus. Die Leitung des Stifts blieb bestrebt, die Stiftler auch in der Ferne im Auge zu behalten. Überwiegend konnte die positive Wirkung des »Auswärts-Studiums« durch Bereicherung und Anregung festgehalten werden. Aber auch Negatives gab es zu vermelden. Gleich zu Beginn seiner Amtszeit nahm Ephorus Fezer im Fall eines Stiftlers, der entlassen wurde, zu den fremden Einflüssen Stellung: die Sache, so meinte er, »beleuchtet grell, wie verhängnisvoll selbst einem einer christlichen Verbindung angehörenden Studenten Berlin werden kann mit seiner Ehrfurchtslosigkeit und seinem schnodderigen ›Was ist dabei?‹ gegenüber dem sittlichen Kampf des jungen Menschen. Wie es da nicht nur zum Erliegen gegenüber einer einmaligen starken Versuchung kommt, sondern zu einem Hineingleiten in eine Lebenshaltung, die zu dem, was der Theologe soll, in ausschließendem Kontrast steht. Und die Frage, so unbequem sie ist, kann nicht unterdrückt werden: Wie viele kommen mit ähnlichen inneren Schädigungen von Berlin zurück?«
Trotz der kritischen Anfrage des damaligen Ephorus, von einem Einzelfall in größere Dimensionen ausgreifend, blieb das »Auswärts-Studium« als Bestandteil des Studiengangs der Stiftler erhalten. Es ist zum festen Element geworden, das nicht in Frage gestellt wird. Und nur in wenigen begründeten Ausnahmefällen gestattet heute die Stiftsleitung, d. h. der Stiftsrat, mit Bedauern das Sitzenbleiben hinter den Tübinger Mauern. Der Impuls zum regulären »Auswärts-Studium«, 1911 gegeben, hat sich durchgesetzt. Dagegen blieb der Rahmen der Studienordnung von 1911, aus dem 19. Jahrhundert übernommen, nicht erhalten.

◁ 70 *Im Jahr 1800 erhielt Magister Hegel, damals als Hauslehrer in Diensten des Kaufmanns Gogel in Frankfurt, aber als Stipendiat noch immer der Württ. Kirche und dem Herzog verpflichtet, die Erlaubnis, »eine literarische Reise machen zu dürfen«.*

◁ 71 *Dem späteren Ephorus Christian Friedrich Schnurrer wurde 1766 auf seine »untertänigste Supplication« hin der Besuch »ausländischer Universitäten« gestattet.*

◁ 72 *Als 1581 der Stipendiat Theophil Braun beabsichtigte, »zu Erlernung der Sprach in Galliam (sich zu) begeben«, forderte die Kirchenleitung eine gründliche Beurteilung seines Studierens und Verhaltens. Sie erhob zudem, in der Zeit der orthodoxen Auseinandersetzung zwischen Luthertum und Calvinismus, für einen Frankreich-Reisenden die Abendmahlslehre in den Rang einer besonders klärungsbedürftigen Frage.*

1969/70 kam eine grundlegende Erneuerung der Bestimmungen für die Studiengestaltung der Stiftler in Gang. Sie schlug sich schließlich, der Ausarbeitung der neuen Stiftsreform folgend, in der Studienordnung von 1978 nieder.

Studiengestaltung zwischen Tradition und Innovation

So unverkennbar die neueste Studienordnung dokumentiert, daß die Studiengestaltung der Stiftler über die Gegebenheiten des 19. Jahrhunderts hinausgeschritten ist, so sehr geht sie vom ursprünglichen Grundtatbestand im Studium eines Stiftlers aus: daß es ein reguläres Universitätsstudium ist. Diesem Sachverhalt war 1928 sogar ›staatskirchenrechtliche‹ Absicherung zuteil geworden. Die durch die Universität gewährleistete Wissenschaftlichkeit wurde in der »Vereinbarung über das Stift« eigens festgeschrieben: »Der Oberkirchenrat wird in der Studienordnung darauf achten, daß die wissenschaftliche Ausbildung der Studierenden des Stifts wie bisher den Lehrern der Universität vorbehalten bleibt.« Dadurch wurde nicht nur einer kirchlich-unwissenschaftlichen Entwicklung der Studiengestaltung im Stift ein Riegel vorgeschoben. Auch den Lehrern der Universität ist ein hohes Maß an Verantwortung zuerkannt worden, die in ihren Lehrveranstaltungen und in der Mitsprache an der Studiengestaltung im Stift zur Geltung kommen kann. Vor allem aber sind Charakter und Funktion des stiftsinternen Studienbetriebs festgelegt.

Die Studienordnung von 1960, die, von kleinen Verschiebungen abgesehen, die Ordnung von 1911 mit den Rahmenbedingungen des 19. Jahrhunderts fortschrieb, kennzeichnete das folgendermaßen: »Stiftsübungen und freiwillige Arbeitsgemeinschaften dienen der Vorbereitung und Festigung des an der Universität Gelehrten.«

Unter dem Gesichtspunkt der »Vorbereitung des Universitätsstudiums« sprach diese Studienordnung, neben der Verpflichtung zur Teilnahme an den Stiftsübungen, die sich auf das vorgeschriebene Studienprogramm bezogen, eine spezielle Obligation aus: Die Teilnahme an der »Einführung ins theologische Studium im 1. Semester . . . ist Pflicht«. Dem Problem einer intensiveren Begleitung der Studienanfänger hatte man sich seit den dreißiger Jahren gewidmet. Im Sommersemester 1935 wurde speziell eine Übung zur Einführung in das Studium eingerichtet. Sinn und Notwendigkeit dieser Lehrveranstaltung haben nichts an Bedeutung eingebüßt.

Im einzelnen sah die Studienordnung von 1960 als »Rahmenplan« folgendes vor:

Sem.	*Studienfächer*	*Stiftsübungen*	*Stiftsprüfungen*
1.	—	Einführung ins Studium	—
	Philosophie	Griechische Philosophie	Griechische Philosophie
	Neues Testament	Einführung ins Neue Testament	Einführung ins Neue Testament
	Kirchengeschichte	—	Vorlesung
2.	Philosophie	Neuere Philosophie I	Neuere Philosophie I
	Altes Testament	Einführung ins Alte Testament	Einführung ins Alte Testament
	Psychologie	Psychologie (freiwillig)	Psychologie
3.	Philosophie	Neuere Philosophie II	Neuere Philosophie II
	Neues Testament	Exegese des Neuen Testaments	Exegese des Neuen Testaments
	Kirchengeschichte	(Württembergische Kirchengeschichte)	Vorlesung (bzw. Württembergische Kirchengeschichte)
4.	Philosophie	Philosophie der Gegenwart	Philosophie der Gegenwart
	Altes Testament	Exegese des Alten Testaments	Exegese des Alten Testaments
	Kirchengeschichte	(Religionsgeschichte)	Vorlesung (bzw. Religionsgeschichte)
5. und 6.	Auswärtssemester		
6.	Neues Testament (Altes Testament)	Theologie des Neuen (Alten) Testaments	Theologie des Neuen (Alten) Testaments
	Dogmatik	Dogmatik I	Dogmatik I
	Dogmengeschichte	(Konfessionskunde oder Bekenntnisschriften)	Vorlesung (bzw. Übung)
7.	Dogmatik	Dogmatik II	Dogmatik II
	Ethik	Ethik I (II)	Ethik I (II)
	Dogmengeschichte	—	Vorlesung
8.	Examensvorbereitung		
	Praktische Theologie		

Die Studienordnung von 1978 nun, aus den Umbrüchen von 1969/70 hervorgegangen, setzte den Rahmenbedingungen aus dem 19. Jahrhundert und der planmäßigen Normierung des Studiengangs ein Ende. Ein wichtiger Faktor für diese Neugestaltung war, daß den Stiftlern im Rahmen des Universitätsstudiums stärker als bisher Planmäßiges abverlangt wurde. Es sollte demnach, wie schon die Große Kirchenordnung grundlegend festgehalten hatte, keine »gedoppelte Arbeit« angestellt werden, gerade dann nicht, wenn das zu Lasten des Universitätsstudiums ging. Andererseits brachte das für die Studiengestaltung und den stiftsinternen Lehrbetrieb eine Entlastung, mit der Möglichkeit, das reguläre Studium in weitere Horizonte hineinzustellen. Diese neue Doppelbestimmung der Studienordnung des Stifts wurde auf der höheren Ebene der Stiftsordnung von 1974 schon zum Ausdruck gebracht: »Die Lehrveranstaltungen des Evangelischen Stifts dienen der Ergänzung und Vertiefung des Lehrangebots des Fachbereichs. In ihnen sollen vor allem die Koordinierung der einzelnen theologischen Disziplinen, die Auseinandersetzung mit anderen Wissenschaften und auf die Praxis der Kirche bezogene Probleme und Arbeitsformen behandelt und eingeübt werden.«

Das Studienangebot des Stifts, für jedes Semester neu vom Stiftsrat festgelegt, läßt sich nun so gestalten, daß neben Stiftsübungen, die eher die Inhalte des regulären Universitätsstudiums ›ergänzen und vertiefen‹, andere Veranstaltungen treten, die aktuelle Fragen und Probleme aus Kirche, Gesellschaft und Geisteswelt behandeln. Neben der Flexibilität als elementarem Kennzeichen der modernen Welt, auch im geistigen Schaffen, macht sich doch Kontinuität geltend: Sprachübungen und klassisch theologische Themen, Philosophie und Psychologie sind allemal im Studienangebot des Stifts enthalten. Ohne normiert und verplant zu sein, bietet es dem Stiftler die Gelegenheit, Begleitung zum Universitätsstudium zu erhalten und sich vor weitere Horizonte gestellt zu sehen, die ihm als Theologen nützlich sind, auch wenn man nicht mehr dem Ideal der gebildeten Persönlichkeit im Sinne des 19. Jahrhunderts nachjagen kann.

Abb. 68, 69

Blickt man auf die Geschichte der Studiengestaltung im Stift zurück, so tritt als einschneidendste Veränderung hervor, daß die pauschale Normierung in den Anforderungen an den Bildungsgang eines Stiftlers aufgehoben wurde, das durch Jahrhunderte hindurch tragende Fundament. Aber auch dieser weitreichende Umbruch fällt nicht aus dem Rahmen der Stiftsgeschichte. Die pietistischen Impulse am Ausgang des 17. Jahrhunderts und die aufklärerisch-pädagogischen Ideale trafen sich in diesem Punkt: daß im Gegenzug zu einer allgemeinen Gesetzlichkeit der einzelne größere Beachtung verdiene.

Das ist nun zu einem neuen Schwerpunkt der Studiengestaltung im Stift geworden, vornehmlich durch die Studienberatung der Repetenten, die »mindestens zu Beginn und am Ende jedes Semesters« mit den einzelnen Stiftlern gehalten wird. Dabei sollen nicht allein individuelle Studienwünsche mit allgemeinen Normen in Einklang gebracht werden. Der Stellenwert dieser Studienberatung ist in der Studienordnung richtungweisend umschrieben: »Die Studienberatung soll vor allem umfassende individuelle Beratung sein, die alle für ein erfolgreiches Studium erforderlichen Belange im Auge hat, die Studienmotivation und die Berufsperspektive des einzelnen ins Gespräch miteinbezieht und seine selbständige theologische Urteilsbildung fördert.« Diese gewiß anspruchsvolle Zielsetzung liegt auf einer anderen Ebene als das traditionelle System der Leistungskontrolle durch die Semesterprüfung. Sie ist bürokratisch kaum verrechenbar, gültig nur als Aufgabe, die immer neu einzulösen ist. Für diese Studienberatung haben die Stiftler an drei Schaltstellen des Studienlaufs einen Bericht abzufassen: am Ende des ersten Semesters, sowie vor und nach dem »Auswärtsstudium«.

Mit dem Umbruch zu dieser letzten Studienordnung des Stifts wurden nicht einfach alte Zöpfe abgeschnitten, sondern sachgemäße Entflechtungen für die Studiengestaltung vorgenommen, unter Berücksichtigung der Ziele des Stifts und der Gegebenheiten des Universitätsstudiums. Nicht zuletzt wurde dem Umstand Rechnung getragen, daß die Stiftler auch als ›Lernende‹ nicht einfach verplanbare Zöglinge sind, sondern als mündige Bürger eines demokratischen Gemeinwesens und verantwortliche Glieder der Kirche existieren.

Gotteswort und Menschengeist: Vom Theologiestudium der Stiftler

Theologie treiben nach dem Verständnis der Reformation hieß: die Heilige Schrift auslegen. Als 1535 eine neue Ordnung für die Universität Tübingen erlassen wurde, stellte man den Theologieprofessoren, unter Aufhebung alter Verpflichtungen, die Aufgabe, in den Vorlesungen die Bibel zu behandeln, und zwar nach dem griechischen und hebräischen Urtext. Für die praktische Durchführung dieser Bestimmung waren zwar vielfältige, zum Teil kaum überwindbare Schwierigkeiten vorhanden. Aber der Wille, der sich hier Ausdruck verschaffte, war deutlich.

Von den bisherigen Theologieprofessoren wurde nur Balthasar Käuffelin im Dienst belassen. Ihm wurde 1535 Paul Phrygio aus Basel als neuer Kollege zur Seite gestellt. Nach dessen Tod 1543 folgte ihm der strenge Lutheraner Erhard Schnepff. Bei diesen Männern hörten die herzoglichen Stipendiaten der ersten Jahre Theologie in der Form von Bibelexegese. Will man nicht die Anweisungen zum Psalmengebet und zur allgemeinen Bibellektüre, die den Stipendiaten gegeben wurden, unmittelbar dem Theologiestudium zurechnen, so gab es neben den exegetischen Vorlesungen für das Theologiestudium der Stipendiaten keine zusätzlichen Verpflichtungen. Das änderte sich mit dem Ausbau des Stipendiums zur Zeit Herzog Christophs.

Einübung in lutherische Lehre

Die »Ordination des Stipendiums« bzw. die Große Kirchenordnung sah neben den Universitätsvorlesungen eigene »Lectiones Theologicae« in der herzoglichen Bildungseinrichtung vor. Abzuhalten waren sie am vorlesungsfreien Donnerstag. Und ihr Gegenstand war nicht weitere Schriftauslegung, sondern die systematische Zusammenfassung derselben im Geiste lutherischer Lehre. Dafür sollte die »Margarita Theologica«, eine lehrbuchartige Darstellung von Johann Spangenberg im Anschluß an das bahnbrechende Werk »Loci communes« von Philipp Melanchthon, zugrunde gelegt werden. Die Lectiones Theologicae im Stipendium waren Aufgabe der beiden Superattendenten, denen vorrangig die theologische Ausbildung der Stipendiaten anvertraut wurde, während der Magister Domus verstärkt für die philosophisch-artistische zu sorgen hatte.

Es wurde ein ergänzender theologischer Lehrbetrieb im Stipendium eingerichtet. Er zielte inhaltlich darauf, den Stipendiaten in eingängiger Weise Grundlagen der lutherischen Theologie und einen systematischen Überblick zu vermitteln. Ein zweiter Aspekt im ergänzenden theologischen Lehrbetrieb des Stipendiums war die spätere Tätigkeit der Stipendiaten – also: ›Pastoraltheologie‹. Die Große Kirchenordnung verfügte: »Und demnach unsere Stipendiaten zu dem Kirchendienst und Ministerio (Pfarramt) gezogen, und der Kirchendiener Amt in den Epistolis Pauli ad Timotheum et Titum nach Notdurft begriffen, sollen sie, unsere Superattendenten, solche Epistolas temporibus vacationum (während der Semesterferien) anstelle der Margarita Theologica cursim lesen und docieren.«

Dem zusätzlichen theologischen Lehrangebot im Stipendium sind noch die theologischen Repetitionen zuzurechnen. Grundlegend jedoch wies die Große Kirchenordnung die Stipendiaten zum ordentlichen Theologiestudium in den vorgegebenen Universitätsstrukturen an. »Es soll ein jeder nach erlangtem gradu Magisterii im Studio Theologiae, dieser Ordination nach, ohne Verzug die Lectiones Theologicas fleissig neben dem studio graecae et hebraicae linguae (dem Studium der griechischen und hebräischen Sprache) zu hören . . . verbunden sein.« Was schon für das artistische Grundstudium der Stipendiaten angestrebt wurde, das sollte auch das Theologiestudium kennzeichnen: für die Durchführung des regulären Universitätsstudiums wurde den Stipendiaten zusätzliche Hilfestellung, Ergänzung und gezielte Förderung geboten, und es wurden entsprechende Leistungen abverlangt.

Abb. 73

1561 erhielt die Tübinger theologische Fakultät zu den drei bestehenden Professuren noch eine vierte, außerordentliche. Johannes Brenz d. J. wurde als erster darauf berufen. Mit der Stelle war die Zweite Superattendentur des Stipendiums verbunden. Dem Stelleninhaber wurde nun schwerpunktmäßig der theologische

Lehrbetrieb im Stipendium auferlegt. Die »Margarita Theologica« und die Auslegung der Pastoralbriefe während der Semesterferien wurden in den Lectiones Theologicae des Stipendiums verdrängt durch eine neue Lehrverpflichtung.

Die Lehrbücher von Heerbrand und Hafenreffer

1573 erschien in erster Auflage das »Compendium Theologiae« des Tübinger Professors Jakob Heerbrand. Es gewann schnell über Tübingen hinaus den Rang eines anerkannten Lehrbuchs der lutherischen Theologie. In einer neuen Bearbeitung fanden vor allem die theologischen Streitfragen Berücksichtigung, die von den Lutheranern 1577 in der »Konkordienformel« beigelegt worden waren. Heerbrands Kompendium entfaltete kein dogmatisches System. Theologiegeschichtlich ist es zwischen Reformation und orthodoxe Scholastik einzuordnen. Ein besonderes Merkmal ist der Frage- und Antwortstil, in dem es abgefaßt war. In den Antworten standen Formulierungen im Rang einprägsamer Definitionen vornean. Biblische Belege untermauerten diese. Gelegentliche Lutherzitate, mehr Bezug auf die Kirchenväter der ersten Jahrhunderte und Heranziehung der altkirchlichen Bekenntnisse traten hinzu. Im theologischen Unterricht der Stipendiaten wurde alsbald eine Kurzfassung dieses Kompendiums verwendet. Als 1582 die Große Kirchenordnung in neuer Ausgabe erschien, lautete der Passus über die Lectiones Theologicae im Stipendium: »Es solle in unserm Stipendio ein kurzer Auszug aus dem Compendio Theologico Doctoris Heerbrandi von einem Superattendenten unsers Stipendii alle Wochen am Donnerstag, auch tempore vacationum (während der Semesterferien) zu gewisser Stund mit Fleiß gelesen und expliziert werden.«

Abb. 74, 75

Im 17. Jahrhundert trat dann im theologischen Lehrbetrieb an die Stelle des Kompendiums von Heerbrand ein neues Werk: die »Loci theologici« von Matthias Hafenreffer. Dieses Lehrbuch des Tübinger orthodoxen Theologen war 1600 zum erstenmal erschienen. In der Form orientierte es sich an Heerbrands Werk. Aber ein Schritt hin zum dogmatischen System war deutlich vollzogen. Weil aber auch gedrängter und klarer, war es seinem Vorgänger gerade als Lehrbuch überlegen. Nach zwei Seiten hin suchte Hafenreffer die Argumentation auszubauen: er führte verstärkt die Auseinandersetzung mit »fremdartigen Lehren«, besonders mit Jesuiten und Calvinisten, und er legte Gewicht auf Aussagen über die Bedeutung der Theologie für die »christliche Praxis«. Orthodoxie mit polemischer Zuspitzung und glaubenspraktischer Ausrichtung – in diesem Charakter bildete das Hafenreffersche Kompendium einen wichtigen Bestandteil der Atmosphäre, die im 17. Jahrhundert an der Tübinger Universität und auch im Stipendium prägend war.

Abb. 76, 77

Die Kirchenleitung in Stuttgart behielt den Verlauf des Theologiestudiums der Stipendiaten und den theologischen Lehrbetrieb in Tübingen scharf im Auge. Man sah sich genötigt, gegen ein Übergewicht der Polemik, gegen übermäßige Detailerörterungen und wenig gehaltvolles Lehren anzukämpfen zugunsten der Fundamente und ihrer Kenntnis. Bibellektüre, Erarbeitung der lutherischen Bekenntnisse und des theologischen Kompendiums sollten stärker in den Mittelpunkt gestellt werden.
Der Visitationsrezeß von 1646 wies die Tübinger leitenden Beamten des Stipendiums darauf hin: »Ihr wollen die Stipendiaten zu mehrem Fleiß, sonderlich in lectione bibliorum, Formulae Concordiae, daraus sie auch bei den Repetitionibus locorum theologicorum (bei der Repetition der einzelnen theologischen Themen) nach Gelegenheit mögen und sollen examiniert, und was Augustana Confessio (das Augsburger Bekenntnis von 1530) und Formula Concordiae von einem und dem andern loco theologico dociere, auch quibus articulis (in welchen Abschnitten der genannten Bekenntnisse), befraget werden, damit sie in diesem libro symbolico (Bekenntnisschrift), dem sie bei Anbefehlung der öffentlichen Kirchendiensten zu subscribieren haben, nicht mehr fremd und unerfahren wie bisher seien, wie auch Compendii theologici Dr. Hafenrefferi eifrig erinnern und excitieren, damit sie sich inskünftig mehrers qualifiziert machen mögen.« Dem Magister Domus wurde damals eigens aufgetragen, ein »Collegium biblicum« abzuhalten, um die Bibelkenntnis der Stipendiaten zu fördern. Auch wenn der Rezeß aus der Zeit der Restauration des Stipendiums am Ende des Dreißigjährigen Krieges stammt und mangelhafte Verhältnisse in besonderer Weise voraussetzt, so sind die darin ausgesprochenen Zielsetzungen doch im allgemeinen kennzeichnend dafür, wie die Kirchenleitung im 17. und 18. Jahrhundert auf das Theologiestudium im Stipendium einzuwirken suchte.

Pietistische Impulse und das Lehrbuch von Johann Wolfgang Jäger

1688 erging die »Instruktion wegen des ordinis Studiorum«. Aus pietistischem Reformgeist heraus wurde hinsichtlich des Theologiestudiums die »Scholastik«, das Betreiben der Theologie als Sache intellektualistischer Gelehrsamkeit, verurteilt. Das »Studium Theologiae Exegeticae« sollte »billig allen übrigen dero Teilen« vorgezogen werden. Das Bewußtsein der Fortführung der Reformation, wie es den Spenerschen Pietismus kennzeichnete, meldete sich in dieser Bestimmung zu Wort. Neue Belebung sollte die Kirchengeschichte erfahren. Angeraten wurden »die in vorigen Rezessen bereits schon inculcierte fleißige Lesung der Bibel« und das Bedenken des Gelesenen in der Perspektive persönlicher Anwendung. Trotz der »Defekt und Mängel«, die man inzwischen an Hafenreffers

73 Erst nach dem Magisterium, für die Stiftler bis 1821 verpflichtend, begann das eigentliche Theologiestudium. Entsprechende Anweisungen gab schon die Große Kirchenordnung von 1559.

zů Tüwingen. clxviij

ES ſoll ein jeder nach erlangtem gradu Magiſterij im Studio Theologiæ, diſer Ordination nach / one verzug die Lectiones Theologicas fleiſſig neben dem ſtudio græcæ & hebraicæ linguæ zůhören / vnnd mit predigen im Stipendio ſich zů üben verbunden ſein / ſo lang vnd biß dero einer oder mehr zům Miniſterio erfordert würdt. Doch wöllen wir / das beharlichen zům wenigſten vier Magiſtri auſſer den Stipendiaten / ſo gůte ingenia vnd feine gaben haben / ire Studia in Theologia biß ad gradum Doctoratus zů complirn / alſo verordnet werden / wann einer auß complirt / das dann widerumb ein anderer geſchickter ſolcher maſſen an ſein ſtatt beſtimpt werde / damit man beharlichen feine gelerte Theologos bey der hohen Schůl zů Profitiern / vnd ſonſten bey der Kirchen haben möge.

Es ſollen auch alle Magiſtri / bey der Artiſten Facultet / alle diſputationes vnd declamationes beſůchen / vnnd ſo offt einem das aufferlegt / für ſich ſelber halten / ſo offt vnnd dick aber einer oder mehr one erlaubt der Superintendenten oder Magiſtri domus, oder ſonſten nottwendiger vrſachen dero eine verſaumen / oder zůhalten verwaigern / auch die lectiones linguæ græcæ & hebreæ negligiern wurde / ſoll der jedes mals ſeiner übertrettung halber / die gantz wochen ſeines Weins priuiert werden / da aber einer das ſo vilfeltig vnnd gefarlich gebrauchte / mag der oder die / höher / nach gůt anſehen der Superattendenten vnd Magiſtri domus, jrem verſchulden nach / geſtrafft werden.

Vnnd damit die Magiſtri in jrem Exercitio des predigens / daruon hieoben geſetzt / ſouil mehr nutzen jnen ſchaffen mögen / ſollen ſie nit jres gefallens / ſelbs argumenta vnd locos fürnemen / ſonder jnen dieſelben jederzeit fürgeben vñ prefigiert / die ſie volgends durch einen verſtendigen / richti-

ſ ij gen

74/75 Das erste theologische Kompendium für den Tübinger Lehrbetrieb war von Jakob Heerbrand (1521–1600) verfaßt und zuerst 1573 erschienen. Das Exemplar der Stiftsbibliothek, eine Ausgabe von 1594, gehörte ursprünglich dem unerschrockenen Vorkämpfer lutherischer Lehre in Tübingen, Theodor Thumm (1586–1630).

Compendium
Theologiæ,

Nunc paßim AVCTVM,
& Methodi Quæstionibus
tractatum

À
JACOBO HEERBRANDO,
Doctore & Profeſſore Theologiæ in
Academia Tubingenſi.

LIPSIÆ, EX OFFICINA TYPO.
ABRAHAMI LAMBERGI.

Anno M. D. XCIV.

Sum M. Theodori Thummij

IMAGO
Reuerendi & Clariſsimi Viri, Dn.
JACOBI HEERBRANDI, SS. THEOLOGIÆ DOctoris, & eiuſdem in inclyta Tubingenſi Academia Profeſſoris, ibidemq́; Eccleſiæ Præpoſiti, & apud Academiam Cancellarij, nec non illuſtriſsimi Ducis VVurttembergici, D.D. FRIDERICI, &c. Conſiliarij digniſsimi. Anno Ætat. 75.

Diſtichon προσονομαστικόν.
FAX EXERCITVVM Domini ſum lucida: falſa
Dogmata SVPPLANTO voce, ſtyloq́ meo.
HÆC

Loci Theologici,
CERTA METHODO AC RATIO-
ne, in Tres Libros tributi:
QUI
THEOLOGICA-
RUM RERUM SUMMAS
SUIS UBIQUE DILUCIDIS SCRI-
PTURÆ TESTIMONIIS CONFIRMATAS,
breviter continent: earundem Christianam Pra-
xin paucis commonstrant: ac nostri deniq;
Seculi præcipuas Ἑτεροδιδασκαλίας
fideliter exponunt.
COLLECTI PER
MATTHIAM HAFENREFFERUM,
Theologiæ Doctorem & Professorem
in Academia Tubingensi.
QUINTA CURA
Ab Auctore Recogniti, & Prioribus Locupletiores,
ADJECTUS EST IN FINE TRI-
plex, Locorum nimirum, Dictorum Scri-
pturæ explicatorum, & Rerum uti-
lissimarum Index.
STUTTGARDIÆ,
TYPIS ET IMPENSIS
Johannis WyrichI Rösslini,
Typographi Wirtemb. ordin.
ANNO M.DC. LXII.

IMAGO
Reuerendi & clarissimi Viri, Dn.
MATTHIÆ HAFENREFFERI, SS. THEOLO-
giæ Doctoris, & Professoris in inclyta Tubingensi Academia, ibidemq;
illustris Stipendij Superintendentis vigilantissimi:
Anno Ætatis 36.

Distichon ὡρισονομαστικόν.
Dulce DEI DONVM es: figulus ceu CORBIBVS OLLAS,
Sic verbum magni fersque, docesq; Dei.

MAT-

76/77 *Das Kompendium von Matthias Hafenreffer (1561–1619), unter dem klassischen Titel »Loci Theologici« 1600 zum erstenmal erschienen (abgebildet ist das Titelblatt der 5. Auflage von 1662), fand während des 17. Jahrhunderts als dogmatisches Lehrbuch weit über Württemberg hinaus große Anerkennung. Neben der summarischen Zusammenstellung theologischer Lehrsätze und dem begründenden Verweis auf das Zeugnis der Heiligen Schrift sollte Hafenreffers Werk auch die »Praxisbezüge« der christlichen Lehre aufzeigen und die lutherische Position gegen neue Irrlehren verteidigen.*

Kompendium beklagte, sollte es einstweilen für den theologischen Unterricht im Stipendium beibehalten werden.
Im Jahr 1702 wurde im Herzogtum Württemberg offiziell die Verwendung des »Compendium Theologiae« von Johann Wolfgang Jäger angeordnet. Das neue Lehrbuch zeigte einen didaktisch klaren Aufbau. Sein Verfasser hatte sich zur Aufgabe gesetzt, »die scholastische Begrifflichkeit und die metaphysischen Wortungeheuer« zu beseitigen. Statt dessen sollten aus der Heiligen Schrift heraus die theologischen Sachaussagen zur Sprache kommen. Grundlegend für Jägers theologische Arbeit war die von ihm vertretene ›Föderaltheologie‹: die theologischen Einzelaussagen und die Interpretation der Heiligen Schrift, der Umgang mit den Belegstellen aus der Bibel waren umspannt vom Gedanken des Bundes Gottes mit dem Menschen. Auf dieser Grundlage führte Jäger in seinem Kompendium auch neue Kontroversen, und zwar gegen aufklärerische Vernunftreligion und separatistischen Pietismus. Trotz der bahnbrechenden Absichten, die Jägers Kompendium verfolgen sollte, sagte man ihm einen »begriffsdürren Formalismus und Schematismus« nach, der »in seiner steten Wiederkehr ermüdend, erkältend« wirke. *Abb. 78*
Was höhere Instanzen an der Wende vom 17. zum 18. Jahrhundert vom Theologiestudium der Stipendiaten erwarteten, zeigt der »Summarische Extrakt« von 1704, ältere Bestimmungen aufgreifend und sie auf die Folgezeit ausdehnend. Grundsätzlich wurde als Ziel für die angehenden württembergischen Theologen festgehalten: sie sollen »nicht nur gelehrte Männer, sondern recht tüchtige Gefäße der Güte Gottes und Werkzeug seiner Heiligung« werden. Damit war die pietistisch motivierte existentielle Zuspitzung der wissenschaftlichen Ausbildung als Interesse der Kirchenleitung hinsichtlich des Theologiestudiums markiert. Zugleich wurde die Grenze gegen die neuen Geister, welche die religiöse Landschaft belebten, im »Summarischen Extrakt« durch strenge Lektürevorschriften klar gezogen. Gerade mit Blick auf die persönlich-berufliche Bestimmung hielt man dabei fest: »Zu dem Ende der heiligen Bibel, auch frommer und reiner evangelischer Lehrer geistreicher Schriften, welche zu einem wahren Christentum anleiten, fleißige Lektion denen Stipendiariis anbefohlen wird, hingegen sie von Lesung verdächtiger, in specie neuer chiliastischen Bücher abstrahieren.«

Der »Locus«

Großes Gewicht wurde der zentralen theologischen Lehrveranstaltung im Stipendium beigemessen. Aus der im 16. Jahrhundert angeordneten ›systematisch-dogmatischen‹ Vorlesung des Zweiten Superattendenten war inzwischen der »Locus« geworden: unter beaufsichtigender Gegenwart der Superattendenten und des Magister Domus führten die Repetenten anhand des Kompendiums den theologischen Unterricht mit allen Stipendiaten durch, wobei man die einzelnen Abschnitte desselben, die »Loci theologici«, der Reihe nach durchging. Das Kompendium war im 17. Jahrhundert auch schon in den Klosterschulen Unterrichtsgegenstand geworden. Der »Summarische Extrakt« verfügte: »So solle auch jederzeit der älteste Repetens mit denen Complentibus und Novitiis, damit sie nichts, was sie in dem Kloster gelernet, wieder vergessen, aus dem Compendio die Definitiones, Divisiones und Dicta Cardinalia (die wichtigsten biblischen Belegstellen) . . . repetieren.« Das Kompendium war das Rückgrat des Theologiestudiums. Es sich anzueignen und mit ihm umgehen, ja in ihm leben und denken zu lernen, war die entsprechende Aufgabe. Der »Locus« sollte sie lösen helfen.

Es wurde deshalb angeordnet: »Zu dem loco und auf dessen Examen solle sich vorhero fleissig präpariert, jenige aber, so unvorbereitet erscheinen und die im Compendio Theologico befindliche definitiones und Grund-Dicta-Scripturae nicht wissen, nach Befinden mit Privation (des Tischweins) oder in andere Weg gestraft werden. Denen Alumnis wird auch nicht gestattet, bei Traktierung des loci die Responsiones aus dem Compendio und ihren Büchern zu lesen, sondern sollen vielmehr zu desto fleissigerer Memorierung angehalten und promptius zu antworten qualifiziert werden.«

Der »Locus«, bislang am Montag und Donnerstag abgehalten, sollte nur noch montags zweistündig stattfinden. Wurde bei den Stipendiaten aufs Memorieren gedrängt, so erhielten die Repetenten eine begründete Vergünstigung: »Weil es 2 Stund nacheinander zu repetieren fast zu schwer fallen will, (so soll ihnen) sich des neuen Compendii Theologici auf dero Anfragen zu bedienen unverwehrt sein.« Einblick in den Ablauf des »Locus« gewähren die methodischen Anweisungen, die den Repetenten erteilt wurden.

»Weilen auch die Repetitio nicht nur auf eine bloße Examination, sondern Information zugleich angesehen, sollen die Repetentes in ihren proponierten Argumentis sich nicht lang aufhalten oder die Pursch ohne Resolvierung des dubii (ohne Problemlösung) steckenlassen, sondern zu Gewinnung der Zeit entweder des Stipendiarii Responsion, wann solche recht ist, approbieren oder den Statum Controversiae bald decidieren.« Und ganz auf der Linie des Interesses an der Absicherung von Fundamentalkenntnissen fuhr man fort: »Sodann sollen die Repetenten in dem Loco Theologico nicht bloße Curiosa proponieren, sondern auf Theologiam positivam, Definitiones, Divisiones, Fundamenta et Dicta Scripturae, daß dieselbe wohl gefaßt und behalten werden, methodice dringen; zumalen auch aus der Augustana Confessione und Formula Concordiae, als höchstnötig und nützlichen Libris Symbolicis, denen alle Stipendiarii bei Anbefehlung öffentlicher Kirchendienst zu unterschreiben haben, examinieren.« Daß der »Locus« nicht allein zur stupiden Konservierung des lutherischen Fundaments der württembergischen Kirche dienen sollte, sondern die künftigen Kirchendiener durch ihn auch neue Anregungen erhielten, zeigt folgende Anweisung: »Sie (die Repetenten) mögen auch in Explicatione ein oder des andern Loci Theologici pro re nata (im Blick auf spezielle Sachfragen), casus conscientiae et practicos (Gewissensfragen und praktische Problemstellungen), doch ohne allzu langes Aufhalten kürzlich proponieren und die Stipendiarios auf ein oder andern Theologum, so expresse und latius (ausdrücklich und ausführlich) davon geschrieben, verweisen.«

Theologiestudium an der Universität im 18. Jahrhundert

Auch für das Theologiestudium an der Universität wurden damals Regelungen getroffen. Zunächst äußerlicher Art: »Die Lectiones Theologicae der zweien obern Professorum sollen jederzeit von vierzig der älteren Magister, von denen jüngern aber der andern beiden Theologiae Professorum Lectiones fleißig frequentiert, die Negligentes per Famulos pünktlich notiert, und von denen Superattendenten, denen Statutis gemäß, gebührend abgestraft werden.« Ebenso wurde der Besuch der theologischen Disputationen mit entsprechenden Druckmitteln verordnet. Anweisungen inhaltlicher Art traten hinzu. So wurde den Stipendiaten nahegelegt, sie sollten sich »nicht zu frühzeitig und ehe sie in positiva Theologia genugsames Fundament gelegt, auch die Bibel und Formula Concordiae vorhero wohl gelesen, auf die Polemica und Studium Controversiarum legen.«
Die Superattendenten, mit der Leitung des theologischen Studiums der Stipendiaten betraut, wurden aufgefordert, ihnen über das Kompendium hinaus Literaturratschläge »für ein Systema Theologiae plenioris«, darüber hinaus »für gute Autores in Theologia« überhaupt zu geben und sie zum Umgang mit der Literatur methodisch anzuleiten. Nachdrücklich erging die Aufforderung, »tüchtige ingenia (Talente), welche hiezu Lust haben«, zum Studium der Kirchengeschichte aufzumuntern, ihnen methodische Hilfestellung und Bücher an die Hand zu geben. Für ihr eigenes Tun erhielten die Superattendenten die Weisung, sie sollten ihre Vorlesungen »künftighin nicht mehr so stückweis, sondern in serie magis continua (in kontinuierlicherer Abfolge) halten«.
Mit der Tübinger Universität, auch dem Lehrbetrieb der theologischen Fakultät, stand es im 18. Jahrhundert nicht zum besten. Die Aufbrüche und Umbrüche, welche andernorts die wissenschaftliche Theologie kennzeichneten, fanden in Tübingen keinen Boden bzw. wurden nur in traditionalistischer Abwehr zur

Kenntnis genommen. Lediglich Georg Bernhard Bilfinger und Israel Gottlieb Canz vertraten gemäßigt die Aufklärung an der Tübinger Fakultät. Der erste Theologe der Fakultät im zweiten Drittel des Jahrhunderts, Christoph Matthäus Pfaff, bestach zwar durch seine Fähigkeit, das theologische Wissen universal auszuweiten, und setzte ein Zeichen durch die Loslösung von der orthodox-dogmatischen Schriftauslegung. Aber er zeitigte dennoch keine bahnbrechende
Abb. 80 Wirkung. Sein Nachfolger Jeremias Friedrich Reuß betrieb auf pietistischem Fundament eine antirationalistische Bibeltheologie. Im 18. Jahrhundert wurden zahlreiche Versuche unternommen, den Lehrbetrieb der Fakultät neu zu ordnen. Über alle formalen Veränderungen hinweg blieben aber die drei Disziplinen, im 17. Jahrhundert ausgebildet, für die offiziellen Vorlesungen bestimmend, nämlich: die »Thesis« als dogmatischer Unterricht, die »Controversia« und die »Exegesis«. Die weiteren Bereiche wissenschaftlich-theologischer Arbeit wurden auf das Nebengleis der »Privatkollegien« geschoben – so die neuaufkommende Kirchengeschichte, Dogmengeschichte, Praktische Theologie und Moral. Im Vordergrund standen die offiziellen Vorlesungen mit ihrem traditionellen Gewand. Sie vor allem prägten den Studiengang der Stipendiaten.

Wie gerade das Konsistorium den theologischen Studiengang in herkömmlichen Bahnen zu halten suchte, zeigt, seit der Mitte des Jahrhunderts, das Bemühen, ein neues Kompendium offiziell einzuführen. Inzwischen lag eine stattliche Zahl solcher Lehrbücher aus Tübingen vor, auch der aufklärerisch geprägte Israel Gottlieb Canz hatte ein Kompendium verfaßt. Das Konsistorium etablierte schließlich das Werk von Christoph Friedrich Sartorius, der bewußt in den Fußtapfen Johann Wolfgang Jägers ging.

Das Lehrbuch von Christoph Friedrich Sartorius

Abb. 81, 82 Sartorius ging es in seinem Lehrbuch um Schriftgemäßheit und um Übereinstimmung mit der lutherischen Tradition. Die Frontstellung gegen die neuen Entwicklungen in der Theologie gehörte selbstverständlich dazu, und zwar gegen die historisch-kritische Exegese und überhaupt gegen jene neuen Dimensionen, vor welche die theologische Arbeit durch die Kritik der Aufklärung gestellt worden war. Nicht nur formal, zum Teil sogar bis in den Wortlaut hinein hielt sich Sartorius an das alte. Er begründete dies: »Die alten Formeln und Redeweisen sind meistens beibehalten. Aber nicht aus abergläubiger Traditionspflege, sondern aus einer berechtigten Sorge. Es ist nämlich zu befürchten, daß eine neue Sprache, welche ohne Notwendigkeit die alte ablöst, elegant, wie sich versteht, und zum Teil auch unschädlich, aber dennoch unbiblisch, in ihrer zweideutigen Art Mittel und Wege schafft, um eine Kirche, welche nur noch auf

kluge Leute hört, von der Lebenskraft ihrer Lehre abzuschneiden.« Nicht ganz ohne Grund ist über das Kompendium von Sartorius geurteilt worden: Es »war bei seinem Erscheinen (in der offiziellen Fassung von 1782) schon veraltet«.
Daß das Kompendium von Sartorius auch im Lehrbetrieb angewendet und durchgesetzt werden sollte, aber zugleich, welches Echo diese Durchsetzung fand, markiert eine Aussage des ehemaligen Stiftlers Karl Friedrich Reinhardt: »Eine neue geschärfte Verordnung dringt darauf, daß die Magister, wenn sie sich zum Examen stellen, die Definitionen des Sartorianischen Kompendiums fein auswendig können, unter der Bedrohung, zurückgeschickt zu werden. Das hält man für eine Vormauer gegen die einreissende Heterodoxie.« Fremde und fremdartige Einflüsse, vor allem die historische und kritische Arbeitsweise in der Theologie mit ihren umwälzenden Thesen und Erkenntnissen, die provokative Position von Johann Salomo Semler, all das verschaffte sich im Tübinger Stipendium nunmehr auf literarischem Wege Einlaß. Zugleich wird die in Tübingen bezogene Anti-Position manchem Stipendiaten die ›andere Theologie‹ erst schmackhaft gemacht haben, auch wenn er sich noch darauf einstellen mußte, die Definition des Kompendiums zu memorieren, um damit – nicht zuletzt vor dem Konsistorium – glänzen zu können.

Aufklärerische Loslösung von orthodoxer Dogmatik

Um Modernisierung im Zeichen der Aufklärung bemüht, aber vom absolutistischen Machtzentrum ausgehend – das war das Kennzeichen der Stiftsreform unter Herzog Carl Eugen. Sie suchte auch dem Theologiestudium der Stipendiaten ihren Stempel aufzudrücken. In den Anordnungen für den »Locus« machte sich das nachhaltig bemerkbar. Die Beschäftigung mit dem Kompendium büßte ihren traditionellen Rang als zentrale theologische Lehrveranstaltung für alle Stipendiaten ein. Der »Locus« wurde zum eher fachspezifisch akzentuierten dogmatischen Kolleg umgewandelt, auch nurmehr mit den Magistern abgehalten. Aus dem Lehrplan der Studienanfänger in der Zeit vor dem Magisterium verschwand das dogmatische Lehrbuch völlig. Das bloße Memorieren im Umgang mit dem Kompendium wurde aufgehoben. Und die didaktischen Anweisungen für den »Locus« unterstrichen die neue Stellung, die man ihm jetzt zumaß.
Erstes Ziel war nicht mehr Einübung in die tradierte, von der Orthodoxie konservierte Glaubenswahrheit und die Schulung in Kontroverstheologie. Im Vordergrund sollte nun die selbständige Einsichtnahme in den Wahrheitsgehalt der dogmatischen Aussage stehen, ihre kritische Überprüfung, gerade auch in historischer Perspektive. Als Ziel der wissenschaftlichen Arbeit des »Locus« wurde

den Stipendiaten genannt: sie sollten »die Dogmen, ihre verschiedenen Vorstellungsarten, ihren Wert auch nach ihrem Ursprung und ihrer Geschichte, ihren Einfluß auf andere Lehrsätze sowohl als auf die Besserung und Beruhigung der Menschen, ihre Beweisgründe untersuchen, die Schriftstellen in der Grundsprache und im Zusammenhange nachschlagen, und sich vermittelst der Philologie und anderer Hilfswissenschaften und einer gesunden Hermeneutik von der Richtigkeit oder Unrichtigkeit ihrer Beweiskraft überzeugen; über die Streitfragen, ihre Entstehung, richtige Bestimmung, Wichtigkeit und wahres Verhältnis gegen andere Leitsätze, über ihre Auseinandersetzung und Beantwortung nachdenken; auch die besten Schriften über alles dieses nachlesen, und von allem deutliche, bestimmte und zusammenhängende Begriffe zu erhalten suchen.« Der orthodoxen Dogmatik und Polemik sollte nun auch im theologischen Unterricht des Stipendiums mit kritischer Dogmengeschichte zu Leibe gerückt werden. Und ein positiver Aspekt fehlte in der neuen Bestimmung auch nicht: über den Gegenwartswert der traditionellen Glaubensaussagen sollte die Vernunft unter ethisch-moralischem Gesichtspunkt befinden.
Man ordnete an, den »Locus« in drei Klassen zu halten. »Die jüngsten Magister werden über die Anfänge der Dogmatik gefragt, und nur Erklärungen, die vornehmsten Sätze und Hauptschriftbeweise in der Grundsprache, und die vorzüglichsten Vernunftgründe von ihnen gefordert.« Das Ziel der zweiten Klasse: »Die mittleren Magister zeigen die exegetische Wichtigkeit und Beweiskraft der biblischen Stellen und verteidigen sie gegen Einwürfe.« Und schließlich das, was von der obersten Klasse verlangt wurde: »Mit den ältesten Magistern werden hauptsächlich theologische Streitigkeiten, und zwar die neuen vornehmlich, abgehandelt, und ihnen die scheinbarsten Gründe der Gegner zur Auflösung vorgelegt. Geben die, welche gefragt werden, keine genugtuende Antwort, so verhilft ihnen der Repetent zur völligen Auflösung.« Mit jeder Klasse sollte das Kompendium im Laufe eines Jahres jeweils vollständig behandelt werden.

Das Lehrbuch von Gottlob Christian Storr

Das Werk von Sartorius wurde nach 20 Jahren, gleich zu Beginn des 19. Jahrhunderts durch ein neues offizielles Lehrbuch abgelöst. Es trug den Titel: »Doctrinae Christianae Pars theoretica e sacris literis repetita« (Theoretische Darstellung der Christlichen Lehre nach der Heiligen Schrift). Sein Verfasser war Gottlob Christian Storr, der herausragende Tübinger Theologe im letzten Drittel des 18. Jahrhunderts. Sein Lehrbuch sollte und wollte kein Kompendium im herkömmlichen Sinne sein. Es baute auf der Grundlage der von Storr begründeten Tübinger supranaturalistischen Bibeltheologie auf. Diese hatte die orthodoxe Position insofern hinter sich gelassen, als sie nicht mehr einfach von der Kongruenz der kirchlichen Lehre mit der biblischen Botschaft ausging. Unter Anerkennung der Einwände der kritischen Vernunft suchte sie gleichwohl gegen den Rationalismus die Wahrheit des christlichen Glaubens durch die Darstellung einer gesamtbiblischen Lehre, in übernatürlicher Offenbarung begründet, zur Geltung zu bringen. Storrs ›Dogmatik‹ hatte bis zur Mitte des 19. Jahrhunderts offizielle Geltung in Württemberg. Aber sie genoß nicht solange entsprechende Anerkennung. Die Zeit der strengen konfessionellen Bindung mit ihren Auswirkungen auf die theologische Lehre und auf das Theologiestudium der Stipendiaten war vorüber. Und auch die neuentfaltete biblische Theologie legte kein unerschütterliches Fundament. Das frühe 19. Jahrhundert brachte im Lehrbetrieb der Tübinger evangelisch-theologischen Fakultät und in der Gestaltung des Theologiestudiums der »Seminaristen« wichtige Veränderungen.

Abb. 83, 84

Umbruch und Neugestaltung im 19. Jahrhundert

Nachdem schon zum Ende des 18. Jahrhunderts Bestrebungen im Gange waren, der Tübinger Universität insgesamt und auch dem theologischen Lehrbetrieb aufzuhelfen, und zwar durch stärkere Berücksichtigung wissenschaftlicher Fachgelehrsamkeit und durch das Drängen auf gründlichere Durchführung der Vorlesungen, ergingen 1826 im Zuge von Neubesetzungen nachhaltige Reformbestimmungen. Vor allem wurden die Lehrfächer neu festgelegt und den einzelnen Professoren zugewiesen. Im Vordergrund stand die Dogmatik, daneben Kirchen- und Dogmengeschichte, Homiletik und Katechetik sowie alttestamentliche Exegese und als Aufgabe der gesamten Fakultät die neutestamentliche. Zu neuer Blüte kam die Tübinger Theologie durch die 1826 ergangene Berufung von Ferdinand Christian Baur. Er brach in Tübingen der historisch-kritischen Arbeit in der Theologie Bahn, getragen von Erkenntnissen der Hegelschen Philosophie, und verschaffte sich weit über Tübingen hinaus einen Namen. Sein Schüler David Friedrich Strauß ist gewiß kein allgemeingültiges Exempel für Baurs Wirkung auf die Theologiestudenten im Evangelisch-theologischen Seminar. Wenn auch mit weniger spektakulären Folgen, so war eine nachhaltige Wirkung durchaus vorhanden.

Die Neugestaltung der Studienordnung für die Stiftler in der ersten Hälfte des 19. Jahrhunderts brachte, unter Bezug auf die Veränderungen im Lehrbetrieb der Fakultät, genaue Bestimmungen über die Inhalte des Theologiestudiums mit sich. Der offizielle Beginn des Theologiestudiums wurde erst ins vierte Semester gelegt. Nach der Studienordnung mußte ein Stiftler auf jeden Fall Vorlesungen aus folgenden Themenbereichen hören: Religionsgeschichte, christliche Glaubenslehre, christliche Sittenlehre, Kirchengeschichte, Dogmengeschichte, Kirchenrecht, Erklärung des Alten und Neuen Testaments, Homiletik und Katechetik, Geschichte der kirchlichen Musik. Abgesehen von der Religionsgeschichte, die ins vierte Semester gesetzt war, und der neutestamentlichen Exegese, mit der sich der Stiftler vom vierten bis zum siebten Semester in Vorlesungen zu beschäftigen hatte, blieben Anordnung und Reihenfolge der obligatorischen Vorlesungen ziemlich unbestimmt.

Allerdings waren die theologischen »Loci«, jetzt in der Mehrzahl dem breitgefächerten Theologiestudium spezifisch zugeordnet, auf bestimmte Semester festgelegt. Für das vierte Semester wissenschaftliche Einleitung in die Heilige Schrift, Bibelkunde und Religionsgeschichte; für das fünfte bis achte Semester dann: Dogmatik, Symbolik und Dogmengeschichte. Entsprechend wurden in den einzelnen Semestern an die Stiftler gezielte Prüfungsanforderungen gestellt. Mehr oder weniger zwangsläufig mußte sich von daher dann auch die Festlegung der Vorlesungen ergeben. Neben den obligatorischen »Loci« gehörten zum theologischen Lehrbetrieb des Stifts im 19. Jahrhundert noch Repetitionen, die besonders für schwächere Studenten verbindlich waren. Wie dem Stiftler für die theologischen Vorlesungen an der Universität sorgfältige Vorbereitung und Nacharbeit anbefohlen wurde, so sollte er sich auch auf den stiftsinternen Unterricht einstellen.

Besonders ausführliche Anweisungen zur Durchführung der »Loci« erhielten die Repetenten. In ihrem Unterricht hatten sie sich mit den Stiftlern »über die Bedeutung theologischer Fragen, über die Grundsätze der Schriftauslegung und die hauptsächlichsten Erklärungsarten biblischer Beweisstellen, über den Wert und die Bedeutsamkeit kirchlicher Lehrbestimmungen, über die Entwicklung des Dogmas in älterer und neuerer Zeit, über den Standpunkt der Gegenwart und den praktischen Gehalt dogmatischer Lehrtypen zu besprechen«.

Abb. 85–88

---

78 Aus der breit erörterten Aufgabe, dem theologischen Lehrbetrieb im Herzogtum Württemberg ein neues Kompendium zugrunde zu legen, ist das Werk von Johann Wolfgang Jäger hervorgegangen. Es wurde 1702 offiziell eingeführt. Der Stuttgarter Stiftsprediger Johann David Frisch besorgte 1740 postum noch eine fünfte Auflage. ▷

79 Wie viele Stiftler mögen wohl ins Examen gegangen sein mit dem Bewußtsein, dabei himmlische Lorbeeren ernten zu können? Wie allerdings das Urteil der Prüfer und das Erscheinen des Engels im einzelnen miteinander zusammenhängen, das läßt die Gouache aus der zweiten Hälfte des 18. Jahrhunderts im dunkeln. ▷

80 In erbauliche Lektüre vertieft bleibt der Theologe unberührt von den Schreckenszeichen einer vergehenden Welt rings um ihn – so will es zumindest dieses Stammbuchblatt von 1766 festhalten. ▷

COMPENDIUM
THEOLOGIÆ
METHODO FACILI ET PER-
SPICUA EXARATUM
PER FOEDERA
PRO SCHOLIS
IN
DUCATU WURTEMBERGICO,
CUM
PRÆFATIONE DUCALIS
CONSISTORII,
NUNC
QUINTA VICE
RECUSUM ET EMENDATUM.
STUTTGARDIÆ,
Anno MDCC.XL.

COMPENDIUM
THEOLOGIAE
DOGMATICAE

ITERATIS CURIS
USUI PUBLICO ACCOMMODAVIT
D. CHRISTOPH. FRIDERICUS SARTORIUS
UNIVERSITATIS TUBINGENSIS CANCELLARIUS.

Cum Privilegio clementissimo Ducali Wirtembergico.

STUTGARDIAE
IMPENSIS JO. BENED. MEZLERI
1782.

DOCTRINÆ CHRISTIANÆ
PARS THEORETICA
E SACRIS LITERIS
REPETITA.

AUDITORIBUS SUIS
SCRIPSIT
D. GOTTLOB CHRISTIANUS STORR.

Editio altera e manuscripto b. Dni. Auctoris emendata.

STUTTGARDIÆ,
SUMTU JOH. BENED. METZLERI.
A. MDCCCVII.

81/82 Im Namen des Herzogs mit der Aufgabe betraut arbeitete Christoph Friedrich Sartorius (1701–1785) ein neues Kompendium aus. Es erschien 1782.
83/84 Das »Lehrbuch« von Gottlob Christian Storr (1746–1805), 1793 in erster, 1807 in zweiter Auflage erschienen, sollte kein dogmatisches Kompendium sein, vielmehr theoretische Darlegung der biblischen Lehre. Es erlangte für die Württ. Kirche 1802 noch offiziellen Rang.

85–88 Als sie sich für ein Repetenten-Album fotografieren ließen, stand nicht fest, daß und wie sie sich später als Theologen einen Namen machen würden: der Kirchenhistoriker Karl Müller (Repetent 1878–80), der Alttestamentler Rudolf Kittel (Repetent 1879–81), der Praktische Theologe Hermann Faber (Repetent 1884/85) und auch Christoph Schrempf (Repetent 1885/86), der wegen seiner kritischen Einstellung zum kirchlichen Bekenntnis 1892 des Pfarramts enthoben wurde.

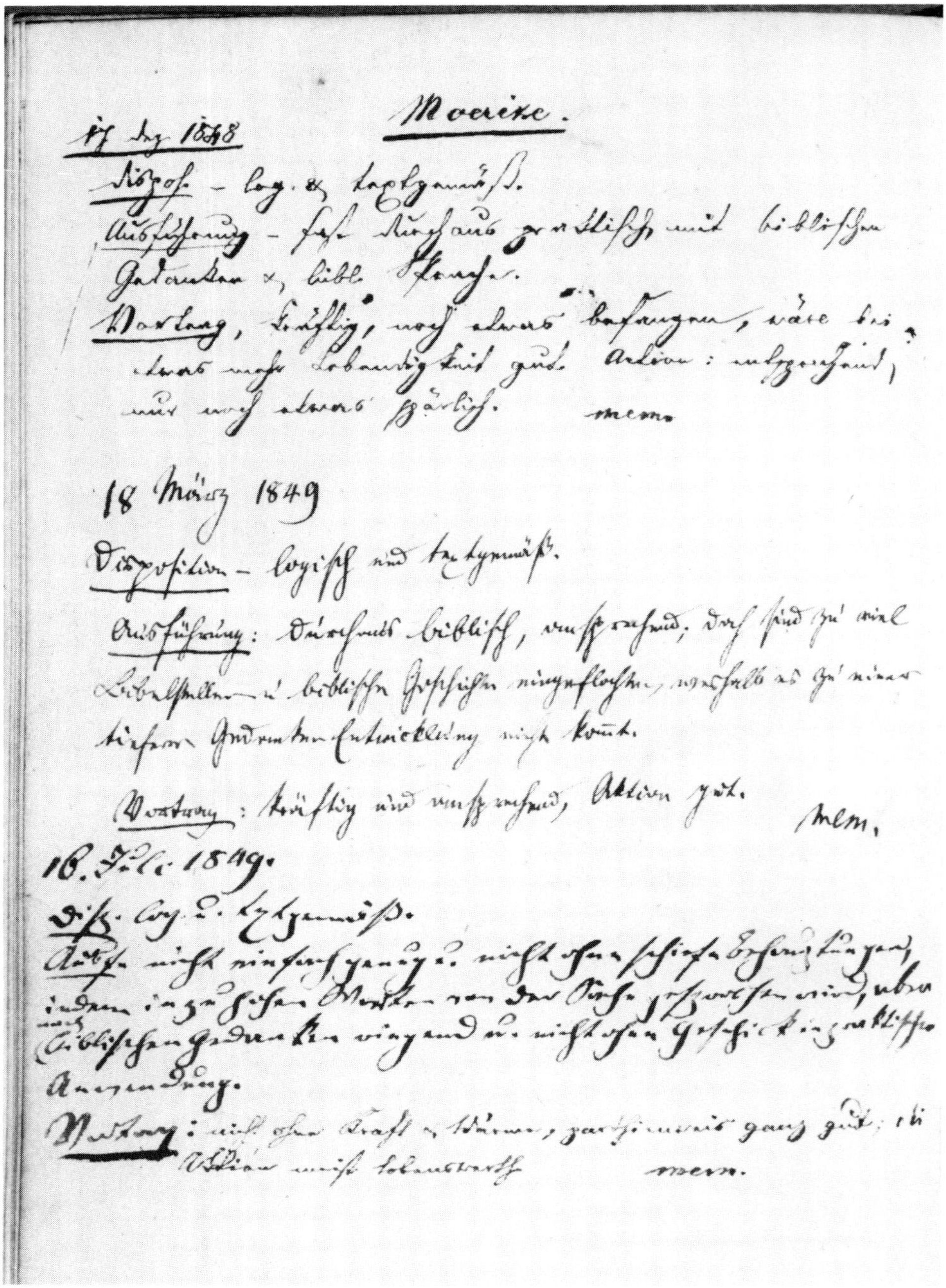

89 *»Logisch und textgemäß« lautete dreimal das Urteil über die »Disposition« der Predigten des Stiftlers Eduard Mörike 1848/49. Dagegen hielten die Zensoren in der Bewertung der »Ausführung«, des »Vortrags« und der »Aktion« Unterschiedliches fest. Am 16. Juli 1849 hieß es über die »Ausführung«: ». . . nicht einfach genug und nicht ohne schiefe Behauptungen . . . «*

Zu diesen inhaltlichen Hinweisen traten didaktische Anordnungen: »Es wird verlangt, daß diese Besprechungen zwar einen durch die Natur des Gegenstandes vorgezeichneten Gang nehmen, aber in ihrer Form die fragende Lehrmethode vorzugsweise in Anwendung komme. Demnach hat der Repetent soviel wie möglich jeden Einzelnen aufzurufen, in die gegebenen Antworten einzugehen, und dabei sowohl auf das Bedürfnis und die Fassungskraft der Schwächeren Rücksicht zu nehmen, als auch dem Interesse der Vorgerückteren und Begabteren zu genügen. Gewissenhafte, auf fortgesetzten theologischen Studien beruhende Vorbereitung, ernste, der Wichtigkeit der Sache angemessene, von innerem Interesse, wissenschaftlichem Sinn und gründlichen Kenntnissen zeugende Behandlung, unparteiische und umsichtige Berücksichtigung der verschiedenen Momente, welche teils nach dem Lehrkurs der einzelnen Abteilungen, teils nach der besonderen Beschaffenheit der einzelnen Materien vorzüglich in Betracht kommen, sind die Forderungen, welche diese Funktion an die Repetenten macht, und jemehr dieselbe zu der persönlichen Einwirkung auf die wissenschaftliche Gesinnung der Zöglinge Anlaß geben kann, umso mehr wird erwartet, daß die Repetenten den Zweck dieser Besprechungen sich gegenwärtig erhalten und von der gegebenen Vollmacht einen die Erreichung dieses Zwecks verbürgenden Gebrauch machen.« Dem war kaum noch etwas hinzuzufügen. Es war nunmehr Sache der Repetenten, die Anweisungen in die Tat umzusetzen – ganz im Interesse des ›wissenschaftlichen Theologiestudiums‹ der Zöglinge.

An der Tübinger Fakultät trat seit 1843 neben Ferdinand Christian Baur zunehmend Johann Tobias Beck hervor. Er machte sich die Fortführung der supranaturalistischen Bibeltheologie zur Aufgabe. Indem er die Integrität der biblischen Offenbarung verteidigend darzustellen suchte, bildete er ein Gegengewicht zur kritischen Arbeit Baurs, das vor dem kirchlichen Hintergrund Württembergs in gutes Licht zu stehen kam. Im Stift allerdings fand im letzten Drittel des 19. Jahrhunderts die Position des Bonner Theologen Albrecht Ritschl großen Zuspruch. Ihm ging es um die Verbindung von Religion und Sittlichkeit unter der Zielsetzung der Verwirklichung des Reiches Gottes. Unter den maßgeblichen Repetenten befand sich auch der spätere Ephorus Friedrich Traub. Diese Atmosphäre ließ es nicht verwunderlich erscheinen, daß die Stiftler überwiegend skeptisch und reserviert eingestellt waren, als 1898 Adolf Schlatter auf eine neugeschaffene neutestamentliche Professur berufen wurde und er sich die Anknüpfung an Johann Tobias Beck, die Fortsetzung der Linie der Tübinger biblischen Theologie, vornahm.

Das Programm wissenschaftlicher Theologie von 1911

Die Berufung Schlatters gehörte hinein in den Ausbau der theologischen Fakultät um die Jahrhundertwende. Diese Maßnahmen bildeten auch Anstoß und Hintergrund für die Umgestaltung der Studienordnung des Stifts, dokumentiert in den »Vorschriften« von 1911. Neben der Ausdehnung des Theologiestudiums auf die ersten Semester stand dabei das Bemühen im Vordergrund, eine enge Verflechtung zwischen den Universitätsvorlesungen, die für die Stiftler obligatorisch waren, und dem stiftsinternen Studienbetrieb herzustellen. Wie planmäßig das Theologiestudium der Stiftler ablaufen sollte, zeigte schon die Form, in der einem Stiftler die Studienordnung entgegentrat:

Semester	**Semesterstudium**	**Stiftsübungen**	**Semesterprüfung**
1.	Einleitung in die Philosophie. Psychologie oder Einleitung in das Alte Testament. Geschichte der griechischen Philosophie oder Kirchengeschichte I.	Einleitung in die Philosophie. Psychologie oder Einleitung in das Alte Testament.	Einleitung in die Philosophie. Psychologie oder Einleitung in das Alte Testament. Geschichte der griechischen Philosophie oder Kirchengeschichte I.
2.	Geschichte der neueren Philosophie. Einleitung in das Neue Testament. Exegese des Neuen Testaments (Synoptiker oder Paulus). Kirchengeschichte I oder II.	Geschichte der neueren Philosophie. Einleitung in das Alte Testament.	Geschichte der neueren Philosophie. Exegese des Neuen Testaments (Synoptiker oder Paulus). Kirchengeschichte I oder II.
3.	Kirchengeschichte II oder Geschichte der griechischen Philosophie. Kirchengeschichte III. Einleitung in das Alte Testament oder Psychologie. Exegese des Neuen Testaments (Paulus oder Synoptiker).	Einleitung in das Alte Testament oder Psychologie.	Kirchengeschichte II oder Geschichte der griechischen Philosophie. Einleitung in das Alte Testament oder Psychologie. Exegese des Neuen Testaments (Paulus oder Synoptiker).
4.	Dogmatik I oder Symbolik. Systematische Philosophie. Theologische Ethik I (oder im 6. Sem.). Exegese des Neuen Testaments (Johannes) (oder im 6. Sem.). Kirchengeschichte III.	Dogmatik I oder Symbolik. Systematische Philosophie.	Dogmatik I oder Symbolik. Systematische Philosophie. Theologische Ethik I (oder im 6. Sem.). Exegese des Neuen Testaments (Johannes) (oder im 6. Sem.).
5.	Dogmatik II oder Dogmengeschichte. Praktische Philosophie. Theologische Ethik II (oder im 7. Sem.). Exegese des Alten Testaments.	Dogmatik II oder Dogmengeschichte.	Dogmatik II oder Dogmengeschichte. Praktische Philosophie. Theologische Ethik II (oder im 7. Sem.). Exegese des Alten Testaments.

6.	Symbolik oder Dogmatik I. Theologische Ethik I (oder im 4. Sem.). Exegese des Neuen Testaments (Johannes) (oder im 4. Sem.). Alttestamentliche Theologie.	Symbolik oder Dogmatik I.	Symbolik oder Dogmatik I. Theologische Ethik I (oder im 4. Sem.). Exegese des Neuen Testaments (Johannes) (oder im 4. Sem.). Alttestamentliche Theologie.
7.	Dogmengeschichte oder Dogmatik II. Theologische Ethik II (oder im 5. Sem.). Neutestamentliche Theologie Prakt. Theologie } Vorbereitung auf die Dienstprüfung	Dogmengeschichte oder Dogmatik II.	Dogmengeschichte oder Dogmatik II. Theologische Ethik II (oder im 5. Sem.). Neutestamentliche Theologie.
8.	Prakt. Theologie } Vorbereitung auf die Dienstprüfung		

Das Kompendium und die normative Lehre als prägendes Element im Theologiestudium der Stiftler waren im 19. Jahrhundert verlorengegangen: Orientierung in der ›wissenschaftlichen Theologie‹ mit ihrer spezialisierten Breite hieß die neue Aufgabenstellung. Die Studienordnung mit ihren Obligationen sollte den Stiftlern helfen, das Ziel des Universitätsstudiums zu erreichen: selbständige wissenschaftlich-theologische Arbeit und demgemäß Bewährung als Theologe.

Die Studienordnung von 1911, ihrerseits von den Bestimmungen des 19. Jahrhunderts abhängig, prägte in den folgenden Jahrzehnten den Ablauf des Theologiestudiums eines Stiftlers. Waren seine Vorgänger in früheren Jahrhunderten durch jahrelange Behandlung des Kompendiums geschult worden, so bildete nun die Abfolge von Exegese und Kirchengeschichte in der Anfangszeit, von Dogmatik und Ethik in der fortgeschritteneren Phase des Studiums den Garanten dafür, daß er als geschulter Theologe aus dem Stift hervorging.

Die Studienordnung von 1960 bekräftigte diese Garantie, indem sie die alten Bestimmungen nur geringfügig veränderte. Altes und Neues Testament vertauschten in einzelnen Semestern ihre Plätze; die Kirchengeschichte sollte sich mit zwei Semestern begnügen; Dogmatik, Ethik und Dogmengeschichte kamen erst nach dem »Auswärtsstudium« zum Zuge. Der Studienfahrplan, an den theologischen Disziplinen recht formal orientiert, erhielt je nachdem eine Färbung durch die Tübinger »Lehrer«, daneben auch durch den Einfluß des »Auswärtsstudiums«, durch die Lektüre großer und kleiner theologischer Werke, in engerem oder weiterem Konnex zum offiziellen Studienprogramm – und gewiß hat auch der eine oder andere Repetent über einen nur oberflächlichen Eindruck hinaus am theologischen Werden manches Stiftlers mitgewirkt, selbst wenn er nicht unter die namhafteren Repetenten in der ersten Hälfte des 20. Jahrhunderts zu rechnen ist, von denen man Wilhelm Link, Paul Schempp, Manfred

Mezger, Heinz Horst Schrey, Jörg Zink, Friedrich Mildenberger, Martin Hengel und Klaus Scholder nennen mag.

Theologiestudium in der zweiten Hälfte des 20. Jahrhunderts: zwischen Wissenschaft und Kirche, Bibel und Zeitgeist

1968 haben Repetentenkollegium und Ephorat des Evangelischen Stifts dem Oberkirchenrat in Stuttgart eine knappe »Erklärung über die Situation der Theologiestudenten« vorgelegt. Sie bezog sich auf Beobachtungen, welche im Laufe der sechziger Jahre insgesamt gemacht worden waren. Im Zentrum stand der Hinweis auf das gebrochene Verhältnis zwischen wissenschaftlicher Theologie und kirchlicher Wirklichkeit mit seinen Rückwirkungen auf das Studium, die an den Theologiestudenten des Stifts nicht unbemerkt vorübergingen. Eine Feststellung unter anderen lautete: »Wir haben den Eindruck, daß der Lehrbetrieb den Anforderungen, die an die Theologie als kirchliche Wissenschaft gestellt sind, besser gerecht werden müßte.« Das war die Devise für das Bemühen um ›Reform der theologischen Ausbildung‹, das sich weit über das Stift hinaus Geltung verschafft hatte.

Bei der Ausarbeitung der neuen Stiftsordnung war man bestrebt, diesem Bemühen wenigstens ansatzweise gerecht zu werden. Der strenge Studienfahrplan des 19. und frühen 20. Jahrhunderts wurde aufgehoben, zumal die Tübinger Fakultät ihrerseits einen Studienablauf programmatisch aufrechterhielt, der dem Rahmenplan für die Abfolge der theologischen Disziplinen im Studium nach der früheren Studienordnung des Stifts entsprach. Es war nicht nötig, die Studienordnung der Fakultät noch eigens im Stift planmäßig anzuordnen. Man blieb auf dem Boden des 16. Jahrhunderts: das reguläre Theologiestudium der Stiftler findet an der Fakultät statt und respektiert die dafür geltenden Ordnungen. Das Bemühen um eine neue Studienordnung des Stifts blieb daran orientiert, das Absolvieren des ›wissenschaftlichen Theologiestudiums‹ an der Universität in vollem Umfang aufrechtzuerhalten.

In der Frage der Reform des Theologiestudiums stand die Spannung im Verhältnis von Theologie und Kirche im Mittelpunkt. Das schlug sich auch in den Reformbestrebungen im Stift nieder. Die strenge Abhängigkeit der zusätzlichen bzw. eigenständigen Studiengestaltung im Stift vom universitären Gang des Theologiestudiums wurde aufgehoben. Lehrplanartige Zwänge wurden durch Freiräume für geistiges Schaffen verdrängt. Helmut Thielicke, namhafter Ordinarius der Tübinger Fakultät nach dem Zweiten Weltkrieg, der 1947 mit seiner Kritik an der einengenden Verschultheit des Theologiestudiums der Stiftler nicht durchgedrungen war, hätte eine gewisse Zufriedenheit empfinden müssen über die Neuordnung des Theologiestudiums der Stiftler, hervorgegangen aus den Anstößen von 1968. Man schuf nun einen Raum, in welchem in Ergänzung zum regulären Studium, und zwar nicht ohne Kontakt zu diesem, aber doch unter anderem Vorzeichen als dem der schulmäßigen Wissensvertiefung, theologische Arbeit möglich werden konnte.

Der damals für das Stift zuständige Oberkirchenrat Paul Koller hat es folgendermaßen benannt: »Als Ziel (des) gemeinsamen Studierens und des Zusammenlebens von Lernenden und Lehrenden im Evangelischen Stift nennt die neue Stiftsordnung die Hilfe ›zu biblisch begründeter, in Begegnung und Auseinandersetzung mit dem Denken der Gegenwart verantworteter theologischer Bildung und geistlicher Lebensgestaltung‹. Daß theologische Bildung biblisch begründet sein muß, war bei der Vorbereitung der neuen Stiftsordnung unter allen Beteiligten unbestritten. Alle christliche Theologie, die diesen Namen verdient, gründet auf den Worten und Taten, dem Sterben und Auferstehen Jesu Christi, von dem das Neue Testament erzählt. Ebenso unbestritten war, daß theologische Arbeit nur ›in Begegnung und Auseinandersetzung mit dem Denken der Gegenwart‹ erfolgen kann. Sind doch die Lernenden und Lehrenden der Theologie ebenso wie die Menschen in den Gemeinden, denen der Dienst der Theologie letztlich gilt, Menschen ihrer Zeit. Sie denken in den Denkformen ihrer Zeit und sind den Problemen ihrer Zeit konfrontiert. Wie biblisch begründete Theologie und Auseinandersetzung mit dem Denken der Gegenwart verantwortet werden kann, das allerdings ist unter uns umstritten. Die neue Stiftsordnung will dafür auch keine Lösung anbieten. Sie stellt dies vielmehr den Lehrenden und Lernenden im Stift als Aufgabe. Es ist dasselbe Problem, das in der letzten Sitzung der Landessynode (im Jahr 1974) mit den Stichworten ›Text und Situation‹ bzw. ›kontextuelle Theologie‹ umschrieben worden ist. Es ist dies dieselbe Aufgabe, vor die jeder Pfarrer Woche um Woche bei der Vorbereitung seiner Predigt, seiner Trau- und Beerdigungsansprachen, seines Unterrichts gestellt ist.«

Die normative Einheit, einst als gesetzliche Einheitlichkeit in Form des Kompendiums, dann eines festgelegten wissenschaftlichen Studienprogramms zur Geltung gebracht, ist aus dem Theologiestudium der Stiftler keineswegs verschwunden. Sie besteht in der Vorgegebenheit des Wortes Gottes, welches im 16. Jahrhundert, zur Zeit der Gründung des Herzoglichen Stipendiums, die Reformation ankämpfen ließ gegen die Fragwürdigkeiten theologischen Lehrbetriebs und kirchlicher Verhältnisse. Diese normative Einheit ist nicht verschwunden. Durch die neuen Regelungen zur Gestaltung des Theologiestudiums der Stiftler wurde ihr die Gelegenheit gegeben, ihren pluralen Reichtum zur Geltung zu bringen.

Studium im Horizont der Praxis: Predigen lernen

In den Überlegungen zur »Reform der theologischen Ausbildung« in den sechziger und siebziger Jahren spielte auch die Frage eine bedeutende Rolle, wie für die theologische Arbeit über die Zeit des Studiums hinaus Sorge getragen werden könne. Ohne große Problematisierung hatte man hierzu allerdings bereits 1793 verordnet: »Es muß sich aber die Zeit des Studierens . . . über den Termin des akademischen Lebens (hinaus) erstrecken. Hat der Stipendiat in der Periode der akademischen Jahre einen festen und dauerhaften Grund zu den Wissenschaften gelegt, die ihn zum Dienste der Kirche brauchbar machen, so muß er nicht nur seine Kenntnisse mit einem anhaltenden Fleiße täglich mehr zu bereichern und seinen Religionsvortrag zu verbessern suchen, sondern sich nun auch in der Seelsorge und Pastoralklugheit üben und durch Erfahrung und Beobachtung des menschlichen Herzens und der Hergänge des wirklichen Lebens sich diejenigen Geschicklichkeiten erwerben, welche einem gemeinnützigen Volkslehrer nötig sind, der den Menschen die schwere Erziehung zur Religion geben, ihnen ihre praktischen Vorurteile benehmen, sie zur Selbsterkenntnis und zur richtigen Schätzung ihrer Kräfte und Pflichten führen, ihre Neigungen richten und stärken, ihre Triebe veredeln und dem Guten gewinnen, ihnen in Gewissensangelegenheiten raten und überhaupt den wichtigen Geschäften des Predigtamts Genüge tun will.«

Das theologische Studium sollte mit dem Theologiestudium nicht aufhören. Um den »wichtigen Geschäften des Predigtamts Genüge (zu) tun«, erschien aber auch eine umgekehrte Zuordnung vonnöten: dem Predigen mußte während des Theologiestudiums ein Platz eingeräumt werden. Seit dem Ausbau des Stipendiums unter Herzog Christoph war hierfür Vorkehrung getroffen. Und zwar wurde der pädagogische Aspekt mit der Durchführung der gemeinsamen Hausandacht der Stipendiaten verbunden. Bei den Mahlzeiten mittags und abends fanden in der Kommunität Predigten statt. Die Stipendiaten, die nach dem Magisterium zum Theologiestudium übergegangen waren, sollten dazu »verbunden sein«.

Genaue Anweisungen gab die Große Kirchenordnung: »Damit die Magistri in ihrem Exercitio des Predigens (in ihrer Predigtübung) . . . soviel mehr Nutzen ihnen schaffen mögen, sollen sie nit ihres Gefallens selbst Argumenta und Locos (Bibelstellen) fürnehmen, sondern ihnen dieselben jederzeit fürgeben und praefigiert (werden), die sie folgends durch einen verständigen, richtigen und ordentlichen Methodum den Praeceptionibus Dialecticae et Rhetoricae (den logischen und rhetorischen Vorschriften) gemäß, wie sie in lectionibus Theologicis et explicatione Dominicalium (in den theologischen Vorlesungen und der Schriftaus-

legung) gelehrt und unterricht werden, traktiern und explizi‍ern, und sollichs (aus) keinerlei Ursachen gefahrlichen und eigenwillig versäumen oder unterlassen, bei obgemeldter Poen und Privierung des Weins einer ganzen Wochen oder nach Gestalt der Überfahrung.«
Mit Nachdruck wurden die Stipendiaten zum Predigen im Stipendium um der Übung willen nach den Regeln der Kunst verpflichtet. Ebenso wurde Superattendenten und Magister Domus aufgetragen, über dem Predigen der Stipendiaten zu wachen, vor allem in methodischer Hinsicht kritisch zu hören und entsprechende Ratschläge zu geben. Die Homiletik, theoretische Behandlung der Predigt und entsprechende methodische Anweisung, war noch nicht eigenständiges Gebiet im theologischen Lehrbetrieb. Allerdings waren die Professoren gehalten, ihre Ausführungen zur Auslegung der Heiligen Schrift in der Vorlesung auf die Predigt hin auszurichten. Die Übungspredigten der Stipendiaten boten den Superattendenten dann die Gelegenheit, gezielt und speziell Hilfestellung auf dem Gebiet der Predigtausbildung zu geben.
Die 1688 ergangene »Instruktion wegen des Ordinis Studiorum« erörterte auch, wie es mit dem »Studio Homiletico« zu halten sei. Superattendenten und Magister Domus wurde eingeschärft, dafür zu sorgen, daß die Predigten im Stipendium ordnungsgemäß vonstatten gingen, und selbst ihre Aufsichtspflicht »mit nötiger Korrektion und Unterweisung« der Stipendiaten wahrzunehmen. Der Spenersche Pietismus, auf schriftgemäße Belebung der Kirche ausgerichtet, hatte auch die Predigt und ihre Reform, die Erneuerung der in der Orthodoxie erstarrten Verkündigung zum Thema erhoben. Die »Instruktion« empfahl den Tübinger Theologen, der Predigtausbildung der angehenden Pfarrer »mit Haltung absonderlicher Collegiorum concionatoriorum (Predigt-Kollegien) an Hand zu gehen«. 1696 wurde dem Inhaber der vierten Professur an der theologischen Fakultät besonders die Behandlung der »Theologia homiletica« nahegelegt.
Zum Ende des Jahrhunderts kam es zu einer Ausweitung der Predigttätigkeit der Stipendiaten über das Stift hinaus. Einerseits hielten Stipendiaten nun in der Hospitalkirche zu Tübingen, der Jakobuskirche, die Mittwochspredigt. Andererseits wurde für den geregelten Predigtdienst in der Tübinger Schloßkirche die Benennung zweier Stipendiaten verordnet. In der Standesordnung des Stipendiums erhielten sie die Sonderstellung von »Schloß-Predigern«. Über ihre Benennung hieß es: »Zu Predigern auf dem Schloß sollen zwei habile Subjecta erkiesset, welche nach jeder vollbrachten Predigt mit Speis und Trank denen Repetenten gleich gehalten, ihnen aber einen andern sine praescitu et permissu superiorum (ohne Wissen und Erlaubnis der Vorgesetzten) zu substituieren nicht solle erlaubt werden.« Die »Schloß-Prediger« haben sich ihrer herausgehobenen Stellung offensichtlich erfreut und sie auszunützen gewußt. 1752 wurde eigens

für sie angeordnet: es »solle keiner die ihm gestattete Freiheit mißbrauchen, noch denen Repetenten sich parificieren (gleichstellen), auch nicht ohne Mantel spazierengehen, noch weniger ohne Erlaubnis des Inspektorats auch nur auf einen Tag verreisen«. Die Schloß-Predigerstelle wurde das 18. Jahrhundert hindurch beibehalten. Der Predigtdienst in der Hospitalkirche wurde zur offiziellen Dienstangelegenheit der Repetenten.

Beim Predigen im Stipendium hatten die Repetenten zudem eine gewichtigere Position: sie traten an den Festtagen als Prediger auf. Mit Beginn des 18. Jahrhunderts wurden sie auch in die Predigtausbildung der Stipendiaten miteinbezogen. Bevor eine Predigt gehalten wurde, sollte sie den Repetenten »in die Censur« gegeben werden. Die Magister wurden für die Abfassung ihrer Predigten darauf hingewiesen, daß sie »schriftmäßig und erbaulich« predigen sollen und ihre Predigten »aus keinen Postillen oder anderen Büchern« abschreiben dürfen. Detailliert ging es in der Anweisung weiter.

»Sobald aber die Speisung vorbei, und die Stipendiarii Vulgares aufgestanden sind, solle derjenige, so gepredigt, sogleich dem sogenannten Herren-Trippel zugehen und sich denen Inspectoribus darstellen, um zu vernehmen, was sie seiner abgelegten Predigt halber zu sagen haben. Die neuen Magistri sollen zu diesen Predigten, wozu ihnen die leichtesten Texte zu geben sind, erst nach vollendetem Circel angehalten werden, aber nach ihrer ersten Predigt keinem Famulo eine Verehrung geben, vielweniger eine Collation, bei scharfer Ahndung, halten. Obwohlen sich aber alle Stipendiaten auf das Predigen und Katechisieren zu befleissigen und zu beidem sowohl bei den Professoribus, als auch durch Besuchung der Kinderlehre die nötige Anweisung begierig zu suchen und neben der Reinigkeit der Lehre auch auf einen reinen und ganz schriftmässigen Stilum, der weder mit fremden Worten, noch mit philosophischen und andern hochtrabenden Arten vermischt seie, zu sehen haben, so sollen sie doch unter dem Vorwand, daß sie größtenteils nur Prediger auf dem Lande werden, keineswegs sich auf das bloße Predigen einig und allein legen.« Die Ansprüche waren klar, welche die Kirchenleitung den künftigen Pfarrern für ihre Predigtausbildung mit auf den Weg gab. Und wer sich schon als Stipendiat auf die Existenz eines Dorfpfarrers einrichtete, der sollte das doch nicht als Ausrede benützen können, um neben der Homiletik sein Theologiestudium zu vernachlässigen.

Katechetik

Inzwischen war, 1704 schon selbstverständlich festgehalten, neben dem Predigen ein zweiter Bereich in der Ausbildung fürs Pfarramt betreten worden: die Vorbereitung auf den Katechismusunterricht. Im reformatorischen Württemberg des

90/91 Kaum Bestandteil der Vorbereitung auf die Prüfungspredigt war dieser »Budenzauber« in den sechziger Jahren. Hat sich in dieser humoristischen Form der heimliche Wunsch manches Stiftlers niedergeschlagen, doch einmal als bedeutender Prediger vor einer ebenso bedeutenden Gemeinde zu stehen, wie hier den »Stiftsköpfen« Hegel, Kepler und Schelling, unter die einzig Martin Luther als Nicht-Stiftler Aufnahme fand?

92 *»Opfer der Prüfungskatechese unter Prof. Faber, im Stiftshof 1930/31« – so ist dieses Bild im Fotoalbum eines ehemaligen Stiftlers gekennzeichnet. Eine Gruppe Tübinger Kinder war zusammengerufen worden, damit die Stiftler im praktischen Vollzug ihre katechetischen Fähigkeiten unter Beweis stellen konnten.*

93 *Seit dem Übergang vom 17. zum 18. Jahrhundert wird in Württemberg für den Katechismusunterricht eine Mischform aus dem Brenzschen und Luthers Kleinem Katechismus verwendet. Im 19. Jahrhundert wurde für den Religionsunterricht das Basiswissen durch Bibelsprüche und Kirchenlieder angereichert. Bis zum Ausbau einer eigenständigen Vikarsausbildung hatten die Stiftler, von Kind an mit dem Lernstoff vertraut, auch den didaktischen Umgang mit den klassischen Lehrmitteln zu üben.*

Spruch- u. Liederbuch und Katechismus

für den evangelischen Religionsunterricht in Württemberg
Amtliche Ausgabe von 1926

Stuttgart
Quell-Verlag der Evang. Gesellschaft

16. Jahrhunderts gab es zur Glaubensunterweisung der Jugend am Sonntag den Katechismusunterricht. Nachdem am Ende des Dreißigjährigen Krieges schon Johann Valentin Andreae eine Belebung dieses Katechismusunterrichts angestrebt hatte, kam es gegen Ende des 17. Jahrhunderts zu einschlägigen Reformmaßnahmen. Der Impuls ging von Johann Andreas Hochstetter, dem ›Spener Württembergs‹, aus. 1723 erfolgte die Einführung der Konfirmation. Wenn den Tübinger Stipendiaten zu Beginn des 18. Jahrhunderts die Notwendigkeit aufgezeigt wurde, sich im Blick auf ihre berufliche Zukunft auch katechetisch auszubilden, so war diese Anweisung eingebettet in die umfassenden Besserungsbestrebungen auf dem Gebiet der Glaubensunterweisung. Neben Belehrung durch die Professoren sollten sich die Stipendiaten in besonderer Weise durch eigene Anschauung der katechetischen Schulung unterziehen. Der Besuch des Katechismusunterrichts, der »Kinderlehre«, am Sonntag in der Tübinger Kirche wurde ihnen anbefohlen.

Die Stiftsreform des aufklärerischen Absolutismus am Ende des 18. Jahrhunderts schloß ebenfalls die homiletische und katechetische Ausbildung der Stipendiaten ein. Auch wenn man dabei von der »Predigt« sprach und die »Kinderlehre« beibehielt, man hatte doch den »Religionsvertrag« mit seiner ethisch-moralischen Zuspitzung im Sinn. Dazu sollten die Stipendiaten qualifiziert werden. Die Zielvorstellungen, welche für die Reform in diesem Bereich leitend waren, wurden den Stipendiaten in einem ebenso eindrucksvollen wie ausdrucksstarken Abschnitt der »Statuten« von 1793 mitgeteilt.

»Eine lautere Schriftreligion und eine den Kräften, Wirkungsgesetzen und Triebfedern der menschlichen Natur und den Verhältnissen der Menschen angepaßte gesunde Moral einleuchtend und eindrücklich vorzutragen, ist die künftige Bestimmung des Stipendiaten. Daher soll er sich frühzeitig um gesunde und feste Grundsätze von der Beschaffenheit eines guten Vortrags und um gute Muster umsehen, sich durch eigene Beobachtungen und Erfahrungen, eigenes Nachdenken, eigene Anwendung eine ausgebreitete, richtige, bestimmte und praktische Kenntnis von den Religionslehren erwerben, sich von ihrem großen Einfluss in die Besserung, Beruhigung und Glückseligkeit der Menschen überzeugen, und die zur deutlichen, eindringlichen und anziehenden Darstellung der Wahrheit nötige Ausbildung seiner Muttersprache in Absicht auf Richtigkeit, Reinheit und Reichtum des Ausdrucks nicht versäumen und nach der Fertigkeit trachten, in einer kraftvollen, von Trockenheit und Schwulst gleich weit entfernten, edlen, der Natur und Würde religiöser Gegenstände angemessenen Sprache sich auszudrücken, mit Vermeidung aller unnatürlichen Kunst in den Sachen, in dem Schmucke der Worte, in der Stimme und in dem Äußerlichen. Besonders aber muß er sich die mannigfaltige Art, dem Verstand und Herzen der Menschen beizukommen, nach und nach bekanntmachen, und die große homiletische Kunst zu erreichen suchen, alles auf den gemeinen Wahrheitssinn und das moralische Gefühl zurückzuführen, und seinen Vortrag den Begriffen, welche jedermann für wahr hält, den Neigungen, wovon alle Menschen gelenket werden, und jedesmal den besondern Fähigkeiten, Gesinnungen, Sitten, bedürfnissen und Angelegenheiten der Zuhörer anzuschließen.«

Es blieb nicht allein bei der idealen Beschreibung. Die Predigtübungen im Stipendium wurden auch neu organisiert. Seit dem 16. Jahrhundert hielten die Magister des Stifts ihre Predigten bei den Mahlzeiten in der Kommunität. Ein neuer Sachgeist sorgte für Trennung. Die Predigtübungen wurden nun gesondert auf Sonntagnachmittag und Donnerstagvormittag gelegt. Dabei sollten jeweils fünf Stipendiaten hintereinander predigen. Die Veranstaltung, von der es lapidar hieß: »Alle Magister, Kandidaten und Novizen erscheinen dabei«, war durch Gesang zu umrahmen. Die jüngsten Magister erhielten von den Repetenten ausgewählte »vorzüglich gute gedruckte Predigten«, um sich zunächst einmal im Vortrag als solchem zu üben. Die Rhetorik kam allerdings schon früher zu ihrem Recht, da den Studienanfängern »Deklamationsübungen« verordnet waren.

Die fortgeschritteneren Magister, die selbst Predigten auszuarbeiten hatten, mußten die Produkte ihres homiletischen Bemühens jeweils einer doppelten *Abb. 89–91* Prüfung aussetzen: einer »Censur«, die vom zuständigen Repetenten vorgenommen wurde, bevor der Stipendiat seine Predigt hielt; die Repetenten wurden hierzu angewiesen: »Bei der Censur wird nur das Anstössige weggestrichen«. Nach der Predigt erfolgte eine »Korrektur«. Dabei trat wieder der zuständige Repetent, aber auch das Inspektorat in Aktion. Bei der »Korrektur« nach gehaltener Predigt sollte ans Licht kommen, inwieweit der Stipendiat sich die idealen Ausführungen über den »guten Religionsvortrag« nicht nur zu Herzen genommen, sondern sie auch mit seinen Verstandeskräften umgesetzt hatte.

Selbst aktiv zu werden über die theoretische Belehrung hinaus hieß nun auch das Gebot für die katechetische Ausbildung. Die älteste Semestergruppe der Stipendiaten, dem Kirchendienst am nächsten, sollte sonntags in der Tübinger Hospitalkirche die »Kinderlehre« übernehmen, und zwar unter Aufsicht eines Repetenten, dessen »katechetische Belehrungen willig an(zu)nehmen« waren. Um sich in der »schweren Katechisierkunst« zu üben, wurden die künftigen Pfarrer aufgefordert, sich genügend Zeit und Mühe zur Vorbereitung zu nehmen. Allgemeine methodisch-didaktische Hinweise fehlten nicht, schon *Abb. 92, 93* bevor der jeweilige Repetent zur »Censur der Kinderlehre . . . auf eine liebreiche Art« in Aktion trat.

Die Katecheten waren gehalten, »die Lehrsätze zu simplifizieren, zu zergliedern, und aus der Natur und dem gemeinen Leben zu erklären, meist fragen, durch leichte Fragen sich den Weg zu den schweren bahnen, die Fragen verständlich und nach der Fassungskraft der Subjekte einrichten, die Antworten auffassen und berichtigen und die Katechumenen immer in der Begierde und Aufmerksamkeit zu erhalten suchen«. Man hatte bei der Stiftsreform unter Herzog Carl Eugen für die Ausbildung der Stipendiaten im praktisch-theologischen Bereich keine geringen Ansprüche aufgestellt. Man hatte die Durchführung neu organisiert und die Leitung faktisch in die Hände der Repetenten gelegt. Doch das sollte nur einige Jahre so bleiben.

Als 1813 die vierte Professur der theologischen Fakultät neu besetzt wurde, gewann sie zum erstenmal den Rang eines Lehrstuhls für Praktische Theologie. 1815 wurde Jonathan Friedrich Bahnmaier auf diese Stelle berufen. Obwohl er aufgrund höherer politischer Erwägungen bereits 1819 die Fakultät wieder verlassen mußte, hatte er Bahnbrechendes geschaffen: im Jahr 1816 war an der Tübinger Universität das Prediger-Institut gegründet worden.

Diese Einrichtung bzw. die jeweils leitenden Professoren übernahmen nun zusehends die Verantwortung auch für die praktisch-theologische Ausbildung der Stipendiaten. Die »Statuten« von 1826 setzten die Predigtübungen im Evangelisch-theologischen Seminar nur noch auf Sonntagnachmittag an. Wenn die Stipendiaten in der Hospitalkirche oder der Tübinger Schloßkirche, die eng mit dem Prediger-Institut verbunden wurde, die Kanzel betraten, dann sollte das unter Aufsicht des Vorstehers im Prediger-Institut geschehen. Entsprechendes galt für die Abhaltung der »Kinderlehre« in der Hospitalkirche. Elf Jahre später zeigte sich eine gestaffelte Regelung. Die Stiftler, die mit dem Theologiestudium offiziell angefangen hatten, wurden in der herkömmlichen Weise zu den Predigtübungen im Stift verpflichtet, bis sie ihre Ausbildung im Rahmen des Prediger-Instituts aufnahmen. Verstärkter Nachdruck wurde damals auf die freie Rede gelegt: »Jeder, welcher sich (bei der Predigt) auch nur einmal des Manuskripts oder des Buches bedient, muß zum zweitenmal auftreten.«

Die Kombination von Stift und Prediger-Institut auf dem Gebiet der praktisch-theologischen Ausbildung der Stipendiaten blieb bis zum Anfang des 20. Jahrhunderts erhalten. In die Förderung des Lehrbetriebs der theologischen Fakultät, die damals vonstatten ging, war auch die Praktische Theologie einbezogen. Ein eigenes Lehrangebot im Stift schien nun nicht mehr nötig. Die »Vorschriften« von 1911 hielten fest: Die Studierenden des Seminars »sind zur Teilnahme an den Übungen der Predigeranstalt verpflichtet«. Das Hören homiletischer, katechetischer, auch liturgiewissenschaftlicher Vorlesungen war bereits im 19. Jahrhundert angeordnet worden. Im weiteren Verlauf des 20. Jahrhunderts erfuhr die praktische Ausbildung der Pfarrer der württembergischen Landes-

kirche noch eine Bereicherung durch den gezielten Ausbau der ›Vikarsausbildung‹.
Es bestand keine zwingende Notwendigkeit mehr für das Stift, eigenständig tätig zu werden, um eine praktisch-theologische Ausbildung der Stiftler gewährleistet zu sehen. Ohne diesen Druck entfaltete sich, vor allem seit der Einrichtung der Kapelle nach dem Zweiten Weltkrieg, die Gestaltung von Hausandachten in der Form eines Predigtgottesdienstes. Inzwischen wirken hier »Lernende und Lehrende« der Stiftsgemeinschaft miteinander.
Es scheint, als sei man bei dem angelangt, was Jonathan Friedrich Bahnmaier 1817 für die Predigtausbildung der Theologiestudenten als wünschenswert festhielt: »Da die Hauptsache der Bildung des Studierenden zum Prediger (außer der Erwerbung der nötigen Kenntnisse, welche Fundament und Stoff der vorzutragenden Überzeugungen werden) nach meiner Ansicht das ist, daß der Zögling allmählich gewöhnt werde, das, was in ihm lebt (nicht zur bloßen Übung in einer Kunst), und soweit es in ihm lebt, vorzutragen, so sollte durch freiwilligen Zusammentritt eine Gesellschaft von Studierenden entstehen, welche mit mir und andern, die sich gerne mit mir dazu verbinden, zu einem Kult sich vereinigen, zu dessen Ausübung jedermann der Zutritt offenstehe, der aber nicht bloßer Übungsplatz, sondern gemeinschaftlicher Genuß des Evangeliums und des Anblicks des in den einzelnen Mitgliedern sich je mehr und mehr entwikkelnden, allmählich immer allseitigeren religiösen christlichen Lebens werde.«
Daß die Gestaltung von Predigt, Predigtübungen und Predigtausbildung, wie sie derzeit im Evangelischen Stift im Rahmen einer ›Hausgemeinschaft‹ vollzogen wird, sich nicht zur menschlichen Selbstgefälligkeit verkehrt, dafür sorgt allemal das Wort Gottes in seiner Gegen-Ständlichkeit.

Leder, Leinen, Paperback: Von der Stiftsbibliothek

Eine Ausbildungseinrichtung für Theologen ohne entsprechende Bibliothek – das ist ein Ding der Unmöglichkeit. Das Evangelische Stift kann auch stolz sein auf seine Bibliothek, ausgestattet mit alter, älterer und moderner Literatur aus Theologie und Philosophie, aber auch anderen Wissens- und Wissenschaftsbereichen. Manch wertvoller Folioband gehört zu dem stattlichen Bücherschatz, der das Ergebnis geistigen Schaffens schwarz auf weiß zur Anregung neuer Geistestätigkeit in sich birgt.

Abb. 96, 97

Doch das war nicht von Anfang an so. Selbst die Große Kirchenordnung, die im Abschnitt »Von dem Stipendio zu Tübingen« die Verhältnisse der herzoglichen Bildungseinrichtung ansonsten so umfassend und detailliert zugleich beschreibt, schweigt, wenn man mit der Frage nach einer Bibliothek, nach deren Ausstattung, Verwaltung und Benützung an sie herantritt. Es war 1559 aber bereits etwas im Gange. Und so bleibt lediglich die Verwunderung darüber, daß das ›alte Grundgesetz der württembergischen Kirche‹ bei seiner Festsetzung der Ordnung des Stipendiums das Thema ›Bibliothek‹ übergangen hat. Offensichtlich befand sich die Sache noch in einem Zustand, der ein Übergehen rechtfertigte.

Vom Aufbau der Stiftsbibliothek

1557 hatte das Stipendium, in der damals üblichen Verpackungsweise für Gedrucktes, drei Fässer mit Büchern erhalten. Sie waren auf Befehl von Herzog *Abb. 94* Christoph nach Tübingen gebracht worden und stammten wohl großenteils aus Bibliotheken der aufgelösten Klöster. Das arme Tübinger Augustinerkloster, in dessen Mauern das Stipendium seit zehn Jahren untergebracht war, hatte keinen stattlichen Bücherschatz hinterlassen. Als 1560 angeordnet wurde, die Bibliothek des Stipendiums durch Ankauf von Büchern kontinuierlich auszubauen, wurde auch gar nicht auf die ehemalige Klosterbibliothek als eventuellen Grundstock Bezug genommen. Dagegen wurden andere Bücher erwähnt, die inzwischen in den Besitz des Stipendiums gekommen waren.

Michael Tiffern, der Erzieher und spätere Rat Herzog Christophs – aus seinem Vermächtnis war auch ein Stipendienfonds hervorgegangen, der in Verbindung mit dem Herzoglichen Stipendium verwaltet wurde – hatte dem Stipendium seine Bibliothek vermacht. Auf »seine verlassene Bücher« bezog man sich 1560, als man feststellte, daß »die Liberei noch nicht gänzlich der Notdurft nach kompliert« sei. Superattendenten und Magister Domus wurden damals aufgefordert, jeweils zur Zeit der Frankfurter Messe nach Stuttgart zu melden, welche Bücher dort eingekauft werden sollten. Das Ziel, das man dabei verfolgte: »Auf daß mit der Zeit die Liberei möchte notdürftiglich erholt werden.« Der Aufbau einer Bibliothek, die den Erfordernissen des Stipendiums entsprechen konnte, wurde betrieben.

33 Jahre später setzte man für die Anschaffung von Büchern jährlich zehn Gulden an. Der Bezug von der Messe sollte bleiben. In der Zwischenzeit waren aber auch aus anderen Bezugsquellen Bücher für das Stipendium angeschafft worden. Das Ableben Tübinger Professoren, des Theologen Balthasar Käuffelin und des Philosophen Matthias Garbitius Illyricus, hatte Gelegenheit geboten, Brauchbares für die herzogliche Bildungseinrichtung aus den nachgelassenen Bibliotheken zu kaufen. Im frühen 17. Jahrhundert kam, verbunden mit einer Stu-

dienstiftung ähnlich dem Vermächtnis Michael Tifferns, die Bibliothek von Hans Jakob Guth, Kammermeister im Dienste des württembergischen Herzogs, ins Stipendium. Auch vom literarischen Handwerkszeug des kampfeslustigen Tübinger Theologen Thumm ging manches ans Stift über. Gezielt zur Förderung der lutherischen Orthodoxie war 1593 ein Bücherkauf verordnet worden: alle Stuben der Magister sollten ein Exemplar der Konkordienformel, des »Grundbuches« der lutherischen Konfession, erhalten. Den Verantwortlichen lag daran, daß die theologische Richtung, die von den württembergischen Kirchendienern eingefordert wurde, keine Beeinträchtigung durch Mangel an Möglichkeiten zu einschlägiger Lektüre während des Studiums erfuhr. Neben dem Ziel, eine Bibliothek aufzubauen, waren die Bücheranschaffungen für das Stipendium auch auf die Studienpraxis ausgerichtet.

Die Anstrengungen zur Restauration des Stipendiums nach dem Dreißigjährigen Krieg gingen an der Bibliothek nicht vorüber. Einträge in zahlreichen Bänden der Stiftsbibliothek erinnern die Nachwelt an die Gebefreudigkeit Herzog Eberhards III. Nach einem Erlaß von 1652 sollten zweimal im Jahr zur Messe zwölf Reichstaler für den Bücherkauf ausgegeben werden können. Aber dieser vorgesehene Betrag stand, vor allem während der Not der ›Franzosenkriege‹ am Ausgang des Jahrhunderts, nicht kontinuierlich zur Verfügung. Der »Summarische Extrakt« von 1704 brachte die alte Regelung eigens in Erinnerung: »Zur Vermehrung bemeldter des Stipendii Bibliothek werden alle Messen zwölf Reichstaler bewilliget, welche Superattendenten und Magister Domus gegen Schein, anderster nicht denn zu Erkaufung nützlicher Bücher, urkundlich zu verrechnen.«

Daneben wurden am Anfang des 18. Jahrhunderts für die Ausstattung der Bibliothek auch die Stipendiaten zu Geldbeiträgen verpflichtet. Beim Eintritt ins Stipendium sowie beim Abgang in den Kirchendienst wurde ihnen jeweils ein Gulden in Rechnung gestellt. Diese Maßnahme war eingebettet in Bestrebungen, welche auf eine bessere Nutzung der Bibliothek des Stipendiums zielten. Es wurde schließlich die Stelle eines »Sub-Bibliothekars« eingerichtet – »Ober-Bibliothekar« war der Magister Domus. Die neue Stelle bot vielfach, bis ins 19. Jahrhundert hinein, Stipendiaten die Gelegenheit, mit dem kleinen Einkommen aus dieser Beschäftigung über die reguläre Studienzeit hinaus ihre Studien in Tübingen fortzusetzen. In der Mitte des 18. Jahrhunderts erfolgten auch Baumaßnahmen zur Verbesserung der Verhältnisse der Bibliothek. Man wollte einen leichteren Zugang zu den Büchern schaffen. Eine neue Katalogisierung wurde ebenfalls vorgenommen. Sie förderte einen beträchtlichen Fehlbestand zutage.

Auf offizielle Anordnung hin wanderten Ende des 18. Jahrhunderts etliche Bände, überwiegend älteren Datums, aus der Bibliothek des Stipendiums nach

Stuttgart. Mit ihnen sollten in der Bibliothek an der Residenz von Herzog Carl Eugen Lücken gefüllt werden. Die Stiftsbibliothek erhielt als Entschädigung Dubletten von dort. Diese Art des ›genehmigten Bücherschwunds‹ endete erst mit der Übereignung des Stifts vom württembergischen Staat an die Kirche im Jahr 1928. Es war zur Zeit von Herzog Carl Eugen aber auch zu einer stattlichen Aufstockung der Mittel für die Stiftsbibliothek gekommen. Man setzte nun 50 Gulden jährlich fest. Noch stattlicher waren die Erträge, die aus einer Stiftung flossen, welche Freiherr Christian Heinrich von Palm 1801 gezielt für die Stiftsbibliothek einrichtete. Nach dem Willen des Stifters sollten damit »naturwissenschaftliche« Literatur und Werke über die Antike angeschafft werden.

1814 kam eine umfassende Neuordnung in Gang. Wieder wurde ein neuer Katalog erstellt. Die Arbeit lag bis 1819 in Händen des Repetenten Wurm. Auch in der Folgezeit wurde die Verwaltung der Bibliothek von einem Repetenten besorgt. Als man 1835 die Zahl der Repetenten von zehn auf neun reduzierte, kam es wieder zur Anstellung eines »Unter-Bibliothekars«. Die »Amtsvorschrift für das Inspektorat« von 1842/1853 enthielt folgende Regelung zur »Aufsicht über die Bibliothek«: »Der Unter-Bibliothekar, welcher die Seminar-Bibliothek zu besorgen hat, ist zunächst dem Ephorus als Ober-Bibliothekar und sodann dem Inspektorat untergeordnet. Auf den Vorschlag des letzteren wird er vom Studienrat angestellt und entlassen.« Ein festes Autoritätsgefüge, auch in der Stiftsbibliothek. Daran änderte sich nichts, als 1876 – die Zahl der Repetenten kam wieder auf zehn – die Versorgung der Bibliothek dem Repetenten, der die Lehramtskandidaten zu betreuen hatte, anvertraut wurde.

Die letzten größeren Maßnahmen zur Verbesserung der Verhältnisse der Stiftsbibliothek fanden in der Zeit ab 1913 statt. Der Umbau des Hauses brachte auch für die Bibliothek positive Veränderungen, besonders durch die Einrichtung eines ›Lesesaals‹. Die alten Bestände der Bibliothek wurden umfassend und gründlich restauriert. Mit Rücksicht auf die räumlichen Gegebenheiten wurde der Gesamtbestand in eine ›Alte‹ und eine ›Neue Bibliothek‹ aufgeteilt. Was in den folgenden Jahrzehnten noch geschah, waren Einzelmaßnahmen: der Bestand der ›Neuen Bibliothek‹ mußte durch die Einrichtung einer Kapelle im bisherigen Bibliotheksraum verlegt werden; weitere Magazin-Räume bzw. ›Zimmer‹ wurden eingerichtet, um den wachsenden Bestand unterzubringen; eine Fachkraft des wissenschaftlichen Bibliothekswesens wurde eingestellt, um die laufenden Geschäfte zu tätigen; die Kataloge wurden über- und ausgearbeitet; der Lesesaal wurde umgebaut – durchweg notwendige, aber nur notdürftige Maßnahmen. Die äußeren Bedingungen der ansehnlichen und reichhaltigen Stiftsbibliothek vermitteln leider den Eindruck eines Stückwerks. *Abb. 98, 182*

Benutzung

Wie nun die Stipendiaten an den Wissensschatz der Bücher des Stipendiums herankamen, das war schon im 16. Jahrhundert genau geregelt. Wollte jemand ein Buch aus der Bibliothek benützen, so sollte es ihm, wenn für nötig befunden, für ein paar Tage gegen entsprechende Beurkundung ausgehändigt, alsbald aber wieder an seinem Platz in der Bibliothek verwahrt werden. Die Benützung im Sinne einer allgemeinen Hausbibliothek war weniger ins Auge gefaßt, obwohl Aufbau und Vermehrung der Bibliothek gezielt betrieben wurden. Diese Einschränkung entsprach durchaus den Leitvorstellungen für die Studienpraxis: nicht die Kunst, Unmengen von Literatur zu bewältigen, sondern die Vertiefung in eine begrenzte Zahl von grundlegenden Schriften stand im Vordergrund. Noch der »Summarische Extrakt« schärfte 1704 ein: »Der Catalogus dieser Bibliothek ist zwar denen Superattendenten zuzustellen, doch nicht unter die gesamte Pursch zu evulgieren.« Die Stiftsbibliothek hatte einen elitären Zug.
Aber die Stipendiaten, 1726 zumindest einmal die älteren Magister, meldeten sich zu Wort. Ihr Begehren nach freiem Zugang wurde fürs erste abschlägig beschieden. War dabei die Befürchtung so stark, der Bücherbestand der Stiftsbibliothek möchte durch einen breiteren Benutzerkreis gefährdet sein? Als wenige Jahrzehnte später bei der neuen Katalogisierung festgestellt wurde, daß eine stattliche Zahl von Büchern verschwunden war, konnte man sie schließlich bei den Nachfahren der einstigen Magistri Domus Canz und Osiander ausfindig machen.
In der Mitte des 18. Jahrhunderts öffneten sich die Türen der Bibliothek auch für die Stipendiaten. Und zwar: »bei kalter Winterszeit auf Begehren eine leidentliche Frist, des Sommers aber alle Donnerstag zwei Stund im Beisein des hiezu verordneten Bibliothecarii«. Das Ziel, das man verfolgte, war schon am Anfang der Statuten von 1752 ausgesprochen. Es dokumentiert eine neue Einstellung im Umgang mit der Bibliothek ebenso wie in der Frage der Selbständig-

---

94 Am 28. September 1557 ging aus Stuttgart eine Lieferung von »drew faß mit allerley Theologischen und andern nutzlichen buochern« ans Stipendium nach Tübingen ab. Den Empfängern dieses Grundstocks der Stiftsbibliothek wurde eingeschärft, daß sie »nit gestatten, das ains oder mehr daruon uß dem Stipendio genomen und verendert, sonder die beysamen gelassen werden, damit die nachkomenden Stipendiaten deren auch geniesen mögen«. ▷

95 Eine ansprechende Alternative zum Bibliotheksstempel ▷

96 Zu den Schätzen der Stiftsbibliothek gehört ein Exemplar der ersten Auflage der Schedelschen Weltchronik von 1493. ▷

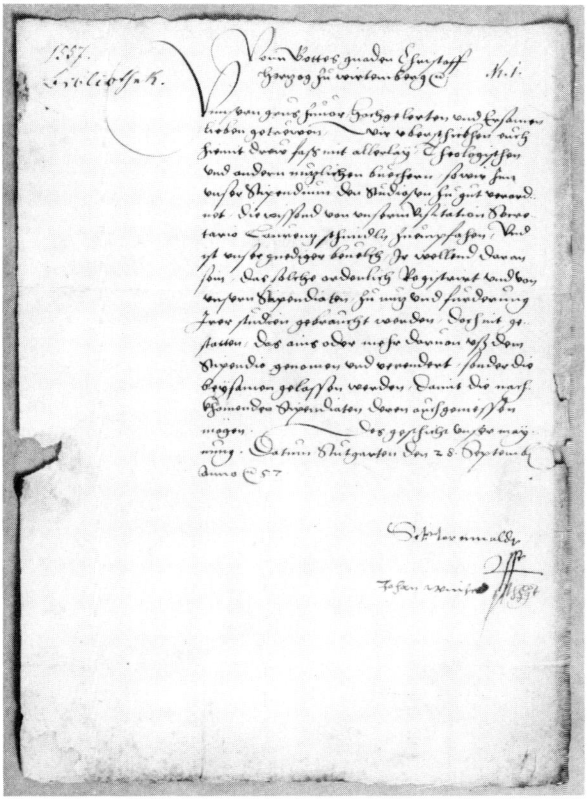
1557. Liberey. K.

Von Gottes gnaden Christoff Hertzog zu wirtemberg etc. N. 1.

Unnsern gruß zuvor, Hochgelerten und Ersamen lieben getrewen. Wir uberschicken euch hiemit drey fass mit allerlay Theologischen und andern nutzlichen buechern, so wir inn unser Stipendium den Studiosen zu gut verordnet, die vermög von unserm Visitation Secretario Cunraten Schmidlin zu empfahen, Und ist unser gnediger bevelch, Ir wollend daran sein, das solche ordenlich Registriert und von unsern Stipendiaten zu nutz und fürderung Irer studien gebraucht werden, doch nit gestatten, das aines oder mehr daruon uß dem Stipendio genomen und verendert, sonder die beysamen gelassen werden, damit die nachkomende Stipendiaten deren auch geniessen mögen. Des geschicht unser mainung. Datum Stutgarten den 28. Septembris Anno etc. 57

97/98 Wenn auch nicht ganz nach dem Muster von Spitzwegs Idylle – der Kontrast zwischen der beschaulichen Atmosphäre in der »Alten Bibliothek« des Stifts und dem emsigen Arbeitseifer im modernen Lesesaal ist nicht zu übersehen.

keit der Lektüre und Literaturbenützung von seiten der Stipendiaten, gewachsen auf dem Boden anti-orthodoxer und anti-inquisitorischer Geisteshaltung von Pietismus und Aufklärung. Im Namen Herzog Carl Eugens besagten die Statuten: »Gleich wie wir auch die Anstalt vorzukehren gedenken, daß die Kloster-Bibliothek allen und jeden brauchbar gemacht werde, und die Stipendiarii die Bücher selbsten einsehen und lesen können, also sollen sie solcher Gelegenheit sich dankbarlich und fleissig bedienen, vor Verwüstung oder Untreu an der Bibliothek sich bei schwerer Straf hüten.«
Die Liberalisierung des Zugangs und der Benützung der Bibliothek sollte sich aber, gerade um der Selbständigkeit der Stipendiaten willen, nicht nachteilig auf einen grundlegenden Bücherbesitz des einzelnen auswirken. Ausdrücklich war in den Statuten 1752 hinzugefügt: »Übrigens aber (soll) doch ein jeder mit denen nötigsten Büchern, die ihm die Superattendenten oder Ephorus anraten werden, selbst versehen sein.« War die Öffnung der Bibliothek, neben der fortbestehenden Ausleihe, aus pädagogischen Erwägungen heraus erfolgt, so gehörte dazu ein weiteres: die Stipendiaten sollten im Umgang mit den Büchern nicht allein gelassen werden, sondern durch ein »Collegium bibliographicum« Information und Anweisung erhalten. Zumindest angeordnet hatte man es, dieses »Collegium«, und zwar im Visitationsrezeß von 1757.
Die Benützung der Bibliothek bürgerte sich ein und wurde im Laufe der Zeit zur Selbstverständlichkeit. Die wissenschaftlichen Ideale des 19. Jahrhunderts machten auch für Studenten zunehmend die gründliche Arbeit mit breitgestreuter Literatur unumgänglich. Aber der weitgefaßte Bestand der Stiftsbibliothek, Konsequenz der Studien- und Bildungskonzeption, fand keineswegs entsprechende Beachtung. Bei der Visitation von 1864 wurde über Probleme der Studienpraxis, besonders über die Horizontverengung der geistigen Arbeit der Stipendiaten, geklagt. Zu diesem Thema hatte auch der Bibliothekar etwas beizutragen. Er wies darauf hin, daß historische und geographische Literatur, oder neuere kritische Werke zur Theologie fast gar nie, und philosophische Schriften von den älteren Stipendiaten, welche die allgemeineren Studienpflichten hinter sich hatten, nur selten verlangt würden.
Die neuen Katalogisierungen, die im 19. und 20. Jahrhundert durchgeführt wurden, erleichterten den Zugang zum Fundus der Stiftsbibliothek. Die Aufstellung einer Präsenzbibliothek in einem Lesesaal verschaffte den Stiftlern ständigen Zugang zur wichtigeren und allgemeinen Literatur für ihre Studien. Noch in der zweiten Hälfte des 19. Jahrhunderts war der Zugang zur Bibliothek zeitlich stark eingeschränkt. »Der Zutritt in die Bibliothek ist den Seminaristen den Sommer über ein- bis zweimal in der Woche an den von dem Bibliothekar zu bestimmenden Tagen in der Zeit nach dem Mittagessen bis zwei Uhr oder zu

einer anderen angemessenen Stunde gestattet; jedoch ist die Zahl der Einzulassenden je auf zwölf beschränkt, welche sich vorher durch den petierenden Unteraufseher bei dem Bibliothekar zu melden haben.«
Die Ausweitung in der Benützung der Stiftsbibliothek zog ein Ansteigen bürokratischer Vorgänge nach sich; Regelungen wurden erlassen, Vorschriften aufgestellt. Den »Statuten für die Zöglinge des evangelisch-theologischen Seminars in Tübingen« von 1879 waren erstmals »Bestimmungen über die Benützung der Seminarbibliothek« beigegeben. Neben den allgemein üblichen Hinweisen zur Abwicklung der Bücherausleihe mußten Fragen geregelt werden, die sich speziell für die hausinterne Privatbibliothek des Stifts mit ihrem Benutzerkreis von rund 150 Personen stellten.
Das Bestreben um den Aufbau und die Vermehrung einer nützlichen Bibliothek, mit den unerläßlichen finanziellen Folgen im 16. Jahrhundert wegweisend festgehalten, ist aus den Zielvorgaben der Stiftsleitung nicht verschwunden. Neben der Theologie liegen die Sammelschwerpunkte der Stiftsbibliothek in den Bereichen der Philosophie/Philosophiegeschichte sowie der württembergischen Landes- und Geistesgeschichte. Was die Nutzbarmachung der Bibliothek betrifft, seit dem 18. Jahrhundert gezielt betrieben, so ist man weiter fortgeschritten. Über die stiftsinterne Benützung hinaus nimmt die Stiftsbibliothek heute eine wichtige Rolle ein im Kontext des landeskirchlichen Bibliothekwesens und der wissenschaftlichen Bibliotheken im Umkreis der Universität Tübingen.

»Nit ein Unstand, sondern Notwendigkeit«: Musik im Stift

Keine ›Schmalspur-Theologen‹, sondern gebildete Leute zu nutzbringendem Dienst in der Kirche des Herzogtums sollten aus dem Tübinger Stipendium hervorgehen. Dieses weitgesteckte Ziel schloß auch die Forderung nach musikalischer Ausbildung der Stipendiaten und die Förderung derselben mit ein. Die Große Kirchenordnung sprach es klar aus: »Demnach nit ein Unstand, sondern Notwendigkeit, daß die Ministri Ecclesiae (die Diener der Kirche) dazuhin in dem Gesang geübt und erfahren seien, so wollen wir, daß auch jederzeit in unserm Stipendio ein gottesfürchtiger, erfahrener und gelehrter Musikus mit gebührlicher Besoldung bestellt und erhalten (werde), welcher alle Wochen zum wenigsten drei Tag nach den Mahlzeiten morgens und abends jedesmal eine Stund mit den Jungen in unserm Stipendio doch allwegen neue Motetten und gute Gesang übe und also das exercitium Musices (das Üben der Musik) im Gebrauch erhalte.«

Abb. 99

Grundlegung: Musik als Gottesgabe

Im Hinblick auf den Kirchengesang wurde das Musizieren im Stipendium angeordnet. Doch das Verhältnis der Stipendiaten zur Musik war nicht nur eine kirchenpragmatisch gebundene Angelegenheit. Die sonst so strengen »Statuten«, mehr auf die Festlegung des Verbotenen als des Erlaubten ausgerichtet, räumten eigens ein, daß den Stipendiaten »die leidenliche und ehrbare, unärgerliche Saitenspiel und Gesang, morgens und abends allwegen ein Stund nach Essens pro recreatione, mit rechter Bescheidenheit zu gebrauchen, unabgeschlagen sei«.
Das zeigt, daß die Große Kirchenordnung der Musik nicht gerade eine untergeordnete Stellung im Herzoglichen Stipendium einräumte. Die württembergischen Väter des Stifts bewegten sich damit ganz in den Bahnen dessen, wie der erste Mann der ›Kirche des Wortes‹, selber Lautenspieler und freudiger Sänger, Martin Luther, einst die Musik gewürdigt hatte: »Die Musica ist ein Gabe und Geschenk Gottes, nicht ein Menschen-Geschenk. So vertreibt sie auch den Teufel und machet die Leut fröhlich. Man vergisset dabei alles Zorns, Unkeuschheit, Hoffart und anderer Laster. Ich gebe nach der Theologia der Musica den nächsten Locum (Platz) und höchste Ehre.«
Zu den ersten namhaften Musikern im Dienst des Stipendiums gehörte denn auch, allerdings nur für das erste Halbjahr 1548, Johannes Walter aus Wittenberg, Sohn des berühmten Vaters evangelischer Kirchenmusiker. Der Gesang, nach dem Willen der Großen Kirchenordnung als Element der Ausbildung eingestuft, bildete sich rasch zu einem bedeutenden Faktor im Musikbetrieb des Stipendiums heraus. Eine eigene Sängergruppe von Stipendiaten versah den Chorgesang bei den Gottesdiensten in der Tübinger Stadtkirche. Zur polyphonen Vollständigkeit und um der harmonischen Ausgewogenheit willen waren jedoch helle Knabenstimmen erforderlich, wie sie die Stipendiaten nicht mehr besaßen. Man nahm deshalb – aus Klosterschulen, aus Tübingen oder anderswoher – »Diskantisten« ins Stipendium auf. Die sangesbegabten Knaben, meist auch musikalisch im weiteren Sinn, oder ihre Eltern, die sie in die ›Stiftsmusik‹ einzuschleusen suchten, hatten über den Chorgesang hinaus überwiegend auch die spätere reguläre Aufnahme ins Stipendium im Visier.

Stiftsmusik und Stiftsordnung

Obwohl von der Großen Kirchenordnung gar nicht vorgesehen, etablierte sich neben der Vokalmusik alsbald auch die Instrumentalmusik. Sie wurde durch Anschaffung von Instrumenten und Noten unterstützt. Der Wirkungskreis der Instrumentalisten aus dem Stipendium reichte schnell über die kirchlich-theolo- *Abb. 100* gische Ausbildungsstätte hinaus. Wie die auserlesenen Stiftssänger wirkten sie bei der Tübinger Kirchenmusik mit. Aber damit nicht genug. Anläßlich von Festlichkeiten in Tübingen, besonders von seiten der Universität, mußten die Stipendiaten für musikalische Umrahmung sorgen. Die Verpflichtungen der Stiftsmusiker nahmen solche Ausmaße an, daß die Leitung des Stipendiums sich zum Einschreiten genötigt sah. Der »Summarische Extrakt« von 1704 schrieb eine schon früher ergangene Verordnung fest: »Die Rektorats-, Doktorats- und andere der Stipendiariorum nächtliche Musiken außerhalb des Stipendiums werden gänzlich verboten und abgestellt, doch mit der Deklaration: daß, wann ein fürstlicher Prinz von dem fürstlichen württembergischen Haus in loco (am Ort) wäre und in einer Solennität dergleichen verlangen würde, Superattendenten und Magister Domus befindenden Dingen nach ein solches mit allen behörigen cautelis und Abschneidung der Mißbräuche vergönnen mögen; besonders wo dergleichen bei nächtlicher Weil vorgehen sollte, alle und jede Musici samt dem Rectore nach vollbrachter Musik im Stipendio sich wieder einzufinden angehalten werden sollen.«

Diese Vorschrift dokumentiert nicht nur, wie die ausufernde Tätigkeit der Instrumente spielenden Stipendiaten eingeschränkt wurde. Sie weist auch darauf hin, daß es mit den Musikern besondere Probleme auf der leidigen Ebene der disziplinarischen Kontrolle gab. Gerade durch ihre vielfältigen Verpflichtungen, auch durch die Proben, kam ihnen in der festen Zeitordnung des Stipendiums, in der Frage des Ein- und Ausgehens gegenüber den anderen Stipendiaten eine Sonderstellung zu. Ebenfalls 1704 schnitt man darum ein altes Problem an: daß man den Musiker-Status benützte, um sich regelrecht aus der strengen Aufsicht des Stipendiums zeitweise loslösen zu können, ohne doch der bestehenden Musikerpflicht nachzugehen. Der »Summarische Extrakt« hielt fest: »Die in der Kirch abwesende Musici sollen von dem Famulo jederzeit fleißig notiert und abgestrafet werden.«

Die »Statuten« von 1752 gingen in dieser Frage noch weiter. Die Musiker insgesamt sollten einer strengeren Aufsicht unterstellt werden. »Auch bei denen in dem Kloster geschehenden Musik-Proben« sollte »aller Unordnung« gewehrt werden. Den Probezeiten rückte man zu Leibe: nur noch zwei Stunden am »Dies Academicus«, dem vorlesungsfreien Donnerstag, wurden gestattet; für den Fall musikalischen Notstands traf man folgende Vorkehrung: »Sollte bei einem besonders schweren Stück am Samstag noch einige Übung nötig sein, möchte die Rekreations-Stund darzu genommen werden.« Bei aller Verschärfung und Einengung, welche die »Statuten« von 1752 den Stiftsmusikern brachten, bescherten sie ihnen doch auch ein kulinarisches Privileg: »Die Musici haben vor der Morgen-Kirch eine Suppe zu geniessen.« Ob allerdings das

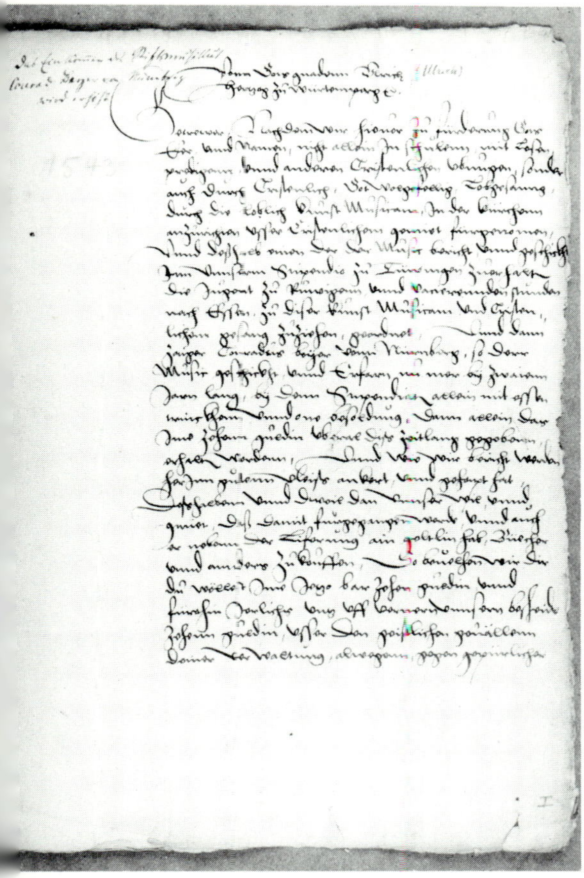

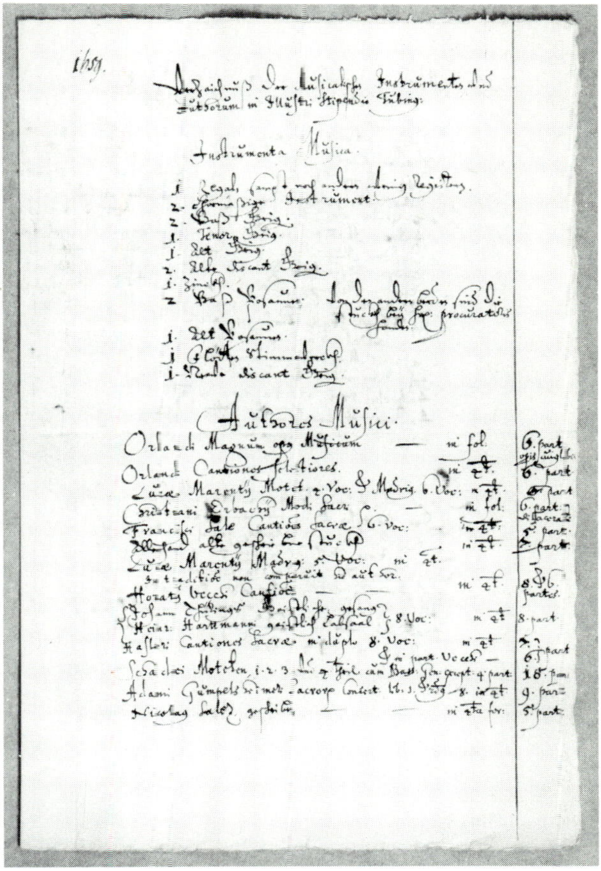

99 1543 ließ Herzog Ulrich kundtun, daß er »nicht allein Jn schulen, mit Lesen, predigen, unnd anderen Christenlichen Ubungen, sonder auch durch die loblich Kunst Musicam, Jn der kürchen anzurichten usser Cristenlichem gemiet fürgenommen, Unnd deßhalb einen der der Music bericht unnd geschickt Jnn Unserm Stipendio zu Tüwingen zu erhalten« angeordnet habe. Conrad Bayer aus Nürnberg, der seit zwei Jahren diese Aufgabe, bes. das Singen nach dem Essen, sehr zufriedenstellend versehe, solle eine angemessene Gehaltserhöhung bekommen.

100 Der Wiederaufbau des Herzoglichen Stipendiums nach dem Dreißigjährigen Krieg schloß auch die Sorge um die Pflege der Musik ein. 1659 wurde ein »Verzeichnis der Musicalischen Instrumenten und Authorum in Illustri Stipendio Tubing(ensi)« aufgestellt. Neben einem Regal (einer kleinen Orgel) konnten auch wieder ein Grundstock von Saiten- und Blasinstrumenten sowie zahlreiche Noten registriert werden.

101 Friedrich Silcher (1789–1860) hatte seit 1817 als Universitätsmusikdirektor in Tübingen auch die Leitung und Aufsicht über die Musikpflege im Stift.

102 Richard Gölz (1887–1975), Musiklehrer am Stift 1919–1935, legte den Schwerpunkt seines Wirkens in der Anfangszeit der Trennung von Staat und Kirche auf die Förderung der Kirchenmusik. Durch seine Tätigkeit an der Tübinger Stiftskirche St. Georg, an deren Orgel wir ihn sehen, hinterließ er auch jenseits des Ev. Stifts unübersehbare Spuren im Tübinger Musikleben.

103 Auch der Wirkungskreis von Walter Kiefner (1900–1984), hier an der Orgel in der Kapelle des Ev. Stifts, reichte in einer dreißigjährigen Amtszeit als Kirchenmusikdirektor von 1936 bis 1966 über das Stift hinaus.

104/106 Als nach dem Zweiten Weltkrieg eine Kapelle im Ev. Stift eingerichtet wurde, konnte auch eine neue Orgel aufgestellt werden. Eine Inschrift über dem Manual erinnert an die »schwere Zeit« der Entstehung 1947.
105 In einem kleinen Raum im Nordflügel des Stifts untergebracht, dennoch – selbst von draußen – nur sehr selten nicht zu hören: die 1967 errichtete Übungsorgel.

Stiftsmusik

SONNTAG, 12. JULI 1964

7 Uhr EVANGELISCHE MESSE
nach dem Alpirsbacher Formular in der Kapelle des Stifts

16 Uhr MUSIK AM NACHMITTAG
im Innenhof des Stifts

20 Uhr SERENADE
im Innenhof des Stifts

21.30 Uhr COMPLET
nach dem Alpirsbacher Formular in der Kapelle des Stifts

107/108 Programm und Gestaltung der Stiftsmusik sind selbstverständlich dem Wandel unterworfen. Der etwas beständigere äußere Rahmen, vor allem der Innenhof bei der Stiftsmusik im Sommersemester, zieht allemal auch zahlreiche »Ehemalige« und »Freunde des Stifts« an.

»Haben zu geniessen« mehr im Sinne einer Verpflegungsvorschrift oder eher als angenehme Vergünstigung verstanden werden konnte, war von der Gunst der Musiker beim Koch abhängig.

An einem anderen Punkt war unübersehbar, wie sich Privilegierung bzw. Sonderentschädigung der Stiftsmusiker mit der Disziplinproblematik überschnitt. Und zwar beim »Musik-Wein«, der den Sängern und Instrumentalisten zusätzlich verabreicht wurde. 1752 wurden die Anordnungen von 1704 festgeschrieben, die sich ihrerseits auf frühere Regelungen bezogen: »Von jenigen 6 Eimer Wein, so auf die Musik passieret werden, sind dem Repetenten oder einem anderen Rectori Musices für das Jahr 8 Imi zum voraus in Compensationem seiner Mühe abzufolgen; das übrige aber von dem Magistro Domus jederzeit zu assignieren und anzuweisen, auch unter währendem Exercitio Musico auszutrinken; zu dem Ende bei dem Magistro Domus alle Musik-Tag der Wein zu petieren, dessen erteilende Assignationes aufzubehalten; – gegen Georgii (23. April) dem Magistro Domus von dem Pincernen vorzulegen und also zu verrechnen; keineswegs aber dieser Wein sonst mißbrauchet werden, sondern allein denen, welchen er gehöret, widerfahren solle.« Sorgsamer Umgang und exakteste Buchführung sollten dafür sorgen, daß die Sondergabe des »Musik-Weins« keine Sonderprobleme schuf. Als am Anfang des 19. Jahrhunderts die Stiftsmusik eine organisatorische Belebung erfahren sollte, wurde die Weinausgabe abgeschafft.

Von einer regelrechten musikalischen Ausbildung der Stiftsmusiker konnte im 17. und 18. Jahrhundert kaum die Rede sein. Sänger und Instrumentalisten waren, auf der Grundlage schon früher erworbener Fertigkeiten, ganz auf Einsätze und Auftritte ausgerichtet. Auch für den Repetenten, der die Stellung des »Musik-Rektors« innehatte, ging es vorrangig darum, die Musiker zu beaufsichtigen, weniger, ihnen auf musikalischem Gebiet Anleitung zu geben. Neben dem aufsichtsführenden »Rektor der Musiker« wurde 1752 eigens ein »Rektor der Musik« benannt. Er sollte, als der älteste bzw. qualifizierteste aus dem Musiker-Kreis, die musikalische Leitung wahrnehmen. Auch die Sorge für Instrumente und Noten wurde ihm anvertraut. Besonders sollte er »mit denen Saiten sparsam umgehen«. Die Wahl dieses »Rektors der Musik« wurde 1793 dem Inspektorat überlassen. Dabei wurde konstatiert: die drei Herren »geben demjenigen den Vorzug, der sein Ansehen bei dem Musikkollegium am besten behaupten kann. In die Hände des Inspektorats gelegt wurde damals auch die Erlaubnis zum Musizieren »in der Stadt« gegen ein bestimmtes Honorar. Was am Anfang des Jahrhunderts strikt eingeschränkt worden war, wurde jetzt unter Kontrolle wieder freigegeben.

Vor welchem Hintergrund diese Regelung stand, illustriert die Erzählung des

Sohnes von Superattendent Tobias Gottfried Hegelmaier: »Im Winter 1783/84 hielten die Stipendiaten an, eigene Konzerte im Collegio (illustre) halten zu dürfen. Schnurrer war wütend, dagegen mein Vater unterstützte das Gesuch und sagte sogar: ›Wir selbst müssen auch die Konzerte unserer Stipendiaten besuchen.‹ ›Ja, das wäre mir anständig‹, entgegnete Schnurrer, ›wenn ich mich mit den Stipendiaten tête à tête in einer Stube aufhalten müßte!‹ ›Nützt nichts‹, sagte mein Vater, ›ins erste Konzert führe ich Ihre Frau, und Sie müssen die meinige darein führen.‹ Nun konnte Schnurrer nicht anders, aber noch kann ich ihn sehen, welche grimmigen Blicke umherwerfend er mit meiner Mutter am Arm den Konzertsaal hinaufdefilierte. Er kam aber nur dies einzige Mal, mein Vater kam häufig.«

Sorge um die Pflege der Musik

Das eigenständige Musizieren der Stipendiaten stieß auf unterschiedliches Echo bei der Leitung des Stipendiums, zumal ihnen kein wirklich qualifizierter Musiker vorgesetzt war. Man verstärkte darum die Bemühungen um Anstellung einer musikalischen Lehrkraft. 1817, im Jahr des 300. Reformationsjubiläums, war es soweit. Immanuel Friedrich Bahnmaier, Professor der Praktischen Theologie in Tübingen, aber alsbald wegen toleranter Haltung gegenüber dem Kotzebue-Mörder Sand des Amtes enthoben, hatte darauf hingewirkt, daß die Stelle *Abb. 101* eines Universitäts-Musikdirektors geschaffen wurde.

Der erste, der sie erhielt, war Friedrich Silcher, in die Musikgeschichte eingegangen als Förderer des deutschen Volksliedes und des volkstümlichen Chorgesangs. Der Universitäts-Musikdirektor hatte die Gesamtaufsicht und Leitung der Musik an der Universität, in der Tübinger Kirche und im Evangelisch-theologischen Seminar. Silcher zeigte sich bemüht, die musikalische Ausbildung der Stipendiaten zu fördern. 1822 ergingen entsprechende Erlasse des Königlichen Studienrates. Schon bevor die »Zöglinge« nach Tübingen kamen, sollten sie verstärkt musikalische Förderung erfahren. Für die Lateinschulen des Landes wurde intensivere Gesangspflege verordnet. Die Vorstände der »Niederen Seminare« wurden angewiesen, beim Übergang der Stipendiaten nach Tübingen »dem Inspektorat auch eine Schilderung ihrer musikalischen Beschaffenheit zu übergeben«. Die Stipendiaten schließlich wurden nachdrücklich auf Teilnahme am Gesangsunterricht Silchers und Mitsingen im Chor verpflichtet. Der Königliche Studienrat wies darauf hin, daß bei der Anstellungsprüfung darauf eingegangen werde, wie sich die Stipendiaten um Gesangesleistungen bemüht hätten. Doch die Förderung der Musik war nicht durch Verordnungen allein zu bewerkstelligen. 1829 wurde die »Akademische Liedertafel« gegründet; eine stattliche Zahl von Stiftlern bereicherte ihren Gesang. Ein Orchesterverein und ein Oratorienverein, ebenfalls auf Universitätsebene mit Beteiligung von Stiftlern, kamen hinzu. Die Aufgabe, den Musikbetrieb und besonders die musikalische Ausbildung zu intensivieren, war damit speziell für das Stift allerdings nicht gelöst.

Die Klagen des Studienrates wuchsen besonders während der Amtszeit von Universitäts-Musikdirektor Otto Scherzer, dem Nachfolger des 1860 verstorbenen Silcher. »Er ist ganz Musiker und wirkt für seine Kunst mit voller Energie und selbst mit Aufopferung; die kompetentesten Stimmen sind darin einig, daß junge Leute, die schon einige Fertigkeit und eine gute Schule auf ihrem Instrument mitbringen, unter seiner Leitung und Unterweisung sehr gefördert werden; aber Schwächere sich heranzuziehen und heranzubilden, dazu fehlt es ihm an Geduld.« So bewertete man Scherzers Tätigkeit bei der Visitation 1864, und es fällt damit zugleich ein Licht auf die musikalischen Verhältnisse im Evangelisch-theologischen Seminar.

Aber es war nicht nur das pädagogische Ungeschick Scherzers, das der Musik im Stift zusetzte. Von der mangelnden Musikalität einzelner Stiftler ganz abgesehen erkannte man als Hindernisfaktoren auch das Verbindungswesen und das, verständlichermaßen, größere Interesse der Stiftler an ihren Studien als an der Musik. Auch der Universitäts-Musikdirektor, zu Beginn des 19. Jahrhunderts erstmals eingesetzt, vermochte nicht, der Musik im Stift nach der Seite qualifizierter Ausbildung hin zu einem breiten Durchbruch zu verhelfen. Ob es eine nicht weiter beachtete Anregung aus dem Revolutionsjahr 1848 eher geschafft hätte. Die Repetenten schlugen damals, im Sinne einer ›Demokratisierung‹ des Musikbetriebes, die Einrichtung eines Musik-Ausschusses vor.

Von 1881 an versah die Stelle des Universitäts-Musikdirektors mit ihrer Einwirkung auf das Stift, nicht zuletzt mit der Pflicht, den halbjährlichen Musikbericht zu verfertigen, Emil Kauffmann. Sein Nachfolger wurde 1907 Fritz Volbach. Nach dem Ersten Weltkrieg wurde dann im Stift eigens eine Musiklehrerstelle eingerichtet. Richard Gölz wurde als erster darauf berufen. Es ging dabei vor allem um den Unterricht im Klavierspiel und auf der Orgel. Neben einer Übungsorgel gab es, noch bis in die fünfziger Jahre, die alte Orgel im Speisesaal, der ehemaligen Kommunität. Sie hatte durch Jahrhunderte ihren Dienst nicht nur beim gemeinsamen Gesang der Stipendiaten getan. Als nach dem Zweiten Weltkrieg eine Kapelle im Stift als eigenständiger Raum geschaffen wurde, stellte man auch dort eine Orgel auf. In allerjüngster Zeit kam noch eine weitere Übungsorgel dazu – Indiz, daß für die Betätigung von Manualen und Pedalen im Stift große Nachfrage besteht.

Abb. 102

Abb. 104–106

Richard Gölz förderte den Gesang durch rege Chorarbeit, aber auch durch Einzelunterricht. Der »Stiftschor« hat sich in den letzten Jahrzehnten durch viele Höhen und Tiefen hindurch behauptet. Die »Vorschriften« von 1928 besagten unter Paragraph 5 »Musikpflege«: »An der Musikpflege im Stift sollen sich die Studierenden nach Maßgabe ihrer musikalischen Fähigkeiten und der vorhandenen Einrichtungen beteiligen.« Diese Freiwilligkeit wurde 1934 eingeschränkt. In ihren ersten Semestern mußten die Stiftler nun an Singstunden teilnehmen, wobei es besonders um das Üben des Choralgesangs ging. Eine Verpflichtung im Blick auf den späteren Dienst, die sehr an die Bestimmung der Großen Kirchenordnung erinnert. Noch die Stiftsordnung von 1960 hielt als Bestandteil des Studiums der Stiftler fest: »In den ersten drei Semestern ist der Besuch der vom Musiklehrer gehaltenen Übungen in Kirchenmusik und Stimmbildung verbindlich.«

Für Instrumentalisten bestand und besteht die Möglichkeit, das Klangvolumen des »Stiftsorchesters« zu bereichern. Eine neue Bühne wurde für die Stiftsmusik seit 1938/39 aufgeschlagen. Ephorus Fezer suchte damals, nach Wegfall der Verbindungen, nach neuen Lebenszentren für die Hausgemeinschaft. Die Einrichtung einer ›Sonntagnachmittagsmusik‹ sollte dazu unter anderem dienen. Nach dem Krieg erwuchs daraus die einmal im Semester stattfindende »Stiftsmusik«, bei der sich immer auch zahlreiche Gäste einfinden.

Abb. 107, 108

Abb. 103 Personelle Verstärkung erfuhr der Musikbetrieb des Stifts 1929 durch die Bestellung eines Musikrepetenten. Nachfolger von Richard Gölz wurde 1936 Walter Kiefner. Der neue Horizont der Musik im Stift, entsprechend der veränderten organisatorischen Einbettung, zeigte sich jetzt im Titel des Musiklehrers: Kirchenmusikdirektor. Der Titel hatte aber auch ein sachliches Fundament, denn der Stifts-Musiklehrer wurde, auf den von Richard Gölz geschaffenen Grundlagen, in die Tübinger Kirchenmusik einbezogen. Nach dreißigjährigem Wirken von Walter Kiefner übernahm 1966 Martin Rößler die Stelle. Seit 1974 ist Gero Soergel Musikdirektor im Stift.

Auch wenn Plattenspieler und Stereoanlagen in den altehrwürdigen Stiftsmauern Einzug gehalten haben; wenn, unüberhörbar, einmal in der Woche in einer Ecke des Stifts eine Jazzband probt, um bei Festen ihr Können zu Gehör zu bringen – die Förderung der Musik in traditionellen Bahnen ist im Stift nicht zum »Unstand« geworden. Und den Rang einer »Notwendigkeit« besitzt das Musizieren für viele Stiftler auch ohne bzw. gerade wegen des Fehlens einer Obligation. Ob sie damit ›den Teufel vertreiben‹ wollen, müßte im Einzelfall geklärt werden. Aber allzuweit entfernt von der Wertschätzung der Musik durch Doktor Luther finden sich die angehenden Pfarrer Württembergs auch im 20. Jahrhundert nicht – sei es, daß sie nur das »ehrbare, unärgerliche Saitenspiel und Gesang« üben.

». . . am wenigsten einer künstlichen Abrichtung zugänglich« – Geschichte des Stiftlerseins

Die Stipendiaten oder Stiftler – wer sind sie?

Die Landeskinder Württembergs

Seit 450 Jahren kommen mit Ausnahme einiger Kriegs- und Notzeiten jährlich zwischen 20 und 40 neue Stiftler in die Gebäude des ehemaligen Augustiner-Eremiten-Klosters. Inzwischen dürften es ungefähr 15 000 Studenten gewesen sein, die in diesem Haus einen wichtigen Teil ihrer Ausbildung und Prägung erfahren haben. Bis vor wenigen Jahrzehnten waren es zum größten Teil Absolventen der württembergischen Klosterschulen (Seminare), in denen die neuen Stiftler schon einige Jahre gemeinsam unterrichtet worden waren.
Aufgrund der herzoglichen Verordnungen des 16. Jahrhunderts hatten die Stiftler Landeskinder Württembergs zu sein. Sie sollten nach der Großen Kirchenordnung von 1559 im Herzogtum geboren, erzogen und bei ihrer Aufnahme 16 oder 17 Jahre alt sein. Trotz dieser Regelung stammte zu allen Zeiten eine beachtliche Anzahl der Hausgenossen auch anderswoher. Dies kam durch Stiftungen, gesonderte Abmachungen oder individuelle Regelungen zustande.
In den ersten Jahrzehnten der Stiftsgeschichte war die Zahl der jeweils aufgenommenen Stipendiaten noch von Jahr zu Jahr unterschiedlich. Im Frühjahr 1537 waren es zunächst 14, bis 1548 wurden insgesamt 120 aufgenommen. Große Unterschiede bestanden bei diesen ersten Stiftlern hinsichtlich ihres Lebensalters und ihrer Vorkenntnisse: Einige von ihnen waren schon verheiratet und in vorgerücktem Alter, andere waren gerade zwölf Jahre alt. Manche hatten bereits eine gute Vorbildung als Mönche und Schreiber hinter sich, andere waren

glücklich, lesen und schreiben zu können. Von Jakob Andreae, der bei seinem Eintritt ins Stift zwölf Jahre alt war, wird berichtet, daß er bei seiner Aufnahmeprüfung den Satz »ich habe zwölf Tiere zu Hause« übersetzt habe mit »ego habes domus duodecim animal«. So waren die Stiftler der ersten Jahrgänge ein *Abb. 109, 110* insgesamt sehr bunter Haufen. Zunächst wurden Stipendiaten aufgenommen, wann immer sich geeignete einstellten. Seit 1575 erfolgte die Aufnahme quartalsweise, seit 1595 einmal im Jahr. In der Ordination von 1557 ist die Zahl der Stipendiaten auf insgesamt 100 festgelegt worden; Herzog Christoph hat die Zahl 1565 auf 150 erhöht.

Ihrer Herkunft nach stammten die bis 1550 aufgenommenen 160 Stipendiaten aus dem ganzen Gebiet des damaligen Württemberg: aus Stuttgart 14, Tübingen 7, Nürtingen 6, Bietigheim, Göppingen und Waiblingen je 5, Brackenheim, Cannstatt, Kirchheim, Münsingen und Vaihingen je 4, Güglingen, Marbach, Schorndorf und Weinsberg je 3, Blaubeuren, Calw, Herrenberg, Lauffen, Leonberg, Rosenfeld, Urach, Wildberg und Winnenden je 2; die übrigen entfallen auf Landorte. Nur 5 hatten ihre Heimat außerhalb Württembergs.

Nach dem ursprünglichen Willen der Herzöge Ulrich und Christoph sollte das Stipendium für »arme und unvermügliche Landkinder« eingerichtet werden. Dieser soziale Charakter des Stipendiums wurde nur teilweise beibehalten. Schon in den ersten Jahrzehnten wurden auch Söhne von hohen Beamten und Kirchendienern aufgenommen, wenngleich damals eine sehr beachtliche Zahl der Stiftler aus dem einfachen Bürger- und Bauernstand hervorging. Am Ende des 18. Jahrhunderts stammte nur noch ein kleiner Teil aus Bauern-, Handwerker- und Wirtsfamilien. Der weitaus größere Teil der Stiftler waren Söhne von Pfarrern, Lateinlehrern und Beamten. Der frühere soziale Grundsatz blieb zwar erhalten, jedoch waren die Kinder aus Bauern- und Handwerkerfamilien in ihren Chancen, in die Reihe der akademischen Bürger aufzusteigen, aus anderen Gründen benachteiligt. Pfarrer- und Lehrerberuf wurden in Württemberg für Generationen ein großenteils erblicher Dienst.

Bis zum Anfang des 19. Jahrhunderts wurden die Stiftler in den offiziellen Akten nach ihren Fortschritten im Bildungsgang gegliedert. Bereits im 16. Jahr- *Abb. 111–113* hundert findet sich die Einteilung in Repetenten, Magistri communes (Theologiestudierende nach dem Magisterium), Baccalaurei (Studierende an der Artistenfakultät vor dem Magisterium), Novizen (bzw. carentes gradu, d. h. Studierende ohne akademischen Grad), Gaststudenten, Mömpelgarder und Tifferniten. Die Einteilung war somit vor allem durch die Prüfungen des Baccalaureats und des Magisteriums vorgegeben. Sie wirkte sich vielfach im Leben der Stipendiaten aus, bis dahin, daß ein Magister gegenüber einem Nichtmagister die doppelte Weinportion bei den Mahlzeiten erhielt. Die Untergliederung der Stiftler in »Promotionen« ist erst im Laufe des 17. Jahrhunderts entstanden. Vor 1590 entsandten die Klosterschulen Bebenhausen, Maulbronn, Hirsau und Herrenalb noch jährlich jeweils eine kleinere Gruppe ins Stift. Erst allmählich wuchsen sie zusammen, so daß sie das Baccalaureat und das Magisterium gemeinsam absolvierten. Nach 1590 entsandten nur noch Bebenhausen und Maulbronn Stipendiaten, was das Zusammengehörigkeitsgefühl der Jahrgänge verstärkte. Um 1620 erscheint zum erstenmal die Bezeichnung »Promotion« für eine durchlaufende Jahresgruppe.

Die Zusammensetzung der Stipendiaten ergibt beispielsweise für den Sommer 1592 das folgende Bild:

Repetenten	7
Magistri communes	73
Baccalaurei	48
Novizen	22
Gaststudenten	4
Mömpelgarder	9
Tifferniten	4
Famuli	9

Somit gab es insgesamt 176 Studierende im Stift.

Als sich der Dreißigjährige Krieg mit seinen katastrophalen Auswirkungen auch im Stift voll bemerkbar machte, beabsichtigte die Kirchenleitung 1629, die Zahl der Stipendiaten auf die Hälfte zu reduzieren, was sich zunächst nicht durchsetzen ließ. Wenige Jahre später – nach der Schlacht bei Nördlingen 1634 – ging die Zahl der Stiftler allerdings rapide zurück. Zeitweise waren nur noch 30 im Haus, andere waren zum Herzog nach Straßburg oder in ihre Heimatorte geflüchtet. Andererseits befanden sich im Stift vorübergehend etliche Pfarrer, die aus ihren Orten vertrieben worden waren. Wegen Geldmangel mußten im Frühjahr 1637 die noch anwesenden 30 Stipendiaten entlassen werden. Im Sommer war gerade »ein starker Tisch voller Stipendiaten« anwesend. Sie hatten ihre Verpflegung teilweise mitgebracht. 1640 wurde ihre Zahl wieder auf 40 erhöht, bis 1645 stieg sie auf 64.

Nach dem Dreißigjährigen Krieg stellte sich allmählich wieder eine feste Ordnung ein, nach der jedes Jahr eine Gruppe von 25 bis 35 Absolventen der Klosterschulen im Stift aufgenommen wurde. Dazu kamen seit dem Ende des 17. Jahrhunderts jeweils etwa drei bis fünf Schüler des Gymnasiums in Stuttgart, das 1685 gegründet worden war. Sie alle hatten bei ihrer Aufnahme ins Stift die »Obligation« für den württembergischen Kirchen- oder Schuldienst zu unterschreiben.

Im Sommer 1713 setzte sich die Stiftlerschaft zusammen aus:

Repetenten	5
Magistri communes	106
Baccalaurei	27
Novizen	32
Gaststudenten	4
Mömpelgarder	7
Tifferniten	4
Ungarn	3
Famuli	8

In diesem Semester waren somit 196 Studenten im Stift.
Die jeweilige Promotion war seit der 2. Hälfte des 17. und stärker noch im 18. Jahrhundert für einen Stiftler die stärkste Bezugsgruppe während der ganzen Studienzeit. Erst im 19. Jahrhundert erfuhr sie Konkurrenz durch die die Jahrgänge übergreifenden Verbindungen. Seit der 2. Hälfte des 17. Jahrhunderts wurde jeder Stiftler normalerweise mit seiner Promotion Magister. Von 1720 an hatten sich fast alle Promotionsmitglieder bereits in der Klosterschule gefunden, da seither Bebenhausen und Maulbronn jährlich abwechselnd eine geschlossene Gruppe ins Stift entließen. Seit 1745 werden die Stipendiaten promotionsweise zum Examen einberufen.
Innerhalb der Promotionen gab es seit 1752 die sogenannte Lokation, d. h. der Platz bzw. Rang jedes einzelnen in der Gruppe, der vierteljährlich festgestellt wurde. In der Kommunität saß man bei den Andachten und Mahlzeiten entsprechend seinem Platz in der Lokation. Der Beste einer Promotionsgruppe war der Primus. Er sollte ein Vorbild für die anderen sein. Der jeweilige Primus beim Schlußexamen hatte die größten Chancen auf eine Repetentur und eine hervorragende kirchliche Laufbahn. Da die Lokationen im ganzen Herzogtum publiziert wurden, konnte sich jeder Interessierte ein Bild von den künftig hervorgehobenen Kirchenbeamten machen.
Nach der Abschaffung des Magisteriums 1820 änderte sich die Einteilung der Stiftler in Magister und Nichtmagister. Künftig zeigte meist nur die Semesterzahl den Ort des einzelnen im Studium.
Von der Mitte des 19. Jahrhunderts bis zur Zeit der Studentenunruhen 1968/69 gehörten die meisten Stiftler einer Verbindung bzw. einer akademischen Vereinigung an, die das Zusammengehörigkeitsgefühl ganz entscheidend prägte. Die nichtkorporierten Studenten waren davon genauso betroffen, da sie sich beispielsweise zur Zimmerverteilung genauso zu einer Gruppe zusammenfinden mußten.

In der Zeit um 1970 ergaben sich mehrere bedeutsame Veränderungen, die die gegenwärtige Zusammensetzung bestimmen. Die erste, geradezu revolutionäre Neuerung war, daß es nach 433 Jahren Bestehen des Stifts zum erstenmal im Herbst 1969 auch Stiftlerinnen gab. Erst die Zeiten der Studentenunruhen haben die längst überfällige Veränderung mit sich gebracht; in der Stadt studierten bereits seit den zwanziger Jahren auch Theologiestudentinnen. Zunächst gab es große Bedenken, wie das Zusammenleben von Stiftlern und Stiftlerinnen überhaupt funktionieren könnte. Vier Jahre lang wurde das Stift in zwei getrennte Wohnbereiche aufgeteilt, wobei die Stiftlerinnen einen von Semester zu Semester größer werdenden Bereich beanspruchten. Zunächst waren im Winter 1969/70 die ersten beiden Studentinnen im Dachgeschoß des Alten Ephorats mit separatem Aufgang völlig abgesondert untergebracht. Zwei Jahre später hatte sich ihre Zahl auf elf erhöht, und sie hatten das ganze Alte Ephorat in Beschlag genommen. Nur noch ein Stiftler wohnte hier. 1971 wurden auch im eigentlichen Stiftsgebäude die räumlichen Voraussetzungen für die weiblichen Stiftsangehörigen geschaffen. So wurden die Zimmer im Südflügel mit Waschbecken ausgestattet. Bei den bislang zentralen Waschsälen wäre es nicht möglich gewesen, einen Stock gemischt zu belegen. Bereits im Winter 1972/73 wohnten 15 der 21 Stiftlerinnen im ersten Stock, die anderen sechs waren im Alten Ephorat verblieben. In den Semestern darauf breiteten sie sich schließlich fast im ganzen Haus aus; unter den ökumenischen Gästen waren gleichfalls die ersten Studentinnen. 1973 wurde zum erstenmal auch eine Repetentin in das »collegium venerabile« aufgenommen. Inzwischen ist die gemischte Belegung zur Selbstverständlichkeit geworden.

Eine weitere bedeutsame Veränderung bestand in den vergangenen Jahrzehnten darin, daß die meisten Stiftlerinnen und Stiftler nicht mehr Absolventen der Seminare sind. War noch vor nicht allzulanger Zeit der überwiegende Teil der Hausgenossen über die Klosterschulen ins Stift gekommen, so ist es heute jährlich nicht einmal mehr eine Handvoll: 1983 kamen drei der 91 Bewerber um einen Platz im Stift aus dem Blaubeurer Seminar; alle anderen stammten von einem der inzwischen zahlreichen Gymnasien im Land. Die Vorbildung ist dabei in den meisten Fällen naturwissenschaftlich geprägt. Die Zahl der Absolventen humanistischer Gymnasien ist inzwischen gering geworden, so daß am Anfang des Studiums eine große Anzahl drei Sprachen erlernen müssen. So ist die früher prägende Gemeinschaft der Seminaristen weitgehend einer anderen Gruppenzusammengehörigkeit gewichen: dem Zusammenschluß von Stiftlern, die gemeinsam die Sprachen erlernt haben, vor allem im Sprachenkolleg der Landeskirche in Stuttgart oder an der Universität in Tübingen.

Auffallend ist, wie in den vergangenen Jahren die Zahl der aus Pfarrhäusern stammenden Stiftler zurückgegangen ist. Dies ist einerseits durch die allgemeine Zunahme von Studenten aus nichtakademischen Familien, andererseits durch das veränderte Aufnahmeverfahren in das Stift bedingt. So werden seit etlichen Jahren Stiftler zu einem beträchtlichen Teil aus Gründen dringender persönlicher Bedürftigkeit aufgenommen, denen die Stellen zugute kommen, welche durch den Verzicht von regulären, d. h. durch das Konkursverfahren aufgenommenen Stiftlern frei werden. Den früheren Jahrhunderten entfernt vergleichbar gliedern sich die Stiftlerinnen und Stiftler nach ihren Fortschritten im Studium. Da sind die Erstsemestrigen, die meist noch eine Sprachprüfung vor sich haben, bis sie »sprachfrei« sind, dann diejenigen, die »noch nicht im Auswärts waren«. Es schließen sich diejenigen an, die nach abgeschlossener Zwischenprüfung an einer auswärtigen Universität studieren, aber weiterhin zum Stiftsverband gehören und einen Gegenwert ihres Naturalstipendiums überwiesen bekommen. Zuletzt die höheren Semester, die wieder im Stift und an der Universität Tübingen studieren und oft bald mit einem zum Examen hin orientierten Studium *Abb. 115* beginnen. Die Semesterzahl spielt dabei heute die wichtigste Rolle bei der Zimmerverteilung, die in jedem Semester stattfindet. Die höheren Semester erhalten die größeren Südzimmer mit herrlichem Blick auf Stiftsgarten und Neckar; die Stiftler der unteren Semester müssen sich auch mit einem der dunkleren Zimmer im Innenhof zufriedengeben. Auch bei den Arbeitsplätzen der Lesesäle gibt es eine – nirgends festgeschriebene – Ordnung: nur Examenskandidaten wagen die Arbeitsplätze in den beiden kleineren Lesezimmern hinter dem großen Lesesaal zu belegen.

Trotz dieser Veränderungen haben auch heute die meisten Stiftlerinnen und Stiftler ihre Heimat im Gebiet der Württembergischen Landeskirche. Dies wirkt sich vor allem in der Umgangssprache im Stift aus. Während in vielen Seminarsitzungen an der Universität der schwäbische Theologiestudent kaum der norddeutschen Beredsamkeit zu widersprechen wagt, kann man in den Übungen des Stifts ganz unbefangen auch die tiefsten Gedankengänge bekannter Theologen und Philosophen in breitem Schwäbisch zu Ohren bekommen. Dabei reicht das sprachliche Spektrum immerhin vom Hohenlohisch-Fränkischen bis zum Alemannischen. Vergessen ist, daß in früheren Jahrhunderten der Gebrauch des Schwäbischen, ja sogar des Deutschen im Stift verboten war. Pflichtgemäße Umgangssprache im Herzoglichen Stipendium war Latein; jeder Verstoß hiergegen wurde bis zum 18. Jahrhundert bestraft. 1562 wurde das Deutschreden neben anderen Unsitten wie ungebührlichem Lautenschlagen, Singen, Springen und Poltern erwähnt. 1660 wird angemahnt, daß die Stipendiaten bei Tisch miteinander deutsch sprechen würden. 1696 wurde verordnet, daß einer, der bei Tisch oder sonstwo im Stipendium deutsch redet, mit Weinentzug oder gar mit

Karzer bestraft werden soll. Selbstverständlich wurden die Prüfungen lateinisch abgenommen und die Stiftsaufsätze in Latein geschrieben. 1752 wurde dann das Lateinsprechen im Haus nicht mehr gefordert, und auch die schriftlichen Arbeiten in Latein wurden reduziert. Erst Ende des 19. Jahrhunderts schaffte man auch die lateinischen Stiftsaufsätze ganz ab.

Die Mömpelgarder, Elsässer und Tifferniten

Unter den Stipendiaten waren nicht nur Württemberger. Aufgrund der Zugehörigkeit dreier linksrheinischer Gebiete zum Herzogtum – Mömpelgard, Horburg und Reichenweier – kamen von 1555 bis 1797 auch Mömpelgarder und Elsässer Studenten ins Stift. Jeweils zehn Plätze waren für sie im Stiftsverband vorgesehen, finanziert durch die Stiftung eines Bruders von Herzog Ulrich. Nennenswerte Studienerfolge haben diese Studenten kaum einmal erbracht, was an ihrer vergleichsweise geringeren Vorbildung und an ihrer französischen Muttersprache gelegen hat. Dafür wird um so mehr von durch sie verursachten Verstößen gegen die Studienordnung und die Disziplin im Haus berichtet. Auch der Kasse des Stipendiums sind sie immer wieder in besonderer Weise zur Last gefallen, zeitweise bedurften sie eines französischen Lehrers zum Nachhilfeunterricht. Manche Unsitten sind über sie ins Stift eingedrungen, so das 1660 verbotene Tabaktrinken. Kurz faßt ein Bericht des Jahres 1671 zusammen, daß die Mömpelgarder in ihren Studien schwach und schlecht, dabei unbändig in ihrem Betragen und gegen die Vorsteher widerspenstig seien. *Abb. 114*

Immerhin hat es einer von ihnen, D. Tossanus, in der zweiten Hälfte des 16. Jahrhunderts zum Professor für das Hebräische in Orléans gebracht; ein anderer – J. F. Nardin – hat nach 1715 die pietistische Bewegung in Mömpelgard eingeführt.

Eine besondere Bedeutung kommt den Mömpelgardern zur Zeit der Französischen Revolution zu, da durch sie die Stiftler direkte Informationen aus Frankreich erhalten konnten. Die Anwesenheit der Mömpelgarder und Elsässer im Stift hörte auf, als die linksrheinischen Besitzungen Württembergs Ende des 18. Jahrhunderts an Frankreich kamen.

Aufgrund einer Stiftung des Erziehers und späteren Rates von Herzog Christoph, Michael Tiffern, der ein gebürtiger Krainer war, konnten seit 1558 auch vier weitere Stipendiaten aufgenommen werden, die Tifferniten. In den ersten Jahrzehnten kamen zwei von ihnen jeweils aus Krain – ein Gebiet um Ljubljana im heutigen Jugoslawien. Seit 1600 ging die Stiftung ganz an Württemberger über, da aus Krain keine Theologiestudenten mehr geschickt werden konnten.

Die Gaststudenten

Die Einrichtung des Hospitiums im Stift geht schon auf die Zeit zurück, als das Stipendium vor 1547 seinen Sitz noch in der Bursa hatte. Es gab damals und später für Theologen und Nichttheologen die Möglichkeit, sich um einen Platz im Stift zu bewerben, gewöhnlich gegen Bezahlung. Über diese Möglichkeit kamen – vor allem im 18. und 19. Jahrhundert – zahlreiche Juristen und Mediziner ins Stift.

Eine besondere Bereicherung für das Stiftsleben waren etliche Studenten aus nichtwürttembergischen Gebieten, so schon ab 1559 solche aus habsburgischen Landen (Kärnten, Krain) und aus Siebenbürgen. 1568 wurde D. Reiff aus Kronstadt aufgenommen, der Sohn des siebenbürgischen Reformators. Dazu kamen von 1608 bis 1631 Studenten aus der lutherischen Gemeinde Amsterdams. Von 1660 bis 1830 gab es als feste Einrichtung den regelmäßigen – zeitweise auch mit Unterkunft verbundenen – Freitisch, der einer Reihe von Studenten für drei Jahre gewährt wurde. Neben vielen Württembergern kam er zahlreichen Studenten anderer Länder zugute. Seit 1659 wurden jeweils zwei bis drei Plätze für Gaststudenten aus Ungarn eingerichtet, um für die dort bedrängte Evangelische Kirche die Ausbildung einiger Pfarrer zu gewährleisten. Die ersten zwei Ungarn trafen 1661 ein. Bis 1733 waren regelmäßig zwei bis drei Ungarn im Haus. Sie erhielten freilich eine der denkbar schlechtesten Stuben im ersten Stock neben dem Eingang zum Kloakenturm; lange danach wurde das Zimmer noch Ungarnstüble genannt. 1701 mußte einer der Ungarn in die Stadt ziehen, da im Stift Platzmangel herrschte.

Nach der Schließung der Stuttgarter Karlsschule 1794 gehörte zu den Gaststudenten auch eine Anzahl Juristen und Mediziner, die im Stift Verpflegung erhielten. Ihr Platz im Speisesaal war der »Hansentisch« am Westende der Kommunität bei der Orgel, wo sonst diejenigen Stipendiaten aßen, die den Magister nicht geschafft hatten. 1829 wurde der Hospitestisch aufgehoben und dafür eine Anzahl von Staatsstipendien an der juristischen, medizinischen und staatswissenschaftlichen Fakultät eingerichtet. Zuletzt waren 40 bis 50 Studierende aus allen Fakultäten im Stift versorgt worden.

Auch im 20. Jahrhundert bestand die Institution des Gasttisches im Stift fort. Um 1930 sollte er »besonders tüchtigen Philologen« zugute kommen. Hierfür waren bis zu acht Plätze eingerichtet. 1939 wurde der »verbilligte Stiftskosttisch« für Theologiestudenten in der Stadt ausgeschrieben, »die dieser Vergünstigung bedürftig und würdig sind«.

Die Zeit des Dritten Reiches brachte vorübergehend die Möglichkeit für zwei unterschiedliche Gruppen von Gaststudenten mit sich. Ephorus Fezer bemühte

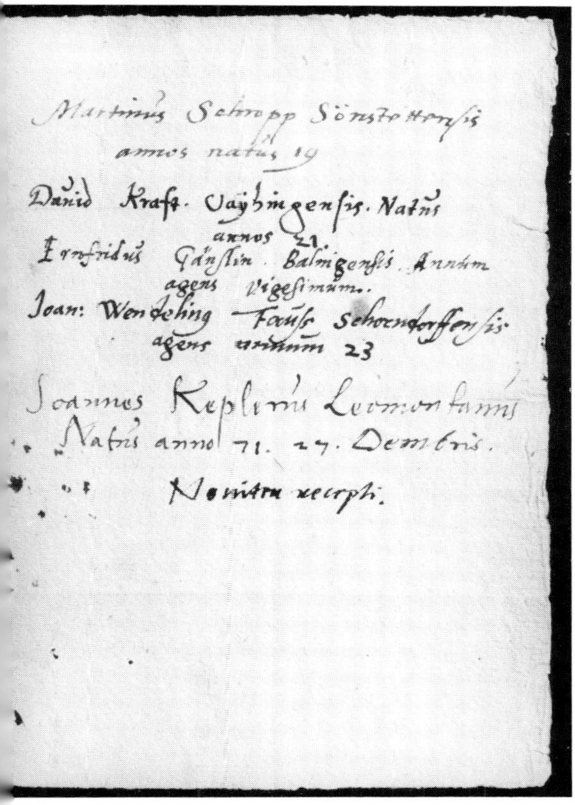

Martinus Schropp Sönstettensis
annos natus 19

David Kraft. Vayhingensis. Natus
annos 21.

Ernfridus Gänslin. Balingensis. Annum
agens vigesimum.

Joan: Wendeling Fauss Schorndorffensis
agens annum 23

Joannes Keplerus Leomontanus
Natus anno 71. 27. Decembris.

Noviter recepti.

109 Bei der Aufnahme ins Stift hatte sich in den ersten Jahrzehnten jeder Stiftler eigenhändig einzutragen: auf dem Rezeptionszettel von 1589 findet sich die Unterschrift von Johannes Kepler.
110 Johannes Kepler in jungen Jahren

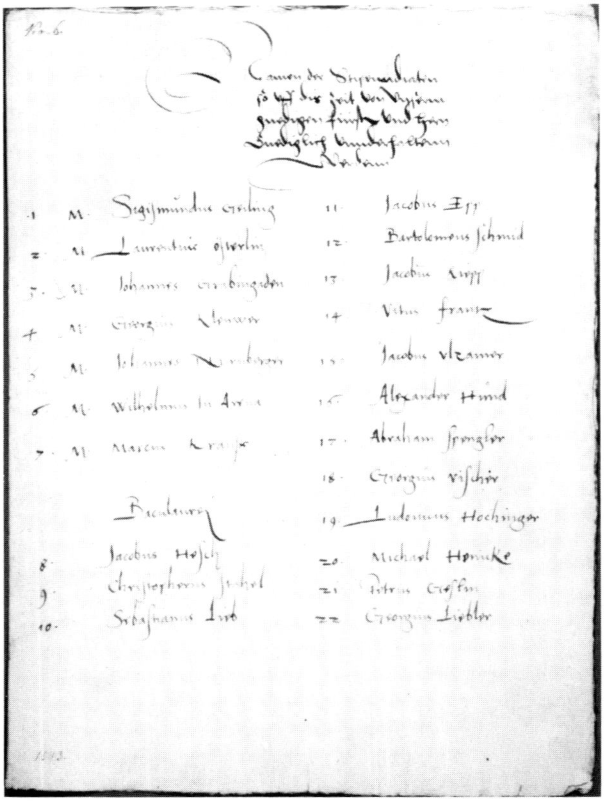

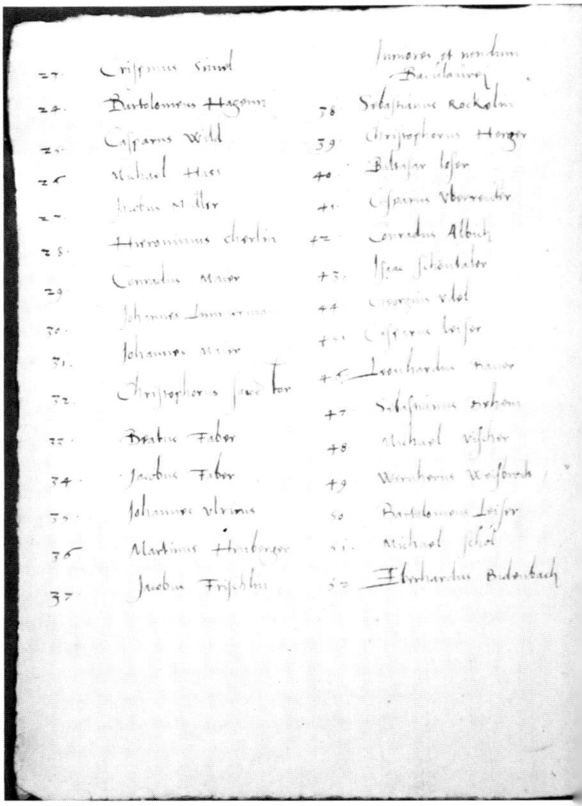

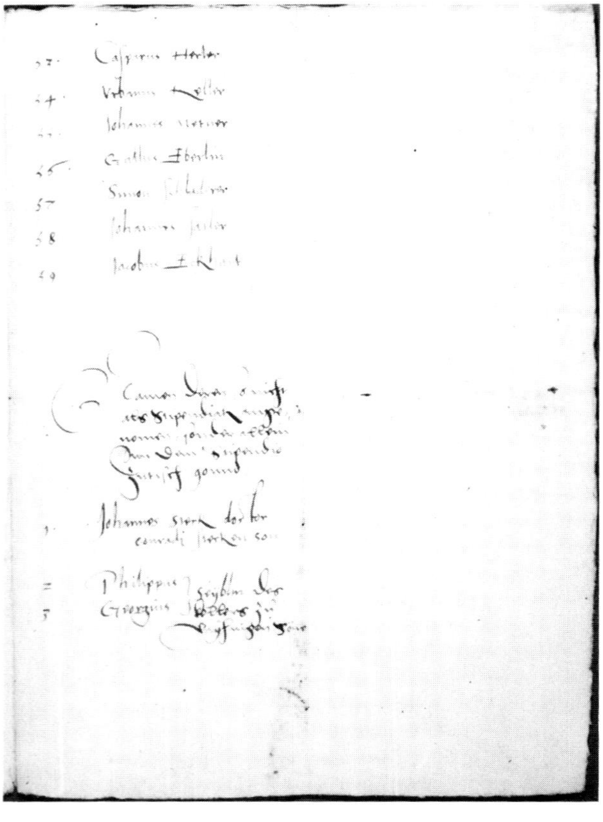

111–113 Die Stipendiatenlisten von 1540 zeigen bereits die Gliederung in Magistri, Baccalaurei und Juniores. Letztere hatten noch keinen akademischen Grad erworben.

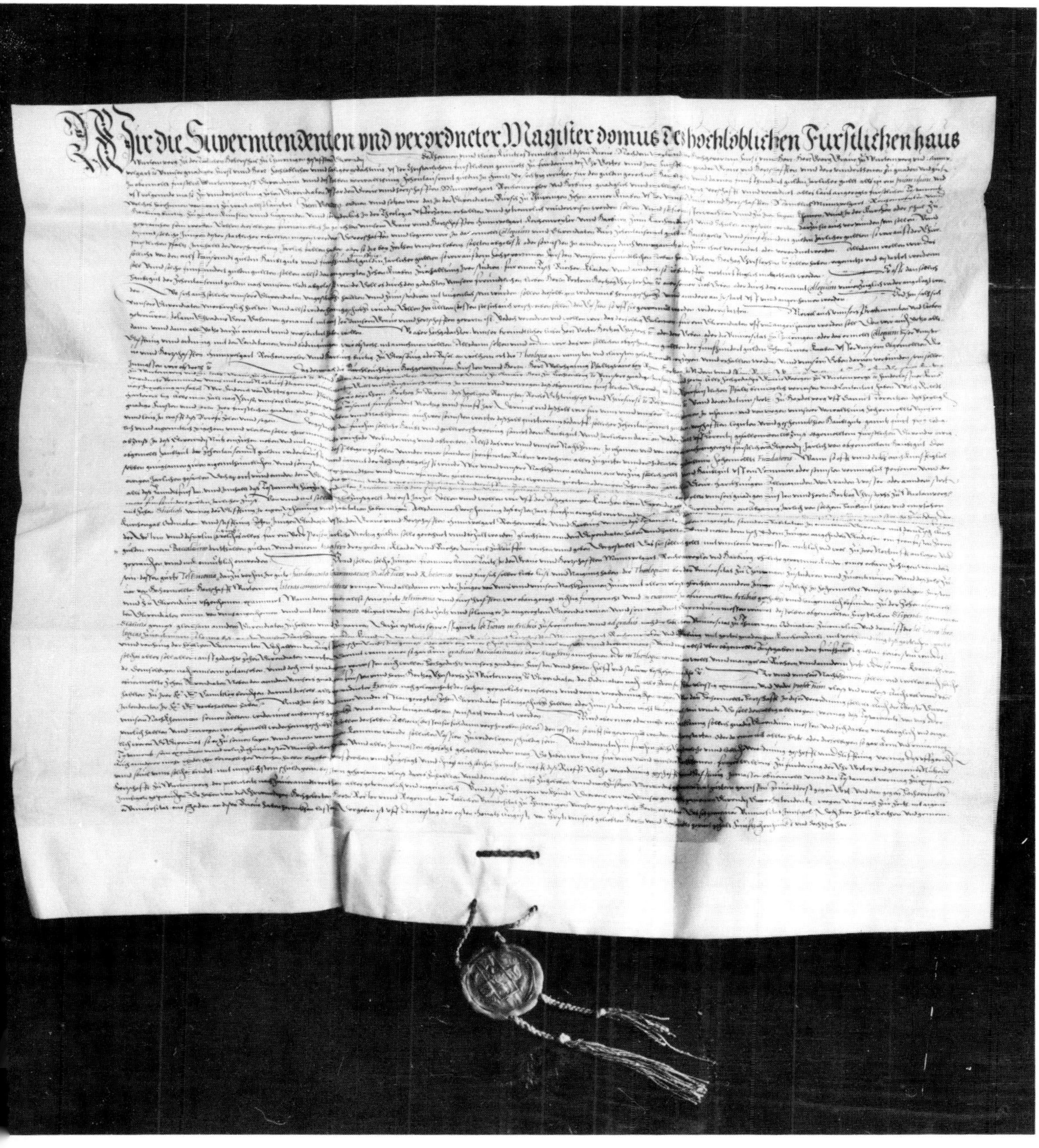

114 Urkunde zu der Mömpelgardischen Stiftung von 1555 durch Graf Georg von Württemberg, Herr von Mömpelgard

115 Aufnahme aller Stiftlerinnen und Stiftler im Sommer 1985 im Innenhof des Stifts
116 Semestereröffnung im Sommer 1985 – Ansprache des Ephorus im Speisesaal

sich seit 1936 in besonderer Weise um einen regelmäßigen Kontakt zwischen deutschen und englischen Theologiestudenten. Angeregt wurde dies durch die deutsch-britischen Theologenkonferenzen der zwanziger Jahre. Im April 1936 waren sechs Studenten des St.-Queens-Colleges Birmingham und zwei Studenten des Westcott Houses Cambridge für einige Tage zu einem intensiven Austausch zu theologischen und kirchlichen Fragen mit den Stiftlern zusammen. Im Oktober 1936 besuchten vier Stiftler, zwei Repetenten und der Ephorus die englischen Ausbildungsstätten. 1937 bis 1939 setzte sich der regelmäßige gegenseitige Besuch fort. Der Kriegsausbruch unterbrach den Kontakt, was von beiden Seiten sehr bedauert wurde.

1937 bis 1939 studierten jeweils zehn Stipendiaten des kirchlichen Außenamtes Berlin im Stift. Sie bereiteten sich auf den Pfarrdienst in deutschen Gemeinden Brasiliens vor, unterstanden der Betreuung eines Repetenten und erlernten an der Universität die portugiesische Sprache sowie die Landeskunde Brasiliens. Im Sommer 1941 waren neun Studenten aus dem Elsaß im Stift. Die vorübergehende Zugehörigkeit des Elsaß zum Deutschen Reich erinnerte an die alte Tradition der Mömpelgarder und Elsässer Studenten, die um 1800 abgebrochen war.

Ein neuer Abschnitt in der Geschichte ausländischer Gaststudenten begann 1950. Nachdem seit 1949 jährlich 50 deutsche Theologiestudenten auf Einladung ausländischer Kirchen Stipendien für ein Auslandsstudium erhalten konnten, entschloß sich das Hilfswerk der Evangelischen Landeskirchen in Deutschland in Zusammenarbeit mit dem Weltrat der Kirchen in Genf, auch Theologiestudenten anderer Länder Freiplätze an deutschen Universitäten einzuräumen. Die Württembergische Landeskirche beteiligte sich hieran von vornherein. Im Stift sollten drei (später vier) Studenten aus dem Ausland für jeweils ein Jahr Unterkunft und Verpflegung erhalten. 1950 erschienen die ersten drei Studenten, einer aus Schweden, zwei aus den USA. In den folgenden Jahren kamen aus zahlreichen Ländern Theologiestudenten und Vikare in das Stift und bereicherten in besonderer Weise die Gespräche zu Theologie, Ökumene, Geschichte und Politik.

Unabhängig von diesem Austausch über den Weltkirchenrat in Genf besteht seit etlichen Jahren ein partnerschaftlicher Austausch mit zwei Studienhäusern in Frankreich und Schottland. Jährlich können jeweils zwei Studenten aus dem New College in Edinburgh und einer aus dem Thomasstift (Collegium Wilhelmitanum) in Straßburg für ein Semester im Stift wohnen. Dafür studieren jeweils drei Stiftler in Edinburgh bzw. Straßburg. Allen hat diese Möglichkeit, im Ausland zu studieren, überaus wichtige Erfahrungen gebracht.

Zu den seit einigen Jahren regelmäßig erscheinenden »Gaststudenten« sind auch in jedem Sommersemester zwei bis drei Pfarrer zu zählen, denen die Württembergische Landeskirche für ein Semester zur Fortbildung ein Freisemester im Stift gewährt.

Die Konvertiten

Über die Gruppe der zum evangelischen Glauben erst übergetretenen Stiftler (Konvertiten, Proselyten) finden sich in den Archiven ausführliche Nachrichten, da sich das Konsistorium in Stuttgart meist monatlich Bericht erstatten ließ. Unter ihnen sind überaus interessante Gestalten, vor allem ehemalige katholische Mönche, die im Stift bei freier Unterkunft und Verpflegung Aufnahme fanden.

Im Sommer 1568 wurde ein spanischer Barfüßermönch namens Vincentius Forer aufgenommen, der über Holland nach Württemberg gekommen war. 1611 bis 1612 wohnte im Stift ein Würzburger Jesuit, Georg Dückelmann. Er wurde bald entlassen, da er einen Stiftler von der Richtigkeit der calvinistischen Prädestinationslehre überzeugen wollte. Im Herbst 1616 war ein ehemaliger Benediktiner, Hyacinthus Principe aus Lüttich im Haus. Er konnte zwar Privatunterricht in Spanisch und Italienisch geben, aber wegen des Verdachts, daß er einen Giftmord begangen hatte, wurde er entlassen. Im Januar 1621 kam Jakob Reihing, ein ehemaliger Hofprediger aus Pfalz-Neuburg, dem eine bayerische Kommission noch nachstellte, weshalb er eine sichere Wohnung im Stipendium erhielt. Er wurde dringend ermahnt, die Stadt nicht zu verlassen, vor allem nicht in Richtung Rottenburg zu gehen. Später hat es Reihing zum Professor in Tübingen und zum Superattendenten des Stifts gebracht. 1624 wurden drei italienische Franziskaner aufgenommen, 1652 ein ehemaliger Augustiner, Nicolaus Lamberti aus Walderfingen; doch wurde dieser wegen Raufereien mit den Stipendiaten entlassen. Im Frühjahr 1653 kam der Benediktiner Heinrich Benseler aus Heiligenstadt, 68 Jahre alt; er war durch Luthers Auslegung des Galaterbriefes zum Übertritt ermuntert worden. Freilich blieb er nicht lange, da er sich als 68jähriger im Stift verständlicherweise nicht allzuwohl fühlte. 1656 erschien aus Burgund Wilhelm Conry, der 17 Jahre als Franziskanermissionar im gesamten Mittelmeerraum zwischen Spanien und Palästina gewirkt hatte und nun übergetreten war. Im Sommer 1661 wurde aus Würzburg Anton Winter, Doktor und Professor der Theologie aufgenommen. Nach anderthalb Jahren im Stift erhielt er eine Anstellung als Honorarprofessor an der Universität. 1669 wird der Spanier Joseph Gabriel von Montalegre aufgenommen, der aus dem Regensburger Kartäuserkloster entlaufen war. Drei Jahre später hatte er – immer noch im Stift – eine Dienstmagd in der Stadt geschwängert und wollte sie heiraten. Zunächst erhielt er dafür sechs Wochen Stubenarrest, wurde dann aber nach einiger Zeit an der Universität als Lehrer für Spanisch und Italienisch angestellt. 1678 wurde Franz Max. Freiherr von Edlingen aufgenommen, zuvor Generalprokurator des Franziskanerordens. Er wurde allerdings wegen Verstößen gegen die Statuten bald außer Landes gejagt. 1699 gab es Probleme mit einem Konvertiten namens Thomas Gruber, da er die 14jährige Tochter seiner Tübinger Wäscherin »auf den Schoß gesetzt, geküßt und gedrückt« habe. 1727 wurde Balthasar Christoph Baron von Knigge aufgenommen, bislang Propst der deutschen Kirche St. Benno in Warschau und Kaplan bei der polnischen Krongarde. Mindestens vier Jahre hat er sich im Stift aufgehalten. Er wurde später Diakon in Homberg und Pfarrer in Mönchweiler.

Neben diesen aus dem Katholizismus Übergetretenen gab es einige, die jüdischer Herkunft waren. Zwischen 1550 und 1750 waren es insgesamt acht. Einer von ihnen war Joh. Christlieb Heilbrunner aus Krakau, der 1709 ins Stift aufgenommen wurde. Seine Herkunft wurde ihm zur Aufgabe, da er während seiner Stiftszeit die Stipendiaten in linguis orientalibus, vor allem in Hebräisch unterrichten mußte.

Insgesamt gehörten die Konvertiten sicherlich zu den »Exoten«, die das Stiftsleben bereichert haben. Die Leitung des Hauses betrachtete sie freilich mit zwiespältigen Gefühlen, nicht zuletzt, weil sie der Kasse des Stipendiums in besonderer Weise zur Last fielen. Bei ihnen mußte man für alles, von der Kleidung über die Bücher, das Holz und das bescheidene Taschengeld aufkommen.

Die Diskantisten

Die Diskantisten waren vom 16. bis zum 18. Jahrhundert die jüngsten Hausgenossen. Ihre Aufgabe war es, bei den Stiftsmusiken bzw. beim Motettensingen den Diskant, also die Alt- bzw. die Sopranstimme zu übernehmen. Zu diesem Zweck benötigte man jeweils zwei 12 bis 16jährige Knaben mit noch ungebrochener Stimme. Von ihnen wurde zugleich erwartet, daß sie an den Übungen der Artistenfakultät teilnehmen konnten, und so bestand auch die Aussicht, sie später als Stipendiaten zu übernehmen. Die Suche nach geeigneten Knaben – gewöhnlich an den Klosterschulen oder in Stuttgart – erwies sich jedoch des öfteren als äußerst schwierig. Zum einen bekamen die meisten der aufgenommenen jungen Leute nach kurzer Zeit ihren Stimmbruch, zum anderen fand man nicht immer solche, die bereits zum Studium an der Artistenfakultät geeignet waren. 1772 kamen die Vorsteher des Hauses – ihrer Zeit um zwei Jahrhunderte voraus – auf die Idee, daß man doch besser »eine Weibsperson« anstellen könnte, als laufend auf der Suche nach geeigneten Jungen zu sein. Das Konsistorium wollte von diesem Vorschlag freilich nichts wissen.

Die Philologen

Die Idee, neben den Theologen ein paar Studenten aufzunehmen, die sich nur auf das Lehramt ausbilden lassen wollten, geht auf die Zeit der Französischen Revolution zurück. Damals fanden sich jedoch nicht genügend Leute, so daß es erst in der ersten Hälfte des 19. Jahrhunderts zur Aufnahme von Schuldienstanwärtern gekommen ist. Seit 1810 sollten jährlich drei bis vier jeder Promotion für den Schuldienst aufgenommen werden. Einer der Gründe für den langsamen Prozeß der Verwirklichung dieses Gedankens war, daß traditionell die württembergischen Lehrer an den höheren Schulen aus den Kreisen der Theologen hervorgegangen sind. Erst 1847 schlugen die philosophische Fakultät und der Universitätssenat vor, daß man bei den sich auf das höhere Lehramt vorbereitenden Stiftlern die Forderungen für das Theologiestudium ermäßigen sollte. Der Vorschlag blieb ohne Wirkung, so daß die Universität 1850 einen neuen Vorstoß unternehmen mußte, der zum Ziel hatte, daß im Evangelischen Stift wie im Katholischen Konvikt jährlich eine Reihe von Plätzen für Lehramtskandidaten geschaffen und diese vom Theologiestudium befreit würden. Eine solche Trennung von Lehramts- und Theologiestudium wurde jedoch von der Stiftsleitung abgelehnt mit der Begründung, die Stiftler würden später gewöhnlich in beiden Diensten verwendet werden und könnten am Anfang des Studiums noch nicht über ihre spätere Befähigung entscheiden. Nach ausführlichen Diskussionen mit den zuständigen Stuttgarter Regierungsstellen, bei denen manch weitere Gründe sowie die Vor- und Nachteile der außerwürttembergischen Modelle abgewogen wurden, erließ das Ministerium im Oktober 1853 eine Verordnung, nach der im Stift jährlich fünf bis sechs Lehramtskandidaten aufgenommen werden sollten, denen freilich das Studium der Theologie nur teilweise erlassen wurde. Aus den vier Promotionen des Stifts meldeten sich daraufhin 15 Studenten, von denen zehn die klassische Philologie, fünf das realistische Studium betreiben wollten. Die Erfahrungen mit der Verkoppelung der philologischen bzw. realwissenschaftlichen Ausbildung mit dem Theologiestudium waren freilich wenig befriedigend. Erst die Prüfungsordnungen für die realwissenschaftlichen Kandidaten 1864 und die Kandidaten des Philologischen Lehramtes 1865 schufen Verbesserungen.

Seit 1853 war für die Studienleitung der Philologen ein philologisch gebildeter Repetent vorgesehen, seit 1876 wurde ein solcher angestellt. Er war zugleich Betreuer der Stiftsbibliothek. Was ursprünglich nur ausnahmsweise erlaubt war, wurde um 1890 zur Regel: seither sind die Lehramtskandidaten vom ganzen Theologiestudium befreit. Von nun an waren die Philologen nicht mehr im Schlepptau der Theologen. Problematisch wurde allerdings das große Interesse der Stipendiaten an der Vorbereitung zum Lehramt. Um 1900 war gut ein Drittel der Stiftler Lehramtskandidaten; insgesamt hatte bis dahin auch ein Drittel aller philologischen Studenten Württembergs ihre Ausbildung im Stift erhalten. Damit verlor das Stift mehr und mehr den Charakter als evangelisch-theologische Bildungsanstalt. Doch führten die Stiftsreformen von 1912 und 1928 dazu, daß diese – vielen kirchlichen Kreisen unliebsame – Entwicklung abgebrochen und die Zahl der Kandidaten für das Lehramt auf eine kleine Zahl reduziert wurde. Zu jeder Promotion sollten nur noch zwei bis drei Philologen aufgenommen werden.

Die gegenwärtige Regelung stammt aus dem Jahr 1956, wonach jährlich vier nichttheologische Freistellen für Philologen (Alt- und Neuphilologen), aber auch Naturwissenschaftler eingerichtet sind. Bezogen auf die Stipendiendauer von neun Semestern sind somit jeweils 18 Philologen im Stiftsverband.

Die Famuli

Vom 16. bis zum Anfang des 19. Jahrhunderts gehörten zu den Hausgenossen auch die Famuli. Sie waren sowohl Studierende und damit akademische Bürger als auch Hausdiener. Zu den Diensten, die sie zu leisten hatten, gehörte es, dem Prokurator bei seinen Einkäufen zu helfen, Fleisch und Gemüse ins Haus zu tragen oder den Magistern Botendienste und Einkäufe zu erledigen. Auch mit der Nachtwache, der Reinigung der Kommunität und des ganzen Hauses sowie dem Decken und Abtragen des Tisches waren die Famuli ursprünglich fleißig beschäftigt. Zu ihren Pflichten gehörte auch eine Art hauspolizeiliche Funktion bis hin zu der Exklusion der aus dem Stipendium wegen schwerer Straftaten entlassenen Stiftler. Nachdem eine Exklusion in der Kommunität verkündigt worden war, hatten zwei Famuli den Schuldigen in ihre Mitte zu nehmen und ihn vor das Hoftor zu führen, das hinter dem Verstoßenen dröhnend zugeschlagen wurde.

Am Anfang des 18. Jahrhunderts wandelte sich die Stellung der Famuli. Ihre Dienste beim Prokurator und manche Arbeiten in der Kommunität fielen weg; immer mehr wurden sie Organe der Hausordnung. Bei allen alltäglichen wie besonderen Ereignissen, vom Vorlesungs- und Kirchenbesuch bis zu den Freizeitvergnügungen hatten sie alle Unarten der Stipendiaten aufzuschreiben und diese dann anzuzeigen. Sie notierten, wenn sich einer während des Gottesdienstes in der Stiftskirche mit seinem Nachbarn unterhielt oder wenn ein Stipendiat beim Beten, Lesen, Predigen und Singen in der Kommunität aus der Reihe tanzte. Sie gingen dem Geruch von Tabak im Stipendium nach und achteten darauf, ob einer der Stipendiaten vom abendlichen Gang in die Stadt mit einer entsprechenden Fahne heimkam. Die Famuli hatten auch die Aufsicht über die in den Karzer eingesperrten Stipendiaten. Sie achteten darauf, daß dieser immer gut verschlossen war und den Inkarzerierten nur Wasser und Brot oder die verordneten Speisen verabreicht wurden.

Viele der Famuli waren wie die Stipendiaten aus Pfarrhäusern oder »armer Leute Kind«, die freilich aus irgendwelchen Gründen nicht die Klosterschulen besuchen oder sonst die Voraussetzungen zum gewöhnlichen Eintritt in das Stipendium erfüllen konnten. Ein großer Teil der Famuli stammte bis zum 18. Jahrhundert aus Handwerkerfamilien Tübingens. Allerdings war am Ende des 18. Jahrhunderts das Famulat hier so verrufen, daß aus Tübingen keine Handwerkersöhne mehr kamen. Nach sechs bis zehn Dienstjahren fanden die gewöhnlich zwölf Famuli oft Verwendung in lateinischen Schulstellen des Landes; andere stiegen in die Reihe der Stipendiaten auf und wurden wie diese Pfarrer und Lehrer. So stand den Famuli grundsätzlich auch die Möglichkeit zu einer kirchlichen »Karriere« offen, wie dies bei Veit Müller deutlich wird, der es vom Kuh- und Schweinehirten im Elternhaus über eine Famulusstelle bis zum Magister Domus des Stifts (1592–1626) brachte. *Abb. 11*

Es ist verständlich, daß die Einrichtung des Famulats bei den Stipendiaten überaus unbeliebt, ja verhaßt war. Mit allen denkbaren Schimpfworten wurde über die Famuli hergezogen; teilweise sind sie übel behandelt worden. Seit 1757 sollten nur solche Leute zu Famuli gewählt werden, die der Leibesgröße und Stärke nach zu ihren Funktionen im Stift tauglich waren. Graf Reinhardt schrieb 1785 vernichtende Worte über sie: »Diese Knaben von armen Handwerkern, die wie die echten Stipendiaten Kragen und Mantel tragen und an nichts kenntlich sind als an dem lauernden, schielenden Spionenblick und der niederträchtigen Miene. Sie spuken im Stift oft 20–30 Jahre und sind die Todesengel des Ephorus und der Repetenten usw. Diese Unglücklichen (denn das sind sie im höchsten Grad, überall verachtet und verhaßt und ohne Zweifel sich selber verächtlich) werden im Stift groß gefüttert, lernen nichts (denn sie haben keine Gelegenheit, durchaus keine, man überläßt sie völlig sich selbst, und dies vom 14. Jahr an), arbeiten nichts (denn ihre Polizeigeschäfte nehmen ihnen zuviel Zeit weg), und ohne Gefühl für Ehre, ohne Kenntnis irgend einer zweckmäßigen wissenschaftlichen Beschäftigung . . . bleiben die meisten im unglaublichsten Grad Ignoranten, und am Ende werden sie – die lateinischen Schulmeister des Landes.«

Diese Darstellung ist sicher weit überzogen, denn die Famuli brachten auch weiterhin tüchtige und bedeutende Persönlichkeiten hervor, aber sie zeigt die Perspektive des Stipendiaten, der sich ständig bewacht fühlen mußte. 1793 wurden im Zusammenhang mit der Einführung neuer Statuten bereits grundsätzliche Überlegungen über die Beibehaltung des Famulats angestellt. Man hielt es da-

mals als zur Erhaltung der Disziplin noch für erforderlich. Für die bisher von den Famuli verrichteten Handlangerdienste sollten nun jedoch vier Bedienstete angestellt werden. Nachdem die Klagen über das Famulat nicht verstummten und zudem kaum noch geeignete Leute dafür zu gewinnen waren, wurde diese Einrichtung 1830 abgeschafft. Anstelle der Famuli wurden nun zwölf Seminardiener beschäftigt.
Unter den Famuli verdient besondere Erwähnung Chr. Fr. Koch (1716–1802), der 70 Jahre dem Stipendium angehörte und zwischen 1732 und 1801 mehr als 2000 Stipendiaten erlebte. Als 80jähriger noch bemühte er sich, seiner Arbeit als Famulus nachzukommen, wenngleich er sie verständlicherweise nur noch ungenügend ausführen konnte.

Studentenleben zwischen Ordnung und Freiheit

Das Leben im Stift war in allen Jahrhunderten weitgehend von einer festgeschriebenen Hausordnung, den Statuten bestimmt. Hierin fanden sich bis ins 20. Jahrhundert hinein minutiöse Vorschriften über den Zeitpunkt des Aufstehens und des Morgen- und Abendgebetes, die Zeiten des Studierens, des gemeinsamen Essens und der Erholung. Aber auch Vorschriften über die Kleidung der Stiftler und Strafbestimmungen bei Übertretungen der Hausordnung waren verzeichnet und wurden regelmäßig allen bekanntgemacht. Diese Lebensweise des Stipendiums war vergleichbar mit derjenigen in Klöstern und in den Universitätsinternaten (Bursa). Den von den Klosterschulen aufgenommenen Stiftlern war sie bereits in ähnlicher Weise von ihrer bisherigen Ausbildungsstätte bekannt.
Immer wieder mußte die Hausordnung neu geschrieben werden, da entweder die Stipendiaten Erleichterungen in den Vorschriften durchsetzen konnten, neue Gewohnheiten festgeschrieben wurden oder auch die Kirchen- und Stiftsleitung Initiativen zur strengeren Einhaltung von Disziplin und Ordnung ergriff.
Trotz aller Reglementierungen ließ es sich im Stift immer leben. Mit Phantasie und mancher List schafften sich die Stiftler auch in den Jahrhunderten, als sie auf Schritt und Tritt von Aufsehern begleitet wurden, eine Atmosphäre, in der das Studium und erlaubte wie unerlaubte Vergnügungen eine angenehme Verbindung eingingen. Dabei gab es im Lauf des Jahres immer wieder Zeiten, auf die man zuleben konnte, Feste, die man gemeinsam feierte oder andere Höhepunkte, die den Stiftsalltag in willkommener Weise unterbrachen.

Der Jahresablauf

Der Jahresablauf im Stift war von Anfang an vor allem geprägt durch eine Abwechslung von Anwesenheit der Stipendiaten während des Semesters und den Ferien, die gewöhnlich zu Hause verbracht wurden. Schon im 16. Jahrhundert war eine zweimalige Unterbrechung die Regel, eine Zeit um Ostern und eine im Herbst. Beide Ferien waren allerdings wesentlich kürzer als heute: ursprünglich jeweils 14 Tage.

In die Osterferien wurden die Stipendiaten zunächst am Palmsonntag entlassen. 1589 verschob man den Termin auf die Zeit nach Ostern, womit allen der Besuch der Passions- und Osterpredigten in Tübingen möglich wurde. So entließ man die Stiftler am Ostermontag nach dem Mittagessen und erwartete ihre Rückkehr am zweiten Sonntag nach Ostern. Im 18. Jahrhundert begannen diese Ferien wieder am Palmsonntag. Im 19. Jahrhundert wurde ihre Zeit auf vier bis fünf Wochen ausgedehnt. Inzwischen dauern sie gewöhnlich von Mitte Februar bis Mitte April.

Die Herbstferien begannen ursprünglich an Michaelis (19. September) und endeten am Lukastag (18. Oktober). Im 17./18. Jahrhundert lagen diese Ferien bereits als Sommerferien im Juli; später wurden sie wieder auf den Monat September verlegt. Im 19. Jahrhundert wurden sie auf neun Wochen ausgedehnt. Seit einigen Jahrzehnten beginnen sie Mitte Juli und enden Mitte Oktober.

Bei der kurzen Dauer der Ferien vom 16. bis zum 18. Jahrhundert konnten nur die aus Württemberg stammenden Stipendiaten nach Hause reisen. Für die Mömpelgarder, Elsässer und Siebenbürger Studenten war der Heimweg zu weit. Sie mußten in Tübingen bleiben, so daß sie gewöhnlich während ihrer ganzen Studienzeit von drei bis fünf Jahren nicht nach Hause kamen.

Keine Ferien kannte man bis zur Mitte des 19. Jahrhunderts an Pfingsten und Weihnachten. Dabei ist zu berücksichtigen, daß das Weihnachtsfest noch lange nicht die Rolle wie heute spielte. Noch am Anfang des 19. Jahrhunderts war es ungewöhnlich, daß eine kleinere Anzahl von Magistern um drei Tage Weihnachtsurlaub bat. Erst 1844 wurde von der Stiftsleitung die grundsätzliche Einführung der Weihnachtsferien für alle Stipendiaten beantragt. Dies war freilich weniger ein freundliches Entgegenkommen gegenüber den Stiftlern, sondern wurde damit begründet, daß die vielbeklagte Feier der Neujahrsnacht dann nicht mehr im Stift stattfinden würde.

---

117 Kaffee auf der Stube Luginsland (um 1908) ▷
118 Damenkaffee (um 1908) ▷

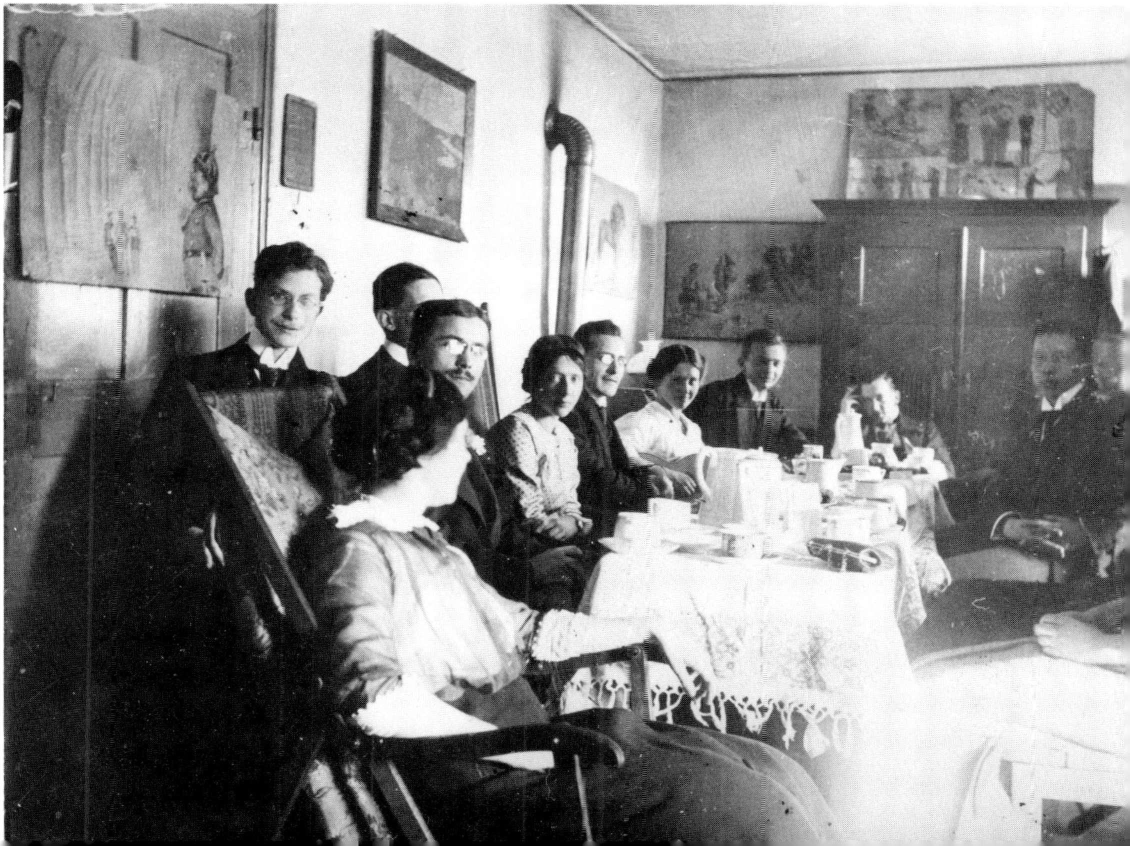

119 Andacht in der Stiftskapelle (1985)

Während der Ferien unterstanden die Stipendiaten zu Hause der Aufsicht des Dekans. Grundsätzlich war es jedoch auch bis ins 19. Jahrhundert hinein möglich, die Ferien im Stift zu verbringen. Im Zuge der Einführung der langen Semesterferien wurde dann das Stipendium auf zehn Monate im Jahr verkürzt, so daß lange Zeit (bis 1971) zwei Monate im Jahr das Stift für alle Stiftler geschlossen war. Inzwischen ist es wieder möglich geworden, auch die ganze vorlesungsfreie Zeit im Haus zu verbringen. Doch haben diejenigen, die diese Möglichkeit zumeist für das Anfertigen von Seminararbeiten nutzen, ihre Unterkunft für diese Zeit zu bezahlen. Das betrifft derzeit zwei Wochen der Frühjahrs- und sechs Wochen der Sommerferien.

Immer wieder gab es in diesem Jahresablauf Unregelmäßigkeiten, vor allem in den Zeiten, als im Stift gebaut wurde oder während verschiedener Notzeiten. So blieben 1611 die Stipendiaten während der Herbstferien im Stift, da in manchen Gegenden Württembergs die Pest ausgebrochen war. Andere Unregelmäßigkeiten verursachten die Stiftler selbst. Noch im 18. Jahrhundert mußte die Stiftsleitung regelmäßig klagen und mit Karzerstrafen dagegen vorgehen, daß die Stipendiaten nach Ende der Osterferien erst allmählich und mit tagelanger Verspätung wieder eintrafen. Besser war es am Ende der Herbstferien, denn mit großem Interesse wurde auch von seiten der Stiftler das Eintreffen einer neuen Promotion erwartet. Neugierig wurden bei der Eröffnungsfeier des Semesters in der Kommunität die neuen Hausbewohner gemustert. Die »Neuen« waren von ihren Vätern und oft zahlreichen Verwandten beim Einzug begleitet worden, die an der Eröffnungsfeier teilnehmen durften. Vom Herrentrippel aus verfolgten sie die Ansprachen und den Gottesdienst. Bis heute trägt die Eröffnung eines neuen Semesters einen feierlichen Charakter: Der Sprecher oder die Sprecherin der Studenten sowie der Ephorus halten eine Ansprache; ökumenische Gäste, Kontaktpfarrer und andere Gäste stellen sich vor. Die Feier wird mit einem Gottesdienst in der Stiftskapelle abgeschlossen. Ein Einführungsabend für die neuen Stiftlerinnen und Stiftler schließt sich an. *Abb. 116*

Zur Zeit der Verbindungen im Stift stand am Anfang des Semesters die »Keilung«. Die noch nicht korporierten Stiftler waren »Wildsäue«, die es zu keilen, d. h. für eine Verbindung zu gewinnen galt. Jede Verbindung lud die jungen Stiftler zu sich ein, um ihre Vorzüge anzupreisen und hoffte, daß möglichst viele Zugang zu ihr fanden bzw. »einsauten«. Mit manch interessanten Aufnahmeriten wurden gekeilte Jungstiftler als Füxe in die Verbindungen aufgenommen.

Im Schlußteil eines jeden Semesters lagen die Stiftsprüfungen, die zunächst zweimal, in diesem Jahrhundert (bis 1969) nur noch am Ende des Semesters abgehalten wurden. Bis ins 20. Jahrhundert hinein entschieden diese Quartals-

bzw. Semesterprüfungen über die Lokation innerhalb der jeweiligen Promotion und damit auch über die Sitzordnung im Speisesaal. Hier kam dem Primus der erste Platz am Tisch seiner Promotion zu. Für die neuen Stiftler entschied die erste Quartalsprüfung nach ihrem Eintritt über ihre erstmalige Lokation, die von ihnen selbst, aber auch von der Stifts- und Kirchenleitung und selbstverständlich von der ganzen Verwandtschaft mit lebhaftem Interesse zur Kenntnis genommen wurde.

Auch die Schlußprüfungen der Stipendiaten wurden im Stift mit großer Anteilnahme verfolgt. Schon im 17. Jahrhundert gab es zwei Examina, wobei dem Herbstexamen die wichtigere Rolle zukam: Wer im Herbst im Stift begonnen hatte, mußte es nach vier bzw. fünf Jahren im Herbst wieder verlassen. Im 17. Jahrhundert war die Schlußprüfung im Oktober; im 18. Jahrhundert wurden die Stipendiaten im Laufe des Novembers oder Anfang Dezember zum Examen nach Stuttgart berufen. Nach bestandener Prüfung kamen die meisten auf ein Vikariat oder eine Hauslehrerstelle. Im Stift war man damals nicht nur unglücklich, einen Teil der Hausgenossen zu verlieren, da es dadurch in den engen Winterstuben mehr Platz gab und die etwas jüngeren Semester an die begehrten Arbeitsplätze am Fenster nachrücken konnten. Ende des 18. Jahrhunderts wurde das Problem dadurch wesentlich entschärft, daß mit dem klassizistischen Umbau die Trennung von Sommer- und Winterstuben aufgehoben wurde. Zudem konnten die Examenskandidaten nach den Herbstferien zu Hause bleiben, um dort auf die Einberufung zum Examen nach Stuttgart zu warten.

Seit einigen Jahrzehnten finden die kirchlichen Examina zusammen mit den Fakultätsprüfungen in Tübingen in der zweiten Hälfte des Semesters statt. Zu den schriftlichen Prüfungen finden sich alle Kandidaten in den Räumen des Stifts ein.

In den letzten Jahrzehnten haben sich einige Traditionen entwickelt, die gleichfalls für den Ablauf der Semester charakteristisch sind. Hierzu gehören neben den noch zu erwähnenden Vergnügungen und Feierlichkeiten regelmäßige Begegnungen, vor allem mit anderen Einrichtungen im kirchlichen und ökumenischen Bereich.

Seit 1955 gibt es die im Auftrag der Landeskirche zunächst halbjährlich, dann jährlich stattfindenden Informationstagungen zum Theologiestudium. Hierzu werden Abiturienten, die sich für dieses Studium interessieren, für drei Tage ins Stift eingeladen und haben in dieser Zeit zahlreiche Möglichkeiten zu einem direkten Kontakt mit Stiftlern, Gemeindepfarrern und Professoren der Fakultät. Stiftlerinnen und Stiftler gestalten diese Tagung aktiv mit, indem sie die Abiturienten mehrmals zu Gesprächen auf ihre Zimmer einladen und unter anderem auch ein Fest für sie organisieren. In den letzten Jahren waren jeweils im Herbst über 150 Abiturientinnen und Abiturienten im Stift.

Regelmäßige Begegnungen finden derzeit mit dem katholischen Wilhelmsstift und dem Albrecht-Bengel-Haus statt. Hierbei stehen theologische Themen im Vordergrund. Die anschließenden Gespräche in Gruppen dienen dem Kennenlernen und haben schon manche dauerhaften Kontakte geknüpft. Dazu finden Treffen mit Schülern der Kirchenmusikschule Esslingen statt. Weitere Kontakte bestanden mit der Pädagogischen Hochschule Weingarten (fünfziger Jahre), mit den »Riedenbergern« (sog. »spätberufene Pfarrer«), den Studenten der Karlshöhe Ludwigsburg und anderen Einrichtungen.

Der Tagesablauf

Im 16. Jahrhundert hatte der Werktag im Stift nach der Großen Kirchenordnung mit dem Läuten der Glocke um 4 Uhr (sommers) bzw. um 5 Uhr (winters) zu beginnen. Erst mit der Zeit gab es gewisse Erleichterungen: Im 18. Jahrhundert wurde sommers um 5 Uhr, winters um 6.30 Uhr geweckt. Noch später läutete die Altaneglocke in unserem Jahrhundert, zuletzt winters wie sommers um 6.55 Uhr. 1968 wurde das Läuten zum Wecken abgeschafft; das Aufstehen ist seither dem einzelnen Stiftler – sei er Kurz- oder Langschläfer – überlassen.
Innerhalb einer Viertel-, später einer halben Stunde mußte sich jeder zur Morgenandacht im Speisesaal einfinden, was nicht immer problemlos war, denn man liest unzählige Male von Karzerstrafen, Weinentzug oder Geldstrafen, da manche Stiftler sich nicht an die strenge Ordnung halten wollten. Immer wieder erschienen einige noch in ihren Nachtröcken zur Morgenandacht oder setzten sich – noch halb in Träumen – an den falschen Platz, was ihnen vier Tage Karzer einbringen konnte. Im Zeitalter des Pietismus wurde die Andacht im Speisesaal durch Stubenandachten ersetzt. Im 19. Jahrhundert gab es keine Andacht; in diesem Jahrhundert werden sie auf freiwilliger Grundlage abgehalten.
Die Betten wurden früher von den »Betterinnen«, später von den Stiftsdienern gemacht. Wer sonntags den Schlafsaal erst nach 8.30 Uhr verließ, mußte sein Bett selbst »in tadelloser Ordnung« hinterlassen (Ordnung bis 1960). Seit 1961 macht jeder Stiftler sein Bett selbst. Solange es noch Schlafsäle gab, hatten die Betten bis spätestens zum Mittagessen in Ordnung zu sein.
Nach dem Morgengebet (es gab bis ins 18. Jahrhundert hinein noch kein Frühstück) begannen für die meisten die Studien. Man besuchte die Vorlesungen der Fakultät oder die Repetitionen im Stift, wobei im 18. Jahrhundert zunächst unter Aufsicht und Anleitung der Repetenten morgens ein griechisches Kapitel aus dem Neuen Testament »zur Beförderung der Pietät« gelesen und ausgelegt wurde. Zeitweise war im Anschluß an die Morgenandacht im Sommer auch freier Ausgang gewährt worden, freilich nur mit einem Buch zum »Meditieren«.

Heute dienen die Vormittagsstunden – je nach dem persönlichen Stundenplan – vor allem dem Besuch der Vorlesungen, die fast alle zwischen 8 und 13 Uhr stattfinden.

Die erste Mahlzeit war ursprünglich um 9 Uhr, seit 1609 um 10 Uhr, einige Jahrzehnte später um 11 Uhr. Das Frühstück hat seit seiner Einführung immer nach der Morgenandacht stattgefunden. Nach dem ersten Essen bzw. Mittagessen folgte die »Rekreation«, Zeit zum Ausgehen oder zum Musizieren. Einige Stiftler empfingen in dieser Zeit auch Besuche im Stift. Heute treffen sich viele Stiftlerinnen und Stiftler in dieser Zeit gewöhnlich in Gruppen zu einem gemein-
Abb. 117 samen Kaffee- oder Teetrinken, immer wieder innerhalb der »Diözese« (Zuständigkeitsbereich eines Repetenten) auf einem Repetentenzimmer. Gewöhnlich einmal in der Woche tagt nach dem Mittagessen das Forum der Stiftlerschaft.

Die Gestaltung des Nachmittags war sonst in allen Jahrhunderten ähnlich. Die Stunden bis zum Abendessen dienten den Privatstudien, den Repetitionen bzw. Loci oder dem Besuch von Kollegien/Seminaren an der Fakultät. Zum Abendessen um oder etwas nach 18 Uhr (ursprünglich um 17 Uhr) traf man sich wieder im Speisesaal.

Nach dem Abendessen gab und gibt es immer wieder das Angebot einer Andacht, an anderen Tagen war und ist wieder Zeit der Erholung, winters auf den Stuben, sommers durfte man früher das Stift bis zum Einbruch der Dunkelheit noch einmal verlassen. Bis zum Torschluß hatten alle Stiftler, solange es noch keinen Hausschlüssel für alle gab, im Stift zu sein. Wer später kam, wurde bestraft oder hatte für die verspätete Öffnung zu bezahlen, zuletzt betrug die Einlaßgebühr in den fünfziger Jahren eine Mark. Schwer bestraft wurden früher die Stiftler, die unentschuldigt über Nacht ausblieben; noch am Anfang dieses Jahrhunderts gab es hierfür die Karzerstrafe.

Am Wochenende ist es im Stift seit einiger Zeit ruhiger als früher, da viele Stiftlerinnen und Stiftler ihr Wochenende außerhalb Tübingens, meist zu Hause verbringen. Dies ist freilich erst seit der Abschaffung der Präsenzpflicht am Wochenende möglich geworden. Noch in den fünfziger Jahren bestand die Regelung, daß eine Abwesenheit vom Stift von mehr als 24 Stunden schriftlich beim Stubenrepetenten und dem Ephorus zu beantragen war. Dann wurde für das Wochenende selbstverständlich Urlaub eingeräumt.

Bis vor wenigen Jahrzehnten hatte gerade das Wochenende einige Höhepunkte der Woche zu bieten. Den Samstagabend schildert Karl Gerok für seine Zeit (1832): »Geröstete Erdbirnen und Leberwürste am Samstag abend sind das allgemeine Stiftsleibessen. Dann sind bis 9 Uhr Freistunden. Hier ist entweder auf der Stube schöne Musik; der eine spielt Klavier, der andere geigt, der dritte und vierte singt, und beiläufig gesagt glaube ich, daß diese Beschäftigung mit der

Musik Ursache ist, daß durchaus kein roher, sondern ein recht feiner Ton auf unserer Stube herrscht. Ein andermal lese ich oder gehe auf der Stiftsaltane, wo es um diese Zeit sehr romantisch ist, spazieren oder mache ich Entdeckungsreisen in den verschlungenen, matt beleuchteten Gängen des Klosters wie ein wandelnder Mönchsgeist und erschrecke vor meinem eigenen Schatten . . .; kurz: Langeweile gibt's nicht.«

Am Sonntag herrschte nicht dieselbe strenge Ordnung vom Aufstehen bis zum Einschlafen. So wurde in diesem Jahrhundert zum Aufstehen nicht mehr geläutet. Als die Schlafsäle noch bestanden, waren diese sonntags ganztägig geöffnet, wenngleich jeder im Laufe des Morgens sein Bett in Ordnung zu bringen hatte.

Der Sonntag diente nach den Statuten vor allem dem Besuch der Gottesdienste in der Stiftskirche. Lange Zeit war der Besuch des Vor- und des Nachmittagsgottesdienstes vorgeschrieben. Das 19. Jahrhundert hat den älteren Semestern die Wahl zwischen den beiden Gottesdiensten freigestellt. In der Gegenwart wird bevorzugt der von der Evangelischen Studentengemeinde angebotene Gottesdienst am späten Sonntagvormittag besucht, in dem zumeist Professoren der Fakultät predigen.

So gut wie nichts mehr geblieben ist von einer der großen Traditionen im Stift, dem Stiftskaffee. Bis vor wenigen Jahrzehnten war er der Höhepunkt jeder Woche. Oft wurde er auch Damenkaffee genannt, da hier für wenige Stunden am Sonntagnachmittag die Möglichkeit bestand, Mütter, Großmütter, Schwestern und auch die künftigen Bräute einzuladen. Albrecht Goes hat 1927 den Stiftskaffee seiner Verbindung trefflich beschrieben: »Der Stiftskaffee ist eine *Abb. 118* Einrichtung und Gelegenheit, die des Prädikats ›vollendet‹ preiswürdig ist, und man müßte ihn erfinden, wenn es ihn nicht gäbe. Aber es gibt ihn. Du sitzt in einer Atmosphäre von Bohnensaft und Blumen, verschüttetem Spiritus und dicken Zigarren, an einem Tisch mit der besten Decke, blauen Tassen, brauner Kanne und weißer Zuckerdose und mit Damen . . . Man läßt sich von Bundesschwestern über liebe Alte Herren auf das Laufende bringen, man ist geistig anspruchslos. Der Kaffee aber, das muß man sagen, der ist ausgezeichnet: schwarz und stark und süß. Es ist eitel Freude, Friede, Eintracht, gesunde und schmerzlose Heiterkeit, durch keinen bösen Geist und theologischen Wirrwarr gestört. Nur die Füxe sind nicht ganz frei, sie haben nachher zu spülen und aufzuräumen, und sie tun im Stillen einige Gelübde für die Burschenzeit: vor allem dies: auch Damenkaffee zu halten, auch Geschirr zu verschwenden und Andere spülen zu lassen . . .

Stiftskaffee. Er trägt eine andere Note freilich, wenn zu einsam gutem Abendbesuch ein Kandidat oder Repetent erscheint. Dann freilich kann es geschehen, daß man in die Tiefen steigt, daß es spät wird, daß der Samowar lange in die Nacht singt, daß kühne Systeme in den Raum platzen und Propheten und Apologeten sich in der Eisluft der Idee finden. Dann sind Hegel und Schelling wirklich zu Gast gekommen, dann ist Mitternacht erfüllt von dem stolzen Jubel ragender Erkenntnis.«

Religiöses Leben

Das religiöse Leben der Stiftler hat im Laufe der Jahrhunderte recht unterschiedliche Ausdrucksformen gefunden. Sie waren einerseits durch die Hausordnungen vorgegeben, andererseits auch ein Spiegelbild der jeweils herrschenden geistigen Lage der Zeit.

Die Große Kirchenordnung von 1559 sah vor, daß von den Stipendiaten täglich morgens und abends gemeinsame Andachten gehalten wurden, in denen das Rezitieren von Psalmen, ein Gebet und das Vaterunser im Mittelpunkt standen. Das Morgengebet begann in der Kommunität ursprünglich im Sommer kurz nach 4 Uhr, im Winter kurz nach 5 Uhr. Das gemeinsame Abendgebet fand im 16. und 17. Jahrhundert wahrscheinlich unmittelbar nach dem Abendessen statt. Am Anfang des 18. Jahrhunderts wurde als Frucht des Pietismus auf den Stuben das gemeinsame Morgen- und Abendgebet eingeführt. Eine Neuerung war, daß jeweils ein biblisches – morgens ein griechisches und abends ein hebräisches – Kapitel gelesen und ausgelegt wurde. Auf diese Schriftlesung folgte ein Gebet, dazu – vor allem am Samstag- und Sonntagabend – noch ein gemeinsames Lied. Diese Neuerungen der pietistischen Bewegung wurden in die Statuten von 1752 aufgenommen. Zeitweise haben die Stubenandachten die gemeinsamen Andachten in der Kommunität ersetzt, so ist vor allem im Winter nur noch auf den Stuben die Abendandacht gehalten worden.

Die Mahlzeiten wurden mit einem Tischgebet eröffnet und geschlossen, das anfangs die Jüngsten der Stipendiaten auf Latein sprachen. Jeweils einer übernahm für eine Woche das Gebet. Mit der Saalglocke in der Kommunität wurde zur Stille gerufen. Bei Gebet und Gesang zu Tisch hatten die Famuli darauf zu achten, daß alle Stipendiaten andächtig mitmachten und das Gesangbuch nicht vergessen hatten. Wenn dies der Fall war oder einer nicht wirklich mitsingen wollte, so wurde er angezeigt. Während des Essens wurde von einem Stipendiaten gepredigt. Zeitweise las man auch aus der Bibel oder anderen erbaulichen Schriften.

Nach der Großen Kirchenordnung waren die Stipendiaten verpflichtet, die öffentlichen Gottesdienste in der Stiftskirche zu besuchen. Für sie waren hier bestimmte Bankreihen reserviert worden. Bereits im 16. Jahrhundert wurde die

Stiftskirche entsprechend hergerichtet und umgebaut. Vor den Gottesdiensten, die dreimal wöchentlich – zweimal am Sonntag und einmal am Donnerstag – stattfanden, traf man sich in der Kommunität und ging dann in gemeinsamer Prozession paarweise in die Stiftskirche.
Schon früh hat vielen Stipendiaten der Zwang zum Gottesdienstbesuch mit den damit verbundenen starren Ordnungen mißfallen. Man hört immer wieder davon, daß manche der Stiftler nicht in der rechten Ordnung zur Kirche gingen oder zunächst um das Gotteshaus einen Spaziergang machten. Manche kamen dann zu spät; viele erhielten Strafen, weil sie sich während des Gottesdienstes mit dem Nachbarn unterhielten, einschliefen oder ein Buch lasen. Verboten war den Stipendiaten auch, sich nach dem Gottesdienst in der Münzgasse so hinzustellen, daß sie die aus der Kirche kommenden Personen neugierig betrachten konnten. Mitte des 18. Jahrhunderts häufen sich die Klagen über schlechten Kirchenbesuch. Stiftler mit triftigen Gründen konnten darum bitten, vom Gottesdienstbesuch am Donnerstag oder Sonntag befreit zu werden, was allerdings dann gern zum Briefeschreiben oder anderen Erledigungen ausgenutzt wurde. Einige meldeten sich regelmäßig am Sonntag krank. Das Konsistorium beanstandete 1743, daß kaum ein Drittel der Stipendiaten sonntags in die Kirche gehen wollte und alle möglichen Unpäßlichkeiten von den Abgemeldeten vorgebracht würden. Viele fehlten auch unentschuldigt, was zu einer Anzeige ob neglectum tempelum führte, ein häufiger Grund für den Entzug des Tischweins am folgenden Tag. 1743 betrug das Strafregister mancher Magister zwischen 30 und 50 Anzeigen ob neglectum tempelum. 1759 und 1766 sind die Klagen nicht geringer geworden. Das Konsistorium fragte an: »Wie werden sie (etliche Stipendiaten) doch einmal mit Freudigkeit andere zu Anhörung des Wortes Gottes auffordern können, wenn ihnen ihr Gewissen sagt, daß sie selbst in der Zeit ihrer Vorbereitung zum Predigtamt sich durch unzählbare mendacia (Lügen) von dem cultu divino (Gottesdienst) loszuhalten gesucht haben?« Die Klagen über Unregelmäßigkeiten häuften sich. Viele entfernten sich während des gemeinsamen Ganges zur Kirche. Andere fielen während des Gottesdienstes durch mancherlei Unsitten auf. So setzten sich einige bei Gesang und Gebet in der Kirche ihre Hüte auf (1759); etliche liefen vor einer Taufe weg (1784); einige hatten im Gottesdienst ihre Ferngläser dabei, um nach den Leuten zu schauen (1763).
Der Stiftsleitung lag freilich lange am verbindlichen Gottesdienstbesuch, nicht nur am Sonntag, sondern auch am Donnerstag. 1777 wurde befohlen, daß wegen der Reparation der Stiftskirche während der gewohnten Zeiten in der Kommunität von einem Repetenten ein Gottesdienst gehalten werden sollte. Immer wieder wurden die Stipendiaten auch zu Beichte und Abendmahlsbesuch aufgefordert. Auf den Stuben sollten sie sich gemeinschaftlich hierzu vorbe-

reiten. Einer der beiden Superattendenten, bei dem man sich einige Tage zuvor anzumelden hatte, nahm die Beichte ab.
Mit den Statuten von 1793 erfuhren die Formen des religiösen Lebens im Stift einige Veränderungen. Das gemeinsame Morgengebet in der Kommunität sollte im Winter nicht mehr stattfinden; an seine Stelle trat dafür um 7 Uhr in jeder Stube eine gemeinsame Andacht. In der Praxis ging das Lesen des Gebets morgens wie abends wochenweise unter allen Angehörigen einer Stube um. Im Sommer blieb es bei dem gemeinsamen Gebet morgens um halb fünf in der Kommunität. Das Abendgebet fand nun nach Torschluß und nicht mehr nach dem Abendessen in der Kommunität statt. Es wurde vom Wochenrepetenten geleitet. Bezüglich des Tischgebetes wurden die Vorsteher des Stifts zur Ausarbeitung besserer Formulare aufgefordert. Das Tischgebet sollte stehend und mit der angemessenen Portion Anstand verrichtet werden. Das Vorlesen aus der Bibel oder aus anderen Büchern während des Essens sollte, da nichts dabei herauskomme, abgestellt werden. Dasselbe betraf den Gesang nach dem Essen. Dafür sollten einige Lieder als Umrahmung der Predigtübungen eingeführt werden. Auch auf den Stuben sollten wieder mehr Lieder gesungen werden.
All diese Reformbestrebungen hatten nur kurzzeitigen Erfolg. So ist bereits am Ende des 18. Jahrhunderts im Zusammenhang mit den unruhigen Zeiten das Stubengebet wieder verschwunden. In der ersten Hälfte des 19. Jahrhunderts waren die Formen der Frömmigkeit im Stift überaus bescheiden. Fr. Steudel redete 1827 von den Andachten als einem »gedankenlosen Getreibe«. Im Stift sei es ein »Wagstück«, fromm zu sein. Sehr zurückhaltend erwarten die Statuten 1826 von den Repetenten: »Als ein besonderer Beweis des gewissenhaften Eifers der Repetenten wird man es gerne sehen, wenn jeder in seiner Abteilung durch zweckmäßig eingerichtete Andachtsübungen den religiösen Sinn der ihm anvertrauten Seminaristen zu wecken und zu nähren sucht.« Dieser fromme Wunsch der Behörde erfüllte sich – außerhalb der Gruppe der Pietisten mit ihrer Stunde – bei der Mehrzahl der Stiftler im 19. Jahrhundert nicht mehr.
Um 1850 machte sich Ephorus Hoffmann Gedanken zur Belebung der Frömmigkeit im Stift. In seiner Denkschrift von 1852 ist dazu vermerkt: »Das Stift ist in Bezug auf die religiös-asketische Anregung weit hinter seinem früheren Zustand zurück. Allerdings mögen die damals zur Erbauung bestimmten preces (Gebete) und lectiones psalmorum zu toten Horen herabgesunken und zuletzt hiedurch zur Aushebung reif geworden sein.« Hoffmann wünschte sich, daß im Winter wieder wie früher morgens und abends ein gemeinsamer Hausgottes-

---

120/121 Sommerfest im Stiftsgarten (1985) ▷

Königl. evangel.-theologisches Seminar.

Luther-Feier.

Zu der am nächsten **Sonntag** den 11. Nov. Nachm. 3 Uhr **im Seminar** stattfindenden **Lutherfeier** werden die Herren Lehrer und Studirenden unserer Hochschule, sowie alle Freunde unserer Anstalt ergebenst eingeladen.

Tübingen, 8. Nov. 1883.

Im Namen des Seminar-Inspektorats
Ephorus Dr. Buder.

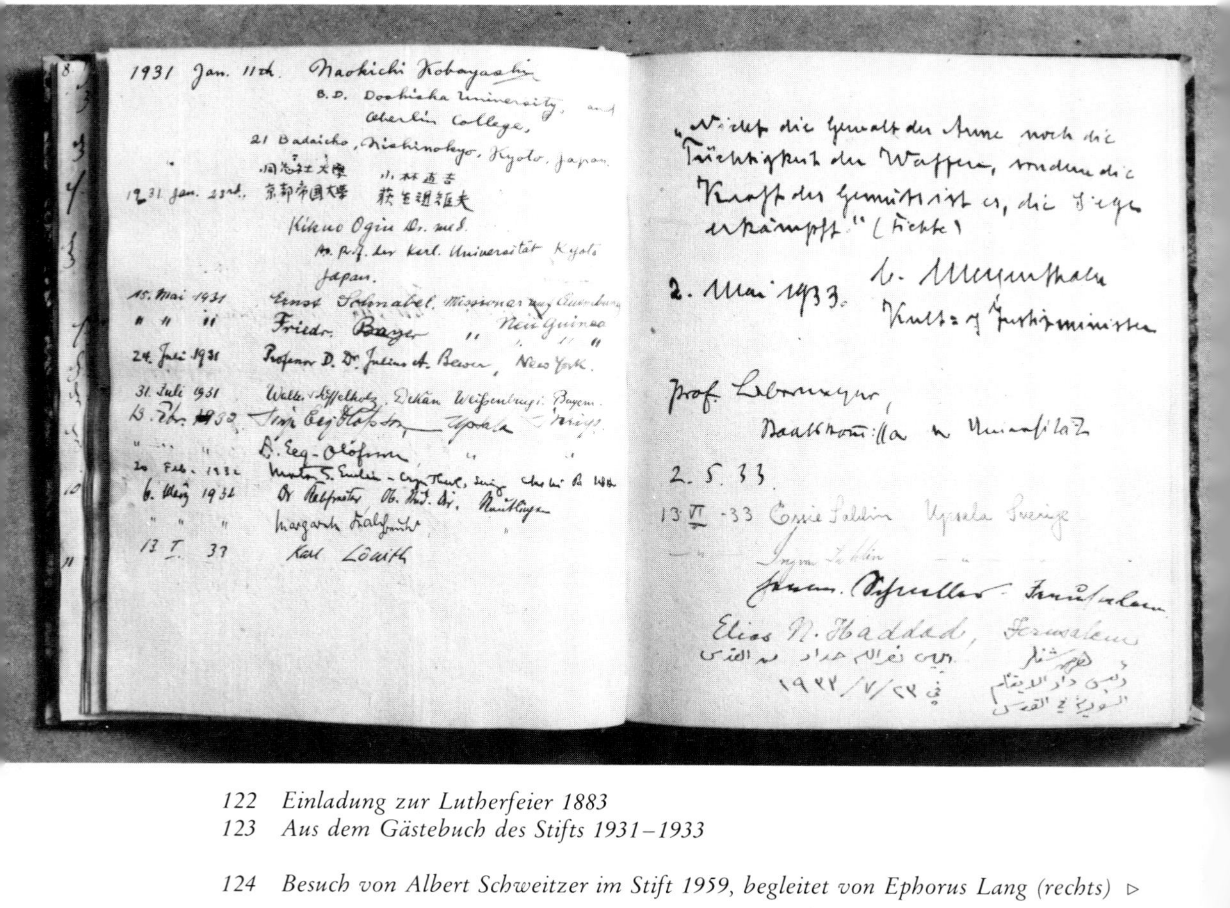

122 *Einladung zur Lutherfeier 1883*
123 *Aus dem Gästebuch des Stifts 1931–1933*

124 *Besuch von Albert Schweitzer im Stift 1959, begleitet von Ephorus Lang (rechts)* ▹

125 Besuch von Bundespräsident Heuss im Stift 1960: im Hintergrund der damalige Repetent Klaus Scholder

dienst stattfinden sollte, im Sommer wenigstens morgens. Dieser Gottesdienst solle aus Gesang, Gebet und Bibellektion bestehen. Damit keinerlei tote Heuchelformen aufkämen, sollte die Teilnahme hierbei freiwillig sein. Bezüglich des Kirchenbesuches wünschte sich Hoffmann, daß jeder am Sonntag wieder wie früher zweimal in der Kirche erscheinen sollte. Aber auch Hoffmanns Wünsche haben sich nicht erfüllt.

Erst nach dem Ersten Weltkrieg sind im Stift wieder tägliche Morgenandachten eingeführt worden. Die Teilnahme hierzu war freiwillig, wobei es bis 1964 geblieben ist. Sie fanden vor 1940 im großen Hörsaal, danach im Alten Ephorat, seit 1945 in der neugerichteten Kapelle statt. In den letzten Jahren ist die Morgenandacht der Initiative einzelner Gruppen im Haus überlassen gewesen. Ganz selbstverständlich fand sich fast in jedem Semester – die Jahre der Studentenunruhen ausgenommen – immer eine Gruppe, der die Morgenandacht wichtig war und die sie das Semester über betreute. Seit 1975 finden somit *Abb. 119* wieder – montags bis freitags – in der Kapelle Andachten statt. Dazu gibt es gegenwärtig ein- bis zweimal in der Woche die Andachten der Stiftsgemeinschaft. Jeden Mittag findet vor dem Essen eine liturgische Mittagsandacht in der Kapelle statt; abends werden wöchentlich liturgische und meditative Andachten abgehalten, verbunden mit der Feier des Abendmahls.

Das Tischgebet wurde ursprünglich von einem Stiftler der jüngsten Promotion, später von einem Studierenden der ältesten Promotion gesprochen (so noch in den Statuten 1928). Ephorus Hoffmann hatte 1851 als Formulierung eingeführt: Vor dem Essen: »Ihr esset oder trinket oder was ihr tut, das tut alles im Namen des Herrn Jesu und danket Gott dem Vater durch ihn.« Am Schluß des Essens stand das Psalmwort: »Lobet den Herrn, meine Seele und was in mir ist, seinen heiligen Namen, und vergiß nicht, was er dir Gutes getan hat.« Später wurden andere Gebete gesprochen. 1968/69 erschien es einer Mehrzahl von Stiftlern fraglich, ob das von einem einzelnen für alle gesprochene Tischgebet der rechte Rahmen für einen gemeinsamen Essensbeginn darstellen könne. Damals wurde diese Form ausgesetzt, und es ist seither jedem einzelnen überlassen, das Essen mit einem persönlichen stillen Gebet zu beginnen.

Höhepunkte im Stiftsalltag

Zu den Höhepunkten im Stiftsalltag gehören Feste und Feierlichkeiten, aber auch hohe Besuche aller Art.

An Stiftsfesten sind zunächst die lange Zeit besonders gefeierten Nächte vor Neujahr und an Pfingsten zu erwähnen. Die Neujahrsnacht war das größte Fest im Jahresablauf. Im 18. Jahrhundert waren viele Stadtstudenten hierzu eingeladen. Musikgruppen spielten auf. Auch den Superattendenten suchte man regelmäßig eine Freude zu machen, indem eine der Musikgruppen im Krankenzimmer gegenüber der Hölle ihren Platz beim offenen Fenster bezog. Der Superattendent war freilich genauso regelmäßig über die musikalische Bereicherung der Nacht wenig glücklich. Nach einem Tumult in der Neujahrsnacht 1762 nahm die Stiftsleitung dies zum Anlaß, die Neujahrsmusik abzuschaffen. Die Feierlichkeiten selbst konnten jedoch nicht unterbunden werden. In der Begründung zur Einführung der Weihnachtsferien von 1844 wird von dieser Nacht als einem »Hauptübelstand« geredet. Die Stiftsleitung klagt: »Mag man Beschränkungen und Verbote gegen Einfuhr von Getränken geben, soviel man will, sie werden auf alle Art, unter Mänteln, in Waschkisten und auf hundert anderen Wegen eingeschmuggelt, und strenge Polizei ist nur ein Reizmittel zur Täuschung und Verhöhnung des Aufsichtspersonals. In der Nacht selbst sind Unordnungen garnicht zu vermeiden. Denn, wenn auch alles bis Mitternacht ruhig bleibt, so bricht mit dem Schlag 12 Uhr ein Lärmen auf allen Punkten aus, der in der Regel zu Szenen führt, welche zur Verhöhnung der Disziplin eigentlich gemacht zu sein scheinen.«

Bekannt war der Silvesterpunsch der Stube Mulattia, der nach einem vom Jahr 1842 überlieferten Rezept wie folgt hergestellt wurde: »Die Mulatten lassen durch die Füxe 10 Schoppen alten Weins und 3 Pfund Zucker herbeischaffen; die älteren, erfahreneren Mulatten kaufen 2 1/2 Schoppen Arak, 6 Zitronen, 8 Orangen, 6 Lot Tee. Die Orangen werden am Zucker abgerieben, ebenso die Zitronen, alsdann ausgepreßt, hierauf ungefähr 10 Schoppen Tee siedend über den Zucker gegossen, so auch der Wein; zuletzt folgt der Arak. Solches gibt einen guten Punsch von 24 Schoppen.«

Mit der Einführung der Weihnachtsferien in der Mitte des vergangenen Jahrhunderts ist die Neujahrsnacht immer mehr zu Hause verbracht worden.

Auch in der Nacht von Pfingstsonntag auf den -montag kamen die Stipendiaten lange Zeit wenig zum Schlafen. In dieser Nacht waren die jüngsten Semester Gegenstand von Scherzen der älteren Promotionen. Den »Ochsen«, wie man die jungen Stiftler nannte, wurden Blumenkränze mit Ochsenbildern gemacht und auf den Brunnen im Innenhof gebunden. Da die Ochsen den Kranz abzunehmen versuchten, kam es zu manchen Auseinandersetzungen und Prügeleien. Bei der Stiftsleitung waren solche Sitten äußerst unbeliebt, worauf sie sich regelmäßig bemühte, durch Karzerstrafen gegen die Verantwortlichen solcher Feste vorzugehen.

Abb. 120, 121 Mit derartigen Festen ist heute nur noch entfernt das alljährliche Sommerfest zu vergleichen. Es entstand, nachdem der Stiftsgarten 1968 für die Stiftler zugänglich war, zunächst als ein Gartenfest, zu dem jeweils auch Gäste eingeladen wurden. Jedes Jahr wird darüber in der Stiftlerschaft diskutiert, welche Gruppe eingeladen werden soll. Mehrfach waren die Bewohner aus der Nachbarschaft des Stifts oder die Professoren der Fakultät und Stadtstudenten eingeladen, in jüngster Vergangenheit auch mehrmals die Asylanten der Thiepvalkaserne. Elemente des Stiftsfestes sind der gemeinsame Kaffee und das Abendessen, letzteres zumeist im Garten, die Stiftsmusik, Theatervorführungen, Spiele und Tanz sowie viel Zeit für Gespräche untereinander.

Ganz andere festliche Höhepunkte im Stiftsalltag sind die Feierlichkeiten zu Jubiläen, bei denen das Stift in irgendwelcher Weise beteiligt ist. Hierzu gehören die Jubiläumsfeiern der Universität. Das erste große Fest wurde 1577 aus Anlaß des 100jährigen Bestehens der Universität gefeiert. Die Stiftler trugen durch musikalische Beiträge zum festlichen Rahmen bei. 1588 war die Grundsteinlegung des Collegium illustre (seit 1819 Wilhelmsstift), wozu zwölf Magister des Stipendiums in Maurerkleider den Mörtel anrührten, andere für musikalische Beiträge sorgten. Auch Visitationen wurden bisweilen festlich gefeiert, wie 1588 berichtet wird. Damals waren alle Professoren auf Einladung Herzog Ludwigs samt den Herren Comissarii (Visitatoren) zum Mittagessen ins Stift geladen, wobei ihnen die Stiftler »eine trefflich Musik von Singen und allerhand Instrumenten« machten. 1617 wurde das 100jährige Gedächtnis des Reformationsbeginns mit einem großen Festakt gefeiert. Großenteils fanden die Feiern in der Stiftskommunität statt. Mit großem Prunk wurde das Universitätsjubiläum 1677 gefeiert. Bei allen Veranstaltungen waren Stiftler als Musiker dabei. In einer großen Festversammlung zeigten einige Stipendiaten ihre Gelehrsamkeit durch Redebeiträge in 13 verschiedenen Sprachen.

Was immer wieder zu feiern vergessen worden ist, waren die Jubiläen des Stifts. 1636 konnte angesichts der Zeitumstände keine Feier stattfinden. Auch 1736 geschah nichts, was Ephorus Schnurrer später darauf zurückführte, daß weder die Vorsteher noch die Oberen des Stifts sich des merkwürdigen Zeitpunktes erinnerten. Schnurrers Anregung, die Feier wenigstens im 19. Jahrhundert nicht zu vergessen, wurde nicht aufgegriffen. Erst 1936 fand eine erste Jubiläumsfeier zum 400jährigen Bestehen des Stifts statt.

Kräftig gefeiert wurde am Ende des 19. Jahrhunderts. 1883 war eine große Lutherfeier im Stift; ein Teil der Stiftler war zu den zentralen Lutherfeiern nach Wittenberg, Erfurt und Eisenach gefahren. Bei den Feiern im Stift waren zum Festvortrag des Repetenten Kirn über »Luther als Reformator des theologischen Studiums« auch Rektor und Kanzler der Universität, alle Professoren der theologischen und philosophischen Fakultät sowie Professoren anderer Fakultäten erschienen. Unter den Feiern der folgenden Jahrzehnte sind zu erwähnen: die Hölderlinfeier 1884, die Gustav-Adolf-Feier 1894, die Hölderlinfeier 1897, die

Abb. 122

Brenz-Feier 1899. 1908 fuhren 58 Stiftler zur Ehrung des Grafen Zeppelin nach Friedrichshafen.
In den vergangenen Jahren gab es stiftsinterne Jubiläumsveranstaltungen nur für berühmte ehemalige Stiftler, unter anderem für Hegel (1970), Kepler (1971), D. F. Strauß (1974), Schelling und Mörike (1975).
Andere große Höhepunkte im Stiftsleben waren früher die Besuche des Herzogs und später des Königs. Herzog Carl Eugen lud die Stipendiaten immer wieder zu Konzerten ein, auch einmal zu einer Jagd in den Schönbuch. Unter Anführung von einigen Repetenten zogen sie teils zu Pferd, teils zu Fuß zur Jagd, um dann beim Abschied vom Herzog das Zeugnis bescheinigt zu bekommen, daß sie sich recht anständig aufgeführt hätten. 1841 wurde mit großem Aufwand das 25jährige Regierungsjubiläum König Wilhelms I. in Tübingen gefeiert. Auch das Stift war beteiligt. Ein großer Teil der Stadt war von Hunderten von Lichtern und Fackeln »illuminiert« worden. Im Stift und um das Gebäude herum brannten gleichfalls viele Lichter. Nur die Hälfte der Stiftler durfte auf einmal das Haus verlassen, um vom Wöhrd aus das Spektakel zu betrachten, die jeweils andere Hälfte mußte aufpassen, daß durch die Lichter kein Feuer ausbrach.
Die Tradition derartiger Spektakel ist abgebrochen, wenngleich es bis zur Gegenwart Höhepunkte durch die Besuche wichtiger Persönlichkeiten gibt. So besteht bereits seit einigen Jahrzehnten die Tradition der Gastvorträge. Hierzu werden Professoren anderer Universitäten ins Stift eingeladen, um sich hier mit einem Vortrag und anschließenden Gesprächen persönlich vorzustellen. Auch zahlreiche andere bekannte Personen haben in den vergangenen Jahrzehnten das Stift besucht; in besonderer Erinnerung blieben u. a. die Besuche von Martin
Abb. 123–125 Buber 1953, Albert Schweitzer 1959, Bundespräsident Heuss 1960, Paul Tillich 1963.

Erlaubte und unerlaubte Vergnügungen. Von Spaziergängen, Baden und Leibesübungen

Zu den ältesten Vergnügungen der Stiftler gehörte das Spazieren in der Umgebung Tübingens. Es diente als gesunder Ausgleich zu dem oft stundenlangen Sitzen. Allerdings unterschied die Stiftsleitung schon früh zwischen einem in ihren Augen angenehmen und einem nicht angenehmen Spazieren. So war es gern gesehen, wenn die Stiftler außerhalb der Stadt – noch besser nur auf dem vom Stift gut einsehbaren Wöhrd – zu den erlaubten Stunden ausgehen wollten. Im 16. Jahrhundert war hierzu im Sommer täglich eine Stunde gestattet. Die Asketen unter den Spaziergängern begnügten sich damals mit Spaziergängen auf der Altane. 1607 wurde verboten, bei einem Spaziergang den Markt zu besuchen, vor allem während einer zum Ausgehen sowieso unerlaubten Stunde. Später ist dieses Verbot wieder aufgehoben worden. Stiftler sah man zu mancher Stunde überall in den Straßen Tübingens. In die Umgebung wurden ebenfalls gern Ausflüge unternommen, sofern dies die Freizeit erlaubte. Im 19. Jahrhundert waren auch Ausritte erlaubt, oft zusammen mit den Studenten derselben Verbindung (»Spuz« genannt). Und noch heute wird viel in der Gegend um Tübingen, vor allem an Wochenenden gewandert: Ausflüge entlang des Neckars, *Abb.* auf die Wurmlinger Kapelle, nach Hohen-Entringen oder nach Bebenhausen *126, 127* sind wie früher besonders beliebt.

Im vergangenen Jahrhundert war auch das Baden im Neckar verbreitet. Zahlreiche Stiftler betrieben es außerhalb der Wintermonate mit Leidenschaft. In einem Tagebuch von Sixt Karl Kapff findet sich 1824 die Eintragung: »4. März, erstes Bad, noch sehr kalt, doch fühle ich mich wie neugeboren.« Kapff hat mit Vorliebe unterhalb des Spitzberges gebadet, wohin er regelmäßig einen Dauerlauf unternahm, um dort in das meist recht kalte Wasser zu steigen.

Seit dem Anfang des 19. Jahrhunderts hielten die Leibesübungen in Form des Turnens im Stift Einzug. Es waren vor allem gymnastische Übungen, die bis 1817 auf dem Voltigierplatz im Collegium illustre stattfanden. 1819 erhielten zahlreiche interessierte Stiftler die Erlaubnis, an den gymnastischen Übungen der Universität teilzunehmen. Probleme gab es allerdings mit der Kleiderordnung, da es unmöglich war, in dem sonst getragenen schwarzen Stiftlerhemd zu turnen. Im Juni 1819 erhielten die Stiftler die Erlaubnis, eine dem Turnen angemessene Kleidung zu tragen, die aus nicht anliegenden Beinkleidern und einem leicht zugeknöpften Wams bestand. Auf dem Weg zum Turnsaal war jedoch ein Oberrock zu tragen. Nachdem 1819 ein neuer Fecht- und Voltigierplatz eingerichtet, der Turnsaal geschlossen, den Stiftlern aber das Fechten verboten war, konnten sie einige Zeit nicht mehr an den Übungen teilnehmen. Im Frühjahr 1822 wurde schließlich im Stift eine Turnkammer für die jeweils zehn bis zwanzig am Turnen interessierten Stiftler eingerichtet. Später ist das Turnen wieder im Rahmen der allgemeinen akademischen Turnanstalt genehmigt worden. Aus dem Jahr 1826 liegt ein Bericht des Stiftlers G. von Binder vor: »(Ich) lernte das Tanzen bei dem alten Universitätsmeister François, einem geborenen Franzosen, der in seinem Unterricht freundlich und geduldig, da er freistehend die Bewegungen nicht mehr zeigen konnte, mit der einen Hand auf einen Stock sich stützend, mit der anderen an einem von der Decke herabhängenden Strick sich haltend mit den Füßchen uns die Pas vormachte. Einige Übungen da und dort in den Ferien ergänzten das noch Fehlende. Auch das Reiten lernte ich bei dem Universitätsstallmeister Freiherr von Hermann . . . Ich nahm drei Stunden wöchentlich, schaffte mir hirschlederne Unterhosen nebst

Hut und Reitpeitsche an und brachte es nach und nach so weit, daß ich mich öffentlich zu Pferd sehen lassen konnte.«
Um 1870/80 war das Interesse der Stiftler an den Kursen des akademischen Vereins am größten. Fast 70 Stiftler waren beim Turnen, 10 beim Tanzen, fast 30 beim Reiten und bis zu 10 beim Fechten. Ein Höhepunkt bildete auch für die damaligen Stiftler das große Schwäbische Kreisturnfest, das 1894 zum erstenmal in Tübingen stattfand. Auf dem Festturnplatz des Wöhrd kamen die Sportler aus ganz Württemberg zum großen Turntag zusammen.
Besonders trainiert wurde mehr oder weniger freiwillig im Rahmen des Wehrsports im Dritten Reich. An ihm beteiligten sich Stiftler und Repetenten. Im Innenhof des Stifts war eine Reckstange befestigt. Samstag morgens erhielten jeweils bis zu zehn Stiftler Unterricht im Boxen an der Fakultät.
Seitdem im Sommer 1968 der bisherige Gemüsegarten des Stifts zu einer Liege- und Spielwiese umgestaltet wurde, steht den Stiftlern eine große Fläche für Fußball und andere Sportarten zur Verfügung. Seither finden in den Sommermonaten fast täglich Fußball- und Volleyballspiele im Garten statt, die einen begehrten Ausgleich zum Studieren darstellen. Andere Stiftler und Stiftlerinnen ziehen den regelmäßigen Besuch der Tübinger Hallen- und Freibäder vor. Schon seit 1963 gibt es die Gelegenheit zum Tischtennisspielen, zunächst im sechsten Stock des Altbaus, seit dem Umbau 1967/68 im östlichen Keller. Immer wieder finden auch exotische Sportarten im Stift Einzug. Im Sommer 1975 übte eine Stiftlergruppe Karate im Stiftsgarten. Nicht zuletzt gibt es fast immer einige wenige Stiftlerinnen und Stiftler, die neben Theologie auch Sport studieren.

Von Tabak, Alkohol und anderen umstrittenen Vergnügungen

Die Sitte des Tabakgenusses, die in der Zeit des Dreißigjährigen Krieges in ganz Mitteleuropa bekannt wurde, hielt bald auch im Stift Einzug. 1660 wurde hier zunächst das Tabaktrinken (!) verboten, das vor allem bei den Mömpelgardern
Abb. 130 verbreitet war. 1664 und 1667 wurde den Rauchern im Stift Karzer oder gar ihre Entlassung angedroht, sofern sie nicht davon abließen. Die Stiftsleitung führte von nun an jahrzehntelang einen vergeblichen Kampf gegen das Rauchen. 1704, 1752, 1793 und 1826 wurde das Verbot neu eingeschärft. Den Stiftlern müssen ihre Pfeifen allerdings weiterhin geschmeckt haben, und sie erfanden manche Gelegenheiten und Ausreden hierzu. 1759 erklärte einer, daß der Arzt ihm das Tabakrauchen angeraten habe. Ein Jahr darauf wurden einige Stipendiaten dabei ertappt, wie sie nicht nur auf dem Feld geraucht hatten, sondern sogar mit der brennenden Tabakspfeife im Mund zum Tor hereinkamen. 1764 haben sich etliche Bewohner in der Neckarhalde aufgeregt, da ein Stiftler ohne Scheu seine

Pfeife auf dem Heimweg ins Stift rauchen ließ. Die Erfolglosigkeit im Kampf gegen das Rauchen wurde spätestens daran deutlich, daß 1777 auch einige Famuli auf ihrem Spaziergang zu rauchen pflegten. Um 1790 sah man abends bisweilen 40 bis 50 Stiftler rauchend auf dem Marktplatz.

Der erste Rückzug der Stiftsleitung erfolgte erst durch einen Erlaß des Ministeriums nach der Visitation von 1831, wonach das Rauchen auf Spazierwegen außerhalb der Stadt erlaubt wurde. Auf öffentlichen Plätzen innerhalb der Stadt war es bei Androhung von Karzer und Hausarrest weiterhin verboten. In der Mitte des 19. Jahrhunderts konnte schließlich das Verbot nur noch für die Gänge, die Schlafzimmer, die Hörsäle und den Speisesaal aufrechterhalten werden. Ein Antrag des Repetenten, im Speisesaal rauchen zu dürfen, wurde vom Ephorus 1894 abgelehnt. In den vergangenen Jahren wurde die Frage nach dem Rauchen im Stift von den Hausbewohnern weitgehend selbst geregelt. Da seit 1970 kaum mehr Doppelbelegungen der Zimmer vorkommen, entstehen nur wenig Konflikte. Auf Wunsch der vielen Nichtraucher wird in den gemeinsamen Veranstaltungen wie der Loci oder im Lesesaal nicht geraucht. Im Speisesaal nach dem Essen wird es immer wieder zur Diskussion gestellt.

Größere Schwierigkeiten als mit dem Tabak gab es seit den ersten Jahrzehnten der Stiftsgeschichte mit dem Alkohol. Schlimm wurde es in und nach dem Dreißigjährigen Krieg. Die erste Visitation danach (1652) rügt das unmäßige Zechen vieler Stipendiaten. 1671 wird gesagt, daß das überflüssige Zechen und Trinken so überhand genommen habe, daß mancher Stiftler zum Abendessen trunken ins Stipendium komme. Etliche Stipendiaten hatten große Zechschulden in den Wirtshäusern der Stadt. Auch bei späteren Visitationen wird versucht, gegen das Trinken vorzugehen. Auf Trunkenheit stand die Karzerstrafe. Sie wurde aus diesem Grund auch bis in die Zeit vor dem Ersten Weltkrieg verhängt. Seitdem das Stift von 1970 ab auch von zahlreichen Studentinnen bewohnt wird, ist der Bierkonsum im Haus stetig zurückgegangen.

Wie das Rauchen war auch das Kartenspielen eines der Vergnügen, das die *Abb. 131* Stiftsleitung lange nicht tolerieren konnte. 1752 wurde verlangt, daß alles gefährliche Spielen, vor allem mit Karten, abgeschafft werden sollte. Dies galt auch für Gelegenheiten außerhalb des Stifts. Die Stipendiaten ließen freilich nicht ganz davon ab, und manch einer erhielt für das Kartenspielen oder auch für Würfeln die Karzerstrafe.

Zu den ungewöhnlicheren Vergnügungen gehörte das Halten von Tieren. So wird im 18. Jahrhundert mehrfach das Halten von Hunden, vor allem auch Jagdhunden erwähnt. 1777 hat es eine Katzenmenagerie auf der Sachsensphäre gegeben.

Auch im 20. Jahrhundert hört man immer wieder von tierlieben Stiftlern oder *Abb. 133*

Stiftlerinnen, die ihre Lieblinge im Haus bei sich haben wollen. Hunde, Katzen, Vögel, Mäuse (auch australische Wüstenspringmäuse), Meerschweinchen, Hamster und Fische gehören zum zoologischen Spektrum des Stifts. Freilich können derzeit – schon aufgrund hygienischer und Platzverhältnisse – höchstens Kleintiere in Käfigen ein erlaubtes Dasein im Stift fristen.

Lange Zeit war auch der Besuch eines Theaters ein ungern gesehenes Vergnügen für die Stiftler. Seitdem 1767 Tübingen für gut 30 Jahre ein Opernhaus hatte, war die Verlockung hierzu groß. Obgleich der Herzog selbst die Stiftler immer wieder zu Konzertvorführungen einlud, war es ihnen strengstens untersagt, die Komödien zu besuchen. Mit der ganzen Verfassung des Stipendiums und der künftigen Bestimmung der Stipendiaten sei ein Komödienbesuch völlig unvereinbar. Trotzdem wagten immer wieder einige Stipendiaten, den »sündlichen Abweg« zu betreten. Der Mömpelgarder Stiftler Parrot wollte ganz inkognito gehen und hüllte sich in die damals übliche Rokokotracht mit bordiertem Hut, blauem Kleid und weißen Strümpfen. Bei einem Besuch des Herzogs im Stift 1770 wurden die Stiftler ermahnt, auch bei Proben zu den Aufführungen nicht ins Theater zu gehen. 1800 ging der Theaterbetrieb jedoch ein, und so verschwand die Versuchung zum Besuch des Opernhauses wieder.

In den vergangenen Jahren fanden sich im Stift immer wieder Gruppen zusammen, die gemeinsam eine Theatervorführung inszenierten. Mehrfach sind Stücke aufgeführt worden, die Stiftler selbst geschrieben hatten.

Disziplinschwierigkeiten

Die Kehrseite des auf das Genaueste reglementierten Lebens im Stift waren von
Abb. 132 Anfang an zahlreiche Schwierigkeiten mit der Disziplin vieler Stipendiaten. Es gab lange Zeit hindurch Hunderte von Möglichkeiten, in denen das Tun und Lassen der Stipendiaten mit Geboten und Verboten zusammenstoßen konnte.

Die Übertretungen der Hausordnung wurden je nach Schwere des Falles bestraft. Für weniger schlimme Vergehen erfolgte der Entzug des Tischweines. Bei der oft mäßigen Qualität des im Stift getrunkenen Weines dürfte dies keine empfindliche Strafe gewesen sein. Strenger war das Einschließen im Karzer, das in den ersten beiden Jahrhunderten der Stiftsgeschichte zeitweise zwei bis vier Wochen bei Wasser und Brot währte. Des öfteren sind die Inkarzerierten jedoch ausgebrochen, auch schmuggelten ihnen Freunde bisweilen Wein oder Speisen in ihr Gefängnis. Beides bedeutete, sofern es entdeckt und angezeigt wurde, eine Verlängerung der Haftdauer. Die Aufsicht über den Karzer führte einer der Famuli.

Die schlimmste Strafe war die Exklusion, der Ausschluß aus der Stiftsgemein-

126 *Zu den besonderen Vergnügungen gehörte bereits vor 150 Jahren eine Stocherkahnfahrt auf dem Neckar.*
127 *Beim Spaziergang auf dem Wöhrd: die Stiftler fielen bis ins 19. Jahrhundert hinein schon von weitem an ihrer schwarzen Tracht auf (Mitte).*

130/131 Zu den umstrittenen und lange bekämpften Vergnügungen im Stift gehörten das Tabakrauchen und das Kartenspielen (um 1908).

◁ 128 Stocherkahnfahrt im Sommer 1985
◁ 129 Ballspielen im Stiftsgarten (1984)

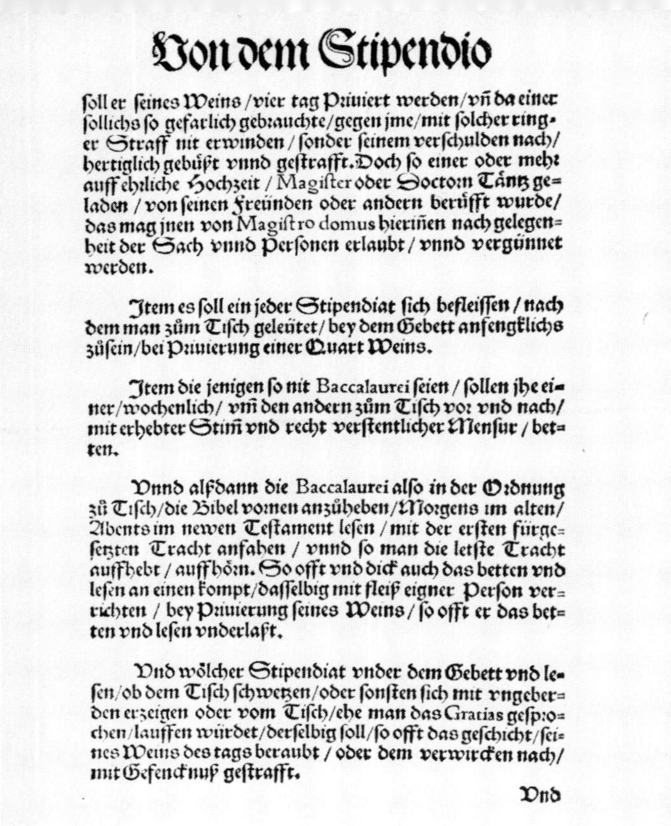
Von dem Stipendio

soll er seines Weins / vier tag Priuiert werden / vñ da einer sollichs so gefarlich gebrauchte / gegen jme / mit solcher ringer Straff nit erwinden / sonder seinem verschulden nach / hertiglich gebüßt vnnd gestrafft. Doch so einer oder mehr auff ehliche Hochzeit / Magister oder Doctorn Täntz geladen / von seinen Freünden oder andern berüfft wurde / das mag jnen von Magistro domus hieriñen nach gelegenheit der Sach vnnd Personen erlaubt / vnnd vergünnet werden.

Item es soll ein jeder Stipendiat sich befleissen / nach dem man zům Tisch geleütet / bey dem Gebett anfengklichs zůsein / bei Priuierung einer Quart Weins.

Item die jenigen so nit Baccalaurei seien / sollen jhe einer / wochenlich / vñ den andern zům Tisch vor vnd nach / mit erhebter Stim̃ vnd recht verstentlicher Mensur / betten.

Vnnd alßdann die Baccalaurei also in der Ordnung zů Tisch / die Bibel vornen anzůheben / Morgens im alten / Abents im newen Testament lesen / mit der ersten fürgesetzten Tracht anfahen / vnnd so man die letzte Tracht auffhebt / auffhörn. So offt vnd dick auch das betten vnd lesen an einen kompt / dasselbig mit fleiß eigner Person verrichten / bey Priuierung seines Weins / so offt er das betten vnd lesen vnderlaßt.

Vnd wölcher Stipendiat vnder dem Gebett vnd lesen / ob dem Tisch schwetzen / oder sonsten sich mit vngeberden erzeigen oder vom Tisch / ehe man das Gratias gesprochen / lauffen würdet / derselbig soll / so offt das geschicht / seines Weins des tags beraubt / oder dem verwircken nach / mit Gefencknuß gestrafft.

Vnd

132 *Disziplinvorschriften aus der Großen Kirchenordnung 1559*

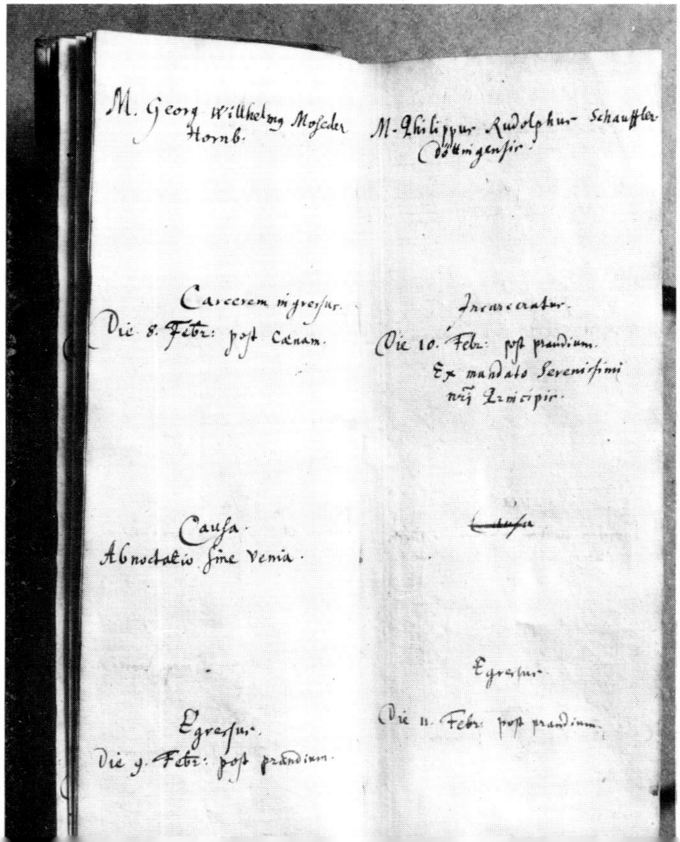

133 *Das Karzerbuch wurde von einem der Famuli geführt.*

schaft, der erst eine Karzerstrafe voranging und die in der Kommunität feierlich vollzogen wurde. Damit war die Karriere im Herzogtum Württemberg in vielen Fällen zu Ende. Andere, die es sich finanziell leisten konnten, studierten in der Stadt außerhalb des Stifts weiter.

Vor allem im 17. Jahrhundert gab es noch zahlreiche andere Strafen, wozu das Essen auf dem Boden einzunehmen und die Züchtigung mit der Rute gehörten. Eine erste Exklusion wird 1560 berichtet. Danach wurden zwei Stipendiaten, die aus dem Universitätskarzer ausgebrochen waren, zunächst in den Stiftskarzer gesteckt. Einige Tage später wurden sie vor dem Mittagessen in die Kommunität geholt, wo ihnen ihre Straftaten nochmals vorgehalten und sie schließlich vor dem Essensbeginn vor das Stiftstor verwiesen wurden. 1565 wird ein Stipendiat vor seiner Ausweisung vor versammelter Stiftsmannschaft mit der Rute traktiert. 1567 wurden zehn Stipendiaten auf einmal entfernt.

Nach einer vollzogenen Karzerstrafe mußten die bestraften Stipendiaten vor dem Herrentrippel im Beisein aller Stiftler Abbitte tun. Wer dies verweigerte, wurde entlassen.

Die Vergehen, deren sich die Stipendiaten schuldig gemacht hatten, waren vielfältig. Die Disziplinarakten des Stifts geben genaue Auskunft. 1556 sollte einer wegen Gotteslästerung, Schreien und Poltern entlassen werden. Schließlich ist er auf Bitten zu 14 Tagen Karzer begnadigt worden. 1579 wurden ein paar Stipendiaten von einem Repetenten angezeigt, weil sie im Karzer fast die ganze Nacht hindurch geschrien, gejohlt und »garstige Liedlein« gesungen hatten. Dazu hatten sie im Wasserbecken des (unheizbaren) Karzers ein Kohlefeuer angezündet, von dem aus sich starker Rauch in der darüber befindlichen Kommunität ausgebreitet hatte. 1586 wird ein Stiftler, der den Torwart und danach auch den Pincernen in der Kommunität geschlagen hatte, zu 14 Tagen Karzer verurteilt. 1595 hielten einige Stipendiaten in Marbach einen Waffentanz, der mit Verletzungen endete, worauf sie alle sechs Tage Karzer erhielten. 1617 wurden 14 Tage Karzer über einen verhängt, der in einem Wirtshaus in Waldenbuch durch Zechen, Schreien, Fluchen und Drohungen aufgefallen war. Im selben Jahr gab es drei Tage Karzer für einen Stiftler, der ein Hirschgeweih aus dem Kreuzgang des Bebenhauser Klosters gestohlen hatte. 1647 zogen einige Stiftler die Waldenbucher Alarmglocke, die sonst nur bei Bedrohungen des Ortes geläutet wurde. Der Anführer erhielt drei Tage Karzer. 1650 machten zehn Stipendiaten in der Nähe des Klosters Bebenhausen »ein solch grausam Geschrei, Brüllen und Geheul«, daß man sie dort erst für Ochsenführer oder für einen Soldatentrupp hielt. Sie verbrachten daraufhin drei bzw. vier Tage im Stiftsgefängnis. 1657 sollte ein Stipendiat in den Karzer gesteckt werden, konnte jedoch aus dem Stift zu den »Papisten« nach Rottenburg fliehen. Nach zwei Tagen kam er weinend und reumütig zurück. Darauf steckte man ihn zweieinhalb Wochen in den Karzer. 1696 erging ein großes Strafgericht über zahlreiche Stipendiaten, weil sie während der Passionszeit in ihren Zimmern tranken, tanzten und herumsprangen. Sodann lärmten sie mit dem Zinngeschirr in der Kommunität und schrien aus den Fenstern des Stipendiums wüste Reden und »liederliche Lieder« hinaus. Als sie sich der Karzerstrafe widersetzen wollten, wurden 5 entlassen, 19 erhielten zwischen 3 und 15 Tagen Karzer.

Neben diesen Schwierigkeiten mit der Disziplin einzelner Stiftler und kleinerer Gruppen gab es erstmals am Anfang des 17. Jahrhunderts eine Auflehnung einer großen Zahl der Stipendiaten. 1614 protestierten sie gegen das Läuten der Stipendiumsglocke vor dem der Stadtglocke am Tor und kamen demonstrativ erst beim Läuten dieser Glocke ins Stift. Auch die Vikare überall im Land, die bis zum Antritt ihrer ersten Stelle noch Angehörige des Stipendiums waren, wurden bei schlechtem Benehmen im Stift bestraft. 1625 klagten ein Pfarrer und zwei Gemeinden wegen eines ärgerlichen Verhaltens eines Vikars. Er mußte darauf vier Tage im Stiftskarzer verbringen. 1659 erhielt ein Vikar wegen einer Schlägerei im Wirtshaus einen Tag Karzer. 1670 mußte ein anderer wegen Unachtsamkeit und Ungeschicklichkeit bei der Austeilung des Abendmahls zwei Tage im Stiftskarzer verbringen.

Das 18. Jahrhundert brachte zunächst keine Veränderungen in den bisher bestehenden Praktiken. 1710 wurde verordnet, daß ein Stiftler nach dem dritten Karzeraufenthalt innerhalb von drei Monaten aus dem Stift entlassen werden sollte. Immer mehr Stipendiaten gab es damals, denen weder der Weinentzug noch die Karzerstrafe großen Eindruck machte. Um die Mitte des Jahrhunderts wurden die Maßnahmen gegen die Überschreitungen der Hausordnung verschärft. Besonders häufige Vorkommnisse waren in dieser Zeit das Versäumen des Morgengebetes und des Gottesdienstes in der Kirche. Auch in den Loci fehlten immer wieder etliche Stiftler unentschuldigt. Tabakgenuß und übermäßiger Alkoholgenuß waren gleichfalls Grund vieler Strafanzeigen.

Zahlreiche Entlassungen meldete auch das 19. Jahrhundert, vor allem in der durch die Freiheitskriege und die Revolution 1848/49 unruhig gewordenen Zeit. Einer der prominentesten Relegierten war Georg Herwegh, den man 1836 aus dem Stift entließ, da er sich im Zustand der Trunkenheit despektierlich über einen Repetenten geäußert hatte.

Man sollte denken, daß die strengen Vorschriften und Bestrafungen den Stiftlern das Leben bitter gemacht hätten. Freilich erfährt man aus manchen Schilderungen, daß auch das Strafsystem oft sehr gelassen und mit viel Humor ertragen wurde. Im 18. Jahrhundert begleiteten die Stubengenossen einen Verurteilten in einer Art Trauerprozession bis zum Karzer. Alle gingen in Mänteln, mit Lich-

tern, Ofenrohren und -gabeln, die die Begleitmusik ergaben. Nach überstandener Strafe holte man den Stubengenossen mit Pfeifen und Fahnen ab.
Im Zusammenhang mit der Stiftsreform vor dem Ersten Weltkrieg wurde das Disziplinarsystem abgeschafft, vor allem auf das entschiedene Drängen damaliger Stiftler hin. Sie wurden unterstützt von zahlreichen ehemaligen Hausbewohnern, die inzwischen angesehene Pfarrer im Land waren. So formulierte E. Bossert in einem Beitrag 1910: »Es ist die aus Klosterzeiten stammende, von grenzenlosem Mißtrauen eingegebene Zwangs- und Überwachungsmethode, gegen die unsere Jugend sich aufbäumt. Man befindet sich in einem verhängnisvollen Irrtum, wenn man meint, eine gute Disziplin lasse sich in einer Anstalt, die vom Windhauch akademischer und evangelischer Freiheit durchweht ist, herstellen durch Aufrichtung oder Festhaltung von Schranken, deren Anwendung mancher Jüngling von guten Anlagen als eine Beleidigung empfindet . . .«
Die Bemühungen hatten Erfolg. Die letzten Karzerstrafen wurden 1911 und 1912 verhängt. Im Sommer 1912 erhielt noch ein Stiftler eine 36stündige Karzerstrafe wegen Trunkenheit, ein anderer 24 Stunden wegen unentschuldigtem Ausbleiben über Nacht. 1914 wurde zum letztenmal ein Hausarrest von jeweils vier Tagen für einige Seminaristen verhängt, die ihren Stiftsaufsatz nicht rechtzeitig abgegeben hatten. Seit dem Ersten Weltkrieg ist die Aufsichtspflicht den Repetenten übertragen. Bis in die Zeiten der Studentenunruhen wurden Übertretungen der Hausordnung noch mit Geldstrafen geahndet; in außerordentlich schweren Fällen folgt allerdings bis heute der Verweis aus dem Stift. Die üblichen und regelmäßigen Vorkommnisse waren lange Zeit: das Fehlen beim Essen, zu spätes Aufstehen, Fehlen bei einer Stiftsübung, Ruhestörung, unerlaubte Entnahme von Büchern aus dem Lesesaal, Unordentlichkeit im Lesesaal und anderes. Die Strafgebühren betrugen bis zu fünf Mark und flossen zuletzt an die Behelfskasse der Stiftler. Seit den Zeiten der Studentenunruhen ist auch das Strafsystem mit Geldstrafen abgeschafft.

Die Kleidung der Stiftler

Die Vorschriften der Hausordnung bezogen sich über 300 Jahre lang auf das Tragen einer allen Stipendiaten gemeinsamen Kleidung. Es ist nicht bekannt, wie im 16. Jahrhundert die Gestaltung der an die Mönchstracht erinnernden Kutte sowie von Mantel und Wams im einzelnen war. Sicher sind die Farbe Schwarz und eine dazugehörige Kopfbedeckung (Barett oder Haube).
Das geistliche Ornat war bei vielen Stiftlern aller Jahrhunderte unbeliebt. Man wurde schon von weitem als Stipendiat erkannt und entsprach damit nie der modischen Tracht der Zeit. Hatte die Kirchenordnung 1559 vorgeschrieben, daß

die Röcke auf Wadenhöhe geschnitten sein sollten, so gab es bereits 1560 Beschwerden, daß sie bei vielen zu kurz waren. Dasselbe wurde 1604 beanstandet. Am lästigsten muß die Klosterkutte erschienen sein, denn regelmäßig erfährt man schon um 1600, daß die Stipendiaten zu Tisch unerlaubterweise in Mänteln und nicht in Kutten erscheinen. Zur selben Zeit wird von einigen Stipendiaten berichtet, die außerhalb des Stifts unerlaubte Kleider und hohe breite Hüte tragen würden. Manche fielen, der damaligen Mode entsprechend, mit zerstoßenen Kleidern, gefärbten Strümpfen und goldenen Ringen auf. Die Vorsteher wurden dringlichst gebeten, diese Unsitten unter Androhung von Karzerstrafen abzustellen.

Im 17. Jahrhundert wurden die Schwierigkeiten nicht geringer. Man erfährt von etlichen Stipendiaten, die mit Binden überzogene und samtgefütterte Hüte in ungewöhnlicher Höhe trugen. Die Hosen waren weit und mit mancherlei Hosenbändeln verziert. Manche trugen Rosen auf den Schuhen. In der Mitte des Jahrhunderts war die modische Sitte gegenüber der klösterlichen Tracht fast übermächtig geworden. Es gab Stipendiaten, die rote kroatische oder französische Kleider und Kappen trugen. Die Kirchenleitung klagte über die mit vielen Knöpfen oder Maschen und seidenen Schlinglein besetzten Röcke, über Gürtel mit Rosen, riesige Hüte, große Spitzen an Überschlägen und anderes mehr.

Auch die Haartracht entsprach lange nicht mehr der vorgeschriebenen. Manchen Stipendiaten hingen die Haare vorne ins Gesicht, andere wollten kurze oder zu lange Haare tragen und sahen mehr wie »herrenlose Gardknecht als studiosos academicos« aus. 1654 wird befohlen, daß die Stipendiaten innerhalb von Monatsfrist ihre von den meisten getragenen »ohntheologischen Haar auf hiebevor gewohnliche theologische Manier abschneiden«. Seit 1650 kam das Tragen von Perücken auf. Bald wurde es hier mit Ausnahme für diejenigen, denen es der Arzt bei Haarausfall vorgeschrieben hatte, verboten. Aber auch dann sollte die Perücke von den Inspektoren für »theologisch« angesehen werden. Doch haben sich trotz dieser Einschränkung die Perücken und das Pudern der Haare weiter verbreitet.

1696 mußte zum wiederholtem Male die auch bereits in der Kirchenordnung vorgeschriebene Mahnung wiederholt werden, wonach das Tragen von Waffen, vor allem von langen Degen, Säbeln und Pistolen verboten war. Nur für Magister gab es zeitweise Einschränkungen des Verbots. Doch wurden auch sie gebeten, ihre Waffen in ihren Truhen verschlossen aufzubewahren.

Auch Anfang des 18. Jahrhunderts wurde das Tragen der schwarzen Mönchskleidung zum wiederholten Male eingeschärft. Eine erste Erleichterung gab es 1752. Seither war das Tragen einer Kutte nicht mehr Vorschrift. Da die Kuttentracht immer mehr den Spott der anderen Studenten herausgefordert hatte, wurden nun die Röcke und »Kamisöler« vorgeschrieben. Verboten waren allerdings »mit weißem Taffet oder Flanell gefütterte Kamisöler, hochfärbige Surtouts, Haarbeutel, Modehütlein und dergleichen«. Die Protokolle des Inspektorates enthalten auch im 18. Jahrhundert zahllose Fälle von Übertretungen der Kleiderordnung wie das Ausgehen am Abend in die Nachbarhäuser in Nachtrock und Pantoffeln. Aber auch seidene Westen und glänzende Knöpfe, Spazierengehen mit bordiertem Hut und vieles mehr mußte untersagt werden. Andererseits wurde großer Anstoß daran genommen, wenn die Stipendiaten zwar ordentlich gekleidet waren, sich aber nicht entsprechend würdevoll benahmen. Als unmöglich wurde es empfunden, wenn ein Stiftler im Winter zu sehen war, wie er in der Stiftstracht auf einer Glatteisbahn entlangschliff oder wie sich mehrere Stipendiaten auf der Straße herumbalgten. Zur dezenten Kleidung konnte nur dezentes Auftreten passen.

Bezüglich der Haartrachten erschienen im 18. Jahrhundert absonderliche modische Formen. Begehrt waren weithin Perücken, die auch jetzt noch nur vom Arzt verschrieben werden konnten. Einige Stipendiaten brachten sie allerdings schon von der Klosterschule mit. Ausgerechnet am Karfreitag 1774 wurden einige Stiftler mit gepuderten Haaren angetroffen. Daraufhin wurde sofort alles Pudern, das Frisieren durch den Perückenmacher und sämtliche neumodischen Frisuren wie die Haarzöpfe verboten.

Anfang August 1775 tauchte bei einem Magister die erste Brille auf. Dieses Ereignis wurde als »seltenes Phänomen« in den Repetenten-Annalen registriert.

1793 befahlen auch die neuen Statuten, daß der Stipendiat außerhalb des Stifts ein schwarzes Kleid mit Überschlag und Mantel tragen sollte. Somit waren die Stiftler weiterhin als solche erkennbar. 1781 beschrieb Friedrich Nicolai, daß »die einzige Uniform in Tübingen die geistliche (ist), der Stipendiaten des theologischen Stifts, die man, die Stunde von 11 bis 12 ausgenommen, in allen Gassen von Tübingen erblickt«. Noch 1812 mußte man bei Gottesdiensten, akademischen Feierlichkeiten, Disputationen und Semesterschlußprüfungen den Überschlag tragen, nur die beiden jüngsten Promotionen trugen eine weiße Halsbinde. Zur Kleidung gehörte ein dreieckiger Hut. Für den Besuch der Vorlesungen, der Loci und der gemeinschaftlichen Veranstaltungen im Stift waren zum schwarzen Mantel statt der außerhalb des Stifts vorgeschriebenen kurzen Beinkleider auch lange Beinkleider und kurze schwarze Klappstiefel gestattet. Zu den sonstigen Anlässen trug man dunkelgraue Röcke oder Oberröcke mit schwarzen Knöpfen, Westen und Beinkleidern, dazu einen runden Hut.

Die folgenden Jahrzehnte sahen viele neue Bestrebungen, die klösterliche Tracht endlich in die Vergangenheit zu verbannen. Neue Impulse kamen von den Burschenschaften und Verbindungen, die ihre eigenen Kleidungsstücke entwikkelten. Es war ein langes Hin und Her zwischen den Stiftlern und der Haus- und Kirchenleitung, bis schließlich den korporierten Stipendiaten nolens volens gestattet wurde, außerhalb des Stifts Verbindungsmützen und einen dunklen Überzug zu tragen. Die Statuten von 1867 schreiben zum Kirchgang und zu Feierlichkeiten einen runden schwarzen Hut vor; ansonsten waren schwarze Tuchmützen »von sachlicher Form und Farbe« oder auch die Verbindungsmützen gestattet. Die Kleidung sollte von beliebig dunkler Farbe unter Vermeidung von allem Auffallenden sein.

Im 20. Jahrhundert gab es keine neuen Vorschriften. Zuletzt findet sich 1951 eine Beanstandung, daß zahlreiche Stiftler in Hausschuhen zum Frühstück erschienen. Seit etlichen Jahren freilich unterscheidet die Stiftlerinnen und Stiftler nichts Äußeres mehr von den Studenten in der Stadt. Zu den »exotischen Typen« gehören seither die wenigen Stiftler, die regelmäßig Anzug und Krawatte tragen. Bei ihnen ist dies als eine Reaktion auf die vielen leger in Jeans- und Cordstoffen gekleideten Stiftlerinnen und Stiftler zu verstehen. Freilich gab es auch in den vergangenen Jahren mehr oder weniger ernstgemeinte Beschwerden von Professoren. In einem Fall über einen Stiftler, der barfuß zu den Vorlesungen erschien. Inzwischen ist es im Haus recht verbreitet, auch zu den Stiftsübungen in Hausschuhen zu erscheinen. Nach dem Examen bereitet es verständlicherweise nicht wenigen Vikarinnen und Vikaren Schwierigkeiten, sich auf die diesbezüglichen Erwartungen der Gemeinden umzustellen.

Bewegung im Stift

Das Stift hat innerhalb Tübingens, seiner Universität und innerhalb der Landeskirche immer ein gewisses Eigenleben geführt. Dies meint allerdings keine abgeschlossene Existenz hinter den es umgebenden alten Klostermauern und dem hohen, oft verschlossenen Eingangstor. Ganz im Gegenteil war das Stift zu allen Zeiten immer auch ein offenes Haus. Durch seine Bewohner war es offen für alles, was draußen vor sich ging, in Theologie und Kirche, aber auch in der Stadt, im Land und darüber hinaus. Mit wachem und kritischem Verstand haben Stiftler besonders in Zeiten äußerer und innerer Unruhe bereitwillig, oft begierig nach allem Ausschau gehalten, was es an aktuellen theologischen, philosophischen, aber auch politischen Fragestellungen zu diskutieren gab.

Es sind vor allem zwei Gründe, die immer wieder dazu führten, daß das Stift in

Bewegung geriet. Zum einen gab und gibt es in Kirche und Staat keine geschichtliche Situation, an deren Bedingungen nicht viel zu verbessern wäre. Zum anderen sind die Stiftler – und das eint sie mit den meisten Studenten und Altersgenossen – in einem Lebensalter, in dem sie die Bedingungen der Zeit verstehen und hinterfragen gelernt haben. Es wäre in diesem Alter unnatürlich, würden sie nicht eifrig danach suchen, wo diese Bedingungen, in die sie selbst hineinwachsen sollen, nicht zum Guten hin verändert werden können. Die Stiftler hatten dabei immer gute Voraussetzungen, die Fragen, die sich ihrer Zeit aufdrängten, miteinander intensiv zu besprechen. Dabei bot ihnen das Stift gerade in seiner relativen Abgeschlossenheit auch einen gewissen Schutzraum, die Gedanken allein oder im Gespräch zu entfalten, Ideen auszutauschen und die Ergebnisse des gemeinsamen Nachdenkens wieder nach außen dringen zu lassen.
In den ersten Jahrzehnten der Stiftsgeschichte, das heißt bis zur zweiten Hälfte des 17. Jahrhunderts, gab es solch unruhige Zeiten nicht. Von der Leitung des Hauses wie von den Stipendiaten ist es offensichtlich als notwendig und richtig erachtet worden, daß Einstimmigkeit in der theologischen Ausbildung und Lehre bestand. Gemeint war damit die die Zeit beherrschende Lehre der lutherischen Orthodoxie. Auch gegenüber den Tübinger Streittheologen A. Osiander, L. Osiander d. J., M. Nicolai, Th. Thumm und J. A. Osiander (ihrerseits alle ehemalige Stiftler) hört man im Stift von keiner Beteiligung an den dogmatischen Auseinandersetzungen oder von Widerspruch. Unklar ist, wieweit die kritische Haltung J. Keplers zur Konkordienformel bei seiner Entlassung aus Württemberg auf eine Lehrstelle in Graz 1594 eine Rolle spielte. In der ersten Hälfte des 17. Jahrhunderts traten sowieso alle Auseinandersetzungen hinter der furchtbaren Not des Dreißigjährigen Krieges zurück.
Die erste Bewegung, die das Stift zu einem Unruheherd für die Landeskirche machte, war der Pietismus.

Der Pietismus

Die erste Nachricht vom Bestehen einer pietistischen Gruppe im Stift liegt aus dem Jahr 1692 vor. G. C. Pregizer berichtet über seine Studienzeit im Stift: »Als ich von A. 1692 bis auf das Jahr 1702 im hiesigen Stipendio studierte, so brachte ich bis auf das Jahr 1700, da ich Repetent wurde, im Winter vergnügt und nutzlich zu in der sogenannten Jägerstube mit christlichen und gelehrten Studiosis . . . Wir übeten uns in guten Studiis, hatten eine societatem literariam, hielten in denen zur Rekreation vergönnten Stunden Privatlektionen und Gespräche über die vornehmste Teil der Gelehrsamkeit. Wir ermahnten einander zum Guten und warnten einander brüderlich vor dem Bösen. An dem Samstag oder am Ende der Woche sungen wir abends ein Lob- und auch ein Sterbelied, wie wir auch an andern Tagen morgens und abends, sonderlich am Sonntag, uns im Singen geübet.«

Ein solches Aufkommen des Pietismus im Stift ist vermutlich erst durch die »Instruction« des Konsistoriums von 1688 ermöglicht worden, wenngleich die reformerischen Gedanken Philipp Jakob Speners in Tübingen schon länger bekannt waren. Dieser hatte sich hier 1662 einige Wochen aufgehalten und unterhielt seitdem zu mehreren der Tübinger Theologen freundschaftliche Beziehungen.

Die pluralistische Gestalt des Pietismus in Deutschland spiegelte sich freilich auch bald im Stift wider. Separatistische, schwärmerische und chiliastische Gedanken hielten alsbald Einzug. Unter den Stipendiaten kursierten zahlreiche – in den Augen der Kirchenleitung – »verdächtige« Schriften deutscher Mystiker und Separatisten (J. Böhme, J. Arndt, G. Arnold u. a.) sowie englischer und französischer Schwärmer. Sie wurden zur Quelle der Kritik an der herrschenden Theologie und dem Protestantismus der zu Ende gehenden Zeit der Orthodoxie. In den Lehren der Lutheraner sahen auch viele Stiftler nur noch eine Philosophie ohne jede Frömmigkeitspraxis. Der energische Widerstand der Kirchenleitung gegen eine weitere Verbreitung solcher Schriften regte sich bald. Bereits 1679 wurden zwei Stiftler vom Konsistorium vernommen, da sie die Schriften J. Böhmes studiert und deren Thesen öffentlich vertreten hatten. Beide bezeugten Reue und wurden danach unter die besondere Aufsicht des Ephorus gestellt. 1695 wurde Repetent P. A. Banz wegen seiner »fanatischen Prinzipien« verhaftet, nach ausgiebigen Verhören wegen unveränderter Hartnäckigkeit neun Monate auf dem Hohentwiel eingesperrt und später des Landes verwiesen. 1702 und 1704 forderte das Konsistorium, die Stiftsstuben zu visitieren und alle einschlägigen Bücher und Traktate einzuziehen.

Abb. 24 Der Widerstand der Kirchenleitung hatte zum Ziel, die Einflüsse der radikalen Pietisten zurückzudrängen. Man sah zwar mit großem Mißtrauen auf die sich ausbreitenden Konventikel, da sie zur Brutstätte separatistischen Gedankenguts werden konnten, wollte sie jedoch nicht ganz verdrängen, da man in ihnen entsprechend der Spenerschen Wünsche positive Ansätze zur Reform des kirchlichen Lebens erkannte.

Nach 1700 kam es zu einer weiteren raschen Verbreitung des Pietismus im Stift: Es wird von 50 Studenten gesprochen, die davon »angesteckt« seien. 1702 hört man davon, daß von einigen Repetenten Privatkonvente in Weingärtnerhäuschen Tübingens abgehalten wurden. Diese Nachricht erstaunt um so mehr, wenn man um die sozialen Spannungen zwischen den Bewohnern der oberen und der unteren Stadt weiß. Freilich wird die gemeinsame Stunde zwischen Theologen und

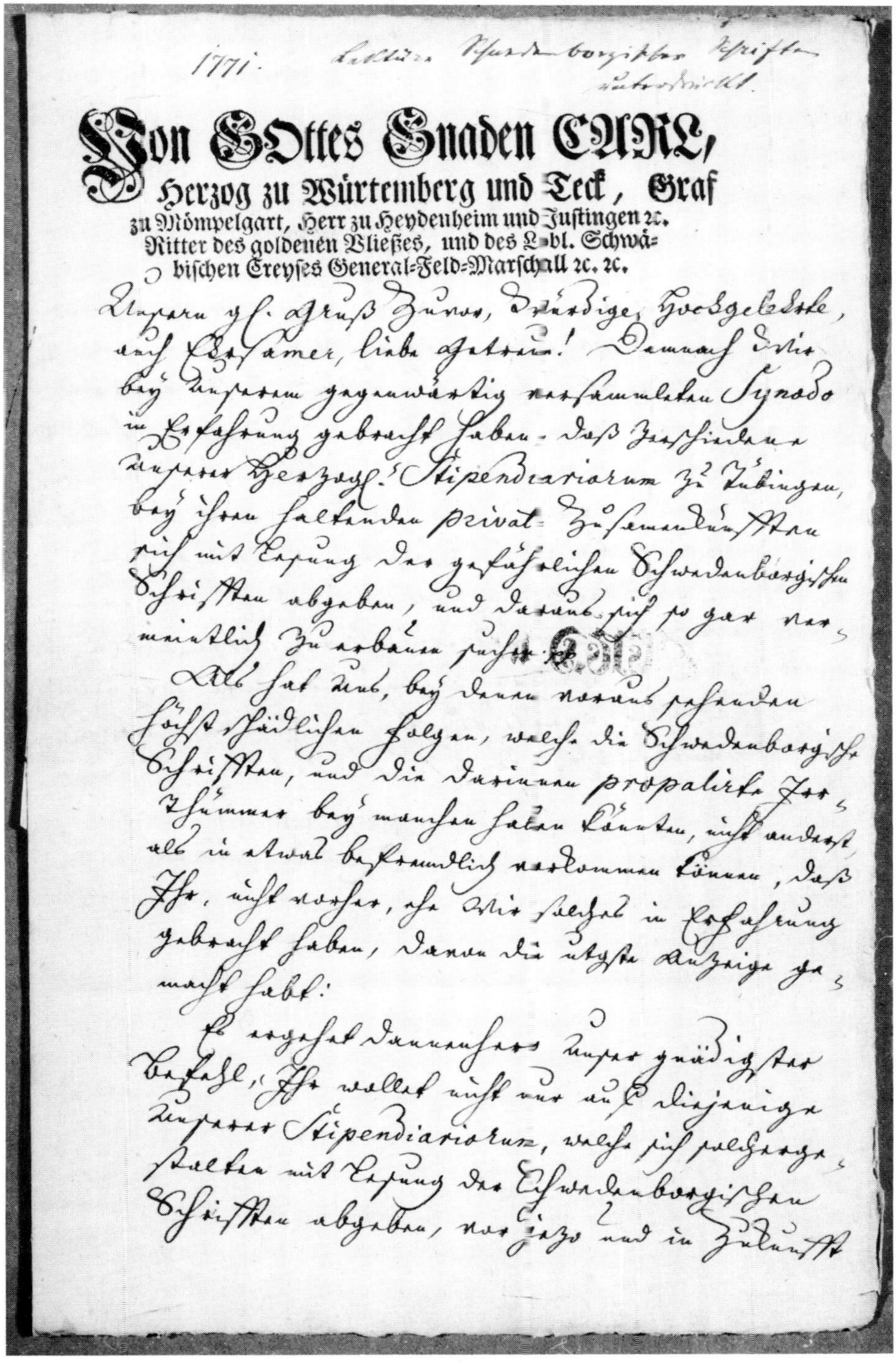

1771. Lektüre Schwedenborgischer Schriften unterdrückt.

Von GOttes Gnaden CARL, Herzog zu Würtemberg und Teck, Graf zu Mömpelgart, Herr zu Heydenheim und Justingen rc. Ritter des goldenen Vließes, und des Löbl. Schwäbischen Creyses General-Feld-Marschall rc. rc.

Unsern gn. Gruß zuvor, Würdige, Hochgelehrte, auch Ehrsamer, liebe Getreue! Demnach Wir bey unserem gegenwärtig versammleten Synodo in Erfahrung gebracht haben, daß verschiedene unserer Herzogl. Stipendiariorum zu Tübingen, bey ihren haltenden privat-Zusammenkünften sich mit Lesung der gefährlichen Schwedenborgischen Schriften abgeben, und daraus sich so gar vermeintlich zu erbauen suchen.

Also hat uns, bey denen voraus sehenden höchst schädlichen Folgen, welche die Schwedenborgische Schriften, und die darinnen propalirte Irrthümer bey manchen haben könnten, nicht anderst, als in etwas befremdlich vorkommen können, daß Ihr, nicht vorher, ehe Wir selbst in Erfahrung gebracht haben, davon die [illegible] Anzeige gemacht habt.

Es ergehet dannenhero unser gnädigster Befehl, Ihr wollet nicht nur auf diejenige unserer Stipendiariorum, welche sich solchergestalten mit Lesung der Schwedenborgischen Schriften abgeben, vor jezo und in Zukunfft

134 *Anfrage des Herzogs zum Verdacht der Lektüre von Swedenborgs Schriften im Stift 1771*

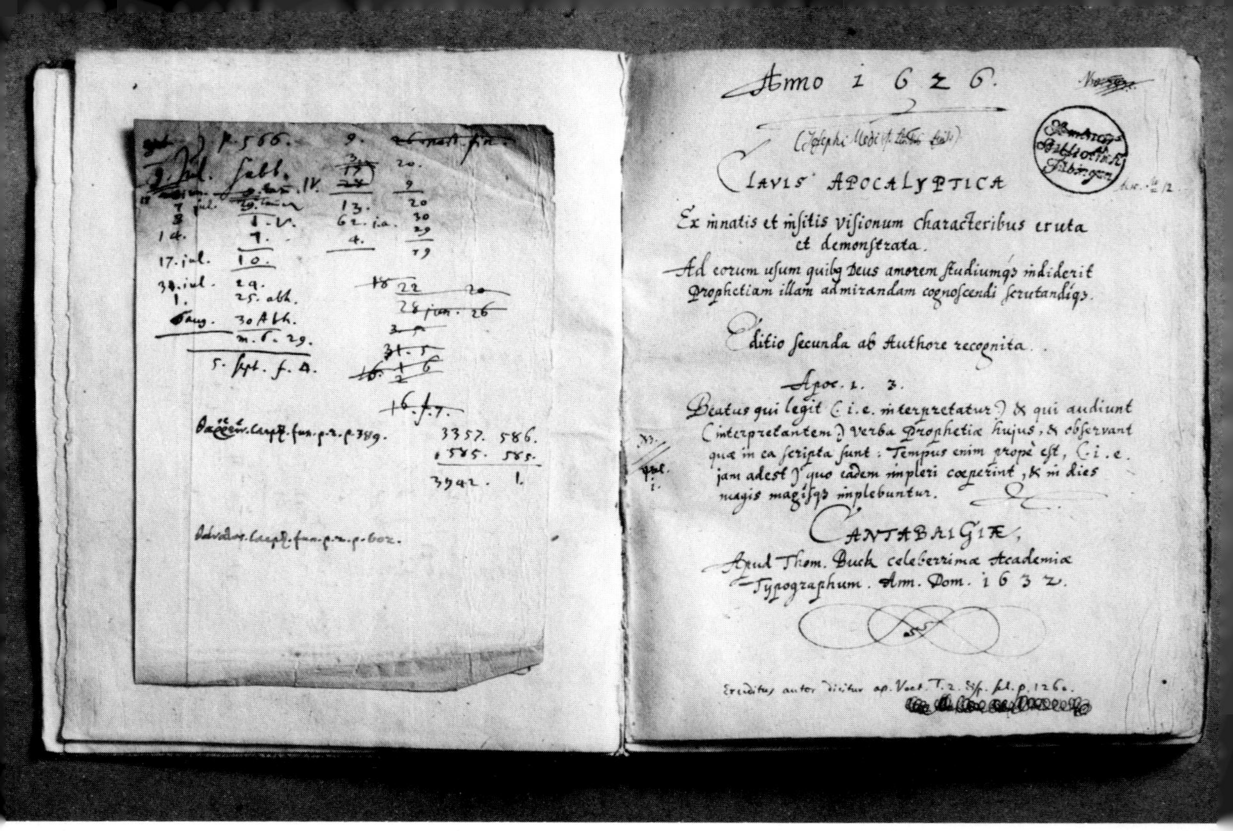

135/136 Johann Albrecht Bengel beschäftigte sich bereits während seiner Studienzeit mit der Frage nach dem Termin des Weltunterganges. In einem eigenhändig abgeschriebenen Buch zur Johannes-Offenbarung fand sich auch ein Rechenzettel.

137/138 Die ehemaligen Stiftler Georg Bernhard Bilfinger (137) und Gottfried Ploucquet (138) waren bedeutende Vertreter der Aufklärung in Tübingen.

139–141 Zu den bekanntesten Vertretern des Pietismus unter den Stiftlern gehörten Friedrich Christoph Oetinger (139), Ludwig Hofacker (140) und Christoph Blumhardt (141).

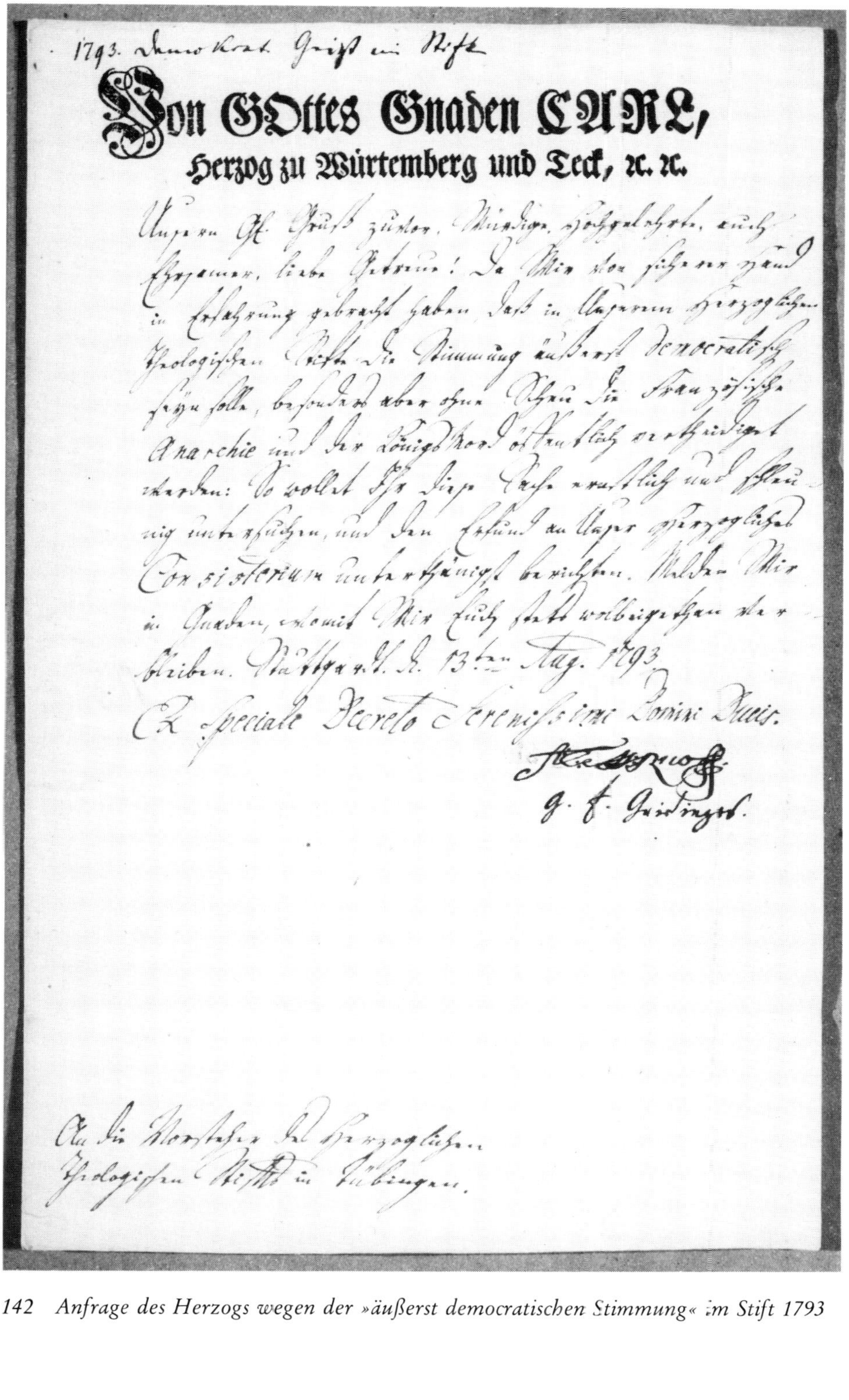
1793. Demokrat. Geist im Stift

Von GOttes Gnaden CARL,
Herzog zu Würtemberg und Teck, rc. rc.

Unsern Gruß zuvor, Würdige, Hochgelehrte, auch Ehrsame, liebe Getreue! Da Wir von sicherer Hand in Erfahrung gebracht haben, daß in Unserem herzoglichen Theologischen Stift die Stimmung äußerst democratisch seyn solle, besonders aber ohne Scheu die französische Anarchie und der Königsmord öffentlich vertheidiget werden: So wollet Ihr diese Sache ernstlich und schleunig untersuchen, und den Befund an Unser herzogliches Consistorium unterthänigst berichten. Melden Wir in Gnaden, womit Wir Euch stets wohlbeygethan verbleiben. Stuttgart d. 13ten Aug. 1793.

Ex speciali Decreto Serenissimi Domini Ducis.

[illegible]
G. F. Riedinger.

An die Vorsteher des herzoglichen Theologischen Stifts in Tübingen.

142 *Anfrage des Herzogs wegen der »äußerst democratischen Stimmung« im Stift 1793*

143 *Die Silhouette des »heimgekehrten Stiftlers«. Symbole der Französischen Revolution stehen denen des Stiftlerdaseins gegenüber. Ein Spottvers, geschrieben auf das Kirchenlied »Wie groß ist des Allmächtigen Güte« ist beigegeben:*

»Wie groß ist des Allmächtigen Güte,
die unsern Fritz sogar bekehrt,
der mit gewandeltem Gemüte
von Straßburg jüngst ist heimgekehrt.
Noch zittert er um Kopf und Kragen,
und der nach Jakobinern rief,
will's Überschlägle wieder tragen,
und liest jetzt im Jakobusbrief.«

144 *Um die Disziplin im Stift war es zur Zeit der Französischen Revolution schlecht bestellt: die Eintragungen oben zeigen einen Ausschnitt aus Hölderlins Strafregister.*

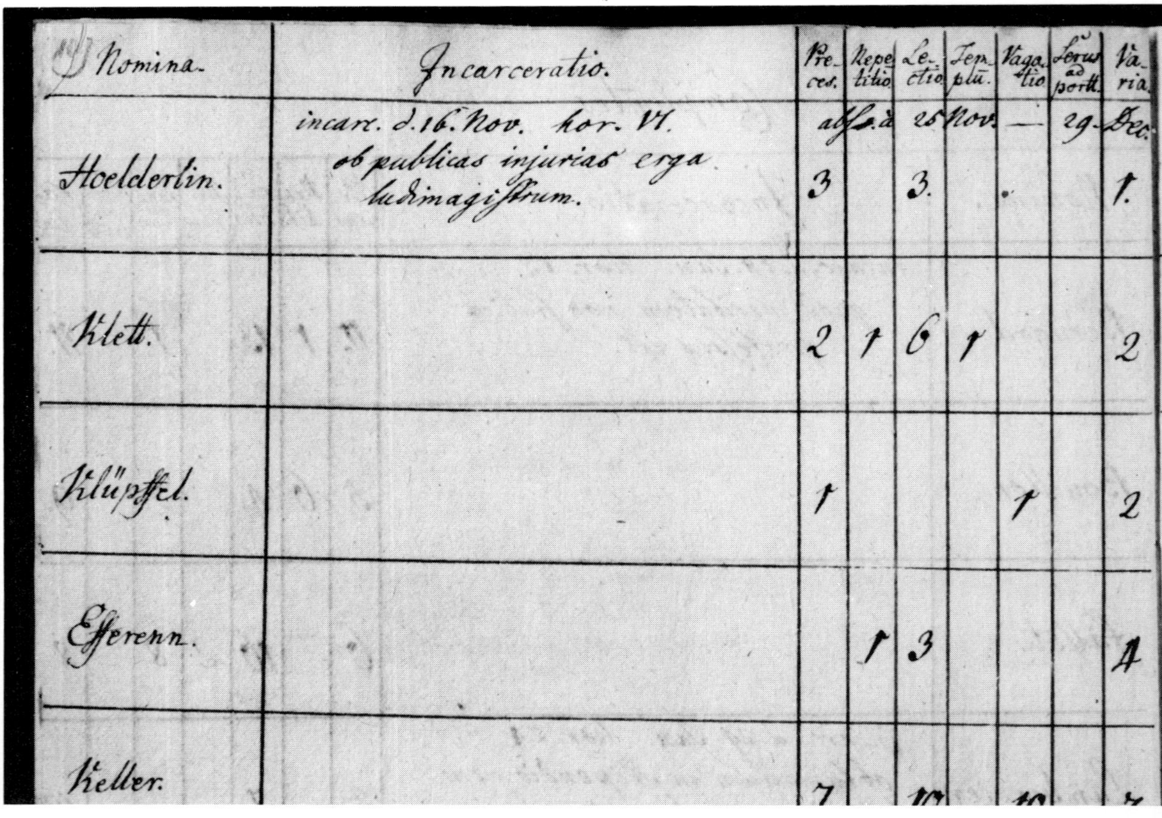

Nomina	Incarceratio	Preces	Repetitio	Lectio	Templu	Vagatio	Servus ad portt.	Varia
	incarc. d. 16. Nov. hor. VI.	absq.	à	25	Nov.	—	29.	Dec.
Hoelderlin.	ob publicas injurias erga ludimagistrum.	3		3.				1.
Klett.		2	1	6	1			2
Klüpffel.		1				1		2
Efferenn.			1	3				4
Keller.		7		10		10		[illegible]

145–148 Berühmte Stiftler während der Zeit der Französischen Revolution: Friedrich Hölderlin (145), Friedrich Wilhelm Joseph Schelling (146), Karl Friedrich (Graf) Reinhard (147) und Georg Wilhelm Friedrich Hegel (148)

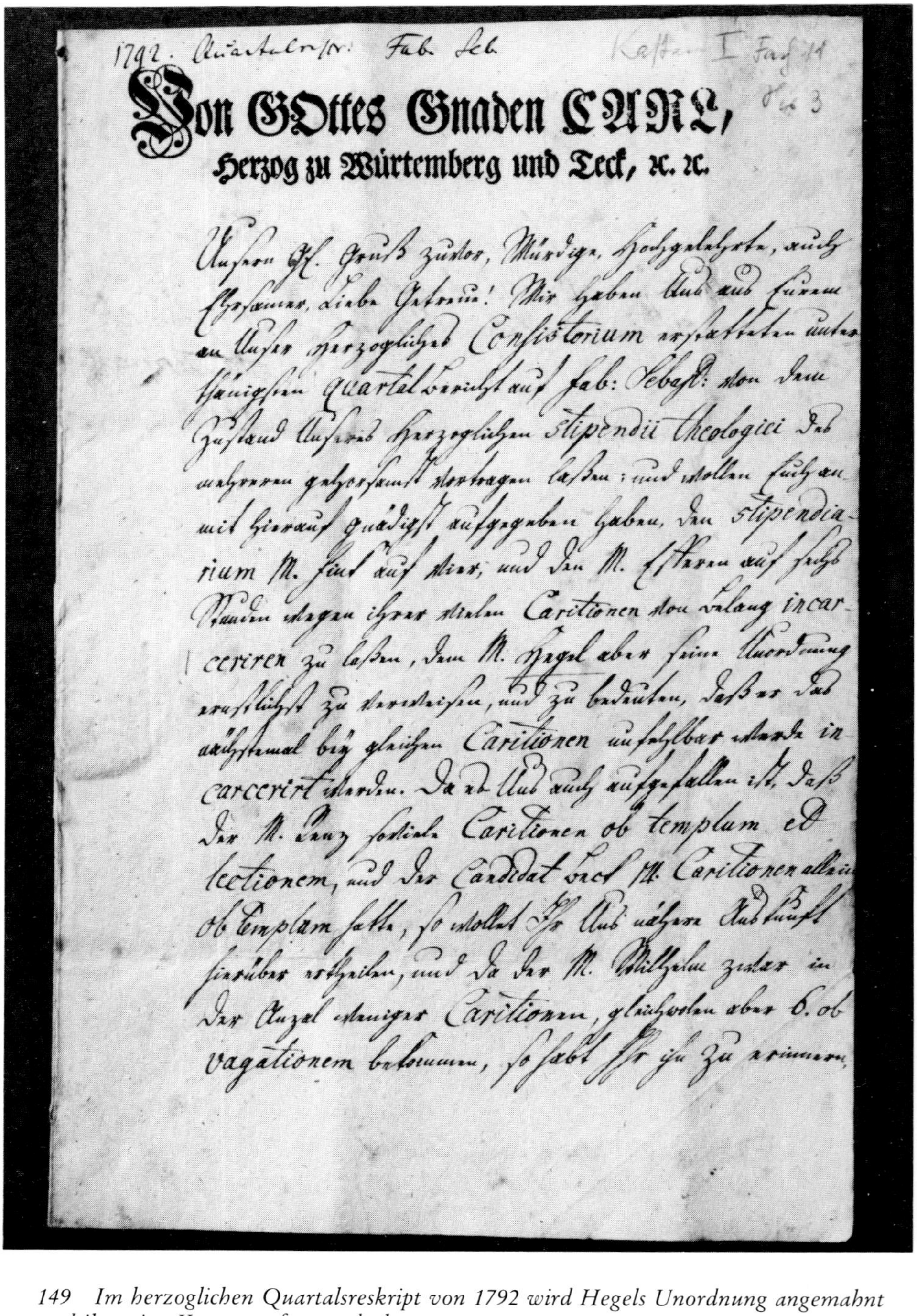

1792. Quartalrescr. Fab. Seb.

Kasten I Fasz 11

Nr 3

Von GOttes Gnaden CARL,

Herzog zu Würtemberg und Teck, rc. rc.

Unsern G. Gruß zuvor, Würdige, Hochgelehrte, auch Ehrsame, Liebe Getreue! Wir haben Uns aus Eurem an Unser Herzogliches Consistorium erstatteten unterthänigsten Quartalbericht auf fab: Sebast: von dem Zustand Unsers herzoglichen stipendii theologici das mehrere gehorsamst vortragen lassen; und wollen Euch an mit hierauf gnädigst aufgegeben haben, den stipendiarium M. Fink auf vier, und den M. [illegible] auf sechs Stunden wegen ihrer vielen Caritionen von dalang incarceriren zu lassen, dem M. Hegel aber seine Unordnung ernstlichst zu verweisen, und zu bedeuten, daß er das nächstemal bey gleichen Caritionen unfehlbar werde incarcerirt werden. Da es Uns auch aufgefallen ist, daß der M. [illegible] sechzehn Caritionen ob templum et lectionem, und der Candidat [illegible] 14. Caritionen allein ob templum hatte, so wollet Ihr Uns nähere Auskunft hierüber ertheilen, und da der M. Wilhelm zwar in der Anzahl weniger Caritionen, gleichwohl aber 6. ob vagationem bekommen, so habt Ihr ihn zu erinnern,

149 *Im herzoglichen Quartalsreskript von 1792 wird Hegels Unordnung angemahnt und ihm eine Karzerstrafe angedroht.*

Weingärtnern eine Episode geblieben sein. Bis zum 19. Jahrhundert blieb der Pietismus den Bewohnern der unteren Stadt Tübingens weitgehend fremd.
Seit 1703 studierte J. A. Bengel im Stift, in späteren Jahren neben anderen bedeutenden Vertretern des württembergischen Pietismus Ph. Fr. Hiller, Fr. Chr. Oetinger und Joh. Fr. Flattich. Im November 1717 war August Hermann Francke aus Halle in Tübingen. Die Fakultät ehrte ihn unter anderem mit einem aufwendigen Essen im Speisesaal des Stifts. *Abb. 135, 136* *Abb. 139*
Wenn auch die pietistische Bewegung im Stift vor allem aufgrund des Entgegenkommens der Kirchenleitung eine innerkirchliche Bewegung geblieben ist, wurden noch bis in die Mitte des 18. Jahrhunderts hinein zahlreiche Stipendiaten wegen separatistischer Neigungen aus dem Stift entlassen. 1704 ist beispielsweise Chr. E. Denzel verhaftet, auf dem Tübinger Schloß gefangengesetzt und nach gründlicher Untersuchung wegen separatistischer Gedanken aus dem Stipendium entlassen worden. Gegenüber einem zu stark werdenden Pietismus wurden mehrere Jahre lang nur Männer zu Repetenten vorgeschlagen, die »des sogenannten Pietismi halber ganz und gar unverdächtig waren«.
In den Jahren zwischen 1730 und 1740 erfuhr die pietistische Gruppe im Stift neue Impulse durch die Kontakte, die mit der Herrnhuter Brüdergemeine und Zinzendorf geknüpft wurden. Vor allem Oetinger suchte in seiner Repetentenzeit diese Beziehungen zu vertiefen. Immer wieder waren Mitarbeiter Zinzendorfs in Tübingen und im Stift, um dort »Gemeinschaft zu stiften und auf Grund und Einfalt zu dringen«. 1731 war Chr. David, ein feuriger Mitarbeiter Zinzendorfs überraschend im Stift, worüber ein trefflicher Bericht vorliegt: »Die Brüder sind eben im Stift in die Lektüre mystischer Schriften vertieft, da kommt Christian David auf die Stube. Oetinger hatte von Herrnhut her eine große Verehrung für ihn, er sah ihn an als seinen geistlichen Vater, der ihm oft die Hände aufgelegt hatte, um die herrnhutische Lammesart in ihm zu wecken. Bis nachts um zwei Uhr hat Chr. David über die Gründe der Gemeinschaft, die Wichtigkeit der Kindertaufe, des Abendmahls und die Macht der Gemeinde mit ihnen geredet, so packend, daß Oetinger nicht anders konnte, als ihm während des Redens die Hände zu küssen: so lieblich hat er vom Kreuzestod Christi geredet und so wichtig ihnen die Wunden gemacht, was sie in die Ewigkeit hinein zu bedeuten gehabt. Er machte auch auf die Brüder solchen Eindruck, daß sie sofort ihm ihr Herz zu öffnen wünschten.« Zinzendorf selbst hielt sich im März 1733 in Tübingen auf, in den Jahren darauf mehrfach sein enger Mitarbeiter und Nachfolger Spangenberg, dem es gelang, einige Stipendiaten für die Arbeit in der Herrnhuter Brüdergemeine zu gewinnen.
In den folgenden Jahrzehnten wird immer wieder von Erweckungsbewegungen unter den Stiftlern berichtet, freilich haben sich nie mehr als ein Viertel oder

auch ein Drittel zu der »Pia« gerechnet, wie sich die Gruppe später nannte. Es gab auch Zeiten, in denen zu klagen war, daß in ihr mehr Repetenten als Stiftler zusammenkamen. Treffpunkt der Stunde war die Hafnerstube, aber man kam auch bei pietistischen Pfarrern in der Umgebung Tübingens zusammen. Die Kirchenleitung und die Vorsteher des Stipendiums ließen der Stunde im Stift größtmögliche Freiheit, wenngleich das Mißtrauen nicht ganz abgebaut werden konnte. 1771 erfolgte – allerdings ohne Ergebnis – eine Untersuchung, da der Verdacht bestand, daß die okkulten Schriften des schwedischen Theosophen Swedenborg gelesen wurden. *Abb. 134*

Zwischen 1780 und 1825 führte die pietistische Sache ein sehr bescheidenes und verborgenes Dasein; meist zählten sich nur eine Handvoll Stiftler zur Pia. Von ihnen sind freilich Chr. G. Blumhardt, L. Hofacker und J. T. Beck zu erwähnen. *Abb. 140,141*

1825 kommt es zu einer Neukonstituierung der pietistischen Gruppe durch W. Hofacker und S. C. Kapff. Sie verhalfen ihr noch einige Jahre später während ihrer Repetentenzeit zu einer anhaltenden Blüte. Regelmäßige Kontakte wurden mit dem Missionsverein in Basel geknüpft, deren Inspektoren im 19. Jahrhundert überwiegend ehemalige Stiftler aus der Pia waren. 1833 wurde eine gemeinsame Stube im fünften Stock bezogen: Luginsland sollte der pietistischen Versammlung nun eine Heimat sein. Ephorus Steudel wollte eine solche Separierung verhindern. Ihm lag daran, daß die »christlich gesinnten Stiftler« im ganzen Haus verteilt »ihr Licht leuchten lassen« sollten. Tatsächlich pflegten die Luginsländer gegenüber der übrigen Stiftlerschaft fortan in vielem mehr ihr Eigenleben: Fast täglich gingen sie miteinander spazieren und hielten sonntags von 11 bis 12 Uhr eine Erbauungsstunde im Zimmer eines Stadtstudenten ab. In den folgenden Jahren konnte die Pia einen weiteren starken Zuwachs verzeichnen. Er läßt sich als Reaktion auf die im Haus stark gepflegte Beschäftigung mit dem philosophischen Idealismus verstehen (Repetentenzeit von D. F. Strauß).

Um 1860 zählten sich etwa 25 Stiftler zu den Luginsländern. Sie verbanden in ihrem Beieinandersein Frömmigkeit und Geselligkeit. Zu den gemeinsamen Bibelstunden und regelmäßigen Spaziergängen traf man sich donnerstags im Weilheimer Kneiple oder in der Lenzei. Es lag, dem studentischen Geist der Zeit entsprechend, nahe, daß 1873 aus der Pia die Verbindung Luginsland entstand, die bis 1970 zahlreiche Stiftler und Stadtstudenten vereinigte. Sie besteht heute noch in Tübingen und fühlte sich der pietistischen Tradition lange verpflichtet. Aus dem Luginsländer Kreis heraus entstand gleichfalls 1873 die A. V. Virtembergia, deren Verbindung zum Stift freilich bald abriß; die Mehrzahl der späteren Mitglieder waren Mediziner und Juristen. Auch sie besteht noch heute. Eine dritte Verbindung geht auf Mitglieder der pietistischen Gruppe im Stift zurück, der

1879 von E. Gmehlin gegründete »Bibelkranz«, aus dem 1905 der »Tübinger Bibelkreis«, seit 1950 die A. V. Föhrberg entstand. Sie ist die einzige Verbindung, der in den letzten Jahren (seit 1980) wieder einige Stiftler angehören.
Nachdem sich bereits im 19. Jahrhundert mit der Stube Luginsland eine Separierung von pietistisch gesinnten Stiftlern anbahnte, ist während der Zeit der Studentenunruhen 1969 dieser Schritt mit der Gründung des Albrecht-Bengel-Vereins vollzogen worden. Dieser bot zunächst in der Gartenstraße, seit 1977 in Derendingen pietistisch gesinnten Studenten und Studentinnen ein Zuhause. Ganz bewußt blieb eine andere Gruppe pietistischer Studenten auch nach der Gründung des Albrecht-Bengel-Hauses im Stift. So ist das Stift auch nach den Zeiten der Studentenunruhen ein kirchliches Studienhaus geblieben, das grundsätzlich allen evangelischen Studenten aus Württemberg offensteht.

Aufklärung und revolutionär-demokratische Einflüsse im 18. Jahrhundert

Einige Jahre später als der Pietismus hat sich die Aufklärung im Stift bemerkbar gemacht. Diese neue Bewegung der Geistesgeschichte ergriff im Stift manchen, dem die scholastische Theologie der Orthodoxie langweilig, ja unerträglich war. Einer von denen, die erst in der Begegnung mit der Philosophie Christian Wolffs Freude an Philosophie und Theologie fanden, war G. B. Bilfinger. Er *Abb. 137* entdeckte für sich Wolffs Metaphysik, als der Professor in Halle in Württemberg noch weithin als Ketzer und Atheist verschrien war. Nachdem Bilfinger von 1731 bis 1735 Professor der Theologie in Tübingen und Superattendent des Stifts war, konnte er den Wolffschen Rationalismus sowie die Leibnizsche Philosophie vielen Tübinger Studenten nahebringen.
Seit 1733 war mit dem ehemaligen Stiftler und Repetenten I. G. Canz als Professor an der Philosophischen Fakultät ein weiterer Vertreter der Aufklärung nach Tübingen gekommen. Sein Wirken hat gewaltigen Staub aufgewirbelt. Die theologische Fakultät erwähnt in einem pessimistischen Gutachten, daß die Stipendiaten von allen Gattungen der theologischen Literatur und Gelehrsamkeit weggeführt wurden. Im Gegensatz zu diesem Gutachten stehen Äußerungen von Schülern Canz', die ihn als solchen lobten, der »die geoffenbarte Religion mit allen Hilfsmitteln der Philosophie, in Rücksicht auf die Übereinstimmung der Lehrsätze mit den symbolischen Büchern unserer Kirche und genauen Verbindung derselben mit der Moral behandelt«. In der zweiten Hälfte des 18. Jahrhunderts wurde die Aufklärung von einem Schüler von Canz vertreten, G. Ploucquet, der vier volle Jahrzehnte, 1750 bis 1790 den Lehrstuhl für Logik *Abb. 138* und Metaphysik innehatte.
Die Aufklärung und der Pietismus waren für viele Stiftler keine derart entgegen-

gesetzten Bewegungen, daß sie sich in »Bekehrte« und »Aufgeklärte« gespaltet hätten. Dies wird deutlich bei Oetinger, der längere Zeit unter starkem Einfluß Bilfingers gestanden hat. Oetinger schaffte während seines Studiums für sich eine gewisse Synthese zwischen der Wolffschen Philosophie und dem Pietismus, wenn auch der Biblizismus bei ihm schließlich das stärkere Moment wurde.
Die Zeit der Aufklärung führte schließlich auch zur Gründung verschiedener schöngeistiger Vereinigungen und Zusammenkünfte. Unter dem Einfluß des Professors J. G. Faber gab eine meist aus Stiftlern bestehende Gesellschaft 1753 Gedichte und Abhandlungen im Stift der Aufklärungszeit heraus. 1763 erschien eine literarische Zeitschrift, initiiert von den Stipendiaten J. Chr. Schwab und J. J. Guoth. 1773 verfaßte der Klopstockanhänger G. D. Hartmann im Stift die moralphilosophische Schrift »Sophron oder die Bestimmung des Jünglings für dieses Leben«. Dafür wurde er alsbald zum Professor an das akademische Gymnasium nach Mitau berufen.
Zu den philosophischen Einflüssen der Aufklärungszeit kamen die theologischen. Die Schriften der Neologen, vor allem J. S. Semlers (Halle) und J. D. Michaelis' (Göttingen) wurden seit 1777 unter Ephorus Schnurrer fast ausnahmslos für die Bibliothek angeschafft und von den Stipendiaten eifrig gelesen. Der Ephorus selbst war ein Vertreter der Aufklärung, wenn auch bei ihm die Orientalistik die Philosophie und Theologie stark in den Hintergrund gerückt hatte. An der Fakultät bestand eine starke Opposition gegen Semlers kritische Theologie. Die Freiheit unter Ephorus Schnurrer, die Bücher der Neologen studieren zu können, haben später etliche Stiftler lobend hervorgehoben. H. E. G. Paulus (seit 1789 Professor in Jena, später in Heidelberg) betont, daß er durch die freie Benutzung der vom Geist der Neologie geprägten Bibliothek des Stifts die wesentlichen Anregungen für sich empfangen hat. Ähnlich urteilt F. Th. Spittler (seit 1779 Professor in Göttingen, später in Tübingen).
Am Ende des 18. Jahrhunderts beherrschte die kritische Theologie der Neologen die Stiftler. Freilich konnte diese Theologie nicht die der Landeskirche sein; Stiftstheologie und landeskirchliche Theologie waren zwei verschiedene Dinge geworden. Dies wird an zahlreichen Gerüchten deutlich, die in dieser Zeit im Land kursierten. Schon 1786 stand das Stift im Ruf der Irreligiosität. 1790 beklagte sich Professor Storr, daß unter den Stipendiaten eine große Abneigung gegen Theologie und Dogmatik herrsche. Die Predigten seien zwar wieder besser, Christus werde wieder genannt, nachdem man die Rede von ihm einige Jahre lang gemieden habe. Allerdings fielen die Studenten in den Gottesdiensten durch Schwatzen, Lachen, Lärmen und Hinausgehen auf.
Die Repetenten suchten in ihren Berichten die Gerüchte, die über das Stift verbreitet wurden, ins rechte Licht zu rücken, gestanden freilich in einem ausführ-

lichen Bericht von 1795 ein, daß die eigentlich theologischen Wissenschaften immer mehr vernachlässigt würden. Eine im Studium oberflächliche Behandlung der Philosophie sei stark eingerissen. Bereits die neu ins Stift Eintretenden hätten oft nur falsche oder krasse Begriffe von Religion. Die Repetenten meinten mit dem oberflächlichen Studium vor allem den inzwischen dazugekommenen Einfluß der Philosophie Kants. Sie erwähnen einen Stiftler, der eine Predigt wörtlich aus einer Schrift Kants abgeschrieben habe.
Zwei Jahre nach diesem Bericht der Repetenten ist die Lage unter den Stipendiaten immer noch nicht besser geworden. Wiederum ist (1797) von einer großen Abneigung gegen die Theologie bei einem Teil der Stipendiaten die Rede. Die Predigten der Stiftler seien keine populäre Darstellung biblischer Wahrheiten mehr, sondern ein Schwall von neuphilosophischen Begriffen wie Ideal, praktische Vernunft, Harmonie zwischen Moral und Glückseligkeit, rein sittliche Triebfedern, Legalität usw. Auch an den Gottesdiensten bestand immer noch kein Interesse; die meisten der Stipendiaten würden nicht einmal das Gesangbuch mehr mitbringen, so daß der Gesang höchst elend sei. Viele würden ihm gar nicht mehr beiwohnen oder ihn auf unterschiedliche Weise stören.
Als dieser Bericht geschrieben wurde, war schon seit einigen Jahren zu dem Geist der Aufklärung eine weitere Quelle der Unruhe im Stift gekommen: Die Französische Revolution wirkte sich ebenfalls – vor allem nach dem Tod Herzog Carl Eugens 1793 – im Stift aus. Bis um 1800 hat sie viele Stiftler in ihren Bann und in den Sturm der Zeit hineingezogen.
In Frankreich selbst hatte ein ehemaliger Stiftler eine außerordentliche Karriere gemacht, K. Fr. Reinhard, gewöhnlich »Graf Reinhardt« genannt. 1778 war er ins Stift gekommen, 1783 wurde er Vikar in Balingen. Als Hauslehrer wirkte er in der Schweiz und in Frankreich, bis er seit 1792 im Dienst des auswärtigen Département Gesandtschaftssekretär Frankreichs an verschiedenen Orten war. Im Herbst 1799 war er für einige Wochen Außenminister Frankreichs.
Die Revolutionsvorgänge brachten es mit sich, daß viele Stiftler das Studium der Theologie zur Nebensache machten. Viele lasen in einem »politischen Club« mit Begeisterung französische Zeitungen und Flugschriften, die damals zahlreich über den Rhein hereinströmten. Andere vertieften sich in die Schriften Rousseaus. Mit großer Ernsthaftigkeit setzte sich ein Großteil der Stiftler mit dem neuen Gedankengut auseinander. Besonders gut waren sie durch die Mömpelgarder Stipendiaten über die Vorgänge in Frankreich unterrichtet. Dem Herzog war dies bald unheimlich geworden, denn 1793 lehnte er die Aufnahme eines Elsässers ins Stipendium ab, da die Mömpelgarder Stipendiaten »an dem Verderben der übrigen hieländischen schuldig sind«.
Wieweit die Besorgnis über die Entwicklung des Stifts ging, zeigt ein Schreiben

des Präsidenten der vorderösterreichischen Regierung in Freiburg, von Sumerau, an den Herzog, worin dieser auf die Gerüchte hinwies, daß im Tübinger Stipen- *Abb. 142* dium die Stimmung äußerst demokratisch sei, so daß der Königsmord und die Anarchie in Frankreich gebilligt würden. Herzog Carl Eugen ordnete eine schnelle Untersuchung im Stift an. Das Inspektorat antwortete diplomatisch. Man könne dem Gerücht von demokratischer Denkungsart unter den Stipendiaten nicht geradezu widersprechen, aber man getraue sich zu behaupten, daß solche sich höchstens in Worten geäußert haben möge, hingegen auf Ordnung und Ruhe noch nicht den mindesten Einfluß gezeigt habe.

In der Zeit der Französischen Revolution studierten einige der später bekanntesten *Abb. 144–149* Stiftler, G. W. F. Hegel, Fr. Hölderlin und F. W. J. Schelling im Stift. Auch sie waren ganz von der Revolutionsstimmung angesteckt worden. Hegel hat man als einen »feurigen Jakobiner« charakterisiert. Hölderlin gab seinem Freiheitsenthusiasmus in zahlreichen Hymnen Ausdruck. Schelling wurde einige Zeit vom Herzog – wenn auch zu Unrecht – als Übersetzer der Marseillaise verdächtigt.

Wie sehr sich gerade die Idee der Freiheit in den Herzen der Stiftler regte, zeigt ein Brief von L. Kerner, einem Bruder von J. Kerner an seinen Vater, worin es heißt: »In dem Kerker dieses theologischen Stifts schmachte ich nicht länger mehr. Die Zeit ist herangekommen, wo ein jeder ein freier Weltbürger ist. Ich habe mir einen Büchsenranzen gekauft, in diesen werde ich Kants Schriften packen und mit ihnen nach Paris wandern. Haben Sie was dagegen, so verstehen Sie den Zeitgeist nicht. Vive la liberté, vive la nation.«

Abb. 39 Ephorus Schnurrer hat sich bemüht, den Stipendiaten einen möglichst großen Freiraum des Studiums zu gewährleisten. Graf Reinhardt honorierte dies mit der Bemerkung: »Der gegenwärtige Ephorus befördert die Freiheit im Denken, soviel er kann, d. h. er hindert sie nicht. Man darf lesen, was man will, und man würde nichts zu befürchten haben, wenn auch über Voltairen betroffen würde.«

Abb. 143 Ruhiger ist es im Stift erst um die Jahrhundertwende wieder geworden, nachdem die Revolutionsstimmung einer Nüchternheit gewichen war. Freilich blieben die Grundideen der Revolution lebendig. Sie waren, solange sie in Württemberg und auch im Stift nicht verwirklicht wurden, über Jahrzehnte hin Anlaß für weitere Unruhe und Bewegung im Stift.

Verbindungen und Gesellschaften

Die Gründungen von Landsmannschaften, Corps und studentischen Orden seit dem Ende des 18. Jahrhunderts in Deutschlands Universitätsstädten gaben in Verbindung mit dem Geist der Freiheitskriege 1813 bis 1815 dem Zusammen-

leben der Stiftler neue Impulse. Es regte sich ein zunehmender Widerstand gegen die in den Stiftsstuben übliche »Hierarchie« zwischen den unteren und oberen Semestern und die Enge des reglementierten Lebens mit der damit verbundenen Sonderstellung gegenüber den Studenten der Stadt. Die Idee kam auf, zusammen mit diesen Gruppen zu bilden, um gemeinsamen Interessen unterschiedlicher Art nachzugehen.
Die erste derartige Gruppe, in der Stadtstudenten und Stiftler zusammenwirkten, war die 1806 gegründete »geheime Gesellschaft der Freunde von Otaheiti«, eine Anzahl von Studenten, die auf die Südseeinsel Otaheiti auswandern wollte, um dort einen platonischen Staat zu gründen. Ungefähr die Hälfte der Gruppe, die mindestens 14 Mitglieder umfaßte, waren Stiftler. Die Pläne der Auswanderung konnten allerdings nie verwirklicht werden: Alle Mitglieder wurden 1808 unter dem Verdacht der staatsgefährlichen Verschwörung verhaftet und über zwei Monate im Tübinger Schloß eingesperrt. Nach einer gründlichen Untersuchung wurden die meisten von ihnen wieder auf freien Fuß gesetzt.
Einen ganz anderen Charakter hatte die »Romantika«, die erste eigentliche Stiftsverbindung, die aus dem literarisch und ästhetisch interessierten Freundeskreis um Gustav Schwab hervorgegangen ist. Sie konstituierte sich am 17. Januar *Abb. 159* 1813 und trug die Farben Schwarz-Weiß-Blau als Zeichen für Theologie (das Studienfach der meisten), unbefleckte Ehre und Treue. Unter den ersten Mitgliedern finden sich neben sieben Stiftlern auch vier Stadtstudenten (aus Lübeck, Hannover, Essen und der Pfalz). Man traf sich häufig und sprach über eigene literarische Erzeugnisse und zeitgenössische politische Vorgänge. Seit dem Sommersemester 1814 fühlten sich noch etliche andere norddeutsche Studenten zu der Romantika hingezogen, unter ihnen K. L. Sand.
Noch im Winter 1812/13 entstanden drei weitere Stiftsverbindungen: zunächst die Allemannia, die sich in der Stiftsstube Rathaus oder im Eifertschen Garten vor dem Neckartor traf, dann die Hellenia, eine Gruppe von Seminaristen, die sich bereits in Maulbronn zu einem Kreis zusammengeschlossen hatte und nun auf dem Zimmer Elysium zusammenkam, sowie die von Ernst Stang gegründete Gesellschaft, die sich keinen Namen gab. Die Hauptzwecke dieser letztgenannten Verbindungen waren die gemeinsame Erholung vom Studium und das Üben im Fechten. Politisch herrschte in diesen Gruppen – wie bei der Mehrzahl der damaligen Studenten – eine patriotische Gesinnung. Als sich im Mai 1813 das falsche Gerücht verbreitete, die Franzosen seien bei Lützen geschlagen worden, brach im ganzen Stift ein Freudengeschrei aus: »Vivat Alexander!« (Zar Alexander I. von Rußland) und »Pereat Napoleon, pereat Fridericus Rex!« (König Friedrich I. von Württemberg) sollen die Stiftler gerufen haben. Der »bedenkliche« Vorfall brachte 30 Stiftler nacheinander in den Karzer.

Aufgrund der Angliederung der neuwürttembergischen Reichsteile waren seit 1813 in der Stiftlerschaft auch Studenten aus schwäbischen Reichsstädten, Hohenlohe, Oberschwaben und anderen Gebieten vertreten. Sie hielten – von den altwürttembergischen Stiftlern oft verspottet – unter sich fest zusammen, was 1815 zur Gründung der beiden Landsmannschaften Hohenlohia und Ulma führte. Aus der Hohenlohia ging 1821 das bis heute bestehende Corps Franconia hervor; die Ulma ist einer der Vorläufer der gleichfalls noch bestehenden Landsmannschaft Ulmia.

Lange haben diese ersten Stiftsverbindungen zunächst nicht bestanden, denn im Juni 1816 wurde ihr Treiben von der die Vorgänge äußerst mißtrauisch beobachtenden Oberstudienbehörde in Stuttgart – bei Androhung strenger Inkarzeration bzw. Entfernung vom Stift – verboten.

Das Verbot konnte freilich keine lange Wirkung haben, denn es widersprach völlig dem studentischen Streben dieser Jahre. Am 8. Juni 1816 wurde – wie anderthalb Jahre zuvor in Jena – die Tübinger Urburschenschaft gegründet, die sich später den Namen Arminia (seit 1818 »Deutsche Burschenschaft zu Tübingen« bzw. »Germania«) gab. *Abb. 150* Ihr Ziel war eine grundlegende akademische und patriotische Erneuerung. Bald traten der Burschenschaft auch Stiftler bei, unter ihnen A. Knapp als Festdichter bei den jährlich gefeierten Waterloofesten und W. Hauff als zeitweiliger Führer des Burschenvereins. *Abb. 157* Insgesamt waren von den 500 Burschenschaftlern zwischen 1817 und 1825 fast ein Drittel aus dem Stift.

Bis zu den Revolutionsjahren 1848/49 hatte die Burschenschaft ein sehr wechselvolles Schicksal. Mehrfach wurde sie verboten, gegen ihre Anhänger wurde mit schärfsten Disziplinierungsmaßnahmen vorgegangen. Auch viele Stiftler waren davon betroffen: Zwischen 1815 und 1840 wurden etwa 150 von ihnen wegen der verbotenen Teilnahme an burschenschaftlichen Unternehmungen aus dem Stift entlassen! Der Primus der Promotion von 1824, Heinrich Nast, ist auf dem Hohenasperg gestorben. Der schwerste Schlag traf die Tübinger Burschenschaft mit dem Hochverratsprozeß, der nach dem Sturm auf die Frankfurter Hauptwache 1833 gegen sie und die anderen Burschenschaften in Deutschland angestrengt wurde. Bis Dezember 1836 zog sich der Prozeß hin, der mit 38 Verurteilungen zu Freiheitsstrafen endete. Unter den Verurteilten waren sechs Stiftler. Nur langsam hat sich die Burschenschaft in den folgenden Jahren hiervon wieder erholt.

Im Stift waren freilich bereits wieder neue Verbindungen entstanden. Pfingsten 1828 bildete sich eine Gruppe von 27 Studenten, die wegen ihres Feuereifers für altburschenschaftliche Grundsätze der Sittlichkeit, Wissenschaftlichkeit und das vaterländische Bewußtsein »Feuerreiter« genannt wurden. Im Stift wurden sie

150 Kneipszene bei den Germanen 1822 – in der Mitte steht ein Stiftler in seiner Stiftstracht
151 Die Mitglieder der »Patrioten« 1833 – 1840
152 Wappen der Königsstiftler (Vorgänger des Roigel) 1836

153 Für ihre Examenskandidaten wurden von den einzelnen Verbindungen sog. »Kandidatenfuhren« organisiert.
154 »Ständerling« des Tübinger Bibelkreises 1936 im Innenhof des Stifts

durch dieses Festhalten an strengen Prinzipien gern gesehen, Ephorus Jäger pflegte sie durch die Anrede »Mylords die Herrn Feuerreiter« auszuzeichnen. Aufgrund von Streitereien zwischen diesen neuen burschenschaftlichen Gruppen und der alten Burschenschaft kam es zu verschiedenen Spaltungsvorgängen, die dazu führten, daß die Stiftler 1831/32 aus der Burschenschaft austraten. In ihr spielte inzwischen auch das Fechten eine immer größere Rolle, was sich nicht mit der Stiftsdisziplin vereinbaren ließ. Die Stiftler hielten an dem altburschenschaftlichen Gedankengut fest; ein Teil von ihnen hatte 1831 die Gesellschaft der »Königsstiftler« gegründet, benannt nach dem Gasthaus zum König an der Herrenberger Straße, wo sie sich regelmäßig versammelten. Sie nannten sich auch die »Patrioten« und verfolgten im wesentlichen die alten burschenschaftlichen *Abb. 151* Ziele. Bis 1841 gehörten dieser Gruppe ungefähr 90 Stiftler an, darunter E. Zeller als einer der Führer der Königsstiftler, H. Kurz, G. Rümelin, G. Herwegh, K. Chr. Planck und A. Schwegler. Aus den Königsstiftlern entstand 1838 die bis heute bestehende »A. V. Roigel (Tübinger Königsgesellschaft)«. *Abb. 152*

Parallel mit der Gründung des Roigel lief die Entstehung der Normannia, einer weiteren Stiftsverbindung. Sie wurde im August 1841 in der Wirtschaft des Stadtrats Nördlinger gegründet und nannte sich zunächst »Nordland«. Seit dem Spätherbst 1861 wurde der Name »Nordland« durch die Bezeichnung »Tübinger Normannia« ersetzt. Ihre Farben wurden Weiß-Gold-Rot.

Die zweite Hälfte des 19. Jahrhunderts sah zahlreiche neue Verbindungen in Tübingen entstehen. Mehrere von ihnen sind von Stiftlern gegründet worden, in anderen waren Stiftler inkorporiert, ohne daß man es mit einer »Stiftsverbindung« zu tun hat. Im Bericht des Wintersemesters 1853/54 schreibt das Stiftsinspektorat von der Gründung der »Staufia« im Stift: Die Staufer wollten mit ihrem Wahlspruch »Unita virtus valet« Vaterland, Sittlichkeit und Wissenschaftlichkeit zusammen nachstreben. Der Name »Staufia« wies auf das alte Deutsche Reich unter den Staufern hin, das anstelle der vielen Kleinstaaten zumindest großenteils wiedererstehen sollte. Unter dem Konkurrenzdruck anderer neuer Verbindungen und durch innere Schwierigkeiten ist die Staufia bereits 1868 wieder eingegangen.

1857 brachte die Gründung der ersten nichtfarbentragenden Studentenverbindung, die »Akademische Musikverbindung Stochdorphia«. Dem Stiftler E. Stochdorph, der zwar Beziehungen zu der Königsgesellschaft pflegte, waren die Ziele und Inhalte beim Roigel, dem Nordland und der Staufia zu eng.

Von Norddeutschland her ist im Juni 1864 auch der Wingolf nach Tübingen gedrungen. Dabei trat der »Tübinger Wingolf« zunächst mit entschiedenem Mißtrauen gegen alles auf, was man »Stiftsgeist« nennen konnte. In den ersten Jahren waren nur Studenten aus der Stadt Mitglied. Nach 1881 konnte der Wingolf auch im Stift Fuß fassen. Wie der Wingolf wurde auch die »A. V. Igel« von Stadtstudenten gegründet. Gründungsdatum war der 1. Mai 1871. Seit 1886 waren auch einige Stiftler Mitglied im Igel.

Noch im 19. Jahrhundert wurden fünf weitere Verbindungen gegründet, alle maßgeblich von Stiftlern ins Leben gerufen. Am 24. Mai 1873 entstand als Abspaltung von der pietistischen Gruppe »Pia« die »A. V. Virtembergia«. Aus der »Pia« wurde im Juni der »Studentenkreis Luginsland«. Die A. V. Virtembergia trug den Wahlspruch »Furchtlos und treu. Hie gut Virtembergia allwege«. Ihre Verbindung zum Stift riß bald ab; die Mehrzahl der späteren Mitglieder waren Juristen und Mediziner. Der Studentenkreis Luginsland hatte weder Farben noch Wahlspruch. Eine weitere Stiftsverbindung ist im Juni 1873 mit dem »Lichtenstein« gegründet worden. Er verschwand nach 1914 für etliche Jahre aus dem Stift. 1878 wurde durch zwölf Stiftler in der Wirtschaft »Zur Pfalz« die »Alte Turnerschaft Palatia« gegründet. Nur wenige Jahre waren regelmäßig Stiftler in der Palatia vertreten, später nur noch vereinzelt. Über die Gründung der »Tübinger Rothenburg« – eine Gesellschaft und keine eigentliche Verbindung – schrieb ein Chronist: »Sollten sich je einmal einige Tübinger Häuser um die Ehre streiten, die Geburtsstätte der Rothenburg zu sein, so könnte es sich um drei handeln: Stift, Komerell und Hades. Aber den Sieg trüge das Stift davon, das war und dort stand unsere Wiege. Von den 17 auf dem ersten Bild sind 16 Stiftler. Das mußte ja später anders werden und es ist gut, daß es anders geworden, aber vergessen werden darf es nicht; ›da sind die Wurzeln deiner Kraft‹. Ja, das alte Stift, mit seinen Stuben, in denen man zusammenlebte und miteinander erlebte, mit den Erdöllampen und den glühenden Öfen, um die man sich, aus dem warmen Bett durch die rasselnden Schlüssel des Aufsehers vertrieben, im Schlafrock auf den Ofenschirm legte, um ein Stündchen Schlaf nachzuholen, mit seiner einzigartigen Lebens- und Gütergemeinschaft – nein, ich lasse ihm nichts geschehen; mit seinen Licht- und Schattenseiten kommt es mir heute noch im Traum wie ein Märchen aus alten Zeiten vor.« Die Rothenburg wurde in der Stiftsstube Rothenburg am 1. 10. 1880 ins Leben gerufen, wenn auch als offizielles Gründungsdatum eine Zusammenkunft am 13. 10. 1880 im »Hades« in der Hafengasse geläufig ist.

Im Juli 1893 ist die »A. V. Nicaria« ins Leben gerufen worden. Obwohl bei ihrer Gründung hauptsächlich Stadtstudenten beteiligt waren, sind von Anfang an Stiftler bei der Nicaria Mitglieder gewesen. Die Nicaren hatten ihren Sitz auf der Stiftsstube Baierland.

In der zweiten Hälfte des 19. Jahrhunderts war es auch der Leitung des Stifts und dem Oberstudienrat in Stuttgart zunehmend leichter, die Aktivitäten der Verbindungen zu akzeptieren. Man war es mit der Zeit gewohnt, daß meist die

Hälfte oder zwei Drittel der Stipendiaten inkorporiert war. Seit 1864 war das Tragen von Verbindungsabzeichen im Stift offiziell gestattet, seit 1867 auch – zumindest außerhalb von Gottesdiensten und Feierlichkeiten – das Tragen der Verbindungsmützen. 1884 meint man, der Anschluß eines Stiftlers an einen »größeren und kleineren Kreis« sei »vom pädagogischen Gesichtspunkt aus keineswegs zu beklagen«.

Um einen Eindruck von der Verteilung der Stiftler auf einzelne Verbindungen für die zweite Hälfte des 19. Jahrhunderts zu geben, seien die Zahlen des Sommersemesters 1884 genannt: danach waren von den Stipendiaten 27 im Roigel, 35 in der Normannia, 10 in der Stochdorphia, 3 im Wingolf, 22 im Luginsland, 10 im Lichtenstein, 6 in der Palatia, 16 in der Rothenburg, 5 in der Hohenstaufia und 2 in der Teutonia.

Um die Jahrhundertwende kam zu den Verbindungen die »A. V. Föhrberg« hinzu, unter diesem Namen freilich erst seit 1950. Ihren Ursprung haben die Föhrberger in dem 1879 von E. Gmehlin gegründeten »Bibelkranz« im Stift, aus dem 1905 der »Tübinger Bibelkreis« entstand.

Die Verbindungen haben bis zu den Zeiten der Studentenunruhen um 1968 das Stiftsleben in entscheidender Weise geprägt. Sogar diejenigen, die keiner Verbindung angehörten und die »Wildsäue« genannt wurden, mußten sich im Stift organisieren (in der »Wildsavia«), um bei der Zimmerverteilung und anderem nicht ausgeschlossen zu sein. Bis zum Ende des ersten Semesters hatte sich jeder Stiftler nach abgeschlossener »Keilung« zu entscheiden, welche der Gruppen seinen Wünschen entsprach. Jede von ihnen hatte im Stift ein oder mehrere Zimmer belegt, wo die Mitglieder regelmäßig zusammenkamen. Zu den traditionsreichen Stuben gehören mit ihren alten Namen: Mulattia, Schwärzloch und Quadrat als Zimmer des Roigel; Bethlehem, Vendée und die Jägerstube als Zimmer der Normannia; Zion als Stube des Wingolf; Luginsland, Hohenheim und Jerusalem als Zimmer des Luginsland; Wartburg als Zimmer des Lichtenstein; Rothenburg als Zimmer der Rothenburg und Baierland als Zimmer der Nicaria. Die jedes Semester neu verhandelte Zimmerverteilung lief über die Verbindungssprecher. Täglich traf man sich nach dem Mittag- und Abendessen in den Verbindungsgruppen zum »Ständerling«, d. h. an festgelegtem Ort zum Austausch von Informationen, zum Gespräch und gemeinsamen Singen. Die Ständerlinge waren teilweise um das Haus verteilt: die Luginsländer trafen sich zuletzt bei der Bursa, vom Stift herkommend bei der ersten Platane; die Rothenburger standen am Brunnen im Außenhof; die Nicaren auf der Altane unter der Glocke; die Mitglieder des 1945 von Stiftlern in Berlin gegründeten Studentenkreises »Schwaben« vor dem Alten Ephorat oder am Hölderlinturm; die zum Studentenkreis »Coburg« gehörenden Stiftler im Außenhof des Stifts.

Abb. 153, 154

Nach Ablauf des Stipendiums wohnten viele Stiftler zum Examenssemester in den Verbindungshäusern.

Ein entscheidender Einschnitt in das Verbindungsleben kam mit dem Anbruch der nationalsozialistischen Zeit. Die Studentenschaft sollte nicht mehr in Verbindungen gegliedert sein, sondern den studentischen Gruppen der Partei angehören. 1935 wurden die Verbindungen verboten. Sie lebten teilweise in Kameradschaften und Bibelkreisen im Verborgenen weiter. So bildeten der Roigel zusammen mit der Germania 1936 die Kameradschaft »Ludwig Uhland«, der Igel zusammen mit der Virtembergia die Kameradschaft »Neithardt von Gneisenau«, die Palatia wurde zur Kameradschaft »Dietrich Eckart«. Die Nicaren trafen sich in ihrer alten Stiftsstube als »Bibelbruderschaft Baierland«.

Nach dem Ende des Zweiten Weltkrieges wurden zwischen 1945 und 1949 alle alten Verbindungen neu begründet. Das Engagement der Stiftler setzte sich bis in die Zeit der Studentenunruhen fort: Im Winter 1967/68 verteilten sich die Stiftler noch in den Verbindungen: 8 im Roigel, 3 in der Normannia, 3 in der Stochdorphia, 2 im Wingolf, 3 im Igel, 13 im Luginsland, 1 im Lichtenstein, 8 in der Rothenburg, 16 in der Nicaria, 17 im Föhrberg, 7 im Studentenkreis »Schwaben«. So waren von den 115 Stiftlern damals noch 85 inkorporiert. In den beiden folgenden Wintersemestern ging die Zahl auf 67 bzw. 58 zurück. Im Semesterbericht des Stiftsrates aus dem Wintersemester 1970/71 findet sich schließlich die Notiz: »Die Liste der Stiftstudierenden führt zwar – unter den höheren Semestern – noch 31 Mitglieder von Stiftsverbindungen auf. Aber diese haben – einschließlich der bisher noch lebendigsten Gruppe der ›Föhrberger‹ – im Leben des Hauses keinerlei Bedeutung mehr.«

Insgesamt hat die Zeit der Verbindungen der Stiftlerschaft unbestritten eine gewaltige Bereicherung gebracht. Am Anfang stand die Durchbrechung des Gegensatzes und der Isolation der Stiftler von den Stadtstudenten. Die Verbindungen brachten das institutionalisierte Gespräch und einen regelmäßigen Austausch sowie oft lebenslange Freundschaften zwischen den Mitgliedern, vor allem – zumindest in einigen der Verbindungen – auch zwischen Stiftstheologen und Studenten anderer Fakultäten.

Heute sind an die Stelle der Verbindungen für die meisten der Stiftler und Stiftlerinnen zahlreiche Freundschaftskreise oder Interessengruppen für Studium und Freizeit getreten. Diese sind freilich meist auf die Hausbewohner beschränkt. Man trifft sich in Gruppen von fünf bis zehn Leuten fast täglich zu Kaffee oder Tee auf einem der Zimmer sowie zu gemeinsamem Studium und zu Unternehmungen in der Freizeit. Manche dieser Freundschaftsgruppen gehen gemeinsam an eine auswärtige Universität und lernen in den oberen Semestern zusammen für das Examen. Immer wieder haben sich solche Gruppen auch Namen gegeben wie um 1975 der »Donnerstagskreis« oder der »Großrat«. Freilich brechen die Traditionen solcher Gruppen im Stift ab, wenn die Stiftlerinnen und Stiftler eines solchen Kreises das Haus verlassen. Nur die A. V. Föhrberg hat von den Verbindungen in den vergangenen Jahren wieder eine kleine activitas im Stift gehabt.

Politische Strömungen und Kriegszeiten im 19. und 20. Jahrhundert

Auf dem Weg zur Revolution 1848/49

Seitdem die Ideen der Französischen Revolution in das Bewußtsein der deutschen Studenten eingedrungen waren, lebten bei ihnen starke freiheitlich-nationale Bestrebungen auf, die sich vor allem in der Gründung der Burschenschaften manifestierten. Von den Regierungen wurden diese argwöhnisch beobachtet und nach Möglichkeit zu unterdrücken versucht. Je nach außen- und innenpolitischer Lage erlebte diese politische Bewegung unter den Studenten der ersten Hälfte des 19. Jahrhunderts ein sehr wechselvolles Schicksal. Nach dem bekannten Frankfurter Wachensturm 1833 wurden auch in Tübingen und insbesondere auch im Stift strafrechtliche Verfolgungen gegen viele Studenten eingeleitet. Die Stuttgarter Regierung hatte ein Verbot jeglicher politischer Betätigung erlassen.

Das Stift ist freilich auch nach 1833 eine Heimstätte nationalliberalen Gedankenguts geblieben. Die relative Abgegrenztheit des Hauses von Stadt und Universität bot der Freiheit des gemeinsamen Nachdenkens über politische Fragen einen weitgehenden Schutz. So hatte sich hier im Sommer 1833 die bei den Verbindungen schon genannte Gesellschaft der »Patrioten« konstituiert. Unter ihnen waren in den folgenden Jahren G. Rümelin, der spätere Abgeordnete in der Frankfurter Paulskirche und nachmalige Kanzler der Universität Tübingen sowie G. Herwegh, der politische Schriftsteller und Revolutionär von 1848. *Abb. 158* Herwegh wurde bereits 1836 aus dem Stift entlassen und verlor sein Stipendium, nachdem er mehrfach gegen die Hausordnung verstoßen hatte.

Die staatlichen Repressionen gegen die politische Betätigung der Tübinger Studenten dauerten zunächst an. Seit 1834 hatte jeder Student vor Beginn eines neuen Semesters vor dem Immatrikulationsausschuß schriftlich zu versichern, daß er keiner verbotenen Verbindung angehörte. Diese Zeit der äußeren Unterdrückung entwickelte sich freilich im Innern zu einer um so fruchtbareren Phase des Nachdenkens. Das rege politische Interesse bedeutete dabei in dieser Zeit keine Vernachlässigung philosophischer und theologischer Studien. Dies wird gerade an den »Patrioten« deutlich, die sich nicht nur politischen Themen widmeten, sondern sich unter anderem auch autodidaktisch mit der Philosophie Hegels beschäftigten. Hegels idealistisch-spekulatives System war damals für die Dozenten der philosophischen wie der theologischen Fakultät noch völlig uninteressant. Angeregt wurden die »Patrioten« zu ihren Studien vor allem durch *Abb. 44, 45* David Friedrich Strauß, der seit Ostern 1832 Repetent im Stift war. Vom Sommer 1832 an hielt er über drei Semester philosophische Vorlesungen über Logik und Metaphysik, über die Philosophie seit Kant und über die Geschichte der Moral. Diese Vorlesungen hatten einen glänzenden Erfolg. Strauß wurde binnen kurzem zu einem überaus beliebten Lehrer, dessen Vorlesungen von Studenten aller Fakultäten zahlreich besucht wurden. Seit Herbst 1833 las Strauß nicht mehr, sondern arbeitete im Stift an seinem »Leben Jesu«. Anfang Juni 1835 erschien der erste Band, im September der zweite. Das Buch erregte ungeheures Aufsehen und rief einen Sturm der Entrüstung hervor. Noch vor dem Erscheinen des zweiten Bandes wurde Strauß von seiner Repetentenstelle entfernt. Einige Stiftler wollten ihm einen Fackelzug bringen, den er aber auf Zureden des Rektors ablehnte. Noch einige Wochen lebte Strauß in Tübingen, wobei ihn das Repetentenkollegium weiterhin zu gemeinsamen Spaziergängen einlud.

Die Unterdrückung der nach einer umfassenden Reform strebenden Bewegungen ließ sich nur einige Jahre aufrechterhalten. Der März des Jahres 1848 setzte auf allen Gebieten des öffentlichen Lebens die lang angestauten Reformwünsche frei. Einen wesentlichen Raum nahm in dieser großen Reformbewegung der pädagogische Bereich ein. Die Universitäten spielten im politischen Leben des Vormärz eine Schlüsselrolle, Studenten und Professoren standen in der Revolution von 1848 in vorderster Front.

Die Tübinger Universität gehörte zu den Universitäten, die sich um eine Reform eifrig bemühten. Unter den Dozenten, die hierzu eine Vielzahl optimistisch-liberaler Vorschläge erarbeiteten, war der Privatdozent Zeller, der selbst von 1831 an Stiftler gewesen war und später Philosophieprofessor in Berlin wurde. Die Dozenten beschäftigten sich vor allem mit einer Reform der Universitätsverfassung, die die Mitwirkung aller Universitätsangehörigen bei den wichtigsten Entscheidungen zum Ziel hatte. So waren sich die zwölf außerordentlichen Professoren in Tübingen in dem Vorwurf einig, daß Senat und Dekan der Universität nicht Vertreter der Universität, sondern einer kleinen Zahl von Ordinarien seien.

Unter den Studierenden war 1844 der »Allgemeine Studentenverein« tätig, der

1847 in einer Eingabe an den Senat um eine Reform der akademischen Gesetze gebeten hatte. Im zehnköpfigen Ausschuß des Studentenvereins waren die meisten Studenten aus dem Stift, darunter J. Köstlin (später Professor der Theologie in Halle), W. Rapp, H. Lang und H. Späth. Die Studenten hatten bei den allgemeinen Überlegungen zu einer Reform der Universitätsstruktur die Chance erkannt, auch weitere Reformvorschläge einzubringen, die die Studiensituation wesentlich erleichtern könnten. Die Ideen müssen schon mehrere Jahre – vor allem im Stift – diskutiert worden sein. So forderte der Ausschuß die Abschaffung des obligatorischen Kollegienbesuches, die Erleichterung in der Benutzung der Universitätsbibliothek, die Aufhebung des Theaterverbots für Tübingen, das Erlassen der Kollegiengelder für ärmere Studierende, die Unterstellung der Studierenden unter die allgemeinen bürgerlichen Gesetze sowie die Abschaffung des Verbindungsverbotes.

Während der Monate der Revolution 1848 stand das Studium verständlicherweise auch im Stift erst an zweiter Stelle. Viele Stiftler zogen immer mehr die Zeitungslektüre den dogmatischen Handbüchern vor, schwänzten die Kollegien, nahmen an Kundgebungen und Versammlungen teil. Im März 1848 war der erste Stiftler, der sich einem Freischarenzug anschloß, A. Bacmeister (später als Germanist und Dichter bekannt). Er hatte sich aus dem Stift entfernt und war in Straßburg einem Freischarenzug beigetreten. Bald wurde er im Badischen gefangengenommen und in Bruchsal, später auf dem Hohenasperg eingekerkert. Am 24. März 1848 zogen auf das Gerücht, daß französische Freischärler über den Schwarzwald herübergezogen kamen, zahlreiche Stiftler und andere Studenten bewaffnet in Richtung Rottenburg. Freilich stellte sich alles als falscher Alarm heraus.

Im Stift war im März 1848 ein solcher politischer Freiheitsdrang erwacht, daß viele es nicht mehr im Seminar aushalten wollten. Sie verlangten Ende des Monats, daß der Ferienbeginn um 14 Tage vorgezogen werde. Bei einigen ging der Freiheitsdrang so weit, daß sie eine Aufhebung des Stifts beantragen wollten. Die hier geforderte Ordnung und Disziplin schien ihnen mit dem Drang der Zeit nach Demokratie und Freiheit unvereinbar zu sein. Am 23. März 1848 hatte sich in Tübingen auch das Akademische Freiheitscorps gebildet, zu dem sich *Abb. 155* etwa 300 Studenten zusammenschlossen. Hierin sahen sie im Gegensatz zum regulären Militär den Gedanken der bürgerlichen Selbstbewaffnung und Wehrhaftigkeit verkörpert. Im akademischen Freicorps waren auch zahlreiche Stiftler vertreten. Sie hatten die Erlaubnis zum Eintritt unter der Voraussetzung erhalten, daß die Zwecke des Freicorps keine anderen als die einer gewöhnlichen Bürgerwehr seien und ein geregelter Studiengang nicht gestört werde. Zur Konfrontation mit der Stiftsleitung kam es allerdings, als diese Stiftler an den Sonntagnachmittagen die Manöverübungen den Predigtübungen vorziehen wollten. Neben vielen anderen befanden sich im Akademischen Freicorps die Stiftler Chr. Sigwart (später Professor der Philosophie in Tübingen) und H. Lang, der 1848 auch Präsident des aus Tübinger Bürgern und Studenten bestehenden Demokratischen Vereins geworden war. Deswegen wurde er von der Stiftsleitung verwarnt und über die nachteiligen Folgen dieser Stellung für seine Person belehrt. Lang zeigte sich davon zunächst unbeeindruckt und verfaßte in den folgenden Wochen zahlreiche Resolutionen, Zeitungsartikel und Reden für die demokratische Republik in Deutschland. Auf der großen Reutlinger Volksversammlung vom 21. September 1848 war er der umjubelte Hauptredner. Die Stuttgarter Regierung wollte ihn im Zuge ihrer Reaktion wenige Tage später festnehmen lassen, doch konnte sich Lang über die Grenze in die Schweiz absetzen, wo er als Pfarrer alsbald eine Stelle fand.

Trotz ihres starken Engagements in den politischen Vorgängen war die Mehrzahl der Stiftler in diesen Jahren gemäßigt liberal. Die Republikaner blieben in der Minderheit, und keine der damals bestehenden Verbindungen hatte radikaldemokratische Grundsätze in ihr Programm aufgenommen. Nur die Stiftsverbindung »Nordland« stand im Ruf politischer Radikalität.

Heiß diskutiert wurde im Sommer 1848 die Idee der studentischen Selbstvertretung. Im Mai wurde ein allgemeiner Studentenausschuß gewählt, der eine umfassende Hochschulreform betreiben sollte. Die von ihm ausgearbeiteten Reformvorschläge wurden freilich vom Kultusministerium trotz mehrfacher Petitionen und der Befürwortung des Universitätsrektors nicht verwirklicht.

Das Wintersemester 1848/49 verlief wieder ruhiger, und die Repetenten konnten sich in ihrem Bericht über den wissenschaftlichen Stand und das Verhalten der Seminaristen befriedigt äußern. Der Sommer 1849 brachte nochmals große politische Aufregung mit sich, da eine Anzahl von Stiftlern an einem Aufstand in Baden gegen preußische Truppen teilnehmen wollte. Am 19. Juni waren sie mit
Abb. 156 einem Freischarenzug über den Schwarzwald losgezogen, unter ihnen A. Schäffle (später als Volkswirt und Soziologe Professor in Tübingen, 1871 österreichischer Handelsminister). Nach ihrer Rückkehr von dem Freischarenzug wurden alle Beteiligten aus dem Stift entlassen.

Das letztliche Scheitern der Revolution von 1848/49 und die konträren Bestrebungen der Stuttgarter Regierung verdrängten auch im Stift mit der Zeit die nach mehr Freiheit und Demokratie strebenden Bemühungen. Als eine der Maßnahmen wurde im Frühjahr 1850 verordnet, daß die Stiftler keinen Dienst mehr

---

155 Das akademische Freicorps in Tübingen zur Zeit der Revolution 1848 ▷
156 Das Gefecht bei Dossenbach und Gernsbach im Juni 1849 ▷

157–159 Berühmte Stiftler zur Zeit der burschenschaftlichen Bewegung: Wilhelm Hauff (157), Georg Herwegh (158) und Gustav Schwab (159)

160 Das Stift während der »Besatzungszeit« im Ersten Weltkrieg
161 Gedenktafeln für die gefallenen Stiftler des Ersten Weltkrieges, beim Jubiläum 1936 auf der Altane angebracht

162 Studentenkundgebung für Bischof Wurm 1934 in Stuttgart
163 Im Zweiten Weltkrieg studierten im Stift Medizinstudenten der Marineärztlichen Akademie aus Kiel.

in der Bürgerwehr leisten dürften. Die Unterdrückung durch die Regierungsmaßnahmen hatte Erfolg; manche der Forderungen dieser Jahre – vor allem die nach studentischer Selbstverwaltung – kehrten erst nach dem Ersten Weltkrieg wieder.

Der Erste Weltkrieg 1914 bis 1918 und seine Folgen

Der Erste Weltkrieg bedeutete einen tiefgreifenden Einschnitt in die Geschichte des Stifts. Er brachte eine ungewollte Unterbrechung für das in den Jahrzehnten davor relativ ruhige Leben der Stipendiaten mit sich und bedeutete zunächst einen fast völligen Abbruch der theologischen Arbeit. Wie tiefgreifend der Einschnitt war, zeigen die nüchternen Zahlen, nach denen in den vier Kriegsjahren von den 318 Stiftlern und nachrückenden Seminaristen 296 zum Militär eingezogen wurden. 124 von ihnen haben ihr Leben verloren. *Abb. 161*

Der Beginn des Krieges fiel in die Zeit, als am Ende des Sommersemesters 1914 gerade die Examina abgenommen wurden. Schon das ganze Semester über hatten die Stipendiaten die fieberhaften diplomatischen Aktivitäten in Europa bis hin zu der Mordtat von Sarajevo mit höchster Spannung verfolgt. Am Donnerstag, dem 30. Juli wurde das Examen mit dem Verlesen der Ergebnisse abgeschlossen. Die jüngeren Semester sollten im August noch die Semesterabschlußprüfungen ablegen, doch war angesichts des nun täglich erwarteten Ausbruchs von Kriegshandlungen an eine ruhige wissenschaftliche Arbeit nicht mehr zu denken. In den letzten beiden Julitagen fuhren nicht nur die Examenskandidaten nach Hause, sondern auch alle anderen Stiftler. Diese wurden am 31. Juli nach dem Mittagessen von Ephorus Traub im Hörsaal zusammengerufen. Sein Abschiedswort war seelsorgerlich, wobei er angesichts der ungewissen Zukunft auf den Glauben Martin Luthers und auf den Pflichtgedanken Immanuel Kants verwies. Am Abend dieses Tages, während etliche Stiftler noch ihre Zimmer räumten, wurde unter Trommelwirbel am faulen Eck von einem Schutzmann der von Kaiser Wilhelm II. ausgerufene Kriegszustand verkündigt. Einen Tag später folgte die Mobilmachung. Davon waren nicht nur die meisten Stiftler, sondern auch ein Teil der Repetenten wie der Hausangestellten betroffen. Das Stift war schon am Sonntag wie ausgestorben. Auch die in Gang befindliche gründliche Renovierung des Hauses mußte abgebrochen werden, da die Handwerker gleichfalls eingezogen wurden.

Seit Mitte August 1914 diente das Haus militärischen Zwecken. Eine Kompanie des Tübinger Ersatzbataillons wurde hier einquartiert. Nachdem dieses verlegt worden war, zog Ende September ein Rekrutendepot ins Stift, wodurch es zu einem gespenstischen Militärlager wurde. Zeitweise waren 500 bis 600 Mann un- *Abb. 53, 160* tergebracht. In den Stuben, Schlafkammern, auf den Gängen, im Speisesaal und im Hof waren überall Soldaten zu sehen, die ihre Gewehre reinigten, ihre Kleider und Stiefel putzten und in dem zur Kantine umfunktionierten Speisesaal ihr Essen holten. An dem Herrentrippel standen das Bierfaß und der Tisch mit den Speisen. Im Frühjahr 1915 war der Spuk vorbei; die Soldaten bezogen leere Bibliotheksräume im Schloß, so daß die Umbauarbeiten im Stift wieder aufgenommen werden konnten.

Von jedem Stiftlerjahrgang, der neu ins Haus kommen sollte, wurden die meisten sofort eingezogen, andere konnten nur vorübergehend im Stift aufgenommen werden, bis auch sie einberufen wurden. Zunächst waren von den 170 Stiftlern Mitte September 1914 139 beim Heer, davon 62 als Kriegsfreiwillige, neun als Sanitäter. Fünf Repetenten waren gleichfalls eingezogen, davon dienten drei im Sanitätsdienst. Durch die jeweils theoretisch nachfolgenden Promotionen erhöhte sich bis 1918 ständig die Zahl der am Krieg teilnehmenden Stiftler. Ephorus Traub stand in Briefkontakt mit vielen von ihnen. Zu den Weihnachtsfeiern verfaßte er eindrückliche Briefe an alle Stiftler im Feld. Diese kämpften und starben an den Fronten im Osten und Westen. Einer von ihnen, H. Schneller, der spätere Direktor des syrischen Waisenhauses in Jerusalem, war als Offizier sogar in Palästina an der dortigen Front nach Ägypten. Einer der ersten Gefallenen war Repetent H. Süskind, der im Herbst 1914 in den Vogesen sein Leben ließ.

In ganz beschränktem Umfang konnte die Arbeit im Stift während der Kriegsjahre fortgesetzt werden. Von den älteren Promotionen waren es einige Kriegsuntaugliche, dazu diejenigen der jüngeren Promotionen, die nicht sofort eingezogen wurden und schließlich eine größer werdende Zahl von heimgekehrten Kriegsbeschädigten, die zusammen von zwei Repetenten betreut wurden. Diese waren neben der Studienleitung im Stift mit dem Dienst in der Lazarettseelsorge und im Schulunterricht in Tübingen beschäftigt. Im Sommer 1917 ging die Zahl der anwesenden Stiftler auf elf zurück. Im Winter 1917/18 waren es noch fünf, im Sommer 1918 nur noch drei.

Nach dem Kriegsende sind die überlebenden Studenten Anfang Februar 1919 wieder ins Stift gezogen, eine Mischung aus den Promotionen 1912 bis 1918. Das erste Nachkriegssemester dauerte als »Zwischensemester« bis Ende März. Schon vor Ende dieses Semesters kam bereits neue Unruhe unter die Stiftler, ausgelöst durch eine Bitte der verfassungsmäßigen demokratischen Regierung in Stuttgart an die Tübinger Studentenschaften zur Hilfe gegen linksradikale, kommunistisch-spartakistische Umsturzversuche. Die studentischen Verbindungen stellten sich nahezu geschlossen zur Verfügung. So beteiligten sich auch fast alle Stiftler an der Bekämpfung der Unruhen des Jahres 1919, zunächst in Stuttgart,

später in Bayern. Dazu waren die Tübinger in zwei Sicherheitsbataillonen »Lindenfeld« und »Österberg« zusammengefaßt. Über Ostern beteiligten sich die Tübinger Studenten an der Niederschlagung des Osteraufstandes in Augsburg, am 2. Mai am Sturm auf München. Erst zum Sommer konnte der Studienbetrieb im Stift wieder aufgenommen werden. Im März 1920 beteiligten sich die Tübinger Korporationen noch an der Niederschlagung des Kapp-Putsches im Ruhrgebiet.
Fünf Jahre nach dem Ende des Ersten Weltkrieges brachte die Inflationszeit zwar keine neue politische Unruhe ins Stift, dafür kam durch sie wie überall das gesamte Rechnungswesen durcheinander. Am 30. Dezember 1923 erhielt ein Stiftler eine Rechnung über 300 Milliarden Mark, die er als Geldentschädigung für seinen Austritt an das Stift zurückzuzahlen hatte.

Die Zeit des Nationalsozialismus und ihre Folgen

Die nationalsozialistische Bewegung gewann unter den Studenten Tübingens wie überall in Deutschland recht bald zahlreiche Mitglieder. Bereits im Sommer 1928 war in Tübingen der »Nationalsozialistische Deutsche Studentenbund«, 1929 ein studentischer SA-Sturm gegründet worden, wenngleich beide vor 1932 öffentlich nur wenig in Erscheinung getreten sind.
Auch unter den Stiftlern fand das nationalsozialistische Gedankengut bald Eingang. Im Winter 1930/31 ist bei einem Stiftler vom »Absorbiertwerden durch die nationalsozialistische Sache« die Rede. Ein Jahr später wird ein Stiftler zum Dienst in der Hitlerjugend beurlaubt. Er schied 1935 aus dem Stiftsverband aus. Im Sommer 1931 war ein Stiftler Führer der württembergischen Hitlerjugend. Andere Stiftler leiteten das nationalsozialistische Jungvolk in ihren Heimatgemeinden. Im Winter 1932/33 wird die »überaus starke Inanspruchnahme durch das politische Geschehen« bei zahlreichen Stiftlern erwähnt.
Seit der Machtübernahme der Nationalsozialisten verstärkte sich deren Einfluß auf alle Studenten. Mit dem Sommersemester 1933 wurde auch im Stift der planmäßige Wehrsport eingeführt, an dem sich nicht nur die meisten Stiftler, sondern auch das Repetentenkollegium beteiligte. Im Bericht des Seniorrepetenten wird festgestellt, daß dieser die persönliche Verbundenheit zwischen Repetenten und Stiftlern sehr fördern würde. Mit Spannung sind im Stift alle politischen und kirchenpolitischen Ereignisse dieser Jahre begleitet und verfolgt worden. Ende des Jahres 1934 waren es vor allem die Absetzung von Prof. H. Rückert als Dekan der evangelisch-theologischen Fakultät und die Versetzung des Landesbischofs Wurm in den Hausarrest. Dieser hatte sich allen Versuchen widersetzt, daß auch die Württembergische Landeskirche »gleichgeschaltet« und dem

Abb. 162

sich dem nationalsozialistischen Regime verdankenden »Reichsbischof« Müller unterstellt werden sollte. Die Fakultät veranstaltete eine öffentliche Sympathiekundgebung für Wurm, an der sich auch Stiftler beteiligten.

Im Semesterbericht 1934 wird zusammengefaßt, daß »die Erschwerungen des Studiums durch Arbeitsdienst, SA und SA-Hochschuldienst sowie durch die ganze innere Aufrüttelung und Belastung der Gemüter, wie sie die Entwicklung der kirchlichen Lage . . . mit sich brachten, durch den ganzen Sommer weiter(gingen)«. Die Zahl der Stiftler ging bereits 1935 dadurch zurück, daß 26 Stiftler zum Heeresdienst einberufen worden waren. Im Winter 1935/36 stieg ihre Zahl auf 55 im Heeres- und 70 im Arbeitsdienst; nur noch 65 Stiftler waren in Tübingen. Inzwischen waren die Stiftler wie alle Theologen aus der SA ausgeschlossen worden. Seitdem die Verbindungen allesamt verboten worden waren, sammelten sich ihre Mitglieder vielfach in Kameradschaften und Freundeskreisen. Ephorus Fezer war angewiesen, darauf zu achten, daß hier keine Formen des früheren studentischen Verbindungslebens aufkämen.

Zweimal im Jahr wurden in den Jahren bis zum Ausbruch des Krieges von der evangelischen Fachschaft sogenannte Fachschaftslager abgehalten. Auf ihnen konnten aktuelle kirchliche und politische Fragen auch mit Vertretern der Kirchenleitung besprochen werden.

Der nationalsozialistische Geist prägte auch die 1936 veranstaltete Jubiläumsfeier zum 400jährigen Bestehen des Stifts, das in der Tübinger Chronik damals als ein »unerschöpflicher Brunnen des Volkstums« gepriesen wurde. In der Gefallenengedächtnisfeier des Stifts redete der Heeresoberpfarrer, Kirchenrat Schieber, davon, daß die Einsatzbereitschaft der Stiftler im Weltkrieg 1914 bis 1918 auch in Zukunft außer Frage stehe. Wenn der Führer zu rufen gezwungen wäre, dann würden auch die heutigen Theologen bedingungslos wie damals zu den Waffen greifen.

Selbstverständlich war im Sommer 1939 die Beteiligung vieler Stiftler an der »Erntehilfe«. Nur die Examenskandidaten sowie die kranken und die durch Teilnahme an einer militärischen Übung verhinderten Stiftler waren davon befreit. Bis in die letzten Kriegsjahre hinein hatten alle Stiftler wie die übrigen Studenten ihren »studentischen Ausgleichsdienst« abzuleisten und wurden hierzu eingezogen.

Während des Zweiten Weltkrieges war im Stift, nachdem fast alle Stiftler und Repetenten an den Fronten eingesetzt waren, nur ein völlig reduzierter Studienbetrieb möglich. Im Winter 1940/41 waren 24, im Sommer 1941 17, im Winter 1941/42 wieder 30 Stiftler im Haus. Von diesen waren 19 Fronturlauber, 3 nicht zum Heeresdienst Eingezogene und 8 Gaststudenten aus dem Elsaß. Sie waren untergebracht im Alten Ephorat und im Evangelischen Vereinshaus (heute Hos-

Abb. 164–166

piz). Eine gespensterhafte Stimmung bedrückte die Stiftler täglich aufs neue, vor allem, wenn immer wieder Nachrichten von gefallenen oder verwundeten Stiftlern eintrafen. Die Studien wurden vor allem von Repetent Kunz begleitet. Zu allen Terminen wurde im Alten Ephorat gegongt, da es hier keine Glocke gab. Zu den Studien war ein Lesesaal eingerichtet worden. Sonntag abends war eine halbstündige Andacht. Ephorus Fezer stand in regelmäßigem Briefkontakt mit den meisten Stiftlern. Er hatte zugleich auf Anfragen der Wehrbereichskommandos Auskünfte über Stiftler zu erteilen, vor allem über deren politische Gesinnung. Dies war immer dann nötig, wenn ein Stiftler befördert werden sollte. Fezer bescheinigte auf die meisten Anfragen, daß die Stiftler »fest auf dem Boden des Dritten Reiches stehen«. Nur bei wenigen konnten zusätzlich Aktivitäten in nationalsozialistischen Gruppen hervorgehoben werden.

In das Hauptgebäude des Stifts war das Militär eingezogen. Bereits am 28. 10. 1940 zog eine Landesschützenkompanie ein, die bis Mitte April des folgenden Jahres hier stationiert war. Ende April bezog die Marineärztliche Akademie (MÄA) aus Kiel das Stift. Sie war einige Zeit auf der Suche nach einer durch den Krieg nötig gewordenen Ausweichunterkunft gewesen. Durch die Bekanntschaft Fezers mit einem Mitglied der MÄA kam die Verlegung nach Tübingen zustande. So studierten nun 170 Medizinstudenten im Stift, wozu als Ordnungsdienst 50 Matrosen kamen. Ein Korvettenkapitän sorgte in Zusammenarbeit mit den in der Küche weiterhin tätigen Schwestern Sophie und Luise für die Verpflegung. Die militärärztliche Ausbildung lag in den Händen von zwölf Marinestabsärzten; die Leitung der Akademie besorgten als Stabschef ein Geschwaderarzt und als Kommandeur ein Flottenarzt. Fast vier Jahre lang war die Akademie im Stift, wie auch im Wilhelmsstift und in der Thiepvalkaserne untergebracht. Die Angehörigen der Akademie fühlten sich in Tübingen und im Stift bald zu Hause; nach Kriegsende blieben zwölf Familien in Tübingen seßhaft. Der Kontakt der ehemaligen Angehörigen der MÄA zum Stift blieb lange erhalten, mehrere Erinnerungstreffen wurden seit 1960 (zuletzt 1985) veranstaltet.

Abb. 55, 163

Alle Bewohner im Stift stellten sich im Laufe des Krieges auch auf das Schlimmste ein. Nach einer ausgearbeiteten Luftschutzordnung wurden die Keller unter dem Ost- und dem Südflügel zu Luftschutzräumen umgebaut. Im Ostkeller befand sich ein Luftschutzsanitätsraum. Der Repetentendiener wurde als Luftschutzwart ausgebildet. Von 1942 bis 1945 diente der Keller auch als Schutzraum für die beiden Bronzestatuen, die seither wieder im Ehrenhof der Neuen Aula aufgestellt sind. 1944 wurde zwischen der Haaggasse und dem Stiftsgarten ein bis heute erhaltener Luftschutzstollen durch den Schloßberg getrieben. Bis 1949 lagerten die Erdhaufen des Aushubs noch im Stiftsgarten.

Das Ende des Krieges kam für das Stift mit der Besetzung Tübingens durch

französische Truppen. Das Stift wurde von der französischen Militärregierung mit sämtlichen Gebäuden und Räumen beschlagnahmt. Am 19. 6. 1945 ist die Beschlagnahmung wieder aufgehoben worden.
Unter großen anfänglichen Schwierigkeiten wurde der Studienbetrieb nach 1945 wieder aufgenommen. Die überlebenden Stiftler von zwölf Stiftsjahrgängen kamen in den folgenden Jahren wieder ins Stift zurück. Trotz der recht schnell zunehmenden Zahl der Stiftler wurde seit Oktober 1945 ein Teil des Stifts von der Landesdirektion für Wirtschaft (später Wirtschaftsministerium) belegt. Diese zog zunächst im fünften Stock des Altbaus ein; bis Ende 1950 hatte das Ministerium jedoch 36 Räume im vierten, fünften und sechsten Stock belegt. Die 180 anwesenden Stiftler (dazu 20 Mitarbeiter) mußten in den verbliebenen Räumen, vor allem des ersten bis dritten Stocks, aber auch im Alten und Neuen Ephorat eng zusammenrücken.

Die Zeiten der Studentenunruhen 1967 bis 1974

Abb. 167, 168 Die Zeiten der Studentenunruhen haben nicht nur äußerst bewegte Semester, sondern auch tiefgreifende Veränderungen und Reformen für das Stift mit sich gebracht. Das Stift selbst spielte zwar im Rahmen der vielen Vorgänge an der Tübinger Universität – von Demonstrationen bis zu Vorlesungsboykotten – keine besondere Rolle mehr, doch waren alle Stiftler (und alsbald auch Stiftlerinnen) von den in dieser Zeit diskutierten politischen, theologischen und kirchlichen Problemen betroffen. Keiner vermochte sich den politischen Themen dieser Jahre wie dem Vietnamkrieg, der Großen Koalition in Bonn, den Ostverträgen, der Notstandsgesetzgebung und vielem mehr zu entziehen. Im Studium der Theologie fanden praktisch-theologische Neuansätze, unter anderem Ernst Langes Beiträge, aber auch systematisch-theologische Fragestellungen große Beachtung. Zudem wurde gern das interdisziplinäre Gespräch mit Sozialpädagogik, Soziologie und Psychologie gesucht. Viele Theologiestudenten studierten ein Zweitfach. Philologische, exegetische und historische Studien traten für einige Jahre in den Hintergrund. Das traditionelle Pfarramt schien vielen eine überholte Form der kirchlichen Arbeit zu sein.
Auch die Situation der Landeskirche bot viel Gesprächsstoff, wie im Zusammenhang mit dem Rücktritt des Präsidenten der Landessynode 1968 und dem Kirchentag in Stuttgart 1969 deutlich wurde. Die Polarisierung innerhalb der Landeskirche hatte einen Höhepunkt erreicht, der sich dann auch in Tübingen mit der Gründung des Albrecht-Bengel-Vereins mit einem Studienhaus für pietistisch geprägte Studenten und Studentinnen zeigte. Die Landeskirche zeigte sich in diesen Jahren sehr experimentierfreudig. Viele Stiftler beteiligten sich gern an

den ersten Gemeinde- und Industriepraktika und verfolgten mit großem Interesse die ersten Versuche mit Teamvikariaten, Teampfarrämtern und neuen Versuchen in der Gemeindearbeit.

Die Atmosphäre im Stift war – vor allem in den zahlreichen Foren der Stiftlerschaft – geprägt von starken Spannungen zwischen »linken« und konservativen Studenten. Beide Seiten fühlten sich in ihren Anliegen von der Kirchenleitung nicht recht verstanden, was sich beispielsweise in den Bemühungen der pietistischen Gruppierung zeigte, einen eindeutig ihrer Richtung entstammenden Repetenten für das Haus zu gewinnen (1971). Auf dem runden Tisch des Speisesaals lagen täglich die neuesten Flugblätter aus, die jemand von der Mensa oder der Neuen Aula mitgebracht hatte. Immer wieder hingen in den Treppenhäusern und im Speisesaal Wandzeitungen zu den aktuellen politischen Themen, die oft das Mißfallen der Andersdenkenden oder des Ephorus erregten. Bei Demonstrationen, die bisweilen den Weg über die Neckarhalde hochkamen, war das Stift mit Transparenten und Solidaritätsbekundungen geschmückt. Die Diskussionen waren vielfach durch einen verbalen Radikalismus geprägt; viele der weniger wortgewandten Stiftler trauten sich nicht mehr an das Mikrophon, um ihre Meinung kundzutun. Bei Demonstrationen in Tübingen wurde zur zahlreichen Teilnahme aufgerufen. Regelmäßig erfuhr man nach dem Mittagessen über Aktivitäten der Fachschaftsgruppen, bei denen Stiftlerinnen und Stiftler oft führende Sprecher waren.

Im Verlauf der Semester von 1967 bis 1974 änderten sich mehrfach die Schwerpunkte der Diskussionen im Stift. 1967 und 1968 standen die Fragen nach einer umfassenden Studienreform an der Fakultät und im Stift im Vordergrund. Diese waren dadurch veranlaßt worden, daß die Fakultät etliche Studienleistungen (benotete Seminarscheine u. a.) einzuführen plante, die die im Stift bislang praktizierten weitgehend überflüssig machen sollten. Die Foren der Stiftlerschaft dienten in dieser Zeit besonders der Formulierung von Vorschlägen zur Studienreform. Im Mittelpunkt der Reformüberlegungen stand 1968 die Form, die die Leitung des Stifts haben sollte. Nach intensiven Diskussionen einigte man sich im Winter 1968/69 mit dem Oberkirchenrat auf ein Reformkonzept. Die Hoffnungen vieler Stiftler, das Haus im Sinne einer basisdemokratischen Konzeption fortan leiten zu können, erfüllten sich freilich nur teilweise. Immerhin hat die Einführung einer drittelparitätischen Leitung durch den Stiftsrat in den folgenden Jahren ermöglicht, daß die Konflikte im Stift zwischen den verschiedenen Gruppen wesentlich offener und sachgemäßer ausgetragen werden konnten. Die Mitbestimmung der Studenten und Repetenten wirkte sich auf das gemeinsame Verantwortungsbewußtsein bei zahlreichen Entscheidungen sehr positiv aus.

Im Sommer 1968 und dem darauffolgenden Wintersemester wurden einzelne Formen der Frömmigkeit im Stift zum Gegenstand zahlreicher mit großem Engagement geführter Diskussionen. Die Gespräche konzentrierten sich vor allem auf das Tischgebet, wobei es vielen Stiftlern fraglich geworden war, ob ein formelhaftes, von einem einzelnen gesprochenes Tischgebet der rechte Rahmen für einen gemeinsamen Essensbeginn darstellen konnte. Es ging nicht um den Sinn des Gebets überhaupt, sondern um seine praktische Gestaltung in der besonderen Situation des Stifts. In einer theologischen Arbeitsgemeinschaft und auf zahlreichen Gesprächsabenden beschäftigten sich die Stiftler mit den theologischen und den die Stiftsgemeinschaft betreffenden Fragen des Gebetes. Sie führten dazu, daß man die bisher geübte Gebetspraxis aussetzte, und es jedem einzelnen überließ, das Essen mit einem persönlichen stillen Gebet zu beginnen. Bei dieser Regelung ist es geblieben.

In derselben Zeit (1968/69) beschäftigte alle Gruppen im Stift, aber auch die Kirchenleitung ein strittiger Punkt der Hausordnung, nämlich die Frage der Besuchszeiten im Stift. Nach der bis zum Sommer 1968 geltenden Hausordnung konnten Gäste bis Mitternacht im Haus bleiben, davon ausgenommen waren Damen, die schon um 22 Uhr aus dem Haus sein mußten. Im Winter 1968/69 beantragte die Stiftsvertretung, daß auch Damenbesuche bis Mitternacht erlaubt sein sollten. Der Stiftsrat unterstützte ein Semester später diesen Vorschlag. Dazuhin wurde die Möglichkeit geschaffen, daß in Ausnahmefällen Übernachtungen im Stift möglich sein konnten. Dafür wurde ein Gästezimmer zur Verfügung gestellt.

Am Anfang des Sommersemesters 1969 sorgte ein ungewöhnlicher Zwischenfall für viel Unruhe unter den Theologiestudenten Tübingens und in der Landeskirche. Am 18. Mai wurde ein Gottesdienst in der Tübinger Stiftskirche, den Landesbischof Eichele halten sollte, von einer Gruppe von Studenten mit Sprechchören und Transparenten gestört und schließlich gesprengt. Das Stift war von dem Vorfall insofern berührt, als die Studenten unter dem Namen »Arbeitskreis Rothschuh im Ev. Stift« auftraten, obwohl in dem Arbeitskreis, der sich zuvor mit den Fragen der Eignung zum Kirchendienst beschäftigt hatte, nur wenige Stiftler mitwirkten. Die Stiftsvertretung und die Repetenten hatten von dem Arbeitskreis nur andeutungsweise gehört. Der Stiftsrat hielt die Sprengung des Gottesdienstes für ein ungeeignetes Mittel, in der Reform der Kirche voranzukommen. Der Vorfall regte zu zahlreichen Gesprächen und Diskussionen, zu

---

164 Von der Wehrmacht beurlaubte Stiftler im Stiftsgarten 1941 ▷
165/166 Feldpostkarte eines Stiftlers an den Ephorus 1941: »Wir stehen tief in Rußland . . . « ▷

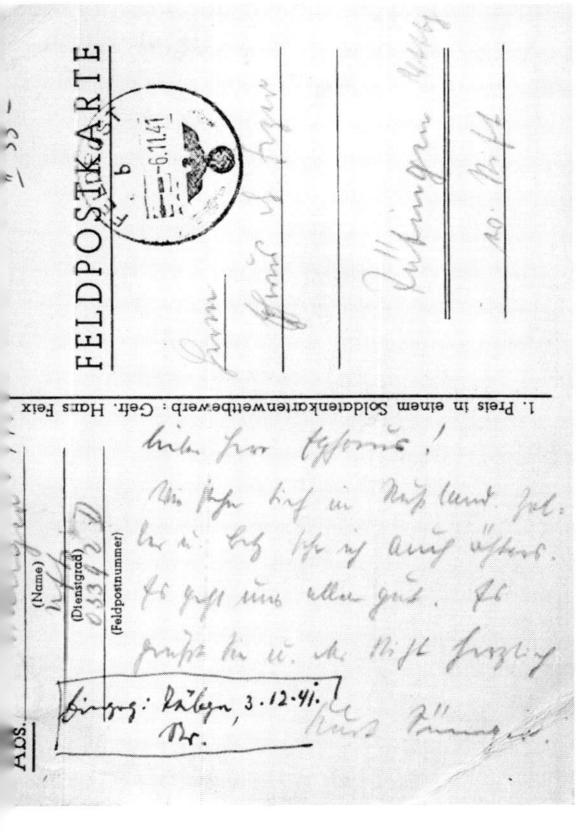
FELDPOSTKARTE
1. Preis in einem Soldatenkartenwettbewerb: Gefr. Hans Feix
(Name)
(Dienstgrad)
(Feldpostnummer)
ABS.

1941
HÖLDERLIN
LEBE DROBEN O VATERLAND
UND ZÆHLE NICHT DIE TOTEN
DIR IST LIEBES
NICHT EINER ZUVIEL GEFALLEN!

167/168 Aus den Zeiten der Studentenunruhen: Demonstration vor der Neuen Aula 1967 (167) und gegen den Numerus clausus 1972 (168)

Fragen nach der Problematik der Anstellung im kirchlichen Dienst und zu Form und Aufgabe des Gottesdienstes an.

Der überaus engagierte, dabei teilweise überzogene Reformeifer und die politischen Aktivitäten und Interessen etlicher Stiftsstudenten stießen in manchen Kreisen der Landeskirche auf energischen, gleichfalls überzogenen Widerstand. Bereits im Winter 1969/70 wurden in der Landessynode Befürchtungen vorgebracht, daß das Stift nicht mehr Hort künftiger Gemeindepfarrer, sondern eine »linke Zelle«, ein »revolutionärer Kader« in der Landeskirche geworden sei. Diese Befürchtungen hielten über Jahre an, auch als es im Stift schon wieder wesentlich ruhiger geworden war. Lange hat das Stift in pietistischen Kreisen als dunkle Folie für das Albrecht-Bengel-Haus herhalten müssen. Im Juni 1972 wollten einige Synodale das Stift gar auflösen und an den Staat zurückgeben. 1974 beschrieb ein Pfarrer, der ein Gastsemester im Stift verbracht hatte, die Situation an der theologischen Fakultät in einem Buch unter dem Titel »Studium oder Klassenkampf?«

In den Jahren 1972 bis 1974 war die Erarbeitung einer neuen Stifts- und einer neuen Studienordnung wichtigster Diskussionspunkt in der »Innenpolitik« des Stifts. Den meisten Stiftlerinnen und Stiftlern erschienen diese von der Synode in Auftrag gegebenen Ordnungen freilich völlig unnötig. Vor allem in der Einrichtung eines Kuratoriums sah man eine Bedrohung der bisherigen drittelparitätischen Stiftsleitung. Man befürchtete, daß fortan alle wichtigen Entscheidungen im Stift wieder »von oben« getroffen würden. Nachdem die Stiftsordnung schließlich 1974 verabschiedet wurde, stieß sie in zahlreichen Punkten auf starke Ablehnung vieler Stiftler. Für sie sah die Neuordnung so aus: »So läßt sich die Stiftsordnung unter zwei Gesichtspunkten charakterisieren: Integration der Studenten in Gremien, Neutralisation ihres Einflusses . . . Im Kuratorium haben die Studenten nur zwei von acht Sitzen und stehen mindestens fünf Vertretern des kirchlichen Machtapparates gegenüber.« Da die Interessen der Stiftlerschaft zuwenig berücksichtigt waren, gab es unmittelbar nach Verabschiedung der neuen Stiftsordnung lange Diskussionen, ob die Gremien der Stiftsleitung als Reaktion nicht vielmehr boykottiert werden sollten. Nach anfänglich starken Vorbehalten beteiligte sich die Stiftlerschaft dann doch an der Arbeit des Kuratoriums. Von den Vertretern der Studenten wird seitdem regelmäßig das imperative Mandat verlangt, um sicherzustellen, daß Mehrheitsentscheidungen des Forums auch tatsächlich im Kuratorium eingebracht werden.

Baugeschichtlicher Abriß

Die wichtigsten baugeschichtlichen Phasen

Die Klosterzeit

Abb. 176 Die Lage am »Klosterberg«, der bauliche Grundriß und zahlreiche Einzelheiten an und in den Gebäuden erinnern den Besucher des Stifts auch heute noch daran, daß dieses eine klösterliche Vorgeschichte im Mittelalter gehabt hat. Sie beginnt Ende des 12. oder Anfang des 13. Jahrhunderts mit der Einsiedelei eines Wilhelmitenklosters, das vielleicht im Waldgebiet zwischen Hagelloch und Unterjesingen gelegen hat. Flurnamen wie »Bruderhaus«, »Bruderklinge« und »Bruderbrunnen« erinnern dort noch heute an eine alte Mönchsniederlassung. Das Wilhelmitenkloster, von dem nur sehr wenig überliefert ist, wurde zusammen mit anderen Klöstern aufgrund einer Bulle des Papstes Alexander IV. um 1260 in ein Augustiner-Eremiten-Kloster umgewandelt, welches für seinen Klosterbau ein Gelände am Rande der nächstgelegenen Stadt suchte. Als Bettelorden waren die Augustiner-Eremiten darauf angewiesen. Im Januar 1262 genehmigten der Rat und die Gemeinde der Stadt Tübingen den Augustiner-Eremiten eine Niederlassung am Rande der Stadtmauer. Den Mönchen wurde ein Grundstück an der Neckarhalde zur Verfügung gestellt. Sogleich wurde mit dem Bau des Klosters, vor allem einer Klosterkirche begonnen. Sie stand am selben Platz wie die 200 Jahre danach gebaute spätgotische Kirche, auf deren Umfassungsmauern sich der sogenannte Altbau des Stifts erhebt. Am 27. Juli 1276 konnte die Kirche durch Incelerius, den Bischof von Budua in Dalmatien geweiht werden, der im Auftrag des Bischofs von Konstanz handelte. Finanziert worden ist der Kirchenbau durch Spenden: Mehrere Jahre lang verhieß Bischof Hartmann von Augsburg – ein Verwandter der Tübinger Pfalzgrafen – allen Gläubigen, die für den Klosterbau in Tübingen spendeten, und allen andächtig

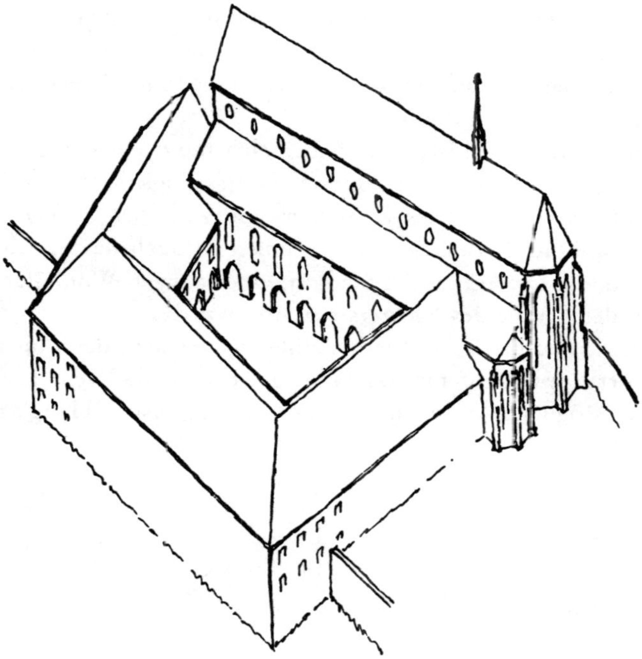

Rekonstruierte Ansicht des Augustiner-Klosters (erster Bau) um 14./15. Jahrhundert

dahinfahrenden Pilgern Sündenablaß. Die Kirche der Augustiner-Eremiten wird im 13./14. Jahrhundert eine erhebliche Bedeutung für Tübingen gehabt haben, die erst mit dem Neubau der Stiftskirche in der zweiten Hälfte des 15. Jahrhunderts zurückging.

Mit dem Bau der Klosterkirche werden sich die Augustiner ziemlich verausgabt haben, da es noch einige Jahrzehnte dauerte, bis die Klostergebäude um den Kreuzgang herum fertiggestellt waren. Noch 1310 wurden einige Grundstücke aus dem Klosterbesitz verkauft; der Erlös kam dem Klosterbau zugute. Auf dem Gelände der Neckarhalde, dem jetzigen Stiftsgarten, wurde ein Weinberg angelegt. Im Bärengraben und beim Eingang des Klosters im Außenhof lag der Mönchsfriedhof. 1347 wird ein »Augustinerkirchhof« zwischen einem Haus unterhalb der Münzgasse und dem Kloster zum erstenmal erwähnt.

Eine lohnende Einnahmequelle verschafften sich die Augustiner 1410 durch den Erwerb des Neckarbades, eines Gebäudes mit Hof, Badstube und Badkessel. Bis zum Ende des 15. Jahrhunderts unterhielten die Mönche diese Einrichtung, die eine ordentliche Pacht abwarf. Ein Vorläufer des späteren Stipendiums ist in der

Klosterschule zu sehen, die der Augustinerkonvent in dem Tübinger Kloster einrichtete. 1420 und 1461 ist davon die Rede, daß an die Konventsschüler ein wenig Geld aus einer Stiftung verteilt werden solle, freilich unter der Bedingung, daß sie die Messe richtig mitgestalteten.

Aus der Zeit des ersten Klosterbaus haben sich nur wenige Reste erhalten. Ein Teil der der Stadt zugewandten äußeren Umfassungsmauer der Klosterkirche (oder ihres Mittelschiffs) ist als Zwischenwand zwischen Stiftskapelle und jetzigem Heizöltankraum erhalten. Zu erwähnen ist auch das aus dem Jahr 1356 *Abb. 169* erhaltene Denkmal für Agnes von Stadion, einer adligen Wohltäterin der Augustiner, die in der Kirche des Klosters bestattet wurde.

Der erste Klosterbau kann nicht sehr stabil gewesen sein, denn bis zur Mitte des 15. Jahrhunderts war er derart baufällig geworden, daß sein Einsturz zu befürchten war. Möglicherweise hat sich auch die ungünstige Hanglage negativ auf

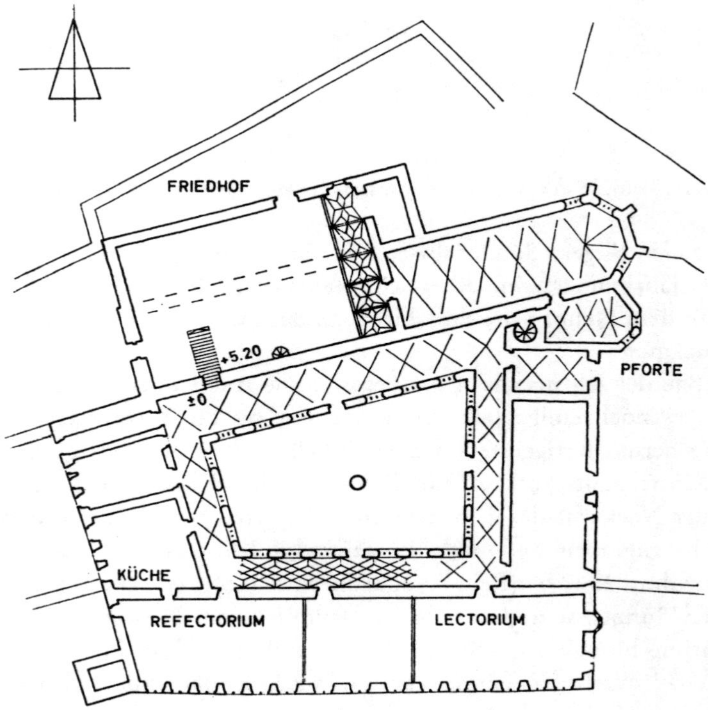

Rekonstruierter Grundriß des Augustiner-Klosters um 1513

den Bau ausgewirkt. Durch Reparaturen konnten die Schäden nicht mehr behoben werden, ein völliger Neubau war vonnöten. 1464 ist mit ihm begonnen worden. Allerdings brauchte es wiederum Jahrzehnte, um ihn zu vollenden. Die Gründe hierfür sind nicht nur im chronischen Geldmangel des Klosters zu suchen, sondern auch bei dem an einer Restaurierung desinteressierten Grafen Eberhard. Dieser hatte sich 1478 die Einwilligung des Papstes besorgt, daß das Kloster in Tübingen ganz aufgehoben und auf den Böselsberg nahe Horrheim (bei Vaihingen/Enz) verlegt werden sollte. Graf Eberhard wollte lieber einige gelehrte Dominikaner in der Universitätsstadt als ungelehrte Augustiner-Eremiten haben. Diese kamen dem Ansinnen des Grafen freilich dadurch entgegen, daß sie innerhalb weniger Jahre aus dem Augustinerkloster ein ausgesprochenes Studienkloster machten. Die Brüder, die hierher versetzt wurden, sollten an der Universität promovieren. Nicht weniger als 37 Augustiner waren bis 1530 an der Universität immatrikuliert. So trat das Augustinerkloster in eine überaus enge Beziehung zur Universität. Aufgrund dieser Umstellungen war es selbstverständlich, daß die Augustiner auch ihren Klosterneubau fortsetzten.

Bis zum Jahr 1513 zogen sich die Bauarbeiten hin: Eine neue, spätgotische Klosterkirche wurde erbaut. Auch die anderen Teile des Klosters sind völlig erneuert worden. 1491 trafen Universität und Kloster ein Abkommen, wonach im heutigen östlichen Teil des Speisesaals »auf ewige Zeiten« ein Hörsaal (lectorium) der theologischen Fakultät eingerichtet wurde. Der übrige Teil des Raumes diente als Refektorium, möglicherweise war er auch dreigeteilt, dann könnte in der Mitte der Kapitelsaal gelegen haben. *Abb. 171*

Die spätgotische Klosterkirche, deren Chorraum im Umfang ungefähr dem der heutigen Stiftskapelle entsprach, stand weiterhin auch der Tübinger Stadtbevölkerung offen: Sie betrat den Kirchenraum durch die heute noch im Bärengraben erhaltene Tür. Der Chorraum war vom übrigen Kirchenschiff durch einen Lettner getrennt. Die Wände waren mit Bildnissen Augustins und anderer Kirchenväter bemalt. Am Lettner waren drei kleine Altarräume ausgegrenzt, ein schmaler Durchgang verband den Chorraum mit dem Schiff. Im kleinen Raum, der sich dem Chorraum östlich anschließt (heute Stiftsmuseum) war die Sakristei, vermutlich auch die Klosterbibliothek. Zum ältesten, noch erhaltenen Teil aus Klosterzeiten dürfte auch der kleine Keller im östlichen Flügel des Stifts gehören, der heute bei Festen als Weinkeller dient. Die Kanzel, auf der nach 1484 auch Gabriel Biel gepredigt hat, war an der Südwand der Kirche angebracht. Der Kanzelfuß wurde beim Einbau eines Aufzuges 1967/68 wiederentdeckt und freigelegt. *Abb. 173* *Abb. 172*

Unter den Prioren des Augustinerklosters ist vor allem Johann Staupitz, der spätere Ordenslehrer Martin Luthers zu nennen, der dem Kloster 1499 bis 1503

Abb. 170 vorstand. Sein Nachfolger war Bernhard Gebhard, dessen Grabstein erhalten und im Kreuzgang aufgestellt ist.

Nach der Fertigstellung des Klosterneubaus waren es freilich nur noch wenige Jahrzehnte, bis die Geschichte der Augustiner-Eremiten in Tübingen mit der Einführung der Reformation in Württemberg 1534 zu Ende ging. Noch einige Jahre lang wohnten wenige Mönche im Kloster; im Sommer 1547 verließen die letzten drei das Haus und wurden im Tübinger Spital untergebracht. Im Herbst desselben Jahres bezogen Studenten des 13 Jahre zuvor gegründeten Stipendiums das nun leerstehende Klostergebäude.

Der Umbau von 1557 bis 1560: die Errichtung des »Alten Baus«

In den ersten zehn Jahren übernahmen die 40 bis 70 Stiftler im großen ganzen die bisherigen Räumlichkeiten des Klosters; nur das Nötigste war beim Einzug 1547 instand gesetzt worden. Im ganzen Haus gab es damals sieben heizbare Räume, davon waren freilich nur vier für die Stipendiaten vorgesehen, ein weiterer diente als Krankenzimmer (zwischen Kapelle und Bärengraben, heute Heizöltankraum), zwei waren für die Leitung des Hauses, die Präzeptoren und den Prokurator, bestimmt.

Die Zunahme der Zahl der Stipendiaten auf 100 im Jahr 1557 und auf 150 im Jahr 1565 machten einen Umbau und eine Vergrößerung des Klostergebäudes dringend notwendig. Er wurde 1557 mit dem Einbau einer Zwischendecke in das Langhaus der Klosterkirche auf dem Niveau des heutigen dritten Stocks begonnen. 1558 bis 1560 wurden das Dach der Kirche abgetragen, zwei weitere Stockwerke aufgesetzt und der nördliche Teil des Stifts auf sein bis heute bestehendes Niveau erhöht. Mit diesem Ausbau des heutigen vierten und fünften Stocks wurden zehn weitere heizbare Stuben gewonnen. Der Chorraum der Klosterkirche diente zunächst noch als Predigtraum; Ende des 16. Jahrhunderts wurde in ihm die Bibliothek eingerichtet.

Der umgebaute Teil des Klosters stand den Stipendiaten allerdings noch nicht insgesamt offen, denn seit 1564 wohnten im fünften Stock der Hofprediger des Herzogs Balthasar Bidembach und der Ephorus Samuel Hayland samt ihren Familien. Erst 1572 gelang es, für den Ephorus eine neue Amtswohnung zu kaufen: das heutige Hospiz in der Neckarhalde. 1575 bis 1580 wohnte im fünften Stock der Superattendent Jakob Heerbrand, da seine Frau in der »Hölle« (heutiges Ephorat) nicht wohnen wollte. Doch konnte nach diesen Jahren dann auch der fünfte Stock von den Stipendiaten bezogen werden. Die Raumeinteilung im Haus blieb bis zum Umbau 1792 im wesentlichen unverändert.

Neben der Errichtung des »Alten Baus« sind aus dem 16. Jahrhundert noch

Ausschnitt aus der Darstellung Tübingens von Matthäus Merian (um 1630). Die Südflügel sind noch um ein Stockwerk, der Nordflügel um zwei Stockwerke niedriger als heute.

zwei Umbauten zu erwähnen: Zum einen mußte 1561 der an der südwestlichen Umfassungsmauer angebrachte Kloakenturm erneuert werden, da er die Ursache für einen »grausamen Geschmack« im Haus war. Zum anderen wurde der im Innenhof bis auf den Grundwasserspiegel des Neckars hinabreichende Schöpfbrunnen 1571 durch einen neuen Brunnen ergänzt, der sein Wasser über eine Wasserleitung von einer Quelle am Österberg erhielt. Einige Jahre später wurden für den Wasserbedarf des Stipendiums noch weitere Quellen angezapft: Eine Wasserleitung führte vom Schloßbrunnen herab, eine weitere vom Helmlingsbrunnen am Burgholz und schließlich eine von einer Quelle am Schloßberg vor dem Hirschauer Tor. Die Wasserversorgung war nicht nur ein überaus kostspieliges Unternehmen, sondern bereitete auch regelmäßig Probleme, da die Wasserleitungen im Winter oft einfroren.

Heute kommt das Wasser des Brunnens im Außenhof von einer Quelle nahe der Morgenstelle (Stellenklinge) im Norden Tübingens. *Abb. 175*

Der Umbau von 1667 bis 1670 – die Erstellung des »Neuen Baus«

In der Zeit des Dreißigjährigen Krieges war nicht nur der Fortbestand des Stifts insgesamt gefährdet, sondern es verfiel auch in seinem Äußeren. Der Speisesaal war vom Militär zur Stadtverteidigung belegt worden, die Fenster als Schießscharten benutzt und zugemauert. Nach einigen Unwettern und Stürmen zwischen 1633 und 1639, den im übrigen schlimmsten Jahren dieses Krieges, waren die Dächer so undicht geworden, daß bei Regenfällen das Wasser durch die Stockwerke bis zum Kreuzgang durchlief, von wo es nicht abfließen konnte, da die Hauptdole zerfallen war. Regelmäßig stand der ganze Innenhof unter Wasser.

Erst 1667 konnte mit einer gründlichen Instandsetzung begonnen werden. Das

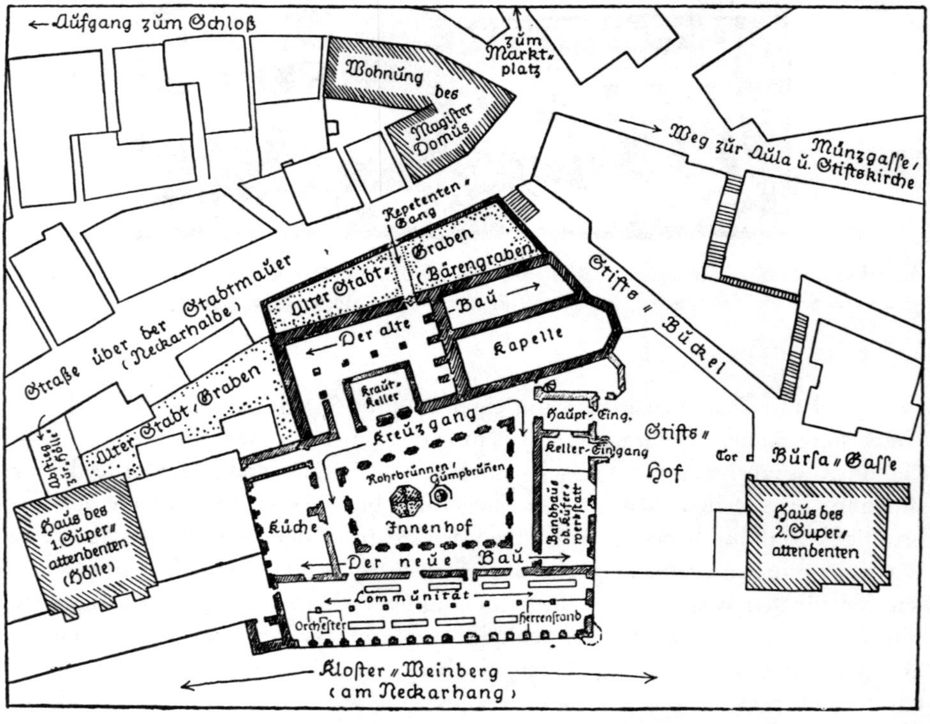

Grundriß der Stiftsgebäude vor dem klassizistischen Umbau: der Haupteingang lag noch nahe beim »Alten Bau«; im Speisesaal sind die Stellung der Tische, der »Herrenstand« (oder »Herrentrippel«) und das »Orchester« erkennbar; die Wohnung des Magister Domus (Ephorus) war im Gebäude des heutigen »Hospiz«.

169 Grabstein der Agnes von Stadion († 1356), einer Wohltäterin des Klosters. Beide Grabsteine sind seit 1880 im Innenhof angebracht.
170 Grabstein des Bernhard Gebhard († 1520), Prior des Augustiner-Eremiten-Klosters 1503–1520

171 Inschrift am mittleren Strebepfeiler des Chors der Klosterkirche über die Fertigstellung des 2. Klosterbaus im August 1513

172 Kanzelfuß der spätgotischen Klosterkirche (Aufnahme vom Umbau 1967/68 nach Entdeckung des Kanzelfußes)

173 Mittelalterlicher Eingang zur Klosterkirche für die Stadtbevölkerung (im »Bärengraben«)

174 Sonnenuhr am »Alten Bau« des Stifts

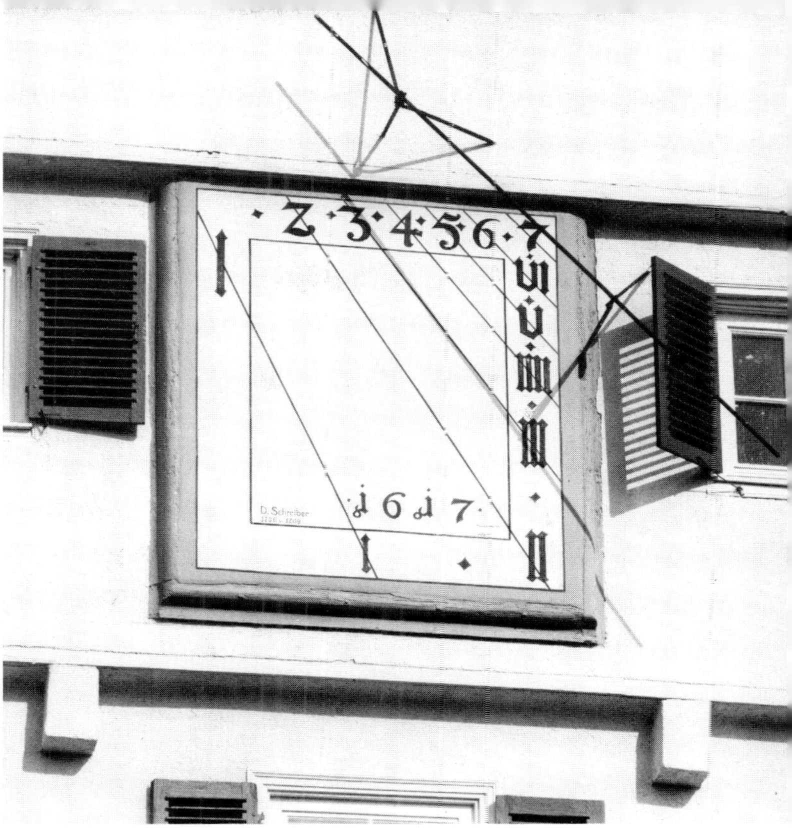

175 Brunnen im Außenhof des Stifts

176 Luftbild der Stiftsgebäude am Klosterberg (1971): links an der Neckarhalde das Neue Ephorat mit dem anschließenden Zwischenbau; in der Mitte der »Alte Bau« (erhöhter Nordflügel) und der niedrigere »Neue Bau«; rechts unten das Alte Ephorat

Fachwerk auf allen drei Seiten des südlichen Teils des Stipendiums war freilich inzwischen so verfault und zerfallen, daß man nicht umhinkam, alle Gebäude bis auf die steinernen Umfassungsmauern des Erdgeschosses abzubrechen und neu aufzuführen.
Die Zimmerleute, die mit dem Aufbau eines neuen Fachwerks betraut waren, hatten ihren Werkplatz auf dem Wöhrd eingerichtet; das Holz wurde über eine eigens geschlagene Brücke über den Neckar herangeschafft. Die Stiftler, deren Zahl in diesen Jahren wieder 190 betrug, mußten in den verbliebenen Stuben eng zusammenrücken und die meisten jeweils zu zweit in einem Bett schlafen. Die jüngste Promotion war in der Bursa untergebracht. Die Mahlzeiten wurden teilweise im Freien, bei schlechtem Wetter in einigen Stuben des Altbaus eingenommen.
Der Umbau brachte dann allerdings eine erhebliche Vergrößerung des Raumangebotes mit sich, da alle drei Flügel des »Neuen Baus« um ein Stockwerk erhöht wurden: Insgesamt zählte man danach sieben große Stuben und 74 Kammern im ganzen Haus. Von den Stuben war eine für den Ephorus, eine zweite für den Prokurator gedacht; eine dritte diente als Krankenstube, eine vierte stand den Mömpelgardern zu. Die drei übrigen waren für einen Teil der Stipendiaten bestimmt.

Der klassizistische Umbau 1792 bis 1800

Am Ende des 18. Jahrhunderts erschien dem Konsistorium in Stuttgart das alte Klostergebäude – trotz der schon vorgenommenen Umbauten und laufenden Reparaturen – nicht in dem Zustande zu sein, »welcher der Wichtigkeit und Würde des Instituts angemessen war«. Über mehrere Jahre zogen sich die Überlegungen hin, wie eine diesem Anliegen entsprechende Neugestaltung des Gebäudes im einzelnen aussehen könnte. Dabei wurde erwogen, den ganzen Bau einzureißen und auf demselben Gelände oder an der Stelle des Pfleghofes, der gleichfalls hätte eingerissen werden müssen, ein neues Stipendium zu errichten. Da dies zu teuer geworden wäre, entschied man sich dann glücklicherweise für keine der radikalen Lösungen, sondern für einen gründlichen Umbau des Hauses, bei dem vor allem die Aufteilung der Räume neu gestaltet werden sollte. Insgesamt wurde geplant, je 20 Studier- und Schlafzimmer für die Stipendiaten, je zehn Studier- und Schlafzimmer für die Repetenten, zehn Stuben und zehn Kammern für die Stipendiatendiener einzurichten.
Im Frühjahr 1792 begannen die Bauarbeiten. Als erstes wurde der Chor der ehemaligen Klosterkirche (heutige Stiftskapelle), der bislang als Lagerraum genutzt wurde, ausgeräumt und gestrichen. Man beabsichtigte, ihn als Kapelle zu Got-

tesdiensten und Predigtübungen umzubauen. Zum Besuch des Herzogs am 10. Mai 1792 war der Raum gerichtet, allerdings stellte sich heraus, daß er wegen der schlechten Akustik nicht zu Predigtübungen tauglich war. Da der Herzog freilich darauf bestand, den Raum als Kirche zu nutzen, zerbrach sich die Baukommission zwei Jahre lang den Kopf, wie durch bauliche Maßnahmen die akustischen Schwierigkeiten behoben werden könnten. Allerdings fühlten sich in dem dunklen und kühlen Raum weder die Inspektoren noch die Stipendiaten bei den Predigtübungen recht wohl, worauf der Herzog auf Bitten des Konsistoriums und des Kirchenrates schließlich doch von seinem Plan abließ und dafür einen schon 1788 gemachten Vorschlag befürwortete, in dem ehemaligen Chorraum die Bibliothek des Hauses einzurichten.

Anders als im 17. Jahrhundert ist der klassizistische Umbau nicht auf einmal, sondern in verschiedenen Abschnitten erfolgt. Man begann 1792 mit dem westlichen Flügel des »Neuen Baus«. 1793 folgte der östliche und im Jahr darauf der südliche Flügel. Im westlichen Teil wurde im Erdgeschoß eine neue Küche eingerichtet, der kleine Raum der alten Küche zu einer Speisekammer umgestaltet. Danach wurde der Umbau des Stockwerks über der Küche vorgenommen, freilich erst im folgenden Jahr vollendet. Im Dachstock desselben wurden die Krankenzimmer eingerichtet, ein großes Zimmer für die »gewöhnlichen Kranken«, zwei kleinere für die »wirklich Kranken«.

1793/94 erfolgte der Neubau des Ostflügels, der großenteils bis auf die Grundmauern abgebrochen wurde. Dabei sind zahlreiche Überreste aus der Klosterzeit entfernt worden; den Haupteingang verlegte man von seiner bisherigen Stelle nahe der Klosterkirche in die Mitte des Ostflügels. Durch das Aufsetzen eines Frontons mit einem Avantcorps (mit Uhr und eisernem Gestell für die Glocken) erhielt das Stift vom Außenhof her das Aussehen eines schloßartigen Gebäudes *Abb. 38* und entsprach damit ganz dem Geschmack der absolutistischen Zeit. An neuen Räumlichkeiten wurden im Erdgeschoß des Ostflügels eine kleine Kommunität (heute Clubraum), im ersten Stock neben Schlafzimmern das sogenannte Herrenzimmer, die Registratur und die Zimmer für Bibliothek und Ausleihe eingerichtet.

Noch 1794 wurde der Umbau des Südflügels in Angriff genommen. Das Gebälk über und unter dem Speisesaal hatte sich gesetzt und wurde neu gelegt. Im Untergeschoß (heute Wohnungen unter Speisesaal) sollten künftig die Stipendiatentruhen aufbewahrt werden, die bisher auf den Gängen herumgestanden hatten. Der baufällige Kloakenturm wurde von Grund neu aufgeführt, die Treppenhäuser wurden erneuert und dem südlichen Flügel ein Zwerchhaus aufgesetzt. Der Umbau kam auch hier fast einem Neubau gleich.

Aufgrund des schlechten Bauzustandes wurden auch einige Umbauten im

»Alten Bau« vorgenommen, wenngleich dies dem Konsistorium weniger wichtig erschien, da für die am Ende des 18. Jahrhunderts relativ geringe Zahl von Stipendiaten der Neubau und ein Stock des Altbaus ausreichend erschienen. Jedenfalls wurden hier der ehemalige Chorraum der Klosterkirche als Bibliotheksraum gestaltet. Freilich sind dabei auch hier die bis dahin noch zahlreich vorhandenen, sichtbaren Reste der spätgotischen Klosterkirche im Inneren völlig beseitigt worden: Das Kreuzgewölbe samt den Spitzbogenfenstern und den Überresten des Lettners fielen dem Umbau zum Opfer; eine flache Gipsdecke, die umlaufenden Galerien und einfache Rundbogenfenster traten an ihre Stelle. Für die Einstellung der Regale wurden die Wände überall mit flachen Nischen versehen. Auch das ehemalige Schiff der Klosterkirche ist im Zuge der Erneuerung des »Alten Baus« entscheidend verändert worden. Das neue Treppenhaus, welches den alten Aufgang an der Nordostecke des Innenhofes ersetzte, verlief im unteren Teil innerhalb des alten Kirchenraumes. Die neue Haupttreppe wurde *Abb. 177* durch alle Stockwerke hochgeführt und prägt bis heute in charakteristischer Weise den Alten Bau des Stifts. Sie ist sicher der gelungenste Teil der Neugestaltung während des Umbaus.

Der Umbau 1913 bis 1915

Am Anfang des 20. Jahrhunderts erfolgte ein erneuter gründlicher Umbau der Stiftsgebäude. Das Baufieber der Gründerzeit sollte auch an ihnen nicht spurlos vorübergehen. In der Tat war – über 100 Jahre nach dem klassizistischen Umbau – eine Renovierung dringend nötig geworden. Die Baubesichtigung brachte schwere Schäden vor allem am Holzwerk zutage, das an vielen Stellen vom Holzwurm zerfressen, im feuchten Innenhof vom Holzschwamm befallen war. In dieser Zeit wurden gegenüber den vorherigen Jahrhunderten auch wesentlich höhere Anforderungen an die hygienischen Zustände und den Wohnkomfort im Haus gestellt: Luft, Licht und Reinlichkeit ließen nach den neuen Maßstäben im Stift viel zu wünschen übrig. Vor allem waren die nicht heizbaren Schlafzimmer vielfach kalt und ständig feucht, da sie nicht ausreichend zu belüften waren. Auf den Gängen ging es eng her, nicht nur, weil die Kleiderkästen der Stipendiaten überall herumstanden, sondern vor allem, weil die über das ganze Haus verteilten 45 Kamine in den Fluren mit den von hier aus heizbaren Öfen zuviel Platz und Licht wegnahmen.
Als grundsätzliches Ziel der Umbaumaßnahmen wurde 1911 beschlossen, statt der gemeinsamen Studierzimmer Einzelzimmer einzurichten. Zum Schlafen sollten jedoch weiterhin gemeinsame Schlafräume dienen. Für den Ephorus wollte man ein neues Wohnhaus im Stiftsgarten errichten. Da hier freilich keine

Zufahrtsmöglichkeit bestand, verwarf man den Plan und bestimmte statt dessen die Hölle (Neues Ephorat) zur Wohnung des Ephorus.
Im August 1913 wurden die Bauarbeiten aufgenommen. Zunächst brach man das alte Küchengebäude ab, um zwischen dem geplanten neuen Ephorat und dem Stiftsgebäude einen Verbindungsbau erstellen zu können. Hierbei gab es große Schwierigkeiten, da man noch in zwei Meter Tiefe keinen tragfähigen Untergrund fand. In den früheren Jahrhunderten ist dieser Platz wohl ganz bewußt unbebaut geblieben. Aber man behalf sich 1913 schließlich damit, daß man die südliche Wand des Zwischenbaus ganz auf Pfählen errichtete. Ende des Jahres 1913 wurde im ehemaligen Schiff der Klosterkirche, das bislang als Holzlege und als Raum der Handwerker benutzt worden war, mit dem Einbau eines Kesselhauses begonnen. Die Zentralheizung löste von nun an die vielen Einzelöfen im Haus ab. Die drei großen Heizkessel wurden im Laufe des Jahres 1914 eingebaut; fast 70 Jahre lang sorgten sie im Winter für die Wärme im Haus, bis sie zwischen 1982 und 1984 von neuen, sparsameren Kesseln abgelöst wurden.
Im Mai 1914 wurde mit dem Umbau der Hölle zur neuen Ephoruswohnung begonnen. Hier drohte das unter dem Prälatenhof liegende Kellergewölbe einzustürzen, und so mußte man den Keller zur Hälfte auffüllen. Auch der Dachstuhl des Gebäudes wurde völlig neu aufgeführt. Der Beginn des Ersten Weltkrieges im August 1914 führte freilich zur Einstellung sämtlicher Bauarbeiten. Einige Monate lang diente das Stift zur Unterbringung von Soldaten, nachdem fast alle Stipendiaten zum Kriegsdienst eingezogen worden waren. Zeitweise sind im Winter 1914/15 500 bis 600 Mann im Stift untergebracht worden. Doch konnten nach Ende dieser »Besatzungszeit« im April 1915 die Bauarbeiten wieder aufgenommen werden; im selben Monat noch bezog Ephorus Traub seine neue Wohnung. In den folgenden Monaten wurden in den Stiftsgebäuden sämtliche alten Öfen und Kamine entfernt. Auch die Dächer wurden gerichtet. Das an vielen Stellen beschädigte Holzwerk ist gründlich renoviert worden. Überall wurden auch neue Böden gelegt und die Wände frisch gegipst.
Im ehemaligen Chorraum der Klosterkirche, in dem noch die Bibliothek des Hauses untergebracht war, unternahm man nach Möglichkeit Schutzmaßnahmen gegen die starke Feuchtigkeit. Im Herbst 1915 wurden die Kanalisationsanlagen und ein Verbindungskanal zwischen dem alten Ephoratsgebäude und dem Keller unter dem heutigen Clubraum erstellt. In ihm verlegte man die Wasserleitungen und die Heizrohre zum Alten Ephorat.
Im Winter 1915/16 wurden die Heizungs- und Wasserleitungsrohre sowie die elektrischen Kabel für die neue elektrische Beleuchtung des Hauses verlegt. Im Sommer 1916 folgte nach Beendigung der Schreinerarbeiten das Belegen der Böden: die Studierzimmer, der Speisesaal und die Musikräume erhielten ein Bu-

chen-Parkett, die übrigen Räume, Gänge und Säle Linoleum; auf der Altane und im Gang darüber wurden rote Steinzeugplättchen gelegt. Die Waschräume und Bäder erhielten Terrazzoböden. Fast überall sind diese Böden noch bis zur Gegenwart erhalten. In demselben Jahr erfolgte noch der Umbau des Alten Ephorats. Hier wurden Studier- und Schlafzimmer für die Stipendiaten eingerichtet. Der Hauptzugang wurde von der Bursagasse in den Außenhof verlegt; das alte Eingangstor blieb seither fast immer verschlossen. Das bis dahin unter einem Gipsverputz liegende außerordentlich schöne Fachwerk wurde weitgehend frei- *Abb. 180* gelegt, nur der auf Höhe des ersten Stocks blieb es unverputzt, da es hier nur teilweise erhalten ist.

Umbaumaßnahmen und Anschaffungen in neuerer Zeit

1930 das Haus erhält eine »automatische Fernsprechanlage«, die Ephoratswohnung wird instand gesetzt
1931 der Kreuzgang erhält einen neuen Verputz
1934 die Waschküche wird aus dem Alten Ephorat in den Prälatenhof verlegt
1938 das Ephorat erhält einen neuen Waschsaal
1945 in der bisherigen Bibliothek (Kapelle) wird ein Andachtsraum eingerichtet, nachdem die Bibliothek in den Räumen des 4. Stocks untergebracht worden war. Der Plan bestand seit 1934
1949–55 Außenrenovierung der Fassaden
1951–56 das ganze Haus wird von Gleich- auf 220-Volt-Wechselstrom umgestellt. Alle neuen Leitungen in den Zimmern werden unter Putz gelegt, die Zimmer renoviert
1960 die Bibliothek im 3. Stock wird erweitert
1964 die Stockwerke erhalten Kühlschränke infolge der Ausgabe von »Kaltportionen« zum Abendessen, die Studierzimmer werden neu möbliert
1966 ein Fernsehgerät wird angeschafft
1967/68 im Alten Bau wird ein Aufzug eingebaut
1968 das Alte Ephorat erhält einen Waschsaal im 1. Stock, der bisherige wird zu einem Speise- und Fernsehraum für das männliche Personal umgestaltet (heute Fernsehraum im Alten Ephorat)
1969 die bisherige Torstube im Alten Ephorat wird zum Dienstzimmer des Hausinspektors
1970 der Pförtner erhält das bisherige Dienstzimmer der Verwaltung; die Telefonzentrale wird hier installiert. Die bisherige Wachstube, der Denereßraum und das Lebensmittelmagazin werden zum Clubraum für die Stiftler
1970/71 ein neuer, größerer Lesesaal wird eingerichtet

1971 im Speisesaal wird eine Lautsprecheranlage installiert, der Clubraum erhält eine Stereoanlage
1972 der Speisesaal wird neu bestuhlt
1975 die Bibliothek breitet sich auch in einem Teil des 4. Stocks aus
1979 die Fassaden aller Stiftsgebäude werden neu gestrichen, gleichzeitig –83 werden im ganzen Haus Maßnahmen zur Wärmedämmung und Energieeinsparung vorgenommen. Dadurch konnte der Ölverbrauch um die Hälfte gesenkt werden
1982–84 dazu werden neue Heizkessel eingebaut
1981 –83 im Alten Ephorat wird der alte Orgelübraum renoviert und eine neue Orgel eingebaut

Die Räumlichkeiten im Neuen Bau

Das Erdgeschoß mit dem Speisesaal und dem Clubraum

Abb. 184, 185 Der heutige Speisesaal, früher Kommunität genannt, ist zu allen Zeiten Mittelpunkt des Lebens im Haus und das Glanzstück des ganzen Gebäudes gewesen. Durch die 16 Fenster hatte man – solange die Platanen auf dem Wöhrd nicht so hoch waren – einen herrlichen Blick über den Klosterweinberg und den Neckar hinweg zu den blauen Bergen der Schwäbischen Alb. Zu Klosterzeiten war der Saal entweder zweigeteilt in Lektorium (Hörsaal der Universität seit 1477) und das Refektorium der Augustiner-Eremiten oder dreigeteilt mit einem zwischen den Räumen gelegenen Kapitelsaal. Das Lektorium wurde vermutlich 1520 mit Gemälden zur Geschichte der Versuchung Christi ausgeschmückt. In der Reformationszeit wurde an die Wand zusätzlich ein Spottbild auf das Mönchtum gemalt, das bis zum 17. Jahrhundert zu sehen war. Noch ein Jahrhundert länger hielt sich ein in Stein gehauenes Bildnis von Graf Eberhard im Bart, das sich gleichfalls in der Kommunität an nicht mehr bekanntem Ort befand. Später zierten die Wände auch Bilder anderer württembergischer Herzöge.
Nachdem die Zahl der Stipendiaten unter Herzog Christoph stark zugenommen hatte, wurden die Räume der Kommunität zu einem einzigen großen Saal vereinigt. Seitdem diente dieser den Stipendiaten als Raum für alle gemeinschaftlichen Veranstaltungen: hier war man zu den Loci und Musikproben beieinander, hier wurden die Andachten gehalten, sonntags versammelte man sich hier, um gemeinsam zum Gottesdienst in die Stiftskirche zu gehen. Auch die Herren von

Spottbild auf das Mönchtum im Speisesaal des Stifts (nach einem Holzschnitt um 1600)

der Stiftsleitung wurden hier in ihr Amt eingesetzt. Zu zahlreichen großen Festlichkeiten trafen sich hier die Professoren der Fakultät oder der Universität. Manches war in diesem Saal allerdings auch verboten: 1680 mußte untersagt werden, daß die Stipendiaten hier ihre Haare auskämmen und sich barbieren lassen. Probleme hatte man bei der starken Belegung des Raumes mit der oft sehr schlechten Luft.

Untergliedert war der Raum durch einige Einbauten. Im östlichen Teil befindet sich bis heute der Herrentrippel, auf dem bis 1688 die Herren Superattendenten speisten (»Herrentisch«). Auch bei den herzoglichen Visitationen und beim Empfang von Ehrengästen speiste die Gesellschaft etwas erhöht auf diesem

Platz. Am Westende des langen Raumes war der abgeschrankte Platz für die Musik, das »Orchester«. Hier war der Standort der Orgel. Die Decke der Kommunität wird schon immer von einer Reihe hölzerner Säulen getragen. Lange waren sie bläulich-weiß marmoriert. Beleuchtet war der Raum zunächst von 26 Leuchtern; vor dem Eingang hing eine große Laterne.

Im Verlauf der Baugeschichte des Stifts hat die Kommunität nur wenige Veränderungen erlebt. So gehen bis heute alle Außenmauern des Raumes auf die Klosterzeiten zurück. Während des klassizistischen Umbaus 1794 wurde nur das Gebälk über und unter dem Saal aufgetrieben oder neu gelegt. Von 1827 an wurde der Saal durch Öllampen beleuchtet, 1862 (nach Eröffnung des Tübinger Gaswerks) ist die Gasbeleuchtung eingeführt worden. 1904 erfolgte die Installierung von Gasglühlichtern, 1916 von elektrischer Beleuchtung.

Die Gemälde der Herzöge, die sich im Lauf der Jahrhunderte angesammelt haben, wurden beim Umbau im Ersten Weltkrieg abgehängt und auf dem Dachboden gelagert. An ihre Stelle trat 1926 das Riesengemälde Herzog Christophs, das der Cannstatter Kunstmaler Lauxmann angefertigt hatte. Erst 1965 wurden auch die anderen Gemälde wiederentdeckt, restauriert und in den Speisesaal zurückgebracht. Daß die Reihe der Herzogsgemälde nicht vollständig ist, geht vermutlich darauf zurück, daß nur ein Teil der Herzöge dem Stift ein Gemälde geschenkt hat.

Der heutige Clubraum hat in den Jahrhunderten der Kloster- und Stiftsgeschichte sehr unterschiedlichen Zwecken gedient. Ursprünglich war hier das kleine Bandhaus (Küferwerkstatt), in dem die Fässer des Klosterkellers regelmäßig instand gesetzt wurden. Der Haupteingang ins Kloster war bis zum klassizistischen Umbau unmittelbar an der Nordseite dieses Raums. Dann wurde hier eine »neue Kommunität« eingerichtet, ursprünglich als Aufenthaltsraum für die Famuli und andere Personen gedacht, die im Stift zu tun hatten. Seit 1795/96 wurden in diesem Raum Vorlesungen gehalten; einige Zeit später rückte er offiziell zum Universitätshörsaal auf, den man im Winter auf Kosten der Universität heizte.

Die bis 1853 als Hörsaal benützte neue Kommunität war freilich für diese Zwecke viel zu düster. Seither war hier die Wachstube mit einer Tür zum Torgang. Davon abgeteilt war die Stube der Aufwärter. Ein sich an diese anschließendes Zimmer – das heute bei Stiftsfesten als Raum für den Bierausschank dient – war damals noch Holzlege. Während des Umbaus im Ersten Weltkrieg wurde die ehemalige Wachstube nochmals geteilt. Nun diente der jetzige Clubraum mit seinen damals drei Räumen dem Personal und der Wache. Das angebaute Zimmer stand dem Gärtner zur Verfügung. Der heutige Zustand geht auf den Umbau von 1969/70 zurück.

177 Der klassizistische Treppenaufgang im Alten Bau

178/179 Ansichten der Stiftsgebäude vom Stiftsgarten und von der Bursagasse

Der erste Stock mit dem Lesesaal

Der erste Stock im Neuen Bau hieß schon im 17. Jahrhundert nach der Mömpelgarder Winterstube die »Mömpelgarder Sphäre«. In ihm befand sich damals an der Südostecke der Seite gegen den Neckar das Zimmer des Magister Domus, auch Herrenstüblein genannt, in dem die wichtigen Entscheidungen gefällt wurden. Daran schloß sich das Bibliothekszimmer an (18. Jh.) sowie die Stuben und Museen der Mömpelgarder. Vor dem Kloakenturm war das Ungarnstüblein, das – nachdem keine Ungarn mehr im Haus waren – dem Kontrolleur zur Verfügung stand.

Insgesamt waren im langen Bau gegen den Neckar drei Stuben und 13 Kammern untergebracht. Im östlichen Teil lag die Prokuratorstube, die Zugang zu dem am Ende des 18. Jahrhunderts beseitigten östlichen Erker hatte. Über diesem erhob sich der Uhrturm. Neben der Prokuratorstube war die Registratur. Die Stube des Magister Domus wurde später zu einem Lesezimmer umgestaltet. Der hier angebaute Erker war 1779 in sehr schlechtem Zustand und wurde zugunsten eines »regulären Ecks« entfernt.

Völlig umgeändert wurden die Räumlichkeiten beim klassizistischen Umbau. Die Schlafsäle umgaben seitdem den Innenhof. Der neuen Bibliothek in der Kapelle waren nun das Ausleihzimmer und das Zimmer des Bibliothekars angeschlossen. Direkt über dem neuen Haupteingang lag das Herrenzimmer, daneben die Registratur. Im westlichen Flügel wurde der Musiksaal eingerichtet. Große Studierstuben für Stipendiaten und kleinere für Repetenten mit Blick auf den Neckar entstanden. Der Umbau während des Ersten Weltkrieges brachte durch Unterteilung der großen Studierstuben weitgehend den heutigen Zustand. Vier neue Studierzimmer sind durch den Zwischenbau hinzugewonnen worden. Drei von ihnen beherbergen heute die Räume für das Sekretariat und den Studieninspektor.

Der zweite Stock

Der zweite Stock hieß nach der gemütlichen, an den Wänden in früheren Zeiten mit Hirschgeweihen geschmückten Jägerstube die »Jägersphäre«. Hier waren seit dem 17. Jahrhundert zahlreiche Schlafkammern, Repetentenkabinette, Sommermuseen, freilich nur drei heizbare Stuben untergebracht: die Augustiner-, Erker- und die genannte Jägerstube. Während des klassizistischen Umbaus wurden wie im darunterliegenden Stock zum Innenhof hin Schlafräume und nach außen Studierstuben für Stipendiaten und Repetenten eingerichtet. Der heutige Zustand geht auf die Umbauten während des Ersten Weltkrieges und um 1970 zurück.

<table>
<tr><th>heute</th><th>nach 1916</th><th>vor 1916</th><th>vor 1788</th></tr>
<tr><td>Stiftsmuseum</td><td>Ausleihzimmer</td><td>Ausleihzimmer</td><td>gewölbter Raum/Sakristei/Totenkammer; Klosterzeit: Sakristei/Klosterbibliothek</td></tr>
<tr><td>Musikdirektor</td><td>Bibliothekar</td><td>Bibliothekar</td><td></td></tr>
<tr><td>kl. Lesesaal (Außenhofseite)</td><td>Lesesaal</td><td>Schlafzimmer</td><td>Prokuratorstube</td></tr>
<tr><td>kl. Lesesaal (Innenhofseite)</td><td>Schlafsaal A</td><td>Schlafzimmer</td><td>Gang</td></tr>
<tr><td>Lesesaal (Innenhofseite)</td><td>Gang + Schlafsaal B</td><td>Gang + 3 Schlafzimmer + Schlafsaal</td><td>Gang + Schlafkammern der Famuli und des Küchenjungen</td></tr>
<tr><td>Lesesaal (Außenhofseite)</td><td>Lesesaal</td><td>Herrenzimmer + Registratur</td><td>Registratur + unbeheizbare Stuben der Famuli/Sommermusea</td></tr>
<tr><td>Toiletten</td><td>Toiletten</td><td>Worms (Stube)</td><td>Sommermusea der Famuli</td></tr>
<tr><td>2</td><td>Mulattia</td><td rowspan="2">Mulattenstube</td><td rowspan="2">Lesezimmer/zuvor Herrenstube des Mag. Domus</td></tr>
<tr><td>3</td><td>Bethlehem</td></tr>
<tr><td>4</td><td>Königsberg</td><td>Repetent</td><td rowspan="2">Bibliothek</td></tr>
<tr><td>5</td><td>Marburg</td><td rowspan="3">Bethlehem</td></tr>
<tr><td>6</td><td>Nürnberg</td><td>Stube für Bibliothekar</td></tr>
<tr><td>7</td><td>Ulm</td><td>Sommermusea</td></tr>
<tr><td>8</td><td>Augustinerstube</td><td rowspan="3">Schwärzloch</td><td>Rep.-Schlafzimmer</td></tr>
<tr><td>9</td><td>Andreasstube</td><td>Rep.-Kabinett</td></tr>
<tr><td>10</td><td>Rep.-Studierzimmer</td><td rowspan="2">Mömpelgarder Stube</td></tr>
<tr><td>11</td><td>Bengelstube</td><td>Repetent</td></tr>
<tr><td>12</td><td>Hillerstube</td><td rowspan="3">Baierland</td><td>Gang</td></tr>
<tr><td>13</td><td>Schwärzloch</td><td rowspan="2">Controleurstube + Zugang zum Kloakenturm</td></tr>
<tr><td>14</td><td>Baierland</td></tr>
<tr><td>15</td><td>Mömpelgard</td><td>Schlafzimmer</td><td>kleine Krankenstube</td></tr>
<tr><td>3a</td><td>Rep.-Schlafzimmer</td><td>Schlafzimmer</td><td>Treppen zum 2. Stock</td></tr>
<tr><td>10a</td><td>Rep.-Schlafzimmer</td><td>Schlafzimmer</td><td>Schlafkammer</td></tr>
<tr><td>Hauswirtschaft</td><td>Schlafsaal C</td><td>Schlafsaal</td><td>Sommermusea</td></tr>
<tr><td>Krankenzimmer</td><td>Schlafsaal C</td><td>Schlafsaal</td><td>Sommermusea</td></tr>
<tr><td>16</td><td>Schlafsaal E</td><td rowspan="2">Musiksaal</td><td>unbrauchbare Kammer (Kamin)</td></tr>
<tr><td>Kastenraum</td><td>Schlafsaal E + Kastenraum</td><td rowspan="2">große Krankenstube + Sommermusea</td></tr>
<tr><td>Waschraum</td><td>Waschraum</td><td>Schlafsaal</td></tr>
<tr><td>17 Sekr.</td><td>Adelberg</td><td>–</td><td>–</td></tr>
<tr><td>18</td><td>Bebenhausen</td><td>–</td><td>–</td></tr>
<tr><td>19 Stud.-Insp.</td><td>Denkendorf</td><td>–</td><td>–</td></tr>
<tr><td>20</td><td>Hirsau</td><td>–</td><td>–</td></tr>
</table>

Der erste Stock des Neuen Baus mit dem Lesesaal – Überblick

heute	nach 1916	vor 1916	vor 1788
21	Rothenburg	Rothenburg	Kreuzgewölbe über Sakristei
22	Eisleben		
23	Wittenberg	Repetent	Augustinerstube mit Rep.-Kabinett
24	Worms		
25	Speyer	Wartburg	Rep.-Schlafkammer
26	Augsburg		
27	Rep.-Studierzimmer		
27a	Rep.-Schlafzimmer	Schlafzimmer	Sommermusea
Toiletten	Toiletten	Ulm	Sommermusea
E 1	Schlafsaal E	Schlafsaal	Schlafkammern + Sommermusea
E 2			
F 1	Schlafsaal F	Schlafsaal	Schlafkammern + Sommermusea
F 2			
G 1	Schlafsaal G	Schlafsaal	Schlafkammern + Sommermusea
G 2			
H 1	Schlafsaal H	Schlafsaal	Schlafkammern + Sommermusea
H 2			
28	Vendée	Vendée	Erker-Stube + Rep.-Kabinett
29	Katzbach		
30	Leipzig	Repetent	Rep.-Schlafkammer
31	Magdeburg	Quadrat	Sommermusea
32	Quadrat		
33	Jerusalem		
34	Antwerpen	Jerusalem	Sommermusea
35	Flandern		
36	Rep.-Studierzimmer		
36a	Rep.-Schlafzimmer	Schlafzimmer	Schlafkammer
37	Lüttich	Repetent	Rep.-Schlafkammer
38	Tannenberg	Jägerstube	Jägerstube mit Rep.-Kabinett
39	Warschau		
40	Jägerstube		
41	Schlafsaal	Katzbach	Sommermusea
41a			unbrauchbare Kammer (Kamin)
Kastenraum	Kastenraum	Leipzig	Sommermusea
Waschraum	Waschraum	Schlafsaal	Schlafkammern/Sommermusea
Komm.raum	Stiefelputzraum		
42	Ardennenstube	–	–
43	Lothringen	–	–
44	Vogesen	–	–
45	Sedan	–	–

Der zweite Stock im Neuen Bau – Überblick

heute	nach 1916	vor 1916	vor 1788/94
46	Belgrad	Belgrad	Sommermusea
47	Istanbul		
48	Siebenbürgen	Repetent	Sommermusea mit Zugang zu Erker
49	Helgoland	Rathaus	Sommermusea
50	Rathaus		
51	Rep.-Studierzimmer		
J 1	Schlafsaal J	Schlafzimmer	Schlafkammern
J 2			
K 1	Schlafsaal K	Schlafzimmer	Schlafkammern
K 2			
L	Schlafsaal L	Schlafsaal	Sommermusea
M 1	Schlafsaal M	Schlafsaal	Sommermusea
M 2			
52	Zion	Zion	Sommermusea
53	Neapel		
53a	Rep.-Schlafzimmer	Schlafzimmer	Aufgang zum 3. Stock
54	Tirol	Repetent	Sommermusea
55	Zürich		
56	Heidelberg		
57	Pfalz	Neapel	Rep.-Kabinett
58	Straßburg		neue Winterstube (seit 1787)
59	Weimar		
59a	Rep.-Schlafzimmer	Schlafzimmer	Schlafkammer
60	Einsiedel	Repetent	Sommermusea
61	Hohenheim		
62	Rep.-Studierzimmer	Hohenheim	Sommermusea
63	Hohentwiel		
64	Sachsenwald		Zugang zum Kloakenturm
65	Esslingen	–	–
66	Hall	–	–
67	Heilbronn	–	–
68	Reutlingen	–	–
69	Kammer	–	–
N 1	Schlafsaal N	Repetent	Sommermusea
N 2 Kastenraum	Amtszimmer der Repetenten		unbrauchbarer Raum (Kamin)
Waschraum	Waschraum	Klein-Leipzig	Schlafkammern

Der dritte Stock – Überblick

Der dritte Stock

Schon aus der Zeit vor dem Umbau von 1667 bis 1670, als der dritte Stock noch Dachstock des Südflügels war, stammt die Bezeichnung »Rattensphäre«. Es ist daher mit großer Sicherheit anzunehmen, daß hier oben vor dem Umbau im 17. Jahrhundert Fruchtkästen standen. Nach diesem Umbau waren nach der Beschreibung Zellers von 1781 »nur Musea und Cubicula gegeneinander über, so aber oft zu warm oder zu kalt«. 1778 wurde hier, »wo selbst es immerhin am ohnordentlichsten zugehe, und eine Zusammenkunft von liederlichsten Leuten seye«, eine neue Winterstube eingerichtet, damit dort auch ein Repetent sich niederlassen und die Sphäre beaufsichtigen könne. Die Zahl der Sommermuseen belief sich auf immerhin 20.
Der klassizistische Umbau sorgte wie in den Stockwerken darunter für große Stuben mit herrlichem Ausblick und Schlafzimmer gegen den Innenhof. Im westlichen Teil war nun das Amtszimmer der Repetenten untergebracht. Die Umbaumaßnahmen von 1916 ergaben das heutige Bild. In den seit der gleichzeitigen Erstellung des Zwischenbaus gewonnenen Stuben wurden nach dem Ausbau der Bibliothek im vierten Stock 1973/74 Räume für die Kneonten geschaffen.

Der vierte Stock (Dachgeschoß) und die Dachböden

Bis zu einem Umbau am Anfang des 19. Jahrhunderts bestanden unter dem Dach des Neuen Baus nur wenige Räumlichkeiten. Mit Blick zum Innenhof waren es im südlichen Flügel drei Sommermuseen und zwei Schlafkammern für die Neulinge, die wenig schmeichelhaft »Ochsen« genannt wurden. Daher stammt die bis heute übliche Bezeichnung »Ochsenstall« für das Dachgeschoß des Südflügels. Dazu kamen im westlichen Teil – eng an den Alten Bau angelehnt – die Sommermuseen auf dem sogenannten »Weinsberger Täle«. Erst 1818 hat man im Dachboden des Südflügels zwei lange Schlafsäle eingerichtet. 1862 wurden im westlichen Flügel zwei Karzerräume mit Blick zum Innenhof eingerichtet, die bis zum Ersten Weltkrieg als solche in Benutzung waren. Nach 1945 wurden sie vom Küchenpersonal belegt. Heute stehen sie als Lagerräume zur Verfügung. Beim Umbau während des Ersten Weltkrieges wurden die Schlafsäle verkleinert, um in den Ecken zwei Musikräume mit Flügel bzw. Klavier einrichten zu können. Inzwischen sind durch Einzug von Zwischenwänden die ehemaligen Schlafsäle im »Ochsenstall« nochmals verkleinert und dadurch zwei weitere Studierzimmer gewonnen worden. Die verbliebenen kleineren Schlafsäle sind eine Erinnerung daran, daß solche Räume früher im ganzen Haus verteilt waren.

Über dem vierten Stock befinden sich bis heute noch größere Dachböden, die früher der Lagerung der Gartenfrüchte dienten. Im westlichen Teil lagerten die Zwiebeln (»Zwiebelbühne«). Im östlichen Teil, der Koffer- oder Uhrenbühne, steht das Uhrwerk für die vom Außen- und Innenhof sichtbare Uhr. Die Zeit wird über ein Schlagwerk mit zwei Glocken angezeigt, von denen die eine 1608 in der Esslinger Hütte gegossen wurde.

Die Räumlichkeiten im Alten Bau

Der nördliche Teil des Stiftsgebäudes wird seit dem Umbau der anderen Teile (1667–70) »Alter Bau« genannt. Bereits seit dem Umbau des 16. Jahrhunderts erheben sich über den Umfassungsmauern der alten Klosterkirche sechs Stockwerke (3.–8. Stock), wobei der sechste Stock erst vor einigen Jahren als Wohntrakt ausgebaut worden ist. Zuvor waren hier wie im siebten und achten Stock die Fruchtkästen.

Der erste Stock mit Kapelle und Altane

Abb. 181 Mit der heutigen Stiftskapelle ist eine Erinnerung an den hier vor Jahrhunderten befindlichen Chorraum der Klosterkirche erhalten. Dieser Chorraum wurde nach dem Einzug der Stipendiaten 1547 für Gottesdienste nicht mehr gebraucht. Da er nicht heizbar war, fanden die Andachten in der Kommunität statt. Nur in den ersten Jahren diente er noch als Predigtraum. Im 17. Jahrhundert befand sich hier einige Zeit die Bibliothek; später war der Raum jahrzehntelang nur noch Rumpelkammer, wo altes Bauholz, zerbrochene Fenster und die beschlagnahmte Habe der aus dem Stift entlassenen Stipendiaten aufbewahrt wurde. Vieles muß hier bis zum klassizistischen Umbau an die Klosterzeit erinnert haben. Alte Wandgemälde von Kirchenvätern schmückten bis ins 18. Jahrhundert – wenn auch von der Feuchtigkeit des Raumes angegriffen und zersetzt – die von gotischen Gewölben überragten Wandflächen. Beim klassizistischen Umbau sollte hier nach dem Willen des Herzogs eine Kapelle eingerichtet werden. Dafür erwies sich der Raum jedoch – vor allem auch aus akustischen Gründen – für ungeeignet. Die Gewölbe, die früher von den Gesängen der Mönche widergehallt hatten, ließen die Worte der Prediger nur undeutlich vernehmen. Als Interim diente der Raum 1794 beim Umbau der Kommunität als Speisesaal. Zwei Jahre später entschloß man sich dann, hier die Bibliothek einzurichten, an die bis heute die zahlreichen Wandnischen erinnern. Erst 1934 *Abb. 104, 106, 119* wurde der Plan durchdacht, die Bibliothek in neuen Magazinen im dritten Stock unterzubringen und den ehemaligen Chorraum der Klosterkirche zu einer Kapelle einzurichten. Damals fanden schon einige Jahre Morgenandachten im Hörsaal des vierten Stocks statt. Da man diesen Brauch fortsetzen wollte, suchte man nach einem geeigneteren Raum hierfür. Der Plan konnte freilich erst nach dem Zweiten Weltkrieg verwirklicht werden. Im Sommer 1948 wurde die Orgel eingebaut.

Der übrige, im Mittelalter der Stadtbevölkerung offene Kirchenraum der Klosterkirche diente nach dem Einzug der Stipendiaten als große Werkstatt. Hier arbeitete der Zimmermann, weswegen der Bärengraben lange der Zimmermannshof hieß, aber auch der Klosterküfer, nach dessen Arbeit das ehemalige Kirchenschiff auf alten Plänen auch »Großes Bandhaus« genannt wird. Neben seiner Verwendung als Werkstatt war hier ein großes Brennholzmagazin, das erst überflüssig wurde, als 1913/14 an seiner Stelle das Kesselhaus eingerichtet wurde. Dazu mußten die alten eichenen Säulen, die bislang die darüberliegenden Stockwerke getragen hatten, entfernt und statt dessen schwere Eisenträger eingezogen werden.

Auf dem Niveau des ersten Stocks befindet sich zum Innenhof hin ein mächtiger, offener Vorbau, die Altane. Ihr Dach wird von Säulen und flachen Bögen getragen; in der Mitte erhebt sich ein großer Dachreiter mit klassizistischem Giebel und der Altaneglocke. In Klosterzeiten war hier möglicherweise zur Zeit des ersten Kirchengebäudes dessen südliches Schiff, das beim Neubau der Kirche weggefallen ist. Beim Einzug der Stipendiaten wird ein Anbau erwähnt, in dem sich eine lange Kammer befand. Nach dem Umbau des 17. Jahrhunderts, mit der Erstellung des Neuen Baus, wurde diese Kammer zur freien Altane (1669/70). Damals erfährt man auch, daß dieser Anbau »die alte Speer« oder »Stern« genannt wurde. Das nun zur Altane umgestaltete Gemach hieß bis dahin »Bettelkammer« und stand den Famuli zur Verfügung. Unklar ist, ob der damals bestehende Anbau sogar zwei Stockwerke besaß, da in Akten von 1666 zwischen einem oberen und einem unteren Stern unterschieden wird. Auf der freien Altane stellte man zur Erholung der Stipendiaten eine Schießtafel auf. Auch zu kleinen Spaziergängen sollte die Altane einladen. 1686 fiel sie wegen Baufälligkeit ein und mußte neu aufgeführt werden. 100 Jahre später war sie wiederum stark baufällig, so daß 1790 zunächst nochmals das Dach gerichtet wurde. Wenige Jahre später entschloß man sich im Zusammenhang mit dem klassizistischen Umbau, die Altane völlig neu zu bauen. Damit erhielt sie kurz vor 1800 ihr heutiges Aussehen. Mit Blumenkästen geschmückt und seit Jahrzehnten von wildem Wein überwuchert, bietet sie im Sommer einen überaus reizvollen Anblick. Die Reliefs an der Wand sind Jubiläumsgeschenke an das Stift von 1936 zur Erinnerung an die »Stiftsköpfe« Kepler, Hegel, Hölderlin und Schelling. 1974 wurde von Stiftsrepetenten eine Tafel für den Repetenten David Friedrich Strauß ergänzt.

Der zweite Stock

Auf dem Niveau des zweiten Stocks im Alten Bau liegen kaum nennenswerte Räumlichkeiten, da auf dieser Höhe in die ehemalige Klosterkirche kein Boden eingezogen ist. Der die südlichen Gebäudeteile untereinander verbindende und zugleich zum Alten Bau führende Gang liegt im Anbau über der Altane und somit außerhalb der Umfassungsmauern der ehemaligen Klosterkirche. Innerhalb dieser liegt seit dem Umbau des Ersten Weltkrieges ein kleiner Raum, in dem der Rest eines alten Fensters der Klosterkirche zu erkennen ist. Der Raum wird heute Kommunikationsraum genannt und enthält eine kleine Bibliothek mit schöngeistiger Literatur. Einige Jahrzehnte diente er als Stiefelputz- und Bügelraum.

Der dritte Stock mit der Bibliothek

Der jetzige dritte Stock im Alten Bau hieß früher »Sachsensphäre«. Bis zum Umbau des 19. Jahrhunderts waren hier mehrere Schlafkammern und (unheizbare) Sommermuseen. 1792 wurde in einer der Kammern im östlichen Teil (»Thüringer Wäldle« gen.) der Karzer eingerichtet, der einen Ofen erhielt.
Eine Umgestaltung der Sachsensphäre erfolgte zuerst durch den Einbau des großen Treppenhauses um 1800. Durch die Zusammenfassung von zwei Kammern zu einer größeren und die Vergrößerung der Fenster, versuchte man, eine gesündere Atmosphäre zu schaffen. 1862 wurde der östliche Teil der Sachsensphäre zu einem Bibliotheksraum umgebaut, der heute die alte Bibliothek enthält. Die Wände der Kammern wurden herausgerissen, der Karzer in den vierten Stock des Westflügels verlegt. Der neue Bibliotheksraum erhielt einen direkten Zugang zu der bisherigen Bibliothek (heute Kapelle). Die Schlafkammern im westlichen Teil der Sachsensphäre dienten nun als Räume für das Hauspersonal. 1872 wurde der neue Repetentensteg gebaut und von der Türe aus mit je einer Treppe zum dritten und vierten Stock verbunden. Bislang bestand nur ein direkter Zugang zum vierten Stock. Beim Umbau während des Ersten Weltkrieges ist der neue Bibliotheksraum verkleinert und ein Orgelübraum gewonnen worden. Auch die Personalräume sind teilweise als Dusch- und Baderäume umgebaut worden. Nach 1945 hat sich auch hier die Bibliothek mit ihren Magazinen und dem Ausleihzimmer ausgebreitet.

180 Das Alte Ephorat

181 Blick in die heutige Stiftskapelle, die im alten Chorraum der mittelalterlichen Klosterkirche der Augustiner-Eremiten ihren Platz gefunden hat. Der Raum wurde beim klassizistischen Umbau als Bibliothek eingerichtet (bis 1945).

182 Der Lesesaal in seiner Einrichtung von 1915–1970

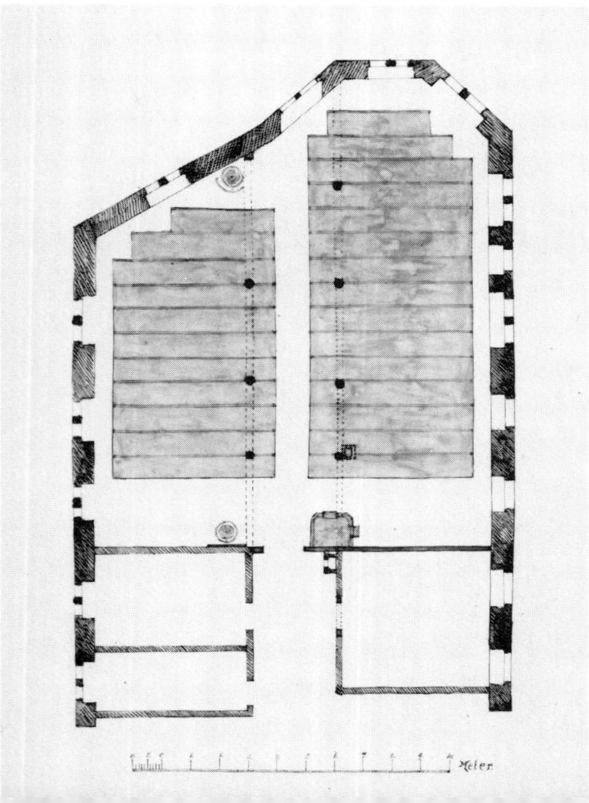

183 Plan zum Einbau eines großen Hörsaales im 4. Stock des Alten Baus von 1889

184 Der Speisesaal nach dem Umbau 1919. Auf dem Herrentrippel im Hintergrund ist noch die Orgel (links), davor der alte »Krautständer« (rechts) erkennbar.
185 Der Speisesaal 1985

186 Der 1872 abgerissene Repetentengang
187 Blick auf den Alten Bau mit dem Repetentensteg während der Jubiläumsfeierlichkeiten 1936

heute	nach 1916	vor 1916	vor 1862
Alte Bibliothek	Bibliotheksraum	Bibliotheksraum	Schlafkammern + Karzer (1792) + Gang („Thüringer Wäldle")
Orgelraum	Orgelraum		
Ausleihraum	3 Duschen	2 Badewannen	
Magazin hinter Ausleihraum	3 Badewannen + WC + Geräteraum	Raum für Diener + Stiefelputzk. + WC	Schlafkammern
Bibliotheksverw. + Aufzug	Aufwärter	Aufwärter	+ Sommermuseen (nicht heizbar)
Magazin hinter Bibliotheksverw.	Diener	Diener	+ Abortanlage (seit 1557/60; Umbau 1816–18)
Magazin vor Bibliotheksverw.	Gang	Gang	Gang

Der dritte Stock – Überblick

Der vierte Stock mit den Hörsälen

Der vierte Stock wurde früher »Wiedertäufersphäre« genannt. Zu ihr führte vor 1872 der alte, überdachte und schräg zur Neckarhalde hinabführende Repetentengang. Dieser wurde danach durch eine einfache Brücke (»Repetentensteg«) *Abb. 186, 187* ersetzt, die zwischen dem dritten und vierten Stock über den »Bärengraben« (früher »Zimmermannshof«) führte. Auf der Wiedertäufersphäre gab es bis zur Zeit des klassizistischen Umbaus fünf heizbare Stuben. Von ihnen diente die Hafnerstube als Krankenzimmer für die Repetenten. Hier trafen sich im 18. Jahrhundert auch die pietistisch gesinnten Stipendiaten. Die meisten anderen Räume dienten als Sommermuseen und Schlafkammern.

Beim klassizistischen Umbau wurden um 1800 im östlichen Teil Amtsräume für den Prokurator eingerichtet. Die westliche Hälfte blieb unbenutzt, wurde freilich beim Einbau der neuen Treppe teilweise umgebaut. Mit derUmwandlung der Bursa 1803 in ein medizinisches Institut verlor die theologische Fakultät ihren dortigen Hörsaal. Auf ihre wiederholten Bitten hin wurde 1804 die westliche Wiedertäuferstube mit dem Gang zu einem großen Hörsaal für bis zu 140 Hörer umgebaut. 1853 folgte im östlichen Teil der Einbau von zwei kleinen Hörsälen, nach den zuvor hier gelegenen Stuben Zion und Eisleben genannt. Der Hörsaal Zion wurde 1864 unter Hinzunahme des Ganges und der zwei zum Bärengraben hin gelegenen Kammern zu einem großen Hörsaal für 200 Zuhörer umgewandelt. Dafür ist ein weiterer kleiner Hörsaal auf der Nordseite einge- *Abb. 183* richtet worden. Beim Umbau während des Ersten Weltkrieges wurden die Hörsäle wiederum völlig verändert. An ihre Stelle traten vier Übungssäle für je etwa

50 bis 60 Teilnehmer. Dafür sind vier Studierzimmer, ein Schlafsaal, ein Waschraum und ein Lehrerzimmer dazugewonnen worden.
Nach dem Umbau des dritten Stocks um 1960 zum Bibliotheksmagazin wohnten nun einige der Hausangestellten in den bisherigen Studierzimmern. Um 1970 erfolgte eine erneute völlige Umgestaltung. Im östlichen Teil des vierten Stocks liegen seither ein großer und ein kleiner Hörsaal, dazu ein Fernsehraum. Im westlichen Teil hat sich die Bibliothek mit dem Magazin für Zeitschriften, die musikalische Literatur und für die neuesten Anschaffungen (seit 1982) ausgebreitet.

<table>
<tr><th>heute</th><th>nach 1916</th><th>19. Jahrhundert</th><th>vor 1788</th></tr>
<tr><td colspan="4">(Die Zwischenwände wurden bei den Umbauten mehrfach verschoben)</td></tr>
<tr><td rowspan="3">Zeitschriften-magazin</td><td>Hegelstube</td><td rowspan="5">Großer Hörsaal (seit 1804)</td><td rowspan="2">Wiedertäuferstube mit Rep.-Kabinett</td></tr>
<tr><td>Schellingstube</td></tr>
<tr><td>Schillerstube</td><td>Hafnerstube</td></tr>
<tr><td>Bibliotheks-raum + Aufzug</td><td>Uhlandstube</td><td>Ritterstube mit Rep.-Kabinett (teilweise in klassiz. Treppe aufgegangen)</td></tr>
<tr><td>Musikbibliothek</td><td>Gang</td><td>Gang</td></tr>
<tr><td rowspan="4">Neuestes Biblio-theksmagazin</td><td rowspan="4">Schlafsaal
Waschraum
Toiletten</td><td rowspan="2">Kl. Hörsaal (1864)
Besenkammer</td><td>Repetentenschlafkammer</td></tr>
<tr><td>Sommermusea</td></tr>
<tr><td>Toiletten</td><td>Toiletten</td></tr>
<tr><td>Gang</td><td></td></tr>
<tr><td>Toiletten</td><td>Lehrerzimmer</td><td></td><td>Schlafkammer + Sommermusea</td></tr>
<tr><td rowspan="2">Fernsehraum</td><td rowspan="2">Übungsraum IV</td><td>Prof.-Wartezimmer</td><td>Schlafkammer</td></tr>
<tr><td>Schlafzimmer</td><td>Gang</td></tr>
<tr><td rowspan="4">Großer Hörsaal</td><td rowspan="4">Übungssäle II + III</td><td rowspan="4">Stube Zion + Repetentenstube, seit 1864/88 Hörsaal Zion</td><td>Beckenstube mit Rep.-Kabinett</td></tr>
<tr><td>Schusterstube</td></tr>
<tr><td>Schlafkammer</td></tr>
<tr><td>Gang</td></tr>
<tr><td rowspan="2">Kleiner Hörsaal</td><td rowspan="2">Übungssaal I</td><td rowspan="2">Stube Eisleben; 1853–64 Hörsaal Eisleben, dann Schlafzimmer</td><td>Repetentenschlafkammer</td></tr>
<tr><td>Aufgang zum Fruchtkasten</td></tr>
</table>

Der vierte Stock – Überblick

Der fünfte Stock

Der im 16. Jahrhundert ausgebaute Stock trug den Namen »Junkersphäre«. Hier waren im 17. und 18. Jahrhundert die beiden Kanzleistuben (die zweite seit 1681) mit zwei dazugehörigen Kammern und der Registratur. Sie waren bestimmt für die herzoglichen Visitationen und die kirchenrätlichen Beamten, die alljährlich die Universitätsrechnungen zu revidieren hatten. In einer dieser Stuben tagte auch der Repetentensenat. Diese Räume waren wesentlich reicher ausgestattet als die Stipendiatenstuben, unter anderem mit gegipster statt getäfelter Decke und mit Fenstern aus hellen statt der sonst üblichen Butzen-

heute	nach 1916	1811/13–1916	vor 1788
74	Staufen	Holzraum	Schlafkammer
75	Zollern		
76	Rep.-Studierzimmer	} Elysium	1. Kanzleistube
77	Teck		
78	Hohenneuffen	Repetent	Registratur
79	Wirtemberg		
80	Elysium	} Luginsland	2. Kanzleistube
81	Luginsland		
82	Athen	Schlafzimmer	Schlafkammer
83	Hellas	Schlafzimmer	Konvertitenstube
84			Gang
85	} Schlafsaal	} Hellas	Schlafkammer
86 87	} Schlafsaal	} Schlafsaal	} Rep.-Schlafkammer
88	Rep.-Schlafzimmer	Schlafzimmer	Sommermusea
89	Bagdad	Mekka	Sommermusea
90	Mekka	} großes Krankenzimmer	Sommermusea
Waschraum	Waschraum		Kammer
91 91a	} Arzt		Schneiderstube
92 93	} Krankenzimmer		Vogelstube
94	} Krankenzimmer		Junkerstube
Toilette	Toilette	Toilette	Toilette

Der fünfte Stock – Überblick

scheiben. An den Wänden hingen Bilder der württembergischen Herzöge. Dazu gab es im westlichen Teil die Junker-, die Vogel- und die Schneiderstube für die Stipendiaten mit dazugehörigen Kabinetten für die Repetenten. Diese hatten ihre Schlafstuben zum Bärengraben hin, wo sich auch eine Proselytenstube für die ins Stift aufgenommenen Konvertiten und weitere Sommermuseen und Schlafkammern befanden. In den klassizistischen Umbau ist der fünfte Stock nicht einbezogen worden, die Stuben standen leer. Erst 1811 und 1813 wurde die Junkersphäre ausgebaut und dort Räume für neue Studierstuben und die Krankenstuben eingerichtet. Damals entstanden die Stuben Elysium, Luginsland, Hellas und Mekka. Beim Umbau des Ersten Weltkrieges wurde die Zahl der Studierstuben durch Teilung der großen Stuben vermehrt. Beim Umbau um 1970 wurde nach Auflösung der Schlafkammern der heutige Zustand hergestellt.

Der sechste Stock und die Dachböden

Der sechste Stock unter dem Dach des Alten Baus diente wie die beiden darüberliegenden Dachböden der Lagerung der Frucht in zahlreichen Kästen. Recht früh ist in Zeiten der Überbelegung des Hauses daran gedacht worden, auch diesen Stock als Wohnraum zu nutzen. So wurden in den Jahren 1687 und 1701 hier neben dem Fruchtboden einige Kammern für die Novizen eingerichtet. Auch im 19. Jahrhundert plante man, den sechsten Stock auszubauen, doch ging die Zahl der Stipendiaten damals wegen des Wegfalls des fünften Studienjahres zurück, so daß der Plan nicht verwirklicht wurde. Erst beim Umbau 1967/68 wurden die jetzigen Zimmer eingerichtet.

Das Alte Ephorat

Abb. 180 Das seit einigen Jahrzehnten Altes Ephorat genannte Gebäude am Toreingang des Stifts gehörte schon zu dem Augustiner-Eremiten-Kloster und wird eine Herberge für die Gäste des Klosters oder das Priorat gewesen sein. Mehr ist darüber nicht bekannt. Im 16. Jahrhundert diente das Haus erstmals als Ephorat, als um 1555 der Magister Domus Georg Liebler eine Zeitlang hier wohnte. Wenige Jahre später wurde das Haus am Tor zur Wohnung des Zweiten Superattendenten bestimmt. Dazu ist es 1574/75 umgebaut worden und erhielt einen neuen Oberstock und einen neuen Dachstuhl. Aus dieser Zeit stammt das bis heute erhaltene schöne Fachwerk. Im Dreißigjährigen Krieg ist erneut gebaut worden, wovon die Jahreszahl 1626 über dem Eingang berichtet. Die beiden in den Außenhof ragenden Anbauten dienten als Häuschen des Torwarts und als Waschhaus. Letzteres wurde 1772 wegen Baufälligkeit abgerissen und neu aufge-

führt und erhielt danach einen kleinen Hörsaal. Seit 1777 war das Gebäude wieder die Amtswohnung des Ephorus. Für ihn wurde auf das Häuschen des Torwarts noch ein Stockwerk aufgesetzt, damit er noch eine weitere Stube zur Verfügung hatte.
Beim klassizistischen Umbau wurden am Alten Ephorat keine baulichen Veränderungen vorgenommen, diese erfolgten erst 1916: die Einrichtung in einzelne Studierzimmer und Schlafräume; der Hauptzugang wurde in den Außenhof und damit in den Bereich innerhalb des Hoftores verlegt. Ein neuangelegtes Treppenhaus verbindet seitdem geschickt die verschiedenen Teile des Gebäudes. Das Fachwerk des Giebels wurde freigelegt, und bald sah man das Alte Ephorat als das Haus mit dem »schönsten aller Tübinger Fachwerkgiebel« an. Auch wenn nach Freilegung zahlreicher anderer herrlicher Fachwerkgiebel Tübingens diese Charakterisierung nicht mehr so gelten kann, ist nach einer erneuten Renovierung 1983 das Alte Ephorat wieder ein Schmuckstück in der Idylle des Klosterbergs geworden.

Der Karzer

Ursprünglich befand sich der Karzer – zunächst »Gefängnis« genannt – im Stock unter der Kommunität. Erst 1788 wurde er mit einem Ofen versehen. Das Mobiliar bestand aus einer Pritsche mit vier Brettern und einem alten Tisch. Ein zweiter Karzer (»Backofen« genannt) war für die Köche, den Torwart und andere Bedienstete bestimmt. 1792 wurde der Karzer in die Sachsensphäre und das dortige »Thüringer Wäldle« (heute im Raum der Alten Bibliothek aufgegangen) verlegt. Ein nochmaliger Umzug fand 1862 statt: seitdem lag er im Dach des Westflügels des Neuen Baus. Mit der Abschaffung der Karzerstrafe in der Reform während des Ersten Weltkrieges sind die beiden Karzerräume überflüssig geworden. Sie sind zwar heute noch erhalten, jedoch sind nach 1945 die Zeichnungen an den Wänden bis auf wenige Reste entfernt worden, da hier Zimmer für das Küchenpersonal eingerichtet wurden.

Die Krankenzimmer

War ein Stipendiat krank, kam er auf eine der Krankenstuben, die es im Laufe der Zeit an verschiedenen Stellen des Alten bzw. Neuen Baus gab. Die Krankenstuben waren vielfach Grund zur Klage, vor allem, als sie sich im 17. und 18. Jahrhundert an denkbar ungünstigster Stelle in der Nähe des Kloakenturms im ersten Stock befanden. Die Luft war in den Stuben zeitweise so unerträglich, daß selbst der Bausachverständige des Stifts bei der Visitation von 1757 meinte, daß die Kranken »bei einer noch nicht ganz gekränkten Gesundheit während der Kurzeit vollends entkräftet würden«. Unglücklicherweise verstarb während der Visitation einer der Stipendiaten, was zu einer baldigen Behebung der schlimmsten Mißstände führte: Die große Krankenstube erhielt weitere Fenster gegen den Innenhof und einen Ventilator.

Über die Krankheiten der Stipendiaten liegen zunächst keine genauen Aufzeichnungen vor. Meist ist nur unklar von »beschwerlichem Fieber« die Rede. Sicher werden Erkältungen und Grippe früher in der kalten Jahreszeit wegen der schlechten Wohnverhältnisse an der Tagesordnung gewesen sein. Auch der qualitätsmäßig oft miserable Tischwein, der zudem im Übermaß getrunken wurde, dürfte Grund mancher Beschwernisse gewesen sein. Selbst die Kirchenleitung sah 1745 hierin einen Grund für den frühen Tod mancher Pfarrer. Immer wieder gab es im Stipendium auch Todesfälle. Ein erster wird 1554 berichtet, als ein Stipendiat an der Pest verstarb. Tagelang wurde das ganze Gebäude daraufhin mit Wacholder ausgeräuchert. Ein weiterer Stipendiat erkrankte 1609 an der Pest. Als ein zweiter davon angesteckt wurde, hielt man es für geboten, mit der ganzen Universität für eine Zeitlang nach Calw umzuziehen. Sehr verbreitet waren bis zum 18. Jahrhundert die Ruhrerkrankungen. Bis zum 20. Jahrhundert gab es immer wieder Todesfälle wegen Tuberkulose, durchbrochenem Blinddarm und anderen Krankheiten. Unglücksfälle kamen gleichfalls immer wieder vor, wie 1704, als zwei Studienfreunde Joh. Albrecht Bengels beim Spaziergang vom Blitz erschlagen wurden. Zudem gab es verschiedentlich Todesfälle durch Selbstmord. Erhängen oder Erschießen war in früheren Jahrhunderten ein verbreitetes Mittel. Auch der erste Selbstmörder auf den Gleisen der in der Mitte des 19. Jahrhunderts nach Tübingen gebauten Eisenbahn war ein Stiftler. Insgesamt wurden in den 170 Jahren von 1650 bis 1820 unter den ungefähr 4500 Stipendiaten 220 Todesfälle während der Studien- oder Vikarszeit registriert.

Außer den Schwerkranken gab es freilich auf den Krankenstuben auch Stipendiaten, die eine Krankheit vortäuschten. Manche drückten sich damit – so verbreitet im 18. Jahrhundert – vor dem Kirchenbesuch oder vor Prüfungen. Andere wollten damit in den Genuß des guten Essens am Krankentisch kommen. Regelmäßig beanstandete die Stiftsleitung die zu große Zahl der Krankmeldungen und richtete alsbald eine Krankenstube für die angeblich, eine andere für die wirklich kranken Stipendiaten ein.

Die Kranken erhielten Verpflegung, Betreuung und Arzneien auf Kosten des Stipendiums. Nur bei langer Krankheitsdauer und außerordentlicher Ansteckungsgefahr sollten sie sich besser zu Hause auskurieren. Für die Betreuung der Kranken waren ein Krankenwärter und der Klosterphysikus zuständig. Letzterer war meist ein Arzt in der Stadt, früher gewöhnlich ein Mitglied der medizi-

Abb. 189

nischen Fakultät. Eine ähnliche Stellung hatte der Klosterchirurg. Die Einrichtung des Stiftsarztes gibt es heute noch. Er hat vor allem an den Erstsemestrigen und den Examenskandidaten im Auftrag der Landeskirche Untersuchungen vorzunehmen. Seitdem es im Stift nur noch Einzelzimmer gibt, ist die Krankenstube weitgehend überflüssig geworden.

Die Wasch-, Bade- und Duschräume

In früheren Jahrhunderten war es im Stift wahrscheinlich nur üblich, sich regelmäßig an der Waschschüssel zu waschen. Ob damals schon das Baden möglich war, ist unbekannt. Erstmals hört man von Badeutensilien im Jahr 1870, als für die Krankenstube anstelle des alten, hölzernen, verfaulten Badezubers eine Badewanne aus Zink angeschafft wurde. 1889 wurde schließlich eine »Badeanstalt« im Stift eingerichtet. Für die Benutzung der Badewanne wurden ausführliche Vorschriften erlassen: Wer baden wollte, hatte dies tags zuvor in den bei den Aufwärtern ausgelegten Büchern einzutragen. Man konnte wünschen, ob man kalt oder warm zu baden gedachte. Die Höchstzeit für ein einzelnes Bad betrug in beiden Fällen 15 Minuten. Warm zu baden war nur montags und donnerstags von neun bis zwölf Uhr möglich. Eine Gebühr von fünf Pfennig für ein kaltes und 15 Pfennig für ein warmes Bad waren vorgeschrieben.
Beim Umbau während des Ersten Weltkrieges sind im ganzen Haus Badewannen eingebaut worden. Eine »Badenotzeit« gab es nach 1945. Bis 1949 war es wegen der Knappheit des Heizmaterials nur höchstens einmal im Monat möglich, ein Bad zu nehmen. Allerdings gab es kalte Brausebäder für zehn Pfennig im Brauseraum des Alten Ephorats. 1950 konnte dann bei rechtzeitiger Anmeldung zweimal im Monat gebadet werden. 1955 konnte man für 45 Pfennig einmal in der Woche warm baden. Dabei blieb es noch mehrere Jahre lang, bis in den sechziger Jahren die Einschränkungen wieder aufgehoben werden konnten. Seit einigen Jahren werden die Bade- und Duscheinrichtungen immer mehr auf modernen Stand gebracht.

Die Studier- und Schlafkammern

Den Stipendiaten standen seit dem 16. Jahrhundert wenige beheizbare Stuben und zahlreiche unheizbare Sommermuseen zur Verfügung, in denen sie sich neben dem gemeinsamen Studium in der Kommunität aufhielten. Durch den Umbau des Stifts im 17. Jahrhundert erhielt man insgesamt elf mit Eisenöfen ausgestattete Stuben. Sie hatten durchschnittlich sechs Fenster mit hellen Butzenscheiben und waren mit Bretterböden versehen.

Im 16. Jahrhundert ging das Bestreben der Stiftsvorsteher noch dahin, daß sich die Stipendiaten unter ihrer Aufsicht zum Studium fast ausschließlich in der Kommunität aufhielten. Seit dem 17. Jahrhundert waren sie auf die Stuben verteilt; im Sommer je zwei bis vier in den Sommermuseen. In dieser Zeit standen die großen Stuben den Repetenten zur Verfügung. Schon wenige Jahrzehnte nach der Gründung des Stifts war der Traum jedes Stiftlers, die eigenen vier Wände um sich zu haben. Sie bastelten in den Sommermuseen und Schlafstuben zu diesem Zweck tapezierte Zwischenwände, was freilich wegen Feuergefahr bald verboten wurde. Immer wieder mußte dieses Verbot erneuert werden. Bald schon brachten die Stipendiaten in ihre Museen die eigenen Möbel herbei, die sie bei ihrem Auszug an jüngere Stipendiaten verkauften. Die Betten sind bis zur Mitte des 17. Jahrhunderts noch von jeweils zwei Stipendiaten belegt worden, was damals noch nicht als unerträglich erschien. Für die Heizung ihrer Stuben mußten die Bewohner selbst aufkommen. Auch für die Beleuchtung bei der Privatarbeit hatten sie selbst zu sorgen. Dasselbe betraf die Reinigung der Stuben und der Schlafkammern.

In welch kümmerlichem Zustand die Stuben bis zum 18. Jahrhundert waren, zeigt sich daran, daß die Stipendiaten immer wieder auf eigene Kosten Handwerker zu Reparaturen bestellten. Noch 1784 wird berichtet, daß die Schlafkammern äußerst schlecht waren, ohne Bretterböden und nicht ausreichend gegen eindringenden Wind, Regen und Schnee gesichert.

Bis zum klassizistischen Umbau ging es auf den Stuben im Winter sehr eng zu. Bis zu 26 Stipendiaten (so in der Augustinerstube) waren auf einer Stube untergebracht, dazu jeweils ein Repetent oder ein Stubensenior. Nach dem Inspektoratsbericht von 1791 sitzen die Stipendiaten im Winter »so gedrängt beisammen, daß mancher nicht weiß, wie er einen Brief schreiben soll, ohne daß ein Anderer darein sehe; daß der Eine am Ofen von der Hitze geplagt wird, und der Andere am Fenster friert; daß der Eine hinter dem Ofen nicht Licht genug hat zu lesen oder zu schreiben, und ein Anderer zunächst der Türen von jedem Aus- oder Eingehenden Beschwerlichkeit erleidet«.

Eine Hauptabsicht des klassizistischen Umbaus war, das Nebeneinander von Winterstuben und Sommermuseen zu beseitigen. Man wollte damals jeweils 20 Studier- und Schlafzimmer für die Stipendiaten einrichten. Jedes Studierzimmer war für sechs bis acht, jedes Schlafzimmer für sechs Stipendiaten vorgesehen. Zunächst wurden freilich erst 15 Studierstuben eingerichtet. Die neugeschaffenen Stuben wurden von den Stiftlern alsbald nach Abschluß des Umbaus mit viel Phantasie ausgestattet. Manche brachten vor ihren Fenstern Bretter an, die sie mit Blumentöpfen vollstellten. Andere hielten sich auch Hunde oder Vögel und beschafften sich wie früher eigene Möbel. Sogar Klaviere standen auf man-

188 Stiftszimmer mit seiner Grundeinrichtung nach dem Umbau 1916
189 Der Stiftsarzt um 1908
190 Stiftszimmer heute

Mulattia. —
würdige Name?
Stube, Magister
Mitbewohner, d
lattenähnlich gef
ihn veranlaßt ha
Mulatten ganz b
das sind ihre v
Sommer 1838
1792 zurückgeh
deren Titel laute
ab initio huius
Mulattorum cur
cum peregerunt
fata (über die

Quadrat. —
Quadrat! Du bi
der Natur besond
Eckstuben, in wel
wohner ein ganz
Verfügung hat
man nach zwei Se
nach dem Stiftsho
Neckar. Der jün
sich mit einem Platz in der Ecke ohne Fenster begnügen.
gelebt haben wir dort bei Tag und Nacht, und der Fux ob

Schwärzloch. — Beim
den nach der vermißten,
glücklich wieder gefundenen
Silhouette von Schoder (184
durchsuchte ich unter andere
die Räume des Stifts. Bei
Gelegenheit zeigte mir der
meister die jetzt eingeri
Stiftsstuben, wo nunmeh
Stiftler gleich dem Stadtbu
sein eigenes Kav hat, das e
tuell nur mit einem Kommil
teilen muß. Also: die alten

191 *Silhouetten von Stiftsstuben der Verbindung Roigel*

chen Stuben. Im Kirchenrat hielt sich die Begeisterung sehr in Grenzen, da man all diese privaten Gestaltungsversuche als Quellen der Unordnung und Unreinlichkeit fürchtete. Trotz mehrerer Verbote im Laufe des 19. Jahrhunderts konnten die eingerissene Gemütlichkeit und der individuelle Lebensstil in den Stuben nicht mehr beseitigt werden.

Schließlich begannen die Stipendiaten ihre Stuben überall unter sich aufzuteilen und schufen sich ihre Privaträume (bzw. -kabinette, »Käver« genannt) durch Aufhängen von Vorhängen und Aufstellen spanischer Wände. Freilich waren dadurch die von den Fenstern entfernten Käver auch bei vollem Sonnenlicht so dunkel, daß die Stipendiaten immer bei Kerzenlicht studieren mußten.

Abhilfe hat erst der Umbau im Ersten Weltkrieg geschaffen, als die großen Stu- *Abb. 188*
dierstuben verkleinert und für 90 Studenten und acht Repetenten einzelne Studierzimmer eingerichtet wurden. Die Schlafkammern blieben weiter erhalten. Bei den aus dem Krieg zurückkehrenden Stiftlern wurde die Veränderung zwiespältig aufgenommen, wie aus einem Bericht des Stiftsseniors der Verbindung Roigel hervorgeht: »Das Stift ist im Innern total verändert. Wer zum ersten Mal wieder hereintritt, den haut es schier hintenüber vor dieser unmöglichen Pracht, die hier entfaltet ist. Es sind jetzt lauter dezente Einzelzimmer, die allerdings noch die alten Namen führen; Mulattia ist für zwei, eine der schönsten Buden . . . So schön zu wohnen es jetzt ist, ein wenig Heimweh nach meiner früheren Mulattia habe ich doch . . .«

Bei einem Umbau um 1970 wurden auch die Schlafzimmer aufgelöst und durch *Abb. 190*
den Einbau von Zwischenwänden zu Einzelzimmern gemacht. Alle Zimmer sind heute mit Schreibtisch, Kommode, Regalen, Tisch, Stühlen und einer Liege ausgestattet. Mehr denn je ist es verbreitet, sein individuelles Zimmer mit Bildern, Blumen, Teppichen und vielen anderen Ideen zu gestalten.

Die Namen der Stiftsstuben

Bis vor wenigen Jahrzehnten trugen nicht nur die Stockwerke, sondern auch alle Stiftsstuben Namen und waren nicht wie heute nur mit Zahlen oder Buchstaben gekennzeichnet. Manche dieser Namen sind sehr alt und manchmal rätselhaften Ursprungs. Die heute noch teilweise an den Türen lesbaren Namen sind ein Gemisch aus den alten und den neuen, erst im Zusammenhang mit dem Umbau während des Ersten Weltkrieges aufgekommenen Bezeichnungen. Darunter befinden sich etliche Namen, die die damalige deutsch-nationale Gesinnung zeigen. So erinnern die Stuben Vogesen und Lothringen an Gebiete, die Deutschland durch den Weltkrieg verlorengingen. Sedan steht für die dortige Schlacht und die Kapitulation des französischen Heeres im Deutsch-Französischen Krieg 1870/71. Flandern, Lüttich und die Ardennenstube erinnern an Schauplätze schwerer Kämpfe im Ersten Weltkrieg. Tannenberg war der Ort, wo russische Truppen gegen Hindenburgs Heer 1914 verloren haben. In Katzbach siegten Blücher und Gneisenau 1813 über Napoleons Marschall Macdonald. Bereits nach dem klassizistischen Umbau erhielt eine Stube den Namen Vendée, nach einer Region in Westfrankreich, wo sich 1793 die Bauern auf der Seite des Adels und der katholischen Geistlichkeit gegen die republikanischen Heere erhoben hatten und erst 1796 besiegt werden konnten.

Trotz dieser auffallenden Erinnerungen an politische und kriegerische Ereignisse sind die meisten Stuben nach Orten und Personen benannt, die im Zusammenhang mit Bibel, Reformationsgeschichte, Geschichte und Kirchengeschichte Württembergs eine besondere Bedeutung haben. An Orten der Bibel tauchen auf: Bethlehem, Jerusalem, Zion; unter den Orten der Reformationsgeschichte werden Eisleben, Wittenberg, Wartburg, Worms, Speyer und Augsburg genannt. Unter den Ortsnamen Württembergs wird an die alten, nicht mehr bestehenden Klosterschulen Adelberg, Bebenhausen, Denkendorf und Hirsau erinnert. Dazu werden die schwäbischen Reichsstädte Esslingen, Hall, Heilbronn, Reutlingen und Ulm genannt. Burgen und Schlösser Schwabens wie Hohenneuffen, Stauffen, Teck, Wirtemberg und Zollern haben gleichfalls Stuben ihren Namen gegeben. Auch an bekannte Stiftler und württembergische Nichtstiftler wird erinnert: Andreae, Bengel, Hiller, Hegel, Schelling, Schiller, Uhland. Mit der schon alten Bezeichnung Augustinerstube wird die klösterliche Vergangenheit des Hauses festgehalten. Auch die ehemaligen Mitbewohner aus Mömpelgard gaben einer Stube ihren Namen. An deutschen Universitätsstädten sind Königsberg und Marburg festgehalten. Woher Baierland seinen Namen hat, ist nicht mehr bekannt. Zur Mulattenstube wird berichtet, daß ein dort einmal wohnender Magister Krauß und seine Mitbewohner ein mulattenähnliches Gesicht gehabt haben. Ein Zimmer – Quadrat – erhielt seinen Namen von seiner im Stift ungewöhnlichen Form.

So zeigen die Namen der Stiftsstuben insgesamt einiges über das Leben und Denken im Stift auf: Es ist gegründet auf der Bibel und ihrer reformatorischen Auslegung, eingebettet in Geschichte und Kirchengeschichte Württembergs, aber durchaus mit dem Blick auf das Geschehen außerhalb des Landes und des Raumes der Kirche. Freilich ist hierzu das politische Denken nach dem Ersten Weltkrieg längst nicht mehr nachvollziehbar, und die diesbezüglichen Namen verblassen zu Recht.

Jede Stube im Stift entwickelte ihr eigenes Gepräge und ihre charakteristischen Traditionen. Sogar innerhalb einer Verbindung konnte sich ganz Unterschiedliches entwickeln. Die Stuben des Roigel wurden am Anfang dieses Jahrhunderts *Abb. 191* so beschrieben: »Die Bewohner der Mulattenstube haben sich nie einen Hehl daraus gemacht, daß sie nicht viel auf übertriebene Form und Höflichkeit geben, der urwüchsige, von Kultur und Schliff unbeleckte Mulattenton war sprichwörtlich geworden. Im bewußten Gegensatz hiezu wußten sich die Quadrätler stets ein gewisses vornehmes Air zu geben und hielten in der Mehrzahl auf feine Formen. Die glückliche Mitte einzuhalten war der Stube Schwärzloch beschieden; auf sie konnte das Wort des alten Tacitus Anwendung finden: ›Mixtus ac bene compositus‹.

Verwaltung und Bedienung

Der Prokurator und Hausverwalter

Für die gesamte Haushaltung des Stifts war seit den Anfangsjahren ein Prokurator verantwortlich. Nach der Großen Kirchenordnung von 1559, in der er unmittelbar neben dem Magister Domus genannt wird, sollte er aus Württemberg stammen und ein Mann sein, zu dessen Voraussetzungen vor allem ein ehrlicher Wandel »zu der Ehre Gottes« gehörte. Er mußte des Haushaltens, Einkaufens und des Rechnens kundig sein. Er hatte die Aufsicht über den Torwart, den Koch, die Famuli sowie über das gesamte Stiftsgebäude.

In Notzeiten, verursacht durch Pest und Krieg, war die Arbeit des Prokurators oft überaus schwierig. Regelmäßig mußten von ihm die gesamten Einkäufe von »Salz, Schmalz, Eier, Kraut, Rüben und Obst« sowie andere Speisen, aber auch Lichter und Brennholz zu den günstigsten Zeiten und Preisen erledigt werden. Dazu war der Bedarf der Hausbewohner oft sehr unterschiedlich. Vor allem die Proselyten und völlig unbemittelte Stipendiaten mußten mit allem, auch Kleidern und Schuhen versorgt werden. Für seine Arbeit erhielt der Prokurator gewöhnlich ein relativ hohes Gehalt. Seine wichtige Stellung zeigte sich darin, daß er mittags und abends zusammen mit dem Magister Domus und den Superattendenten am Herrentisch auf dem Herrentrippel speiste.

Der erste Stiftsprokurator war Bartholomäus Neuffer (1537–1543), der den Haushalt des Stipendiums noch in der Bursa zu besorgen hatte. Sein Nachfolger Georg Balinger (1543–1573) erlebte die gesamte Aufbauphase des Stipendiums vom Einzug in das Augustinerkloster über den ersten großen Umbau bis zur Neukonzeption unter Herzog Christoph. Balinger hatte die schwierige Verwaltung des Stipendiums inne, als die Universität Tübingen wegen der in Tübingen ausgebrochenen Pest von 1554 bis 1556 nach Calw, 1566/67 nach Esslingen verlegt werden mußte. In Esslingen waren die Stipendiaten im Barfüßer- und im Augustinerkloster untergebracht worden. Die ersten, die im Herbst 1567 wieder nach Tübingen zurückkehrten, waren Balinger und einige Famuli. Sie hatten im Stiftsgarten den Wein zu lesen und die Wintervorräte an Kraut, Rüben und dergleichen einzukaufen. Anfang Januar 1568 kamen auch die Stipendiaten wieder zurück.

Nachfolger von Balinger waren Michael Oswald (1573–1582) und Johann Gußmann (1582–1602). Gußmann besorgte seine Geschäfte nur in den ersten Jahren zur Zufriedenheit der Vorsteher; 1602 mußte er schließlich entlassen werden. Auch er hatte einige Monate die Versorgung des Stipendiums in Calw zu betreuen, da es 1594/95 wieder wegen der Pest verlegt worden war.

Während der schweren Zeit des Dreißigjährigen Krieges lösten fünf Prokuratoren einander ab. In der noch relativ guten Zeit war Marx Schmidlapp (1602 bis 1622) angestellt. Sein Nachfolger Jakob Lieb (1622–1629) trat bereits in einer schweren Notzeit sein Amt an. Im November 1622 waren Brot, Salz, Schmalz, Lichter und Holz in Tübingen nicht mehr aufzutreiben. Zur Beschaffung von Fleisch mußte der Stiftsmetzger Bapst sogar Reisen in die Schweiz unternehmen. Mitte 1623 besserte sich die Versorgungslage wieder. 1629 übernahm Marx Laub das Amt des Prokurators für neun Jahre. Auch er trat es in einer schweren Zeit an. Von 1630 bis 1633 mußte er mit einem Teil seines ihm zustehenden Gehaltes auskommen. Die Knappheit der Vorräte und Geldmittel im Herbst 1635 führten zur Entlassung fast aller Stipendiaten. 1636 meldete Laub, daß die Städte und Klöster mit den Zahlungen an das Stipendium mit der großen Summe von 11 500 Gulden im Rückstand seien. Bereits Laub, später auch sein Nachfolger Johann Conrad Brodtbeck (1639–1643) mußten zum Eintreiben der Gelder mit herzoglicher Vollmacht Reisen durch das Land unternehmen. In den Klöstern war frei-
Abb. 192 lich gar nichts mehr zu bekommen, bei den Städten und Ämtern nur wenig. 1641 arbeiteten zur Einsparung von Brennholz auf der Prokuratorstube auch einige Stipendiaten, später saßen der Magister Domus und der Prokurator zusammen in einer Stube. Vermutlich lag die Prokuratorstube schon damals – wie nach dem Umbau in den Jahren 1666 bis 1670 – im ersten Stock des Südflügels mit Blick zum Außenhof (Teil des heutigen Lesesaals). Es war eine der damals noch wenigen heizbaren Stuben im Haus.

In den letzten Jahren des Dreißigjährigen Krieges besorgte Johann Bernhard Sattler (1643–1649) die Prokuratur. Ihm war 1645 die Verpflegung der Stipendiaten über einen Pachtvertrag anvertraut worden, der in dieser Zeit jedoch nur Verluste brachte, und Sattler beklagte sich, daß er bei den teuren Preisen und Löhnen sich und seine Familie in Armut stürzen würde. Sattler hat in den we-

nigen Jahren seiner Dienstzeit dem Stipendium Gesundheit und Vermögen geopfert. Erst nach dem Krieg wurde ihm ein Schadensersatz gezahlt.
Johann Andreas Scholl (1649–1659) wurde 1650 von der auch ihm durch Pachtvertrag übertragenen Verpflegung auf sein dringendes Bitten hin wieder befreit. Er verstarb 1659 im Amt. Sein Nachfolger Martin Maurer (1659–1680) betreute das Stift während der Aufbauphase nach dem Krieg und dem Umbau von 1667 bis 1670.
Friedrich Engel (1688–1699) steuerte das Haus durch die Not der Franzosenkriege. Gutes Fleisch und andere Kost waren von 1688 bis 1693 teilweise nur sehr schwer zu bekommen; mehrfach mußten in diesen Jahren die Essensportionen rationiert werden. Die beiden Nachfolger Engels wurden sein Sohn Johann Paul Engel (1699–1724) und sein Enkel Gottlob Friedrich Engel (1724 bis 1743). So blieb die Stiftsprokuratur 70 Jahre in einer Familie. Conrad Friedrich Haas (1749–1754) war 25 Jahre lang Küchenschreiber des Stipendiums gewesen. Aufgrund dieser langen Erfahrungen in der Ökonomie des Hauses wurde ihm die Prokuratur übertragen. Auch er verstarb im Amt. Sein Nachfolger wurde Georg Christof Heller (1754–1762), zuvor Klosterverwalter in Weil im Schönbuch. Nach seinem Tod übernahm sein Sohn Johann Karl Heller (1763–1812) – *Abb. 193* zuvor Amtmann in Mössingen – für fast ein halbes Jahrhundert die Prokuratur. Er sorgte für das Haus in den unruhigen Jahren am Ende des 18. Jahrhunderts. Von ihm wird berichtet, daß er ein großer Gartenfreund und Blumenzüchter war. Unter ihm fand der klassizistische Umbau statt. Sein Name findet sich auf dem Brunnen im Außenhof des Stifts.
Hellers Nachfolger war Prokurator Trefz (1812–1822), über den persönlich kaum mehr etwas bekannt ist. 1822 bittet Christoph Ludwig Yelin um Übertragung der Ökonomieverwaltung am Stift und Konvikt. Er war ein Pfarrerssohn aus dem badischen Kraichgau und seit 1806 in badischem, später als Hauptmann in württembergischem Militärdienst. Dabei hat er Schweres mitgemacht, vor allem beim Zug mit den Heeren Napoleons bis kurz vor Moskau. Während seiner Amtszeit im Stift blieb er in militärischen Diensten; 1860 wurde er Major. Zwei seiner Brüder waren 1812 und 1821 als Stipendiaten aufgenommen worden und danach Pfarrer in Württemberg. Nach dem Tode von Yelin 1861 übernahm der Universitätsaktuar Ludwig Franckh die Prokuratur. Ihm folgte Tobias August Hochstetter aus Reutlingen, der bis 1909 das Amt versah. Er war der letzte der Stiftsprokuratoren, da dieses Amt wie das entsprechende im Konvikt nicht mehr besetzt wurde, sondern seine Funktionen nun dem Universitätskassenamt übertragen wurden.
Innerhalb des Hauses ging die Kassen- und Buchführung nun an den Hausmeister über. Dieses Amt hatte im Stift bereits im 19. Jahrhundert bestanden und

sich aus dem des Pincern entwickelt. Besonders verdient machte sich dabei Johann Jakob Schneider, der 1864 bis 1897 Hausmeister war und vierzehn Tage vor Antritt seines Ruhestandes verstarb. Sein Nachfolger war bis 1912 Gustav Otto Kirchner; er mußte aus Gesundheitsgründen ausscheiden. Nachfolger Kirchners war Albert Sauer, der den Titel Hausverwalter bzw. Hausinspektor bekam und bis 1934 im Amt war. In den Anfängen seiner Amtszeit betrug die tägliche Arbeitszeit noch 15 Stunden (1919).
Nachfolger von Sauer waren Albert Kürner, der in der schweren Zeit von 1934 bis 1946 die Inspektorengeschäfte begleitete, und Diakon Fritz Braun von 1946 bis 1950. Danach übernahm bis 1977 Hugo Reiff das Hausinspektorat, der es 27 Jahre lang in großer Treue gegenüber dem Haus ausgefüllt hat. Seit 1978 ist Karl-Heinz Ruppert Hausinspektor.
Das Amt des – nunmehr auf den technischen Bereich konzentrierten – Hausmeisters ist vor einigen Jahren wieder eingeführt worden und wird von Hans Borchardt (im Haus seit 1953) bekleidet.

Der Torwärter und das Sekretariat

Einer der ältesten Berufe im Haus ist der des Torwärters. Er war seit dem 16. Jahrhundert Angestellter des Stifts und erhielt für seine Tätigkeit freien Tisch, Wein und ein kleines Gehalt. Dazu wurden ihm das für das Torstüble benötigte Brennholz und die Lichter gestellt. Die Torstube war unmittelbar am Eingang zum Außenhof des Stifts (heute Büro des Hausinspektors). Der Torwärter unterstand der Hausdisziplin. Wenn er seinen Dienst schlecht versah, drohte auch ihm die Karzerstrafe. Bereits in der Großen Kirchenordnung wurde festgelegt, daß der Torwärter morgens das Tor auf- und abends zuzuschließen hatte. Während der Nacht lag der Schlüssel beim Ephorus. Tagsüber wachte der Torwärter darüber, daß keine fremden Personen unerlaubt ins Haus eindrangen. Bis ins 20. Jahrhundert blieb der Dienst des Torwärters bestehen. Immer mehr wuchsen dem Torwärter auch Verwaltungs- und Büroarbeiten zu, bis schließlich das Sekretariat ausgegliedert und räumlich vor noch nicht allzulanger Zeit in den ersten Stock vor dem Ephorat verlegt wurde.
Abb. 194 Für die Öffnung und Schließung der beiden Tore des Stifts gibt es bis zur Gegenwart genaue Zeiten. Bis 1960 wurden sie werktags um 6 Uhr, im Winter um 7 Uhr geöffnet, seither durchweg um 7.30 Uhr. Geschlossen wurde das Tor bis 1975 um 24 Uhr, seither um 22 Uhr. Als die Stiftler noch keine Schlüssel für die Tore hatten, mußten sie bei späterem Einlaß dem Torwärter eine Gebühr bezahlen, zuletzt eine D-Mark. Der Dienst des heutigen Torwärters ist in der Praxis ein Pfortendienst, dem trotz Ausgliederung des Sekretariats noch etliche

Verwaltungs- und Büroarbeiten geblieben sind. Seit 1961 wird dieser Dienst von Herbert Scharf versehen; ihm zur Seite stehen für Abendstunden und Wochenenddienste Hilfspförtner, zu denen auch Stiftlerinnen und Stiftler gehören.

Die Diener oder Kneonten

Die zahlreichen im Haus anfallenden Arbeiten – Reinigen der Stuben, Betten machen u. a. – wurden im 16. Jahrhundert noch von den Stipendiaten selbst erledigt, ebenso das Wassertragen. Die Famuli sorgten für die Reinigung der Gänge.

Seit dem 17. Jahrhundert kam es auf, das Bettenmachen Frauen oder Jungen aus der Stadt gegen einen kleinen Betrag zu überlassen. 1689 wird freilich scharf gerügt, daß sich unter dem Vorwand, Betten zu machen, auch »ledige Mädlein« ins Stift einschlichen. 1702 wurde nur noch gestattet, daß gewisse alte, ehrliche Frauen zum Bettenmachen ins Haus bestellt werden durften.

Um 1760 wurde ein »Klosterausfeger« angestellt, der die Kommunität und die Stockwerke reinigte, sowie einem Teil der Stipendiaten die Betten zu machen hatte. Mit der Sauberkeit im Haus war es freilich noch lange nicht so gut bestellt wie im 20. Jahrhundert. 1710 wird die Anweisung erteilt, daß die Mist- und Kutterhaufen im Kreuzgang zumindest alle Wochen weggeschafft werden. 1793 klagte Ephorus Schnurrer darüber, daß die Kommunität den Winter über voller Spinnweben und Staub sei.

Ende des 18. Jahrhunderts wurden statt der Betterinnen und des Klosterausfegers zur Übernahme zahlreicher Dienste im Haus zwölf Seminardiener angestellt. Sie unterstanden der Aufsicht und Arbeitseinweisung des Pincern, später des Hausmeisters. Ihre Aufgaben waren: das Auf- und Abtragen von Geschirr *Abb. 195* und Speisen im Speisesaal (bis Anfang 1976), die Reinigung des Speisesaals mit dem Auflegen der Tischdecken usw. Genausowichtig war das Putzen der Stiefel und Kleider der Stiftler und Repetenten, sowie – bis zur Gegenwart – die Reinigung der Zimmer, Gänge und Treppen. Immer wieder fallen Gartenarbeiten an, vom Mähen bis zum Ernten und Schneiden der Obstbäume. Die Diener teilten sich den Pförtner- und den nächtlichen Wachdienst.

Neben den Seminardienern wurden 1793 vier herrschaftliche Diener, die sogenannten »Aufwärter« angestellt, die mit der Zeit einen Teil der Aufgaben der Famuli übernahmen. Sie waren besser bezahlt als die Diener der Stiftler. Zu ihren Aufgaben gehörte das Bedienen der Repetenten und der Herrschaften auf dem Herrentrippel. Auch die Zimmer der Repetenten reinigten sie. Nach 1970 findet sich die Berufsangabe »Aufwärter« nicht mehr in den Mitarbeiterlisten; zuletzt wurde Rudolf Scharf so bezeichnet, der von 1953 bis 1970 im Stift war.

1927 verfaßte Albrecht Goes eine Charakterisierung der damaligen Kneonten, wie die Diener zumeist genannt wurden: »Zu jedem Stiftler gehört ein Kneo (Anmerkung: Kneo, Plural Kneonten, verstümmelte griechische Form für Diener) und das nicht nur in dem Sinn, daß er (jeweils für fünfzehn ›Herren‹) um sechs Uhr die Stiefel putzt, um sieben Uhr den Schlafsaal schließt, um acht Uhr die Stube kehrt, zum Essen bedient und am Monatsende irgend eine Rechnung präsentiert: die Beziehungen zwischen Stiftler und Kneo sind dann und wann tiefer, fast geistiger. Die Kneonten-Zimmer (denn durch Einblick in ein solches darf man hoffen, dem Wesen des Besitzers am nächsten zu kommen) sind durchsäuert von dem dünnen Duft billiger Zigaretten, wechselbarer Kleider und irgend eines Kosmetikums. Da ist an den Wänden eine Unzahl von Postkarten mit photographischen Abbildungen von Brüdern und Schätzen aus alter Zeit . . . Wie erstaunt aber darf man sein (und darum sprach ich auch von den geistigen Beziehungen), in der kleinen Bibliothek etwa die Madame Bovary oder Tolstois Kreutzer-Sonate zu finden. Das gemahnt an jenen Kneo, der Kants Kritik der reinen Vernunft zur Nacht las und von dem Tag an die Stiftler sehr beschränkt fand, die daran ein ganzes Semester rücken . . .«
Die Arbeitszeit der Kneonten betrug 1926 noch 66, 1951 noch 57 Stunden wöchentlich. Mit der Reduzierung der Arbeitszeit wurden auch manche Arbeiten – vom Schuheputzen bis zum Tischdienst – abgegeben und werden heute von den Stiftlerinnen und Stiftlern selbst erledigt. Freilich hat bis heute jeder der Kneonten seinen Stock und die Zimmer, die er regelmäßig reinigt. Alle Kneonten teilen sich die vielen sonst im Haus anstehenden Arbeiten, so die Gartenarbeit und zahlreiche handwerkliche Dienste. Hausmeister Hans Borchardt leitet die Arbeiten jeweils an.

Der Heizer

Seitdem das Stift beim Umbau im Ersten Weltkrieg eine zentrale Heizanlage erhielt, mußte für die Bedienung der komplizierten Anlage ein Heizer angestellt werden. Die Kessel mußten laufend mit Kohlen versorgt werden, die in einem dunklen Raum zwischen Kapelle und Bärengraben sowie im Bärengraben selbst lagerten. 4000 Zentner Kohle wurden durchschnittlich pro Jahr verheizt. Als der Heizer Albert Rilling 1957 in den Ruhestand ging, wurde in einer Abschiedsrede hervorgehoben, daß er in seiner langen Dienstzeit mehr als 100 000 Zentner Kohle verheizt hatte. Seit 1957 übernahm Hans Borchardt die Stelle des Heizers, später als technischer Hausmeister des Stifts. Während seiner Dienstzeit erfolgte zwischen 1959 und 1968 die Umstellung der Heizung schrittweise von Kohle auf Öl. Mehrere Öltanks mußten eingebaut werden: in der bisherigen Holzlege,

192 *Ergebnis einer Kollekte, die zur Erhaltung des Stifts im Dreißigjährigen Krieg durchgeführt wurde (1635)*

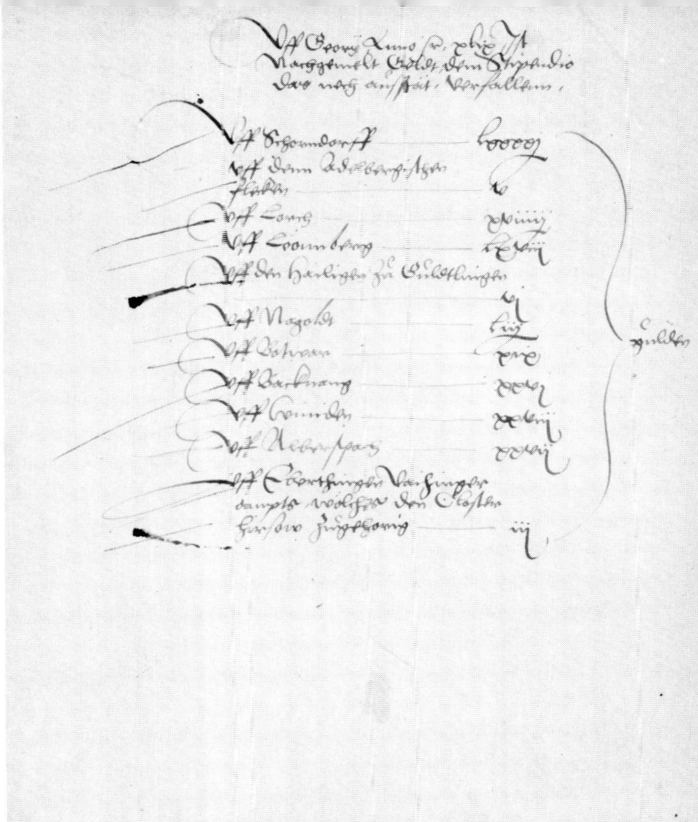

193 *Anstellungsurkunde für den Prokurator Heller 1763*

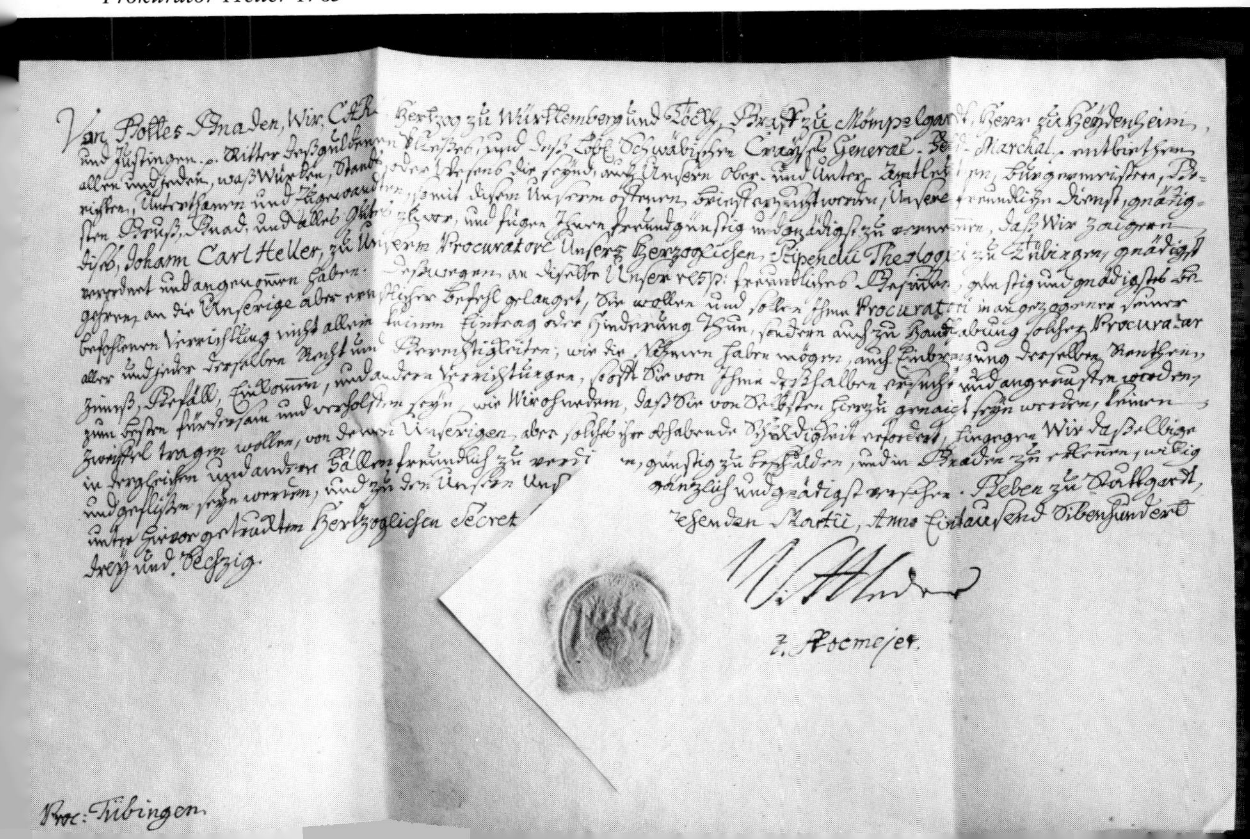

194 *Torwärter und Sekretär Schick 1930*
195 *Kneonten beim Auftragen des Mittagessens (1958)*
196 *An der Pforte – Pförtner Scharf im Gespräch mit Hausverwalter Ruppert (1985)*

197 Aus der Stipendiatenordnung von 1536/41 »Von der Speisung«

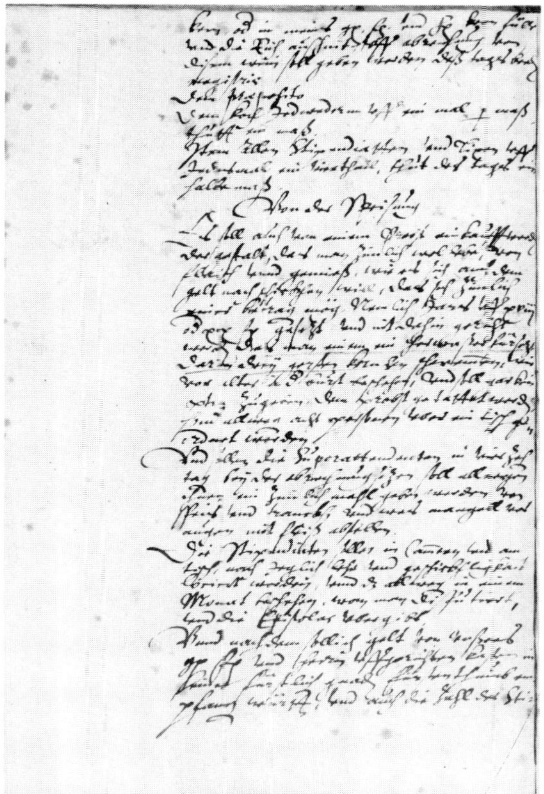

198/199 Ausschnitte aus Speiseplänen von 1629, links für den Herrentisch, rechts für die Stipendiaten

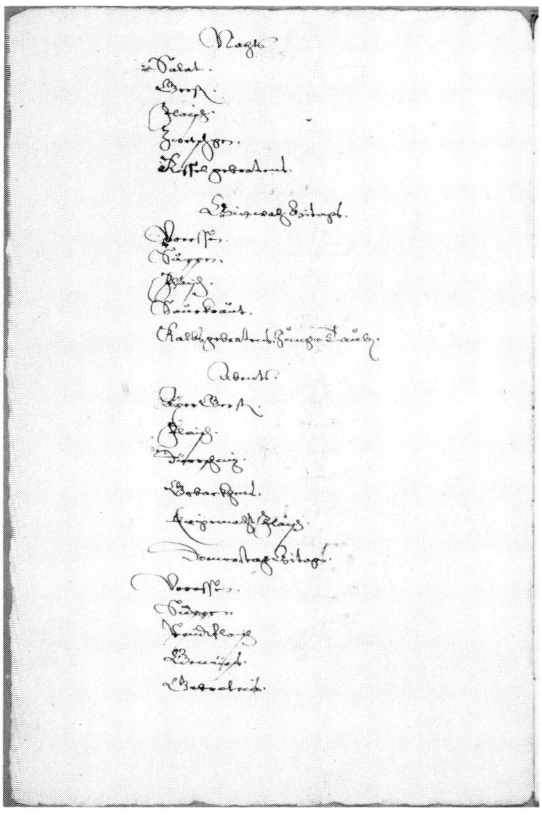

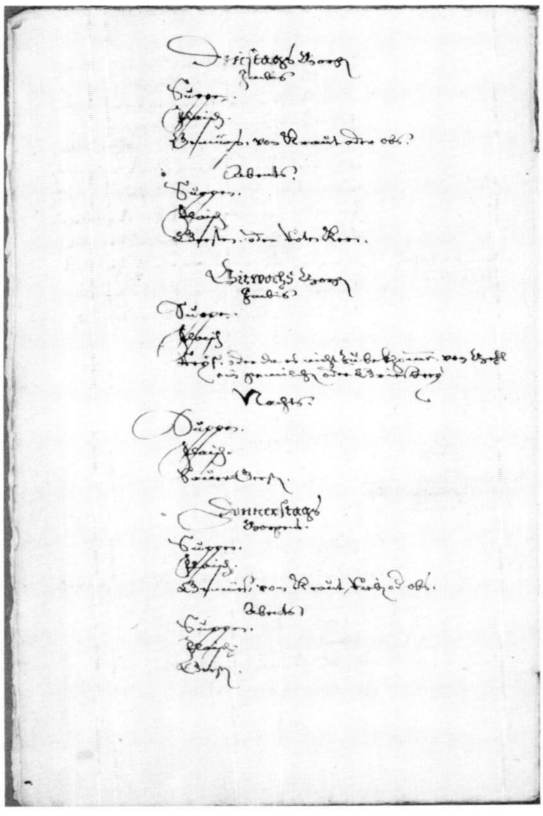

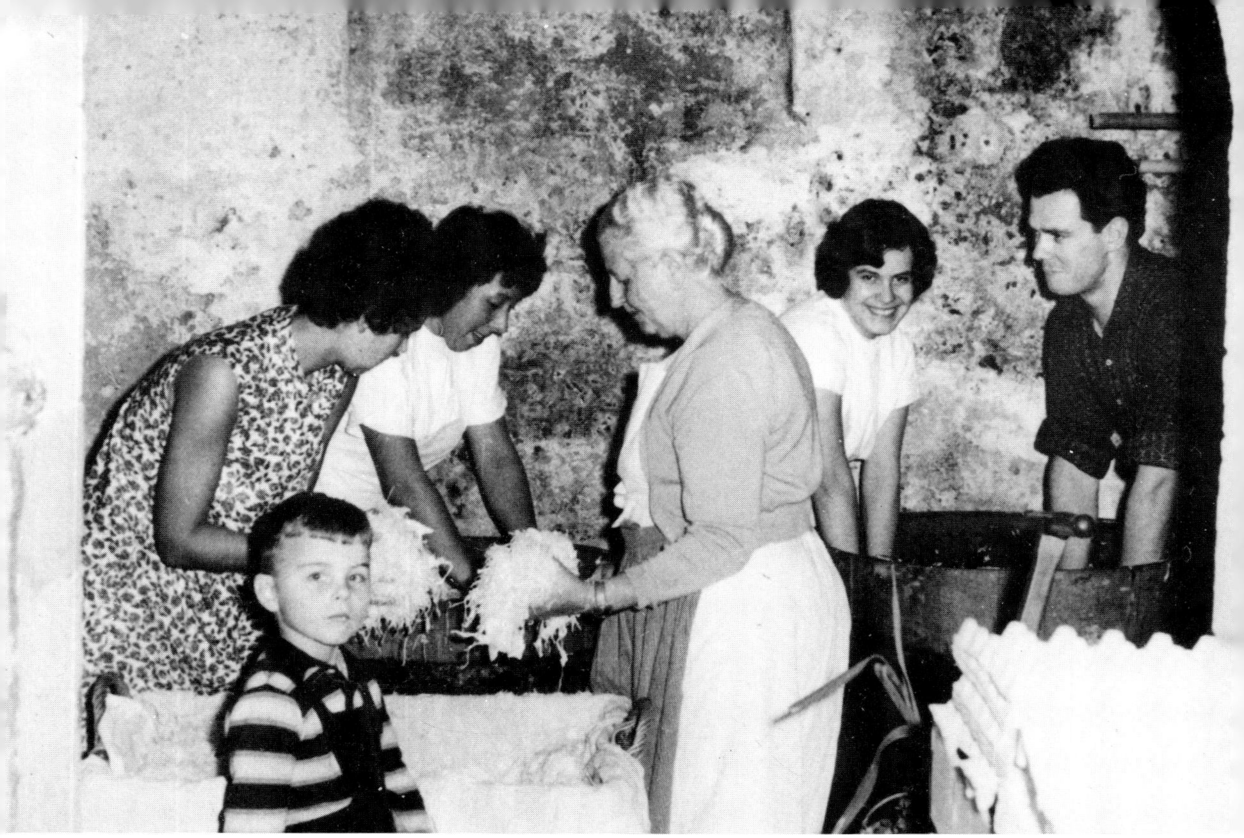

unter dem Pflaster des Bärengrabens und im Prälatenhof. 1968 wurde die restliche Kohle verkauft. Nach 1970 erfolgte die Umstellung von Dampf- auf Warmwasserheizung. Zwischen 1982 und 1984 wurden neue Brenner im Heizungskeller eingebaut. Durch diese und zahlreiche Wärmedämmungs- und Isoliermaßnahmen ging der Ölverbrauch des Hauses innerhalb weniger Jahre auf die Hälfte zurück.

Verschwundene Berufe

Während der langen Geschichte des Stifts waren im Haus auch zahlreiche andere Personen tätig, deren Berufe allerdings nur vorübergehend nötig waren. Da gab es im 16. Jahrhundert schon die Wasserträger, auch »Lixe« genannt. 1723 wurde das Amt des Kontrolleurs oder Küchenschreibers eingeführt. Er hatte die Einkäufe und die Verwendung der Lebensmittel zu überprüfen. Im 17. und 18. Jahrhundert findet sich auch der Klosterküfer, der für den Wein und die Fässer des Hauses besorgt war. Ein Klosterkastenknecht sah nach den vielen Fruchtkästen auf den Dachböden. Ein Klostermetzger besorgte die Schlachtungen, bis man das Fleisch dann bei Stadtmetzgern holte.

Aus Küche, Keller und Garten

Verpflegung und Mahlzeiten

Grundsätzliches zur Verpflegung

Das Stipendium, das den Stiftlern während ihrer Studienzeit zustand, war immer ein Naturalstipendium. Es bedeutete neben der Benutzung der Einrichtungen des Hauses die freie Unterkunft und freie Verpflegung. In allen Jahrhunderten der Stiftsgeschichte – abgesehen von einigen Jahren während des Dreißigjährigen Krieges und unmittelbar nach 1945 – war für eine außerordentlich gute Verpflegung der Stiftler gesorgt. Dies war schon in der Stipendiatenordnung von 1536 *Abb. 197*
vorgesehen. »Es soll inkauft werden dergestalt, daß man ziemlich wohl leb, von Fleisch und Gemüs gebe, daß sich einer der Notdurft nach wohl betragen mög.

◁ 200 *Krauthobeln im Krautkeller, in der Mitte Frau Oberländer (1958)*
◁ 201 *Beim Kartoffelwaschen (1958)*

Dergestalten, daß mit Wein und Brot . . . nicht dahin gerichtet werden, daß einem ein Schärrwasser (Spülwasser) fürgesetzt werde, da drei Gerstenkörner einander jachen.«

Die Hauptbestandteile der Mahlzeiten waren bis weit ins 19. Jahrhundert hinein Fleisch und Brot, da dem Gemüse bis dahin eine untergeordnete Rolle zukam. So erhielt jeder Stipendiat bereits im 16. Jahrhundert zweimal täglich ein halbes Pfund Fleisch, dazu ein dreiviertel Pfund Brot. Das übliche Getränk war Wein, wovon die Magister zu jeder Mahlzeit ein halbes Maß bzw. zwei Schoppen, die Jüngeren die Hälfte bekamen. Der Wein war freilich in oft sehr mäßigem Zustand. Der Prokurator mußte allerdings jährlich einkaufen, was gewachsen war: in vielen Jahren ein recht saurer Tropfen. Zudem gab es immer wieder Schwierigkeiten mit den Fuhrleuten, die den Wein von den geistlichen Verwaltungen ins Stift transportierten. Gelegentlich kam es vor, daß der edle Tropfen beim winterlichen Transport unterwegs in den Fässern gefror oder daß die Fuhrleute gründliche Kostproben nahmen und die Fässer mit Wasser nachfüllten. Besonders dann, wenn die Weinjahrgänge schlecht ausgefallen waren, wurde es zu einem sehr verbreiteten Geschäft vieler Stiftler, wenn sie ihren Wein nach dem Essen für einige Kronen an Bürgersleute oder Studenten aus der Stadt verkauften. Nach den Mahlzeiten warteten vor dem Tor oft schon etliche Tübinger auf den Tischwein aus dem Stift. 1745 befürwortete das Konsistorium, daß künftig nur noch Wein aus dem Unterland im Stift getrunken werden solle. Es war der Meinung, daß ein Grund für das frühzeitige Hinsterben mancher Pfarrer der im Stift getrunkene saure Klosterwein gewesen sein könne. Diese Empfehlung wurde jedoch nicht verwirklicht. Nach einem Bericht von 1782 stammte der Wein damals hauptsächlich aus Metzingen und Reutlingen. Der Metzinger Wein wurde von der geistlichen Verwaltung Urach geliefert. In Verbindung mit anderen Reformen ist der Tischwein 1829 abgeschafft worden.

So gut die Verpflegung – abgesehen von dem oft sauren Wein – geregelt war, so gab es auch bisweilen Vorkommnisse, die die Freude der Hausbewohner am Essen verdarben. 1744 wußte sich der Koch kaum mehr zu helfen, weil in der Küche so viele Grillen saßen, daß sie sogar noch beim Anrichten in das Essen sprangen und für etliche Klagen sorgten. Immer wieder fanden sich in dem gereichten Gemüse auch Raupen, Schnecken und anderer Unrat, da es nicht sauber genug geputzt worden war. 1746 wurde Famulus Eisenbach entlassen, da sich in der Suppe eine halbverbrühte Maus fand. 1773 wurde der Unterkoch entlassen, da in der aufgetragenen Gerste wiederum eine Maus lag, die nach den damaligen Berichten unter den Stipendiaten größten Ekel erregt haben soll.

Trotz dieser seltenen Vorfälle muß die Verpflegung auch im 18. Jahrhundert im ganzen gut gewesen sein. Dies zeigt am deutlichsten die Sicht eines Stadtstudenten, für den der Speisesaal im Stift ein Ort war, in dem man gerne immer wieder mitessen wollte. Eindrücklich die Gedanken von Ph. M. Hahn, dem ein Stiftsplatz nicht vergönnt war und der um 1760 in der Stadt studierte: »Ach, wie sehr hätte ich Gott gepriesen für dieses Stift, wenn ich Armer und Hungriger mich an diese Tafel hätte setzen dürfen. Ich habe noch nicht erraten, warum Gott dieses nicht hat geschehen lassen, da so viele Reiche, denen diese Speise und Trank zu gering ist, dahin aufgenommen werden, denen es mehr um die Gewißheit der Bedienstung als um diese Wohltat zu tun ist . . . Ich heizte mir selbst ein, schüttelte mein Bett selbst und aß noch immer nichts Warmes als zuweilen einen Tee, manchmal eine gestandene Milch oder etwas weniges Käse und höchst selten ein Schöpplein Klosterwein, welchen die Zöglinge des Stifts, als für sie zu schlecht, verkauften; ich hingegen dankte Gott dafür.«

Um einen Eindruck davon zu bekommen, wie der Speiseplan in früheren Jahrhunderten gestaltet war, sei eine Speiseordnung von 1629 zitiert, wenige Jahre, bevor eine schwere Versorgungskrise durch den Dreißigjährigen Krieg über das Haus kommen sollte. Demnach gab es an den Stipendiatentischen:

Abb. 198, 199

Montag	Mittag:	Suppe, Fleisch, Gemüse von Erbis, bisweilen durchgestrichen
	Abend:	Suppe, Fleisch, für Gemüse: Haberkern
Dienstag	Mittag:	Suppe, Fleisch, Gemüse von Kraut oder Obst
	Abend:	Suppe, Fleisch, Gerste oder rote Kerne
Mittwoch	Mittag:	Suppe, Fleisch, Reis oder, da er nicht zu bekommen, von Mehl einen gemischten oder Griesbrei
	Abend:	Suppe, Fleisch, saure Gerste
Donnerstag	Mittag:	Suppe, Fleisch, Gemüse von Kraut, Rüben oder Obst
	Abend:	Suppe, Fleisch, Gerste
Freitag	Mittag:	Suppe, Fleisch, Haberbrei
	Abend:	Suppe, saure Gerste
Samstag	Mittag:	Suppe, Fleisch, Gemüse von Erbis
	Abend:	Suppe, Rempfinger (etwas Gedörrtes), Gerste oder sommers Zeit ein paar Eier
Sonntag	Mittag:	Suppe, Fleisch, Gemüse von Kraut oder Rüben
	Abend:	Suppe, Fleisch, Gerste mit Fleischbrühe.

An Neujahr, Invokavit, Ostern, Pfingsten, Weihnachten soll noch ein Kälbernes oder Hammel-Gebratenes samt einem gekochten Reis gegeben werden.

Neben dem Essen für die Stipendiaten wurde ein gesondertes für die Inspektoren gekocht, das abwechslungsreicher und teurer war.

Als Eßgeschirr dienten ursprünglich Zinnteller, die am Ende des 17. Jahrhunderts auf herrschaftliche Kosten angeschafft worden waren. Nach kurzer Zeit

waren einige davon abhanden gekommen, worauf der Prokurator 1697 veranlaßte, daß die Stipendiaten ihren eigenen Teller mitzubringen hatten. Doch wurde dies, nachdem die Sitte eingerissen war, die eigenen Teller nach dem Essen mit den Tischtüchern zu reinigen, bald wieder abgeschafft. Nur die Trinkgefäße waren weiterhin selbst mitzubringen. Sehr verbreitet und verlokkend war das – natürlich verbotene – Bekritzeln der Zinnteller. »Es sitzen sechs Narren am runden Tisch« ist eines Tages zu lesen (1695). Gemeint waren die Repetenten. 1767 erhält ein Stipendiat wegen obszöner Inschriften sechs Stunden Karzer. Andere bohrten Löcher in die Zinnteller. Gleichfalls in zinnernem Geschirr wurde das Essen aufgetragen.
Im 19. und 20. Jahrhundert wurde Porzellangeschirr angeschafft, bei dem es bis zur Gegenwart geblieben ist. Nach dem Zweiten Weltkrieg herrschte eine Zeitlang Mangel an Bestecken, so daß jeder Stiftler bei seinem Eintritt ein mit seinem Namen gekennzeichnetes Eßbesteck mitzubringen hatte.
Auch heute noch ist das Essen im Stift von hervorragender Qualität. Ganz bewußt wurde niemals ein Kantinenbetrieb eingeführt. Die weißen Tischdecken, das Servieren in Schüsseln und Platten auf den Tisch sowie das Porzellangeschirr wurden beibehalten. Das Essen unterscheidet sich in Qualität und Quantität wesentlich von dem in der Mensa Dargebotenen.
In der Stiftlerschaft wurden in den vergangenen Jahren wiederholt engagierte Diskussionen zum Essen geführt. Es ging mehrfach um die Frage, wieweit ein fleischloses Essen im Stift eingeführt werden sollte. Diese Diskussion hat zur Folge, daß derzeit an zwei Tagen in der Woche zumeist Fleischgerichte nicht auf der Speisekarte stehen. Zudem haben sich die neuen Erkenntnisse in der Ernährungswissenschaft teilweise auch im Stift durchgesetzt – inzwischen hat beispielsweise das Vollkornbrot das früher übliche ballaststoffarme Brot verdrängt.

Die Mahlzeiten

Die Mahlzeiten, verbunden mit all ihren feierlichen Akten, bildeten immer einen Mittelpunkt im alltäglichen Leben der Stipendiaten. Dabei gab es ursprünglich nur ein Vormittags- und ein Nachmittagsessen; erst seit dem 18. Jahrhundert kam die Dreiteilung mit dem Frühstück auf.
Die Mahlzeiten fanden immer im Speisesaal der alten Klosterkommunität mit dem Refektorium statt, wobei eine peinlich genaue Sitzordnung eingehalten werden mußte: Auf dem durch eine Schranke abgetrennten, erhöhten »Herrentrippel« im südöstlichen, später im östlichen Teil des Saales saßen die Vorsteher des Hauses, die Superattendenten, der Magister Domus (bzw. Ephorus), der Prokurator und diejenigen, die die Ehre hatten, mit ihnen zu speisen. Zeitweise

waren diese die Repetenten, gewöhnlich aber vor allem die Gäste, manchmal Professoren der Universität, herzogliche Beamte oder gar der Herzog persönlich. An den Herrentrippel schloß sich auf der Fensterseite die »Rotunda«, der ovale (seit 1788 ein eckiger, seit 1960 ein runder) Tisch der Repetenten an, dann auf derselben Seite die Tische der Magister, nach den Promotionen geordnet. Entlang der Innenseite des Speisesaales zunächst der Tisch der Gaststudenten (Hospites) – nicht etwa aus Gründen der Ehre, sondern wegen ihrer oft mangelhaften Disziplin – und anschließend die Tische der Novizen und Komplenten. Am westlichen Teil des Saales stand nahe dem Eingang von der Küche her der sogenannte »Hansentisch«. Er war für die besonderen Problemfälle des Hauses bestimmt, u. a. für diejenigen, die die Magisterprüfung nicht erlangen konnten oder wollten. Daneben stand wahrscheinlich auch der Krankentisch. Am westlichen Ende des Saales war auf dem »Musiktrippel« (oder »Orchester« genannt) die Orgel, an der Fensterseite nicht weit vom Herrentrippel die Kanzel, von wo während des Mittag- und Abendessens gepredigt wurde, gewöhnlich »bei einer halben Stund lang«. Dieser Brauch erinnert an klösterliche Gewohnheiten. Das Predigen traf freilich nur selten auf eine ungeteilte Aufmerksamkeit aller Stipendiaten. Regelmäßig beklagen die Famuli, die bis zum Anfang des 19. Jahrhunderts während der Mahlzeiten Aufsicht hatten, das üble Getöse und Geschwätz im Saal. Sogar während des gemeinsamen Singens und Betens vor und nach dem Essen wird bisweilen geklagt, daß Brotbrocken, Fleisch oder Knochen von Tisch zu Tisch fliegen. Als Strafe für derartige Störungen schrieb die Kirchenordnung den ein- oder mehrmaligen Entzug des Tischweins oder die Inkarzeration vor. Eine andere Unsitte mußte gleichfalls streng untersagt werden: Sie betraf die Magister des Tisches neben der Kanzel, die die Prediger »soufflierten«, »ätzten« oder »inspirierten«, indem sie ihnen weite Passagen der Predigt einflüsterten, so daß diese sich ihre Ansprache nicht einprägen mußten. Es gab noch andere Quellen von Störungen während des Essens. Sie lag manchmal bei Stadtstudenten, die von den Stipendiaten eingeladen wurden. 1720 mußte ihnen eingeschärft werden, daß sie keine betrunkenen Personen aus der Stadt an den Tisch laden sollten, was mehrfach in unangenehmer Weise aufgefallen war. Im 18. und 19. Jahrhundert waren zu den Stipendiaten weiterhin zahlreiche Gäste beim Essen dabei, zwischen 1794 und 1829 wurden ca. 40 bis 50 Stadtstudenten anderer Fakultäten mitverpflegt.

Was die Ordnung im Speisesaal betrifft, so hat sich hier im Laufe der letzten 150 Jahre vieles geändert. Da war die Ersetzung der Famuli durch die Stiftsdiener im letzten Jahrhundert ein wichtiger Einschnitt; die Aufhebung der festen Sitzordnung nach Magistern und Nichtmagistern; die Abschaffung des Tischweines und anderes mehr. Eine der letzten Neuerungen war die Übernahme des

Tischdienstes durch die Stiftlerschaft Anfang 1976. Waren es zuvor die Kneonten, die in weißen Kitteln die Speisen auftrugen, so übernehmen dies seither je zwei Stiftlerinnen und Stiftler. Das ist ein Zeichen dafür, daß die Trennung von Herren und Dienern im Haus der Vergangenheit angehört. Äußerlich blieb der Speisesaal im wesentlichen derselbe, wenngleich in diesem Jahrhundert noch die Absperrung zwischen Herrentrippel und dem Saal gefallen ist; die Orgel wurde 1956 als Überorgel in das Alte Ephorat gebracht; die Kanzel ist einem einfachen kleinen Podest in der Mitte des Saales (»Krautstande« oder »Krautständer«) gewichen. Die in dem mittelalterlichen Saal äußerlich revolutionärste Neuerung war sicher der Einbau einer Lautsprecheranlage mit Mikrophon im Januar 1971.

Ansonsten spielen auch in der Gegenwart die Mahlzeiten im Stiftsleben mit der hierbei ablaufenden Kommunikation, den sich anschließenden Informationen und Gesprächen eine zentrale Rolle. Das Frühstück findet (seit Sommer 1962) zwischen 7.30 und 8.30 Uhr statt. Viele essen freilich schon frühzeitig, da an der Universität an den meisten Tagen einige Vorlesungen um 8 Uhr beginnen. Das Mittagessen ist nach dem Ende der meisten Vorlesungen um 12.20 Uhr, oft aber auch – wenn gutbesuchte Vorlesungen später enden – ein ganzes Semester lang um 13.20 Uhr. Das Mittagessen ist die wichtigste Gelegenheit für den Austausch von Informationen: Im Anschluß an das Essen werden vom Krautständer die Ansagen gemacht, gewöhnlich durch den Stiftsältesten bzw. die Stiftsälteste. Hieran können sich andere Stiftler, Repetenten oder ein Vertreter des Ephorats anschließen, um gleichfalls Mitteilenswertes vorzubringen. Da werden Berichte aus dem Stiftsrat, der Fachschaft oder von anderswoher vorgetragen und besprochen. Bei wichtigen Themen findet – gewöhnlich einmal in der Woche – ein Forum der Stiftlerschaft statt, in dem gerade aktuelle Angelegenheiten des Stiftlebens besprochen werden. Dabei werden Meinungen ausgetauscht zu Repetentenberufungen, zu Angelegenheiten der Stifts- oder Studienordnung, über kirchliche, politische oder theologische Fragen. Wenn eine Neuwahl zur Stiftsvertretung ansteht, gibt es die sogenannten Wahlforen. Interessiert hören gewöhnlich die Gäste zu, die in kleiner Zahl fast bei jedem Mittagessen dabei sind. Oft sind es einzelne Freunde, Bekannte oder Stadtstudenten, die von den Stiftlern eingeladen wurden. Einmal in der Woche besteht auch ein Austausch mit dem katholischen Wilhelmsstift. Einige Wilhelmsstiftler essen im Stift, einige Stiftler zur selben Zeit im Wilhelmsstift. Das Abendessen wird um 18.20 Uhr eingenommen. Meist ist nur die Hälfte oder zwei Drittel der Stiftlerschaft anwesend, da in dieser Zeit zahlreiche Seminare an der Universität abgehalten werden. Diejenigen, die dies betrifft, haben nach dem Mittagessen ihre »Kaltportion« erhalten.

Die Küche und ihr Personal

Schon zu Zeiten der Augustiner-Eremiten war im Westflügel ihres Klostergebäudes eine Küche untergebracht. Jedenfalls ist bei der Übergabe des Klosters an das Stipendium nichts davon erwähnt, daß der Standort der Küche verlegt worden wäre. Unweit der Küche befand sich im unteren Stock des heutigen Ephorats, nur durch den Hühnerhof getrennt, die Klosterpfisterei, in der noch bis zum 17. Jahrhundert für die Stipendiaten gebacken wurde. Bis zum Ende des 18. Jahrhunderts blieb der Küchenraum, in dem bis dahin noch an dem Hauptpfeiler die Jahreszahl 1491 zu erkennen war, in seiner Bausubstanz unverändert. Der Eingang wird am Anfang des Dreißigjährigen Krieges verändert (vermutlich verkleinert) worden sein, da sich bis heute innerhalb eines zuvor viel höheren gotischen Eingangsportals ein niederer Eingangsbogen mit der Jahreszahl 1609 erhalten hat. Von bedeutenden Resten der Klosterzeit ist nur noch der schöne Eingangsbogen zur Klosterpfisterei im Untergeschoß des Ephorats erhalten.

Die Küche war durch einen eigenen Brunnen direkt an die Wasserleitungen zum Stift angeschlossen. Eine Fleischkammer war abgesondert, worin die Fleischstöcke standen, auf denen das Fleisch zubehauen wurde. Für die Repetenten und Inspektoren wurde in einer besonderen Ecke gekocht, da sie ihr eigenes und besseres Essen erhielten. Die Herde wurden mit Holz beheizt. Aus Gründen der Energieeinsparung wurde 1745 ein neuer Herd für die Küche angeschafft, mit dem der Holzverbrauch erheblich gesenkt werden konnte. Bei der klassizistischen Umgestaltung des Stifts wurde ein Neubau der Küche vorgenommen: die alte Küche war viel zu klein, und so baute man im Hühnerhof in Richtung zum Ephorat hin an. Im Raum der bisherigen Küche war nun Platz für eine Speisekammer, ein Fleischgewölbe und ein Zimmerchen des Kontrolleurs. Während des Umbaus war die Küche vorübergehend im kleinen Bandhaus (heute Clubraum) untergebracht.

Beim Umbau am Anfang dieses Jahrhunderts wurde 1913 das Küchengebäude im Hühnerhof abgerissen, um für den neuen Zwischenbau zwischen der Hölle und dem Stiftsgebäude Platz zu bekommen. Der neuen Dampfkochküche wurde im Erdgeschoß des neuen Zwischengebäudes ausreichend Platz eingeräumt. 1916 rüstete man die Küche mit folgenden Kochapparaten aus: vier große Dampfkochkessel für Suppe (220 l), Fleisch und Gemüse (je 150 l), dazu ein Kartoffelkocher. Geheizt wurde vor allem mit Gas.

Bis in die Zeit nach dem Zweiten Weltkrieg blieb die Kücheneinrichtung im wesentlichen unverändert. Erst zwischen 1954 und 1956 wurden mehrere neue Geräte, vom Waffeleisen bis zur Kartoffelschälmaschine aufgestellt, weiteres

1962/63. Zunehmend wurden alle Geräte auf elektrischen Strom umgestellt. Von Juni bis Dezember 1977 erfolgte ein neuer, vollständiger Umbau der Kücheneinrichtungen. Im westlichen Teil des Speisesaales wurde für diese Zeit eine Behelfsküche eingerichtet. Die Stiftlerinnen und Stiftler erhielten für das Mittagessen in der Mensa Essensmarken. Frühstück und Abendessen wurden im Speisesaal eingenommen. Im Verlauf des Umbaus erhielt die Küche neue Koch- und Küchengeräte einschließlich einer großen Spülmaschine, Wärmeschrank, Kippbratpfannen usw.

An Personal hatte die Küche vom 16. Jahrhundert an zunächst Köche und Küchenjungen. Es waren anfangs ein Ober- und ein Unterkoch sowie ein Küchenjunge. Seit der ersten Hälfte des 17. Jahrhunderts kamen ein, später zwei Küchenspülerinnen dazu, denen freies Essen im Stipendium zustand. 1679 stellte der damalige Koch den Antrag, daß er Bürgerstöchtern aus Tübingen Kochunterricht erteilen dürfte. Er versprach sich davon eine notwendige Nebeneinkunft. Die Vorsteher gestatteten dies unter der Bedingung, daß die Schülerinnen keine Essensvorräte aus dem Haus forttrugen. Die Küchenjungen halfen ursprünglich beim Spülen sowie beim Holz- und Wassertragen. Im Winter heizten sie frühmorgens in der Kommunität die Öfen. Nachdem der Spüldienst auf die Küchenspülerinnen übergegangen war, hatten die Küchenjungen das Auftragen und Abräumen beim Essen – zusammen mit den Famuli – zu übernehmen.

Aufgrund mancher Mißstände in der Küche wurde 1769 die Einrichtung des Oeconomus geschaffen: Jeweils ein täglich wechselnder, magistrierter Stipendiat war damit beschäftigt, in der Küche verschiedene Arbeiten wie das Fleischhauen oder die Zubereitung des Krankenessens zu beaufsichtigen. Zugleich sollte er dem Küchenpersonal auf die Finger sehen, damit die Arbeiten zügig vorangingen. Etliche Magister zogen es freilich vor, sich bei diesem Dienst vertreten zu lassen und machten dafür einen freien Tag. Mit den Statuten von 1793 wurde das Amt des Oeconomus wieder abgeschafft.

In den letzten Jahrzehnten waren in der Stiftsküche jeweils acht bis zehn Personen beschäftigt. Von 1935 bis 1958 lag die Leitung der Küche in den Händen zweier Diakonissen aus Hall, Schwester Sophie Kempf und Schwester Luise Zerweck. Jeweils vier Küchenmädchen unterstützten sie bei ihrer Arbeit. 1958 bis 1970 leitete Martha Oberländer, danach bis 1982 Inge Wilhelm die Küche. Anfang 1982 übernahm als Hauswirtschaftsleiterin Elisabeth Nicklaus, ihr zur Seite Hauswirtschaftsmeisterin Brigitte Schmid (seit 1978) das Amt der Küchenleitung. Dazu sind derzeit sechs Frauen als Küchenhilfen sowie zwei Praktikantinnen angestellt. Zu den Aufgaben der Küche gehören auch die hauswirtschaftlichen Tätigkeiten vom Waschen der Vorhänge bis zu einigen Arbeiten im Garten.

Abb. 202, 203

202 Bei der Küchenarbeit (1958)

203 Bei der Küchenarbeit (1985)

204 Der Stiftsgarten genutzt als Gemüse- und Obstgarten (1939)

205 Der Stiftsgarten im Frühjahr 1985

Etliche Berufe sind aus dem Stift schon lange verschwunden. So gehörte zum Küchenpersonal anfangs auch ein Bäcker, früher Pfister genannt. Bis zum Anfang des 17. Jahrhunderts wurde von ihm im Untergeschoß des Ephorats mit Hilfe eines Bäckerjungen das nötige Brot gebacken. Hier waren Backofen und die Wohnung des Pfisters. Die Visitation von 1602 regte an, daß das Brot besser in der Stadt besorgt werden solle, wobei es bis zur Gegenwart geblieben ist.
Aus den Reihen der Famuli entstammte der Pincern. Zeitweise gab es einen Ober- und einen Unterpincern. Sie hatten hauptsächlich den täglichen Tischwein zu besorgen und von Woche zu Woche über Vorrat und Verbrauch genau Buch zu führen. In einem Weinregister wurde zu jeder Mahlzeit der durch Strafen oder Abwesenheit einzelner Stiftler eingesparte Wein notiert. Hieraus entstanden die Karentengatter, Tabellen zum vierteljährlichen Bericht über den Weinverbrauch. Zu den regelmäßigen Pflichten des Pincern gehörte das tägliche Öffnen und Schließen der Kommunität. Vor Beginn jeder Mahlzeit sorgte er dafür, daß die Stipendiaten nicht in Unordnung herumstanden oder -liefen, sondern sich zügig an ihre Plätze begaben.
Eingekauft wurde das Essen vom Prokurator. Er hatte regelmäßig und möglichst preisgünstig für die Herbeischaffung aller Lebensmittel zu sorgen.

Die Keller und andere nützliche Einrichtungen

Zu einer guten Küche gehören gute Keller, in denen die Vorräte aufbewahrt werden können. Das Stift besitzt bis heute zwei große Kellergewölbe, das eine unter der ganzen Länge des Südflügels, das andere und kleinere unter dem Ostflügel. Bereits zu den Zeiten der Augustiner-Eremiten wird das zweite bestanden haben; an dem ersten haben sie zu bauen begonnen, konnten es jedoch nicht mehr vollenden. Der Keller im Ostflügel hatte ursprünglich einen direkten Zugang vom Haupteingang ins Kloster und lag zugleich unter der alten Klosterküferei (heute Clubraum). Nach der Verlegung des Haupteingangs in die Mitte des Ostflügels beim klassizistischen Umbau erhielt dieser Keller einen eigenen Eingang vom Innenhof her. Beim Keller im Südflügel war von den Augustinern das Gewölbe errichtet worden, aber die Erde wurde erst um 1570 herausgeschafft, um hier einen Keller für den Winterwein zu schaffen. Der im Sommer getrunkene Wein war in dem wesentlich kühleren Keller unter dem Ostflügel untergebracht. Um 1600 standen 29 Fässer in den Kellern mit jeweils ungefähr 500 Litern Inhalt. 1764 waren es 20 Fässer. Heute lagern hier keine Fässer mehr. Vielmehr findet sich viel Eingemachtes in Gläsern und Büchsen; ein Teil des Kellers dient der Lagerung von Kartoffeln. *Abb. 201*
Zur Lagerung von Gemüse standen der Küche noch zwei kleinere Keller zur

Verfügung. Der eine lag direkt unter der Küche, der andere unter der ehemaligen Klosterkirche. Dieser wurde auch Krautkeller genannt: bis um 1960 wurde
Abb. 200 hier Kraut gelagert und gehobelt. Dieser Keller ist heute zur Hälfte als Getränkekeller (mit Automaten) erhalten, zur anderen Hälfte beim Einbau des Aufzuges zum Aufzugsschacht umgestaltet worden.

Zur Aufbewahrung von Korn und weiteren Feld- und Gartenfrüchten standen mehrere Dachböden zur Verfügung. Im sechsten, siebten und achten Stock des Alten Baus waren ursprünglich große Fruchtkästen. Auf dem oberen Dachboden des Westflügels (5. Stock über der Küche) lagerten die Zwiebeln (daher »Zwiebelbühne« genannt). Ein weiterer Dachboden befindet sich über dem Ochsenstall (5. Stock des Südflügels).

Zur Versorgung mit Eiern wurden bis in die Zeit des Zweiten Weltkrieges hinein Hühner gehalten, die in dem Hof zwischen Küche und der Mauer zur Neckarhalde ihr Dasein fristeten. Bevor dieser seit dem 19. Jahrhundert »Prälatenhof« genannt wird (wahrscheinlich, weil einige der Ephoren den Titel Prälat hatten), hieß er »Hühnerhof«. Im Garten befand sich dazuhin bis 1965 ein Schweinestall. Die Tiere (zuletzt zwei) lebten vor allem von den Küchen- und Gartenabfällen und wurden nach dem Schlachten im Stift verzehrt. Ein Schlachtfest mit einer guten Metzelsuppe wurde vom ganzen Haus gefeiert. Einer der Kneonten sorgte für die Betreuung und Fütterung der Schweine. 1974 wurde der Schweinestall abgebrochen und an seiner Stelle der Geräteschuppen am Eingang zum Stiftsgarten erstellt.

Der Garten

Zum Stift gehört ein herrlich gelegener Garten unmittelbar am Neckar. Bereits in den Klosterzeiten – spätestens am Anfang des 15. Jahrhunderts – war das Gelände im Besitz der Augustiner-Eremiten. Er wurde vor allem als Weinberg genutzt, woran auch der Name »Neckarhalde« erinnert. Der Klosterweinberg trug lange Zeit den alten Namen »Augustiner«. Im 16. Jahrhundert war er einige Zeit an Paul Vergerio verpachtet, der ihn allerdings nur unzureichend gepflegt haben soll. Nach dem Tod Vergerios 1565 wurde der Garten wieder dem Stipendium zugewiesen. Er trug nun auch den Namen »Vergerianer«.

1690 wurde der Stiftsgarten beträchtlich erweitert und der gesamte Baum- und Weingarten an der Neckarhalde bis in die Nähe des Hirschauer Tores dazugekauft. Freilich ist dieses Erweiterungsstück schon 1702 wieder verkauft worden. Von seinem Ertrag her bedeutete der Weingarten für das Stipendium nur wenig. Der zu den Mahlzeiten getrunkene Wein stammte nur zu einem sehr geringen Teil aus dem eigenen Garten. Vielmehr waren die Kosten für Anbau und Lese selbst in guten Jahren oft höher als der Wert des Ertrags. Der Prokurator berichtet 1733, daß die jungen Weinstöcke in dem rauhen Boden nicht recht wachsen wollten und die alten Stöcke bei strengem Frost eingegangen seien. 1742 wurde schließlich der Anbau von Wein aufgegeben und das Grundstück in einen »Wurz-, Gras- und Krautgarten« umgewandelt. Er sollte verkauft oder zumindest verpachtet werden. Da sich allerdings kein Abnehmer fand, wurde er für einige Jahre an den Prokurator verpachtet. Allerdings waren es nur wenige Gewächse, die ihm bzw. der Küche zugute kamen, da noch im 18. Jahrhundert das Gemüse im Speiseplan des Stifts eine unbedeutende Rolle spielte. 1760 wird berichtet, was im Garten angebaut wurde: zwei Länder mit Peterling und Salat, drei mit Kraut- und Salatsamen, eines mit Schnittkohl, drei mit Salat und Zwiebeln. Weiter gab es immerhin ein Spargelland und Platz für Bohnen. Ansonsten wuchsen zahlreiche Bäume; an den Mauern rankten sich zahlreiche Reben empor. 1766 übernahm den Garten der Professor für Medizin F. Chr. Oetinger – ein Bruder des Theologen –, der im Stiftsgarten verschiedene »ökonomisch-physikalische Versuche« machen wollte.

Als im 19. Jahrhundert dem Gemüse im Speiseplan eine größere Rolle zukam als früher, ist der Garten wesentlich intensiver bewirtschaftet worden. Alle *Abb. 204*
Arten von heimischem Gemüse und Kartoffeln konnten hier angebaut werden. Zudem wuchsen Äpfel, Birnen und viele Beeren. Besonders wertvoll war der Garten in den Zeiten, als die Gartenfrüchte nur teuer zu bekommen waren, zuletzt in der Zeit des Zweiten Weltkrieges und danach.

Als Wirtschaftsfläche des Hauses war der Garten den Stipendiaten völlig unzugänglich. 1928 bat zwar die Stiftlerschaft um die Möglichkeit, den Garten zumindest auf einem kleinen Rasenstück betreten zu dürfen, aber das Ephorat lehnte den einstimmigen Forumsbeschluß ab. Man befürchtete, daß Bäume und Büsche von den Stiftlern beschädigt, die Hühner verscheucht und der Gärtner in seiner Arbeit behindert würde. In dieser Zeit war Wilhelm Schaal Gärtner, der sein Amt insgesamt von 1926 bis 1970 versah.

Erst am Ende der sechziger Jahre, als der Anbau von Gemüse im Großteil des Gartens aufgegeben wurde, war für die Stiftler der Garten zugänglich. Im Sommer 1968 wurden viele Obstbäume und alle Beerensträucher entfernt und dafür eine Spiel- und Liegewiese angelegt. Die mächtige, den Stiftsgarten prä- *Abb. 205*
gende Esche (1815 gepflanzt) wurde 1977 saniert, vor allem ist dabei der Efeu abgenommen worden, der bis dahin eindrucksvoll die Esche umgeben hatte.

Heute ist der von Hausmeister Hans Borchardt und den Kneonten sauber gepflegte Garten eine der reizvollsten Idyllen am Rande der Tübinger Altstadt. Eine mächtige Weinrebe erinnert an der Südmauer des Stiftsgebäudes noch an die Zeit, als in dem Klosterweinberg der Augustiner-Wein reifte.

Berühmte Stiftler

Die folgende Übersicht enthält die Namen und kurzen Lebensläufe von Personen, die im Stift einen wichtigen Teil ihrer Prägung und Ausbildung erfahren haben und es zu einer zumeist aus dem Lebenslauf ersichtlichen Berühmtheit gebracht haben. »Stiftler« ist dabei in einem umfassenderen Sinn gemeint: ohne nähere Kennzeichnung sind auch u. a. die Tifferniten, Mömpelgarder eingeschlossen. Kriterium für die Erwähnung dieser Personen ist ihre Nennung in der »Allgemeinen deutschen Biographie« (Leipzig 1, 1875–56, 1912), der »Neuen deutschen Biographie« (Berlin 1, 1953 ff.) bzw. in »Die Religion in Geschichte und Gegenwart« (Tübingen $^{2}1$, 1927-5, 1931 bzw. $^{3}1$, 1956-6, 1962).

Eintrittsjahr ins Stift	Kurzer Lebenslauf
1541	*Jakob Andreae* (1528–1590), Theologe: seit 1561 Prof., Propst und Kanzler in Tübingen. Wegbereiter der Einigung des Luthertums seiner Zeit; Verfasser der Konkordienformel.
1543	*Jakob Heerbrand* (1521–1600), Theologe: seit 1557 Prof., Dekan der Stiftskirche und (1561–90) Superattendent des Stifts in Tübingen; zu seiner Zeit der führende Repräsentant des Luthertums in Südwestdeutschland; zus. mit J. Brenz 1552 in Trient.
1545	*Balthasar Bidembach* (1533–1578), Theologe: 1562 Hofprediger, 1570 Propst in Stuttgart als Nachfolger von J. Brenz.
1548	*Johannes Walter* (1496–1570), Kirchenmusiker: 1526–48 Kantor in Torgau, 1548–54 Leiter der Dresdner Hofkapelle, seit 1554 wieder in Torgau; wirkte richtungweisend auf die ev. Kirchenmusik.
1551	*Samuel Hayland* (1533–1592), Theologe, Philosoph und Pädagoge: 1556–90 Magister Domus des Stifts, zugleich seit 1559 Prof. der Philosophie (Ethik) in Tübingen.
1556	*Johann Seckervitz* (ca. 1520–1583), Dichter und Gelehrter: 1574 Prof. der Poesie in Greifswald.
1558	*Daniel Toussain* (1541–1602), Theologe: 1573 Hofprediger in Heidelberg, 1583 Prof. und Pfarrer ebd.

1558 *Nikolaus Taurellus* (1547–1606), Philosoph: 1570 Prof. in Basel, 1580 für Physik und Mathematik in Altdorf; behandelte als erster prot. Philosoph wieder die Metaphysik.

1563 *Nikodemus Frischlin* (1547–1590), Philologe und Dichter: 1586 Prof. in Tübingen, 1582–84 Rektor in Laibach, 1588–89 Rektor in Braunschweig.

1563 *Stephan Gerlach* (1546–1612), Theologe: 1567 Repetent; 1573 in Konstantinopel Vermittler zwischen den Tübingern und dem Patriarchen von Konstantinopel; 1579 Prof. der Theologie in Tübingen, dazu 1590–1612 Superattendent des Stifts; 1598 Vizekanzler und Propst der Universität.

1565 *Jakob Heilbrunner* (1548–1618), Theologe: 1581 Generalsuperintendent der Oberpfalz, 1585 Hofprediger in Neuburg, 1616 Abt und Generalsuperintendent in Bebenhausen.

1565 *Aegidius Hunnius* (1550–1603), Theologe: 1576 Prof. in Marburg, 1591 in Wittenberg; einer der bedeutendsten Repräsentanten des Luthertums der Zeit nach der Einführung der Konkordienformel.

1565 *Polykarp Leyser* (1552–1610), Theologe: 1577–87 und 1593–94 Prof. der Theologie und Generalsuperintendent in Wittenberg, 1587–93 Superintendent in Braunschweig; 1594 Hofprediger in Dresden; der führende Theologe des orthodox-lutherischen Kirchentums im ausgehenden 16. Jahrhundert.

1565 *Basilius Sattler* (1549–1624), Theologe, als solcher mehrere Jahrzehnte das geistige Haupt der braunschweigischen Landeskirche: 1576 Generalsuperintendent und Prof. der Theologie in Helmstedt, 1579 Vizerektor der Universität ebd.; 1586 bis 1624 Hofprediger in Wolfenbüttel und Generalsuperintendent des Herzogtums Braunschweig.

1569 *Michael Mästlin* (1550–1631), Astronom: 1580 Prof. in Heidelberg, 1584–1631 Prof. für Mathematik in Tübingen; Lehrer Keplers.

1570 *Jurij Dalmatin* (1547–1589), slowenischer Theologe: seit 1572 in Laibach Prediger und Organisator des prot. Kirchenwesens; 1584 erschien seine Bibelübersetzung (Grundlage der slowenischen Schriftsprache); Schöpfer des slowenischen Kirchenliedes.

1571 *Hieronymus Megiser* (1553–1618), Schriftsteller, Polyhistoriker: 1592 Rektor des Gymnasiums in Klagenfurt (Kärnten), 1602 Prof. der Geschichte in Leipzig.

1574 *Johann Georg Sigwart* (1554–1618), Theologe: 1579–84 Repetent, 1587 Prof. in Tübingen, 1589–1618 zugleich Superattendent des Stifts.

1576 *Andreas Osiander* (1562–1617), Theologe: 1582–84 Repetent, 1590 Hofprediger in Stuttgart, 1605 Kanzler der Universität und Propst an der Stiftskirche in Tübingen.

1579 *Matthias Hafenreffer* (1561–1619), Theologe: 1583–86 Repetent. 1592–1617 Prof. der Theologie in Tübingen, zugleich Superattendent im Stift, 1617 Propst und Kanzler der Universität.

1585 *Lukas Osiander* (1571–1638), Theologe: 1590–91 Repetent, 1618 Prof. in Tübingen, zugleich 1619–20 Superattendent im Stift, 1620 Propst und Kanzler der Universität; Verfechter einer streng lutherischen Orthodoxie.

1589 *Johannes Kepler* (1571–1630), Astronom und Mathematiker: 1594 Landschaftsmathematiker und Lehrer in Graz, 1600 kaiserlicher Mathematiker und Hofastronom Rudolfs II., 1612 in Linz, 1628 in Diensten Wallensteins in Sagan.

1595 *Conrad Cellarius* (1577–1639), Gelehrter und Dichter: 1626 Prof. der Naturlehre in Tübingen, zugleich (bis 1636) Magister Domus im Stift.

1597 *Johann Ulrich Pregizer* (1577–1656), Theologe: 1603–06 Repetent, 1617 Prof. der Theologie in Tübingen, zugleich 1628–52 Superattendent im Stift, 1652 Kanzler der Universität.

1598 *Melchior Nicolai* (1578–1659), Theologe: 1619 und 1631 Prof. in Tübingen; dazwischen 1621–31 Prälat von Anhausen, Lorch und Adelberg; 1630–50 Superattendent im Stift, das ohne ihn im 30jährigen Krieg wohl eingegangen wäre, zugleich 1632 Rektor, 1639 Vizekanzler der Universität; 1649 Konsistorialrat und Propst in Stuttgart.

1599 *Petrus Meuderlin* (1582–1651), Theologe: 1612–50 Ephorus des Kollegiums bei St. Anna in Augsburg, verfaßte 1626 unter dem Pseudonym Rupert Meldenius die Schrift »Paraenesis«, in der er die Theologen der CA zum Frieden untereinander mahnt (mit dem bekannten Spruch: »in necessariis unitas, in non necessariis libertas, in utrisque caritas«).

1601 *Theodor Thumm* (1586–1630), Theologe: 1618–30 Prof. in Tübingen; Hauptgegner der Gießener im Streit um die Kenosis.

1602 *Johann Heinrich Hiemer* (1573–1621), Theologe: 1612 Prof. in Tübingen, 1619 Abt von Anhausen.

1607 *Johann Jakob Heinlin* (1588–1660), Theologe und Mathematiker: 1610 Repetent im Stift, Pfarrer an verschiedenen Stellen; nach 1635 hielt er Vorlesungen in Mathematik in Tübingen, 1650 Abt von Adelberg; schrieb polemische Schriften und zur biblischen Chronologie.

1607 *Johann Sebastian Wieland* (1590–1635), Pfarrer und Dichter: Verfasser zahlreicher lateinischer Gedichte; trug bald den Titel eines kaiserlichen Poeta laureatus.

1610 *Wilhelm Schickhardt* (1592–1635), Mathematiker, Astronom und Orientalist: 1619 Prof. für Griechisch und Hebräisch in Tübingen; 1631 Prof. für Mathematik ebd. Vielseitiger Gelehrter und Erfinder; entwickelte für die Landesvermessung Württembergs eigene kartographische Methoden, baute 1623 eine Rechenmaschine.

1621 *Tobias Wagner* (1598–1680), Theologe: 1653 Prof. in Tübingen, zugleich 1653–62 Superattendent im Stift; 1662 Kanzler der Universität.

1630 *Heinrich Schmid* (1610–1653), Theologe: Prof. in Tübingen, 1637–52 Magister Domus, 1652 Superattendent im Stift.

1635 *Balthasar Raith* (1616–1683), Theologe: 1656 Prof. und Pfarrer in Tübingen, zugleich 1652–80 Superattendent im Stift; mehrfach Rektor der Universität.

1639 *Johann Adam Osiander* (1622–1697), Theologe: 1647 Repetent im Stift; 1656 Prof. in Tübingen, dazu mehrfach Rektor, 1680 Kanzler der Universität; galt seinen Zeitgenossen als einer der bedeutendsten Theologen des Jahrhunderts.

1651 *Johann Andreas Hochstetter* (1637–1720), Philologe und Theologe: 1677 Prof. der griechischen Sprache, 1680 der Theologie in Tübingen; zugleich Magister Domus im Stift; 1681 Prälat von Maulbronn, 1689 von Bebenhausen; als führendes Mitglied des Synodus verdient durch sein Eintreten für den Pietismus (der »württemberg. Spener«).

1665 *Matthäus Hiller* (1646–1725), Theologe, Philosoph und Philologe: 1673 Repetent im Stift, 1692 Prof. der Logik, Metaphysik und der hebräischen Sprache in Tübingen, 1698 Prof. der Theologie, der griechischen und morgenländischen Sprachen ebd.; zugleich 1694–1700 Magister Domus im Stift; 1716 Abt von Königsbronn.

1666 *Johann Wolfgang Jäger* (1647–1720), Theologe und Philosoph: 1680 Prof. der Geographie und der lateinischen, 1681 der griechischen Sprache in Tübingen; 1684 Prof. der Philosophie, zugleich Magister Domus im Stift; 1688 Prof. der Logik und Metaphysik; 1693 Prof. der Theologie, zugleich Superattendent im Stift; 1702 Kanzler der Universität; 1709 Abt in Adelberg und Generalsuperintendent Württembergs.

1668 *Johann Ulrich Erhard* (1647–1718), Dichter: Pfarrer an verschiedenen Orten; 1696 Prof. am Gymnasium und Hofpoet in Stuttgart.

1671 *Johann Christian Pfaff* (1651–1720), Theologe: 1677–83 Repetent am Stift; 1697 Prof. der Logik und Metaphysik in Tübingen; 1699 Prof. der Theologie ebd., zugleich Superattendent im Stift.

1673 *Johann Konrad Klemm* (1655–1717), Philosoph und Theologe: 1700 Prof. der Philosophie in Tübingen, zugleich Magister Domus im Stift; 1704 Prof. der Theologie in Tübingen, zugleich 1707–11 Superattendent im Stift.

1676 *Johann Osiander* (1657–1724), Theologe: nach zahlreichen Reisen durch Europa 1686 Prof. für Hebräisch, Griechisch und Geographie in Tübingen; 1690 württembergischer Oberkriegskommissar; 1692 Rektor der Universität Tübingen und Magister Domus des Stifts; 1697 Abt in Königsbronn, dann Hirsau; 1703 kursächsischer Konsistorialrat, danach königlich-schwedischer Kirchenrat; 1708 Direktor des Konsistoriums in Stuttgart; 1713 Geheimer Rat.

1681 *Johann Reinhard Hedinger* (1664–1704), Theologe: 1694 Prof. des Natur- und Völkerrechts und Stadtpfarrer in Gießen; 1699 Hofprediger und Konsistorialrat in Stuttgart; bekannt durch seine Bibel- und Gesangbuchausgaben.

1681 *Gottfried Hoffmann* (1669–1728), Theologe und Philosoph: 1707 Prof. der Logik und Metaphysik in Tübingen, zugleich Magister Domus im Stift; 1716 Prof. der Theologie, zugleich Superattendent im Stift.

1683 *Andreas Adam Hochstetter* (1668–1717), Theologe und Philosoph: 1697 Prof. der Poesie und Eloquenz in Tübingen, 1702 der Moral, 1705 der Theologie, zugleich Superattendent des Stifts; 1711 Oberhofprediger in Stuttgart; 1714 wieder Prof. in Tübingen, zuletzt auch Rektor der Universität.

1685 *Johann Ulrich Frommann* (1669–1715), Theologe: 1711 Prof. der Theologie in Tübingen, zugleich Superattendent des Stifts.

1686 *Johann Christian Neu* (1668–1720), Philosoph: 1699 Prof. der Geschichte in Tübingen, 1705 der Poesie und Eloquenz ebd.

1686 *Johann Eberhard Rösler* (1668–1733), Moralphilosoph und Naturrechtsgelehrter: 1699 Prof. für Poesie und Eloquenz in Tübingen, 1705 Prof. der Philosophie, zugleich Magister Domus des Stifts (1716–33).

1689 *Johann Konrad Creiling* (1673–1752), Mathematiker: 1701–45 Prof. für Naturlehre und Meßkunst in Tübingen; 1745 Titel Prälat.

1689 *Christian Eberhard Weismann* (1677–1747), Theologe: 1699 Repetent im Stift; 1707 Gymnasial-Prof. in Stuttgart; 1721 Prof. der Theologie.

1694 *Ludwig Friedrich Vischer* († 1720/21 oder 1743), Reiseschriftsteller und Übersetzer, seit 1703 in Hamburg; übersetzte zahlreiche englische, französische und italienische Werke, u. a. als erster den »Robinson Crusoe« von D. Defoe.

1699 *Eberhard Friedrich Hiemer* (1682–1727), Theologe: 1704 Repetent im Stift; später Pfarrer, 1716 Kirchenrat in Bayreuth; 1718 Hofprediger und Konsistorialrat in Stuttgart; 1725 Prälat; Verfasser des 1722 eingeführten »Württembergischen Confirmationsbüchleins«.

1700 *Christoph Matthäus Pfaff* (1686–1760), Theologe: 1705 Repetent im Stift; nach ausgedehnten Studienreisen 1717 Prof. der Theologie in Tübingen, 1720 zugleich Propst und Kanzler der Universität, dazu 1727 Ernennung zum Abt von Lorch und Mitglied des württembergischen Landtags, sowie seit 1731 Mitglied der Berliner Akademie der Wissenschaften; 1756 Prof. der Theologie, Generalsuperintendent und Direktor der theologischen Fakultät und Kanzler der Universität Gießen.

1702 *Samuel Urlsperger* (1685–1772), Theologe: 1722–65 Senior und Pfarrer an der Hauptkirche St. Anna in Augsburg, das er zu einem pietistischen Zentrum in Süddeutschland machte; bedeutend für sein sozial-karitatives und ökumenisches Wirken im In- und Ausland.

1703 *Johann Albrecht Bengel* (1687–1752), Theologe: eine der führenden Gestalten des schwäb. Pietismus; 1713 Präzeptor in Denkendorf, 1741 Prälat in Herbrechtingen, 1749 in Alpirsbach, zugleich Konsistorialrat in Stuttgart; Förderer der kritischen Arbeit am Text des NT (»Gnomon«).

1705 *Johann Christian Klemm* (1688–1754), Theologe: 1717 Prof. der Philosophie, der griechischen und orientalischen Sprachen in Tübingen; 1725 Prof. der Theologie ebd., seit 1736 zugleich Prälat in Hirsau.

1706 *Israel Gottlieb Canz* (1690–1753), Philosoph und Theologe: 1714 Repetent im Stift; 1734 Prof. der Poesie und Eloquenz in Tübingen, zugleich Ephorus des Stifts; 1739 Prof. der Logik und Metaphysik; 1747 Prof. der Theologie ebd.

1709 *Georg Bernhard Bilfinger* (1693–1750), Theologe, Philosoph und Staatsmann: 1721 Prof. der Philosophie in Tübingen; 1725 an der Petersburger Akademie; 1731 Prof. der Theologie in Tübingen, zugleich Superattendent im Stift; 1734 Geheimer Rat, 1739 Präsident des Konsistoriums in Stuttgart, Verfasser des Pietistenreskripts von 1743.

1711 *Johann Matthäus Käuffelin* (1696–1751), Schriftsteller: 1733 Prof. der deutschen Beredsamkeit in Kiel; 1735 Prof. der deutschen Dichtkunst, der Jurisprudenz und der Sittenlehre ebd.; seit 1738 als Schriftsteller in Hamburg.

1712 *Eberhard David Hauber* (1695–1765), Theologe: 1722 Repetent im Stift; 1725 Superintendent, Konsistorialrat und Oberprediger in Stadthagen (Schaumburg-Lippe); 1746 Pfarrer der deutschen Gemeinde in Kopenhagen; Verfasser zahlreicher theologischer Schriften.

1718 *Christoph Friedrich Sartorius* (1701–1785), Theologe: 1728 Repetent; 1755 Prof. der Theologie in Tübingen und Superattendent des Stifts; 1772 zugleich Vizekanzler der Universität; 1779 Kanzler der Universität und Propst an der Stiftskirche.

1719 *Philipp Friedrich Hiller* (1699–1769), Pfarrer und Dichter von Kirchenliedern: 1732 Pfarrer in Neckargröningen, 1736 in Mühlhausen, 1749 in Steinheim.

1721 *Jeremias Friedrich Reuß* (1700–1777), Theologe: 1719 Repetent im Stift; 1731 Hofprediger und Prof. der Theologie in Kopenhagen; 1749 Generalsuperintendent und Oberkonsistorialrat in Schleswig und Holstein; 1757 Prof. der Theologie in

Tübingen, zugleich Kanzler der Universität, Stiftspropst und Abt in Lorch; herzoglicher Rat.

1722 *Georg Wolfgang Krafft* (1701–1754), Mathematiker, Physiker und Astronom: 1731 Prof. der Mathematik in Petersburg, Mitglied der russischen Akademie; 1734 Prof. der Physik ebd.; 1744 Prof. der Mathematik in Tübingen.

1722 *Friedrich Christoph Oetinger* (1702–1782), Theologe: 1731 Repetent; später Pfarrer; 1752 Dekan in Weinsberg; 1766 Prälat in Murrhardt; bekannt durch sein mystisch-theosophisches Gedankengut.

1723 *Christian Friedrich Sattler* (1705–1785): 1735 Archivar in Stuttgart; bekannter Darsteller und Erforscher der württembergischen Geschichte.

1729 *Georg Friedrich Sigwart* (1711–1795), Arzt: 1746 Hofmedicus in Stuttgart; 1753 Prof. der Anatomie und Chirurgie in Tübingen.

1731 *Emanuel Christoph Klüpfel* (1712–1776), Theologe: 1741 Pfarrer in Genf; 1750 Kirchenrat in Gotha; 1752 Oberkonsistorialrat ebd.; 1775 Vizepräsident und Vorsitzender des Oberkonsistoriums von Sachsen-Gotha; bekannt als Begründer des »Gothaischen Hofkalenders«.

1731 *Johann Christian Storr* (1712–1773), Theologe: 1735–44 Pfarrer an verschiedenen Orten; 1744 Hofkaplan in Stuttgart; 1759 Stiftsprediger und Konsistorialrat ebd.; zugleich seit 1765 Prälat in Herrenalb (Verfasser zahlr. praktisch-theologischer Schriften).

1732 *Johann Kies* (1713–1781), Astronom: 1742 Prof. für Mathematik und Physik in Berlin, zugleich Astronom der Sternwarte; 1754 Prof. für Mathematik und Universitätsbibliothekar in Tübingen.

1732 *Gottfried Ploucquet* (1716–1790), Philosoph: 1750 Prof. der Logik und Metaphysik in Tübingen; seit 1748 Mitglied der Berliner Akademie.

1733 *Johann Gottlieb Faber* (1717–1779), Theologe: 1748 Prof. der Geschichte, Beredsamkeit und Dichtkunst in Tübingen; 1752 Prof. der Theologie ebd.; 1767 Konsistorialrat und Prälat, dazu 1773 Oberhofprediger in Stuttgart.

1733 *Johann Friedrich Flattich* (1713–1797), Theologe: Pfarrer u. a. in Münchingen; Verfasser zahlreicher Schriften zur Pädagogik und Theologie.

1738 *Johann Christian Volz* (1721–1783), Pädagoge und Historiker: nach Pfarr- und Schuldienst Prof. der Mathematik und Dichtkunst am Gymnasium in Stuttgart; 1774 Rektor des Gymnasiums in Stuttgart mit der Aufgabe der Schulaufsicht; 1783 Prälat von Bebenhausen.

1739 *Ludwig Joseph Uhland* (1722–1803), Theologe: 1746 Repetent im Stift; 1749 Diakon in Marbach; 1753 Zweiter Diakon an der Stiftskirche in Tübingen; 1761 Prof. der Geschichte ebd.; 1772 Ephorus des Stifts; 1776 Prof. der Theologie und Zweiter Superattendent des Stifts.

1741 *Johann Ludwig Huber* (1723–1800), Jurist und Dichter: 1749 Advokat des Hofgerichts in Stuttgart; 1756 Regierungsrat der Oberamtei Tübingen.

1742 *Karl Heinrich Rieger* (1726–1791), Theologe: 1750 Repetent im Stift; 1754 Diakon in Ludwigsburg; 1757 Hofkaplan in Stuttgart; 1779 Hofprediger ebd.; 1783 Konsistorialrat ebd.

1742 *Balthasar Sprenger* (1724–1791), Theologe, Philosoph, Mathematiker, Förderer der Landwirtschaft: 1749 Repetent im Stift; 1753 Diakon in Göppingen; 1757 Professor und Pfarrer in Maulbronn; 1781 Prälat und Generalsuperintendent von

Adelberg; herzoglicher Rat; Verfasser zahlreicher Schriften zu landwirtschaftlichen Problemen.

1743 *Friedrich Karl Fulda* (1724–1788), Sprach- und Geschichtsforscher: 1748 Feldprediger in Holland; 1751 Garnisonsprediger; 1759 Pfarrer in Mühlhausen, 1787 in Ensingen.

1744 *Magnus Friedrich Roos* (1727–1803), Theologe: 1752 Repetent im Stift; 1755 Stadtvikar in Stuttgart; 1757 Diakon in Göppingen; 1767 Pfarrer in Lustnau und Dekan von Bebenhausen; 1784 Prälat von Anhausen; Verfasser zahlreicher theologischer Schriften.

1744 *Johann Andreas Tafinger* (1728–1804), Theologe und Pädagoge; 1750 Repetent im Stift; 1753 Prof. der Religion und der griechischen und hebräischen Sprache am Gymnasium in Stuttgart; 1783 Rektor ebd. und Pädagogiarch; 1796 herzoglicher Rat und Abt in Hirsau; seit 1753 Mitglied der Berliner Akademie.

1751 *Balthasar Haug* (1731–1792), Theologe und Schriftsteller: 1757–1766 Pfarrer an verschiedenen Orten; 1773 Prof. am Gymnasium in Stuttgart; dazu 1776 Prof. an der Akademie und Prediger an der Stiftskirche.

1752 *Johann Friedrich Le Bret* (1732–1807), Historiker und Theologe: 1761 Repetent und Vikar in Tübingen; 1763 Lehrer am Gymnasium in Stuttgart; 1767 Regierungs- und Konsistorialbibliothekar; 1779 Lehrer der Staatskunde an der Militärakademie, Konsistorialrat und Oberbibliothekar ebd.; 1782 Kanzler der Karlsschule; 1786 Kanzler, erster Prof. der Theologie, Abt von Lorch und Propst der Stiftskirche in Tübingen.

1755 *Christoph Friedrich von Pfleiderer* (1736–1821), Mathematiker: 1766 Prof. der Mathematik und Physik in Warschau, dazu 1774 Direktor des polnischen Kadettencorps; 1781 Prof. der Mathematik und Physik in Tübingen.

1755 *Christian Friedrich Rösler* (1736–1821), Historiker und Theologe: 1760 Repetent im Stift; 1766 Diakon in Vaihingen; 1777 Prof. für Geschichte in Tübingen.

1755 *Johann Ulrich Schwindrazheim* (1736–1813), Theologe und Dichter: nach Tätigkeit als Vikar und Pfarrer 1768 Leiter der Lateinschule in Ludwigsburg; 1775 Pfarrer in Gomadingen.

1756 *Josef Friedrich Schelling* (1737–1812), Theologe und Orientalist: 1766 Repetent im Stift, später Stadtvikar in Stuttgart; 1771 Diakon in Leonberg; 1777 Prof. in Bebenhausen; 1791 Dekan in Schorndorf; 1801 Prälat in Murrhardt; 1807 Prälat und Generalsuperintendent von Maulbronn; Verfasser zahlreicher philologischer Schriften.

1756 *Johann Ferdinand Seiz* (1738–1793), Theologe und Liederdichter: 1766 Repetent im Stift; 1766 Diakon in Besigheim; 1790 Stadtpfarrer in Sindelfingen.

1760 *Christian Friedrich Schnurrer* (1742–1822), Theologe und Orientalist: 1766 Repetent in Göttingen; 1772 Prof. der Philosophie und der orientalischen Sprachen in Tübingen, zugleich 1777 Ephorus des Stifts; 1806–17 Kanzler der Universität Tübingen und Prof. der Theologie.

1761 *Karl Friedrich Harttmann* (1743–1815), Theologe und Liederdichter: 1768 Repetent im Stift; 1774 Prediger und Prof. an der Karlsschule; 1777 Pfarrer in Illingen, später Kornwestheim; 1793 Dekan in Blaubeuren; später an anderen Orten Pfarrer.

1761 *Georg Jonathan von Holland* (1742–1784), Mathematiker und Philosoph: 1765

Untererzieher der Söhne des Herzogs Friedrich Eugen mit dem Titel des Professors in Tübingen; später durch Katharina II. zum kaiserlich-russischen Hauptmann ernannt.

1761 *Johann Gottlieb Steeb* (1742–1799): Theologe und Schriftsteller zur Landwirtschaft; 1767 Hauslehrer in Heilbronn; 1762 Pfarrer in Dirnau, 1787 in Grabenstetten.

1762 *Wolfgang Ludwig Krafft* (1743–1814), Astronom: 1767–1814 Prof. der Astronomie an der Petersburger Akademie.

1762 *Johann Christoph Schwab* (1743–1814), Philosoph und Staatsmann: 1778 Prof. der Logik und Metaphysik an der Karlsschule, dazu 1785 geheimer Sekretär im Staatsministerium, später Geheimer Hofrat in Stuttgart; 1795 Ministerialsekretär; 1816 Mitglied des Oberstudienrates in Stuttgart.

1762 *Gottlob Christian Storr* (1746–1805), Theologe: 1772 Repetent im Stift; 1775 Vikar in Stuttgart; 1775 Prof. der Philosophie in Tübingen; 1777 Prof. der Theologie ebd., dazu 1786 Superattendent des Stifts; 1797 Oberhofprediger in Stuttgart.

1765 *David Christoph Seybold* (1747–1804), Philosoph und Philologe: 1770 Prof. der Philosophie in Jena; 1775 Rektor des Gymnasiums in Speyer; 1779 Prof. am Gymnasium von Buchsweiler im Elsaß; 1796 Prof. der klassischen Literatur in Tübingen.

1765 *Friedrich August Clemens Werthes* (1748–1817), Schriftsteller: 1782 Prof. für Ästhetik an der Karlsschule in Stuttgart; 1784 Prof. der schönen Wissenschaft in Pest; später Leiter des württembergischen Regierungsblattes in Stuttgart mit dem Titel Hofrat.

1767 *Wilhelm Ludwig Hosch* (1750–1811), Pfarrer und Liederdichter: 1781 Pfarrer in Gächingen, 1800 in Aidlingen.

1767 *Christoph Friedrich Parrot* (1751–1812), Gelehrter und Staatsmann: 1782 Prof. der Philosophie in Stuttgart; 1801 Regierungsrat und Geheimer Sekretär in Stuttgart; 1808 Oberamtmann in Marbach, 1810 in Homberg; Verfasser von populären Büchern zu naturwissenschaftlichen und anderen Themen.

1768 *Jakob Friedrich von Abel* (1751–1829), Philosoph: 1772 Prof. der Philosophie in Stuttgart; 1790 Prof. der Philosophie und Leiter des Contuberniums in Tübingen; 1792 Pädagogiarch ob der Steig; 1811 Prälat, Generalsuperintendent von Öhringen und Vorsteher des Seminars von Schöntal; 1823 Generalsuperintendent in Urach, dann in Reutlingen.

1768 *Gottlob Christian Pregizer* (1751–1824), Pfarrer, Begründer der Pregizerianer Gemeinschaft: 1783 Pfarrer in Grafenberg, 1795 in Haiterbach.

1769 *Gottlieb Jakob Planck* (1751–1833), Theologe und Kirchenhistoriker: 1775 Repetent im Stift; 1780 Stadtvikar in Stuttgart; 1781 Prediger und Prof. an der Karlsschule in Stuttgart; 1784–1833 Prof. für Kirchengeschichte in Göttingen; daneben in zahlreichen leitenden kirchlichen Positionen in Hannover und an der Universität in Göttingen.

1770 *Johann Friedrich Christmann* (1752–1817), Pfarrer, Schriftsteller, Komponist: 1777 Hofmeister in Winterthur, 1779 in Karlsruhe; 1783–1817 Pfarrer in Heutingsheim.

1770 *Jeremias David Reuß* (1750–1837), Literaturhistoriker: 1782 Prof. der Philosophie in Göttingen; 1785 Prof. der Gelehrtengeschichte; 1789 Unterbibliothekar ebd.;

1803 königl.-großbrit. Hofrat, später Geheimer Justizrat; 1814 Oberbibliothekar.

1770 *Ludwig Timotheus (Freiherr von) Spittler* (1752–1810), Geschichtsschreiber und Staatsmann: 1777 Repetent im Stift; 1778 Prof. der Philosophie in Göttingen; 1797 Staatsminister in Württemberg; später mit zahlreichen Ehrenämtern versehen.

1771 *Gottlob David Hartmann* (1752–1775), Dichter: 1774 Prof. der Philosophie am akademischen Gymnasium in Mitau.

1772 *Gebhard Ulrich Brastberger* (1754–1813), Philosoph: 1779 Repetent im Stift; später Diakon in Heidenheim, Prof. in Blaubeuren, Rektor des Gymnasiums in Stuttgart; Verfasser philosophischer Schriften.

1772 *Christoph Friedrich Hellwag* (1754–1835), Mediziner, vielseitiger Gelehrter: 1781 Arzt in Gaildorf; 1782 Leibarzt des Prinzen Peter von Holstein-Gottorp in Oldenburg; 1788 Hofrat in Eutin; 1800 Stadtphysikus in Eutin und Landphysikus des Fürstentums Lübeck, dazu Geheimer Hofrat; Verfasser philosophischer, physikalischer, mathematischer u. a. Schriften.

1773 *Friedrich Ferdinand Drück* (1754–1807), Philologe: 1779 Prof. an der Karlsschule, dann am Gymnasium in Stuttgart; dazu 1788 Bibliothekar der öffentlichen Bibliothek; Verfasser zahlreicher Schriften.

1773 *Johann Georg Hutten* (1755–1834), Philologe und Pädagoge: 1776 Gymnasialdirektor in Speyer; 1790 Rektor der anatolischen Schule in Tübingen, dazu Dozent an den Seminaren in Denkendorf, Schöntal und Urach; zuletzt Ephorus in Stuttgart; Herausgeber einer Gesamtausgabe der Werke Plutarchs.

1775 *Johann Friedrich Flatt* (1759–1821), Theologe: 1785 Prof. der Philosophie in Tübingen; 1792 Prof. der Theologie ebd.

1775 *Thomas Wizenmann* (1759–1787), Philosoph und Dichter: 1775 als Famulus im Stift; 1780 Vikar in Esslingen; 1783 Hauslehrer in Barmen.

1777 *Christian Adam Dann* (1758–1837), Theologe, bedeutendster württembergischer Prediger seiner Zeit: Diakon in Göppingen, dann Stuttgart; Pfarrer an verschiedenen Stellen; 1824 Archidiakon an der Stiftskirche in Stuttgart.

1778 *Christoph Gottfried Bardili* (1761–1808), Philosoph: 1768 Repetent im Stift; 1790 Prof. der Philosophie an der Karlsschule; 1795 Prof. am Gymnasium in Stuttgart, dazu Hofrat.

1778 *Karl Friedrich Reinhardt* (1761–1837), Schriftsteller und Diplomat (1809 Baron, 1815 Graf, 1832 Pair von Frankreich): 1783 Vikar in Balingen; 1785 Hauslehrer in der Schweiz; seit 1787 in Frankreich; 1791 in Paris; 1792 im Dienst des auswärtigen Départements, Gesandtschaftssekretär bei zahlreichen diplomatischen Missionen; vom 20. 7. bis 11. 9. 1799 Außenminister Frankreichs; 1816–29 Gesandter beim Deutschen Bundestag; 1829–32 in Dresden; befreundet mit Goethe.

1778 *Johann Friedrich Wurm* (1760–1833), Astronom: 1788 Präzeptor an der Lateinschule in Nürtingen; 1800 Prof. der griechischen und lateinischen Sprachen und der Mathematik am Gymnasium in Blaubeuren; 1807 dasselbe in Stuttgart; Verfasser zahlreicher astronomischer Schriften.

1779 *Johann Friedrich von Gaab* (1761–1832), Theologe und Orientalist: 1784 Hofmeister in Speicher/Kanton Appenzell; 1788 Repetent im Stift; 1792 Prof. der Philosophie in Tübingen; 1798 Prof. extra Senatum und Inspektoratsassessor des Stifts; 1806 Mitglied des Senats und Ephorus des Stifts, dazu 1814 Universitätsbibliothekar; 1815 Prälat und Generalsuperintendent von Tübingen.

1779 *Heinrich Eberhard Gottlob Paulus* (1761–1851), Theologe: 1784 Hauslehrer in Schorndorf; 1786 Vikar ebd.; 1789 Prof. der orientalischen Sprachen in Jena; 1793 Prof. der Theologie ebd.; 1791 Prof. der Theologie in Würzburg; 1807 Kreis- und Schulrat in Bamberg; 1808 in Nürnberg; 1810 in Ansbach; 1811–44 Prof. der Philosophie und Theologie in Heidelberg; ein Hauptvertreter des Rationalismus.

1779 *Karl Friedrich Stäudlin* (1761–1826), Theologe und Philosoph: 1790–1826 Prof. der Theologie in Göttingen; dazu 1803 Konsistorialrat.

1780 *Karl Felix von Seyffer* (1762–1822), Astronom: 1789–1804 Prof. in Göttingen; 1805 Ingénieur-Géographe im Hauptquartier Napoleons; 1806 Vorsteher der Sternwarte in Bogenhausen bei München; 1808 Hofrat und Mitglied des statistisch-topographischen Büros in München; 1815 Direktor ebd.

1781 *Johann Wilhelm von Camerer* (1763–1847), Theologe und Mathematiker: 1800 Diakon an der Leonhardskirche in Stuttgart; 1805 Prof. am Gymnasium ebd.; 1833 mit dem Titel Prälat pensioniert; Verfasser und Herausgeber mathematischer und astronomischer Schriften.

1781 *Karl Philipp Conz* (1762–1827), Übersetzer und Schriftsteller: 1789 Repetent im Stift (Lehrer Hölderlins); 1793 Diakon in Vaihingen; 1798 in Ludwigsburg; 1804 Prof. der klassischen Philologie in Tübingen; Jugendfreund Schillers.

1782 *Karl Friedrich Hipp* (1763–1838), Mathematiker, Philologe und Pädagoge: 1786 Präzeptor an der Lateinschule Wildbad; 1788 Lehrer in Hamburg, Leiter eines Privatinstituts; 1803 Lehrer im Johanneum und dem akademischen Gymnasium in Hamburg; 1805–36 Prof. der Mathematik an diesen Anstalten.

1782 *Johann Friedrich Schlotterbeck* (1765–1840), Dichter: 1788 Lehrer für Latein und Griechisch an der Karlsschule; 1794 Hof-, Theaterdichter und Hoftheatersekretär in Stuttgart; 1817 Kanzleidirektor in Ulm.

1783 *Friedrich Gottlieb Süskind* (1767–1829), Theologe: 1791 Repetent im Stift; 1793 Stadtvikar in Stuttgart; 1795 Diakon in Urach; 1798 Prof. der Theologie in Tübingen, dazu Superattendent im Stift; 1805 Oberhofprediger und Konsistorialrat, später Feldpropst und 1807 Oberstudienrat in Stuttgart; maßgeblich an der liturgischen Neuordnung Württembergs 1805 beteiligt; 1812 Direktor des Oberstudienrats in Stuttgart; 1829 Kommissär über das Katharinenstift ebd.

1784 *Johann Gottlieb Friedrich von Bohnenberger* (1765–1831), Theologe und Naturwissenschaftler: 1789 Pfarrvikar in Altburg; 1796 Adjunkt der Sternwarte in Tübingen; 1798 Prof. in Tübingen, lehrte Mathematik, Physik, Astronomie und Geodäsie; Begründer und Leiter der württemberg. Landesvermessung.

1784 *Johann Friedrich Hauff* (1766–1846), Naturwissenschaftler: 1790 Hofmeister in Wetzlar; 1794 Prof. der Philosphie in Marburg; 1809 Direktor des technischen Instituts in Augsburg; 1811 Forst-, Berg- und Hüttendirektor in Mähren; 1815 Lehrer der Mathematik am Gymnasium in Köln; 1817–30 Prof. der Chemie in Gent.

1784 *Friedrich Immanuel Niethammer* (1766–1848), Theologe und Pädagoge: 1792 Dozent in Jena (enger Kontakt zu Goethe, Schiller und Fichte); 1793 Prof. der Philosophie ebd.; 1795 Prof. der Theologie ebd.; 1803 Prof. der Theologie in Würzburg; 1806 Landesdirektionsrat für Schul- und Kirchenwesen in Bamberg; 1808 Zentralschulrat und Oberkirchenrat in München; 1818–48 Oberkonsistorialrat ebd.; reformierte das bayerische Schulwesen.

1786 *Ernst Gottlieb Bengel* (1769–1826), Theologe: 1793 Repetent im Stift; 1800 Diakon in Marbach; 1806 Prof. der Theologie in Tübingen, dazu 1820 Prälat und 1822 Propst der St. Georgskirche ebd.

1786 *Rudolf Friedrich Heinrich Magenau* (1767–1846), Schriftsteller: im Stift Freund Hölderlins und Neuffers; 1794 Pfarrer in Niederstotzingen, 1819 in Hermaringen.

1786 *Christian Ludwig Neuffer* (1769–1839), Dichter: 1791 Hilfsgeistlicher in Stuttgart; 1792 Prediger am Waisenhaus; 1803 Diakon in Weilheim; 1808 Pfarrer in Zell u. A.; 1819 Stadtpfarrer am Münster und Schulinspektor in Ulm; mit Hölderlin befreundet.

1788 *Georg Wilhelm Friedrich Hegel* (1770–1831), Philosoph: 1793–96 Hauslehrer in Bern, 1797–1800 in Frankfurt; 1801 Privatdozent in Jena; 1808–16 Rektor des Nürnberger Gymnasiums; 1816 Prof. in Heidelberg; 1818 Prof. in Berlin.

1788 *Johann Christian Friedrich Hölderlin* (1770–1843), Dichter: 1796 Hofmeister in Frankfurt; 1798 in Homburg v. d. H.; 1800 Hauslehrer in Hauptwil bei Konstanz, 1802 in Bordeaux; 1802 in Nürtingen; seit 1806 in Tübingen.

1789 *Karl Wilhelm Friedrich von Breyer* (1771–1818), Historiker und Schriftsteller: 1794 Erzieher in Stuttgart; 1803 Prof. in Jena; 1804 Prof. der Geschichte und Statistik an der Universität in Landshut; 1807 Prof. der Geschichte am Lyceum in München.

1789 *Karl Christian Flatt* (1772–1843), Theologe: 1803 Diakon in Cannstatt; 1804 Prof. der Theologie in Tübingen; 1813 Stiftsprediger und Konsistorialrat in Stuttgart; 1829 Direktor des Oberstudienrates ebd.

1790 *Johann Christian von Pfister* (1772–1835), Historiker und Theologe: 1806 Diakon in Vaihingen; 1813 Pfarrer in Untertürkheim; 1832 Prälat und Generalsuperintendent in Tübingen; Verfasser zahlreicher Schriften zu geschichtlichen Themen.

1790 *Friedrich Wilhelm Joseph Schelling* (1775–1854), Philosoph: 1798 Prof. der Philosophie in Jena; 1803 Prof. der Naturphilosophie in Würzburg; 1806 Generalsekretär der Akademie der bildenden Künste in München; 1820–26 in Erlangen; 1826 Prof. der Philosophie in München; 1841 Prof. in Berlin.

1790 *Karl Friedrich Adolf Steinkopf* (1773–1859), Theologe: 1801 Prediger in London; 1808 auswärtiger Ehrensekretär der Traktatgesellschaft ebd.; Mitbegründer von 40 Bibelgesellschaften in ganz Europa und der Basler Missionsgesellschaft (1815), verband die kontinentale und die englische Erweckungsbewegung.

1791 *Karl Friedrich Hauber* (1775–1851), Mathematiker, Historiker und Philologe: 1800 Repetent im Stift; 1802 Prof. in Denkendorf, später in Schöntal; zuletzt Prälat und Ephorus in Maulbronn; Verfasser zahlreicher Schriften zu mathematischen Problemen.

1791 *Johann Wilhelm Andreas Pfaff* (1774–1835), Mathematiker und Astronom: 1800 Repetent im Stift; 1803 Prof. der Mathematik in Dorpat, dazu Hofrat und Sternwartendirektor ebd.; 1809 Prof. am Realinstitut in Nürnberg; 1817 Prof. der Mathematik in Würzburg; 1818 in Erlangen.

1792 *Jonathan Friedrich Bahnmaier* (1774–1841), Theologe: 1806 Diakon in Marbach; 1810 in Ludwigsburg; 1815 Prof. der Theologie in Tübingen; 1819 Dekan in Kirchheim.

1792 *Bernhard Gottlieb Denzel* (1773–1838), Theologe und Pädagoge: 1806 Pfarrer in Pleidelsheim; 1811 erster Leiter des neugegründeten württembergischen Lehrerseminars in Esslingen; Anhänger Pestalozzis; Mitbegründer weiterer Seminare außerhalb Württembergs; 1832 Prälat.

1792 *Carl August Zeller* (1774–1840), Pädagoge: 1798 Pfarrer in Brünn in Mähren; 1803 in Burgdorf bei Pestalozzi; verbreitete auf Reisen durch Deutschland Pestalozzis Gedanken; 1805 Prediger und Gymnasiallehrer in St. Gallen; 1806 in Zürich; 1808 Regierungs- und Schulrat in Königsberg; Begründer des königlichen Waisenhauses als Musterschule und Lehrerseminar; 1834 Gründer, dann Geistlicher der Anstalt Lichtenstern.

1794 *Nathanael Friedrich Köstlin* (1776–1855), Theologe: 1808 Diakon in Tübingen; 1812 Prof. der Theologie ebd.; 1815 Dekan, dann Oberkonsistorialrat in Stuttgart; 1835 Prälat und Generalsuperintendent in Tübingen.

1794 *Johann Daniel Georg Memminger* (1773–1840), Geograph und Statistiker: 1798 Adjunkt, dann Hauptlehrer an der Lateinschule Cannstatt; 1820 Mitbegründer, dann Leiter des statistisch-topographischen Landesamtes in Stuttgart; Verfasser zahlreicher Schriften zu Fragen der Naturkunde, Archäologie, Geschichte und Statistik.

1796 *Philipp Joseph Rehfues* (1779–1843), Schriftsteller und langjähriger Kurator der Universität Bonn: nach zahlreichen Reisen und literarischer Tätigkeit (Reisebeschreibungen, histor. Romane) 1815 Leiter des Kreisdirektoriums in Bonn; 1819 bis 42 Kurator der Universität ebd., deren Entwicklung er maßgebend mitbestimmt hat.

1796 *Christoph Friedrich Schmidlin* (1780–1830), Staatsmann: 1803 Oberamtmann in Schöntal, 1810 in Freudenstadt, 1814 in Urach; 1818 Oberregierungsrat in Stuttgart; 1819 Regierungskommissär bei der Ständeversammlung in Ludwigsburg; 1821 Staatsrat; 1827 Innenminister Württembergs.

1797 *Wilhelm Ludwig Christmann* (1780–1835), Theologe und Mathematiker: 1816 Pfarrer in Gruibingen, 1819 in Heimerdingen; Verfasser mathematischer Schriften.

1797 *Johann Christian Friedrich Steudel* (1779–1835), Theologe: 1805 Repetent im Stift; 1810 Diakon in Stuttgart, 1812 in Tübingen; 1815–37 Prof. der Theologie, dazu 1826 Frühprediger und Superattendent des Stifts in Tübingen.

1797 *Christian Heinrich Zeller* (1779–1860), Pädagoge: 1801–03 Lehrer in Augsburg; 1803 Leiter einer Privatschule in St. Gallen; 1809 Leiter des Schulwesens in Zofingen; gründete 1820 als Pestalozzi-Anhänger in Beuggen eine Anstalt für verwahrloste Kinder und ein Armenschullehrerseminar, Leiter der Anstalt bis 1860.

1798 *Christian Gottlieb Blumhardt* (1779–1838), Theologe: 1803 Sekretär der deutschen Christentumsgesellschaft; 1804 Mitbegründer der Basler Bibelgesellschaft; 1809 Pfarrer in Bürg; 1816–38 Inspektor der Basler Missionsschule.

1805 *Gottlieb Lukas Friedrich Tafel* (1787–1860), Philologe: 1810 Hauslehrer bei Graf Reventlow in Holstein; 1815 Repetent im Stift; 1818–46 Prof. für alte Literatur in Tübingen; seit 1846 korrespondierendes Mitglied der Petersburger Akademie; Pionier der byzantinischen Studien in Deutschland.

1807 *Karl Ludwig Roth* (1790–1868), Pädagoge: 1821 Gymnasialrektor und Professor am Gymnasium in Nürnberg; 1843 Ephorus in Schöntal; 1850 Rektor des Gymnasiums in Stuttgart; 1858 Prälat; 1859–67 Privatdozent in Tübingen; Verfasser von zahlreichen pädagogischen und philologischen Schriften.

1807 *Heinrich Christoph Wilhelm Sigwart* (1789–1844), Philosoph und Geschichtsschreiber der Philosophie; 1812 Hofmeister beim Fürsten von Hohenlohe-Langenburg; 1813 Repetent im Stift; 1816–41 Prof. der Philosophie in Tübingen, dazu 1836 Ephorus im Stift; 1841 Prälat und Generalsuperintendent in Schwäbisch Hall, dazu Mitglied des Studienrates.

1808 *Friedrich Heinrich Kern* (1790–1842), Theologe: 1814 Repetent im Stift; dann Prof. in Blaubeuren; 1826 Prof. der Theologie in Tübingen, dazu Frühprediger in der Stiftskirche.

1808 *Friedrich Wilhelm Klumpp* (1790–1868), Pädagoge: 1814 Lehrer in Vaihingen/Enz, 1816 in Leonberg, 1821 am Gymnasium in Stuttgart, 1831 in Stetten; 1848 Rat und Referent für die realistischen Lehranstalten im Studienrat; Verfasser pädagogischer Schriften.

1809 *Ferdinand Christian Baur* (1792–1860), Theologe: 1816 Repetent im Stift; 1817 Prof. im Seminar Blaubeuren; 1826–60 Prof. an der Universität Tübingen; dazu 1837–60 Superattendent im Stift; bedeutend als Kirchen- und Dogmenhistoriker.

1809 *Johann Ernst Osiander* (1792–1870), Theologe: 1817 Repetent im Stift; 1820 Diakon in Metzingen; 1824 Prof. am Seminar in Maulbronn; 1840 Dekan in Göppingen; Verfasser von theologischen Schriften und biblischen Kommentaren.

1809 *Gustav Schwab* (1792–1850), Dichter, Schriftsteller und Pfarrer: 1817 Prof. am Gymnasium Stuttgart; 1837 Pfarrer in Gomaringen; 1841 Pfarrer und Dekan in Stuttgart; 1845 Oberkonsistorialrat und Oberstudienrat; bekannt durch »Die schönsten Sagen des classischen Altertums« und andere Werke.

1810 *Ernst Friedrich Glocker* (1793–1858), Mineraloge: 1818 Lehrer der Naturwissenschaft in Breslau; 1834–54 Prof. der Mineralogie und Direktor der mineralogischen Sammlung in Breslau.

1811 *Ludwig Friedrich Heyd* (1792–1842), Pfarrer, Historiker: 1816 Repetent im Stift; 1820 Diakon, 1824 Pfarrer in Markgröningen; verfaßte Schriften zu Fragen der Archäologie, vergleichenden Sprachkunde und württembergischen Geschichte.

1811 *Johann Ludwig Friedrich Glück* (1793–1840), Lieder-Komponist und Pfarrer: als solcher zuletzt in Schornbach.

1811 *Friedrich Josef Pythagoras Riecke* (1794–1876), Mathematiker: 1818 Repetent im Stift; 1822 Privatdozent der Mathematik in Tübingen; 1823 Prof. der Mathematik und Physik in Hohenheim; dazu 1850 Mitglied des Studienrates; 1852 mit dem Titel Oberstudienrat.

1812 *Karl Friedrich Haug* (1795–1869), Historiker: 1819 Repetent im Stift; 1821–60 Professor der Geschichte in Tübingen.

1812 *Karl Friedrich Jäger* (1794–1842), Geschichtsschreiber: 1820 Pfarrer in Bürg, 1841 in Münchingen; verfaßte Abhandlungen zur württembergischen Geschichte.

1812 *Karl Pfaff* (1795–1866), Geschichtsschreiber: 1818 Lehrer an der Lateinschule in Esslingen; leitete 1847 das erste deutsche Sängerfest in Plochingen; 1849 Präsident des schwäbischen Sängerbundes; 1862 Mitbegründer des deutschen Sängerbundes; Verfasser zahlreicher Schriften zur württembergischen Geschichte.

1812 *Wilhelm Heinrich Theodor Plieninger* (1795–1879), Naturkundler: 1823 Prof. am Katharinenstift in Stuttgart; 1832 wissenschaftlicher Sekretär der landwirtschaftlichen Zentralstelle; 1858 Oberstudienrat und Mitglied des statistisch-topographischen Büros; 1862 Geheimer Sekretär der Königin Pauline von Württemberg; verfaßte Schriften zur wissenschaftlichen Naturkunde Württembergs.

1812 *Friedrich von Römer* (1794–1864), Rechtsanwalt und Politiker: 1813 im Militärdienst; 1831 württembergischer Kriegsrat; 1831–38 mit Uhland, Schott, Pfizer u. a. Abgeordneter der freisinnigen Opposition im württembergischen Landtag; 1848/49 Märzminister und »als Wilder« Mitglied der Frankfurter Nationalversammlung; 1851–63 Präsident der zweiten Kammer.

1812 *Christian Friedrich Schmid* (1794–1852), Theologe: 1818 Repetent im Stift; 1821 Prof. der Theologie in Tübingen, dazu 1841 Superattendent im Stift.

1813 *August Friedrich Pauly* (1796–1845), klassischer Philologe: 1819 Repetent im Stift; 1822 Rektor der Lateinschule in Biberach; 1828 Prof. am Gymnasium in Heilbronn, 1830 in Stuttgart; Verfasser von Schriften zur klassischen Philologie; Herausgeber der »Real-Encyklopädie der class. Alterthumswissenschaft«.

1813 *Wilhelm Friedrich Ludwig von Bäumlein* (1797–1865), Pädagoge und Schulmann: 1820 Diakon und Präzeptor der lateinischen Schule Langenburg; 1827 Präzeptor der lateinischen Schule Biberach; 1835 Prof. am Gymnasium Heilbronn; 1845 Prof. im Seminar Maulbronn; 1845 Ephorus ebd.; 1857 Rat beim Studienrat in Stuttgart; Verfasser von theologischen, philologischen und pädagogischen Schriften.

1815 *Gustav Adolf Cornaro Riecke* (1797–1883), Pfarrer und Pädagoge: 1821 Repetent im Stift; 1824 Diakon in Bietigheim; 1828 Pfarrer in Gutenberg; 1832 Oberinspektor des Waisenhauses Weingarten; 1838 Rektor des Schullehrerseminars in Esslingen; 1849/50 Landtagsabgeordneter; 1851 Pfarrer in Loffenau, 1861 in Neuffen; Verfasser von pädagogischen Schriften.

1816 *Ludwig Hofacker* (1798–1828), Erweckungsprediger: 1820 Vikar in Stetten, dann in Plieningen, 1822 an der Leonhardskirche in Stuttgart; 1824 Pfarrverweser ebd.; 1826 Pfarrer in Rielingshausen.

1816 *Albert Knapp* (1798–1864), Theologe und Lyriker: 1825 Diakon in Sulz, 1831 in Kirchheim, 1836 in Stuttgart; 1845 Stadtpfarrer an der Leonhardskirche ebd.

1816 *Karl August Mebold* (1798–1854), Publizist: 1821 Repetent im Stift; 1825–27 wegen burschenschaftlicher Tätigkeit gefangen auf dem Hohenasperg; 1827 Literat in Stuttgart, Hauptmitarbeiter der Cotta'schen Buchhandlung; 1842 Redakteur der Allgemeinen Zeitung in Augsburg.

1817 *Christan Gottlob Barth* (1799–1862), Schriftsteller und Pfarrer: 1824 Pfarrer in Möttlingen, 1838 in Calw; Gründer des Calwer Verlagsvereins; verfaßte zahlreiche Kinder- und Schulschriften, populäre Geschichtswerke, Erzählungen, Gedichte usw.

1817 *Johann Jakob Christian Donner* (1799–1875), klassischer Philologe: 1823 Repetent im Stift; 1827 Gymnasialprof. in Ellwangen, 1843 in Stuttgart; Übersetzer zahlreicher Werke griechischer Dichter.

1817 *Johann Friedrich Immanuel Tafel* (1796–1863), Philosoph: Universitätsbibliothekar, später Prof. der Philosophie in Tübingen; Verfasser zahlreicher philosophischer Schriften.

1818 *Christian Friedrich Kling* (1800–1862), Theologe: 1826 Diakon in Waiblingen; 1832 Prof. der Theologie in Marburg, 1842 in Bonn; 1849 aus gesundheitlichen Gründen Bonn verlassen; Pfarrer in Ebersbach; 1851 Dekan in Marbach.

1818 *Julius Mohl* (1800–1876), Orientalist: 1826 Prof. der morgenländischen Literatur in Tübingen, bald jedoch zu Studien in Paris; 1841 Sekretär der Société asiatique in Paris, später deren Präsident; 1847 Prof. des Persischen am Collège de France in Paris.

1819 *Karl Grüneisen* (1802–1878), Theologe: 1825 Hofkaplan und Feldprediger der württembergischen königlichen Garden; 1835 Hofprediger und Oberkonsistorialrat in Stuttgart; Verfasser von Schriften zu Liturgik und Theologie.

1819 *Karl Heinrich Stirm* (1799–1873), Theologe: 1828 Pfarrer in Unterensingen; 1835 Hofkaplan und Oberkonsistorialrat in Stuttgart, letzteres bis 1873; von großem Einfluß auf die Gestaltung des Schulwesens in Württemberg.

1819 *Ernst Christian Friedrich Walz* (1802–1857), Altertumswissenschaftler: 1825 Repetent im Stift; 1832–57 Prof. der alten Literatur in Tübingen, dazu 1842–49 Ephorus des Stifts.

1820 *Stephan Ludwig Roth* (1796–1849), Volksführer der Siebenbürger Sachsen: 1818 bis 20 Mitarbeiter Pestalozzis; seit 1823 in Siebenbürgen Schulmann und Pfarrer; Vorkämpfer gegen den ungarischen Nationalismus; 1849 vom ungarischen Aufständischengericht zum Tode verurteilt.

1820 *Wilhelm Hauff* (1802–1827) Schriftsteller: 1824 Hauslehrer in Stuttgart; 1826 Redakteur ebd., Verfasser des »Lichtenstein«.

1820 *Georg Friedrich Heinrich Rheinwald* (1802–1849), Theologe: 1830 Prof. der Theologie in Berlin, 1833–36 in Bonn.

1820 *Christian Friedrich Wurm* (1803–1859), Historiker und Publizist: 1825 in London; 1833–58 Prof. für Geschichte am akademischen Gymnasium Hamburg; Abgeordneter des Frankfurter Parlaments 1848.

1821 *Ludwig Amandus Bauer* (1803–1846), Dramatiker und Romanschriftsteller: Freund Waiblingers und Mörikes; 1825 Pfarrer in Ernsbach; 1831 Lehrer in der Anstalt Stetten i. R.; 1835 Gymnasialprof. in Stuttgart.

1821 *August Friedrich Gfrörer* (1803–1861), Historiker: 1828 Repetent im Stift; 1829 Stadtvikar in Stuttgart; 1830 Bibliothekar ebd.; 1846–61 Prof. der Geschichte in Freiburg; Abgeordneter im Frankfurter Parlament 1848; 1853 konvertiert zur kath. Kirche.

1821 *Christian Heinrich Nagel* (1803–1882), Mathematiker: 1827 Mathematiker am Lyzeum in Tübingen; 1830 Mathematik-Prof. am Gymnasium in Ulm; 1844 Rektor des Realinstitutes ebd.; Verfasser mathematischer Schriften.

1821 *Karl Adolf Schmid* (1804–1887), Pädagoge: 1829 Präzeptor in Göppingen; 1838 Leiter des Pädagogiums in Esslingen; 1852 Rektor des Gymnasiums in Ulm; 1859 Rektor des Gymnasiums in Stuttgart; Verfasser pädagogischer Werke.

1822 *Johann Tobias Beck* (1804–1878), Theologe: 1827 Pfarrer in Waldthann; 1829 Stadtpfarrer in Bad Mergentheim; 1836 Prof. der Theologie in Basel; 1843 Prof. der Systematischen Theologie in Tübingen.

1822 *Eduard Mörike* (1804–1875), Dichter: 1834–43 Pfarrer in Cleversulzbach; 1851–66 Lehrer am Katharineum in Stuttgart.

1822 *Matthias Schneckenberger* (1804–1848), Theologe: 1827 Repetent im Stift; 1831 Pfarrer in Herrenberg; 1834–48 Prof. für Systematische Theologie in Bern.

1822 *Wilhelm Waiblinger* (1804–1830), Schriftsteller: seit 1826 in Italien.

1823 *Theodor Eisenlohr* (1805–1869), Theologe: 1823 Repetent im Stift; 1833 Diakon in Marbach; 1838 Diakon in Tübingen; 1843 erster Rektor des Lehrerseminars in Nürtingen.

1823 *Eduard Elwert* (1805–1865), Theologe: 1827 Repetent; 1832 Diakon in Nagold; 1836–37 Prof. der Theologie in Zürich; 1839–41 Prof. der Theologie in Tübingen; 1850 Ephorus des Seminars in Schöntal.

1823 *Julius Hartmann* (1806–1879), Theologe und Kirchenhistoriker: 1833 Diakon in Neuenstadt, dann Böblingen; 1843 Dekan und Bezirksschulinspektor in Aalen, später in Tuttlingen; Verfasser von Werken zur Kirchengeschichte Württembergs.

1823 *Wilhelm Hofacker* (1805–1848), Theologe: 1828 Vikar bei seinem Bruder Ludwig in Rielingshausen; 1829 Repetent im Stift; 1833 Diakon in Waiblingen; 1835–48 Pfarrer an der Leonhardskirche in Stuttgart.

1823 *Sixt Karl Kapff* (1805–1879), Theologe: 1833 Repetent, später Pfarrer in Korntal; 1843 Dekan in Münsingen, seit 1847 in Herrenberg; 1850 Prälat in Reutlingen; 1852–79 Prediger an der Stiftskirche in Stuttgart.

1824 *Johann Christoph Blumhardt* (1805–1880), Theologe: 1829 Vikar in Dürrmenz; 1830 Lehrer am Missionshaus in Basel; 1838 Pfarrer in Möttlingen; 1852–80 in Boll.

1824 *Ludwig (Louis) Hetsch* (1806–1872), Musiker, Dirigent und Komponist: 1828 Musiklehrer in Tübingen, später in Kirchheim und Stuttgart; bis 1846 Musikdirektor in Heidelberg; danach Musik- und Chordirektor in Mannheim.

1824 *Wilhelm Hoffmann* (1806–1873), Theologe: 1832 Repetent im Stift; 1834 Diakon in Winnenden; 1839 Missionsinspektor, seit 1843 zusätzlich Prof. der Theologie in Basel; 1850 Stiftsephorus und Prof. der Theologie in Tübingen; 1852 Oberhof- und Domprediger Friedrich Wilhelms IV. in Berlin, dazu 1853–73 Generalsuperintendent der Kurmark und Mitglied des Oberkirchenrats in Preußen.

1824 *Ottmar Schönhuth* (1806–1864), Pfarrer und Historiker: 1837 Pfarrer in Dörzbach, 1842 in Wachbach, 1854 in Edelfingen; Verfasser zahlreicher Chroniken und landeshistorischer Schriften.

1824 *Adolf Steudel* (1805–1887), Jurist und Philosoph: 1846 Anwalt bei der Hofbank in Stuttgart; 1846 Obertribunalinspektor, seit 1849 im Staatsgerichtshof; Verfasser philosophischer Schriften.

1825 *Ernst Friedrich Kauffmann* (1803–1856), Musiker und Komponist: Gymnasialprof. in Heilbronn und Stuttgart.

1825 *Friedrich Julius Krais* (1807–1878), Pfarrer und Dichter: seit 1833 Pfarrer an verschiedenen Orten, zuletzt in Ofterdingen.

1825 *Christian Märklin* (1807–1849), Pfarrer und Pädagoge: 1830 Vikar in Brackenheim; 1833 Repetent im Stift; 1834 Diakon in Calw; 1840 Gymnasialprof. in Heilbronn; Verfasser theologischer Werke.

1825 *Wilhelm Nast* (1807–1899), Theologe: 1828 nach USA ausgewandert; Vater des deutschen Methodismus in den USA; 1864–92 Präsident des deutschen Wallace College, Berea.

1825 *Gustav Pfizer* (1807–1890), Dichter und Kritiker: 1830 Vikar in Stuttgart; 1832 Repetent im Stift; 1834 Schriftsteller in Stuttgart; 1846 Prof. am Stuttgarter Gymnasium; 1849 Abgeordneter des württembergischen Landtags.

1825 *David Friedrich Strauß* (1808–1874), Theologe: 1832–35 Repetent im Stift, dann freier Schriftsteller; Verfasser des »Leben Jesu« und der »Christlichen Glaubenslehre«; 1849 Abgeordneter des württembergischen Landtags.

1825 *Friedrich Theodor Vischer* (1807–1889), Ästhetiker: 1829 Vikar in Horrheim; 1831

Repetent in Maulbronn; 1833 im Stift; 1837 Prof. für Ästhetik und Literaturgeschichte in Tübingen; Abgeordneter im Frankfurter Parlament 1848; 1855 Prof. am Polytechnikum in Zürich; 1866–77 in Stuttgart.

1825 *Wilhelm Zimmermann* (1807–1878), Theologe und Historiker: 1840–47 Pfarrer in Dettingen, dann Hülben; 1847 Prof. am Polytechnikum in Stuttgart; Abgeordneter im Frankfurter Parlament 1848; Landtagsabgeordneter 1851–54; 1854 Pfarrer in Leonbronn, 1864 in Schnaitheim, 1872 in Owen; Verfasser zahlreicher, meist populärer Geschichtsbücher.

1826 *Karl Hirzel* (1808–1874), Lehrer und Philologe: 1834 Repetent im Stift; 1845 Prof. am Seminar Maulbronn; 1852 Oberstudienrat in Stuttgart; 1857 Prof. der Philologie in Tübingen; 1864 zusätzlich Rektor des Gymnasiums ebd.

1827 *Eduard Emil Koch* (1809–1871), Theologe und Hymnologe: 1830 Vikar in Eningen; 1837 Pfarrer in Großaspach; 1847 Stadtpfarrer in Heilbronn; 1853–57 Superintendent ebd.; Verfasser musikhistorischer Werke.

1827 *Isaak August Dorner* (1809–1884), Theologe: 1834 Repetent am Stift; 1838 Prof. der Theologie in Tübingen, 1839 in Kiel, 1843 in Königsberg, 1847 in Bonn, 1853 in Göttingen, 1862 in Berlin.

1827 *Eduard Eyth* (1809–1884), Dichter und Übersetzer: 1835 Oberpräzeptor in Kirchheim; 1841 Prof. am Seminar Schöntal; 1865 Ephorus ebd.; 1868–77 Ephorus am Seminar Blaubeuren.

1827 *Karl Theodor Griesinger* (1809–1884), Schriftsteller: bis 1835 Vikar in Trossingen und Freudenstadt, seither Schriftsteller und Redakteur in Stuttgart; 1852–57 in USA, seit 1857 wieder in Stuttgart.

1827 *Maximilian Albert Landerer* (1810–1878), Theologe: 1835 Repetent im Stift; 1839 Diakon in Göppingen; 1840–78 Prof. der Theologie in Tübingen, dazu 1860 Inspektor des Stifts.

1827 *Hermann Reuchlin* (1810–1873), Historiker: 1842 Pfarrer in Pfrondorf; seit 1857 als Schriftsteller in Stuttgart.

1827 *Gustav Werner* (1809–1887), Theologe, Anstaltsbegründer: 1834 Vikar in Walddorf, 1840 in Reutlingen; Gründer der »Gustav-Werner-Stiftung«.

1828 *Adalbert Keller* (1812–1883), Germanist und Romanist: 1835 Privatdozent in Tübingen; 1837 Bibliothekar ebd.; 1841 Prof. für Philologie und Oberbibliothekar in Tübingen, dazu 1858 Rektor der Universität.

1828 *Christian Palmer* (1811–1875), Theologe: 1839 Diakon in Marbach, 1843 in Tübingen; 1851 Dekan in Tübingen; 1852 Prof. für Moral- und Praktische Theologie; 1870–72 im württembergischen Landtag.

1828 *Jakob Friedrich Reiff* (1810–1879), Philosoph: 1837 Repetent im Stift; 1844–77 Prof. der Philosophie in Tübingen.

1828 *Ludwig Seeger* (1810–1864), Dichter und Politiker: 1835 Gymnasialprof. für alte Sprachen und Dozent an der Universität Bern; 1848 Redakteur in Ulm, 1850 in Stuttgart; 1850–64 Abgeordneter des Landtags.

1829 *Adolf Friedrich Fischer* (1811–1877), Theologe und Historiker: 1835 Pfarrer in Forchtenberg; 1838 Diakon in Öhringen; 1847 Pfarrer ebd.; 1875 Dekan ebd.; Kirchenhistoriker Hohenlohes.

1829 *Joseph Josenhans* (1812–1884), Theologe: 1838 Repetent im Stift; 1839 Oberhelfer in Winnenden; 1849–79 Inspektor der Basler Mission in Basel.

1829 *Gotthard Viktor Lechler* (1811–1888), Theologe: 1834 Repetent im Stift; 1858–88 Prof. der Theologie in Leipzig; zugleich Pfarrer und Superintendent an der Thomaskirche ebd.

1829 *Hermann Friedrich Mögling* (1811–1881), Missionar: 1835–60 in Indien; 1861–69 Pfarrer in Untergruppenbach.

1829 *Gustav Friedrich Oehler* (1812–1872), Theologe: 1834–37 theologischer Lehrer am Basler Missionshaus; 1837 Repetent im Stift; 1840 Prof. am Seminar in Schöntal; 1844 Prof. der Theologie in Breslau; 1852–72 Prof. des Alten Testaments in Tübingen, zugleich Ephorus des Stifts; 1861 Rektor der Universität.

1830 *Adolf Helfferich* (1813–1894), Philosoph: zunächst Lehrer in Frankfurt, dann Hauslehrer in Paris; 1842–66 Privatdozent und Prof. der Philosophie in Berlin.

1830 *Karl Gustav Reuschle* (1812–1875), Schriftsteller und Mathematiker: 1835 Repetent im Stift; 1840 Gymnasialprof. in Stuttgart.

1831 *Hermann Gundert* (1814–1893), Missionar und Schriftsteller, Bibelübersetzer: bis 1860 im Dienst der Basler Mission in Indien; 1862–93 Leiter des Calwer Verlagsvereins.

1831 *Hermann Kurz* (1813–1873), Schriftsteller und Übersetzer: 1835 Vikar in Ehningen; 1836 freier Schriftsteller und Übersetzer in Stuttgart, 1858 in Oberesslingen, 1862 in Kirchheim; 1862 als Unterbibliothekar in Tübingen.

1831 *Eduard Zeller* (1814–1908), Theologe und Philosophiehistoriker: 1839 Repetent im Stift; 1840 Privatdozent in Tübingen; 1847 Prof. der Philosophie in Bern, 1849 in Marburg, 1862 in Heidelberg, 1872–94 in Berlin.

1832 *Karl Gerok* (1815–1890), Theologe und Dichter: 1837 Vikar in Stuttgart; 1840 Repetent im Stift; 1849–90 in verschiedenen kirchlichen Ämtern in Stuttgart, zuletzt als Oberhofprediger, Konsistorialrat und Prälat.

1832 *Christoph Hoffmann* (1815–1885); Gründer der »Templer«: 1840 Lehrer in Ludwigsburg; Abgeordneter im Frankfurter Parlament 1848; 1853 Inspektor der Evangelistenschule in Chrischona; 1856 Gründung der Tempelgesellschaft auf dem Kirschenhardthof bei Marbach; 1866 mit seinen Anhängern nach Palästina ausgewandert.

1832 *Gustav Rümelin* (1815–1889), Politiker und Soziologe: 1836 Vikar in Heilbronn; 1838 Repetent in Schöntal, dann Lehrer an verschiedenen Orten; 1845 Rektor der Lateinschule in Nürtingen; 1852 Oberstudienrat im Kultusministerium; 1856–61 Kultusminister von Württemberg; seit 1867 Prof. für Statistik und Philosophie in Tübingen.

1835 *Georg Herwegh* (1817–1875), Dichter, Revolutionär: seine Gedichte hatten als Wegbereiter der Revolution 1848–49 stärkste Wirkung.

1836 *Karl Christian Planck* (1819–1880), Philosoph: 1844 Repetent im Stift; 1848 Privatdozent in Tübingen; 1854 Gymnasialprof. in Ulm; 1879 Ephorus in Blaubeuren.

1836 *Albert Schwegler* (1819–1857), Philosoph, Theologe und Historiker: 1843 Privatdozent in Tübingen; 1848 Prof. für römische Literatur und Altertümer ebd.; weitverbreitet seine »Geschichte der Philosophie im Grundriß« (17. Aufl. 1950).

1837 *Wolfgang Friedrich Geß* (1819–1891), Theologe: 1846 Repetent im Stift; 1846 neben Ritschl Prof. für Systematische Theologie und Exegese in Göttingen, 1871 in Breslau; 1880 Generalsuperintendent in Posen.

1837 *Karl Reinhold Köstlin* (1819–1894), Theologe und Philosoph: 1853 Prof. der Theologie in Tübingen; 1858 Prof. der Philosophie ebd.

1838 *Karl Lechler* (1820–1903), Theologe: zuletzt Prälat und Generalsuperintendent in Ulm, machte sich u. a. um den »charakteristisch protestantischen Kirchenbau« verdient.

1838 *Walter Rudolf von Roth* (1821–1895), Indologe (Sanskritist): 1845 Privatdozent der morgenländischen Sprachen in Tübingen; 1848–95 Prof. ebd.; Hauptbegründer der Studien des Weda in Deutschland.

1838 *Wilhelm Sigmund Teuffel* (1820–1878), Philologe: 1844 Privatdozent der klassischen Philologie in Tübingen; 1849–78 Prof. der klassischen Philologie ebd.

1838 *Julius Zech* (1821–1864), Astronom: 1845 Privatdozent für Mathematik in Tübingen; 1852 Prof. und Direktor der Sternwarte ebd.

1840 *Christian Friedrich August Dillmann* (1823–1894), Orientalist und Theologe: 1848 Stiftsrepetent; 1853 Prof. in Tübingen; 1854 Prof. der Philosophie in Kiel; 1864 Prof. der Theologie in Gießen; 1869–94 Prof. der Theologie in Berlin.

1840 *Eduard Faber* (1822–1907), Jurist und Politiker: 1878–1906 Justizminister Württembergs in Stuttgart.

1840 *Immanuel Faißt* (1823–1894), Organist, Pianist und Komponist: seit 1857 Direktor des Konservatoriums für Musik in Stuttgart.

1840 *Karl Heinrich von Weizsäcker* (1822–1899), Theologe: 1847 Privatdozent in Tübingen; 1861 Prof. für Kirchen- und Dogmengeschichte ebd.; dazu später Hofprediger; Mitglied des Konsistoriums und Universitätskanzler.

1841 *Carl August Auberlen* (1824–1864), Theologe: 1849 Stiftsrepetent; 1851–64 Prof. der Theologie in Basel.

1841 *Oskar Fraas* (1824–1897), Geologe, Archäologe, Paläontologe: 1850 Pfarrer in Lauffen; 1856 mit dem Titel »Professor« im Naturalienkabinett Stuttgart; 1891 Vorstand des Naturalienkabinetts.

1841 *Wilhelm Heyd* (1823–1906), Bibliograph und Historiker: 1849 Stiftsrepetent; 1857 Bibliothekar in Stuttgart; 1873–97 Direktor der Landesbibliothek Stuttgart; verdient um Auf- und Neubau der Bibliothek.

1841 *Julius August Wagenmann* (1823–1890), Theologe: 1849 Stiftsrepetent; 1861–90 Prof. für Kirchen- und Dogmengeschichte in Göttingen.

1843 *Karl Theodor Keim* (1825–1878), Theologe: 1851 Stiftsrepetent; 1856 Pfarrer in Stuttgart, dann Esslingen; 1860 Prof. für Kirchengeschichte und Neues Testament in Zürich; 1873 Prof. in Gießen.

1844 *Julius Köstlin* (1826–1902), Theologe: 1855 Prof. für Neues Testament und Systematische Theologie in Göttingen, 1860 in Breslau, 1870 in Halle; verdient um die Weimarer Lutherausgabe; Mitbegründer des Vereins für Reformationsgeschichte.

1844 *Heinrich Lang* (1826–1876), Pfarrer und theologischer Schriftsteller: 1848 Pfarrer in der Schweiz, seit 1871 in Zürich; Verfasser zahlreicher theologischer Schriften.

1844 *Hermann Spaeth* (1826–1894), Theologe: Pfarrer in Oldenburg; 1877 Pfarrer und Kircheninspektor in Breslau; wirkte in Oldenburg und Breslau für die Reform der Kirchenverfassung und -verwaltung.

1845 *Adolf Bacmeister* (1827–1873), Theologe und Schriftsteller: seit 1853 Lehrer in Weinsberg, dann Ulm und Reutlingen; 1857 Präzeptor in Reutlingen; 1864 Schriftsteller bei der »Allgemeinen Zeitung« in Augsburg.

1845 *Ernst Trumpp* (1828–1885), Orientalist (Indologe) und Missionar: nach langen Aufenthalten in Indien 1873 Privatdozent in Tübingen; Prof. für semitische Sprachen in München.

1845 *Paul Heinrich Zech* (1828–1893), Mathematiker, Astronom, Physiker: 1855 Repetent am Polytechnikum in Stuttgart; 1862 Prof. für Physik, Meteorologie und Astronomie ebd., mehrfach Direktor des Polytechnikums.

1846 *Christoph Sigwart* (1830–1904), Philosoph: 1852 Lehrer in Halle; 1855 Stiftsrepetent; 1859 Seminarprof. in Blaubeuren; 1865–1903 Prof. der Philosophie in Tübingen.

1846 *Julius Weizsäcker* (1828–1889), Historiker: 1855 Stiftsrepetent; 1859 Privatdozent der Geschichte in Tübingen, 1860 in München; 1863 Prof. für Geschichte in Erlangen, dann 1867 in Tübingen, 1872 in Straßburg, 1876 in Göttingen, 1881 in Berlin.

1847 *Albert Günther* (1830–1914), Zoologe: seit 1857 beim British Museum in London; 1875–95 Direktor der zoologischen Abteilung am British Museum; führender Ichthyologe seiner Zeit.

1847 *Ferdinand Hochstetter* (1829–1884), Geologe: 1856 Chefgeologe an der Geologischen Reichsanstalt in Wien; 1860 Prof. am Polytechnikum in Wien; 1876 Intendant des Naturhistorischen Hofmuseums und Direktor des Hofmineralien-Kabinetts ebd.

1848 *Oskar Jäger* (1830–1910), Pädagoge und Historiker: zuletzt Prof. der Pädagogik und Geschichte in Bonn.

1848 *Albert Schäffle* (1831–1903), Volkswirt und Soziologe: 1860 Prof. in Tübingen, 1868 in Wien; 1862–65 gehörte er dem württembergischen Landtag, 1868 dem Zollparlament an; 1871 österreichischer Handelsminister; hatte entscheidenden Einfluß auf die Bismarcksche Sozialgesetzgebung.

1849 *Karl Rudolf Seyerlen* (1831–1906), Theologe: 1859 Stiftsrepetent; 1869 Archidiakon in Tübingen; 1875–1904 Prof. der Praktischen und Systematischen Theologie in Jena.

1850 *Wilhelm Lang* (1832–1915), Publizist und Schriftsteller: 1858 Redakteur bei der Augsburger Allgemeinen Zeitung; 1860 Schriftleiter des Schwäbischen Merkur in Stuttgart.

1850 *Hermann Christoph Schmidt* (1832–1893), Theologe: 1858 Stiftsrepetent, danach Pfarrer an verschiedenen Orten: u. a. auch Diakon in Calw, dann Diakon in Stuttgart; 1881–93 Prof. für Systematische und Praktische Theologie in Breslau.

1850 *August Wintterlin* (1832–1900), Bibliothekar, Kunstschriftsteller: zuletzt Direktor der Landesbibliothek in Stuttgart.

1851 *Theodor Christlieb* (1833–1889), Theologe: 1855 Hauslehrer, dann Pfarrverweser; 1858 Pfarrer in London, 1865 in Friedrichshafen; 1868–89 Prof. der Praktischen Theologie und Universitätsprediger in Bonn; Mitbegründer der Predigerschule in Barmen (Johanneum).

1851 *Hermann Weiß* (1833–1898), Theologe: 1858 Diakon und Bezirksschulinspektor in Vaihingen; 1875–91 Prof. der Theologie in Tübingen.

1853 *Theodor Schott* (1835–1899), Bibliothekar und Schriftsteller: 1859 Lehrer bzw. Pfarrer an verschiedenen Orten; 1873 Bibliothekar mit Titel »Professor« an der Landesbibliothek Stuttgart; ausgedehnte literarische Tätigkeit.

1854 *Paul Buder* (1836–1914), Theologe: 1861 Stiftsrepetent; 1868 Pfarrer in Stuttgart; 1872 Prof. der Theologie in Tübingen, dazu Ephorus des Stifts 1872–1910.

1856 *Otto Keller* (1838–1927), klassischer Philologe: Prof. der klassischen Philologie in Freiburg, Graz und Prag.

1856 *Robert Kübel* (1838–1894), Theologe: Stiftsrepetent; 1874 Pfarrer in Ellwangen; 1878–93 Prof. der Theologie in Tübingen.

1857 *Julius Euting* (1839–1913), Orientalist: 1871 Bibliothekar in Straßburg; 1880 Prof. in Straßburg; 1900 Bibliotheksdirektor ebd.; Erforscher semitischer Sprachen und Inschriften.

1857 *Otto Pfleiderer* (1839–1908), Theologe: 1871 Prof. für Systematische Theologie in Jena, 1875 in Berlin; galt im Ausland als Führer der liberalen Theologie.

1857 *Adolf Späth* (1839–1910), Theologe: 1864 Pfarrer in Philadelphia/USA; 1873 Prof. der Theologie ebd.; 1880–1888 Präsident des Generalkonzils.

1858 *Julius Grill* (1840–1930), Theologe: 1876 Prof. am Seminar Maulbronn; 1880 Ephorus ebd.; 1888 Prof. für Altes Testament in Tübingen, dazu 1895 Inspektor des Stifts.

1860 *Gustav Bossert* (1841–1925), Kirchenhistoriker: 1869 Pfarrer in Bächlingen, 1888 in Nabern; Erforscher der frühen württembergischen Kirchengeschichte.

1860 *Edmund Pfleiderer* (1842–1902), Philosophiehistoriker: 1873 Prof. der Philosophie in Kiel, 1878 in Tübingen.

1863 *Ludwig Laistner* (1845–1896), Literarhistoriker und Schriftsteller: seit 1870 Lehrer und Privatgelehrter in München; 1889 erster literarischer Berater des Cotta-Verlages in Stuttgart; Verfasser und Herausgeber zahlreicher Werke.

1864 *Heinrich Adolf Köstlin* (1846–1907), Kirchenmusiker: 1871 Stiftsrepetent; 1873–83 Pfarrer an verschiedenen Orten; 1883 Prof. für Praktische Theologie in Friedberg/Hessen; 1891 Oberkonsistorialrat Darmstadt; 1895 Prof. für Praktische Theologie in Gießen.

1864 *Theobald Ziegler* (1846–1918), Philosoph und Pädagoge: 1882 Schulmann in Straßburg; 1884 Privatdozent für Philosophie und Pädagogik; 1886–1911 Prof. an der Universität Straßburg.

1865 *Konrad Dieterich* (1847–1888), Philosoph: zuletzt Prof. der Philosophie in Würzburg.

1865 *Karl Weitbrecht* (1847–1904), Schriftsteller und Literarhistoriker: seit 1893 Prof. an der Technischen Hochschule in Stuttgart.

1866 *Karl Hahn* (1848–1925), Forschungsreisender: seit 1872 in Tiflis; 1877/78 Bevollmächtigter des Roten Kreuzes für Rußland im russisch-türkischen Krieg; seit 1888 regelmäßige Forschungsreisen in den Kaukasus und nach Armenien.

1866 *Theodor Haering* (1848–1928), Theologe: 1873 Stiftsrepetent; 1876 Pfarrer in Calw, dann Stuttgart; 1886 Prof. der Theologie in Zürich, 1889 in Göttingen, 1895 in Tübingen.

1869 *Hermann Fischer* (1851–1920), Germanist: seit 1888 Prof. für germanische Philologie in Tübingen (»Schwäbisches Wörterbuch«).

1869 *Paul Mezger* (1851–1913), Theologe: 1878 Stiftsrepetent; 1886 Pfarrer in Stuttgart; 1896 Privatdozent in Basel; 1898 Prof. für Systematische Theologie ebd.

1869 *Richard Weitbrecht* (1851–1911), Schriftsteller und Pfarrer, schrieb Volks- und Jugendschriften.

1869 *Eberhard Nestle* (1851–1913), Theologe und Orientalist: 1890 Prof. für Semitistik in Tübingen; 1893 Prof. in Ulm; 1912 Ephorus im Seminar Maulbronn (Hrsg. des »Novum Testamentum Graece«).

1870 *Karl Müller* (1852–1940), Kirchenhistoriker: 1878 Stiftsrepetent; 1880 Privatdozent für Kirchengeschichte in Berlin; 1882 Prof. in Berlin, 1884 in Halle, 1886 in Gießen, 1891 in Breslau, 1903–22 in Tübingen.

1870 *Hermann von Soden* (1852–1914), Theologe: 1881 Pfarrer in Dresden; 1887 Pfarrer in Berlin; 1889 Privatdozent in Berlin; 1893 Prof. ebd. (Forschungen zum Neuen Testament).

1870 *Hans Vaihinger* (1852–1933), Philosoph: 1883 Prof. der Philosophie in Straßburg; 1884–1906 in Halle; Kant-Forscher.

1871 *Rudolf Kittel* (1853–1929), Theologe: 1888 Prof. in Breslau; 1898–1924 Prof. in Leipzig (»Biblia Hebraica«).

1872 *Eugen Schneider* (1854–1937), Historiker: zuletzt Archivdirektor in Stuttgart.

1873 *Max Georgii* (1855–1934), Versicherungsjurist: zunächst Rechtsanwalt in Stuttgart; 1910–34 Generaldirektor der Allianz und Stuttgarter Verein AG.

1873 *Karl Eberhard Goebel* (1853–1932), Botaniker: 1882 Prof. der Botanik in Rostock, 1887 in Marburg, 1891–1932 in München; dazu 1916/17 Rektor der Universität München; 1930 Präsident der Bayerischen Akademie der Wissenschaften und Generaldirektor der wissenschaftlichen Sammlungen.

1874 *Franz Kaim* (1856–1935), Dirigent und Literarhistoriker: rief 1891 in München die »Kaimkonzerte« (eigenes Orchester) ins Leben (große Bedeutung für das Musikleben Münchens) – aus dem Kaimorchester entstanden die Münchner Philharmoniker.

1874 *Daniel Völter* (1855–1942), Theologe: 1880 Stiftsrepetent; 1884 Privatdozent in Tübingen; 1886–1925 Prof. der Theologie in Amsterdam.

1875 *Otto Kirn* (1857–1911), Theologe: 1881 Stiftsrepetent; 1885 Diakon in Besigheim; 1889 Privatdozent; 1890 Prof. für Systematische Theologie in Basel; 1896–1911 Prof. in Leipzig.

1875 *Johannes Merz* (1857–1929), Theologe: 1887 Pfarrer in Ludwigsburg; 1894 Oberkonsistorialrat in Stuttgart; 1924 Präsident der Württembergischen Landeskirche.

1875 *Otto Umfrid* (1857–1920), Theologe: seit 1891 Pfarrer in Stuttgart; gehörte zu den »hervorragendsten Theoretikern des Pazifismus« in Deutschland um 1900 (RGG).

1876 *Max Reischle* (1858–1905), Theologe: 1883 Stiftsrepetent; 1888 Gymnasialprof. in Stuttgart; 1892 Prof. der Praktischen Theologie in Gießen; 1895 Prof. der Systematischen Theologie in Göttingen, 1897 in Halle.

1877 *Karl Julius Cranz* (1858–1945), technischer Physiker: 1884 Privatdozent in Stuttgart für Mathematik und Mechanik; 1903 Prof. und Leiter des ballistischen Laboratoriums der Militärtechnischen Akademie Berlin; 1920 Prof. für Technische Physik ebd.; 1933–37 wissenschaftlicher Berater der chinesischen Regierung in Nanking.

1877 *Rudolf Günther* (1859–1936), Theologe: 1885 Stiftsrepetent; 1887 Diakon in Blaubeuren; 1891 Dekan in Langenburg; 1907 Privatdozent für christliche Kunstgeschichte in Marburg; 1921 Prof. ebd.

1878 *Adolf Bonhoeffer* (1859–1919), Bibliothekar und Philosophiehistoriker: zuletzt Direktor der Landesbibliothek Stuttgart.

1878 *Friedrich Traub* (1860–1939), Theologe: 1910–30 Prof. für Systematische Theologie und Ephorus des Stifts in Tübingen.

1878 *Paul Wurster* (1860–1923), Theologe: 1888 Stadtpfarrer in Heilbronn; 1903 Dekan in Blaubeuren; 1903 Prof. und 1904 Direktor am Predigerseminar in Friedberg; 1907–23 Prof. für Praktische Theologie in Tübingen.

1879 *Christoph Schrempf* (1860–1944), theologischer Schriftsteller: 1886 Pfarrer in Leuzendorf; 1892 entlassen; dann als Schriftsteller und Lehrer in Stuttgart; seit 1906 an der Technischen Hochschule; 1893–97 Hrsg. der Zeitschrift »Die Wahrheit«.

1880 *Theodor Elsenhans* (1862–1918), Psychologe und Philosoph: 1891 Pfarrer in Riedlingen; 1908 Prof. für Philosophie und Pädagogik in Dresden.

1880 *Johannes Hieber* (1862–1951), Politiker: 1897–1910 Vorstand des Evangelischen Bundes; 1898–1910 Mitglied des Reichstags; 1912–32 Mitglied des württembergischen Landtags; 1919–20 Innenminister; 1920–24 Staatspräsident von Württemberg.

1881 *Karl Bohnenberger* (1863–1951), Germanist: 1888 Bibliothekar in Tübingen; 1921 bis 30 Prof. für Germanistik in Tübingen.

1881 *Heinrich Holzinger* (1863–1944), Theologe: 1889 Repetent; seit 1893 im Pfarramt; 1917 Dekan in Ulm; 1922 Prälat in Ludwigsburg (Verfasser von Einleitungen und Kommentaren zum Alten Testament).

1882 *Alfred Hegler* (1863–1902), Theologe: 1889 Stiftsrepetent; 1892 Privatdozent; 1894–1902 Prof. der Kirchengeschichte in Tübingen.

1883 *Immanuel Benzinger* (1865–1935), Theologe: 1898 Privatdozent für Altes Testament in Berlin; 1912 Prof. in Toronto (Kanada); 1915 Prof. in Meadville (USA); seit 1921 in Riga.

1883 *Robert Gradmann* (1865–1950), Geograph, Botaniker, Bibliothekar: 1891 Pfarrer in Forchheim; 1901 Bibliothekar in Tübingen; 1919–34 Prof. der Geographie in Erlangen.

1884 *Valentin Haecker* (1864–1927), Zoologe: 1895 Prof. der Zoologie in Freiburg; 1900 Prof. in Stuttgart; 1909 Prof. in Halle.

1884 *Karl Holl* (1866–1926), Theologe: 1891 Stiftsrepetent; 1900 Prof. der Kirchengeschichte in Tübingen; 1906 neben Harnack Prof. in Berlin.

1885 *Heinrich Maier* (1867–1933), Philosoph: 1896 Privatdozent in Tübingen; 1900 Prof. der Philosophie in Zürich, 1902 in Tübingen, 1911 in Göttingen, 1918 in Heidelberg, 1922 in Berlin.

1887 *Karl Baisch* (1869–1943), Gynäkologe: 1895 Arzt in Dornhan, später in Tübingen; 1910 Prof. der Medizin in Tübingen; 1913–33 Direktor der Städt. Frauenklinik in Stuttgart (Verfasser zahlreicher gynäkologischer Schriften).

1888 *Immanuel Herrmann* (1870–1945): Prof. für Elektrotechnik in Stuttgart; 1919 Kriegsminister.

1890 *Viktor Ernst* (1871–1933), Historiker: 1898 Privatdozent in Tübingen; 1903 Historiker am Statistischen Landesamt Stuttgart (Verfasser zahlreicher Schriften zur Landes- und Verwaltungsgeschichte).

1890 *Paul Volz* (1871–1941), Theologe: 1898 Stiftsrepetent; 1902 Pfarrer in Leonberg; 1907 Privatdozent in Tübingen; 1909 Prof. für Altes Testament in Tübingen.

1891 *August Hegler* (1873–1937), Jurist: zuletzt Prof. der Rechte und Kanzler der Universität Tübingen.

1892 *Karl Heim* (1874–1958), Theologe: 1907 Dozent und Prof. der Theologie in Halle; 1914 Prof. für Systematische Theologie in Münster, 1920 in Tübingen.

1894 *Friedrich Bidlingmaier* (1875–gef. 1914), Geophysiker: 1901–03 Teilnehmer der deutschen Südpolarexpedition; 1912 Prof. an der Universität München (u. a. Schriften zur Erforschung des Erdmagnetismus).

1897 *Heinrich Hermelink* (1877–1958), Theologe: 1913 Prof. der Kirchengeschichte in Kiel, 1915 in Bonn, 1918 in Marburg; 1935 zwangsemeritiert; 1935–38 Pfarrer in Eschenbach bei Göppingen; nach 1945 Honorarprof. für Kirchengeschichte in München und Tübingen.

1899 *Erwin Ackerknecht* (1880–1960), Bibliothekar: 1907–45 Direktor der Stadtbibliothek in Stettin; seitdem Direktor des Schiller-Nationalmuseums in Marbach; verdient um das Volksbüchereiwesen.

1900 *Richard Harttmann* (1881–1965), Orientalist: Prof. für Orientalistik in Leipzig, Königsberg, Heidelberg, Göttingen; 1936–50 in Berlin.

1907 *Hermann Faber* (1888–1979), Theologe: 1922 Prof. für Systematische Theologie in Marburg; 1923 Prof. für Praktische Theologie und Ethik in Tübingen; 1946 Leiter des Evangelischen Hilfswerkes und der Inneren Mission in Württemberg.

1909 *Karl Fezer* (1891–1960), Theologe: 1919 Pfarrer in Stuttgart, 1924 in Tübingen; 1926 Prof. für Praktische Theologie; dazu 1930–56 Ephorus des Stifts.

1909 *Wilhelm Rudolph* (1891), Theologe: 1919 Stiftsrepetent; 1922 Prof. des Alten Testaments in Gießen, 1946 in Marburg, 1949 in Münster.

1909 *Gotthilf Schenkel* (1889–1960), zunächst Pfarrer; 1951–53 Kultusminister von Baden-Württemberg.

1913 *Martin Haug* (1895–1983), Theologe: 1926 Pfarrer in Tübingen; 1930 am Seminar in Urach; 1935 Direktor des Pfarrseminars in Stuttgart; 1943 Oberkirchenrat; 1949–62 Landesbischof.

1913 *Georg Kraft* (1894–1944), Prähistoriker: 1926 Prof. in Freiburg, dort Leiter der vorgeschichtlichen Denkmalpflege.

1916 *Gerhard Pfahler* (1897), Pädagoge und Psychologe: 1929 Prof. in Rostock, 1930 in Altona, 1932 in Frankfurt, 1934 in Gießen, 1938 in Göttingen, dann Tübingen.

1919 *Hermann Diem* (1900–1975), Theologe: 1934–56 Pfarrer in Ebersbach/Fils; 1955 Prof. für systematische Theologie und Kirchenrecht in Tübingen; Vorsitzender der kirchlich-theologischen Sozietät.

1920 *Rudi Paret* (1901–1983), Orientalist: 1930 Privatdozent in Heidelberg; 1941 Prof. in Bonn; 1952–68 Prof. für Islamwissenschaft und Semitistik in Tübingen.

Zeittafel

Daten aus der Stiftsgeschichte	Superattendenten		Magistri Domus
1536 Erste Stipendiatenordnung	1537 Paul C. Phrygio	1537 Sebastian Waibel	
			1539 Georg Kämmerlin
1541 Gebesserte Stipendiatenordnung			1541 Hieronymus Gerhard
	1544 Erhard Schnepff		
			1546 Joh. Hildebrand
1547/48 Bezug des ehem. Augustinerklosters durch die Stipendiaten	1548 Leonhart Fuchs	1547 Sigmund Herter von Hertneck	
			1552 Georg Liebler
			1556 Samuel Hayland
1557 Ordination für das Herzogl. Stipendium		1557 Dietrich Schnepff	
1559 Große Kirchenordnung			
1557–1560 Umfassende Baumaßnahmen			
	1561 Jakob Heerbrand	1561 Joh. Brenz d. J.	
1565 Landtagsabschied (Sicherung und Erweiterung des Stipendiums)			
	1590 Stephan Gerlach		
		1592 Matthias Hafenreffer	1592 Veit Müller
	1612 Matthias Hafenreffer	1612 Joh. Heinr. Hiemer	
			1617 Conrad Cellarius
	1618 Joh. Georg Sigwart		
	1619 Lukas Osiander	1619 Melchior Nicolai	
	1620 Theodor Thumm		

Daten aus der Stiftsgeschichte	Superattendenten		Magistri Domus
		1622 Jakob Reihing	
		1628 Joh. Ulrich Pregizer	
	1630 Melchior Nicolai		
1637 Bericht des Konsistoriums an Herzog Eberhard III. (kriegsbedingte Zustände)			1639 Heinrich Schmid
1641 Generalreskript zur Erhaltung des Stipendiums			
	1651 Joh. Ulrich Pregizer	1652 Balthasar Philgus	1652 Paul Biberstein
	1652 Heinrich Schmid	1652 Balthasar Raith	
	1653 Tobias Wagner		
			1656 Balthasar Reith
			1659 Christoph Wölfflin
		1660 Christoph Wölfflin	1660 Theodor Cellarius
	1662 Balthasar Raith		
1667–1670 Umfassende Baumaßnahmen			
		1670 Georg Heinr. Keller	
			1678 Joh. Andreas Hochstetter
	1681 Georg Heinr. Keller	1681 Georg Heinrich Häberlin	1681 Benedikt Hopfer
			1684 Joh. Wolfg. Jäger
1688 Instruktion zur Studienordnung			
		1692 Joh. Wolfg. Jäger	1692 Joh. Osiander
			1694 Matthäus Hiller

Daten aus der Stiftsgeschichte	Superattendenten		Magistri Domus
		1695 Michael Förtsch	
	1699 Michael Förtsch	1699 Joh. Christoph Pfaff	
			1700 Joh. Konrad Klemm
1704 Summar. Extrakt aus Visitationsrezessen für Stipendiaten und Stipendiumsleitung			
	1705 Christoph Reuchlin	1705 Andreas Adam Hochstetter	
	1707 Joh. Christoph Pfaff	1707 Joh. Konrad Klemm	1707 Gottfried Hoffmann
		1711 Joh. Ulrich Frommann	
		1715 Gottfried Hoffmann	
			1716 Joh. Eberh. Rösler
		1717 Christoph Matthäus Pfaff	
	1720 Gottfried Hoffmann	1720 Joh. Rudolf Osiander	
		1726 Chr. Hagmaier	
	1730 Chr. Eberh. Weismann	1730 Georg Bernhard Bilfinger	
			1734 Israel Gottlieb Canz
		1735 Joh. Chr. Klemm	
1736 Bes. Verordnung wegen der zum Studieren widmenden Jugend			
	1747 Joh. Chr. Klemm	1747 Israel Gottlieb Canz	1747 Joh. Adam Osiander
1749 Hochfürstl. Verordnung betr. Aufnahme in Klosterschulen und Stipendium			

Daten aus der Stiftsgeschichte	Superattendenten/Inspektoren		Ephoren
1752 Statuten für das Stipendium			
	1755 Joh. Friedr. Cotta	1755 Christoph Friedr. Sartorius	
			1757 Immanuel Hoffmann
			1772 Ludwig Joseph Uhland
	1777 Christoph Friedr. Sartorius	1777 Ludwig Joseph Uhland	1777 Chr. Friedr. Schnurrer
		1780 Tobias Gottfr. Hegelmaier	
		1786 Gottl. Christian Storr	
1792–1800 Umfassende Baumaßnahmen			
1793 Statuten für die Stipendiaten und Repetenten; Instruktion für das Inspektorat			
		1798 Joh. Friedr. Flatt	
	1804 Joh. Friedr. Flatt		
		1805 Konrad Chr. Flatt	
1806 Unterstellung des »Seminars« unter die Königl. Oberstudiendirektion			1806 Joh. Friedr. Gaab
		1812 Ernst Gottl. Bengel	
			1816 Gottl. Friedr. Jäger

Daten aus der Stiftsgeschichte		Inspektoren		Ephoren
1821	Aufhebung der Verpflichtung der Stipendiaten zum Magisterium	1821 Ernst Gottl. Bengel	1821 Friedr. Steudel	
1826	Statuten für die Repetenten; Statuten für die Zöglinge des Seminars	1826 Friedr. Steudel	1826 Friedr. H. Kern	
1829	Verfügung des Ministeriums des Innern (Verkürzung des Studienlaufs auf 4 Jahre und Reduktion der Studienplätze)			
				1834 Heinr. Chr. W. Sigwart
1837	Zusätze zu den Statuten für die Zöglinge	1837 Friedr. H. Kern	1837 Ferd. Chr. Baur	
1842	Amtsvorschrift für das Inspektorat	1842 Ferd. Chr. Baur	1842 Christian Schmid	1842 Christian Walz
1845	Amtsvorschrift für die Repetenten			
				1850 Wilh. Hoffmann
				1852 Gustav Friedr. Oehler
1853	Amtsvorschrift für das Inspektorat; Amtsvorschrift für die Repetenten; Statuten für die Zöglinge		1853 Rudolf Roth	
		1860 A. M. Landerer		

Datum aus der Stiftsgeschichte	Inspektoren	Ephoren
1866 Statut für die Lehramtskandidaten		
		1872 Paul Buder
	1873 Christoph Sigwart	
	1877 Karl Weizsäcker	
	1889 Hermann Weiß	
	1891 Robert Kübel	
	1895 Julius Grill	
	1904 Hermann Fischer	
	1909 Heinrich Maier	
		1910 Friedr. Traub
1911 Vorschriften für die Studierenden des Seminars	Aufhebung des Inspektorats	
1913–1915 Umfassende Baumaßnahmen		
1928 Übergabe des Stifts vom Württ. Staat an die Kirche		
1928 Vorschriften für die Studierenden des Stifts		
		1930 Karl Fezer
		1956 Friedr. Lang
1960 Stiftsordnung Erhöhung der Stipendiendauer auf 9 Semester		
1969 »Probeweise« Stiftsordnung		
		1970 Martin Brecht
1974 Stiftsordnung		
		1975 Friedr. Hertel
1978 Studienordnung		

Literatur

Quellen zur Stiftsgeschichte

Das Quellenmaterial zur Stiftsgeschichte befindet sich im Hauptstaatsarchiv und dem Landeskirchlichen Archiv in Stuttgart sowie dem Stiftsarchiv in Tübingen. Aufgrund der Rahmenbedingungen dieses Buches sind Einzelnachweise des bearbeiteten Quellenmaterials nicht möglich.
Eine Zusammenstellung der einschlägigen »Stiftsordnungen« ist in der Zeittafel gegeben. Diese »Ordnungen« und weitere gesetzliche Bestimmungen bis zum Jahr 1845 sind veröffentlicht in: A. L. Reyscher, Sammlung der württembergischen Gesetze, 1828 ff.; Band 11/2 »Schulgesetze«; verwiesen sei auch auf Band 8 und 9 »Kirchengesetze«, sowie Band 11/1 »Universitätsgesetze«. Die »Stiftsordnungen« ab 1845 liegen jeweils als Einzelhefte gedruckt vor.
Weiteres veröffentlichtes Quellenmaterial, v. a. aus Visitationsdokumenten und den laufenden Berichten, findet der interessierte Leser in der dreibändigen Stiftsgeschichte von M. Leube (s. u.). Auch die meisten der im Literaturverzeichnis genannten Detailuntersuchungen zur Stiftsgeschichte geben reichlich Quellenmaterial wieder.

Allgemeine Literatur

Allgemeine deutsche Biographie, hrsg. durch die historische Commission bei der Königl. Akademie der Wissenschaften. 1875 ff.
Angerbauer, W.: Das Kanzleramt an der Universität Tübingen und seine Inhaber 1590–1817. 1972
Bibliographie der Württemberg. Geschichte, begr. von W. Heyd, hrsg. v. d. Württ. Kommission für Landesgeschichte. 1895–1974
Bibliographie zur Geschichte der Universität Tübingen, im Auftrag der Universität, hrsg. v. d. Universitätsbibliothek, bearb. von F. Seck u. a. 1980
Eisenbach, H. F.: Beschreibung und Geschichte der Universität und Stadt Tübingen. 1822
500 Jahre Eberhard-Karls-Universität Tübingen, Bd. 1–3. 1977
Hartmann, J.: Das Tübinger Stift. Ein Beitrag zur Geschichte des deutschen Geisteslebens. 1918
»helfen zu graben den Brunnen des Lebens«. 500 Jahre Eberhard-Karls-Universität Tübingen 1477 bis 1977, bearb. v. U. J. Wandel u. a. 1977
Hermelink, H.: Geschichte der evangelischen Kirche in Württemberg von der Reformation bis zur Gegenwart. 1949
Jens, W.: Eine deutsche Universität. 500 Jahre Tübinger Gelehrtenrepublik. 1977
Klüpfel, K.: Geschichte und Beschreibung der Universität Tübingen. 1849
Landesbibliographie von Baden-Württemberg, hrsg. v. d. Kommission f. geschichtl. Landeskunde. 1978 ff.

Lang, G.: Geschichte der württembergischen Klosterschulen seit der Reformation. 1938
Leube, M.: Geschichte des Tübinger Stifts, Bd. 1–3, 1921–36; erw. Bearb. von Bd. 3. 1954
Müller, K.: Stiftsköpfe. Schwäbische Ahnen des deutschen Geistes aus dem Tübinger Stift. 1938
Neue Deutsche Biographie, hrsg. v. d. Histor. Kommission bei der Bayer. Akademie der Wissenschaften. 1953 ff.
900 Jahre Haus Württemberg. Leben und Leistung für Land und Volk, hrsg. von R. Uhland. 1984
Sattler, Chr. F.: Geschichte des Herzogthums Würtenberg unter der Regierung der Herzogen, Bd. 1–13. 1769–1783
Schäfer, G.: Zu erbauen und zu erhalten das rechte Heil der Kirche. Eine Geschichte der Evang. Landeskirche in Württemberg. 1984
Schnurrer, Chr. F.: Erläuterungen der Württembergischen Kirchen-, Reformations- und Gelehrtengeschichte, 1798, Abschnitt »Theologisches Stipendium«
Ströle, A.: Das Tübinger Stift. In.: Aus dem Leben der Evang. Kirche Württembergs hrsg. von M. Mayer. 1912
Weller, K. u. A.: Württembergische Geschichte im südwestdt. Raum. 1975[8]
Zeller, A. Chr.: Ausführliche Merckwürdigkeiten Der Hochfürstlichen Würtembergischen Universitaet und Stadt Tübingen . . . 1743

»... cum patria statque caditque sua« – Das Evangelische Stift als württembergisch-kirchliche Bildungseinrichtung

Abel, J. F.: Über die Frage: Ob es zweckmäßig sei, daß der den Studierenden im theologischen Seminar zu Tübingen bisher zugestandene akademische Cursus von fünf auf vier Jahre beschränkt werde? Schwäb. Chronik Nr. 187 (3. 8. 1820)
Adam, U. D.: Hochschule und Nationalsozialismus. 1977
Einige Berichtigungen und Zusätze den Aufsatz im grauen Ungeheuer Nummer 9 über das theologische Stift in Tübingen betreffend. Schwäb. Museum 1(1785)
Bossert, E.: Das evang. Stift in Tübingen. Dt.-evang. Blätter 8 (1908)
–: Das Tübinger Stift. Die christl. Welt 24 (1910)
Bossert, G.: Zur Geschichte Tübingens und des theologischen Stipendiums im Jahre 1542. Blätter f. Württ. Kirchengesch. 9 (1894)
Braun, F.: Herzog Karl und das Stift; Staatsanzeiger f. Württ. Bes. Beilage 1877
Brecht, M.: Geht das Tübinger Stift auf ein Straßburger Vorbild zurück? Zeitschr. f. württ. Landesgesch. 23 (1964)
–: Philipp Jakob Spener und die württembergische Kirche. In: Geist und Geschichte der Reformation. Festschr. f. Hanns Rückert. 1966
–: Man kann es auch anders sehen. Zu Ernst Müllers Bemerkungen zur neuen Stiftsordnung; Südwestpresse/Schwäb. Tagblatt vom 1. 7. 1974
–: Die Stellung des Ephorus. Konsequenzen 8 (1974), Nr. 4
Brecht, M. u. H. Ehmer: Südwestdeutsche Reformationsgeschichte. 1984
Briefe über verschiedene Betrachtungen der den Evangelischen Kirchen- und Studienseminaren in Württemberg bevorstehenden Umgestaltung. Sophronizon 12 (1830)
Burger, E.: Eine Pflanzstätte deutschen Geisteslebens. Zur 400-Jahrfeier des Tübinger Stifts. Das Evang. Deutschland 13 (1936)
Dettjen, W. U.: Studien zur württemberg. Kirchenordnung Herzog Ulrichs 1534–1550. 1981
Eisenlohr, Th.: Einige Worte über die neueste Verfügung in Betreff der niederen und des höheren Seminars der evangelischen Kirche Württembergs. 1830
Elias, O.-H.: König Wilhelm I. (1816–1864). In: 900 Jahre Haus Württemberg. 1984
Fezer, K.: Die geistige Gestalt des Stifts. Württemberg 8 (1936)

Fischer, J.: Herzog Eberhard III. (1628–1674). In: 900 Jahre Haus Württemberg. 1984
Frick, H.: Die hessische Stipendiatenanstalt zu Marburg. In: Festschrift f. W. Diehl zum 70. Geburtstag. 1941
Frischlin, N.: Stipendium Tubingense . . . 1569
Gmelin, J.: Stipendium Ducale Theologicum . . . 1677
Gönner, E.: König Karl (1864–1891). In: 900 Jahre Haus Württemberg. 1984
–: König Wilhelm II. (1891–1918); ebd.
Grauer, K. J.: Wilhelm I. König von Württemberg. 1960
Hauber, A. F.: Vertheidigung des evang. Stiftes in Tübingen gegen deformierende Tendenzen und Vorschläge zu einer wesentlichen Reform desselben. 1842
Hauff, G. A.: Vorschläge zu einer wesentlichen Reform des evang.-theolog. Seminars zu Tübingen. 1842
Haug, B.: Nachricht von dem Zustand des Herzoglichen theologischen Stipendiums in Tübingen. In: ders., Zustand der Wissenschaften und Künste in Schwaben. 1781
Hermelink, H.: Kirche und Schule unter der Regierung König Wilhelms I. von Württemberg; Zeitschr. f. württ. Landesgesch. 9 (1949/50)
Herzog Karl Eugen von Württemberg und seine Zeit, hrsg. vom Württ. Geschichts- u. Altertumsverein, Bd. 1 u. 2. 1907/09
Heyd, L. F.: Ulrich, Herzog zu Württemberg, Bd. 1–3. 1841–1844
Historische Nachricht von denen Schulen, Klöstern und dem Hochfürstlichen theologischen Stipendio zu Tübingen in dem Herzogthum Württemberg. Acta historico-ecclesiastica 2 (1737)
Hofmann, H. J.: Student in Tübingen: Bringt die Stiftsordnung Ordnung ins Stift? Konsequenzen 8 (1974), Nr. 4
Jubelfeier des Tübinger Stifts. Allg. Evang.-Luther. Kirchenzeitung 69 (1936)
Kimmig, A.: 400 Jahre Tübinger Stift, Kultur der Gegenwart. Kulturbeilage der Kölnischen Zeitung Nr. 37 vom 4. 6. 1936
Kirchen- und Schulen-Verfassung des Herzogthums Würtemberg im Jahre 1784. Patriot. Archiv 2 (1785)
Kolb, Chr.: Die Anfänge des Pietismus und Separatismus in Württemberg. 1902
–: Die Aufklärung in der Württ. Kirche. 1908
–: Das Stift im dreißigjährigen Krieg. Blätter f. Württ. Kirchengesch. 18 (1914), 19 (1915)
Krämer, W.: Die »Anarchie« und der »Königsmord« im Tübinger Stift 1793. Der Schwabenspiegel. Wochenschrift der Württ. Zeitung 5 (1911/12)
Krauss, R.: Das Tübinger Stift und die württembergische Kultur. Süddt. Monatshefte 2 (1904)
Kühnle, H. M. u. H. Zwanger: »Alles in allem: undemokratisch«. Südwestpresse/Schwäb. Tagblatt vom 6. 7. 1974
Kümmerlen, J.: Tübinger Stiftler als Geistliche und Lehrer im ehemaligen Österreich-Ungarn von der Zeit Herzog Christophs bis 1650. Blätter f. württ. Familienkunde 8 (1939/41)
Kugler, B.: Christoph, Herzog zu Wirtemberg. Bd. 1 u. 2. 1868/72
Lerch, K.: 400 Jahre Tübinger Evang. Stift. Stuttgarter NS-Kurier, Abendausgabe vom 6./7. 6. 1936
Leube, M.: Das Tübinger Stift in der Weltbewegung zwischen 1790 und 1813. Württ. Vierteljahreshefte 42 (1936)
–: 400 Jahre Evang. Stift zu Tübingen. Eine schwäb. Geistesstätte. Schwäb. Merkur Nr. 130 vom 7. 6. 1936, Sonntagsbeilage
–: Die Zweckbestimmung des Tübinger Stifts. Blätter f. Württ. Kirchengesch. 49 (1949)
Maicler, G. K.: Epulum illustre in stipendio ducali Wirtembergico . . . decantatum. 1600
Maurer, H. M.: Herzog Christoph (1550–1568). In: 900 Jahre Haus Württemberg. 1984
Maurer, H. M. u. K. Ulshöfer: Johannes Brenz und die Reformation in Württemberg. 1971
Merz, J.: Die Seminar- und Stiftsreform. Das Stift in Tübingen. Kirchl. Anzeiger f. Württ. 25 (1916)
Müller, E.: Devise: Verkirchlichung. Kritische Bemerkungen zur Stiftsordnung '74. Südwestpresse/Schwäb. Tagblatt vom 21. 6. 1974

–: Das Tübinger Stift. Zum 400jährigen Jubiläum. Der Schwabenspiegel. Wochenschrift der Württ. Zeitung 30 (1936)
Nachricht von den neuesten Reformen des Herzoglichen theologischen Stifts zu Tübingen, welche im Jahre 1793 vorgenommen . . . Journal f. Prediger 27 (1793)
Nachrichten. Aus dem Württembergischen, August 1793. Annalen der neuesten theol. Litteratur u. Kirchengesch. 5 (1793)
Nicolai, F.: Beschreibung einer Reise durch Deutschland und die Schweiz im Jahre 1781, Bd. 11. 1795
Oehler, G. F.: Gesammelte Seminarreden, gehalten während der Führung des Ephorats. 1872
–: Die theologischen Seminare und die Kandidaten der Theologie in Württemberg. Neues Repertorium f. d. theol. Lit. und kirchl. Statistik 7 (1846)
Pfaff, K.: Württembergs Wiedergeburt nach dem dreißigjährigen Krieg. Württ. Jahrbücher. 1848
Press, V.: Herzog Ulrich (1498–1550). In: 900 Jahre Haus Württemberg. 1984
Rudersdorf, M.: Herzog Ludwig (1568–1593). In: 900 Jahre Haus Württemberg. 1984
Rümelin, G.: Ueber eine zeitgemäße Reform des evang.-theol. Seminars in Tübingen. 1841
Sauer, P.: König Friedrich I. (1797–1816). In: 900 Jahre Haus Württemberg. 1984
–: Der schwäbische Zar. Friedrich – Württembergs erster König. 1984
Schmidt, A. B.: Tübinger Stift und die niederen theol. Seminare. Vereinbarungen zwischen Staat und Kirche. Schwäb. Merkur Nr. 112 vom 7. 3. 1928
Schmoller, O.: Das theologische Stipendium in Tübingen vor dem Jahr 1793. Württ. Vierteljahreshefte NF 1 (1892)
–: Geschichte des Theologischen Stipendiums oder Stifts in Tübingen, Bd. 1: Die Anfänge des Theologischen Stipendiums (»Stifts«) unter Herzog Ulrich 1536 bis 1550. 1893
Scholl, G. H.: Über die Reform der Württ. Klosterschulen und des theologischen Stiftes zu Tübingen . . . 1797
Steudel, J. Chr. F.: Die Bedeutsamkeit des evang.-theol. Seminars in Wirtemberg, und die Frage über das Rathsame seiner Aufhebung oder Schmälerung. 1827
Das Stiftsjubiläum. Kirchl. Anzeiger f. Württ. 45 (1936)
Storz, G.: Herzog Carl Eugen (1737–1793). In.: 900 Jahre Haus Württemberg. 1984
Studium und Stipendium. Untersuchungen zur Geschichte des hessischen Stipendiatenwesens, hrsg. von W. Heinemeyer. 1977
Stumpf, A.: 400 Jahre Tübinger Stift. Eine Pflanzstätte evang. Lebens. Evangelium im Dritten Reich. Kirchenzeitung f. Christentum und Volkstum 5 (1936), Nr. 23
Sydow, J.: Ein Restitutionsversuch der Tübinger Augustiner 1628. Heimatkundl. Blätter f. d. Kreis Tübingen 29 (1968)
Theobald: Antrag des Abgeordneten von Tettnang, den protestantisch-theol. Seminarien eine zeitgemäßere Einrichtung zu geben. 1830
Das Theologische Stift zu Tübingen in Beziehung auf die neuesten für dasselbe getroffenen Verbesserungsanstalten. Neues theol. Journal 5 (1795)
Traub, F.: Die Stiftsakten über David Friedrich Strauß. Blätter f. Württ. Kirchengesch. 27 (1923), 28 (1924)
–: Das Tübinger Stift. Festrede bei der zum Universitätsjubiläum im Stift veranstalteten Feier. Monatsschr. f. Pastoraltheologie 23 (1927)
Tüchle, H.: Herzog Carl Alexander (1733–1737). In: 900 Jahre Haus Württemberg. 1984
Uhland, R.: Herzog Friederich I. (1593–1608). In: 900 Jahre Haus Württemberg. 1984
–: Herzog Johann Friederich (1608–1628); ebd.
–: Geschichte der Hohen Karlsschule in Stuttgart. 1953
Wekhrlin, W. H.: Ueber das Reich der Magister und Schreiber. Das graue Ungeheuer 3 (1784)
Württemberg. Evang. Kirchen-Zeitung 31 (1842)
Herzog Carl Eugen von Württemberg und seine Zeit. Hrsg. vom Württ. Geschichts- u. Altertumsverein, Bd. 1 u. 2. 1907/09

Wunder, B.: Herzog Eberhard Ludwig (1677–1733); aaO., S. 210–226
Ein Wunsch für das evang.-theol. Seminar in Tübingen. Allg. Kirchen-Zeitung 8 (1829)
Wurm, Th.: Ansprache zum Stiftsjubiläum bei dem Festakt in der Aula am 8. Juni 1936. Kirchl. Anzeiger f. Württ. 45 (1936)
–: Dennoch Weisheit. Festpredigt bei dem 400jährigen Jubiläum des Tübinger Stifts . . . 1936
Zeller, E.: Ueber die neuesten Angriffe der Evang. Kirchenzeitung gegen das protest. Seminar und einige der theolog. Lehrer in Tübingen. Theol. Jahrbücher 2 (1843)
Zimmermann, L.: Das hessische Stipendiatenwesen im Zeitalter der Gründung der Universität Marburg. Zeitschr. d. Vereins f. hess. Geschichte. 1927
Zink, J.: Das Evang. Stift in Tübingen. Erbe und Aufgabe. Zeitwende. Die neue Furche 25 (1954)

». . . zu mehrem Fleiß eifrig erinnern und excitieren« – Lehren und Lernen im Evangelischen Stift

Bahnmaier, J. F.: Denkschrift der Anstalt für die Bildung zum homiletischen und katechetischen Vortrage, welche auf der Universität Tübingen besteht. 1818
Binder, H.: Stift und Dichtung. Württemberg 8 (1936)
Böhm, H. u. H. Hornbogen: Von Silcher bis Sumski. 160 Jahre akademische Musikpflege. Südwestpresse Sonderbeilage 7. 10. 1977
Brecht, M.: Die Entwicklung der Alten Bibliothek des Tübinger Stifts in ihrem theologie- und geistesgeschichtlichen Zusammenhang. Eine Untersuchung zur württembergischen Theologie. Blätter f. Württ. Kirchengesch. 63 (1963)
–: Die Anfänge der idealistischen Philosophie und die Rezeption Kants in Tübingen (1788–1795). In: 500 Jahre Eberhard-Karls-Universität, Bd. 1
Canz, I. G.: Compendium Theologiae Purioris. 1752
Faber, H.: Die Vorbildung der Theologen in Württemberg. Kirchl. Anzeiger f. Württ. 35 (1926)
Fünf Jahrhundert Tübinger Burse. Eine Ausstellung des Universitätsarchivs Tübingen. 1972
Gehring, P.: Stift und Naturwissenschaften. Württemberg 8 (1936)
Greiner, G.: Früher Luther im Tresor. Bedeutender Stifts-Fund: die älteste Predigt des Reformators entdeckt. Tüb. Blätter 58 (1971)
Hafenreffer, M.: Loci Theologici. 1600, 1662^5
Hasse, K.: Das Musikinstitut. 450 Jahre Landes-Universität Tübingen. Sonderbeilage der Süddt. Zeitung, 23. 7. 1927
Heerbrand, J.: Compendium theologiae, 1573
Hengel, M.: Hochkunjunktur für das Theologiestudium in Tübingen? Tüb. Univ.zeitung Nr. 1, 31. 1. 1977
Hofmann, N.: Die Artistenfakultät an der Universität Tübingen 1534–1601. 1982
Die homiletisch-katechetischen Institute der evangelischen Facultät in Tübingen. Allg. Repertorium f. d. theolog. Lit. u. kirchl. Statistik 16 (1837)
Itziger Zustand der Theologie in dem Herzogthum Württemberg. Acta-historico-ecclesiastica nostri temporis 5 (1779)
Jäger, J. W.: Compendium Theologiae. 1702, 1740^5
Kiefner, W.: Die Musik im Tübinger Stift. Attempto 23/24 (1967)
Kirchliche Statistik. Bericht über die Universität Tübingen. Allg. Repertorium f. d. theolog. Lit. u. kirchl. Statistik 14 (1836)
Kleemann, G.: Zur älteren Orgelbaugeschichte Tübingens und seiner Umgebung. Evang.-Theolog. Stift. Heimatkundl. Blätter f. d. Kreis Tübingen 55 (1973)
Kolb, Chr.: Die Kompendien der Dogmatik in Altwürttemberg. Blätter f. Württ. Kirchengesch. 51 (1951)

Koller, P.: Theologie heute – eine Aufgabe für Lehrende und Lernende. Konsequenzen 8 (1974), Nr. 4
Lechler, K.: Die Erziehung unserer theologischen Jugend zum Kirchendienst. 1897
Leube, M.: Bursa und Stift in Tübingen. Blätter f. Württ. Kirchengesch. 32 (1928)
Lösch, S.: Die evangelische theologische Fakultät zu Tübingen im 19. Jahrhundert. Dt. Volksblatt 79 (1927), Nr. 167
Müller, K.: Kirchliches Prüfungs- und Anstellungswesen in Württemberg im Zeitalter der Orthodoxie. Aus den Zeugnisbüchern des herzoglichen Konsistoriums. Württ. Vierteljahreshefte f. Landesgesch. NF 25 (1916)
Paulsen, F.: Geschichte des gelehrten Unterrichts auf den Schulen und Universitäten vom Ausgang des Mittelalters bis zur Gegenwart, 3. Aufl., hrsg. von R. Lehmann, Bd. 1 und 2. 1919/21
Pfaff, Chr. M.: Oratio inauguralis de Universitatibus Scholasticis emendandis . . . 1720
Reform der theologischen Ausbildung, hrsg. von H.-E. Hess u. H.-E. Tödt, Bd. 1–12. 1967–1978
Rückert, H.: Tübingen und die Theologie. Tüb. Hochschulführer Sommersemester 1948
Sandberger, V.: Theologisches Studium und theologische Fakultät in Tübingen um die Mitte des 19. Jahrhunderts. Blätter f. Württ. Kirchengeschichte 27 (1923)
Sartorius, Chr. F.: Compendium Theologicae Dogmaticae. 1782
Siegele-Wenschkewitz, L.: Die evang.-theol. Fakultät Tübingen in den Anfangsjahren des Dritten Reiches. Zeitschr. f. Theol. u. Kirche, Beih. 4. 1978
Storr, G. Chr.: Doctrinae christianae pars theoretica e sacris literis repetita. 1793, 1807[2]
Ströle, A.: Tübinger Stift und Philosophie. Württemberg 8 (1936)
Stuart, D.: Tübingen als Musikstadt vor Silcher. Schwäb. Merkur Nr. 14, 10. 1. 1925, Sonntagsbeilage
Theologen und Theologie an der Universität Tübingen. Beiträge zur Geschichte der evang.-theolog. Fakultät, hrsg. von. M. Brecht. 1977
Traub, F.: Tübinger Stift und deutsche Theologie. Württemberg 8 (1936)
Weismann, E.: Kapitel von der Stiftsmusik. Württemberg 8 (1936)
–: Eine Orgelerneuerung im Tübinger Stift Anno 1654. Württ. Blätter f. Kirchenmusik 13 (1938)
Weizsäcker, K.: Lehrer und Unterricht an der evang.-theolog. Fakultät der Universität Tübingen von der Reformation bis zur Gegenwart. 1877
Wurster, P. Hundert Jahre Predigeranstalt in Tübingen. Festschrift der evang.-theolog. Fakultät Tübingen. 1917
–: Die Zukunft der evang.-theolog. Fakultät in Tübingen. Schwäb. Chronik Nr. 603, 28. 12. 1918
Ziemssen, L.: Wünsche, betr. die Ordnung für Studierende der klassischen Philologie im evang.-theolog. Seminar in Tübingen. Südwestdt. Schulblätter 21 (1904)

». . . am wenigsten einer künstlichen Abrichtung zugänglich« – Geschichte des Stiftlerseins

Adam, U. D.: Hochschule und Nationalsozialismus. Die Universität Tübingen im Dritten Reich. Contubernium 23. 1977
Bauer, W.: Marine am Neckar. In: Tübinger Blätter 32. 1941
Betzendörfer, W.: Hölderlins Studienjahre im Tübinger Stift. 1922
Borst, O.: Geniekorps und Bauernadel – Zum 125jährigen Bestehen der Tübinger Normannia. In: Tübinger Blätter 53. 1966
Brecht, M.: Hölderlin und das Tübinger Stift 1788–1793. In: Hölderlin-Jahrbuch 1973/74
Brecht, M. u. J. Sandberger: Hegels Begegnung mit der Theologie im Tübinger Stift. In: Hegel-Studien 5
Cordes, G. (Hrsg.): 100 Jahre Tübinger Rothenburg. 1980

Erste wissenschaftliche Tagung der ehemaligen Marineärztliche Akademie – zugleich Erinnerungstreffen. 23./24. 9. 1960 in Tübingen. 1960
Flach, H.: Württemberg und die Philologie. 1894
Forderer, J.: Das Bürgermilitär in Württemberg. Von den Milizen, Bürgergarden und Bürgerwehren in Tübingen. In: Tübinger Blätter 23. 1932
–: Das Tübinger Ballhaus in der Bleiche. In: Tübinger Blätter 33. 1942
Gerok, G.: Karl Gerok. Ein Lebensbild aus seinen Briefen und Auszeichnungen zusammengestellt von Gustav Gerok. 1892
Goes, A.: Aus dem Tübinger Stift. In: Tübinger Studenten. Eine Festschrift zum 450. Jubiläum den Freunden der Universität dargebracht von der Studentenschaft. 1927
Gohl, U. K. u. Chr. Weismann (Hrsg.): Die Suche hat nie aufgehört. Die Tübinger Nicaria 1893 bis 1983. 1983
Grube, W.: 150 Jahre Burschenschaft Germania. In: Tübinger Blätter 53. 1966
Hartmann, R. J. (Hrsg.): Stammbuch des Königs. Festgabe zum 75jährigen Jubiläum der Tübinger Königsgesellschaft 1838–1913. 1913
Hermann, K.: Johann Albrecht Bengel. Der Klosterpräzeptor von Denkendorf. 1937
Hermes, H.: Geschichte des Turnens und der Turngemeinde in Tübingen. In: Festschrift zum 32. Schwäbischen Kreisturnfest in Tübingen. 4.–7. August 1894. 1894
Herzog Karl Eugen von Württemberg und seine Zeit. Hrsg. vom Württ. Geschichts- und Altertums-Verein. 2. Band. 1909
Hofmann, H.-J. u. a.: Beiträge in »Konsequenzen« Nr. 4. 1974
Kapff, C.: Lebensbild von Sixt Carl von Kapff. 1881
Kittel, R.: Vom alten Tübingen. In: Stuttgarter Neues Tagblatt. Abendausgabe vom 5. Februar 1927
Klaiber, J.: Hölderlin, Hegel und Schelling in ihren schwäbischen Jugendjahren. 1877
Kohlhaas, W.: Das Tübinger Studentenbataillon. In: Tübinger Blätter 25. 1934
Kolb, Chr.: Die Anfänge des Pietismus und Separatismus in Württemberg. In: Württ. Vierteljahreshefte für Landesgesch. 9, 1900; 10, 1901; 11, 1902
Kratsch, W.: Bekannt als Feuerreiter. Zur Geschichte der Tübinger Korporationen. In: Tübinger Blätter 64. 1977
–: (Hrsg.): Das Verbindungswesen in Tübingen. Eine Dokumentation im Jahr des Universitätsjubiläums 1977. 1978
Lang, W.: Graf Reinhard, Ein deutsch-französisches Lebensbild. 1761–1837. 1896
Lerch, K.: 400 Jahre Tübinger Evangelisches Stift. Zum Jubiläum der altberühmten Pflegstätte schwäbischen Geisteslebens. In: Stuttgarter NS-Kurier Nr. 259 vom 6./7. Juni 1936
Leube, M.: Das Stammbuch der pietistischen Gruppe im Tübinger Stift 1821–1858. In: Blätter für württ. Kirchengesch. 49. 1949
Mohl, R. von: Geschichtliche Nachweisungen über die Sitten und das Betragen der Tübinger Studierenden während des 16. Jahrhunderts. 1871^2
Müth, R.: Studentische Emanzipation und staatliche Repression. Die politische Bewegung der Tübinger Studenten im Vormärz insbesondere von 1825 bis 1837. Contubernium 11. 1977
Neunhöffer, M. (Hrsg.): Ein liberaler Theologe und Schulmann in Württemberg. Erinnerungen an Dr. Gustav von Binder 1807–1885. 1975
Schmidgall, G.: Die Frühzeit der burschenschaftlichen Verbindung. In: Roigelblätter 12. 1924
–: Die burschenschaftlichen Stiftsverbindungen der Jahre 1833 bis 41 zu Tübingen. In: Quellen und Darstellungen zur Geschichte der Burschenschaft und der deutschen Einheitsbewegung 8. 1925
–: Tübinger Stiftler und ihre Verbindungen zur Zeit der Befreiungskriege. In: Tübinger Blätter 18. 1925/26
–: Die französische Revolution im Stift und die Tübinger Studentenschaft. In: Tübinger Blätter 35. 1948
Schmoller, O.: Die Stipendiaten in Tübingen vor 300 Jahren an Gebrgii, 1592. In: Blätter für württ. Kirchengesch. 7. 1892

–: Aufnahme von »Proselyten« (früheren Mönchen oder katholischen Priestern in das theol. Stipendium in Tübingen. In: Blätter für württ. Kirchengesch. 8. 1893
Schöllkopf, W.: »Stimmung äußerst demokratisch«. Die Studienzeit des Georg Wilhelm Friedrich Hegel im Tübinger Stift. In: Bausteine zur Tübinger Universitätsgeschichte 2. 1984
Sieber, E.: Staat und Universität Tübingen in der Revolution von 1848/49. Veröffentlichungen des Stadtarchivs Tübingen 6. 1975
–: Dokumente zur gescheiterten Tübinger Universitätsreform in der Revolution von 1848/49. Contubernium 8. 1977
Troebst, Chr.: Studium oder Klassenkampf? Bericht eines betroffenen Vaters. 1973
Unterdrückung und Befreiung. Selbsterzeugnisse von Tübinger Studenten zum Thema »Jesus Christus befreit und eint«, hrsg. von O. Friedrich, F. Grau und W. von Wartenberg (maschinenschriftl.). 1974
Die 400-Jahrfeier des Evangelischen Stifts. Ein unerschöpflicher Brunnen des Volkstums. Mit ungebrochener Lebenskraft in die neue Zeit. In: Tübinger Chronik Nr. 131 vom 9. Juni 1936
Wandel, U. J.: Verdacht von Democratismus? Studien zur Geschichte von Stadt und Universität Tübingen im Zeitalter der Französischen Revolution. Contubernium 31. 1981
Wurm, Th.: Erinnerungen aus meinem Leben. 1953
Zündel, F.: Pfarrer Joh. Christoph Blumhardt – Ein Lebensbild. 1880
Zweite wissenschaftliche Tagung der ehemaligen Marienärztlichen Akademie – zugleich Erinnerungstreffen. 21./22. 4. 1967 in Tübingen. 1967

Baugeschichtlicher Abriß

Ein verschwundenes Bild im früheren Augustinerkloster. In: Tübinger Blätter 1903/04
Brecht, M.: Die Kirche des Augustinerklosters in Tübingen. In: Tübinger Blätter 54. 1967
Brecht, M. u. F. Bischoff: Grabungen und Gräber im ehemaligen Augustinerkloster (Evangelisches Stift). In: Tübinger Blätter 56. 1969
Elm, K.: Beiträge zur Geschichte des Wilhelmitenordens. 1962
Forderer, J.: Die Familie Stadion in Tübingen. Der geschichtliche Hintergrund des Denkmals im Evangelischen Stift. In: Tübinger Blätter 56. 1969
Fritz, F. u. A. Schneiderhan: Baugeschichte des Tübinger Stifts. 1919
Haußmann, E. (Hrsg.): Kriegsblätter der Tübinger Königsgesellschaft 1915–1919. 1919
Ingelfinger, F.-K.: Die religiös-kirchlichen Verhältnisse im heutigen Württemberg am Vorabend der Reformation. 1939
Klemm, A. F.: Zur Vorgeschichte des Stifts. Inschriften an und im Stift zu Tübingen. In: Evangelisches Kirchen- und Schulblatt für Württemberg. 40. 1879
Kunzelmann, A.: Geschichte der deutschen Augustiner-Eremiten. I. und II. Teil. Cassiciacum 26/1 und 26/2. 1969 und 1970
Mittelalterliches Erbe. Evangelische Herausforderung. Vorträge und Ansprachen zum Gedenken der Gründung des Tübinger Augustinerklosters 1262. 1962
Müller, E.: Die Fürstenbildnisse aus dem Stift. In: Tübinger Blätter 53. 1966
Oesterlen, O.: Die Sterblichkeitsverhältnissse der Studierenden zu Tübingen in den Jahren 1800 bis 1875. In: Eulenberg's Vierteljahresschrift für gerichtliche Medizin N. F. Bd. 25 Heft 2
Schmoller, O.: Urkundliches betr. das ehemalige Augustinereremitenkloster in Tübingen. In: Reutlinger Geschichtsblätter 4, 1893 und 5, 1894
Sydow, J.: Geschichte der Stadt Tübingen. I. Teil. Von den Anfängen bis zum Übergang an Württemberg 1342
Weidle, K.: Die Entstehung von Alt-Tübingen. 1955

Personenregister

Bildnachweis

M. Brecht, Münster 58
Familienarchiv Decker-Hauff, Stuttgart: 143
J. Feist, Pliezhausen: Umschlagbild, 1, 30, 69, 97, 98, 104–106, 108, 115, 116, 119–121, 128, 169–171, 173–175, 178–181, 185, 190, 196, 203, 205
Foto Göhner, Tübingen: 167
Foto Grohe, Tübingen: 168, 176 (freigeg. vom Regierungs-Präsidium Südwürttemberg-Hohenzollern)
J. Hahn, Stuttgart: 129
Hegel-Archiv der Ruhr-Universität Bochum: 148
Hauptstaatsarchiv Stuttgart: 2 (A 274 Bü 85), 111–113 (A 274 Bü 86), 192 (A 274 Bü 86), 197 (A 274 Bü 85), 198, 199 (A 274 Bü 90)
Foto Kleinfeldt, Tübingen: 59
Landesbildstelle Stuttgart: 3–7, 9–12, 14–23, 26–29, 31–34, 38, 41, 82, 84, 136–141, 145, 146, 156–159
Landeskirchliches Archiv, Amt für Information (Kirschner), Stuttgart: 24, 40, 48, 51
F. Lang, Tübingen: 57
G. Müller, Öhringen: 154
Repetentenarchiv Stift, Tübingen: 68, 85–88, 161
H. Scharf, Tübingen: 124, 195, 200–202
G. Schmid-Schickhardt, Stuttgart: 103
Schwäbisches Tagblatt, Tübingen: 125
Städtische Sammlungen, Tübingen: 49, 79, 155
Stiftsarchiv, Tübingen: 25, 35, 37, 42, 43, 52, 56, 60–64, 66, 67, 70, 72, 89, 94, 99, 100, 107, 109, 114, 122, 123, 127, 133, 135, 142, 144, 149, 160, 163, 165, 166, 172, 183, 187, 188, 193
Stiftsbibliothek, Tübingen: 8, 44, 45, 47, 50, 53, 55, 73–77, 78, 81, 83, 93, 95, 96, 101, 110, 126, 132, 147, 162, 186, 191
Universitätsbibliothek, Tübingen: 13, 39, 46, 127, 150–152
Chr. Weismann, Tübingen: 54, 90–92, 102, 153, 194
Württembergische Landesbibliothek, Stuttgart: 80
E. Wurst, Rottweil: 65, 164, 204
I. Zeller, Stuttgart: 117, 118, 130, 131, 189

Flügel-bau des Stipendij.
Maßstab
5
10.
20.